國家古籍整理出版專項經費資助項目
全國高等院校古籍整理研究工作委員會直接資助規劃重點項目

繆荃孫全集

繆荃孫 著

張廷銀 朱玉麒 主編

雜著

鳳凰出版社

圖書在版編目（CIP）數據

繆荃孫全集. 雜著 / (清) 繆荃孫著 ; 張廷銀, 朱玉麒主編. -- 南京 : 鳳凰出版社, 2014.10
ISBN 978-7-5506-1971-5

Ⅰ. ①繆… Ⅱ. ①繆… ②張… ③朱… Ⅲ. ①繆荃孫（1844～1919）－全集②雜著－中國－清代 Ⅳ. ①C52 ②Z429.49

中國版本圖書館CIP數據核字(2014)第231536號

書　　名	繆荃孫全集·雜著
著　　者	繆荃孫 著　張廷銀　朱玉麒 主編
責任編輯	卞　岐　張永堃
出版發行	鳳凰出版傳媒股份有限公司 鳳凰出版社(原江蘇古籍出版社) 發行部電話025-83223462
出版社地址	南京市中央路165號,郵編:210009
出版社網址	http://www.fhcbs.com
經　　銷	鳳凰出版傳媒股份有限公司
照　　排	南京凱建圖文製作有限公司
印　　刷	南京愛德印刷有限公司 南京市江寧區東善橋秣周中路99號,郵編:211153
開　　本	880×1230毫米　1/32
印　　張	26.875
字　　數	722千字
版　　次	2014年10月第1版　2014年10月第1次印刷
標準書號	ISBN 978-7-5506-1971-5
定　　價	110.00圓

(本書凡印裝錯誤可向承印廠調换,電話:025-57928003)

補五代史方鎮表

《補五代史方鎮表》書影

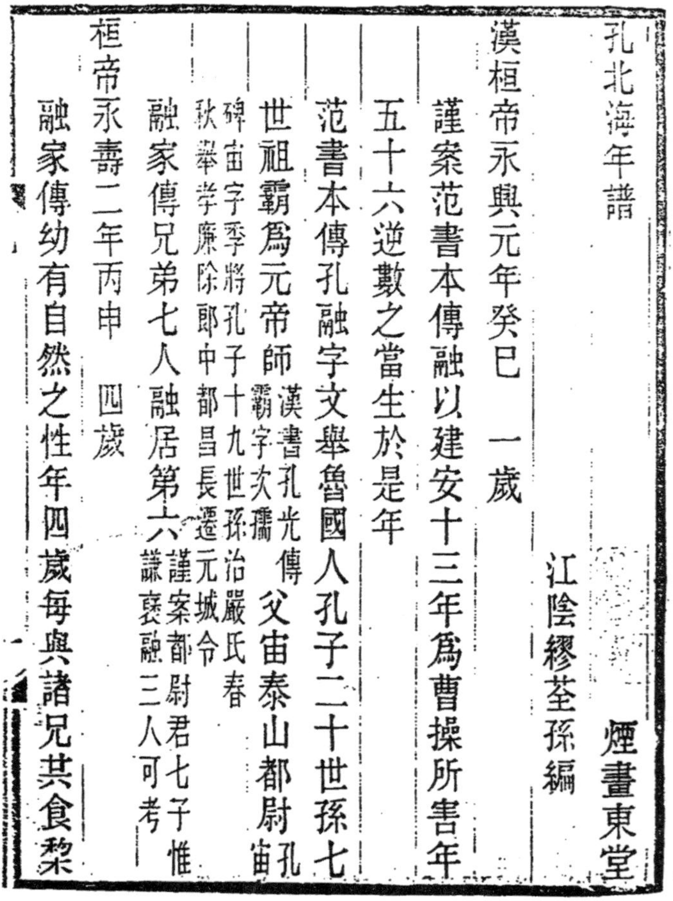
孔北海年譜　煙畫東堂

江陰繆荃孫編

漢桓帝永興元年癸巳　一歲

謹案范書本傳融以建安十三年爲曹操所害年五十六逆數之當生於是年

范書本傳孔融字文舉魯國人孔子二十世孫七世祖霸爲元帝師漢書孔光傳霸字次孺父宙泰山都尉孔宙碑宙字季將孔子十九世孫治嚴氏春秋舉孝廉除郎中都昌長遷元城令

融家傳兄弟七人融居第六謹案都尉君七子惟謙褒融三人可考

桓帝永壽二年丙申　四歲

融家傳幼有自然之性年四歲每與諸兄共食梨

《孔北海年譜》書影

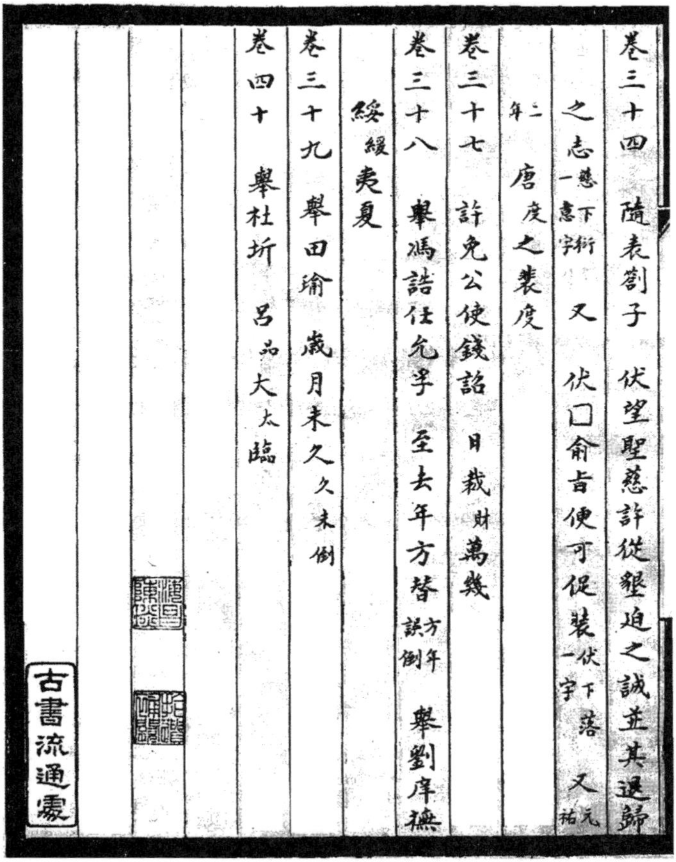

卷三十四　隨表劄子　伏望聖慈許從懇迫之誠並其退歸之志（慈下衍一意字）　又　伏□俞旨便可促裝（伏下落一字）　又（元祐二年）　唐（度）之裴度

卷三十七　許免公使錢詔　日裁（財）萬幾

卷三十八　舉馮誥任允孚　至去年方替（方年誤倒）　舉劉庠撫綏（緩）夷夏

卷三十九　舉田瑜　歲月未久（久未倒）

卷四十　舉杜圻　呂（品）大（太）臨

《文潞公文集校勘記》書影

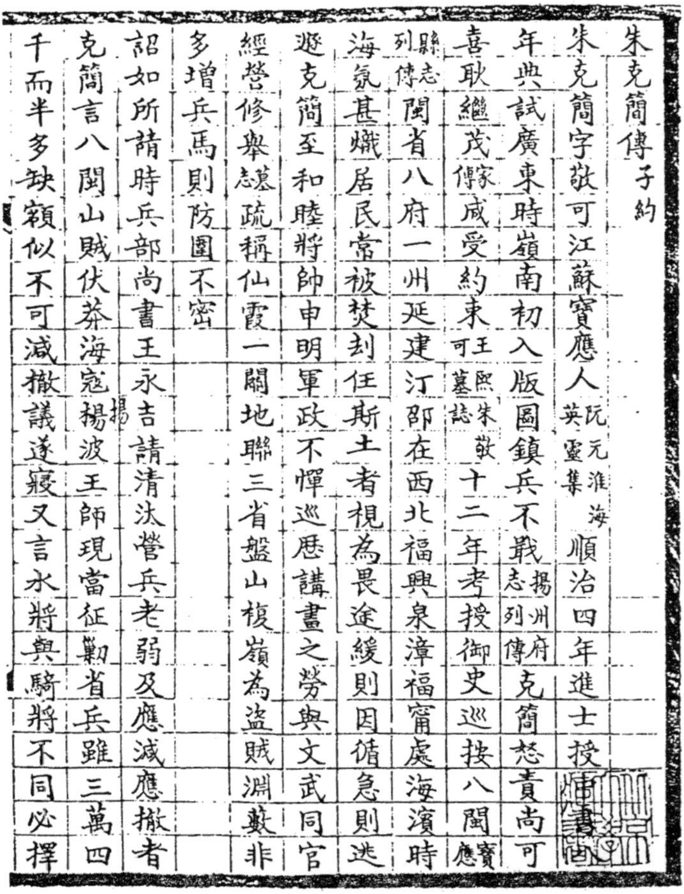
朱克簡傳子約
朱克簡字敬可江蘇寶應人阮元淮海英靈集順治四年進士授
年典試廣東時嶺南初入版圖鎮兵不戢揚州府志列傳克簡怒責尚可
喜耿繼茂家傳咸受約束王熙朱敬可墓誌十二年考授御史巡按八閩寶應
縣志列傳閩省八府一州延建汀邵在西北福興泉漳福甯處海濱時
海氛甚熾居民常被焚刦任斯土者視為畏途緩則因循急則逃
避克簡至和睦將帥申明軍政不憚巡歷講畫之勞與文武同官
經營修舉墓誌疏稱仙霞一關地聯三省盤山複嶺為盜賊淵藪非
多增兵馬則防圍不密
詔如所請時兵部尚書王永吉請清汰營兵老弱及應減應撤者
克簡言八閩山賊伏莽海寇揚揚波王師現當征勦省兵雖三萬四
千而半多缺額似不可減撤議遂寢又言水將與騎將不同必擇

《循良傳稿》書影

主　编:張廷銀　朱玉麒

參編者(以姓名拼音爲序):

郭桂坤　蔣小莉　李　陽　林宏磊　劉　波

劉心明　劉志佳　司艷華　王華禮　徐玉娟

楊洪升　楊　靖　楊向奎　張廷銀　朱玉麒

前　言

一

在晚清民國的文壇上，繆荃孫以其富於傳奇的經歷和卓有建樹的學術貢獻，成爲中國傳統文化的領軍人物。他不僅是一位在校勘學、目録學、歷史學、方志學、金石學等多個領域著作等身的學者，還是一位藏書家、教育家和政治活動家，是中國近代圖書館的創始者。整理和研究他的著述，對於深刻認識他的人生與學術，從而理清近代學術的脉絡，是非常有意義的。

繆荃孫(1844—1919)，初字小珊，號楚薌，後改字炎之，號筱珊，晚年又號藝風。江蘇常州府江陰縣申港鎮人。幼承家學，六歲即入塾讀書。同治三年(1864)，舉家遷居成都，六年，在四川鄉試中舉。光緒二年(1876)，中進士第，以庶吉士用，入翰林院。三年四月，散館授編修，被彭祖賢延爲《順天府志》纂修。八年，繆荃孫充國史館修纂，次年三月，奏派國史，纂修儒林傳、文苑傳、循良傳、孝友傳、隱逸傳等。光緒十一年，繆荃孫被任命爲國史館總纂。因修儒林傳，和掌院徐桐發生齟齬。光緒二十年，御試翰詹，繆荃孫考卷爲徐桐抑爲三等一百二十四名，罰俸兩年[①]。

光緒二十一年，繆荃孫受張之洞之邀，赴武昌修《湖北通志》，

---

① 《藝風老人年譜》光緒十四年(1888)條和二十年(1894)條、《藝風老人日記》戊子年(1888)五月二十八日條、黄浚《花隨人聖庵摭憶》“繆藝風與徐桐之齟齬”條，均言該事甚詳，其中“繆藝風與徐桐之齟齬”載有繆荃孫致張之洞一札，記述該事，並有柳詒徵和黄浚的考證語，可證荃孫所説不虚。黄浚《花隨人聖盦摭憶》，上海書店出版社 1998 年版；《藝風老人日記》，北京大學出版社 1986 年版。

並兼湖北自强學堂商務科分校。光緒二十二年二月，繆氏再應张之洞之邀，主講南京鍾山書院至二十七年。光緒二十四年起，又兼領常州龍城書院。

光緒二十七年十一月，任江楚編譯局總纂。光緒二十八年七月，江寧開辦學堂，繆荃孫總領高等、中、小三堂事。十二月，奉張之洞之命，率團赴日本考察學務；光緒二十九年，繆荃孫在南京開辦中、小學堂；光緒三十年至三十三年間，繆荃孫兼任兩江師範學堂稽察。光緒三十三年七月，創辦江南圖書館（今南京圖書館），光緒三十四年至宣統三年，主持江南圖書館。宣統二年，主辦京師圖書館（今中國國家圖書館）。1911 年辛亥革命爆發，繆荃孫告假南返，全家避地上海。

民國成立後，繆荃孫參加並主持了《清史稿》的編纂，並親任儒林、文苑等傳的編寫。民國八年十一月初一日，胃潰瘍發作，在上海逝世[①]。

繆荃孫的一生，和整個中國近代史相始終，和近代文化、學術息息相關。他在學術上深受乾嘉學派的影響，是清代最後一代理董舊籍學者的典型代表，爲保護和弘揚傳統文獻付出了巨大努力。另一方面，他又積極參與近代文化事業，爲我國教育和文化的近代化做出了貢獻。

二

繆荃孫著作宏富，其自訂《年譜》稱："身歷十六省，著書二百卷。"[②]此《年譜》繆荃孫手訂於民國壬子歲（1912），距其辭世尚有七年之久，而其晚年依然筆耕不輟，實際不止此數。而且，所謂"著書二百卷"，大概還不包括編纂之作。

繆荃孫究竟有哪些著作？前人陸續做了部分清理工作。一是

① 《藝風老人日記》民國己未（1919）十月十五日云："想輯今在古書目，止明，亦一大題，未必成也，先試經部易類。"

② 《藝風老人年譜》卷首，民國二十五年（1936）北平文禄堂刻本。

《清史稿·藝文志》首先收録了繆荃孫《續碑傳集》。上世紀五十年代，武作成爲《清史稿·藝文志》查缺補漏，撰寫了《補編》，補收了《東都事略校勘記》、《國朝事略》、《蘭陵繆氏世譜》、《藝風老人年譜》、《昌平州志》、《藝風藏書記》、《藝風堂藏書續記》、《秦淮廣記》、《藝風堂文集》、《遼文存》、《舊德集》等十一種繆著[①]。九十年代，王紹曾主編《清史稿藝文志拾遺》，又搜得繆著五十種。而在《清史稿藝文志拾遺》出版之前，趙國璋主編的清理江蘇地方古今人著作的《江蘇藝文志》問世，其無錫卷網羅了繆著一百種[②]。前哲們也有論文專述繆氏撰著，1933 年 12 月 21 日，繆文逵在天津《大公報·圖書副刊》發表了《繆藝風先生著述目》，收録了繆著五十四種[③]。次年五月五日，王紹曾感於該文所舉"但限於夏孫桐所撰《繆藝風先生行狀》"[④]，遂撰寫了《〈繆藝風先生著述目〉補》，補充了《寰宇訪碑續録》殘稿等七種。另外，還有許廷長 1998 年編撰的《繆荃孫研究資料索引》，收録繆著八十九種[⑤]。今天看來，各家所載雖不斷突破前人，但限於條件，與繆氏實著仍有差距，難饜人意。又各家所載，多係傳鈔他人書目，没有經眼原書，間有訛誤。或誤收他人著作，如《拾遺》和《索引》所載《漢書引經異文録證》六卷，實爲繆荃孫叔伯兄弟繆祐孫之作；或誤將荃孫著作歸與他人，如《拾遺》載《琉璃廠書肆後記》，署爲"李文藻撰"，此《後記》實爲繆荃孫撰，曾收入《藝風堂文漫存·乙丁稿》，後人將之别裁，與李氏《琉璃廠書肆記》合刊而已；或誤載版本，如《蘇志》載《遼文存》來青閣光緒十

① 武作成《清史稿藝文志補編》，中華書局 1982 年版。

② 《江蘇藝文志·無錫卷》，江蘇人民出版社 1994 年版。

③ 此處計算《繆藝風先生著述目》、《江蘇藝文志》、《繆荃孫研究資料索引》、《清史稿藝文志拾遺》各書所載繆荃孫著述，各目誤著者及繆氏所編刻叢書皆不計算在內。

④ 王紹曾《目録版本校勘學論集》，上海古籍出版社 2005 年版，第 131 頁。

⑤ 許廷長《繆荃孫研究資料索引》，金陵圖書館 1998 年排印本。

二年刻本，據《藝風老人年譜》，光緒十四年(1888)繆荃孫始編撰此書①，何來十二年刻本？該書僅有光緒二十二年繆氏雲自在堪一刻，民國間來青閣據以影印而已。

關於繆荃孫各種著述的主要内容及寫作情況，詳見於各分册相關説明，此處從略。

三

整理繆荃孫的著述，存在兩方面的困難。一方面，他的著述太多，涉及面很廣，有些著述的部頭也很大，必須要有所選擇。另一方面，他的著述被輯編刻印的並不多，有許多論著散見於各處甚至永久地散佚了，需要做大量的搜集工作。此次整理時，我們一方面極力地搜輯散佚的文章，另一方面則做出了一個不得已的決定，即只收録繆荃孫著作的部分以及輯編的目録類著作，其他如方志、詩文彙鈔、辑佚以及为他人代撰者，則暫不收録。個别雖曾有著録記載，但至今仍無法獲睹者，也暫時付之闕如。根據這些原則，我們對繆荃孫現存著作予以彙集和標點，共分六類，15 册。雖有所取捨，仍以“繆荃孫全集”名之。考慮到整理、校對及出版的時間和質量，根據出版社的建議，采取分類單獨出版的形式，即《繆荃孫全集》“詩文”、“目録”、“金石”、“筆記”、“日記”、“雜著”六大類。

此次整理繆荃孫全集，以輯編和標點爲主，一般不作勘對。遇有内容及文字存在明顯舛誤的，爲避免歧義，則適當予以説明或勘正。

整理中爲保存原貌，異體字一般保留原樣而不予統一，但某些非常僻異的文字如武則天所造之字等，則因爲排版原因，改爲通行字。

原缺之字用□標示，無法釋讀的則用○標示。

石刻中的録文，若屬據其他材料補充的，用圓括號標示。

① 《藝風老人年譜》光緒十四年(1888)云：“七月輯《全遼文》。”

四

這次整理工作從開始起步到實質性展開，都得到了許多機構和個人的大力支持：

全國高校古籍整理工作委員會爲繆荃孫全集整理專門立項，提供了資助，保證了整理工作的順利開展。鳳凰出版社領導的毅然決定和編輯的辛勤勞動，使我們有足够的信心堅持完成整理工作。國家圖書館和新疆師範大學的相關部門則在資料利用和經費使用方面給予了很大的支持。天津圖書館李國慶，山東圖書館李勇慧、唐桂艷，山東大學李劍鋒、周洪才，山東齊魯師院楊峰，上海博物館柳向春，南京大學程章燦、徐雁平，華東師範大學丁小明，國家圖書館張燕嬰等，在使用和查找有關資料上，提供了很多的支持。特别需要聲明的是，當聽聞我們將比較系統地整理繆荃孫詩文時，山東大學文史哲研究院的劉心明先生，將當年王紹曾先生與他辛苦搜集的大量珍貴資料和已經完成的部分整理成果，毫無保留地提供給整理小組，極大地減少了我們的勞動和開支。在此特别感謝劉心明先生，並向已經故去的王紹曾先生致以崇高的敬意。

此次參加整理工作的除主編张廷銀、朱玉麒二人外，尚有楊洪升、楊向奎、楊靖、劉波等人，詳細名單見各書。雖然每一個人參與的程度和數量不同，但大家都兢兢業業，認真地完成了所承擔的工作。主編應當再次向參加的人員表示真摯的謝意。當然，由於繆荃孫著述涉及範圍較廣，分量較大，特别是我們的準備不足，缺乏有效的規劃和協調，致使整理的成果存在諸多訛誤和未盡人意之處，請廣大讀者諒解並嚴肅批評。

本類説明

“雜著”包括了繆荃孫所撰或所編的史傳、年譜、家譜以及校記等著作，内容比較繁雜。

繆荃孫所撰史傳類著作有：

補五代史方鎮表五卷。此書稿本今藏北京大學圖書館。《藝風老人年譜》光緒六年（1880）條云：“是年成《五代史方鎮表》十卷。”今北京大學圖書館所藏稿本，封面題為五卷，書内各卷也没有標明卷數。書中凡加按語處，都題“荃孫按”，確系繆荃孫稿本無疑。

後凉百官表一卷北凉百官表一卷南凉百官表一卷西凉百官表一卷夏百官表一卷北燕百官表一卷。繆荃孫編刻《藝風堂文續集》，曾將各表收入卷三；後人别裁，收入《二十五史補編》，開明書店民國二十六年（1937）以鉛字排印。東晉十六國建立政權，正史皆稱其為僭號，載跡之文獻，隨著時間綿延而逐漸散佚。《晉書》將十六國事蹟略載入載記，而欲簡明地瞭解各家的興替，百官表是一種簡便而重要的工具。

國史五傳。《藝風老人年譜》光緒十四年（1888）條云：“五月，整理儒林等五傳，撰成稾本，託陸提調呈堂。自辛巳潘文勤師為總裁，廖穀似壽豐為提調，奏辦《儒林》、《文苑》、《循良》、《孝友》、《隱逸》五傳……荃孫獨任其事，成《儒林傳》上二十二篇，下四十九篇；《文苑傳》七十四篇；《循良》四十三篇；《孝友》二十九篇；《隱逸》十五篇。分並去取，略具苦心。”繆荃孫所撰各稿，除了今天我們看到的《清史稿》中保存的外，尚有《循良傳稿》不分卷，稿本今藏北京大學圖書館。方格紙，半葉十二行，行二十五字。首為目録，首行題“循良傳稿目”，次行題“賜進士出身翰林院編修國史館協修江陰繆荃孫撰”。記録從順治朝到同治朝凡四十三人，其為繆氏在國史館時所作。內多有繆荃孫校改手跡。

國史儒林傳序録二卷。是書刊入《古學彙刊》第一集。光緒癸未(1883)三月,繆荃孫被奏派國史五傳纂修,因得辦《儒林傳》,遂分宋學為上卷,漢學為下卷,宋學分派,漢學分經,援《經典釋文》例,編《序録》上下卷。許廷長《繆荃孫研究資料索引》①,赵国璋主编《江蘇藝文志》②皆著録為"國史儒林傳",並稱"此分宋學為上卷,漢學為下卷",誤。

國朝名人小傳不分卷。該書未曾付梓,手稿本今藏北京大學圖書館。首頁題"江陰繆藝風先生編"一行。紙無格,全書繆荃孫行書書寫。半葉七至九行不等,行二十七至三十字不等。多有夾簽和補改處,有待填寫的空白,當係未定之稿。凡收江筠、莊述祖等學者七十三人,皆為清代碩學大儒。卷首有"麐嘉館印"朱文方印,曾經李盛鐸收藏。

羽琌山民逸事一卷。該書有《古學彙刊》本,記龔自珍逸事,凡二十一條,"邵陽魏季子"和"江陰繆藝風"各述所聞,其中繆荃孫撰者十條。

續碑傳集八十六卷。是書繆荃孫從光緒辛巳(1881)起開始編纂,光緒二十三年(1897)編成。其著作動機,殆緣於編撰國史五傳。至宣統庚戌(1910),在江楚編譯局刊成八十六卷。"荃孫初自刻之,卷袠稍重,經費較多,刻至三十餘卷,幾欲中輟,陶齋制府歸入書局刊行,兩年方始成編。"③而其《補乾嘉諸名人傳》十四卷,因為江楚編譯局裁撤,未刊。

續碑傳集補不分卷。是書稿本今藏北京大學圖書館,收録康熙、乾隆、嘉慶各朝九十位人物傳記,蓋即江楚編譯局裁去未刊的《補乾嘉諸名人傳》部分。該書1991年始被天津古籍出版社影印,學者得見。

---

① 《繆荃孫研究資料索引》,金陵圖書館1998年排印本。
② 《江蘇藝文志 · 無錫卷》,江蘇人民出版社1994年版。
③ 《续碑传集》卷首繆荃孫序。

由於《後涼百官表》、《北涼百官表》、《南涼百官表》、《西涼百官表》、《夏百官表》、《北燕百官表》已經收入《藝風堂文續集》,《國史儒林傳》、《國朝明人小傳》、《國史五傳》内容交叉且已在《清史稿》中收入,《續碑傳集》和《續碑傳集補》為他人作品之彙輯,故此次只整理《補五代史方鎮表》、《循良傳稿》、《羽琌山民逸事》。

繆荃孫所撰年譜、家譜类著作共8种,分别是:

藝風老人年譜一卷。此譜係繆荃孫自撰,民國二十五年(1936)北平文禄堂刻。半葉十一行,行二十三字,小字雙行同,黑口,左右雙邊,單魚尾,卷前牌記題"丙子正月梓,文禄堂經印"兩行。讀此譜繆荃孫大半生蹤跡可知。譜後附刊繆禄保、繆僧保題識及夏孫桐所撰《繆藝風先生行狀》,可為補充。

顧亭林年譜校補一卷。是書有《嘉業堂叢書》本。繆氏校補有校訂原譜之誤者,有補訂原譜之闕者,多所發明。

厲樊榭先生年譜一卷附録一卷。此譜係朱文藻撰,繆荃孫重訂,有《嘉業堂叢書》本。

孔北海年譜一卷。是譜與《魏文靖公年譜》、《韓翰林詩譜略》、《補輯李忠毅公年譜》合刻於光緒二十八年(1902),各一卷。各譜首行題"繆荃孫編"、"煙畫東堂",牌記題"南陵徐氏刻"。半葉十行,行二十一字,上下黑口,左右雙邊,雙魚尾。《拾遺》著録"煙畫東堂四譜四十卷"(一名"藝風堂彙刻四家年譜"),版本題"江陰繆氏家刻本"與"南陵徐氏刻本"。

魏文靖公年譜一卷。

韓翰林詩譜略一卷。據《藝風老人日記》,是譜撰於光緒癸卯年(1903)。

補輯李忠毅公年譜一卷。

申浦繆氏族譜二十卷首一卷末一卷。此譜未見。《中國家譜綜合目録》著録,繆焕章、繆荃孫纂修,光緒十五年(1889)敦睦堂木活字本,南京大學圖書館有藏[①]。《美國家譜學會中國族譜目録》

---

① 《中國家譜綜合目録》,中華書局1997年版,第694頁。

亦載美國國會圖書館有藏[①]。

蘭陵繆氏世譜不分卷。此書清末民初刻，未見全帙。《上海圖書館家譜提要》載一民國刻本，存卷四至六，“卷四至六為老大房，老三房，一至十五世世表，附《繆氏得姓考》，又附《考古録》二卷”。[②] 今見北京圖書館藏一朱印本，無卷數，附考古録二卷，凡八冊，存制誥和人物傳。

繆氏考古録不分卷。此書單行本有民國二十四年鉛字排印本。

此次整理，收録其中《顧亭林年譜校補》、《厲樊榭先生年譜》及附録、《孔北海年譜》、《魏文靖公年譜》、《韓翰林詩譜略》、《補輯李忠毅公年譜》、《藝風老人年譜》以及《繆氏考古録》等8種。

繆荃孫生前批校過許多古籍，並撰寫校記若干，現存已知的有：

蜀石經校記一卷。此書稿本今藏中國科學院圖書館。書衣有鄧之誠題識一行：“此藝風老人手稿，丁丑三月令子子受以之見惠。”凡七葉。又有民國元年(1912)國粹學報社《古學彙刊》鉛印本。蜀石經與開成石經同源，而經注俱全，故為世人所重。石毀六百餘年，拓本存者亦復稀如星鳳，荃孫先後借得《周禮・秋官》二卷、《左傳》一卷、《谷梁》十九行、《周禮・考工記》二十二葉、《公羊傳》二十二葉，“以唐石經校經字，岳本校注字，疏其異同於別紙”。[③] 事實上荃孫還用阮元《十三經校勘記》、“今本”、“淳熙本”等書進行了校勘。該校記近六百條，有較高的學術價值。

孟子音義札記一卷。此書有清光緒元年四川尊經書院刻本。繆荃孫在蜀時，總督吳棠校刻《經典釋文》，荃孫取阮元《孟子校勘

---

① 《美國家譜學會中國族譜目録》，成文出版社有限公司民國七十二(1983)年出版。

② 《上海圖書館家譜提要》，上海古籍出版社2000年版，第122頁。

③ 繆荃孫《蜀石經校記》卷末荃孫跋語，《古學彙刊》排印本。

記》所校盧文弨刊本之訛者，參以己見，並記各本異同，成札記一卷。

東都事略校記一卷。此書稿本今藏上海圖書館。黑格，左欄外下方刻有“藕香簃鈔”四字，書衣題“東都事略校識一册”，“此書乃繆藝風手校”兩行。首葉首行上題“東都事略”，下以雙行小字題“以舊鈔本校翻刻宋眉山程舍人本”，卷內繆荃孫手筆校改甚多。又有《適園叢書》本，民國二年(1913)刊。

大金集禮校勘記一卷。北京大學圖書館藏此書稿本，被訂在《藝風老人筆記》中，卷首有“宋廎經眼”白文方印，凡二十一紙，紙無欄，繆荃孫行書書寫，增改頗多。又有廣雅書局光緒二十一年(1895)刻本，附刊《大金集禮》卷末。

安禄山事迹校記一卷。此校記光緒甲辰(1904)初刻於《藕香零拾》中，附載《安禄山事迹》卷後。宣統三年(1911)葉德輝重刻此本，亦將荃孫校記附録於卷末，即為《唐開元小説六種》本。後葉啟倬彙輯，即將葉氏宣統三年刻本原板彙入。

南朝史精語札記一卷。是書有《對雨樓叢書》本，光緒乙巳(1905)刊，陶子麟刻字。繆荃孫影刻《南朝史精語》，底本為曝書亭舊藏影宋鈔本，因孤本流傳，無別本可校，遂取汲古本各史校之，得校記六十餘條，附刻於卷末。後此書書板歸張鈞衡，被彙入《擇是居叢書》。

雲韶堂紹陶録校記一卷。是書系繆荃孫以知不足齋舊鈔本《雲韶堂紹陶録》校陸心源十萬卷樓刊本所得，收録於《藝風讀書記》中。光緒民國間藝風堂刻，南京李貽和刻字。《蘇志》著録《藝風讀書志》江陰繆氏刊本，但其子目無該書。《藝風讀書記》被多家書目稱為《藝風讀書志》，亦有稱《雲自在龕群書校補》和《繆小山校補書五種》者。《藝風讀書記》是繆荃孫續得續刻之書，蓋即刻即印，故各家所見收録種類多有不同，書名亦有歧異。

蜀檮杌校記一卷。是書稿本今藏國家圖書館，附於《蜀檮杌》舊鈔本之後。此《蜀檮杌》舊鈔本與《藝風堂藏書記》卷四所載之本相合，即為繆氏所藏並據以校勘者。《校記》凡十紙，格紙，半葉十四行，行二十五字，小字雙行同。此書亦收録於《藝風讀書記》中，光緒民國間藝風堂刻，南京李貽和刻字。首行題"以舊鈔本校《珠塵》本"，實際還以"他本"、"一本"、"别本"、"校本"等参校，並以《十國春秋》、《海録碎事》、《類説》等書附校，繆荃孫時加考證語。

中吴紀聞校勘記一卷。此書有《彙刻太倉舊志五種》本，宣統元年(1909)東倉書庫刻。

九國志校記一卷。此書收録於《藝風讀書記》中。首行題"金山錢氏《守山閣》本，用龍氏活字本校"，據《校記》正文，實際上繆荃孫還以《粤雅堂叢書》本参校，並以《新五代史》、《資治通鑒》、《續資治通鑒長編》附校。

金石録札記一卷。光緒三十一年(1905)，繆荃孫為仁和朱氏校刻《金石録》，以朱氏出所藏舊鈔本、章碩卿所藏校宋本和自藏明鈔校本合校，成此《札記》一卷，附於卷末，刻入《結一廬剩餘叢書》。後朱氏此書板片歸劉承幹，劉氏將之彙入《嘉業堂叢書》。

金石例札記一卷。此書有光緒三十四年(1908)南陵徐乃昌刻《隨庵徐氏叢書》本。

宋台州本荀子與熙寧本同異記一卷。此書係繆氏藝風堂刻，收入《藝風讀書記》中。淳熙台州本《荀子》經黎庶昌刻於《古佚叢書》中而大行於世，世稱精本，而熙寧國子監本極其罕見，淳熙本係據熙寧國子監本翻刻而成，繆荃孫從雲間韓氏借得熙寧本，校淳熙本得此校記。

邵氏聞見録校記一卷。藝風堂刻《藝風讀書記》本。半葉十一行，行二十三字。左右雙邊，上魚尾。此書係繆氏以元鈔本校補汲古閣本所得。《藝風藏書記》卷八載有張訒庵藏《津逮秘書》本《邵氏聞見録》，張氏據元人鈔本手校於其上，繆荃孫此校記蓋即據此本並參己意而成者。其稿本今藏北京大學圖書館。半葉十二行，行二十三字，即《藝風讀書記》本《邵氏聞見録校記》底稿，係鈔手謄寫稿，又經繆荃孫朱筆批校多處。首葉上端有"麐嘉館印"朱文方印，曾經李盛鐸收藏。

歐陽行周集校記一卷。此書有民國四年(1915)藝風堂刻《三唐人集》本，饒星舫寫樣，陶子麟刻字。半葉十一行，行二十字。繆荃孫影刻《歐陽行周集》以弘治十七年(1504)莊概翻刻宋本為底本，以鈔本校之得此校記附刻。

皇甫持正集校記一卷。此校記有民國四年(1915)藝風堂刻《三唐人集》本。繆荃孫病世間流傳《皇甫持正集》多為汲古閣刻本，遂重刻之。此《校記》附刻於卷末。

司空表聖文集校記一卷。此校記有《嘉業堂叢書》本。

樂章集校勘記一卷。此集有光緒間吳氏石蓮庵彙刻《山左人詞》本。

文潞公文集校勘記一卷。此校記稿本附繆氏雲輪閣鈔本《文潞公集》後，今藏山東大學圖書館。

東坡集校記二卷。此校記有宣統元年(1909)端方寶華庵刻本。光緒三十四年(1908)至宣統元年(1909)年間，繆荃孫為端方校刻成化本"東坡七集"，以嘉靖本、錢求赤校宋本校勘，得此《校記》附刊於後。繆荃孫跋語述《校記》原委云："今吉本誤之顯然者，據嘉靖本、錢校本改之，而別為札記，以志所據。嘉靖本之重出、脱落亦著之，訛字則記不勝記矣。"

剡源集校記一卷。此校記有《藝風讀書記》本。

此次整理時收録其中《蜀石經校記》、《孟子音義札記》、《東都事略校記》、《大金集禮校勘記》、《安禄山事迹校記》、《南朝史精語札記》、《雲韜堂紹陶録校記》、《蜀檮杌校記》、《中吳紀聞校勘記》、《九國志校記》、《金石録札記》、《金石例札記》、《宋台州本荀子與熙寧本同異記》、《邵氏聞見録校記》、《歐陽行周集校記》、《皇甫持正集校記》、《樂章集校勘記》、《文潞公文集校勘記》、《東坡集校記》、《剡源集校記》等 20 種。

本册總目

補五代史方鎮表

據天津古籍出版社《北京大學圖書館藏稿本叢書》本

補五代史方鎮表

梁	東都開封府	宣義軍	西都河南府	河陽軍	匡國軍	鎮國軍
	唐宣武節度使地。治汴州,領宋、亳、單三州。梁太祖開平元年,升開封府,建名東都。三年,升宋州為節鎮,割亳州隸之。	唐節度使地。領滑、鄭、濮三州,以滑州為治所。荃孫按:《通鑑》注,宣義軍領州,一云滑、鄭、濮,一云汝、鄭、滑。	唐東都,開平元年改西都。	唐舊鎮,治三城,領懷、孟二州。	唐陳許節度使地。貞元十年,賜額忠武軍,治許州,領陳、汝二州。開平二年,改匡國軍。	唐陝虢節度使,龍紀元年賜號保義軍。開平二年,改鎮國軍。治陝州,領虢州。
梁太祖開平元年丁卯	皇子博王友文 正月,以宣武節度副使拜,開封尹、判建昌院事。		張全義 河南尹,五月,封魏王。七月,賜名宗奭。	張全義 兼領。	馮行襲 自武定徙鎮。	朱友諒 康懷貞 檢校太保 荃孫按:《通鑑》作保平,據宋諱改。身之注以保義為邢州。因地與京兆、同、華相隔,疑為保天之訛,不知懷貞時鎮陝州,唐之保義軍,開平二年方改鎮,非邢州也。

二年戊辰	友文 二月,改東都留守。		宗奭	宗奭 張歸霸 六月,以河陽詣軍都指揮使拜,檢校太保,尋加同平章事。	行襲 五月,改匡國軍。 封長樂郡王。	懷貞 五月,改鎮國軍。 改右衛上將軍。
三年己巳	友文 正月,東都留守。		張宗奭 十一月,冊太傅。	歸霸 七月,卒。	行襲	康懷貞 荃孫據本傳,懷貞復任陝州係開平三年,未知何月充西路行營副招討使。
四年庚午	友文		宗奭 八月,充西京留守。	寇彦卿 未詳何時拜,檢校太保,充行營諸軍排陣使。	行襲 六月,卒於鎮。 李珽 以崇政院直學士權留後。 韓建 自平盧徙鎮。	懷貞 二月,徙華州。 楊師厚 自山南西道徙鎮。六月,充西路行營招討使。
乾化元年辛巳	友文	楊師厚 二月,自鎮國徙鎮。	宗奭	彦卿	建	師厚 正月,充北面都招討使。二月,徙滑州。

二年壬申	友文 四月,加特進,檢校太保。六月,被殺。 皇子友貞 友珪拜東京留守,行開封尹,檢校司徒。	師厚 七月,徙魏州。 羅周翰 自天雄留後徙充副大使,知節度事,鄭、滑、濮等州觀察使,檢校太傅,長沙郡開國公。	宗奭 三月,守中書令,判六軍事,充大内留守。	彦卿 卲贇 留後 李周彝 荃孫按:見薛《史·莊宗紀二》。周彝無傳,無可考。	建 六月,為張厚所殺。 韓勍 友珪拜,八月,充河中招討副使。 福王友璋 十二月,以前鄆州節度檢校司徒,食邑二千戶拜,加檢校太保。	歸厚 拜兼陝、虢等州觀察處置等使。
三年癸酉,友珪鳳曆元年	友貞 二月,即帝位。 袁象先 四月,以西京内外諸軍馬步軍都指揮使、檢校司徒、左龍虎統軍、濮陽郡開國侯為特進、檢校太保、同平章事,充鎮南軍節度、江南西道觀察處置等使,改開封尹、判在京馬步諸軍事,進封開國公,增食邑一千戶。	周翰 四月,加特進、駙馬都尉。七月,卒於鎮。羅周敬墓誌 羅周敬 權知軍州事、檢校禮部尚書。十一月拜加檢校尚書、右僕射。周敬墓誌	宗奭		友璋 徙徐州。	歸厚 卒於鎮。 戴思遠 留後。三月,徙邢州。

四年甲戌	象先 劉鄩 四月，以永平軍節度使、檢校太傅同平章事改開封尹，遥領鎮南軍節度使。	周敬	宗奭		王檀 自宣化徙鎮，加檢校太師。 荃孫按：歐《史》本傳云貞明元年，與薛《史》異。	
貞明元年乙亥	鄩	周敬	宗奭	霍彦威 留後。四月，徙邠州。 謝彦章	檀 徙天平。	
二年丙子	鄩 三月，徙滑州。	周敬 二月，徙許州。 劉鄩 三月，充副大使知節度事。 霍彦威 以副大使知節度事、北面行營副招討等使、特進、檢校太傅。	宗奭	彦章	羅周敬 自宣義徙鎮，加檢校尚書左僕射。七月，内召。	
三年丁丑		霍彦威 正月，徙鄆州。 董璋 以前蔡州刺史權知軍州事。 賀瓌 十二月，以西面行營	宗奭 以守中書令、河南尹判六軍諸衛事，為天下兵馬副元帥。十二月，改西都留守。	彦章		

		馬步都指揮使、左龍武統軍,為檢校太傅、同中書門下平章事,拜宣義軍節度使,鄭、滑、濮等州觀察處置等使。				
四年戊寅		瓌	宗奭	彦章 六月,充北面行營排陣使、兩京馬軍都軍節度等使,光禄大夫,檢校太保,徙許州。 韋堅 以宣徽院副使權知軍州事。 趙麓 八月,以宿州團練使,權知河陽節度觀察留後。	謝彦章 六月,自河陽徙鎮兼陳、許、蔡等州觀察處置等使。十二月,被賀瓌所殺。 朱珪 以行營諸軍馬步都虞侯光禄大夫、檢校太保、曹州刺史,為檢校太傅,充匡國軍節度觀察留後,依前行營諸軍馬步都虞侯。未幾,徙鄆州。	邵王友誨 惠王友能 十二月,以雲麾將軍、檢校太保、陳州刺史充鎮國軍節度使,陝、虢等州處觀察處置等使。

五年己卯	王瓚 開封尹。七月，充北面行營招討使。	瓌 八月，卒於鎮。	宗奭	麓	王彥章 五月，以行營諸軍左廂馬步都指揮使、鄭州防禦使，充匡國軍節度觀察留後，依前行營諸軍左廂馬軍都指揮使。	友能
六年庚辰	瓚		宗奭		彥章 正月，拜進封開國侯。	友能
龍德元年辛巳	瓚	王彥章 正月，自匡國徙鎮，充節度副大使，知節度事，鄭、滑、濮等州觀察處置等使，依前北面副招討使。	宗奭		彥章 正月，徙滑州。 温昭圖 自静勝徙鎮。	友能 四月，反；十月，降。 邵王友誨 荃孫按：友誨鎮陝，未知何時。 霍彥威 留後
二年壬午	瓚	彥章	宗奭		昭圖	彥威
三年癸未	瓚	彥章 五月，充北面行營招討使。七月，罷招討使。十月，為唐所殺。	宗奭		昭圖	彥威

	宣武軍	武寧軍	泰寧軍	天平軍	平盧軍
	唐宣武節度屬，開平三年，升節鎮，賜軍額，治宋州，領亳、輝、潁三州。	唐舊鎮。□□年賜軍額，治徐州，領宿州。	唐舊鎮。□□年賜軍，領兖、沂、密三州，以兖州為治所。	唐舊鎮。元和十五年，賜號天平軍，領鄆、曹、濮、濟四州，以鄆州為治所。 荃孫按：《通鑑》二百六十一注云：天平軍領鄆、曹、濟、棣四州。二百六十五注：鄆、曹、濮、濟。	唐舊鎮。□□年賜軍額，領青、淄、齊、棣、登、萊六州，以青州為治所。
開平元年丁卯			王瓚		韓建 五月，守司徒同平章事。
二年戊辰			瓚 惠王友能留後		建
三年己巳	衡王友諒		友能		建
四年庚午	友諒 惠王友能 四月，以兖海留後充留後。 袁象先 權留後，即徙天平。		友能 四月，徙宋州。	袁象先 自宣武徙，充兩使留後。	建 三月，徙匡國。
乾化元年辛未				象先	賀德倫 未詳何時拜。

二年壬申	廣王全昱 友珪拜，未詳何年。	王殷 友珪拜。		象先 留後。二月，充鎮定東南行營招討應接副使，進封開國伯。	德倫 二月，招討應接使。
三年癸酉	全昱	殷		象先 改开封尹。 牛存節 十一月，自忠武徙鎮，加開府儀同三司。	張萬進 八月，自順化徙鎮。
四年甲戌	全昱	殷 七月，反。 福王友璋 自匡國徙鎮。	張萬進 正月，自平盧徙鎮，加檢校太尉。	存節 充淮南西北面行營招討使。	萬進 正月，徙兖州。 袁象先 自開封尹改加檢校太傅。
貞明元年乙亥	全昱	友璋	萬進	存節 二月，以天平軍節度副大使知節度事，兼淮南西北面行營招討應接等使，檢校太傅同平章事，為檢校太尉。五月，卒於鎮。	賀德倫 三月，徙魏州。荃孫按：《五代史·賀德倫傳》：自乾化元年拜平盧，迄貞明元年鎮天雄，未聞他徙。然乾化三年張萬進自順化徙青州，四年袁象先自開封尹徙青州，均非遥領，疑德倫有先罷後拜之事。史無明文，遂無可攷。

二年丙子	全昱 正月,以皇伯父宋州節度使開府儀同三司、檢校太師兼中書令,為守中書令,卒於鎮。 荃孫按:階爵封拜未詳何時,據薛《史》本紀類書於此。		萬進	王檀 二月,自匡國徙鎮。九月,被盜所殺。	元湘 權知軍州事客省使知銀臺事。
三年丁丑	象先 加檢校太尉。		守進 八月,賜名。	霍彦威 正月,自宣義徙充副大使知節度事。	湘 二月,充檢校司空。
四年戊寅	象先		守進	彦威	趙縠 四月,以宣徽院使、右衛上將軍權知軍州事。 朱珪 十二月,自匡國徙鎮,充平盧軍節度,淄、青、登、萊等州觀察處置,押新羅、渤海兩番等使,兼行營諸軍馬步軍副都指揮使,進封沛國郡開國侯。

五年巳卯	象先		守進 三月，叛。 八月，伏誅。 劉鄩 十一月，以兖州安撫制置使、特進、檢校太傅、大彭郡開國公拜，加開府儀同三司、檢校太尉同平章事。	彦威 十二月，充北面招討使。	
六年庚辰	象先 五月，升大都督府。		鄩 六月，充河東道招討使。	彦威	
龍德元年辛巳	象先		鄩 六月，酖死。	彦威 降陝州留後。 戴思遠 五月，充北面行營招討使。	
二年壬申	象先			思遠	
三年癸未	象先			思遠 閏五月，降鄧州留後。 崔簹 知州事、節度副使。六月，為晉所執。	

	天雄軍	昭德軍	保義軍	武順軍	義武軍	義昌軍	盧龍軍
	唐魏博鎮，開平元年更號，治魏州，領貝、衛、相、澶、博五州。貞明元年三月，割相、澶、衛三州置昭德軍。四月，軍亂入晉。	貞明三年，割天雄軍置，治相州，領澶、衛二州，賜軍額。二年八月，地入於晉。	唐昭義軍地，梁改軍額，治邢州，領磁、洺二州。	唐成德軍。□年賜軍額，梁改武順，治鎮州，領冀、深、趙三州。	唐舊鎮。□年賜軍額，治定州，領祁、易二州。	唐舊鎮。治滄州，領景、德二州。	
開平元年丁卯	羅紹威 鄴王。五月，守太傅。			王鎔 趙王。五月，守太師。	王處直 五月，兼侍中。	劉守文 十一月，加中書令，封大彭王。	劉仁恭 四月，為子所囚。劉守光自稱留後。五月，封河間郡王。七月，拜，加同平章事。
二年戊辰	紹威		王檀 六月，由密州刺史拜，加檢校司徒。	鎔	處直	守文	守光

三年己巳	紹威		王檀 加檢校太保。七月，充潞州東面行營招討使。	鎔	處直 四月，封北平郡王。	守文 五月，為守光所禽。 劉延祚 守文子。 劉繼威 守光子。以中軍兵馬使充留後。	守光 七月，封燕王。
四年庚午	紹威 五月，卒於鎮。 羅周翰 充留後。		檀	鎔 十一月，附晉。	處直 十一月，附晉。	繼威 正月，延祚被禽。五月，拜。 劉守光 八月，兼領。 荃孫按：梁命守光兼領，繼威仍領軍府事也。	守光 八月，兼領義昌軍。
乾化元年辛未	周翰 三月，拜。		檀 三月，加檢校太傅同平章事。七月，加開府儀同三司、檢校太尉。			繼威	守光 六月，充河北道採訪使。八月，稱帝。

二年壬申	周翰 七月，徙滑州。 楊師厚 自宣義徙鎮。		檀 正月，封琅琊郡王，友珪徙鄧州。 戴思遠 留後			繼威 三月，為張萬進所殺。 張萬進 自稱留後順化軍。三月，梁改張萬進拜。	
三年癸酉	師厚 三月，充潞州行營都招討使、開府儀同三司、檢校太尉兼侍中、弘農郡王，加檢校太師兼中書令，進封鄴王。		思遠 三月，自留後拜，檢校太保，為檢校太傅，徙滄州。			張萬進 五月，徙青州。 劉守奇 拜。 戴思遠 自保義徙鎮。	
四年甲戌	師厚		閻寶 未詳何時拜。 荃孫按：薛《史》本傳云：天祐六年，拜邢洺節度使。天祐六年，即開平二年，是時王方拜檀，檀徙鄧州，又拜戴思			思遠	

			遠。思遠徙順化,乃拜實耳,不若歐《史》云末帝時以為保義節度為可據,今從歐《史》。				
貞明元年乙亥	師厚 三月,卒於鎮。賀德倫自平盧徙鎮,四月舉鎮降晉。	張筠 三月,以宣徽使拜。	實			思遠	
二年丙子		筠 七月,棄鎮奔京師,地入於晉。	實 七月,舉鎮降晉。			思遠 七月,棄鎮來奔,地入於晉。	

	護國軍	定昌軍	安義軍
	唐舊鎮。□年賜軍額,治河中府,領晉、絳、慈、隰四州,開平三年,分晉、絳為一鎮。	開平四年,割護國軍置,治晉州,領絳、沁二州,賜軍額。	唐舊鎮。□年賜軍額,治潞州,領澤州,李繼韜據地降,改今名。
開平元年丁卯	朱友謙 檢校太師、中書令,封冀王。		
二年戊辰	友謙		

三年己巳	友謙 六月,充同州東西行營招討使。		
四年庚午	友謙	華温琪 四月,以晉州刺史拜。	
乾化元年辛未	友謙 充西面都招討使。	温琪	
二年壬申	友謙 七月,附晉。	温琪	
三年癸酉	友謙 三月,復附。		
四年甲戌	友謙		
貞明元年乙亥	友謙		
二年丙子		劉玘 權知晉州軍事。 荃孫按:玘知晉州未詳何年。據薛《史》本傳云:玘在晉州八年,與上黨太原之師交鬥境上。由莊宗入洛上溯八年,當繫於是時。	
三年丁丑		玘 六月,改建昌軍。充節度觀察留後。	
四年戊寅		玘	
五年己巳		玘	
六年庚辰	友謙 三月,以副大使知節度事制置度支解縣池揚等使,開府儀同三司,守太保兼中書令,兼領同州,四月舉鎮附晉。	玘	

龍德元年辛巳		玘 二月，拜，檢校太保。	
二年壬申		玘	
三年癸未		玘	李繼韜 三月，以鎮歸順。

	佑國軍	匡國軍	感化軍	静勝軍	静難軍	保大軍	保塞軍
	唐西都。梁開平元年改京兆府為雍州。《五代會要》改京兆府為大安府。置佑國軍，領金、商二州。三年七月改永平軍。	唐舊鎮。乾寧二年賜匡國軍額，治同州。開平二年改忠武軍。	唐舊鎮。天復三年賜感化軍額，治華州。天祐三年罷入匡國。梁初復，史無明文。荃孫按：梁初復節鎮史無明文，《通鑑》劉知俊反時尚云華州刺史蔡敬思也。	唐華原、美原兩縣地。唐末李茂貞以華原為耀州，美原為鼎州，置義勝軍。貞明元年降梁。梁改軍額，改耀州為崇州，鼎州為裕州。	唐舊鎮。治邠州，領寧、慶、衍三州。貞明元年李保衡據鎮降。	唐治鄜州，領坊州，唐末茂貞有其地。開平三年降梁。	唐治延州，領丹州，唐末李茂貞有其地。開平三年降梁。
開平元年丁卯	韓建 四月，拜。五月，徙青州。 王重師 自平盧徙鎮。	劉知俊					

二年戊辰	重師	知俊 三月,充潞州行營招討使。 五月,改忠武軍。 六月,充西路行營都招討使。					
三年己巳	重師 五月,召還。 劉捍 以左龍武統軍充留後。六月,為劉知俊所殺。 劉鄩 權留後。七月,改永平軍,拜,檢校司徒,行大安尹、金州營内觀察使。	知俊 四月,封大彭郡王兼侍中。六月,反,奔鳳翔。 劉鄩 兼領留後。 牛存節 自保大留後,徙充留後。	寇彦卿 荃孫案:彦卿罷鎮,未知何時。考薛《史》本傳云,為華州節度使歲餘,召為左金吾衛大將軍,當在是年。 王瓚 自秦、寧徙鎮。			牛存節 四月,以絳州刺史充留後。 荃孫按:《通鑑》云:拜保大節度使。據薛《史》本傳云,除鄜州留後,後徙同州,仍云留後,非正拜也。《鑑》誤。六月徙同州。 徐懷玉 由晉州刺史拜。	高萬興 四月,拜。
四年庚午	鄩 加檢校太保、同平章事。	存節 拜,加檢校太保。	康懷貞 自鎮國徙鎮。			懷玉	萬興

乾化元年辛未	鄩	存節	懷貞			懷玉	萬興 五月,封渤海郡王。
二年壬申	鄩 友珪加檢校太傅。	存節 加檢校太傅,進封開國公。	懷貞 九月,充河中都招討使。			懷玉 為朱友謙所擄。 高萬金 荃孫按:薛《史·萬興傳》:牛存節徙同州,即拜萬金為節度使。攷《徐懷玉傳》又云:三年,授鄜坊節度使。乾化二年,朱友謙襲鄜州,懷玉被禽,懷玉歿,方授萬金為帥。傳終言之。《通鑑》乾化元年,萬興遣都指揮使高萬金攻鹽州。是時猶未建節也。	

三年癸酉	鄩	存節 加同平章事。十一月,徙鄆州。				萬金	萬興 四月,改忠義軍。
四年甲戌	鄩 二月,改開封尹。 康懷英 二月,自感化徙鎮,行大安尹,金棣等州觀察處置使。		康懷英 改名,以華、商等州觀察使,檢校太傅同平章事,太原郡開國公。二月,徙京兆。			萬金	萬興
貞明元年乙亥	懷英		李保衡 四月,自静難徙鎮。	温昭圖 十二月,以偽命義勝軍節度使,鼎、輝等州觀察使,加進檢校太保、同平章事,為檢校特進、太傅,兼崇、裕等州觀察使,河内郡開國侯,復本姓名。	李保衡 留後。四月,自岐來歸。 霍彦威 河陽留後,拜。	萬金	萬興 太原四面招討應接使,檢校太師兼中書令。 閏二月,封渤海王。
二年丙子	懷英		保衡	昭圖	彦威 徙滑州。	萬金	萬興
三年丁丑	懷英	程全暉	保衡	昭圖		萬金	萬興

四年戊寅	懷英 中書令，卒於鎮。荃孫按：薛《史·張筠傳》云：往代懷英，比至，懷英已卒，因除筠永平節度使，故繫於此年。 張筠 六月，以左衛上將軍權節度觀察留後兼判大安府事。	程全暉 被逐。 朱令德 六月，以金紫光禄大夫、檢校司徒、歙州刺史，充觀察留後。	姚勍 正月，以蔡州刺史權知兩使留後。荃孫案：六月，以權知感化軍兩使留後，充感化軍節度觀察留後，是正月權兩使。薛《史》本紀均作節度觀察留後，誤。五月，充節度觀察留後。十月，改左龍虎統軍。 尹皓 八月，以絳州刺史充節度觀察留後。	昭圖 特進檢校太傅同平章事，九月加檢校太尉。		萬金 卒於鎮。 萬興 四月，兼領。	萬興 四月，兼鄜、延兩道都制置使。
五年己卯	筠 四月，拜，檢校太保，行大安尹。	令德	皓 三月，拜，加檢校太保、同平章事。	昭圖		萬興 五月，加檢校太師兼中書令，充保大、忠義等軍節度，鄜、延管內觀察等使。	萬興

六年庚辰	筠		令德 朱友謙兼領,舉鎮附晉。	皓	昭圖 内召 華温琪 九月,以汝州防禦使充留後。		萬興 三月,進封延安王,賜號匡時定節功臣。	萬興
龍德元年辛巳	筠			皓	温琪 二月,以權知静勝軍節度觀察處置等使充節度觀察留後,依前檢校太傅。		萬興	萬興
二年壬申	筠			皓	温琪		萬興	萬興
三年癸未	筠			皓	温琪		萬興	萬興

	朔方軍	定難軍	静難軍		
	治盧州。開平三年充鹽州兼領之。	治夏州。	唐舊鎮,治涇州,領寧、慶、衍三州。		
開平元年丁卯	韓遜 兼中書令。	李思諫			
二年戊辰	遜	思諫 十二月,卒於鎮。 李彝昌 思諫子,自稱留後。			

三年己巳	遜 三月，封潁川王。	彝昌				
四年庚午	遜	彝昌 三月，被殺。 仁福 四月，以蕃漢都指揮使拜。				
乾化元年辛未	遜	仁福				
二年壬申	遜	二福				
三年癸酉	遜	仁福 三月，以檢校太尉同平章事加檢校太師，進封隴西郡王。				
四年甲戌	遜 五月，卒於鎮。 韓洙 留後。七月起，復拜，檢校司徒，加檢校太保。	仁福				

貞明元年乙亥	洙	仁福			
二年丙子	洙	仁福			
三年丁丑	洙	仁福			
四年戊寅	洙 四月，落起復，加開府儀同三司，依前檢校太傅、同平章事。	仁福			
五年己卯	洙	仁福			
六年庚辰	洙	仁福			
龍德元年辛巳	洙	仁福			
二年壬午	洙	仁福			
三年癸未	洙	仁福			

	忠義軍	宣化軍	宣威軍	荆南軍	静海軍
	唐舊鎮。治襄州，領均、房、唐三州。	開平三年，割山南東道置，賜軍額，治鄧州，領泌、隨、復、郢四州。	治安州。	唐舊鎮。治江陵，領歸、峽二州。	

開平元年丁卯	楊師厚 加檢校太保、同平章事。			高季昌 五月,以留後拜。	曲承裕 六月,卒。 曲顥 權留後。七月,拜,充安南都護。
二年戊辰	師厚 加檢校太傅。			季昌	顥
三年己巳	師厚 三月,充潞州四面招討使。四月,封弘農郡王。五月,充西路行營招討使。 王班 以前兖海留後充留後。七月,軍亂被殺。	李思安 充留後。		季昌	顥
四年庚午	師厚 二月,徙陝州。 孔勍 未詳何時拜。 荃孫按:薛《史》本傳云,貞明中王球作亂,勍討平之,因授山南東道。攻王球,據襄州,是開平中,非貞明中也,薛《史》字誤。	思安 七月,充東北面行營都指揮使。 孔勍 徙襄州。		季昌	顥
乾化元年辛未	勍			季昌	曲美(顥)

二年壬申	勍	王檀 自天平徙鎮，檢校太尉兼侍中。		季昌	美 顒
三年癸酉	勍	檀 七月，徙許州。		季昌 八月，封渤海王。	美
四年甲戌	勍			季昌	美
貞明元年乙亥	勍	寇彦卿 以右金吾上衛將軍拜。		季昌	美
二年丙子	勍	彦卿		季昌	美
三年丁丑	勍	彦卿		季昌	美
四年戊寅	勍	彦卿 卒於鎮。		季昌	美 十月，加同平章事。
五年己卯	勍 五月，加同平章事。			季昌	美
六年庚辰	勍		朱漢賓 正月，以曹州刺史拜。	季昌	美
龍德元年辛巳	勍		漢賓	季昌	美
二年壬申	勍		漢賓	季昌	美
三年癸未	勍	戴思遠 閏月，自天平徙充留後。	漢賓	季昌	美

唐	北都太原府	振武軍	大同軍	威塞軍	天德軍	彰國軍
	唐河東鎮。治太原府,領遼、沁、汾、石、麟、嵐、憲、代、忻九州。中和元年,拜李克用為河東道節度使,唐亡稱天祐年號,莊宗即位仍稱北都。	唐舊鎮。乾元二年賜軍額,治朔州,領單于都護府,領麟、勝二州。荃孫按:《通鑑》二百六十九云,陷蔚州,虜振武節度李嗣本。胡注以蔚州當是朔州,然軍移朔州亦無年月,據《通鑑》二百七十八注。	唐舊鎮。治雲州,領代、蔚、忻三州。同光二年七月,增領應州。	唐□□地。同光二年建節鎮,賜軍額,領嬀、儒、武三州,治新州。長興元年改武州為毅州。	唐舊鎮。領豐、會二州,三受降城。	唐應州。天成元年升節鎮,賜軍額,以興唐軍為寰州隸之。
唐天祐四年丁卯,梁開平元年	李克用	李克寧 充管內蕃漢馬步都知兵馬使。				
五年戊辰	克用 五月,薨。 李存勗 嗣位。	克寧 正月,伏誅。 周德威 五月,拜, 同平章事。				
六年己巳	存勗	德威				
七年庚午	存勗	德威				
八年辛未	存勗	德威			宋瑶	
九年壬申	存勗	德威				

十年癸酉	存勗	德威 十月,徙幽州。 李嗣本 以雲中防禦使拜。				
十一年甲戌	存勗	嗣本				
十二年乙亥	存勗	嗣本	賀德倫 六月,自天雄徙鎮。			
十三年丙子	存勗 正月,鎮定,推為尚書令開府置行臺。	嗣本 八月,為契丹所虜。 李嗣恩 以石嶺關北都知兵馬使拜。	德倫 為張承業所殺。 李存璋 以大同防禦使拜,兼應蔚等州觀察使。			
十四年丁丑	存勗	嗣恩	存璋	李存矩 二月,為盧文進所殺。		
十五年戊寅	存勗	嗣恩 赴行在。	存璋			
十六年己卯	存勗	李存進 以蕃漢馬副總管拜。	存璋			
十七年庚辰	存勗	存進	存璋			
十八年辛巳	存勗	存進	存璋	王郁		

十九年壬午	存勗	存進 四月，充北面招討使。八月，攻鎮州，戰死。	存璋 四月，卒於鎮。	郁		
莊宗 同光元年癸未	三月，以太原府為西京。 孟知祥 以河東軍城都虞侯為太原尹，充西京副留守。	李存霸 檢校太傅、同平章事。				
二年甲申	知祥	存霸 正月，徙潞州。 朱守殷 二月，以蕃漢馬步都虞侯兼東京馬步都指揮、檢校太保拜，加檢校太傅。	安元信 八月，以雲州刺史、雁門以北都知兵馬使充留後。	張廷裕 八月，以隰州刺史充留後。	劉承訓 六月，以天德管內蕃漢都知兵馬使充節度觀察留後。	
三年乙酉	知祥 十二月，徙西川。 張憲 以鄴都副留守徙充副留守，知留守事。	守殷 十一月，徙兖州。	元信 二月，徙滄州。	廷裕	承訓	

天成元年丙戌	憲 四月,賜死。 永王存霸 三月,充北都留守,被殺。 李彦超 六月,自晉州留後徙北京。	安金全 五月,以前相州刺史、北京左右廂都指揮使拜,充安北都護,同平章事。 張温 以前蔚州刺史充留後。十一月,徙利州。	高行珪 留後。六月,拜。	張廷裕 張承裕 六月,拜。		
二年丁亥	符彦超 九月,復本姓,徙潞州。 皇子從榮 自鄴都徙鎮。		行珪 張敬詢 四月,以利史州節度拜。	廷(承)裕		李從璋 三月,以大内皇城使守饒州刺史拜。
三年戊子	從榮	索自通 閏月,以捧聖左右廂副指揮使拜。十月,徙壽州,改遥領。 張温 拜。	敬詢	廷(承)裕 三月,卒於鎮。 翟章 三月,以前復州刺史充留後。	郭承豐 二月,加檢校司徒。	從璋 二月,徙滑州。 孫漢韶 三月,以前蔡州刺史充留後。
四年己丑	從榮 四月,徙河南。 皇子從厚 自宣武徙充留守。	温 張萬進 六月,以沂州刺史拜,充安北都護。	敬詢	章 五月,拜。	承豐	漢韶

長興元年庚寅	從厚 六月,徙鎮州。 馮贇 七月,以宣徽南院使行右衛上將軍,判三司,充留守,行太原尹。	萬進 高行周 十一月,以潁州團練使拜,充安北都護。	敬詢	章	承豐	漢韶 張敬達 十一月,徙雲州。 沙彦詢 以捧聖都指揮使守恩州刺史拜。
二年辛卯	贇 七月,徙許州。 李從温 自忠武徙鎮。	行周	敬詢	王景勘 閏月,以右龍武統軍拜。	承豐	彦詢
三年壬辰	從温 石敬瑭 十一月,自河陽徙鎮,兼大同彰國振武威塞等軍蕃漢馬步總管。	行周	敬詢 十一月,蔚州降契丹。	景勘	承豐	彦詢
四年癸巳	敬瑭	行周 楊檀 九月,以北面行營都指揮使、易州刺史拜,兼安北都護。	敬詢	景勘	承豐	彦詢

應順 清泰元年 甲午	敬瑭 正月,加兼中書令。二月,徙鎮州。 潞王從珂 自鳳翔徙鎮,未至。 李德玩 二月,前定州節度使權留守。三月,拜。 石敬瑭 五月,自成德徙鎮,檢校太師兼中書令。	檀 正月,兼大同彰國振武威塞等軍都虞候,充北面馬軍都指揮使,徙定州。 安叔千 十二月,以北面馬軍都指揮使拜,兼安北都護。	敬詢 張温	景勘 楊漢賓	承豐	彦詢 尹暉 十二月,以濟州防禦使拜。
二年乙未	敬瑭	叔千	温 正月,徙晉州。 安重霸 自西京徙鎮,旋卒。 沙彦詢 七月,權知雲州事。八月,拜。	漢賓 六月,徙同州。 翟章 以前晉州節度使拜。	承豐	暉
三年丙申	敬瑭 五月,徙鄆州,封趙國公,不受命。十一月,稱帝。 宋審虔 自河陽徙鎮,未赴。	叔千 七月,充代北兵馬都部署。	彦詢	章	承豐	暉

	昭義軍	護國軍	建雄軍	忠武軍
	唐舊鎮。□年賜軍額，治潞州，領澤州。	梁舊鎮。治河中府，領慈、隰、遼三州，天祐十六年，朱友謙來附。	梁舊鎮，治晉州，領絳、沁州。	梁舊鎮，治同州，天祐十六年，朱令德來附。
天祐四年丁卯	李嗣昭			
五年戊辰	嗣昭			
六年己巳	嗣昭			
七年庚午	嗣昭			
八年辛未	嗣昭			
九年壬申	嗣昭	朱友謙 六月，來附。		
十年癸酉	嗣昭			
十一年甲戌	嗣昭			
十二年乙亥	嗣昭			
十三年丙子	嗣昭			
十四年丁丑	嗣昭			
十五年戊寅	嗣昭			
十六年己卯	嗣昭 正月，徙幽州。未幾，復還鎮。	朱友謙 □月，舉鎮附晉。		朱令德 □月，舉鎮來附。
十七年庚辰	嗣昭	友謙		令德
十八年辛巳	嗣昭	友謙		令德
十九年壬午	嗣昭 三月，充北面招討使，攻鎮州，戰歿。四月，改安義軍。 李繼韜 充兵馬留後。	友謙		令德

同光元年癸未	繼韜 正月,叛附梁。十一月,降。十二月,伏誅。十二月,改安義軍。梁先改匡義。	友謙 閏月,加檢校太師兼中書令,封西平王。李繼麟 友謙賜姓名。	劉玘 檢校太保	令德 十二月,改匡國軍。
二年甲申	皇弟存霸 正月,自振武徙權留後。二月,拜。七月,徙鄆州。 孔勍 自山南東道徙鎮。	繼麟 二月,兼安邑解縣權鹽使。十一月,賜鐵券。	皇弟存乂 二月,以左衛上將軍拜。	令德
三年乙酉	勍	繼麟	存乂 十一月,起復雲麾將軍。閏十二月,徙鄜州。 皇弟存確 以相州刺史拜,封通王。	令德 九月,充行營招討副使。十二月,徙遂州。 李存敬 以前雲州節度使。
天成元年丙戌	勍 六月,加兼侍中。 安崇阮 五月,以右龍虎統軍權知軍州事。六月,徙晉州。 毛璋 十月,自静難徙鎮。	繼麟 正月,徙滑州。被殺。 永王存霸 自天平徙鎮。三月,徙太原。 申王存渥 拜,被殺。 皇子潞王從珂 三月,權知兵馬留後。六月,拜。	存確 三月,被殺。 符彦超 以權知北京軍府事、汾州刺史充留後。六月,徙北京。 安崇阮 以右龍武統軍充留後。	存敬 四月,為李沖所殺。 王思同 三月,以鄭州防禦使充留後。 劉彦琮 五月,以前磁州刺史充留後。 盧質 六月,以翰林承旨、兵部尚書、知制誥拜,加檢校司空。

三年丁亥	璋 符彦超 十二月，自北都徙鎮。	從珂 正月，加同平章事。十一月，加檢校太傅，進爵邑。	崇阮	質 九月，加檢校司徒。
三年戊子	彦超	從珂	劉訓 □月，以檢校尚書、右僕射、守龍武大將軍拜，加檢校太傅。	羅周敬 二月，以拜。
四年己丑	朱漢賓 五月，以左威衛上將軍拜。	從珂	訓	周敬
長興元年庚寅	漢賓 三月，加檢校太傅，徙晉州。改昭義軍。 王建立 四月，自平盧徙鎮，加侍中。五月，致仕。 劉仲殷 以前興元節度權知軍州事，旋拜加檢校太傅。	從珂 四月，加檢校太尉，封開國公，詔赴闕。 索自通 自西京徙鎮。	訓 朱漢賓 三月，自昭義徙鎮。	周敬 趙在禮 九月，以左饒[①]衛上將軍拜，充四面行營馬步軍都指揮使。
二年辛卯	仲殷 四月，徙秦州。 李承約 八月，以左龍武統軍拜。	自通 安重誨 正月，以樞密使、守太尉兼中書令拜，充檢校太師，封沂國公。閏月，致仕。 李從璋 自保義徙鎮。	漢賓 薄文 五月，以左金吾大將軍充留後。	在禮

① 饒，據《舊五代史》本傳，當作"驍"。

三年壬辰	承約	從璋 十一月,加檢校太傅。	文	在禮
四年癸巳	承約 盧文進 三月,以左衛上將軍拜。	從璋 五月,封洋王。	文 五月,拜。八月,卒於鎮。 翟章 以右羽林統軍拜。	在禮 安重霸 三月,以右威衛上將軍拜。
應順清泰元年甲午	文進 安元信 六月,以前宋州節度使拜,加檢校太尉兼侍中。	從璋 安彥威 正月,以侍衛馬步軍指揮使、寧國軍節度拜。二月,充西面兵馬都監。	章	重霸 五月,徙西京。 馮道 以司空兼門下侍郎、平章事為檢校太尉、同平章事拜。
二年乙未	元信	彥威 韓昭允 十二月,以中書侍郎兼兵部侍郎、尚書充樞密使為檢校司空、同平章事拜。	張温 正月,自威塞徙鎮。 張敬達 十一月,自武寧徙鎮,充大同、振武、威塞、彰國等軍兵馬副總管。	道 楊漢賓 正月,自威塞徙鎮。
三年丙申	元信 二月,卒於鎮。 皇甫立 二月,以前鄜州節度拜。七月,徙華州。 高行周 以前彰武軍節度拜,充太原四面招撫排陣使。	昭允	敬達 五月,充西北蕃漢馬步都部署,又充太原四面兵馬都部署,又改招討使。	漢賓

	天雄軍	保義軍	武順軍	義武軍	順化軍	盧龍軍
	梁舊鎮，治魏州，領博、貝、澶、相、衛州。天祐十二年，賀德倫據鎮降。	梁舊鎮，治邢州，領磁、洺州，天祐十三年，閻寶據鎮降。	梁舊鎮，治鎮州，領趙、深、冀州。天祐七年，王鎔來附。	梁舊鎮，治定州，領祁、易州。天祐七年，王處直來附。	梁舊鎮，治滄州，領景、德、瀛、莫州。天祐十三年，戴德遠棄鎮奔，地入晉。	梁舊鎮，治幽州，領涿、薊、澶①、順州。天祐十年，平劉守光，地入晉。
唐天祐七年庚午			王鎔 十一月，附晉。	王處直 十一月，附晉。		
八年辛未			鎔	處直		
九年壬申			鎔	處直		
十年癸酉			鎔	處直		周德威 十一月禽守光，幽州平，自振武徙鎮
十一年甲戌			鎔	處直		德威
十二年乙亥	賀德倫 五月，舉鎮附晉。六月，徙雲州。 李存勗 兼領。		鎔	處直		德威
十三年丙子	存勗	閻寶 七月，舉鎮附晉。 李存審 八月，以忻州刺史拜，充蕃漢副總管。九月，徙滄州。 李嗣源 以伐代州刺史拜。	鎔	處直	戴思遠 九月，棄鎮奔，地入於晉。 李存審 自保義徙鎮。	德威

① 澶，據實際地名，當作“檀”。

十四年丁丑	存勗	嗣源	鎔	處直	存審	德威
十五年戊寅	存勗	嗣源	鎔	處直	存審	德威 十一月,與梁兵戰,死。
十六年庚辰①	存勗	嗣源	鎔	處直	存審	李嗣昭 正月,自昭義徙鎮。 李紹宏 九月,帝兼領,以紹宏提舉府事。
十七年辛巳	存勗	嗣源	鎔	處直	存審	紹宏
十八年壬午	存勗	嗣源	鎔 二月,為張文禮所殺。 張文禮 充兵馬留後。八月,叛。 符習 八月,充兵馬留後。	處直 為王都所殺,幽。 王都	存審	紹宏
十九年癸未	存勗	嗣源	習 九月,平鎮州,拜,旋改領鄆州。 李存勗 兼領。 張憲 十二月,以判官魏州觀察權知軍州事。	都	存審 蕃漢馬步總管,九月。充北面招討使。	紹宏

① 十六至十九年干支均誤,據實際行年干支,依次當作己卯、庚辰、辛巳、壬午。

同光元年癸未	王正言 三月，以節度判官為禮部尚書、行興唐尹，升魏州為東京興唐府。 皇子李繼岌 開府儀同三司、檢校太傅、北都留守、興聖宮使、判六軍諸衛事。十月，改東京。閏月，自北都留守改充留守，加檢校太尉、同平章事。	嗣源 徙滄州。 符習 以遥領天平節度拜，加同平章事。十二月，改安國軍。	憲 改租庸使。三月，升鎮州為北都真定府。十一月，復改成德軍。 任圜 以澤潞節度判官為工部尚書兼真定尹，充北京副留守。 郭崇韜 十月，以樞密使、檢校太保、守兵部尚書、太原縣男為開府儀同三司、守侍中、監修國史拜，兼真定尹，依前樞密使、太原郡侯。	都 閏月，加檢校侍郎。	存審 三月，徙幽州。 李嗣源 閏月，自保義徙鎮，加檢校侍中，充內外蕃漢副總管。四月，徙鄆州。 符習 自安國徙鎮。	紹宏 改宣徽使。 李存審 三月，自橫海徙鎮。閏月，加檢校太師兼中書令。
二年甲申	繼岌	李存紀 二月，以北京皇城留守拜，加檢校太傅。	崇韜	都	習 三月，徙青州。 李紹斌 趙行實賜姓名，以北京衙內馬步軍都指揮使、右領軍衛大將軍拜。五月，充東北面招討使。	存審 四月，徙汴州。 李存賢 王賢賜姓名。三月，以行軍司馬拜。

三年乙酉	繼岌 三月，改東京為鄴都。九月，封魏王，充西川四面行營都統，改諸道行營都統。 王正言 十二月，以戶部尚書、檢校吏部尚書、守興唐尹充鄴都副留守。	存紀 十一月，起復雲麾將軍。	崇韜 李嗣源 正月，自宣武徙鎮。四月，充北面水陸轉運使。	都 正月，進封開國公，加食邑實封。	紹斌 二月，徙幽州。 安元信 自大同徙鎮。	存賢 正月，卒於鎮。 李紹斌 二月，自橫海徙鎮，檢校太保。
天成元年丙戌	正言 皇子從榮 十二月，以金紫光禄大夫、檢校司徒加檢校太保同平章事、天雄節度使、鄴都留守。	存紀 三月，被殺。 米君立 五月，以洺州刺史拜。 王景勘 十一月，自橫海徙鎮。	嗣源 王建立 留後	都	元信 檢校太傅。五月，移鎮徐州。 王景勘 留後。十一月，徙邢州。 趙在禮 自義成徙鎮。	紹斌 五月，復姓賜名。 趙德鈞 加檢校太傅、同平章事。
二年丁亥	從榮 十一月，加檢校太傅，進爵邑。十二月，徙太原。 趙敬怡 八月，以鄴都副留守判興唐府事。	景勘	建立 正月，拜。九月，加同平章事。	都 九月，加食邑實封。	在禮 七月，徙兗州。 安審通 以齊州防禦使拜。	德鈞 九月，加檢校太師。

三年戊子	敬怡 石敬瑭 四月,自宣武徙,充留守加同平章事。五月,加駙馬都尉。	景勘 三月,徙華州。 李從温 以前北京副留守拜。	建立 范延光 三月,權知軍州事。四月,拜兼水陸轉運使。	都 四月,叛。	審通 四月,充副招討使兼諸道馬軍都指揮使。七月,卒。 李從敏 閏月,自保義徙鎮,十月,兼北面招討使。	德鈞
四年己丑	敬瑭 六月,改鄴都為魏府。	從温	延光 四月,加檢校太傅。	都 二月,克定州,焚死。 李從敏 自横海徙鎮。	從敏 二月,徙滄州。 張虔釗 以北面行營都監鄭州防禦使拜。	德鈞 二月,加兼侍中。四月,充北面行營招討使。
長興元年庚寅	敬瑭 二月,充御營使。九月,充東川行營都招討使。	從温 高允韜 三月,自彰武徙鎮。	延光 皇子從厚 七月,自太原北都徙鎮。八月,封宋王。	從敏	虔釗 三月,徙徐州。 孔循 自忠武徙鎮。	德鈞
二年辛卯	敬瑭 四月,充六軍諸衛副使。六月,徙河陽。 宋王從厚 自成德徙,充興唐尹。	允韜	宋王從厚 六月,徙天雄。 李從敏 自義武徙鎮。	從敏 六月,徙鎮州。 李德琉 以前秦州節度使拜,充北面行營副招討使。	循 三月,卒於鎮。 盧質 自河陽徙鎮。	德鈞

三年壬辰	從厚 四月,兼中書令。	允韜 趙鳳 七月,以門下侍郎兼吏部尚書、同平章事、監修國史為檢校太傅、同平章事拜。	從敏	德琉	質	德鈞 四月,兼中書令。
四年癸巳	從厚 十二月,即位。	鳳	從敏 五月,封涇王。 范延光 十月,以樞密使拜。	德琉 李從温 十月,自天平徙鎮。	質 李金全 六月,以前涇州節度使拜。	德鈞
應順 清泰元年 甲午	范延光 二月,自成德權知留守事。三月,拜,兼侍中,行興唐尹、北面水陸轉運制置使。五月,充樞密使,封齊國公。	鳳 閏月,加邑爵邑。① 康思立 五月,自保義徙鎮。	延光 正月,加檢校太師。二月,徙天雄。 石敬瑭 自河東太原權知軍州事。三月,拜,行真定尹兼中書令。五月,徙太原。 皇子重美 六月,以河南尹兼領。	從温 李周	金全	德鈞 正月,加檢校太師兼書令②。六月,封北平王。

① 前"邑"字疑衍。

② "書"前疑奪"中"字。

二年乙未	延光 二月,徙汴州。 皇子重美 以河南尹兼,加檢校太尉、同平章事。 劉延皓 七月,以樞密使拜。	思立 安審琦 五月,以順化軍節度使兼彰聖都指揮使、北面行營排陣使拜。	重美 三月,徙充魏州。 董溫琪 三月,以知軍府事拜,加檢校太保。	周 二月,徙西京。 楊檀 自振武徙鎮,兼北面行營馬步都虞侯。五月,賜名光遠。	金全 馬全節 十一月,以前金州防禦使充留後。	德鈞
三年丙申	延皓 六月,罷。 張令昭 權知軍府事。七月,伏誅。 范延光 自宣武徙鎮,守太傅兼中書令。十一月,充河東道東南面行營招討使。	審琦 五月,充太原四面馬軍都指揮使。	溫琪 七月,充東北面副招討使。	檀光遠 五月,充太原四面兵馬副部署兼馬步都虞侯,尋改副招討使。	全節	德鈞 十一月,充諸道行。

	東都河南府	河陽軍	匡國軍	保義軍	宣武軍	義成軍
					梁東都同光元年復,治汴,領單州。	

同光元年癸未	張全義 復舊名,十一月,以洛京留守、判六軍諸衛事、守太尉兼中書令、河南尹、魏王,為檢校太師、中書令。	張繼業 檢校太保。十一月,充留後。	李紹沖 温韜賜姓名,檢校太尉、同平章事。十二月,改忠武軍。	霍彦威 十二月,改保義軍。	王瓚 十一月,以特進、檢校太傅、開封尹、判六軍諸衛事充功德使,為節度副使、權知軍州事。十二月,改宣武軍。 盧質 以翰林學士承旨權知軍府事。	李紹欽 段凝賜名。十月,檢校太保,充留後。十一月,徙兖州。 皇弟存渥 以光禄大夫、檢校太傅、左金吾上將軍兼領左龍武軍事、汾州刺史拜,加特進、同平章事。十二月,改義成軍。
二年甲申	全義 二月,加守太尉,改封齊王。五月,冊太尉。十二月,充留守,判在京諸軍事。	繼業	紹沖 李令錫 五月,以順義軍節度使拜。	彦威 正月,北面行營副招討使。 李紹琛 康延孝賜姓名。二月,以捧日都指揮使、鄭州防禦使拜。	質 李存審 四月,自盧龍徙鎮。五月,卒。 李嗣源 六月,自天平徙鎮。	存渥
三年乙酉	全義 三月,改洛京為東都。七月,充山陵橋道排頓使。	繼業	令錫	紹琛 九月,充行營蕃漢馬步都排陣斬斫使。	嗣源 正月,徙鎮州。 孔循 三月,以租庸使權知軍州事。	存渥 十一月,起復雲麾將軍。閏十二月,封申王。

天成元年 丙戌	全義 正月，徙許州。 朱漢賓 以右衛上將軍知河南府事。 朱守殷 五月，自泰寧徙，充河南尹、判六軍諸衛事。	李紹奇 正月，以鄭州刺史拜。 夏魯奇 五月，李紹奇復姓名，加檢校太傅。十一月，徙許州。	令錫 正月，被殺。 張全義 自東京徙鎮，檢校太師兼尚書令。三月，自殺。 陶玘 留後。五月，徙鄧州留後。 夏魯奇 十一月，自河陽徙鎮。	紹琛 正月，反，伏誅。 石敬瑭 三月，權知兵馬留後。 劉仲殷 五月，自威勝徙，充留後。	循 六月，以樞密使權知軍州事。	存渥 正月，徙鄆州。 李繼麟 自護國徙鎮，旋被殺。 趙在禮 五月，以金紫光禄大夫、檢校司空拜，加檢校太保。 盧文進 十二月，拜檢校太尉、同平章事。
二年丁亥	皇子從厚 正月，以金紫光禄大夫、檢校司徒加檢校太保、同平章事、河南尹、判六軍諸衛事。十一月，加檢校太傅，進爵邑。	孔勍 二月，以前澤潞節度、檢校太傅兼侍中拜。 趙延壽 九月，以汝州防禦使拜。	魯奇 二月，充西面副招討使。十二月，徙遂州。	敬瑭 二月，加檢校太傅兼六軍諸衛副使。十月，徙汴州。 李從敏 十一月，以皇城使、行袁州刺史拜。	循 朱守殷 八月，加兼侍中。十月，反，伏誅。 石敬瑭 自保義徙鎮，充六軍諸衛副使、侍衛親軍馬步都指揮使。	文進
三年戊子	從厚 四月，徙汴州。 安重誨 以樞密使兼。	延壽 五月，加駙馬都尉。九月，加檢校司徒。	孔循 二月，以樞密使兼東都留守拜，仍兼東都留守。	從敏 八月，徙滄州。 張延朗 以宣徽南院使拜。	敬瑭 四月，徙鄴都。 皇子從厚 以河南尹拜。	文進 二月，徙鄧州。 李從璋 自彰國徙鎮。

四年己丑	重誨 趙敬怡 二月,以樞密使權知軍州事,旋卒。 趙鳳 以端明殿學士權知軍州事。 皇子從榮 四月,自北都徙充河南尹、判六軍諸衛事。	延壽 四月,徙宋州。 康義誠 四月,以侍衛親軍都指揮使、鎮南軍節度使拜。	循	延朗	從厚 徙北京。 符習 三月,自天平徙鎮。	從璋
長興元年庚寅	從榮 七月,封秦王。	義誠 三月,徙襄州。 安崇緒 六月,以皇城使充留後。	循 三月,徙滄州。 張延朗 自保義徙鎮,加檢校太傅。 李從温 七月,以左武衛上將軍拜。	延朗 三月,徙許州。 劉彦琮 以左武衛上將軍拜,檢校太傅。十月,徙邠州。 李從璋 以左饒衛上將軍拜。①	習 李從曮 三月,自鳳翔徙鎮,封岐國公。	從璋 張敬詢 四月,以饒衛上將軍拜。②
二年辛卯	從榮	崇緒 盧質 四月,以兵部尚書拜。六月,徙滄州。 石敬瑭 自天雄徙鎮。	從温 九月,徙河東。 馮贇 自太原徙鎮。	從璋 閏月,徙河中。 安從進 以隨駕馬軍都指揮使、宣州節度使拜,徙延州。 康思立 十二月,自昭武徙鎮。	從曮	敬詢

① 饒,當作"驍"。
② 饒,當作"驍"。

三年壬辰	從榮	敬瑭 十一月,徙太原。 康義誠 十二月,自山南徙鎮。	贇 孟鵠 十一月,以三司使、左武衛大將軍拜。	思立	從曮	敬詢 李贇華 四月,以懷化軍節度使拜。
四年癸巳	從榮 正月,加守尚書令兼侍中。八月,充天下兵馬大元帥,加食邑萬戶、實封三千戶。十一月,伏誅。 涇王從敏 十二月,以前鎮州節度使權知府事。 盧質 以右僕射權知府事。	義誠 九月,加同平章事。	鵠 七月,卒於鎮。 李從昶 以右龍武統軍拜。	思立	從曮 趙延壽 九月,以樞密使拜。	贇華 高允韜 九月,以右龍武統軍拜。
應順 清泰元年 甲午	質 皇子重美 六月,以皇子左衛上將軍加檢校太保、同平章事兼河南尹、判六軍諸衛事。	義誠 正月,侍衛親軍馬步軍都指揮使加檢校太尉兼侍中、判六軍諸衛事。三月,充鳳翔行營都招討使。四月,為潞王所殺。	從昶	思立 五月,徙邢州。 相里金 以隴州防禦使拜。	延壽 正月,檢校太尉兼侍中加兼檢校太師。五月,封魯國公。	允韜

		安從進 五月,以侍衛馬軍都指揮順化軍節度使拜。				
二年乙未	重美	從進 九月,徙襄州。 宋審虔 以忠正軍節度使、侍衛步軍都指揮使拜。	從昶 趙延壽 三月,以前汴州節度拜,兼樞密使。	金	延壽 范延光 二月,以樞密使兼天雄軍徙,充加檢校太師,兼中書令。	允韜 八月,卒於鎮。 李彦舜 八月,以洺州團練使拜,加檢校太傅。
三年丙申	重美 正月,封雍王。	審虔 五月,徙河東。 張彦琪 以忠正軍節度使、侍衛步軍都指揮使拜,充侍衛馬軍都指揮使,又充太原四面馬步軍都指揮使。	延壽 十一月,充河東道南面行營招討使。	金 五月,充太原四面步軍都指揮使。	延光 六月,充天雄軍四面招討使。七月,徙魏州。 李周 自西京徙鎮,檢校太尉、同平章事。十一月,充河東道東南面行營副招討使。	彦舜

	歸德軍	武寧軍	泰寧軍	天平軍	平盧軍
	梁宣武軍。同光元年改,治宋州,領輝、亳、潁三州。				
同光元年癸未	李紹安 袁象先賜姓名。	李紹榮 元行欽賜姓名。十一月,以雜指揮散員部署特進、檢校太傅、忻州刺史拜。	李紹欽 十一月,自宣義徙鎮。	李嗣源 閏月,自横海徙鎮。十月,以竭忠啟運匡國功臣開臣①、開府儀同三司、檢校太傅、兼侍中、蕃漢馬步總管副使、隴西郡侯為特進,封開國公,加食邑,實封,又兼中書令。	戴思遠 十一月,自宣化留後徙,權知軍州事、檢校司空。
二年甲申	紹安 檢校太尉、同平章事。五月,卒於鎮。 李紹榮 六月,自武寧徙鎮,同平章事。	紹榮 六月,徙宋州。 李紹真 霍彦威賜姓名。六月,以保義軍留後拜。十二月,充北面招討副使。	紹欽 檢校太保,進封開國侯。五月,充東北面副招討使。	嗣源 正月,充北面行營招討使。二月,加檢校太尉,加實封百戶,賜鐵券。五月,充潞州招討使。六月,徙汴州。 皇弟存霸 七月,自安義徙鎮。	思遠 符習 自横海徙鎮,檢校太傅、同平章事。
三年乙酉	紹榮	紹真 四月,充北面水陸轉運副使。	紹欽 四月,徙鄧州。 朱守殷 十一月,自振武徙鎮。	存霸 十一月,起復雲麾將軍。閏十二月,封永王。	習

① "開臣"二字疑衍。

天成元年丙戌	紹榮 正月,充行營招討使。三月,被殺。 王晏球 李紹虔復姓名。五月,以齊州刺史拜。	紹真 四月,復姓名霍彦威 五月,徙鄆州。 安元信 五月,自横海徙鎮,加同平章事。	守殷 四月,檢校太傅,加同平章事,徙河南尹。 房知温 李紹英復姓名。五月,以貝州刺史拜。	存霸 正月,徙河中。皇弟申王存渥自義成徙鎮。三月,被殺。 霍彦威 五月,自武寧徙鎮。八月,徙寧州。 符習 自平盧徙鎮。	習 五月,加兼侍中,徙鄆州。 霍彦威 八月,自天平徙鎮。
二年丁亥	晏球 二月,加檢校太傅。七月,充北面行營副招討使。	元信 七月,徙襄州。 房知温 七月,自泰寧徙鎮。	知温 充北面副招討使。二月,加同平章事。 四月,加侍中。 七月,徙徐州。 趙在禮 自横海徙鎮。	習 八月,加檢校太尉。	彦威 二月,加檢校太尉、兼中書令。
三年戊子	晏球 四月,充北面行營招討使。	知温 九月,兼荆南行營招討使,知荆南行府事。	在禮	習	彦威 十一月,卒於鎮。 王建立 以尚書左僕射、同平章事、集賢殿大學士、判三司拜。
四年己丑	晏球 正月,徙鄆州。 趙延壽 四月,自河陽徙鎮。	知温	在禮	習 王晏球 正月,自歸德徙鎮,加兼侍中。	建立

長興元年庚寅	延壽 安元信 十二月,以前襄州節度使拜。	知温 三月,徙鄆州。 張虔釗 自横海徙鎮,加檢校太保。	在禮 符彦超 四月,以右金吾上將軍拜。	晏球 三月,徙青州。 房知温 自泰武寧徙鎮。①	建立 徙潞州。 王晏球 三月,自天平徙鎮。
二年辛卯	元信	虔釗 李敬周 二月,以前邠州節度使拜。	彦超 張延朗 五月,以三司使、行工部尚書拜。	知温	晏球
三年壬辰	元信	敬周	延朗	知温 八月,徙青州。	晏球 七月,加兼中書令。八月,卒於鎮。 房知温 自天平徙鎮,兼中書令。
四年癸巳	元信 二月,加兼侍中。 劉仲殷 十月,自雄武徙鎮。	敬周 張敬達 十月,以前雲州節度使拜。	延朗 十月,徙秦州。 楊漢章 以前安州節度使拜。	李從温 正月,以前河東節度使拜。五月,封兖王。十月,徙定州。 李從曮 十月,以前汴州節度使拜。	知温
應順清泰元年甲午	仲殷 涇王從敏 二月,以前鎮州節度使拜。 劉仲殷 六月,以右衛上將軍復鎮。	敬達	漢章	從曮 五月,徙鳳翔。 王建立 六月,以檢校太子太傅致仕,為檢校太尉、兼侍中拜。	知温 正月,加檢校太師。六月,封東平王。

① "泰"字疑衍。

二年乙未	仲殷 趙在禮 九月,自山南徙鎮。	敬達 七月,充北面行營副總管。十一月,徙晉州。	漢章	建立	知温
三年丙申	在禮		漢章 二月,徙延州。	建立 石敬瑭 五月,自北京徙鎮,未赴。	知温

	永平軍大安府	感化軍	静勝軍	鳳翔	雄武軍	武定軍	山南西道	武興軍
	梁永平軍,同光元年復稱西京,領京兆,領金、商州。			唐舊鎮,領鳳翔、應、信、良四州,以鳳翔為治所,長興元年,改應州為匡州,信州為晏州。		唐舊鎮,□年賜軍額,領洋、達、蓬、壁四州,以洋州為治所。	唐舊鎮,領梁、開、通、渠、麟五州,以梁州為治所。	唐舊鎮,領鳳、興、文三州,以鳳州為治所。長興三年,降防禦州,及興、文,仍棣山南西道。
同光元年癸未	張筠 十一月,改西都留守、行京兆尹、檢校太保。十二月,改西京京兆府。	高允貞 十一月,充留後、檢校司徒。十二月,改鎮國軍。	華温琪 留後。十二月,改順義軍。	李茂貞 秦王				

二年甲申	筠	允貞 毛璋二月,以成德馬步軍都指揮使、右監門大將軍拜。	温琪三月,加檢校太保。 李令錫未知何時拜,六月,徙許州。	茂貞四月,卒於鎮。 李繼曮五月,以權知鳳翔軍府事、涇州節度使起復雲麾將軍、右金吾大將軍同正、檢校太尉,兼中書令拜。				
三年乙酉	筠九月,充西川管内安撫應接使。	璋九月,充行營左廂馬步都虞侯。十二月,徙邠州。 史敬鎔以左金吾大將軍拜。		繼曮九月,充供軍轉運應接等使。		王承肇十月,據鎮降。 李紹文十二月,以武寧軍節度副使充留後。	王宗威十月,自蜀來降。	王永捷十月,降。
天成元年丙戌	筠五月,徙山南西道。 張遵誨以左金吾上將軍為副留守,知留守事。	劉彥琮留後。		繼曮六月,加檢校太師兼中書令。九月,詔加從字。	王思同自匡國徙鎮。	紹文正月,徙夔州。 戴思遠五月,以前鄧州留後拜。	張筠五月,自西京徙鎮,加檢校太傅。	

二年丁亥	遵誨 張筠 十月,自山南西道充留守、行京兆尹。	彥琮 四月,拜。		從曮 九月,加食邑,改賜功臣。	思同	思遠	筠 九月,徙西京。	
三年戊子	筠 張遵誨 六月,以副留守知留守事、行京兆尹。	彥琮 王景勘 三月,自安國徙鎮。		從曮	①	楊漢賓 三月,以前鄭州刺史充留後。		陳皋 以前彰國節度充留後。
四年己丑	遵誨 索自通 五月,以忠正軍節度充留守、行京兆尹。	景勘		從曮	思同	漢賓 張温 五月,以左饒衛上將軍拜。②		皋 五月,拜。 張敬達 六月,以北京馬步軍都指揮使、欽州刺史拜。
長興元年庚寅	自通 四月,徙河中。 王思同 九月,以右衛上將軍改留守、行京兆尹,充西南行營馬步都虞侯。	景勘		從曮 三月,進封岐國公,徙汴州。 朱宏昭 以宣徽使拜。	思同	温		敬達

① 此處疑當作“思同”。

② 饒,當作“驍”。

二年辛卯	思同 三月，徙山南。 皇子從珂 閏月，以左衛大將軍、依前檢校太傅、同平章事充留守、行京兆尹。	景勘 徙青州。 華温琪 十一月，以左威衛上將軍拜。		宏昭 張虔釗 四月，自武寧徙鎮。	劉仲殷 四月，自昭義徙鎮。	陳皋 二月，以右威衛上將軍拜。	王思同 三月，自西京徙鎮。	孫岳 四月，以閬州防禦使拜。 十一月，充西面閤道使。
三年壬辰	從珂 七月，徙鳳翔。 王思同	温琪		虔釗 皇子從珂	仲殷	皋	思同 張虔釗	岳 降防禦州。
四年癸巳	思同	温琪 王萬榮 九月，以韶州刺史、檢校司空拜。		從珂	仲殷 十月，徙宋州。 張延朗 自泰寧徙鎮。	孫漢韶 六月，以前利州節度使拜。	虔釗 九月，加同平章事。	
應順清泰元年甲午	思同 二月，加平章事，充西面行營都部署。四月，為潞王所殺。 安重霸 五月，自匡國徙鎮。	萬榮 張承祐 六月，以武勝軍留後拜。		從珂 正月，加兼侍中。二月，叛，舉兵。五月，即位。 洋王從璋 二月，以前河中節度使權知軍府事。	延朗 康福 十二月，以前邠州節度使拜。	漢韶	虔釗 正月，加檢校太尉。	

				李從曮 五月，自天平徙鎮。七月，封西平王。				
二年乙未	重霸 二月，徙雲州。 李周 自義武徙鎮，充留守，兼京兆尹。	承祐		從曮	福			
三年丙申	周 六月，充天雄軍四面副招討使、兼兵馬都監。八月，徙汴州。	皇甫立 六月，自昭義徙鎮。		從曮	福			

	保大軍	忠義軍	静難軍	彰義軍	朔方軍	定難軍	河西	歸義軍
		唐保塞軍，岐改忠義軍，梁因之。唐同光元年，改彰武軍。			唐舊鎮，治涼州，領。	唐舊鎮，□年賜軍額，治夏州，領綏、銀、商州。①		

① 商，據實際領州，當作“宥”。

同光元年癸未	高萬興 檢校太師、兼中書令、西平王，加封北平王。	高萬興 兼領。十二月，改彰武軍。	韓恭 檢校太保。十一月，拜。	李繼曮	韓洙 檢校太傅、同平章事。	李仁福 檢校太師，加中書令，封朔方王。		曹義金 留後。
二年甲申	高允韜 知軍州事，正月，為檢校太師。	萬興 三月，檢校太保、兼中書令，封北平王。	恭 五月，進封開國伯。 董璋 七月，以澤州刺史充留後。	繼曮 正月，加檢校太尉、兼中書令，充秦王府諸道行軍司馬。	洙 四月，充朔方河西節度使、靈鹽威警雄涼甘肅等州觀察使。	仁福		義金 五月，以留後拜，兼沙州刺史、檢校司空。
三年乙酉	允韜 閏十一月，徙延州。 皇弟存乂自建雄徙鎮，封睦王。	萬興 閏十一月，卒於鎮。 高允韜留後。	璋 八月，拜。九月，充行營右廂都虞侯。十二月，徙東川。 毛璋 自鎮國徙鎮。	李繼昶 五月，以鳳州衙內馬步軍都指揮使拜。	洙	仁福		義金
天成元年丙戌	存乂 正月，伏誅。 劉仲殷 充留後。	允韜 六月，拜。	璋 五月，加同平章事。十月，徙潞州。 梁漢永 十一月，自留後拜。	繼昶	洙	仁福 六月，加食邑一千戶。		義金

二年丁亥	仲殷 七月,拜。	允韜	漢永	繼昶	洙 九月,加食邑,改賜功臣。	仁福 九月,加食邑,改賜功臣。		義金
三年戊子	仲殷	允韜	漢永 李敬周 七月,以前遂州節度拜。	繼昶	洙 七月,卒於鎮。 韓璞 以朔方軍馬留後拜,兼靈武雄警甘肅等州觀察使、檢校司徒。	仁福		義金 五月,加爵邑。
四年己丑	米君立 未詳何時拜。	允韜	敬周	從昶 七月,徙華州。 李金全 以冀州刺史拜。	韓澄 六月,以權知朔方軍留後、定難軍都知兵馬使充留後。 康福 九月,以襄州兵馬都監、守磁州刺史拜,朔方河西等節度、靈威雄警凉等州觀察使。	仁福		義金

長興元年庚寅	米君立 九月，卒於鎮。 孫璋 七月，以前齊州防禦使拜。	允韶 三月，徙邢州。 劉訓	敬周 劉彦琮 十月，自保義徙鎮。	金全	福	仁福		義金
二年辛卯	①	訓 十一月，卒於鎮。	彦琮 閏月，卒於鎮。 藥彦稠 以隨州駕步軍都指揮使拜。②	金全	福 張希崇 十一月，以汝州防禦使充兩使留後。	仁福		義金
三年壬辰	璋 三月，卒於鎮。 索自通 以前河中節度使拜。	安從進 正月，自保義徙鎮。	彦稠	康福 以前靈武州節度拜。	希崇	仁福		義金
四年癸巳	自通	從進 三月，徙夏州。 李彛超 自定難徙，充留後。	彦稠	福	希崇 五月，拜。	仁福 三月，卒於鎮。 李彛超 充留後，旋徙延州，未赴鎮。 安從進 自彰武徙鎮，未赴。	孫超 三月，拜。	義金

① 此處據上下文，疑奪"璋"字。

② "州"字衍。

應順清泰元年甲午	自通 皇甫立 正月,以前洺州團練使拜,加檢校太保。	高行周 閏月,以前振武節度拜。	彦稠 康福 正月,以彰義徙鎮,加檢校太傅。 楊思權 五月,以羽林右第一軍都指揮使、春州刺史拜。	福 張從賓 正月,以侍衛步軍都指揮使、忠正軍節度使拜,加檢校太傅。	希崇	彝超	超	義金
二年乙未	立 張萬進 四月,以前威勝節度使拜。	行周	思權	從賓 李德琉 三月,以右龍武統軍拜。	希崇	彝超 卒於鎮。 李彝殷 三月,以夏州行軍司馬拜。	超	
三年丙申	萬進	楊漢章 二月,以右神武統軍拜,十一月。為眾所殺。 劉景巖 以前坊州刺史充留後。	思權	德琉	希崇	彝殷		
	保順軍洮州,長興四年置,領洮、鄯等州。自唐肅、代以來,没於吐蕃,是時有西戎首領歸附,置節鎮以寵授之,然地與人俱無考,故不列表。							

	西川	武德軍	武信軍	昭武軍	武泰軍	保寧軍	寧江軍
		唐舊鎮,二年賜軍額,領梓、綿、劍、龍、普五州,以梓州為治所。	賜軍額,領遂、合、渝、瀘、忠五州,以遂州為治所。			天成四年升節鎮,賜軍額,領閬、果二州,以閬州為治所。	天成二年七月升節鎮,賜軍額,領夔、歸、峽三州,以夔州為治所。
同光三年乙酉	孟知祥十二月,自北京副留守徙充成都尹、劍南西川節度副大使、知節度事、西山八國雲南都招撫等使、檢校太傅、同平章事。	宋光葆十月,自蜀來降。董璋十一月,自静難徙充節度副大使、知節度事。	王宗壽十一月,自蜀來降。朱令德自匡國徙鎮。	林思諤十一月,自蜀來降。			
天成元年丙戌	知祥六月,兼侍中。	璋六月,加檢校太傅。	令德正月,被殺。李紹文五月,自寧江徙鎮。	張敬詢留後,六月,拜。張温十一月,自振武徙充留後。	李承約		李紹文二月,自武定徙鎮。五月,徙遂州。

二年丁亥	知祥 七月,加檢校太尉、兼侍中。	璋 二月,充東南面招討使。七月,加爵邑。	紹文 二月,卒於鎮。 李景周 以西川節度副使充留後。七月,拜。 夏魯奇 十二月,自忠武徙鎮。	温	李紹義 十一月,加檢校太保。		西方鄴 七月,以夔州刺史拜。
三年戊子	知祥	璋	魯奇	温	紹義		鄴 四月,加檢校太保。
四年己丑	知祥	璋	魯奇	康思立 六月,以宿州團練使拜。	安崇阮 正月,以左衛上將軍拜。五月,徙夔州。 楊漢賓 以洋州留後拜。六月,徙雲州。 荃孫按:薛《史》本紀,漢賓六月徙雲州,而長興元年十一月漢賓為董璋所攻,棄城奔忠州,是漢賓徙雲州未離鎮也。	李仁矩 十月,以内客省使、左衛大將軍拜。	鄴 五月,卒於鎮。 安崇阮 自武泰徙鎮。

長興元年庚寅	知祥 九月,充西南面供饋使,旋叛。	璋 九月,叛。	魯奇 四月,加同平章事。九月,充東川行營招討副使。	思立 李彥琦	漢賓 十一月,棄鎮奔還。崔善以成都支使權留後。	仁矩 九月,為董璋所殺。	崇阮
二年辛卯	知祥		魯奇 四月,為董璋所殺。	李彥琦 正月,棄鎮奔還。 思立 十一月,徙陝州。	李彥琦	趙廷隱 權留後。	崇阮 閏月,棄鎮奔還。
三年壬辰	知祥			孫漢韶 正月,以彰國留後拜,充西面行營副部署、兼步軍都指揮使。八月,充西面行營招討使。	李肇 十二月,充留後。		
四年癸巳	知祥 二月,兼兩川,封蜀王。		李仁罕 三月,自兵馬留後拜,檢校太傅。	漢韶 李肇 三月,以兵馬留後拜,檢校太保。	趙季良 三月,以兵馬留後拜,檢校太保。	趙廷隱 三月,以兵馬留後拜,檢校太保。	張知業 三月,以兵馬留後拜,檢校司徒。
應順 清泰元年甲午	知祥 正月,加檢校太師,辭不受。四月,自立。		仁罕	肇	季良	廷隱	知業

	山南東道	宣化軍	宣威軍	荆南
				梁舊鎮，領江陵、歸、峽三州，以江陵為治所，同光二年五月，割復州屬焉。
同光元年癸未	孔勍 檢校太傅、平章事。	戴思遠 十一月，徙青州。十二月，改威勝軍。	朱漢賓 檢校太保，十二月，改安遠軍。	高季興 檢校太師、中書令、渤海郡王。
二年甲申	勍 七月，徙潞州。 李紹珙 以鄆州副使充留後。		漢賓	季興 三月，兼尚書令，封南平王。
三年乙酉	紹珙 八月，拜。	李紹欽 四月，自泰寧徙鎮。		季興 九月，充西川東南面都招討使。
天成元年丙戌	紹珙 安重誨 五月，兼領，辭。 劉訓 李紹珙復姓名。六月，起復。八月，加檢校太傅。	紹欽 劉仲殷 三月，以陳州刺史充留後。五月，徙鄜州。 陶玘 自忠武徙充留後。	史敬鎔 八月，以前華州節度拜。	季興 六月，加守太尉、兼尚書令。
二年丁亥	訓 二月，充南面招討使。六月，貶。 安元信 七月，自武寧徙鎮。	玘 八月，貶。 高行珪 九月，以前雲州刺史拜。	敬鎔 九月，加檢校太保。	季興 二月叛，十一月卒。 高從誨 權知軍府事。
三年戊子	元信	行珪 二月，徙安州。 盧文進 自義成徙鎮。	敬鎔 高行珪 二月，自威勝徙鎮。	從誨

四年己丑	元信	文進	行珪	從誨 六月，仍修職貢。七月，拜檢校太傅、兼侍中。
長興元年庚寅	元信 康義誠 三月，自河陽徙鎮，檢校太傅。	文進 史敬鎔 四月，以左金吾上將軍拜。七月，卒於鎮。 梁漢永 以左威衛上將軍拜。	行珪 五月，卒於鎮。	從誨
二年辛卯	義誠	漢永	楊漢章 三月，以前雲州節度使拜。	從誨 正月，落起復，加兼中書令。
三年壬辰	義誠 十二月，徙河陽。 朱宏昭 以前宣徽使拜。	漢永 張萬進 八月，以前振武節度拜。	漢章	從誨
四年癸巳	宏昭 九月，為檢校太尉、同平章事，充樞密使。 趙在禮 十月，以前同州節度使拜。	萬進	漢章 符彥超 三月，以右龍武統軍拜。	從誨
應順 清泰元年甲午	在禮 正月，加檢校太尉。六月，加同平章事。	萬進 皇甫遇 六月，以侍衛步軍都指揮使、壽州節度使拜。	彥超 閏月，為眾所殺。 李敬周 二月，以前徐州節度使拜。 盧文進 九月，以前潞州節度使、檢校太尉、同平章事拜。	從誨 正月，封南平王。

二年乙未	在禮 九月，徙宋州。 安從進 自河陽徙鎮。	遇	文進	從誨
三年丙申	從進	遇	文進	從誨

晉	河南尹	河陽軍	宣武軍	義成軍	匡國軍	保義軍	歸德軍
	晉西京，治洛陽。	唐舊鎮，治河陽。	唐舊鎮，治汴州。天福三年升為東京，置開封尹。	唐舊鎮，治滑州。	唐舊鎮，治許州。	唐舊鎮，治陝州。	唐舊鎮，治宋州。
晉高祖天福元年丙申唐末帝清泰三年十一月改元	皇子重乂 十二月，命。	萇從簡 十二月，徙許州。 安審暉	楊光遠 唐鎮。	符彦饒 十二月	萇從簡 十二月，自河陽徙鎮。	劉知遠	趙在禮
二年丁酉	重乂 六月，為張從賓所害，贈太傅。 高行周 自昭義徙鎮，求都留守，充西路行營都部署。	審暉 二月，徙鄜州。 皇子重信 二月，拜。六月，為張從賓所害，贈太傅。 侯益 以奉國都指揮使補。	光遠 四月，加兼侍中。	彦饒 七月，反，旋誅。 馬萬 六月，以奉國都指揮使拜。	從簡 八月，徙徐州。 劉知遠 自保義徙鎮。	知遠 四月，加檢校太保。八月，徙許州。 李從敏 以前宋州節鎮拜。	在禮 正月，加食邑實封。

三年戊戌	行周 十一月,徙鄴都。 楊光遠 自天雄徙,充洛京留守、守太尉、兼河陽節度使。	益 四月,加檢校太傅。十一月,徙潞州。 楊光遠 十一月,兼。	楊光遠 四月,加兼中書令。十月,升汴州為東京,置開封尹。 皇子重貴	萬 馮暉 八月,拜,以前澶州刺史拜。	知遠 十月,徙宋州。 杜重威 自昭義徙鎮。	從敏	在禮 四月,加兼侍中。十一月,徙鄆州。 劉知遠 自忠武徙鎮。
四年己亥	光遠	光遠	重貴 三月,加同平章事。	暉 正月,徙靈武。 景延廣	重威 三月,加同平章事。	從敏	知遠
五年庚子	光遠 十月,改平盧節度使。 張從恩 權留守。	光遠 石贇 十一月,以曹州防禦使拜,加檢校太保。	重貴 正月,加檢校太尉。	延廣 十月,徙陝州。十一月,加檢校太傅。 史匡翰 以鄭州防禦使拜。	重威 三月,徙鄆州。 安審信 自護國徙鎮。	從敏 內召。 景延廣 十一月,自義成徙鎮,加檢校太傅。	劉知遠 二月,加持進改鄴都留守、廣晉尹。 安彥威 自北都留守改。
六年辛丑	從恩 高行周 七月,改河南尹、西京留守。十一月,充南面行營都部署。	贇 七月,徙陝州。 景延廣 自保義徙鎮。	重貴 七月,改東京留守。十二月,改廣晉尹。 李德珫 自鄴都改充東京留守、開封尹。	匡翰	審信 趙在禮	延廣 七月,徙河陽。 石贇 自河陽徙鎮。	彥威

七年壬寅	行周 六月,加兼侍中。九月,徙宋州。 安彦威 自歸德徙鎮。	延廣 正月,徙鄆州。 王周 正月,拜,加檢校太保,旋徙涇州。 皇甫遇 二月,自晉州徙鎮。	德琉 九月,徙廣晉尹。 張從恩 以宣徽南院使充留守、兼開封尹。	匡翰 三月,卒於鎮。 李守貞 二月拜。六月,加檢校太師,仍增爵。	在禮	贇 正月,加檢校太傅。	彦威 六月,加中書令。九月,西京留守。 高行周 自西京改鎮。
八年癸卯出帝即位未改元	彦威	遇 符彦卿 三月,自鄜州徙鎮。	從恩 七月,徙鄴都。 皇弟重睿	守貞	在禮 三月,徙徐州。 李從温 自徐州徙鎮。七月,封楚國公。	贇 王周 十月,自彰義徙鎮。	行周
少帝開運元年甲辰	彦威 四月,徙京兆。 景延廣 自天平徙鎮。八月,充馬步軍都排陣使。	彦卿 正月,充馬軍左箱排陣使。七月,充青州行營副都部署。八月,充馬軍左箱都指揮使。十一月,徙許州。 李建崇 充留後。	重睿 李周 正月,權東京留守、開封尹。五月,卒於位。	守貞 正月,充前軍都虞候。四月,徙兗州。 皇甫遇 以左龍武統軍拜。五月,充行營都虞候。八月,充馬軍右箱都指揮使。	從温 符彦卿 十一月,自忠武徙鎮。	周 正月,充步軍左箱排陣使。 宋彦筠 六月,自建雄徙鎮。八月,充步軍右箱都指揮使。	行周 二月,充北面行營招討使。四月,充侍衛親軍都指揮使。

二年乙巳	延廣 二月,充隨駕馬步軍都鈐轄。四月,加邑封,改功臣。九月,充北面行營副招討使。	建崇 正月,徙邢州留後。 方太 充留後,旋徙邢州留後。據太傅 何建 五月,自鎮寧徙鎮,十月,徙涇州。 李從温 自忠武徙鎮。	重睿 五月,徙秦州。 張從恩 正月,權留守。 趙瑩 五月,自鎮國徙開封尹。 桑維翰 十二月,以樞密使、中書令拜開封尹。	遇 二月,充馬步軍右廂都指揮使。三月,充北面行營馬步軍左廂排陣使。四月,加同平章事。	彦卿 二月,充馬步軍左廂都指揮使。三月,充北面行營馬步軍左右廂都排隊陣使。四月,加同平章事,徙徐州。 李從温 十月,徙河陽。 安審琦	彦筠 五月,徙鄭州。 荃孫按:薛《史·帝紀》,鄭州是鄧州之誤,《彦筠傳》言少帝即位,改鄧州防禦使,未建鎮也。 劉景嚴 九月,自静難徙鎮。	行周 四月,加馬步親軍馬步都指揮使,徙鄆州。 李守貞 自泰寧徙鎮,加檢校侍中、兼侍衛親軍副指揮使。
三年丙午	延廣	從温 二月,卒於鎮。 馮暉 三月,自静難徙鎮。六月,徙靈州。 李從敏 以前昭義軍節度使拜。	維翰 十二月,為張彦澤所害。	遇 六月,充北面行營都部署,又改副都部署。九月,進封邠國公。十月,充馬軍右廂都指揮使。	審琦 正月,徙兖州。 馮暉 三月,自静難徙鎮。 皇弟重睿 自天雄徙鎮。	景巖 正月,徙鄧州。 焦繼勳 以知陝州事充留後。十一月,徙鳳翔。 皇子重煦 以鎮寧節度使拜。	守貞 六月,徙鄆州。荃孫按:薛《史·帝紀》有缺文,據下文當是守貞。 高行周 六月,自天平徙鎮,加兼中書令,充北面行營副都統。十二月,充北面行營都部署。

	武寧軍	天平軍	鎮寧軍	泰寧軍	平盧軍	威信軍
	唐舊鎮,治徐州。	唐舊鎮,治鄆州。	治澶州,開運元年八月,升節鎮,領濮州。	唐舊鎮,治兖州。	唐舊鎮,治青州。	治曹州,開運二年升節鎮。
天福元年丙申	安彦威	王建立		李從温	房知温 十一月,卒於鎮。	
二年丁酉	彦威 正月,加食邑實封。八月,徙北京。 萇從簡 八月,自忠武徙鎮。	王建立 正月,徙青州。 安審琦 六月,起復。		從温 正月,加食邑實封,改功臣名號。	王建立 正月,自天平徙鎮。五月,封臨淄王。	
三年戊戌	從簡	審琦 十月,徙京兆。 范延光 九月,拜,改封高平郡王。十一月,致仕。 趙在禮 十一月,自歸德徙鎮。		從温	建立 五月,封東平王。	
四年己亥	從簡 侯益 七月,自昭義徙鎮。	在禮 三月,封衛國公。		從温	建立	

五年庚子	益 三月,徙秦州。 李從温 自泰寧徙鎮。	在禮 杜重威 三月,自忠武徙鎮。		從温 三月,徙徐州。 桑維翰 以徙鎮,加檢校。	建立 三月,徙潞州。 楊光遠 九月,自西京留守改鎮,封東平王。	
六年辛丑	從温	重威 七月,充侍衛親軍馬步軍都指揮使。十二月,充北面行營招討使。		維翰	光遠	
七年壬寅	從温 七月,加兼中書令。	重威 正月,徙順國。 景延廣 正月,自河陽徙鎮,加檢校太尉,仍典軍。七月,加特進、同中書門下平章事,充侍衛親軍都指揮使。		維翰 正月,加檢校太保。閏月,加特進,封開國公。六月,徙京兆。 安審信 以前許州節度使拜。荃孫按:薛《史·本紀六》,以前許州節度使安審琦為兖州節度使。紀及本傳,審琦未任兖州。任兖州者,安審信也,琦字誤。《少帝紀三》亦云前兖州節度使安審信,可據。	光遠 正月,加食邑,改賜功臣名號。七月,加守太師。	

八年癸卯	從温 四月，徙許州。 趙在禮 自忠武徙鎮。	延廣		審信	光遠 三月，進封壽王。十二月，反。	
少帝開運元年甲辰	在禮 十月，充北面行營副都統。	延廣 四月，改西京留守。 張從恩 七月，自鄴都徙鎮。八月，充馬步軍都監。	史威 八月，升賜軍額，以保塞徙鎮。十一月，徙貝州。 何建 自永清徙鎮，充北面行營步軍都指揮使。	審信 李守貞 四月，自義成徙鎮。五月，充青州行營都部署。十二月，加同平章事。	光遠 十二月，光遠降降防禦州。	
二年乙巳	在禮 四月，徙兗州。 符彥卿 自忠武徙鎮，加同平章事。	從恩 正月，權西京留守。 高行周 自歸德徙鎮，侍衛如故。	建 五月，徙河陽。 潘瓌 以左神策統軍拜。	守貞 四月，徙宋州。 趙在禮 自武寧徙鎮。		石贇 以前鄭州節度使拜，九月，升賜軍額。 荃孫按：薛《史・本紀》作鄭州石贇以天福五年鎮河陽，六年徙陝州。無鎮鄭州事，鄭州亦未建節鎮，疑陝州之誤。

三年丙午	彥卿 十月，充馬軍左廂都指揮使。十二月，充北面行營副部署。	行周 六月，徙宋州。 李守貞 自歸德徙鎮。九月，加兼侍中。十月，充兵馬都監。	瓌 皇子延煦三月，拜。十一月，徙鎮陝州。	在禮 正月，徙京兆。 安審琦 自忠武徙鎮，加兼侍中。十月，充左右廂都指揮使。		贇

	鄴都廣晉尹	彰德軍	永清軍	安國軍	順國軍	義武軍	橫海軍
	唐興唐府，治魏州，領貝、博、衛、澶、相五州，天福二年九月改廣晉府，三年十一月升鄴都，置留守，割相、澶、衛置彰德軍，割貝、博並成德之冀置永清軍。	治相州，天福三年十一月升節鎮，置節軍額，領澶州、衛州。	治貝州，天福三年十一月升節鎮，賜軍額，領博、冀二州。	治邢州。	治鎮州。	唐舊鎮，治定州，領邢、易二州，開運二年增領泰州。	治滄州。
天福元年丙申	范延光 兼中書令。			丁審琪	安重榮	皇甫遇 十二月，自宣化移鎮。	馬全節
二年丁酉	延光 正月，改封秦國公，加食邑實封。五月，進封臨清王，加食邑三千戶。六月叛。			審琪	重榮	遇	全節 二月，拜。

三年戊戌	延光 九月，降徙鄆州。 劉處讓 權知魏府事。 楊光遠 自宣武徙鎮，行廣晉尹、兼中書令。十一月，守太尉，徙洛京留守。 高行周 自西京留守徙鄴都留守、兼廣晉尹。	王廷允 以貝州防禦使拜，加檢校太傅。	王周 以右神武統軍拜。	審琦	重榮	遇	全節
四年己亥	行周	廷允 閏七月，徙定州。 桑維翰 以中書侍郎、平章事、集賢殿大學士出鎮，兼侍中，加檢校司空。	周	審琪	重榮	遇 七月，徙潞州。 王廷允 以義武徙鎮。	全節 安叔千 五月，以前邠州節度使拜。
五年庚子	行周 劉知遠 三月，加特進，自歸德徙充鄴都留守、兼廣晉尹。	維翰 三月，加檢校司徒，徙兖州。 劉處讓 以前樞密使拜。	周	審琪 楊彥詢 七月，以宣徽使加檢校太傅。	重榮	廷允	叔千

六年辛丑	知遠 七月,徙太原尹。 李德琉 自北京留守徙鄴都,兼廣晉尹。十二月,徙開封尹。 皇子重貴自東京留守徙鄴都,進封齊王。	處讓	周 焦方 七月,以前鄧州節度拜。	彦詢 馬全節 七月,自昭義徙鎮,加同平章事。	重榮 十二月,反。	廷允	叔千
七年壬寅	重貴 正月,加兼侍中。六月,即帝位。 李德琉 九月,自東京留守徙廣晉尹。十二月,加爵邑。	處讓 郭謹 六月,以侍衛步軍都指揮使拜。七月,加檢校太傅,仍增爵邑。	方 王令温 七月,以前亳州防禦使拜。	全節 正月,徙定州。 安叔千 自滄州徙鎮。	重榮 五月,伏誅。改鎮州為恒州,成德軍為順國軍。 杜重威 正月,自天平徙鎮,加兼侍中。七月,加檢校太師,仍增爵邑。	廷允 正月,徙滄州。 馬全節 自安國徙鎮。	叔千 正月,徙邢州。 王廷允 自義武徙鎮。
八年癸卯	德琉 正月,權留守。 張從恩 以東京留守權鄴都留守。三月,拜。	謹	令温 十一月,詔赴闕。 吴巒 權知軍州事。	叔千	重威 三月,加兼中書令。	全節	廷允

開運元年甲辰	從恩 四月,加平章事。五月,充貝州行營都部署。七月,改鎮鄆州。 馬全節 自義武徙鄴都,加兼侍中。九月,充北面行營副招討使。	謹 未知何時去鎮。荃孫按:《少帝紀》元年十一月,已云前相州節度使矣。	巒 正月,城陷,死之。 王令温 徙鄧州。 何建 五月,拜。七月,徙澶州。 史威 自鎮寧徙鎮。	叔千 六月,徙晉州。 安審暉 七月,自昭義徙鎮,加檢校太師。	重威 正月,充幽州道行營招討副使。八月,充北面行營都招討使。	全節 正月,充都虞候。七月,徙鄴都。 王周 以前陝州節度拜,加檢校太尉。	廷允 八月,充步軍左廂都指揮使。九月,卒於鎮。 田武 十一月,以前金州節度使拜,兼充北面行營步軍都指揮使。
二年乙巳	全節 四月,詔改鄴都依舊,天雄軍改節度使。六月,徙恒州。 杜重威 六月,自順國徙鎮。	劉在明 正月,充留後。 張彦澤 未知何時拜。按《少帝紀》,九月,命屯恒州。	威 梁漢璋 充留後。	審暉 李建崇 正月,充留後。 劉在明 充留後。十月,徙晉州。 方太 十月,以前河陽留後徙充留後。	重威 四月,加守太傅。六月,徙鄴都。 馬全節 自天雄徙鎮,旋卒。 王周 自義武徙鎮。	周 三月,充馬步軍右廂排陣使。四月,加檢校太師。六月,徙定州。 安審約 以前易州刺史充留後。	武 二月,充東北面行營都部署,旋以侍衛步軍都指揮使内召。本傳 王景 充留後,未知年月。
三年丙午	威 十月,充北面行營都招討使。十一月,降契丹。	彦澤 五月,充北面行營副都部署。六月,充馬軍都指揮使。九月,加檢校太尉。十一月,降契丹。	漢璋 五月,拜。十月,充馬軍都排陣使。十一月,戰死。	太 十二月,充都虞侯。	周	審約 李殷 五月,以鄜州留後拜。六月,充步軍都指揮使。	景 二月,拜。

	太原北都	建雄軍	昭義軍	護國軍
	治太原府，領□□州，天福五年割遼、沁二州隸昭義，六年復。		天福五年增領遼、沁二州。	
天福元年丙申	皇子重貴 十一月，拜留守。授金紫光禄大夫、檢校司徒、行太原尹、知河東管内節度觀察事。	相里金	高行周	安審信
二年丁酉	重貴 三月，封食邑三百戶。八月，加檢校太保，改右金吾衛上將軍。 安彦威 八月，自武寧改鎮，兼留守。	金	行周 正月，起復右金吾衛大將軍，依前昭義節度使。六月，充魏府西面都部署。七月，改河南尹。 林重威 七月，以護聖左右廂都指揮使拜，兼侍衛馬軍都指揮使，充西面行營副部署。	審信
三年戊戌	彦威	金 李德琉 十二月，以前彰義節度拜，加同平章事。	重威 三月，加檢校太傅。十一月，徙許州。 侯益 以前河陽節度使、兼奉國左右廂都指揮使拜。	審信
四年己亥	彦威	德琉	益 七月，徙徐州。 皇甫遇 自義武徙鎮。	審信

五年庚子	彦威 二月，來朝，三月，改鎮宋州。 李德琉 自建雄改北京留守。	德琉 三月，改北京留守都。 皇甫遇 自昨義徙鎮。①	遇 三月，徙晉州。 王建立 自平虞徙鎮，封韓王。五月，卒於鎮。 馬全節 七月，自安遠徙鎮，加檢校太尉。	審信 三月，徙許州。 康福 自天雄徙鎮。
六年辛丑	德琉 七月，徙鄴都。 劉知遠 自鄴都徙鎮，兼留守、太原尹。	遇	全節 七月，徙邢州。 李德敏 以前陝州節度使拜。	福 三月，封許國公。
七年壬寅	知遠 正月，加兼侍中。六月，加檢校太師，仍增爵邑。	遇 三月，徙河陽。 周密 自保大徙鎮。	德敏	福 安審琦 三月，自晉昌徙鎮。
八年癸卯	知遠 五月，加中書令。	密 宋彦筠 十一月，自威勝徙鎮。	德敏 安審暉 六月，以左羽林統軍拜。	審琦
開運元年甲辰	知遠 正月，充幽州道行營招討使。三月，封太原王。七月，充北面行營都統。	彦筠 六月，徙陝州。 安叔千 自安國徙鎮，加同平章事，七月，充馬步軍左廂排陣使。	審暉 七月，徙邢州。 李從敏 以左龍武統軍拜。	審琦 七月，充馬步軍都指揮使。

① 昨，據文義當作“昭”。

二年乙巳	知遠 四月,封北平王。	叔千 張從恩 五月,以前鄆州節度拜。九月,徙潞州。 劉在明 十月,自邢州徙,充留後。	從敏 田武 七月,以侍衛步軍都指揮使拜。八月,卒,贈太尉。 張從恩 九月,自建雄徙鎮。	審琦 二月,充北面行營馬步軍都虞侯。四月,加兼侍中,徙許州。 侯益 自天雄徙鎮。荃孫按:薛《史》作泰州節度使,"泰"是"秦"字之誤。
三年丙午	知遠 六月,加守太尉。	在明	從恩	益

	晉昌軍	匡國軍	鎮國軍	鳳翔	天雄軍	静難軍	彰義軍
	唐西京天福三十年十月,即改留守為觀察節度使,仍舊京兆府領。	唐舊鎮,治同州。			唐舊鎮,治邠州。		
天福元年丙申	李周 十二月,自宣武徙充西京留守。	楊漢賓 十二月,軍亂被殺。	劉凝 荃孫案:又作遂凝。十二月,以澤州刺史拜。	李從曮	康福	張希崇 十二月,徙靈武。 安叔千	李德琉
二年丁酉	周		凝	從曮 正月,加食邑實封。四月,封岐王。	福 正月,加食邑實封。	叔千	德琉 正月,加食邑實封。

三年戊戌	周 四月，加兼侍中。十月，改節度使。 安審琦 以前天平軍節度、檢校太尉、同平章事拜，行京兆尹。		凝 張彦澤 十月，以護聖左廂都指揮使、曹州刺史拜。	從曮 四月，進封秦王。	福	叔千	德琉 張萬進 荃孫按：張萬進鎮彰義，未知何時。據本紀，德琉徙晉州已云前涇州節度使，知必是年受代矣。
四年己亥	審琦	宋彦筠 四月，以汝州防禦使拜。	彦澤 三月，徙涇州。 皇甫立 以左龍武統軍拜。 荃孫按：薛《史·晉帝紀》，四年三月，皇甫遇為鎮國軍節度，是時遇鎮義武，旋徙昭義，紀傳並同，無徙鎮國事。疑紀誤。考《少帝紀一》有前華州節度皇甫立，則知"遇"為字誤，今正。	從曮	福	叔千 李周 正月，以前晉昌節度使拜。	萬進 三月，卒於鎮，贈太師。 張彦澤 自鎮國徙鎮。

五年庚子	審琦	彦筠	立	從曮	福 三月，徙河中。 侯益 自武寧徙鎮。		
六年辛丑	審琦	彦筠 李懷忠 七月，以遥領忠正節度兼侍衛馬軍都指揮使拜。	立	從曮	益	周 劉景巖 五月，自保塞徙鎮。	彦澤
七年壬寅	審琦 二月，徙河中。 桑維翰 六月，自泰寧徙鎮。八月，加檢校太傅。	懷忠	立 楊彦詢 正月，以前邢州節度拜。	從曮 七月，加守太保。	益 正月，封特進，增食邑。	景巖	彦澤 王周 正月，自河陽徙鎮。
八年癸卯	維翰 三月，改侍中、監修國史。 趙瑩 以中書令、監修國史拜。	懷忠 李承福 七月，以宣徽南院使拜。十二月，詔赴闕。	彦詢	從曮	益	景巖	周 十月，徙陜州。 何建 十月，以前延州節度拜。十一月，徙鄧州。 李德珫 以前廣晉尹拜。

開運元年甲辰	瑩 四月，徙華州。 安彦威 自西京改鎮。	承福 七月，卒，贈太傅。 馮道 六月，以太尉、兼侍中拜，為檢校太師、兼侍中。	彦詢 趙瑩 自晉昌徙鎮。	從曮	益	景巖	德琉
二年乙巳	彦威	道	瑩 五月，改開封尹。 劉繼勳 以宣徽南院使拜。 安審信 十二月，以前兖州節度使拜。	從曮	益 四月，徙河中。 荃孫按：薛《史·本紀》云泰州節度使，泰州為秦州之誤，泰州未建鎮也。 皇弟重睿 五月，拜。	景巖 六月，徙陝州。 馮暉 自靈武徙鎮，十一月，兼侍衛步部軍都指揮使，充北面行營光鋒馬步軍都指揮使。	德琉 何建 十月，自河陽徙鎮。
三年丙午	彦威 趙在禮 正月，自泰寧徙鎮。五月，封秦國公。	道 劉繼勳 正月，以前華州節度使拜。	審信	從曮 十月，卒於鎮。 焦繼勳 十一月，自陝州留後徙，充留後。	重睿 正月，徙許州。 何建 自彰義徙鎮。晉亡，據鎮歸蜀。	暉 三月，徙河陽。 李德琉 以前涇州節度拜。十月，卒於鎮。 安審約 十一月，以前定州留後充留後。	建 正月，徙秦州。 史威 以前貝州節度拜。

						荃孫按:薛《史·本紀》作安審琦,琦是時鎮兖州久矣,"琦"乃"約"字之誤,今改。	

	保大軍	保塞軍	朔方軍	夏州	河西	歸義軍
	唐舊鎮,治鄜州。	唐舊鎮,州治延州。	唐舊鎮,治靈州,領威州	唐舊鎮。	唐舊鎮,治涼州,領□□。	唐舊鎮,治沙州,領甘、瓜、肅、鄯、伊、西、河、蘭、岷、廓十一州。
天福元年丙申	張萬進	劉景巖	張希崇 十二月,自静難徙鎮。	李彝殷	李文謙 留後	曹義金
二年丁酉	萬進 安審暉 二月,自河陽徙鎮。	景巖	希崇	彝殷 正月,加食邑實封。	文謙	義金
三年戊戌	審暉	景巖	希崇	彝殷	文謙	義金
四年己亥	審暉 周密 九月,以右羽林統軍拜。	景巖	希崇 正月,卒於鎮。 馮暉 自義成徙鎮。	彝殷	文謙	義金

五年庚子	密	景巖	暉	彝殷	文謙	義金 二月,卒於鎮。 元德 義金子。
六年辛丑	密	景巖 五月,徙邠州。 丁審琪 以前延州節度拜。	暉	彝殷	文謙 二月,自殺。	元德
七年壬寅	密 閏月,徙晉州。 符彦卿 以左羽林統軍拜。	審琪 何建 二月,以曹州防禦使拜,充留後。閏月,拜。	暉	彝殷	陳延暉	元德
八年癸卯	彦卿 正月,徙河陽。 丁審琦琪 以右羽林統軍拜。	建 十月,徙涇州。 史威 十月,以權知延州軍州事、前鳳州防禦使充留後。 荃孫按:薛《史·本紀》作杜威,誤。杜重威避少帝改杜威,是時方鎮成德,未嘗鎮延州也。	暉	彝殷		元德 元深 正月,拜,加檢校太傅。

開運元年甲辰	審琪 郭謹 十一月,以前相州節度使拜。	威 八月,徙澶州。 王令温 自威勝徙鎮。	暉	彝殷 二月,充契丹西南面招討使。		元深
二年乙巳	謹 李殷 留後	令温 薛可言 七月,以前齋州防禦使充延州留後。	暉 八月,徙邠州。 王令温 十月,以前延州節度使拜。	彝殷 二月,充契丹西南面招討使。		元深
三年丙午	殷 五月,徙定州。 郭謹 五月,以左神武統軍拜。	可言 周密 八月,以右龍武統軍拜。	令温 馮暉 六月,自河陽徙鎮。	彝殷		元深 元忠 三月,充留後。

	懷德軍	山南道	安遠軍	威勝軍	荆南	鎮安軍
	治金州,天福四年五月,升節鎮,賜軍額。	唐舊鎮,治襄州,領均、房、泌三州。天福八年九月,降團練州。均、房隸鄧州,泌州升團練州。	唐舊鎮,治安州,領申州。	唐舊鎮,治鄧州,天福八年九月,增領均、房二州。		治陳州,開運二年十月,升節鎮,賜軍額。
天福元年丙申		安從進	盧文進	皇甫遇 十二月,徙定州。 李從璋 以前河中節度使拜。	高從誨	

二年丁酉		從進 正月,加食邑實封。	文進 正月,叛投南唐。 周瓌 二月,以權知河陽軍州事拜。八月,軍亂被殺。 李金全 以右領軍衛上將軍權知安州軍州事拜。	從璋 九月,卒於鎮。 楊彦詢 十月,以宣徽南院使、左監門衛上將軍拜。	從誨		
三年戊戌		從進	金全	彦詢	從誨		
四年巳亥	潘瓌 五月,以齊州防禦使拜。	從進	金全	彦詢	從誨		
五年庚子	瓌 田武 八月,以前金州防禦使拜。	從進	金全 五月,叛。 馬全節 四月,自横海徙鎮。七月,徙潞州,降防禦州。	彦詢 安審暉 以前鄜州節度拜,加檢校太傅。	從誨		
六年辛丑	武	從進 十一月,叛。 高行周 權知軍州事。		審暉	從誨		

七年壬寅	武	九月，降團練使州。①		審暉 正月，加檢校太傅。 宋彥筠 九月，以前同州節度、襄州行營副部署拜，加檢校太尉。	從誨 七月，加兼中書令。	
八年癸卯	武			彥筠 十一月，徙晉州。 何建 自彰義徙鎮。	從誨	
開運元年甲辰	武 七月，降防禦州。 荃孫按：《紀勝》作天福十二年，誤，天福無十二年也。			建 王令温 正月，自永清徙鎮。 石贇 七月，以前陝州節度使拜。	從誨	
二年乙巳				贇 宋彥筠 五月，自保義徙鎮。	從誨	李彥韜 十一月，以馬軍都指揮使拜。
三年丙午				彥筠 劉景巖 正月，自保義徙鎮。 馮道 五月，以前同州節度拜。	從誨	彥韜

① "九月"上缺人名，原文如此。

漢	東京開封府	義成軍	西京河南府	河陽軍	忠武軍	保義軍
	晉都，契丹入，先以劉密權尹事，復降為汴州尹，為防禦使，未幾復升為宣武軍節度使，漢高祖立，仍為東京。					
漢高祖天福十二年丁未	劉密 正月，契丹命權府事。 蕭翰 三月，契丹拜，五月，北去。 皇子承訓 未知何時拜。十二月，薨。	留珪 正月，契丹拜。 劉信 四月，以北京馬軍都指揮使、集州刺史拜，充侍衛馬軍都指揮使、檢校太傅。七月，加檢校太尉。十一月，徙許州。 郭謹 以前鄜州節度使拜，加檢校太尉。	劉晞 正月，契丹命充留守。四月，棄鎮走。 方太 自署知留守事，為武行德所殺。 李從敏 七月，拜西京留守，加同平章事。	崔廷勳 二月，契丹拜。 劉銖 四月，以河東左都押牙拜。 武行德 逐廷勳，自稱河陽留後。荃孫按：《通鑑》作河陽都部署即拜，充一行馬軍都部署、檢校太尉，閏月，加階爵。	劉晏僧 契丹拜。 史宏肇 四月，以北京武節都指揮使、雷州刺史拜，充侍衛步軍都指揮使、檢校太傅。七月，加檢校太尉。十一月，徙宋州。 劉信 十一月，自義成徙鎮，同平章事。	趙暉 自稱留後，未幾拜。四月，加檢校太尉。閏月，加階爵。

乾祐元年戊申	侯益 三月，拜開封尹、兼中書令。	謹 三月，徙邠州。 白再筠 以前鎮州留後、檢校太傅拜，加檢校太尉。荃孫按：筠，本傳作"榮"。	從敏 三月，加兼侍中。 王守恩 六月，以前永興節度使拜，留守。	行德 三月，依前檢校太尉，加同平章事。六月，徙鎮州。 李暉 以宣徽南院使拜。	信 三月，加檢校太師。	暉 三月，徙鳳翔。 白文珂 以前河中節度使、檢校太尉、同平章事拜，四月，充河中府一行都部署。
二年己酉	益 九月，封魯國公。	再筠 宋延渥 十月，以刺州節度使拜。	守恩 白文珂 七月，自保義徙，充留守，加兼侍中。	暉 十月，加檢校太傅。	信 九月，加兼侍中。	文琦 七月，改西京留守。 李洪信 九月，自鎮寧徙鎮。
三年庚戌	益 劉勳 四月，拜開封尹，加兼中書令。 劉銖 十一月，權知開封尹，旋被誅。	延渥	文珂 二月，進邑封。	暉 四月，進邑封。	信 十二月，自殺。	洪信

	歸德軍	天平軍	武寧軍	鎮寧軍	泰寧軍	平盧軍
						唐舊鎮，晉降防禦州，天福十二年五月，復升節鎮。

天福十二年丁未	高行周 七月，徙鄴都。 杜重威 自天雄徙鎮，加守太尉，拒命。 史宏肇 自匡國徙鎮，同平章事，充侍衛親馬步軍都指揮使。	白文珂 李守貞 七月，徙河中。 白文珂 自護國徙鎮，加同平章事。 慕容彦超 十月，自鎮寧徙鎮。	符彦卿 七月，徙兗州。 王周 自威勝徙鎮，加同平章事。	郎五 《通鑒》注作耶律忠二月，契丹拜。荃孫按：殿本薛《史》作朗鄂二月，拜後徙定州。 慕容彦超 五月，以前澶州刺史拜，檢校太保。十月，徙鄆州。 郭從義 以鄭州防禦使拜。	安審珂 七月，徙襄州。 符彦卿 自武寧徙鎮，加兼侍中。	楊承信 正月，契丹拜，漢因之。七月，徙安州。 劉銖 自晉昌徙鎮，加檢校太尉、同平章事。
乾祐元年戊申	宏肇 三月，加檢校太師、兼侍中。	彦超 三月，加檢校太師。	周 二月，卒於鎮。 劉承贇 以左金吾、大將軍充兩街使、檢校太傅拜。	從義 三月，加檢校太傅，加檢校太尉。四月，充永興軍一行兵馬使。七月，徙京兆。 李洪信 以遂州節度使、兼侍衛親軍馬軍都指揮拜。	彦卿 三月，加封兼中書令，進封魏國公。	銖 三月，加檢校太師。
二年己酉	宏肇 九月，加兼中書令。	彦超 九月，加兼侍中。	承贇 十月，加同平章事。	洪信 九月，徙陝州。 李洪義 以遂州節度使、兼侍衛親軍都指揮使拜。	彦卿 九月，加守太保。	銖 九月，加兼侍中。

三年庚戌	宏肇	彦超 三月,徙兖州。 高行周 自天雄徙鎮,並加邑封。	承贇	洪義	彦卿 三月,徙青州。 慕容彦超 自天平徙鎮。	銖 符彦卿 三月,自泰寧徙鎮並加邑封。

	鄴都大名府	彰德軍	永清軍	安國軍	成德軍	義武軍	横海軍
	晉鄴都廣晉府,漢乾祐元年三月,改廣晉府為大名府。				晉舊鎮,契丹改曰中京,漢高祖天福十二年八月,復恒州為鎮州,順國軍為成德軍。		
漢高祖天福十二年丁未	杜重威 七月,徙宋州,加守太尉,不受任。閏月,叛。十一月,降。 高行周 七月,自歸德徙兖留守,加守太傅。閏月,充行營都部署。荃孫按:《通鑑》作招討使,十一月,加守太尉,封臨清王。	高唐英 正月,契丹拜。六月,為王繼宏所殺。 梁暉 自據城,稱留後。四月,被殺。 王繼宏 六月,充留後。十月,拜,加檢校太傅。	李殷 十一月,以前定州節度使拜。	麻答 契丹拜,未幾,遷中京留守。 荃孫按:麻答,殿本薛《史》改滿達勒。 高奉明 契丹拜,未幾奔。 薛懷讓 八月,以洺州團練使拜。	麻荅 契丹命自安國遷中京留守,閏月,為鎮兵所逐。 白再榮 以護聖左廂都指揮使、恩州團練使充留後。	孫方簡 契丹拜,六月,徙雲州,不受。 郎五 耶律忠 契丹命,自鎮寧徙鎮,未幾奔。 孫方簡 漢復拜。	潘聿撚 二月,契丹拜。 王景 荃孫按:王景系晉舊鎮,未知何時復拜,或潘聿撚未臨鎮,或景能拒之,故未離鎮。

乾祐元年戊申	行周 三月，封鄴王。	繼宏 三月，自檢校太傅加檢校太尉。 六月，徙貝州。 郭謹 未知何時拜。	殷 三月，自檢校太傅加檢校太尉。 王繼宏 六月，自彰德徙鎮。	懷讓 三月，自檢校太傅加檢校太尉。	再榮 劉在明 二月，以前晉州留後充留後，兼幽州馬步軍都部署，加檢校太尉。三月，拜，自檢校太傅加檢校太師，部署如故。六月，卒於鎮。 武行德 自河陽徙鎮。	方簡 三月，自檢校太尉加檢校太師。	景 三月，依前檢校太尉，加同平章事。
二年己酉	行周 九月，加守太師。	謹 十月，加檢校太尉。	繼宏 十月，加檢校太尉。	懷讓 十月，加檢校太尉。	行德 九月，加檢校太師。	方簡 十月，加同平章事。	景 九月，加檢校太師。
三年庚戌	行周 三月，徙鄆州。 郭威 以樞密使充留守，依前樞密使十二監國。	謹 四月，進邑封。十月，卒。 張彦贇 以前同州節度使拜。	繼宏	懷讓 四月，徙同州。 劉詞 自鎮國徙鎮。	行德 三月，進邑封。	方簡	景

	北都太原府	建雄軍	昭義軍	護國軍	永寧軍
				晉護舊鎮，乾祐元年升解縣為解州。	漢高祖天福十二年升節鎮，賜軍額，治府州，領勝州。乾祐三年四月，降團練州。
漢高祖天福十二年丁未	劉崇 三月，以北京馬步都指揮使、泗水防禦使、檢校太保充太原尹。五月，充留守。六月，加同平章事。	劉在明 朝契丹 張晏洪 二月，自稱留後。 王晏 四月，以陝府馬步軍副都指揮使、兼絳州防禦使拜，加檢校太傅。七月，加檢校太尉。	耿崇美 二月，契丹拜。 王守恩 權留後。四月，拜，加檢校太保，復加檢校太尉。 常思 閏月，以遥領威勝節鎮拜，加檢校太尉。	趙贊 二月，契丹拜。五月，漢起復。七月，徙。 荃孫按：《宋史》趙匡贊因諱去"匡"字。 李守貞 檢校太師、兼侍中，自鄆州徙鎮，加兼中書令。	折從阮 三月，以振武節度使、府州團練使拜，行府州刺史、檢校太尉。
乾祐元年戊申	崇 三月，加檢校太師。	晏 三月，加同平章事。	思 三月，加同平章事。	守貞 三月，加太傅，進封魯國公。四月，叛。	從阮 檢校太傅。三月，加檢校太尉。
二年己酉	崇 九月，加兼中書令。	晏 九月，加檢校太師。	思	守貞 七月，收復河中府，自焚。 扈彦珂	從阮 十月，封岐國公。
三年庚戌	崇	晏	思 三月，進邑封。	彦珂	從阮 四月，徙鄧州，降團練州。

	永興軍	匡國軍	鎮國軍	鳳翔	静難軍	彰義軍
	晉廣晉府,漢乾祐元年改永興軍。					
漢高祖天福十二年丁未	張彦超 契丹拜。七月,徙鄜州。 荃孫按:《通鑒》以張彦超為雄武節度使,彦超實鎮晉昌,無節鎮名雄武,疑誤。 趙贊 自護國徙鎮。	劉繼勳 正月,朝契丹,被鎖,憤卒。 張彦威 四月,以河東行軍司太馬拜,加檢校太保。七月,加檢校太尉。	侯章 未知何時拜。四月,兼陝州馬步軍都指揮使,加檢校太傅。七月,加檢校太尉。	侯益 正月,契丹拜。七月,依前檢校太師、同平章事,加兼侍中。	王守恩 自招義徙鎮,檢校太尉,加同平章事。	史佺 契丹拜,未受任。 史匡威 七月,加檢校太尉。
乾祐元年戊申	贊 王守恩 三月,自静難徙鎮,加檢校太師。 郭從義 七月,自鎮寧徙鎮,兼行營都部署。	彦威 三月,加同平章事。	章 三月,加同平章事。八月,徙邠州。 扈彦珂 以左金吾上將軍拜。	益 三月,徙開封尹。 趙暉 自保義徙鎮。	王守恩 三月,徙京兆。 郭謹 自義成徙鎮。 侯章 自鎮國徙鎮。	史懿 三月,加同平章事。 荃孫按:薛《史》作史懿,當是避太祖諱。
二年己酉	從義 七月,加同平章事,徙華州。 荃孫按:從義徙華,似未涖任,乃命劉詞。	彦贇 九月,加檢校太師。 荃孫按:彦贇即彦威,避周諱。	彦珂 劉詞 未知何時拜。 荃孫按:本傳為華州,歲餘徙邢臺,當在是。	暉 九月,加檢校太師。	章 九月,加檢校太師。	懿 九月,加檢校太師。
三年庚戌	從義	彦贇 薛懷讓 四月,自安國徙鎮。	詞 四月,徙邢州。 王饒 以鄜州留後拜。	暉 正月,加侍中。	章	懿

	保大軍	保塞軍	朔方	定難軍	河西	歸義軍
				晉舊鎮,治夏州,領綏、銀州,乾祐二年增領静州。		
漢高祖天福十二年丁未	焦繼勳 正月,契丹拜。 張彦超 七月,自晉昌徙鎮,加檢校太師。	周密 三月,被逐。 高允權 自稱留後。 四月,拜,加檢校太保。 閏月,加檢校太尉。	馮暉	李彝殷		曹元忠
乾祐元年戊申	彦超 王饒 三月,以前奉國右廂都指揮使充留後。	允權 三月,加同平章事。	暉 三月,加兼侍中。	彝殷 三月,加兼侍中。		
二年己酉	饒 十一月,加檢校太傅。	允權 九月,加檢校太師。	暉 九月,加兼中書令。	彝殷 九月,加兼中書令。	折逋嘉施 七月,拜。	
三年庚戌	饒 三月,徙華州節鎮。 楊信 荃孫按:即楊承信,自安遠徙鎮並加邑封。又按:薛《史·本紀》,二月,以鄜州焦繼勳為左衛上將軍,繼勳前自陜州留後徙鳳翔留後,其鎮鄜州疑在晉漢之間,史亦無傳,無所考。	允權	暉	彝殷	嘉施	

	山南東道	安遠軍	威勝軍	荆南
	晉舊鎮,天福七年降團練州,漢天福十二年五月,復。	晉舊鎮,天福五年降防禦州,漢天福十二年五月,復。		
漢高祖天福十二年丁未	安審琦 七月,自泰寧徙鎮,加檢校太師。	楊承信 七月,自平盧徙鎮,加檢校太傅。	王周 契丹拜。七月,徙徐州。 劉重進 七月,自忠武鎮,加檢校太傅。	高從誨 十一月,叛。
乾祐元年戊申	審琦 兼中書令,虢國公。三月,加守太保,進封齊國公。	承信 三月,加檢校太尉。	重進 三月,加檢校太尉。	從誨 六月,歸命。十一月,卒於鎮。 高保融 十二月,起復拜,加同平章事,檢校太尉渤海郡侯。
二年己酉	審琦 九月,加守太傅。	承信 十月,加檢校太師。	重進 十月,加檢校太師。	保融
三年庚戌	審琦	承信 三月,徙鄜州。 王令温 自永清徙鎮,並加邑封。	重進 折從阮 四月,自永安徙鎮。	保融

周	東京開封尹	義成軍	西京河南尹	河陽軍	保義軍	忠武軍	鎮安軍
							晉舊鎮,漢降防禦州,仍屬忠武軍。周太祖廣順二年七月,復升節鎮。
周太祖廣順元年辛巳	袁義 二月,以宣徽南院使權開封尹事。	李筠 正月,以前博州刺史權節度使,旋拜,加檢校太保。四月,徙相州。 折從阮 自威勝徙鎮。八月,徙陝州。 扈彦珂 自護國徙鎮。	白文珂 正月,加兼中書令。 武行德 八月,自忠武徙鎮。	李暉 八月,徙滄州。 王繼宏 自永清徙鎮。	李洪信 八月,徙京兆。 折從阮 自義成徙鎮。	何福進 正月,以前曹州防禦使權節度使旋拜,加檢校太傅。三月,徙鎮州。 武行德 自順國徙鎮。八月,徙西京留守。 郭從義 自永興徙鎮。	
二年壬子	李穀 四月,以中書侍郎、平章事、判三司權東京留守,兼判開封尹。 陳觀 以樞密院直學士、工部侍郎權知開封尹。	彦珂	行德	繼宏 王彦超 十月,以前魯州節度使拜。	從阮 十一月,徙邠州。	從義	郭崇 七月,以侍衛馬軍都指揮使、洋州節度使拜。

	顔衎 以端明殿學士權開封尹。 荃孫按：《宋史》本傳，衎知開封府，王峻敗，罷職。						
三年癸丑	皇子榮 以澶州節度改開封尹，兼功德使，封晉王。九月，充頓遞使。	彥珂 白重贊 三月，以相州留後拜。	行德	彥超 正月，加檢校太尉。四月，徙河中。 劉詞 八月，自安國徙鎮。	李瓊 二月，權知軍州事。 韓通 六月，以虎捷左廂都指揮使、永州防禦使充留後。	從義	崇
顯德元年甲寅	榮 正月，加開府儀同三司、檢校太尉、兼侍中，行開封尹、功德使，判内外兵馬事，旋即位。 王敏 以少尹權判府事。	重贊 正月，加檢校太傅。三月，徙鄜州。 向訓 三月，以宣徽南院使拜，充行營賓馬都監。 張永德 七月，以武信軍節度、兼殿前都指揮使拜，加檢校太傅。	行德 正月，進封譙國公。七月，加兼中書令。十月，徙徐州。 王晏 自武寧改西京留守。	詞 正月，加檢校太尉。三月，充隨駕都部署。七月，徙京兆。 白重贊 自保太徙鎮，加檢校太尉。	通 正月，拜。七月，徙曹州。 藥元福 自匡國徙鎮，加檢校太尉。	從義 正月，加檢校太師。 李重進 三月，以侍衛馬步都虞侯拜，充行營都虞侯。七月，徙宋州。 王彥超 自護國徙鎮，加兼侍中。	崇 正月，徙澶州。 王令温 以前安州節度拜。

二年乙卯	邊光範 七月，以邢部侍權判開封尹事。 王樸 以左諫議大夫權開封尹。 荃孫按：未知其時。十二月，改右散騎常侍，充端明殿學士，依前權府事。	永德	晏	重贇	元福	彦超 十一月，充行營都部署。	令温
三年丙辰	向訓 正月，以宣徽南院使權留守。 王朴 九月，晉戶部侍郎充樞密副使。	永德 十二月，充殿前都點檢。	晏 六月，徙岐州。	重贇 八月，徙涇州。 李繼勳 以侍衛親軍都指揮使、彰信節度使拜。	元福	彦超 六月，徙京兆。 韓通 自威信徙鎮，加檢校太尉。十二月，兼侍衛馬步都虞侯。	令温 五月，卒於鎮。 向訓 以宣徽南院使拜。六月，徙淮南。
四年丁巳	朴 正月，以樞密副使權東京留守、兼判開封尹。	永德 正月，徙澶州。 荃孫按：薛《史·本紀》作潭州，誤。 趙匡胤 自匡國徙鎮，加檢校太保，依前殿前都指揮使。	吴延祚 五月，以宣徽南院使權西京留守、判河南府事。	繼勳 趙晁 正月，以虎捷左箱都指揮、閬州防禦使拜。	元福	通	韓令坤 正月，以侍衛馬軍都指揮使、洋州節度使拜，加檢校太傅。

五年戊午	昝居潤四月，以宣徽北院使判開封府事。	匡胤五月，徙許州。宋延渥以右神武統軍拜。十二月，徙鄧州。陳思讓自安國留後徙，充留後。	延祚竇儀以端明殿學士判河南府，兼知西京留守事。	晁	元福	通五月，徙宋州。趙匡胤自義成徙鎮，依前殿前都指揮使。	令坤正月，權知揚州府事。
六年己未	吴延祚二月，以宣徽南院使權東京留守、判開封府事。昝居潤六月，以宣徽北院使判開封府事。八月，加檢校太傅。	思讓七月，徙滄州。石守信以殿前都指揮使、江州防禦使、檢校司空拜，加檢校太尉。	儀向拱訓改名。七月，自山南東道徙鎮，充河南尹、西京留守，加檢校太師、兼侍中。	晁	元福袁彦七月，以侍衛步軍都指揮使自威信徙鎮，加檢校太傅。	匡胤六月，充殿前都點檢，加檢校太傅。七月，徙宋州。張永德自鎮寧徙鎮，進封開國公。	令坤七月，充侍衛馬步都虞侯，加檢校太尉。

	歸德軍	武寧軍	威信軍	泰寧軍	天平軍	平盧軍
			晉舊鎮，漢天福十二年降防禦州，周廣順二年七月，復升節鎮。	漢舊鎮，治兖州，領□□。		

周太祖廣順元年辛亥	李洪義 正月，自鎮寧徙鎮，加同平章事。	王彦超 正月，拜，加兼中書令。八月，徙晉州。 王晏 自建雄徙鎮。		慕容彦超 正月，加兼中書令。十二月，反。	高行周 守太師、兼中書令、齊王。正月，進位尚書令。	符彦卿 檢校太師、守太保兼中書令、魏國公。正月，進封淮陽王。
二年壬子	洪義 常思 八月，自昭義徙鎮。	晏	曹英 七月，以侍衛步軍都指揮使拜。	顔衎 五月，克兗州，斬彦超，以端明殿學士權知兗州軍州事，未幾除防禦州。	行周 八月，卒於鎮。 符彦卿 自平盧徙鎮。	彦卿 十月，徙鄆州。
三年癸丑	思 三月，徙青州。 趙暉 自鳳翔徙鎮。	晏	英 二月，加檢校太尉。		彦卿	王峻 閏月，以樞密使、尚書左僕射、同平章事、監修國史拜。二月，貶商州司馬員外。 常思 三月，自歸德徙鎮。
顯德元年甲寅	暉 正月，封韓國公，加開府儀同三司。 李重進 七月，自忠武徙鎮，加同平章事、兼侍衛親軍都指揮使。	晏 正月，封滕國公，加開府儀同三司。七月，加兼中書令。十月，改西京留守。 武行德 自西京徙鎮。	英 正月，徙鎮州。 索萬進 自彰武徙鎮，加檢校太傅。 韓通 七月，自保義徙鎮。		彦卿 正月，封衛王，徙大名府。 何福進 自成德徙鎮，加同平章事。 郭從義 六月，以前忠武節度拜。七月，加兼中書令。	思 正月，封萊國公，加開府儀同三司。三月，卒於鎮。 李洪義 十月，自安遠徙鎮。

二年乙卯	重進	行德	通 六月，充西南面行營都虞侯。		從義	洪義
三年丙辰	重進	行德 四月，充濠州行營都部署。	通 六月，徙許州。 袁彦 十月，以内外馬步軍都頭拜，兼侍衛步軍都指揮使。		從義	洪義
四年丁巳	重進 五月，加檢校太傅、兼侍中。九月，徙鄆州。 向訓 十一月，自武寧徙鎮。	行德 向訓 三月，自淮南徙鎮，充淮南道行營都監。四月，加檢校太尉、同平章事。十一月，徙宋州。 郭從義 以前鄆州節度使拜。	彦 五月，加檢校太保。		從義 劉仁贍 三月，拜，加特進、檢校太尉、兼中書令。未至，卒。 李重進 九月，自歸德徙鎮。	洪義
五年戊午	訓 五月，徙襄州。 韓通 自忠武徙鎮，依前兼侍衛馬步都虞侯、兼西南面水陸發運招討使。	從義	彦		重進	洪義 安審琦 五月，自山南徙鎮。

六年己未	通 六月，充侍衛親軍副都指揮使，加檢校太尉、同平章事。七月，徙鄆州。 趙匡胤 自忠武徙鎮，進封開國侯。	從義 七月，加開府儀同三司。	彥 七月，徙陝州。 藥元福 以前陝西節度使、檢校太尉拜，進階爵。		重進 七月，徙淮南。 韓通 自歸德徙鎮。	審琦 正月，為部曲所殺。

	天雄軍	彰德軍	鎮寧軍	永清軍	安國軍	成德軍	義武軍	橫海軍
				漢舊鎮，開運元年十月，降防禦州。				
周太祖廣順元年辛亥	王殷 領夔州節度使、侍衛親軍馬步軍都指揮使、檢校太傅。正月，充鄴都留守，加同平章事。	張彥成 正月，加兼侍中。四月，徙鄧州。 李筠 自義成徙鎮。	皇子榮 二月，以天雄軍牙內都指揮使、檢校右僕射、貴州刺史起復為澶州節度使、檢校太保。	王繼宏 正月，加同平章事。八月，徙河陽。 王饒 自鎮國徙鎮。	劉詞 正月，加同平章事。	武行德 正月，加兼侍中。三月，徙許州。 何福進 自忠武徙鎮。	孫方簡 正月，加兼侍中。八月，徙華州。 孫行友 以易州刺史充留後。	王景 正月，加兼侍中。八月，徙河中。 李暉 自徙鎮。

二年壬子	殷	筠 七月，權知潞州軍州事。八月，拜。 白重贊 九月，以鄭州防禦使拜。	榮 十二月，落起復，加同平章事。	饒	詞	福進	行友	暉
三年癸丑	殷 閏月，加檢校太尉。十二月，賜死。 十二月，罷鄴都。	重贊 三月，徙滑州。 王進 以汝鄭防禦使拜。 荃孫按：薛《史·本紀》作鄭州節度使，誤。鄭州未建鎮，據本傳，則防禦使也。	榮 三月，改開封尹。 鄭仁誨 以宣徽北院使、兼樞密使拜。	饒	詞 八月，徙河陽。 田景咸 以友捷左箱都指揮使、閬州防禦使充留後。	福進 閏月，加檢校太尉。	行友	暉
顯德元年甲寅	符彦卿 正月，自天平徙鎮。三月，充河東行營都部署。七月，進位守太傅，封魏王。	進 正月，加檢校太傅。七月，加檢校太尉，旋卒於鎮。 王饒 十月，自永清徙鎮。	仁誨 正月，充樞密使，加同平章事。 郭崇 自鎮安徙鎮，十一月，徙鎮州。	饒 七月，加兼侍中。十月，徙相州。降防禦州。	景咸 七月，加檢校太傅。	福進 正月，徙天平。 曹英 自威信徙鎮。七月，加兼侍中。十一月，卒於鎮。自鎮寧徙鎮。	行友 正月，拜。七月，加檢校太傅。	暉 正月，加檢校太尉。七月，加兼侍中。

二年乙卯	彥卿	饒			景咸 陳思讓六月,以亳州防禦充留後。	崇	行友	暉 袁義六月,以前延州節度拜。
三年丙辰	彥卿	饒			思讓	崇	行友	義
四年丁巳	彥卿	饒	張永德四月,自義成徙鎮,加檢校太尉。		思讓	崇	行友	義
五年戊午	彥卿	饒 王暉五月,以前同州留後充留後。	永德		思讓十二月,徙充滑州留後。 王仁鎬以前河中節度使拜。	崇	行友	義
六年己未	彥卿八月,加守太尉。	暉 王全斌七月,以隴州防禦使充留後。	永德正月,落軍職,加檢校太尉、同平章事。七月,徙許州。 慕容延釗自淮南徙鎮,檢校太傅。		仁鎬七月,徙襄州。 李繼勳以右羽林統軍權知邢州事,檢校太保拜,加檢校太傅。	崇	行友七月,自檢校太保加檢校太傅。	義 陳思讓七月,自滑州留後拜。

	護國軍	昭義軍	建雄軍	永安軍	天德軍
廣順元年辛亥	扈彦珂 正月,加同平章事。八月,徙滑州。 王景 自横海徙鎮。	常思 正月,加兼侍中。	王晏 正月,加兼侍中。八月,徙徐州。 王彦超 自武寧徙鎮。		郭勳 三月,加同平章事。
二年壬子	景	思 八月,徙宋州。 李筠 七月,自彰德權知軍府事徙鎮。	彦超 藥元福 以陳州防禦使拜。		勳
三年癸丑	景 三月,徙鳳翔。 王彦超 四月,自河陽徙鎮。	筠 閏月,加檢校太傅。	元福		勳
顯德元年甲寅	彦超 正月,加同平章事。七月,徙許州。 王仁鎬 自永興徙鎮,加檢校太尉。	筠 正月,加同平章事。七月,加兼侍中。	元福 正月,加檢校太傅。三月,徙同州。 楊廷璋 以宣徽北院使拜。七月,加檢校太保。	折德扆 五月,以本州防禦使拜。	勳 七月,加兼侍中。
二年乙卯	仁鎬	筠	廷璋	德扆	勳
三年丙辰	仁鎬 張鐸 八月,自彰義徙鎮。	筠	廷璋	德扆	勳
四年丁巳	鐸	筠	廷璋	德扆	勳
五年戊午	鐸	筠	廷璋	德扆	勳

六年己未	鐸 七月,加階爵。	筠 七月,加檢校太師。	廷璋	德扆 七月,自檢校太尉加檢校太傅,進階爵。	勳

	永興軍	匡國軍	鎮國軍	鳳翔	天雄軍	静難軍	彰義軍
廣順元年辛亥	郭從義 正月,加兼侍中。八月,徙許州。 李洪信 自保義徙鎮。	薛懷讓 正月,加同侍郎事。	王饒 正月,加同平章事。八月,徙貝州。 孫方簡 自義武徙鎮。	趙暉 正月,兼中書令。		侯章 正月,加兼侍中。	史懿 正月,加兼侍中。
二年壬子	洪信	懷讓	方簡	暉		章 折從阮十一月,从保義徙鎮。	懿
三年癸丑	洪信	懷讓 張鐸 三月,以亳州防禦使拜。	方簡	暉 四月,徙宋州。 王景 自護國徙鎮。		從阮	懿
顯德元年甲寅	袁義 正月,徙延州。 王仁鎬 以宣徽北院使兼樞密副使拜。七月,徙河中。 劉詞 自河陽徙鎮。	鐸 正月,加檢校太傅。三月,徙涇州。 藥元福自建雄徙鎮。七月,徙陜州。 孫方諫 以前華州刺史拜,加兼中書令。八月,卒於鎮。 王暉 以金州防禦使充留後。	方簡 正月,進封蕭國公。 史彦超 三月,以鄭州防禦使拜,充先鋒都指揮使。七月,降刺史州。	景 正月,進封褒國公		從阮 正月,加開府儀府同三司。七月,加兼侍中。	懿 三月,卒。 張鐸 自匡國徙鎮。七月,加檢校太尉。

二年乙卯	訶 十一月,卒於鎮。	暉		景 七月,充西南面行營都招討使。	八月,降	從阮 十一月,卒。 李暉 十一月,以前滄州節度使拜。	鐸
三年丙辰	王彦超 六月,自忠武徙鎮。	暉 趙匡胤 十月,拜,兼殿前都指揮使。		景 六月,徙秦州。 王晏 自西京徙鎮。	王景 六月,自鳳翔徙鎮,兼西南沿邊都部署,加檢校太尉。	暉	鐸 八月,徙河中。 白重贊 自河陽徙鎮。
四年丁巳	彦超	匡胤 五月,徙滑州。 白延遇 以兖州防禦使拜。		晏	景	暉	重贊
五年戊午	彦超	延遇 正月,降刺史州。		晏 李暉 十月,自静難徙鎮。	景	暉 十月,徙鳳翔。 劉重進 未知何時拜。	重贊
六年己未	彦超 六月,徙鳳翔。 李洪義 以前青州節度使拜。 七月,加開府儀同三司。			暉 六月,卒於鎮。 王彦超 自永興徙鎮。 郭崇 七月加檢校太師。	景 七月,褒進國公,進封凉國公。	重進 七月,加開府儀同三司。	重贊 七月,加階爵。

	保大軍	彰武軍	朔方軍	夏州	河西	歸義軍
應順元年辛亥	楊信 正月,加同平章事。	高允權 正月,加兼侍中。	馮暉 正月,進封陳留郡王。	李彝興 正月,進封隴西郡王。	申師厚 十月,以左衛將軍拜,檢校太保。	
二年壬子	信	允權	暉 六月,卒於鎮。 馮繼業 以朔方軍衙内都虞侯充留後。	彝興	師厚	
三年癸丑	信	允權 閏月,卒於鎮。 高紹基 以延州衙内指揮使權知軍州事。 向訓 二月,以客省使權知延州軍州事。三月,改内客省使。 索萬進 三月,以前兖州防禦使拜。	繼業	彝興	師厚	
顯德元年甲寅	信 正月,加開府儀同三司,進封杞國公。 白重贊 自義成徙鎮,三月,充隨駕副部署。七月,徙河陽。 李萬全 以前亳州防禦使充留後。	萬進 正月,徙曹州。 袁義 自永興徙鎮,七月,加檢校太尉。	繼業 正月,拜。七月,加檢校太傅。	彝興 正月,進封西平王。七月,加守太保。	師厚 七月,逃歸。 申 師厚子,充留後。	

二年乙卯	萬全	襄 徙滄州。 李彦頵 四月,以内客省使拜。	繼業	彝興		曹元忠 六月,拜檢校太尉、同平章事。
三年丙辰	萬全 田景咸 六月,自威勝徙鎮。	彦頵	繼業	彝興		元忠
四年丁巳	景咸	彦頵	繼業	彝興		元忠
五年戊午	景咸 武行德 五月,以左神武統軍拜。	彦頵 四月,徙充滄州留後。 李萬全	繼業	彝興		元忠
六年己未	行德 八月,封宋國公。	萬全 七月,封開國公。	繼業 八月,自檢校太保,加檢校太傅。	彝興 八月,加守太傅。		元忠

	襄州	安遠軍	威勝軍	荆南	忠正軍	保信軍	淮南
						顯德五年三月,南唐獻,改軍額,治廬州。	唐舊鎮,開運三年取之南唐,治揚州。
廣順元年辛亥	安審琦 正月,進封南陽王。		折從阮 正月,加同平章事。四月,徙滑州。 張彦成 自彰德徙鎮。	高保融 正月,進封渤海郡王。			

二年壬子	審琦	李洪義 十一月，以前宋州節度拜。	彦成 三月，改武勝軍。	保融			
三年癸丑	審琦	洪義 閏月，加檢校太尉。	彦成 侯章 正月，以前邠州節度使拜。	保融			
顯德元年甲寅	審琦 正月，進封陳王。七月，加守太尉。	洪義 正月，加檢校太師。七月，加兼侍中。九月，徙青州。降防禦州。	章 正月，進封申國公。七月，加兼中書令。	保融 正月，進封南平王。七月，加守中書令。			
二年乙卯	審琦		章 田景咸 六月，以前邢州節度拜。	保融			
三年丙辰	審琦 十月，加守太師。		景咸 六月，徙鄜州。 侯章 八月，以前鄧州節度復任。	保融			向訓 四月，以南院宣徽使權節度充沿江招討使。六月，拜，加檢校太尉。

四年丁巳	審琦		章 劉重進 四月，以神左武統軍拜。	保融	楊信 三月，以右羽林統軍拜。		訓 三月，徙徐州，充淮南道行營都監。
五年戊午	審琦 五月，徙青州。 向訓 自歸德徙鎮，充西南面水陸發運招討使。		重進 十一月，徙邠州。 宋延渥 自義成徙鎮。	保融	信	趙贊 以右龍武統軍拜。	慕容延釗 三月，以殿前都虞候拜。
六年己未	訓 王彥鎬 七月，自安國徙鎮，進封開國公。		延渥 八月，加開府儀同三司。	保融 八月，加守太保。	信 七月，封魯國公。	贊 八月，加開府儀同三司。	延釗 七月，徙澶州。 李重進 自天平徙鎮，檢校太尉、兼侍中。

蜀·王蜀	西川成都府	武德軍	武信軍	武泰軍	鎮江軍	永平軍
	唐舊鎮，領益、漢、簡、嘉、眉、資、戎、維、茂九州，以益州為治所。	唐東川節度使，蜀永平二年賜武德軍額，領綿、劍、梓、普、龍、陵、榮七州，以梓州為治所。	唐舊鎮，光化二年賜軍額，領遂、合、渝、瀘、昌五州，以遂州為治所。	唐舊鎮，天復三年賜軍額，領黔、施、涪、萬四州，以涪州為治所。	唐舊鎮，天復六年賜軍額，領忠、夔、萬、歸、峽五州，以忠州為治所，永平四年徙治夔州。	唐舊鎮，賜軍額，領雅、邛、蜀、彭、黎五州，以雅州為治所。

唐天復元年戊辰	周博雅 成都尹《九國志》 崔隱 《九國志·王宗裕傳》	王宗裕 副大使	王宗侃 太保進侍中、城内外都指揮使。《九國志》	晉暉 同平章事，封宏農郡王。		
二年己巳				暉		
三年庚午				暉		
永平元年辛未		王宗裕	王宗播	暉 潘炕 十二月，以内樞密使拜。		
二年壬申		王宗裕 九月，改武德軍。	王宗播	暉 炕		
三年癸酉	潘嶠			暉 炕 七月，内召。		
四年甲戌				暉 王宗訓 王茂權更名。八月，被殺。 潘峭 以内樞密拜，同平章事。	王宗壽 充招討使，加中書令。	

五年乙亥				暉峭	宗壽	
漢通正元年丙子			劉知俊 八月，拜，充第一招討。	暉 李繼崇 正月，拜。	宗壽	
改國號天漢元年丁丑			知俊 七月，充西北面都招討使。十二月，被殺。	暉 三月，卒於鎮。	宗壽	
蜀光大元年戊寅					宗壽	
乾德元年己卯		王宗播 北路行營招討使 徐延瓊 中書令、趙國公，加食邑一千戶。	王宗壽		宗壽	
二年庚辰	韓昭 成都尹	延瓊	宗壽		張武	周庠 六月，以司徒、兼門下侍郎、同平章事拜，未幾卒。
三年辛巳		延瓊	宗壽		武 充峽路應接招討使。	李筠 未知何時拜，見《通鑒》二百七十七。
四年壬子		延瓊	宗壽		武	

五年癸未		延瓊	宗壽		武	
六年甲申		延瓊 宋光葆 四月,充留後。	宗壽		武	
咸康元年乙酉	昭	光葆	宗壽		武	馬金

	天義軍	武定軍	天雄軍	武興軍	昭武軍	戎昭軍
	唐山南西道,蜀初改天義軍,領梁、渠、開、通、巴、果六州,以梁州為治所。	唐舊鎮,光啟元年賜軍額,領洋、蓬、壁、集四州,以洋州為治所。	唐舊鎮,□年賜軍額,領秦、階、成三州,以秦州為治所。永平五年取李茂貞地。	永平二年升節鎮,賜軍額,領鳳、文、興三州。《蜀鑒》有扶州,以鳳州為治所,永平五年取李茂貞地。		唐舊鎮,天祐二年升節鎮,賜軍額,治金州,割山南之開、巴、渠隸之。
武成元年戊辰	王宗賀 留後	王宗綰 李綰更名。				王宗朗 全師朗賜名。 荃孫按:《通鑒考異》云李昊,《蜀書・高祖紀》作全行思,《後主紀》、林思謂等傳作全行宗,《新書》馮行襲傳作金行全,皆傳寫之誤。

二年己巳						宗朗
三年庚午	唐道襲 三月，拜同平章事					宗朗 拜改雄武軍。
永平元年辛未	道襲 三月，充招討。					宗朗
二年壬申	道襲 內召。 王宗鍼					宗朗
三年癸酉						宗朗
四年甲戌						宗朗
五年乙亥			王宗儔 十一月，以排陣使為留後。	王宗魯 十二月，以前利州團練使拜。		宗朗
通正元年丙子	王宗翰 加同平章事。《九國志》		宗儔 八月，充第二招討使。 唐文裔 十月，拜。			宗朗
天漢元年丁丑	宗翰 卒於鎮。		文裔			宗朗
光大元年戊寅			文裔			宗朗
乾德元年己卯		桑宏志 兼中書令。	文裔 見殺。 王暉 王宗昱 同平章事			宗朗

二年庚辰	王宗儔充西北面都招討行營安撫使。	宏志	宗昱充招討使。			
三年辛巳			宗昱			
四年壬午			宗昱			
五年癸未			宗昱			
六年甲申			王承檢 王承休以宣徽使拜,封魯國公。		林思鍔八月,以右定遠軍拜。	
咸康元年乙酉	王宗威兼侍中。	王承肇	承休	王承捷	思鍔	

后蜀·孟蜀	劍南成都府	永平軍	武德軍	武信軍	昭武軍	武泰軍	保寧軍	鎮江軍
							唐天成二年建節鎮,領閬、果二州。明德初割山南西道之開、渠,武定之蓬隸之,似以閬州為治所。	

孟知祥明德元年甲午		孫漢韶自武定遷鎮。	孟昶同平章事、崇聖宫使。七月,即位。	李仁罕充衛聖諸軍馬步指揮使。七月,兼中書令、判六軍事。十月,伏誅。	李肇充右匡聖步軍都指揮使。七月,兼侍中。十一月,致仕。	趙季良加特進、守司空、平章事、宏文館大學士、判三司。	趙廷隱守司空、同平章事,充左匡聖步軍都指揮使。七月,兼侍中、大軍副使。	張知業荃孫按:歐《史》作張業,《冊府元龜》作知鄴。七月,加檢校太尉。
二年乙未				張業未幾,召還。		季良徙山南。安思謙	廷隱張公鐸	業徙武信。侯宏實
三年丙申			趙廷隱自保寧徙鎮。	業		侯宏實自寧河徙鎮。	公鐸	
四年丁酉			廷隱			宏實	公鐸	
廣政元年戊戌			廷隱	業王處回兼領。		王處回以樞密使兼領武信、同平章事。	公鐸	
二年己亥			廷隱	處回		處回	公鐸	
三年庚子			廷隱	處回		處回	公鐸	

四年辛丑			廷隱加檢校。 李昊四月,以翰林學士承旨拜。	處回加檢校。 雀鑾四月,以諫議大夫拜。		處回 謝從志四月,以給事中拜。	公鐸加檢校。 劉英圖四月,以散騎常侍拜。	
五年壬寅			廷隱					張讚四月,以將作監拜。
六年癸卯		田敬全正月,以宣徽使、兼宮苑使拜。	廷隱					
七年甲辰			廷隱				王處回遙領。	
八年乙巳			廷隱					公鐸九月,卒於鎮。 歐陽彬未知何時拜。
九年丙午			廷隱					
十年丁未			廷隱封宋王,致。				安思謙自山南西道徙鎮。	彬
十一年戊申		李廷珪未知何時拜,旋徙閬州。	王處回七月,以樞密使、兼中書令,旋致仕。				思謙 何建自天雄徙鎮。	彬

十二年己酉		王昭遠未知何時拜。李繼勳自昭武徙鎮。			李繼勳			彬
十三年庚戌								彬卒於鎮。王昭遠
十四年辛亥							伊審徵未知何時拜，旋徙寧江。	韓保貞自雄武徙鎮，旋徙山南。
十五年壬子			郭延鈞					伊審徵同平章事
十六年癸丑								
十七年甲寅				孫漢韶三月，兼中書令，賜爵樂安郡王。			安思謙二月，被殺。李廷珪	
十八年乙卯				漢韶罷。李廷珪兼領。		伊審徵知樞密院。	廷珪五月，充北面行營都統。	高彥儔
十九年丙辰							廷珪	

二十年丁巳							廷珪	
二十一年戊午	韓保貞 十二月，充北面都招討使。	孟貽業 同平章事。十一月，充昭武文州招討使。		孟貽業 十二月，兼中書令，充昭武文州招討使。			建 卒於鎮。	
二十二年己未				李昊 八月，以宰相領。				彥儔
廿三年庚申				昊				彥儔
二十四年辛酉						彥銖 卒於鎮。		彥儔
二十五年壬戌								彥儔
二十六年癸亥								彥儔
二十七年甲子			李廷珪					彥儔

	山南西道	武定軍	天雄軍	武興軍	戎昭軍	永寧軍
		唐舊鎮，治洋州，領壁、達州，增領源州。	廣政十年何重建，據鎮來降。			廣政二十一年以果州升節鎮，割通州隸之。
祖明德元年甲午	武璋 張虔釗 三月，據鎮來降。	孫漢韶 三月，據鎮來降。七月，徙雅州。 潘仁嗣 未知何時拜。				

二年乙未	趙季良 自武泰徙鎮,行興元尹。					
三年丙申	季良					
四年丁酉	季良					
廣政元年戊戌	季良					
二年己亥	季良					
三年庚子	季良					
四年辛丑	季良					
五年壬寅	季良					
六年癸卯	季良					
七年甲辰	季良					
八年乙巳	季良					
九年丙午	季良 卒於鎮。 安思謙					
十年丁未	思謙 徙閬州。 孫漢韶 張虔釗 充北面行營招討使。荃孫按:《後蜀春秋》興元節度張虔釗,興元亦應有"前"字,虔釗未復鎮也。		何建 據鎮來降,加特進、同平章事。			

十一年戊申	虔釗 發憤卒。 李廷珪 知軍州。		建 徙閬州。 韓保貞 高彥儔			
十二年己酉	安思謙 廷珪					
十三年庚戌			韓保貞			
十四年辛亥	韓保貞		保貞			
十五年壬子	李廷珪 王昭遠 兼領,同平章事。					
十六年癸丑	廷珪					
十七年甲寅	廷珪					
十八年乙卯		呂彥珂 高彥儔 五月,充招討使。	韓繼勳 棄鎮歸蜀。荃孫按:是時秦州為繼勳,《五代通録》作高彥儔,考彥儔鎮武定,非雄武也。	王環 十一月,為周師所禽。正月,改武威武軍。		
十九年丙辰		張惠安 荃孫按:《長編》乾德三年命前武定節度使張惠安。未知何時拜。				

二十年丁巳						
二十一年戊午						皇弟仁操嘉王
廿二年己未						
廿三年庚申						
廿四年辛酉						
廿五年壬戌						
廿六年癸亥		趙崇韜				
廿七年甲子	韓保貞	李進				

南漢	清海軍	建武軍	寧遠軍	静海軍	禎州	静江軍
	廣州興王府 唐舊鎮。	治邕州。	治容州。	治交州。		
乾亨元年丁丑梁貞明三年	南漢高祖乾化元年拜為節度使,貞明二年自立。	龐巨昭開平四年姚彦章知軍州事。				陸昂領静江。
二年戊寅						
三年己卯						

四年庚辰						
五年辛巳						
六年壬午						
七年癸未						
八年甲申						
白龍元年乙酉						
二年丙戌						
三年丁亥						
大有元年戊子						
二年己丑						
三年庚寅				楊廷藝		
四年辛卯				廷藝		
五年壬辰				廷藝		
六年癸巳				廷藝		
七年甲午				廷藝		
八年乙未				廷藝		
九年丙申				廷藝		
十年丁酉				廷藝 為皎公羨所殺。		
十一年戊戌				交王洪操戰死。 皎公羨 吴權 荃孫按：《通考》作紹文。		

十二年己亥			王定保為中書侍郎、同平章事。	權		
十三年庚子				權	通王宏	
十四年辛丑				權		
光天元年壬寅		齊王宏弼		權		
乾和元年癸卯		齊王宏弼 鎮王宏澤		權		
二年甲辰		宏澤被殺。 高王宏邈		權		
三年乙巳		宏邈		權		
四年丙午				權		
五年丁未				權		
六年戊申				權		
七年己酉				權		
八年庚戌				權		
九年辛亥				權		
十年壬子				權		
十一年癸丑				權		
十二年甲寅		宏邈		吴昌岌 吴昌文 荃孫按:《東都事略》作昌濬。		

十三年乙卯				昌文	通王宏政被政。①	
十四年丙辰				昌文		
十五年丁巳				昌文		
大寶元年戊午				昌文		
二年己未				昌文		
三年庚申				昌文		
四年辛酉				昌文		
五年壬戌				昌文		
六年癸亥				昌文		
七年甲子				昌文		
八年乙丑				昌文 丁璉		
九年丙寅						

楚	武安軍	永順軍	静江軍	武清軍
			領宜、連、嚴、富、昭、柳、龔、象等州。	
梁開平元年	馬殷 四月，封楚王。	張佶	李瓊 知桂州軍，旋卒。 馬存 知桂州事。	

① “政”疑爲“殺”之誤。

乾化元年	殷	佶 徙桂州。 馬賨 十二月,以留後。	張佶 自永清徙鎮。①	
天成二年	殷	馬希振 武平軍。荃孫按:歐《史》作武順軍。	馬賨	
長興元年	殷 卒於鎮。 馬希聲 殷子嗣位。	希杲 清泰三年。	希杲 清泰三年徙朗州。	
三年	希聲 卒於任。 馬希範	希杲 開運二年七月,被殺。		
開運四年	希範 卒於鎮。 馬希廣	馬希萼		
乾祐三年	希廣 被殺。 馬希萼 李景冊楚王。 馬希崇			彭師暠
廣順元年	希崇 為南唐所滅。 邊鎬 棄鎮奔唐。	馬光惠 留後 劉言		
三年	言 二月,加檢校太師、同平章事,為潘叔嗣所殺。 潘叔嗣 權知軍府事。 王進逵 加檢校太尉,為潘叔嗣所殺。	何景真 加檢校太尉。		

① 清,當作"順"。

顯德元年	廖簡 留後	周行逢 權知軍府事。七月,加兼侍中。		周行逢 宇文瓊
建隆三年		行逢 卒於鎮。 周保權		

楚	武安軍	永順軍	静江軍	武清軍	寧遠軍
	唐舊鎮,□年賜軍額,治潭州。	唐舊鎮,□年賜軍額,治朗州,領澧州。	唐□,治桂州。		唐舊鎮,乾寧四年賜軍額,治容州,開平四年龐巨昭降楚。
梁開平元年丁卯	馬殷 四月,封楚王。	張佶	李瓊 知桂州軍州事。		
二年戊辰	殷	佶 五月,改永順軍。	瓊 五月,卒於鎮。 馬存 知桂州事。		
三年己巳					
四年庚午					姚彦章
乾化元年辛未	殷	馬賨 十二月,拜同平章事。			彦章 十二月,棄鎮奔蜀。
二年壬申	殷 二月,充武安、武昌、寧遠、静江等軍節度使,洪、鄂四面行營都統。				
三年癸酉	殷				
四年甲戌	殷	馬存			

貞明元年乙亥	殷	存			
二年丙子					
三年丁丑					
四年戊寅					
五年己卯					
六年庚辰					
七年辛巳					
龍德元年壬午					
二年癸未					
同光元年甲申	殷 加中書令。				
天成元年丁亥	殷 守尚書令。				
二年戊子	殷 六月,封楚王,開府,置行臺。 希聲 判長沙府。	子希振			弟賓
晉高祖元年丙申		希杲 自静江徙鎮。	希杲 徙朗州。		
漢天福十二年		希萼			
乾祐二年				希瞻 十月,卒於鎮。 馬希隱	
廣順元年辛巳		馬光贊 光惠		希隱	

閩	威武軍	鎮武軍	平海軍	
	福州	建州	泉州	
天成二年	鏻	王延禀		
長興二年		繼雄		
四年	鏻 稱帝。			
龍啟元年	皇子繼鵬 改福州為長樂府。			
三年	繼鵬			
永和元年				
通文元年	繼恭	延政		
三年	曦	延政		
永隆元年				
開運元年	朱文進 長樂尹 李仁達	延政		
天福十二年丁未	李孺贇 卒。 吴程 知節度使事。			

吴越	鎮海軍	鎮東軍	宣德軍	中吴軍	武勝軍
	唐舊鎮，貴福二年拜錢鏐為節度使，領杭蘇。光化元年移治杭州。	治越州。	治湖州。	治蘇州。寶大元年升節鎮。	治婺州。
寶大元年	王子傳瓘 充留後總軍。	傳瓘		王子傳璙	
二年					

天福□年丁酉						

	奉國軍	靜海軍	德化軍	彰武軍
	治明州。	治溫州。	治台州。	治福州。
寶大元年				
二年	錢元球	王子傳球		
天福 丁酉				元珦

秦	鳳翔	山南西道	武定軍	感義軍	天雄軍	保勝軍
秦李茂貞部下	治岐州,領儀州、乾州。荃孫按:《通攷》儀州,李茂貞於隴州廢華亭縣置,以縣為州治。茂貞於光啟三年拜節度使。	治興元府梁州,領集、壁、文、通、巴、開、渠、蓬等州,景福元年,茂貞逐楊守亮,有其地。	治洋州,大順二年增領階、扶二州,景福元年增果州,茂貞逐楊守忠,有其地。	治鳳州,領興州,光啟二年升節鎮,文德元年增領利州,景福元年茂貞逐滿存,有其地。	治秦州,領河、渭二州,咸通元年升節鎮。	治隴州,天復元年升節鎮。
昭宗景福元年壬子	李茂貞	李繼密 茂貞命權興元府事。荃孫按:薛《史》作繼徽,誤。	李茂貞 兼領。		李茂莊 未詳何時拜。	
二年癸丑	茂貞 正月,徙鎮興元,不奉詔。	繼密	茂貞		茂莊 七月,加同平章事。	
乾寧元年甲寅	茂貞	繼密			茂莊 未詳何年拜,加同平章事。	

二年乙卯	茂貞	繼密			茂莊 李繼徽 拜，茂貞養子。	
三年丙辰	茂貞	繼密	李思敬	王建 十一月，拔利州。	繼徽	
四年丁巳	茂貞 六月，徙西川，不受詔。	繼密	思敬	蘇文建 更昭武軍，治利州。	繼徽 七月，徙邠寧。	
光化元年戊午	茂貞	繼密	思敬			
二年己未	茂貞	繼密	思敬			
三年庚申	茂貞	繼密	思敬			
天復元年辛酉	茂貞 正月，加尚書令、兼侍中，晉爵岐王。	繼密	思敬			
二年壬戌	茂貞	繼密 八月，降王建。	思敬 九月，降王建。	李繼忠 未知何年拜。二月，降王建。		
三年癸亥						
昭宣帝天祐元年甲子					李繼勲 茂貞之侄，為之婜王建女。	
二年乙丑						
三年丙寅						

	保大軍	忠義軍	静難軍	彰義軍	義勝軍	匡國軍	昭武軍
	治鄜州,領坊州、翟州。荃孫按:《寰宇記》鄜城縣李茂貞建為翟州。	治延州,光化元年領丹州,乾寧元年王行瑜伏誅,茂貞有其地,四年改寧塞軍。	治邠州,領寧、慶、衍三州,乾寧二年茂貞有其地。	治涇州,領渭、原、武三州,光化二年茂貞有其地。		治同州。	治利州。
昭宗景福元年壬子	拓拔思孝 賜姓拓拔。思恭弟。						
二年癸丑	思孝						
乾寧元年甲寅	思孝						
二年乙卯	思孝 三月,致仕。	胡敬璋 茂貞拜。					
三年丙辰	李思敬 思孝弟,充留後。十月,拜,尋徙洋州。 李茂勲 茂貞表上。	敬璋					
四年丁巳	茂勲	敬璋 更寧塞軍,又更衛國軍。	李繼徽 茂貞命,自天雄遷徙鎮。			李繼瑭 四月,防禦使拜。十月,棄鎮奔鳳翔。	

光化元年戊午	茂勲	敬璋	繼徽					
二年己未	茂勲	敬璋	繼徽	李茂貞 九月，兼領。				
三年庚申	茂勲	敬璋	繼徽	茂貞				
天復元年辛酉	茂勲	敬璋	繼徽 十二月，降朱全忠，復姓名楊崇本。	茂貞				
二年壬戌	茂勲 十二月，降朱全忠。	敬璋						李繼忠 二月，棄鎮，奔鳳翔。
三年癸亥								
天祐元年甲子								
二年乙丑								
三年丙寅		保塞乾 寧四年 改寧塞， 又改衛 國，未幾 何時復 故名，攻 夏州已 稱保塞 矣。						

吴	江都府	建康軍	静淮軍	昭順軍	清淮軍	定遠軍
	唐淮南節度使地,領揚、滁、和、壽、舒、光、泗、楚、宿、盧、濠十州,以揚州為治所。唐景福元年楊行密據之,傳子。	昇州金陵府。	唐泗州地,吴天祐十一年升節鎮,賜軍額,治泗州。	唐盧州,吴建昭順軍、德勝軍,唐天復三年賜軍額。	唐壽州,天成二年建中正軍。	唐濠州,吴建定遠軍。
天祐四年丁卯	楊渥			劉威 觀督使。十二月,徙洪州。 張崇		
五年戊辰	渥 為其下所殺。 楊隆演 渥弟。七月,拜,充東面諸軍行營都統、同平章事,弘農王。					
六年己巳	隆演					
七年庚午	隆演 二月,加中書令、吴王。					
八年辛未	隆演					
九年壬申	隆演 太師、中書令、吴王。					
十年癸酉	隆演					

十一年甲戌	隆演		朱瑾	張崇		
十二年乙亥	隆演			崇		
十三年丙子	隆演			崇		
十四年丁丑	隆演	徐温 建大都督府。四月，徙治。		崇		
十五年戊寅	隆演	温		崇		
武義元年己卯	隆演 四月，封吴王。	温		崇 四月，加安西大將軍。		
二年庚辰	隆演 卒。 楊溥 隆演弟	温 六月，拜金陵尹。		崇		
順義元年辛巳	溥	温		崇	崔太初 團練使	
二年壬午	溥	温		崇		
三年癸未	溥	温		崇 十一月，清河王。 周本	周本 徙盧州。 鍾泰章 王稔	
四年甲申	溥	温		本 拜，太尉，中書令，封西平王。		
五年乙酉	溥	温		本		

六年丙戌	溥	温		本		
乾貞元年丁亥	溥 十一月，即帝位。	温 十一月，卒於鎮。 徐知詢 十一月，加輔國大將軍、金陵尹。		本		
二年戊子		知詢		本		
太和元年己丑		知詢 遷統軍，領潤州。 徐知諤 金陵尹		本		
二年庚寅				本		
三年辛卯				本		
四年壬辰				本 徐知誥 兼領，《通鑑》誤得勝。		
五年癸巳				柴再用	劉仁規 荃孫按：《孫忌傳》作節度使劉金子，《仁贍傳》作官至濠州團練使，子仁規，當為清淮軍節度使忌，渡江。疑是金子仁規。	

六年甲午				再用		
天祚元年乙未				再用 六月，卒於鎮。 周本 兼中書令。		
二年丙申		改江寧府		本	高審思	

	鎮海軍	寧國軍	奉化軍	昭武軍	百勝軍	鎮南軍	武清軍
	唐舊鎮，建中二年賜軍額，領昇、潤、宣、歙、池、常六州，以潤州為治所，天祐十四年徙治昇州。	唐宣州，吴建寧國軍，大順元年六月，賜軍額，領宣、歙二州，以宣州為治所。	唐江州，吴順義元年建奉化軍。	唐撫州，《九域志》吴建昭武軍，《通鑑》二百七十九以為遥領，誤。	唐虔州，吴天祐九年建百勝軍，升節鎮，賜軍額，領韶州。	唐洪州，吴建鎮南軍。	唐鄂州，吴建武清軍。
天祐四年丁卯	李承嗣	李遇 《九國志》作宣州團練使，《稽神録》云節度使。		李德誠		劉威	劉存 《通鑑考異》作觀察使，引《編遺録》作節度使。四月，為馬殷所殺。 秦裴 荃孫按：《春秋》作鄂州知州，葢知軍州事。

五年戊辰		遇				威	裴
六年己巳		遇				威	
七年庚午		遇				威	
八年辛未	徐温《十國春秋》本傳	遇			譚全播以威勝拜。	威	
九年壬申	温 行軍司馬、同中書門下平章事。	遇 叛，為徐温所殺。徐知訓《江表志》				威	裴
十年癸酉	温	知訓				威	
十一年甲戌	温	知訓				威 卒於鎮。劉信	
十二年乙亥	温 封齊國公，兼侍中，充兩浙都招討使。	知訓				信	李簡
十三年丙子	温					信	簡
十四年丁丑	徐知誥團練使					信	簡
十五年戊寅	知誥 徐知諫團練使					信 月充虔州行營招討使。	簡

武義元年己卯	徐温 四月，拜大丞相、都督中外諸軍事，封東海郡王。	徐温 兼領。		李德誠 九月，加平南大將軍。	王綰 鎮東大將軍。	信 加征南大將軍。	簡 九月，加鎮西大將軍。
二年庚辰	温 升昇州為金陵府行金陵。			德誠	綰	信	簡
順義元年辛巳			徐知誥 同平章事，以觀察使拜。	德誠 徙虔州。	綰 李德誠 自昭武徙鎮。	信	簡
二年壬午			知誥		德誠	信	簡
三年癸未					德誠	信	簡
四年甲申					德誠	信	簡
五年乙酉					德誠	信 以左統軍召。 徐知誨	簡
六年丙戌					德誠		簡
乾貞元年丁亥	徐知詢	陳璋 徐知詢			德誠		簡
二年戊子	知詢	知詢		臨川王濛	德誠		簡 八月，卒。 柴再用 以龍武統軍拜，即内召。

太和元年己丑	知詢	知詢 徐知誥以中書令領。		濛	德誠	徐知諫	
二年庚寅	知詢	知誥		濛 兼中書令。	德誠		
三年辛卯	知詢	知誥			德誠	徐知諫同平章事。九月,卒於鎮。 徐知詢自鎮海徙鎮。	
四年壬辰					德誠	知詢	
五年癸巳					德誠	知詢	
六年甲午				濛 六月,降,歷陽公。	德誠 徙洪州。	知詢 五月,卒於鎮。 李德誠太尉兼中書令	
天祚元年乙未	徐知諤					德誠	
二年丙申		盧文進			李章	德誠	

南唐	西都金陵府	東都江都府	鎮海軍	保信軍	清淮軍	建武軍	定遠軍
	昇元元年建西都,領昇州。	昇元元年改東都,領滁、和、舒、秦等州,保大十四年入於周。	潤州	盧州	壽州	唐天長軍,昇元六年升建武軍。	濠州,保大元年升定遠軍。
昇元元年丁酉		皇子景遂壽王,充留守,守江都。	徐知諤梁王		高審思加中書令。		
二年戊戌		景遂	知諤卒於鎮。王輿充留後。	周本十二月,卒於鎮。姚景李章六月,自百勝徙鎮。	審思		
三年己亥	齊王璟五月,領昇、揚二州牧。	景遂	輿八月,徙鄂州。馬仁裕以金吾衛大將軍充留後。	章	審思		
四年庚子		景遂	仁裕八月,徙盧州。盧文進以天威統軍拜。	章八月,卒於鎮。馬仁裕自潤州徙鎮。	審思		

五年辛丑		景遂	文進	仁裕	審思		
六年壬寅		景遂	文進	仁裕 正月，卒於鎮。 周鄴 以滁州刺史充留後。	審思 五月，卒於鎮。 姚景 以侍衛諸軍都虞候拜。		
保大元年癸卯		景遂 三月，改封燕王。 皇子宏冀 以南昌王充留守、行江都尹。	文進 以左衛上將軍拜。 宋齊丘 十二月，以太保、中書令拜，即乞休。	鄴	景		劉崇俊
二年甲辰		宏冀	張居詠 正月，以左僕射、兼門下侍郎平章事拜。	鄴	景 七月，卒於鎮。 劉崇俊 自定遠徙鎮。		劉崇俊 七月，徙壽州。 劉彦貞 以楚州刺史充觀察使。《唐春秋》本傳亦云節度使。
三年乙巳		宏冀	居詠 卒於鎮。	鄴	崇俊		彦貞

四年丙午		宏冀	徐連 四月,以史部尚書拜。	鄴	崇俊 六月,卒於鎮。 劉彦貞 自定遠徙鎮。			彦貞 六月,徙壽州。 郭全義 以侍衛諸軍都虞侯拜。
五年丁未		宏冀 改封燕王。	連 荃孫按:《通鑑》作徐景運,疑避諱去景字,連、運字訛,今據《馬書》、《春秋》繫於保大九年,潤州有前字。	鄴	彦貞			
六年戊申		宏冀	李金全 九月,充北面行營招討使。	鄴 四月,卒於鎮。 王崇文 八月,自永安徙鎮。	彦貞			
七年己酉		宏冀	金全		彦貞			
八年庚戌		宏冀 二月,徙潤州。 周宗 自寧國徙鎮。	金全 燕王宏冀 自東都徙鎮。		彦貞			

九年辛亥		宗	宏冀		彦貞		
十年壬子		宗	宏冀		彦貞		
十一年癸丑		宗	宏冀		彦貞		何敬洙徙鄂州。
十二年甲寅		宗	宏冀		彦貞		
十三年乙卯		宗 十月，罷。馮延魯以中書舍人充留守。	宏冀		彦貞 四月，以神武統軍内召。劉仁贍以神武統軍拜。		
十四年丙辰		延魯 二月，被殺。	宏冀				
十五年丁巳			宏冀	孫漢威	仁贍		郭廷渭團練使
周顯德六年己未			齊王景達 林仁肇		仁贍 卒，地入於周。		
宋建隆元年庚申			仁肇				
二年辛酉		朱匡業 十月，以神武統軍拜。	仁肇				
三年壬戌			仁肇 六月，以神武統軍内召。				

乾德元年癸亥							
二年甲子							
三年乙丑			嚴續五月,以司空平章事拜。				
四年丙寅			續十二月,卒於鎮。				
五年丁卯							
開寶元年戊辰							
二年己巳			殷崇義以右僕射、同平章事拜。				
三年庚午							
四年辛未			鄭彦華				
五年壬申			彦華				
六年癸酉			彦華加同平章事。				
七年甲戌			劉澄充留後。				

	南都南昌府	寧國軍	康化軍	永平軍	昭武軍	百勝軍	奉化軍
	鎮南軍。	治宣州。	唐池州,昇元二年升康化軍。	治饒州。	治撫州。	治虔州。	治江州。

昇元元年丁酉	李德誠	徐玠	楊珙 中書令，尋罷。			李章	徐知證 封韓王。
二年戊戌	德誠 封趙王。	玠	珙			章 六月，徙廬州。 王安 王會改名，以神武統軍拜。	知證
三年己亥	德誠	玠	楊珙 三月，卒於鎮。 楊璉 請制，許之。 王彦儔 以統軍拜。				知證
四年庚子	德誠 四月，卒於鎮。 徐玠 自寧國徙鎮。	玠 四月，徙洪州。 徐知證 自奉化徙鎮。	彦儔			安	知證 四月，徙宣州。 周宗 四月，以樞密使拜。
五年辛丑	玠	知證	彦儔			安 正月，卒於鎮。 賈匡浩 以統軍拜。 荃孫按：他書稱賈浩，避宋太祖諱。	宗

六年壬寅	玠 六月,以司徒召。 宋齊丘 以丞相、大司徒拜。	知證	彦儔			浩	宗
保大元年癸卯	齊丘 入為右丞相。	知證	彦儔	刁彦能	李建勳 四月,以中書侍郎平章事拜。	浩	宗 三月,以侍中召。
二年甲辰	周宗 正月,以侍中拜。	知證			建勳	浩 李翺 以饒州刺史充留後。	
三年乙巳	宗	知證			建勳	王崇文 十月,徙建州。	
四年丙子	宗	知證		王延政	建勳 入為右僕射。 馮延巳		賈崇 五月,以侍衛諸軍都虞侯充留後。
五年丁未	宗 宋齊丘 八月	知證 三月,卒於鎮。 周宗 八月,自鎮南徙鎮。		延政 八月,以羽林大將軍拜,封鄱陽王。	延巳 以母憂去。		崇

六年戊申	齊丘	宗		延政	延巳 正月,以太子少傅拜。		崇
七年己酉	齊丘	宗		延政	延巳		崇 二月,以神武統軍召。 嚴續 以中書舍人拜。
八年庚戌	齊丘	宗 二月,徙東都。		延政	延巳		續
九年辛亥	齊丘 十二月,加太傅。 馬希萼 封楚王。			延政	延巳		續
十年壬子	希萼 入朝被留。		荃孫按:常夢錫貶池州,當在是時。		延巳 以左僕射召。 李建勳 以司空召。		續 杜昌 觀察使
十一年癸丑	宋齊丘 五月,以太傅拜。						
十二年甲寅	齊丘				刁彦能 自永安徙鎮。		

十三年乙卯	齊丘				彥能		皇甫暉 同平章事，充北面行營應援使。
十四年丙辰					彥能		暉 為周所禽。 柴克宏 三月，卒於鎮。
十五年丁巳					彥能		
中興 交泰元年戊午	晉王景遂 三月，以天策上將軍、江南西道兵馬元帥、洪州大都督、太尉、尚書令。				鄂王景達 自浙西徙鎮。	信王景遏	孫漢威
周顯德六年己未	景遂 正月，卒於鎮。 韓王從善 充留守。 十二月，建南都南昌府。				景達		

宋建隆元年庚申	從善				景達		何洙 避宋諱，去"敬"字。三月，拜。
二年辛酉	從善 七月，封韓王。 鄧王從鎰 十月，充留守。				景達		洙
三年壬戌	從鎰	朱匡業 六月，以右神武統軍拜。 七月，徙江州。 林仁肇 以神武統軍拜。			景達		洙 七月，以右武衛上將軍召。 朱匡業 自寧國徙鎮。
乾德元年癸亥	從鎰	仁肇			景達		業
二年甲子	從鎰				景達	柴克貞	業
三年乙丑	從鎰 還都。 林仁肇 充留守。				景達	克貞 留後，徙江州。	業 以神武統軍内召。 柴克貞 自百勝徙鎮。
四年丙寅	仁肇				景達		吉王從謙
五年丁卯	仁肇				景達		從謙
開寶元年戊辰	仁肇	鄭王從益			景達		從謙

二年己巳	仁肇				景達	景遏 卒於鎮。	從謙
三年庚午	仁肇				景達		從謙
四年辛未	仁肇				景達 卒於鎮。 荃孫按:景達之卒,以生吴順義四年,年四十八推之,當卒於是時。		從謙
五年壬申	仁肇 閏二月,賜死。 朱令贇						從謙
六年癸酉	朱令贇						從謙
七年甲戌	令贇 柴克貞	盧絳					從謙 胡則

	武昌軍	清源軍	永安軍
	治鄂州。	唐泉州,保大七年建清源軍,領漳、泉二州。	唐建州,保大三年建永安軍,改延平津為劍州,以劍州之劍浦、汀州之沙縣隸焉。
昇元元年丁酉	張宣		
二年戊戌	宣		
三年己亥	宣 八月,卒於鎮。 王輿 自鎮海徙鎮。		

四年庚子	輿		
五年辛丑	輿		
六年壬寅	輿		
保大元年癸卯	輿		
二年甲辰	輿 七月,卒於鎮。 韋建 以神武統軍拜。		
三年乙巳	劉仁贍 以龍衛都虞侯拜。		祖全恩 未至,卒。七月,升節鎮。 王崇文 自百勝徙鎮。
四年丙午	仁贍	留從効 荃孫按:馬令《南唐書》繫於三年,考《十國春秋》從陸書,今亦從之。	崇文
五年丁未	仁贍		崇文
六年戊申	仁贍		崇文
七年己酉	仁贍	留從効 十二月,以泉州刺史拜。	崇文 八月,徙廬州。 查文徽 以諫議大夫充留後。
八年庚戌	仁贍	從効	文徽 陳誨 四月,以劍州刺史拜。
九年辛亥	仁贍	從効	誨
十年壬子	仁贍	從効	誨
十一年癸丑	仁贍 以神武統軍内召。 何敬洙 以濠州觀督使拜。	從効	誨 五月,改忠義軍。

十二年甲寅	敬洙	從効	誨 刁彦能 充留後。 荃孫按:陸《書》本傳云,出為饒州節度使,又徙信州,又徙建州,留後。馬《書》作饒、信二州刺史,攷彦能已拜節度,不聞又降刺史,今從馬《書》。
十三年乙卯	敬洙	從効	朱匡業 充留後。
十四年丙辰	敬洙	從効	誨
十五年丁巳	敬洙	從効	誨
交泰元年戊午	敬洙	從効	誨
顯德六年己未	敬洙	從効	誨
宋建隆元年庚申	敬洙 三月,徙宣州。 王崇文	從効	誨
二年辛酉	崇文 八月,卒於鎮。 黄延謙 充留後。	從効	誨
三年壬戌	延謙	從効 卒於鎮。 留紹鎡 張漢思	誨 陳謙 充留後。
乾德元年癸亥	延謙	漢思	
二年甲子	延謙 四月,卒於鎮。 林仁肇 自寧國徙鎮。	漢思	
三年乙丑	仁肇 九月,徙洪州。	漢思	

四年丙寅	楊守忠 五月,以吉州刺史充節度觀察留後,知軍州事。	漢思 陳洪進 以副使拜。	
五年丁卯	守忠		
開寶元年戊辰	守忠		
二年己巳	守忠		
三年庚午	守忠		
四年辛未	守忠		
五年壬申	守忠		
六年癸酉			
七年甲戌			

藝風老人年譜

據民國丙子年正月文禄堂印本

藝風老人年譜

荃孫幼罹兵燹，長守冷官，蕉萃邅迍，無可紀録。唯是身歷十省，著書二百卷，一生蹤跡，略志雪鴻，不足質諸大雅。

道光二十四年甲辰(1844)八月九日癸卯亥時，荃孫**生於江陰申港鎮祖居西宅。**

吾宗自宋時居江陰，至明中葉，定居城西二十里申港鎮，即《新唐書·韓滉傳》之申浦也。先大父游宦三十年，歸里後，祖居已不容，乃賃祖居之旁數椽以居。是年，先大母年七十，先大夫年三十有四，先母瞿恭人同歲。

二十五年乙巳，年二歲。

二十六年丙午，年三歲。

二十七年丁未，年四歲。

四月種痘，危甚，先母日夜泣。贈嫁一婢王如意，金陵人，保抱甚勤，幸而獲安。如意後嫁青暘沈亮玉，夫早卒，王矢志不嫁。咸豐十一年，遭難餓死。子一，亦死。荃孫官庶吉士，為請旌表。辛卯，始為拾骨，與其夫合葬。冬始識字。

二十八年戊申,年五歲。

識字數千,並誦唐人小詩,皆先母口授。

二十九年己酉,年六歲。

始入塾,從族祖集珍先生讀書。先生諱以康,歲貢生,時年七十餘。

夏,大水淹塾,停課月餘。

歲大荒。

三十年庚戌,年七歲。

從族兄翮飛先生讀書。先生諱墀。夏,先母歸寧,荃孫隨侍。時,外王父瞿綬伯先生敬邦掌教山東兗州書院,將返常州,妗董恭人在常州,賃東門外鳳官菴坊口趙氏宅以迎,繼而不果。七月旋里。

九月,又至府城。外王父十月到常,旋返江寧。十一月旋里。

外王父見荃孫讀書,謂先大夫曰:"是子口齒清,記性好,或能紹書香也。"

是年,廣西賊初起。

咸豐元年辛亥(1851),年八歲。

從翮飛先生讀書。四書畢,遂讀經。

二年壬子,年九歲。

從翮飛先生讀書。

始學作詩。

三年癸丑,年十歲。

從翮飛先生讀書。

二月,粵匪陷江寧、鎮江。

六月二十一日,先大母卒。百日後祔四河保李家村祖墳。

四年甲寅,年十一歲。

從翮飛先生讀書。

五經讀畢,讀《周禮》、《儀禮》。

五年乙卯,年十二歲。

從翮飛先生讀書。又從族叔星熊先生學作應試詩文。先生諱重熙,郡庠生,洪稚存先生之外孫,著有《桂蔭軒詩》。

八月二十六日,先母棄養。時先大夫從軍張忠武公國樑營次。先母先患瘧,後轉痢,遂以不起。荃孫未知人事,日夕號泣而已。

六年丙辰,年十三歲。

守制。從翮飛、星熊兩先生讀書。

三月,先繼母薛恭人來歸先大夫。外祖諱廷楠,四河鎮人。

大旱。

七年丁巳,年十四歲。

從星熊先生學文,又從吴表兄炯堂先生讀書。先生諱偉,歷城人。讀《國語》、《國策》、《史》、《漢》、八家文。

正月,先大夫入蜀,省伯父伯康公於酉陽官舍。諱榮吉,遵例以通判分發四川，補夔州府通判。是年，署酉陽州。始閲《綱目》、《北史》、《續資治通鑑》。先生止令讀應制詩文，家中有書四櫥，隨意檢閲，無人教督，然心喜甚，閲之。

八年戊午，年十五歲。

從星熊、炯堂兩先生讀書。始讀《文選》。

九年己未，年十六歲。

從星熊、炯堂兩先生讀書。始讀《説文》。

十年庚申，年十七歲。

從星熊、炯堂兩先生讀書。

二月應縣試，邑侯祥煦舲先生，拔置前列。祥和，滿洲正白旗人。閲卷者為馬仞千先生。諱鴻翔，山東人，道光丙戌進士。

閏三月，金陵大營潰，江陰戒嚴，練鄉兵。主其事者，族祖珊竇先生，諱瑶，前浙江臨平司巡檢；廪生吴仲明先生，諱銘。

四月六日，常州陷。時潰兵、難民晨夕過境，閭里驚擾。八日[①]，侍庶祖母、先繼母遷於徐村西路，火光燭天，夜不能寐。十一日晚，覓小舟，奉庶祖母、先繼母渡江，露宿沙灘。十二日，移居靖江正東圩，草屋三間，上漏下濕，與吴氏二姑母同住。十三日，鄉兵潰，江陰陷，申港亦為賊踞。十四日，賊趨無錫。十九日，渡江回宅。宅内窗户盡壞毁，什物無存。草間有兩屍，非本處人，命僕埋之。遂奉先人影像，檢遺書，仍渡江至正東圩。六月，復回宅檢賸物，兩日即回。

八月廿一日，庶祖母病歿。

---

① 日，原本作"月"，據上下文義改。

九月，葬庶祖母於沙洲。由泰州、高郵、寶應至淮安，寓姑丈丁竹虛先生宅。諱林，山陽諸生。病瘧。

十一年辛酉，年十八歲。

寓淮安，無力從師，自攜《隨園詩話》、《吴會英才集》、洪黄兩家詩文選，輒仿為之。居傍管家湖，緑波紅舫，煙水瀰漫，散步湖濱，吟詠成帙。

五月，捻氛日逼，又奉先繼母走寶應、興化，至泰州，寓北門外韓家橋，饘粥不繼，晨夕一餐。

七月，始接先大夫貴州信，並寄資斧。捻匪已退，丁竹虛姑丈仍接至淮安。

同治元年壬戌(1862)，年十九歲。

正月，捻擾山陽，河西一夕數驚。

二月少定，山陽葛子賢世丈紹裔迎荃孫至其家。從六合汪竹堂先生讀書。先生諱芝蘭。

三月，捻氛又迫，隨子賢世丈至鹽城鄉間暫避，旋返。

麗正書院甄别，蒙漕帥吴勤惠公棠拔取第二名入院肄業。山長丁儉卿師諱晏，山陽舉人，著有《詩禮堂》七編。教以讀經先研究小學。

八月，晤常熟張敬堂觀察保慈，昔曾受業於先大夫者，工書，擅駢文。日日請益，始學駢文。

二年癸亥，年二十歲。

寓淮安，仍到葛氏讀。

席上晤楊慧生衛守備，負博雅名，詩文卓然成家。一見如舊識，並約至别墅談二日。告以詩學源流，專重明幾社派而薄隨園。

八月,先大夫遣劉、唐兩弁迎往湖南,吴表兄鶴生侃送至漢口。買小舟,出揚州,入大江,過金陵、蕪湖、安慶、九江。至武昌,鶴生别去。又浮洞庭,至長沙,住文星橋,晤族兄子勤。

是年,得詩一卷,曰《萍心集》。

三年甲子,年二十一歲。

寓長沙。

正月,先大夫遣蘇、蕭兩弁寄貲,命侍先繼母入蜀。

五月,由長沙買舟,經常德溯長江而上,歷甕子洞、清浪灘諸險,達辰州。復陸行至鎮筸廳,住廿日。由永綏苗彊至酉陽州,州牧董叔純姻丈貽清留住三日。陸行至龔灘,賃船浮烏江而下,一日夜行七百里,達涪州。轉大江,至重慶,陸行十日至成都。寓堂兄蔭孫處。長恩,伯父長子。

八月,陸行至保寧府,後轉至平武縣屬之蕎溪,即漢陰平道也。於周渭臣軍門達武營次見先大夫。亂後重逢,悲喜交集,住十日。時軍門援甘肅,先大夫令回省侍先繼母。遂由彰明、綿州至成都。從湯秋史先生讀書。先生諱成彦,陽湖人,道光辛丑進士,刑部主事。有《聽雲仙館詩文集》。

是年,得詩一卷,曰《巴歈集》。

四年乙丑,年二十二歲。

在成都讀書。

五月,先大夫自營次歸,移住西河沿。

秋病嗽,至冬甫愈。數年奔走,是年稍定,而病廢半年光陰,可惜。

五年丙寅,年二十三歲。

在成都從宋萸灣先生讀書。先生諱寶楲,雙流己未解元,貴州畢節縣知縣。

與郫縣王問山光裕、華陽吴柚農祖椿、光州吴幼岑鏡澄、月笙鏡沅、德清傅楙垣雲龍、鵬秋鼎、蕪湖沈鶴農芝田、合州秦劍香代馨、華陽王雪橙秉恩、成都楊葆初壽昌、遵義楊濟生作霖訂交。

冬,先大夫為荃孫聘莊氏。元和人,甘肅鹽茶廳同知,署平凉府知府,殉回難,諱裕崧。次女,年十九歲。

在省兩年,專攻帖括。湯先生勗以經策功夫。時一月三課,首課三藝,次經,次策。同受業者張道生人端、淩仲桓兆熊、王雪橙昆仲。繙閲"三通"、《御覽》、《皇清經解》諸書。始為攷訂之學。

六年丁卯,年二十四歲。

在成都讀書。書院應課,受知於楊慶伯年丈重雅、鍾仲山師峻。

八月,以寄籍華陽監生應舉行同治丁卯正科帶補壬戌恩科鄉試。入場試題:"子夏曰雖小道"全節。次:"君子之所不可及者,其惟人之所不見乎?"三:"樂正子强乎?曰否。有知慮乎?曰否。多聞乎?曰否。"詩題:"巫峽秋濤天地心。"二場:《易》:"六爻發揮,旁通情也。"《書》:"克寬克仁,彰信兆民。"《詩》:"皎皎白駒,在彼空谷。生芻一束,其人如玉。毋金玉爾音,而有遐心。"《春秋》:"戊子,晉人及秦人戰於令孤。"《禮》:"大學之法,禁於未發之謂豫,當其可之謂時,不陵節而施之謂孫,相觀而善之謂摩。"三場:經學、史學、文選、金石、水利。揭曉,中一百二十八名舉人。房師朱厚川師麟泰,座師孫萊山師毓汶、李仲約師文田,以經策受知。同學張道生,友人王問山、秦劍香、傅鵬秋同捷。吴幼岑中河南榜。

十月,娶莊氏。

十一月，赴會試，與鵬秋偕行。由水路至重慶，下巫峽，至宜昌。陸行至襄陽、樊城。賃車至襄城度歲。

七年戊辰，年廿五歲。

元旦即行，五日入汴梁。時捻氛在衛輝，因循河由濟寧、德州、固安至京師。先寓天仙庵，謁孫、李兩座師。孫師帶見全中堂全慶、彭太師母文敬公之夫人、許太師母文恪公之夫人。李師帶見王小山侍郎發桂、成惠卿侍郎成琦、賈中堂楨。蜀人因籍貫不允會試，覆試後改歸原籍。在禮部遞呈行查寄籍原籍。

移寓崇文勤崇實宅，内半畝園，饒有水石花木之勝。始收書，為目録之學。是時書直尚賤也。

五月，出都，偕傅鵬秋、張希仲懋柔兩同年，毛季彤大令同行。過保定，見費幼亭世丈學曾於清河道署。公子屺懷念慈年方十四，已覺顧視不凡矣。自井陘入太原，行經汾、霍至蒲州，渡河至陝西華陰。臨潼新遭寇難，殘破不堪。入西安小憩，見吕曼叔先生儁孫於鹽道署。時回逆在武功、耀州之間，大道阻塞，因入子午谷，道奇險。出洋縣、城固，至漢中府，再入南棧，所經劍閣、千佛崖諸名勝，遂抵成都。

六月，崇文勤公招入署辦書記。

八月，吴勤惠公師到川督任，招入書局，校刻《朱子全書》，與刻書人作緣始於此。

是年，彙鈔兩年詩一卷，曰《北馬南船集》。

八年己巳，年廿六歲。

在成都書局。刻《八家文》方望溪選本。刻殿板《漢書》。與嘉興錢徐山年丈寶宣、張道生同年同事。

是年，為董叔純姻丈校刻《方立遺書》，刻湯秋史先生《聽雲仙館文集》。

九年庚午，年廿七歲。

在成都書局。

三月，女福保生。

閏十月，計偕固始，吴幼岑同年同行。由南北棧自陝入豫。孟津渡河，至孟縣，由西大道入都。時沈鶴農、傅鵬秋兩比部，傅懋垣兵部在京，約同住繩匠胡同。幼岑、月笙、葆初、濟生寓伏魔寺，相距咫尺，友朋之樂最盛。始為金石之學。

十年辛未，年廿八歲。

三月會試。首題："有子曰信近於義"全節。次："人一能之，己百之"至"果能此道矣"。三："天下之善士，斯友天下之善士。"詩："移花便得鶯"，得"移"字。揭曉，落第。卷出茂名楊蓉浦師頤房，力薦，以微疵斥。楊師極惋惜，手鈔二、三場文。

五月出都，大水，過正定，值滹沱盛漲，不得渡。因徧遊大佛寺、龍興寺、開元寺，搜搨舊碑。水落，渡滹沱，由西大道至衛輝，再趨孟縣。渡河遭風，漂至偃師之下收口。偃師住一日，訪碑至洛陽。後入西安，住二十日，徧游西安名勝。仍由南北棧回蜀。至武連，訪開元寺畫壁，得唐、宋刻數種。

九月，到成都，再入書院。

十月，嗣初二兄長齡，伯父次子。歿於巴州吏目任。時蔭孫大兄早歿，一家男婦十一人，均先大夫任之。

十一年壬申，年廿九歲。

二月，移居小福建營。

四月，川東道姚彦侍觀察覲元到川，約入幕，與楊葆初同事。

五月，浮江東下，覆舟於道士觀，書籍、衣履盡濕。犍為令林書原之洛接入署。住二十日,陸行至重慶。彥侍工篆書,搜訪金石刻,與荃孫最莫逆。

九月,大病幾死,量藥調水,彥侍、葆初晨夕護持之,交冬始漸痊。

是年,為章碩卿刻《皋聞詞選》、《絕妙好詞箋》。彙寫數年詩,曰《鶩鳥集》。

十二年癸酉,年三十歲。

四月,到涪州,遊北岩之勝。

到忠州,轉墊河,謁袁潮生丈績震,鄰水謁吕静甫丈烈嘉,合州謁費幼鶴丈兆鉞、張瑞之丈德昇。住帀月,遊濮岩釣魚城,復返重慶。

七月,回省寓。

十月,計偕,同楊葆初入都。過綿州,住三日,遊西山觀。到劍州,秉炬遊鶴鳴山,搨《重陽亭記》。到廣元,遊千佛崖。到褒城,遊石門洞。到長安,住六日,遊雁塔、碑林、花塔寺,訪碑選勝無虚日。

二月①入都,寓老牆根傅懋垣兵部宅。

十三年甲戌,年三十一歲。

三月,會試。首題:"君子坦蕩蕩。"次:"自誠明,謂之性。"三:"君仁,莫不仁;君義,莫不義。"詩:"無逸圖",得"勤"字。榜發,又落第。卷出長沙王一梧師先謙房。留京度夏。

七月,航海到滬,始回里門,寓族兄禄田處。亂後十四年始回鄉里,親朋相見,不甚相識。修先墓。渡江至正東圩,遷庶祖母柩,還葬肥塲。

十月,附輪至鄂,謁藩司林遠村丈之望,助以百金。由宜昌回

---

① 此處疑為十二月之誤。

蜀,祀竈日始抵成都。吴勤惠師邀入幕。

十二月,聞皇上大行、嗣君接位之信。

光緒元年乙亥(1875),年三十二歲。

在督署幕府,與同事陳孝蘭陔訂交。

二月,建尊經書院。學使張孝達先生、吴仲仙師修尊經書院,專課經古。延沈穀成、錢箎仙為山長,均辭以道遠。吴仲仙師延與錢鐵江保塘、錢徐山賓宣同閲官師課卷。

八月,執贄張孝達先生門下受業,命撰《書目答問》四卷。

九月,到富順,遊中巖千佛洞。到宜賓游涪翁巖。回至簡州。矩卿八叔新署簡州,住署中二日,偕雲孫弟延祺遊絳溪。歸途又遊大佛巖,均訪碑。

十二月,到重慶,住姚彦侍川東官舍,為校定《咫進齋叢書》十二種。

二年丙子,年三十二歲。

正月二日啓行,到涪州游白鶴梁,得宋人題名五十段。游北巖,得宋人題名六段。到夔門,阻風,得《皇宋中興頌》。下宜昌,遵陸至襄陽,入汴梁。

二月廿一日,始至京師。

三月,會試。首題:"《康誥》曰'克明德'"兩節。次:"施於有政,是亦為政。"三:"維義所在。"詩:"南山蒼翠若浮來",得"來"字。二場,《易》:"孚于家吉。"《書》:"寬而有制,從容以和。"《詩》:"雨我公田,遂及我私。"《春秋》:"仲孫蔑、衛孫林父會吴於善道。"《禮》:"温柔敦厚,《詩》教也;疏通知遠,《書》教也。"三場:經史、官制、選舉、倉儲、夷患。鼻衄,遷居崇文勤公半畝園。

四月,榜發,中三十一名。房師三原梁曦和侍御景先,道光乙巳進士。以經策補薦。座主甘泉董醖卿先生洵原,名醇,道光庚子進士、宛平桑文恪公春榮，道光壬辰進士、善化黄恕皆先生倬，庚子進士、蒙古崇文忠公崇綺，同治乙丑進士。覆試一等十三名。殿試二甲一百二十五名。朝考一等十七名。

五月，引見，以庶吉士用。留京候明春散館。

六月，入庶常館大課。大教習景秋坪師景廉，壬子進士，殷譜經師兆鏞，庚子進士，分教嵩文恪公師。嵩申，戊辰進士。

七月，移居粉房琉璃街屠梅君前輩宅內東院。

八月，大課。重修翰林院及庶常館。賦《太液秋風》詩，殷師閲置首卷。

與同年曹竹銘鴻勛、馮聯棠文蔚、吴燮臣樹梅、馮心蘭金鑒、馮聽濤崧生、黄再同國瑾、黄杖岑彝年、陸伯逵竇忠、王季樵錫蕃、倪澹園恩齡，聯詩賦，小課月再敘。時沈鶴農明經入都應鄉試，瞿表兄西同解餉來都，友朋之樂，於斯為盛。

三年丁丑，年三十四歲。

留京師。

四月，散館。題為"三階平則風雨時"賦、"奇文共欣賞"詩。一等二十七名，江蘇名在第七。引見，授職編修。湯文端家藏書全出，以千金購之。又購韓小亭家碑版、搨本四大箱。

五月，梅君移寓，因遷居永興寺，與吴幼農庶常同居。後章碩卿引見，亦同寓。周荇農師囑為曹文正公編定文集。彭芍庭世丈祖賢議修《順天府志》，延荃孫充纂修。時南皮師自蜀旋京，為總纂，發凡起例，迴殊凡近。

八月，乞假回籍埽墓。仍由鄂中水道返成都。先大夫客方子箴年丈臬署。

四年戊寅，年三十五歲。

在成都。

五月,出省,走樂至,轉遂寧,又到順慶。下合州,見費幼鶴表丈。再遊釣魚城。至重慶,客姚彦侍道署,彦侍集資牘。行至敘州,遊涪巖,得宋人題名五十段。轉富順中巖,得蜀武成造象四,宋人題名十五段。自流井鹽商王顔諸君厚資之,仍回省城。

九月,由水道至眉州,遊中巖寺,得唐宋題刻三十餘段,皆劉燕庭所未見者。

十月,仍由重慶水道至武昌。自此不復入蜀,思之黯然。附輪至鎮江、揚州,售書甚多,美不勝收。

十一月,從東大道入都。途中瞻望泰山,未能往遊也。

十二月,到京,仍寓永興寺。

五年己卯,年三十六歲。

供職京師。

四月,保和殿考差:“信而好古。”經題:“望於山川。”詩:“進賢興功。”

八月,充同考官入闈,閱卷七百餘,薦四十卷,中謝雋杭等二十一名。福山謝雋杭、開州劉雲卿、福山王懿榮、雄縣張文泉、安平杜庭榮、豐潤王熙鋆、吴橋梁豫熙、天津張連元、旗籍齊普松武、曲阜劉永綬、漢軍鄭文欽、安邱王敷、昌黎張鈞、天津韓金鼇、天津劉恩源、深澤司空羣、旗籍恒年、滿城單蓉鏡、河間劉炳、蔚州班毓琛、邢臺趙允中。副榜五名。清豐郝卿雲、冀州王鈞如、漢軍蕭廷琛、漢軍文炤、滿城桂斌。內福山王廉生戶部懿榮以經策補薦,徐中堂桐多疑,欲置副榜,力爭始得之。舊友也。

十月,兼尹萬文敏師青藜、府尹梁檀圃前輩兆煌延修《順天府志》。同事劉博泉恩溥,時以御史丁憂。洪右丞良品兩前輩,廖澤群同年,傅懋垣雲龍、潘季馴遹兩兵部,蔡松夫學録賡年,羊辛楣刑部復禮,共八人。晨夕搜討,先成《沿革表》四卷。

六年庚辰，年三十七歲。

供職京師。

八月出京。時專人赴蜀迎先大夫並婘屬入都。自往武昌，寓瞿耕莆表兄處。

十一月，先大夫至，惲松雲觀察祖翼為借小輪拖放鎮江，換船入江陰口。到蘇州，賃司前街謝宅暫住。時境困甚，行貲無出。李勤恪公瀚章、彭芍庭兩世丈，周小棠前輩，楊葆初大令資之，始得度歲。

是年，成《五代史方鎮表》十卷。

七年辛巳，年三十八歲。

在蘇州，費幼亭學曾、劉雲樵翊宸兩世丈為糾會，得五百金，始得成行。

四月，自運河到濟寧，為先大夫換船，隨漕艘行。自先入都覓宅，住大川淀涵秋閣，朱椒堂先生手書額在焉。閣不甚高，下臨葦蕩數十頃，秋風蕭瑟，頗近江南風景。遠望矩堞，西山時在目前，向稱勝地。

七月，先大夫舟始至通州，自往迎入宅。

冬，招柚岑族弟祐孫入都，館業宅。

八年壬午，年三十九歲。

供職京師。

四月，大病幾死，傅懋垣藥之，得生。考差未能與。

修《順天府志》。

九月，順天榜發，柚岑弟中式。

十二月，充國史館協修。

是年，刊《萬善花室文集》、《洪幼懷文集》，為荃孫刻書之始。

九年癸未，年四十歲。

供職京師。

修《順天府志》。

為潘文勤師編輯《士禮居題跋文》。勤師交來八十篇，荃孫少之，為輯得二百四十篇，刻之。

三月，奏派國史五傳纂修。

四月，柚岑弟下第出京。

秋，室人大病，亦延傅懋垣治之，得生。

充本衙門撰文。

派教習庶吉士。山東管廷獻，江蘇秦綬章，浙江童祥熊，山東李兆勛，江西劉昺燮，甘肅張琦，福建張亨嘉，河南馬吉樟、馮汝騤，廣西駱景宙。

充國史館纂修。

是年，刻《東湖叢記》。

十年甲申，年四十一歲。

供職京師。

五月，莊宜人中痰，一昔而逝。十七年夫婦頃刻分別，並無一語，傷哉！奉先大夫命，嗣志節為子，改名祖保。寄厝觀音院。

九月，聘繼室夏氏。同邑丙申會元、易州直隸州知州諱子齡之孫女，永年縣知縣諱詒鈺之次女，年二十五歲。

充國史館總纂。

十二月，京察保送一等。

十一年乙酉，年四十二歲。

供職京師。

二月,京察引見,未記名。

四月考差。首藝:"古者言之不出"一節。次:"一曰食,二曰貨。"詩:"華月照芳池。"

是月續室。

因辨《儒林傳》,與徐中堂議不合,邇後事事齟齬,遂自此始。

冬,與李蒓客、沈子培、子封、施均甫補華、朱桂卿福詵聯消寒會,唱酬無虚日。

十二年丙戌,年四十三歲。

供職京師。

三月,《順天府志》成。監尹畢東河道遠、府尹薛撫屏福成進呈交部議,敘加一級。

四月會榜,柚岑弟中式,用主事分戶部廣東司行走。

李蒓客、陶心雲濬宣、徐誦凡招遊西山。

納妾任氏易州人。

十月,為祖保娶陽湖吴氏。

十三年丁亥,年四十四歲。

供職京師。始購書畫。

正月,長女歸於惲氏。陽湖惲崧耘觀察長子毓良。

六月,兩湖總督裕壽山制府裕禄入都,延覆纂《湖北通志》,與柯遜菴中丞逢時同事。

十二月朔,禄保生。

京察一等。

是年,輯通籍以後詩止一卷,曰《秋窗集》。

十四年戊子,年四十五歲。

供職京師。

正月初,感時疾,甚重。先繼母薛恭人向患嗽疾,自冬至今不愈。荃孫稍痊而恭人陡加喘逆,遂不起,時二十七日也。暫停觀音院。

三月九日,佛保生,妾任氏出。

五月,整理《儒林》等五傳,撰成稾本,託陸提調呈堂。自辛巳潘文勤師為總裁,廖穀似壽豐為提調,奏辦《儒林》、《文苑》、《循良》、《孝友》、《隱逸》五傳。張幼樵佩綸、陳伯潛寶琛為總辦。壬午,荃孫傳到,即充分纂。穀似外簡,王小雲貽清為提調。幼樵署副憲,改派錢馨伯。伯潛出為江西學政,改派汪柳門鳴鑾。癸未,文勤師丁憂,徐蔭軒相國桐為總裁。小雲丁憂,柳門出為山東學政。馨伯辭退,改派李苾園端棻、鄭蓮裳蓉鏡為提調,譚叔裕宗浚及荃孫為總纂。叔裕外簡,荃孫獨任其事,成《儒林傳》上二十二篇,下四十九篇;《文苑》七十四篇;《循良》四十三篇;《孝友》二十九篇;《隱逸》十五篇。分並去取,略具苦心。中有僉人譖之於徐相國,相國不知是非,以先入之言為主,隨加挑斥,埋没苦心。今已完竣交館,初稾擬即付梓人,與天下讀書人共証之。如特旨宣付國史館者,劉繹之空疏,李春之鄙俚,吴觀禮之庸下,李聯琇之拘滯,均不足以立傳。劉熙載、桂文燦猶為彼善於此矣。李任江蘇督學甚有時望,《好雲樓全集》現已行世,則甚不副其名,亦其子編輯不當也。

徐相國少年與薛執中游,受周太谷之傳,以《参同契》之言説《易》。一日,示以紀大奎所著書,命編入《儒林傳》。荃孫為言:《易》有经學之《易》,有術數之《易》,所以朱子注《参同契》,《四庫》列之道家,而不收入經部。以此為例,大奎似未便補入。徐亦首肯。而奔走掌院之門者,如李岷琛、王廉、蔣璧方等,群譖荃孫恃才獨斷,渺視前輩,以激東海之怒。命宫磨蝎,動遇小人,夫復奚言?

編成《續經世文編》八十卷,交盛杏蓀觀察。

七月，輯《全遼文》。

八月，遜庵簡陝西學政，將通志全數交與荃孫。

中秋定議，先大夫全家留京，家事外則祖保主之，内則内子主之。先大夫年已七十有六，勉强叩别，心欲碎矣！扶先繼母薛恭人及莊宜人兩柩，由海道回里門，暫停宗祠。

九月，楊蓉浦師督學江蘇，招至邑城，命主講南菁書院。書院延兩院長，黄元同以周先生專課經學，荃孫分課詞章。諸生正額八十人，附額不計數。

赴鄉掃墓，並看墓地。

十二月，張文襄師招遊粤東，遂至廣州，住廣雅書局東校書堂，軒宇宏敞，水木明瑟，夾河華屋，接以紅橋。東即三大忠祠，再東即南園十先生祠，中有抗風軒，環房八間，金碧迷離，房闥繚曲。闌外荷池千頃，假山數峰，布置雅稱。與陶心雲濬宣、屠静山寄、章碩卿同寓。王雪橙、王子展存善為提調舊友。梁節庵、淩仲桓、陳孝蘭，粤人黎貞伯念椿、陶春海福祥、陳孝貞宗侃、孝聖宗穎，同年廖澤羣、金學獻聚會。

堂弟長庚殁於富莊驛。伯父所出盡矣。

十五年己丑，年四十六歲。

在廣雅書局。

二月，同年李鐵船徵庸招游香山。

三月，返江陰，在南菁書院。

西郊書院在邑城西三十里西石橋鎮。招閲文，邑人金逸亭廉訪國琛所刱，小有規模，在鄉間已不易。

是歲，舉行皇上聖壽二十歲恩科。

七月間，柚岑自海外歸，往揚州訪之。游平山堂、小金山、梅花嶺。渡江初至金陵，游清凉山、北極閣、孝陵、玄武湖、莫愁湖，亂後荒凉，結構草草，而龍盤虎踞，江山如故也。

書院門人來謁甚多。時書坊雲集貢院前，購書頗多。

後赴滬,送柚岑入都。

與同族公議修譜,設局宗祠。

十月,張文襄師調兩湖,自粵來滬,荃孫迎至滬,同游焦山。

為志選姪娶黄氏。本鎮黄企女,舊家也。

十六年庚寅,年四十七歲。

正月,葬伯父母於石碓頭新阡。

二月,辭館,到湖北謁張文襄師,交《湖北通志》稾。

閏二月,到黄岡,住楊葆初大令署。晤黄州府李荆南同年鐘豫、楊惺吾同年守敬、鄧獻之山長琛,遊赤壁、雪堂。翌日渡江,遊武昌西山,登三泉亭、九曲亭、寒溪寺。老桂大数十圍,花開香吹過江,陶桓公手植也。

五月,入都,先大夫猶健旺,家人均好。

起復到衙門。

七月,補引見,記名道府,召見於勤政殿東煖閣。上詢履歷年歲,江南今年豐歉,直隸近日水災,一一奏對。

九月,志名考取會典館繪圖謄録。

十月,先大夫病舌菌,云是心脾交熱。延醫多人,不愈。日漸委頓,二十日壽終。京寓不及三年,二親見背,人生慘酷之境,莫過於斯。

十七年辛卯,年四十八歲。

守制在京。

二月,東撫張勤果公曜招東遊,荃孫因葬親之費無出,不得已至濟南。勤果公聘主濼源書院。院為山東名勝地,《小滄浪筆談》有垂柳、葦蕩、方池、鰲簪石、鐵獅峰五詠,今一切如故。益以芙蓉泉、古柏、明都司題名碑都指揮使舊署改、唐墓志、君子亭為後五詠,邀諸生賦詩。出游趵突泉、開元寺、千佛山、龍洞、歷下亭、鐵公祠、滙波樓諸名勝。山東諸生,經學則膠州黄象栻,博洽則諸城尹彭壽、日照丁文瀚、小門人王崇文,詞章則世昌王鶴年、單蓉鏡、單步青、劉彤光等均優。是科大半中式。

七月,回京。

八月,謹扶先大夫柩回里,停宗祠。擇定祔葬羅圩祖墳左阡,定期明正四日。

十一月,至湖北謁張文襄師,聘主明年經心講席。

十二月,回里,函辭濼源。度歲,得怔忡不寐之症,漸至不能看書。

十八年壬辰,年四十九歲。

正月四日,葬二親於本邑謝園鎮。

病怔忡,治兩月不痊,辭館回京。延左笏卿紹佐診治,日有起色。

三月,為志名娶姚氏。武進姚彦嘉女,庚子世誼。

五月,病漸愈,稍能看書。

六月,祖保報捐庫大使,仍歸本生,承大宗後分發湖北候補,挈妻子偕往。

閉門讀《禮》,兼課兩兒。

撰《金石分地編》。

十九年癸巳,年五十歲。

正月,服闋。起復到衙門。

四月,考差,題:“澤梁無禁。”詩:“密林生雨意。”荃孫隨班入考,年過半百,九年未預考試,況經大病之後,心手俱退,完卷為幸。十九日引見。

五月,充國史館提調。

六月,柚岑侍四叔母至京,住海波寺街。

七月,柚岑中風,急延左笏卿治之,漸愈。

八月,上丁派國子監分獻官隨班行禮。

十一月,三子僧保生。

撰《常州詞録》。

是歲,刻《名家詞》。

二十年甲午,年五十一歲。

在京供職,京察一等,引見未記名。

三月,御試翰詹諸臣於保和殿。題:"水火金木土穀"賦;"楊柳共春旂一色"詩。原定三等一名,經徐、張兩相國,翁尚書覆閱露名而後覆閱,為從來考試所無,以後遂無此試,抑置三等一百二十四名,罰俸二年。荃孫在史館與徐相國論事不合,相國有意求疵。始浩然有歸志矣。

四月,派磨勘會試卷。

五月,乞假省墓。同人知余不得留,逐日餞行。費屺懷作《耦耕圖》以送,因為言官所劾,亦謀棄官。

道出津門,謁合肥相國師,始知日本犯朝鮮,派兵援之。

六月,至鎮江,偕綿竹楊叔嶠鋭、達縣吴筱村德潚、成都顧印伯印愚同游金、焦、北固、鶴林、竹林寺,訪梁心海於海西庵,已病還鄂。

到武昌,謁文襄師,留修《湖北通志》。寓祖保漢陽豐備倉帀月,文襄師囑閲兩湖官課卷三期。

七月,酷熱,到江寧。時舉行甲午鄉試,購書多種。

回江陰,聞東事日警,決計迎媿屬歸。

九月,渡海至天津,復至京師。

柚岑卒於七月,資其媿屬回揚州。

十月,出都,閏枝同行。命志名先送媿屬到鄂。張文襄師調南洋,自到江寧謁之。再赴鄂,卜居武昌省城高觀山麓,隔江山色,青盈几席。

是年，盛愚齋宫保囑編刻《常州遺書》，皆荃孫搜羅，宫保出貲而已。

二十一年乙未，年五十二歲。

在鄂修志。

二月，兼自强學堂商務科分校。

中日和議成。

八月，與達縣吴小村德潚、義寧陳伯年三立、番禺梁衍若鼎蕃、钱塘汪穰卿康年作賞秋之會。

九月，到蕪湖。袁爽秋同年招遊赭山，飲於滴翠軒。到江寧，謁張文襄師，時黄漱蘭太僕體芳、仲弢編修紹箕、康長素戶部有為均集。又晤劉聚卿公子世珩，徐積餘太守乃昌，談講甚樂。張文襄師訂明年鍾山書院之約。

十月，到蘇州。閏枝招同周笠舸志靖作天平、靈岩之游，復同游虎邱。

十二月，回鄂度歲。

二十二年丙申，年五十三歲。

二月，挈家至江寧，住書院。院西偏一小園，精室三間，迴廊四合，北望鍾山。植梧桐、楊柳、海棠、芙蓉、梅、桂數十株。屋後叢竹數百竿，一方池有芙渠焉。消夏坐臥於此，最為閒適。每月一課，約四百餘卷。

金陵舊雨如秦伯虞同年際唐、鄧熙之明經嘉緝，名士如顧石公訓導雲、甘建侯孝廉元焕、傅苕生觀察春官，有文酒流連之樂。訪得江寧聶名山善訪碑，葉鞠裳《語石》與李雲從並稱“南聶北李”者也。

六月，四子愷保生。

七月，赴武昌祝南皮師六十壽。

冬月到蘇州，得劉燕庭搨本三千六百種。

回江陰掃墓。

寫《藝風堂金石目》。

編《舊德集》。

是歲,校刊《常州詞録》畢。

二十三年丁酉,年五十四歲。

在鍾山書院。

正月,二女祉保生。

撰《續碑傳集》。

十月,常州有夢琴太守有慶約來年主龍城講席。

八月,舉行丁酉正科,購書甚多。

十二月,赴武昌謁張文襄師,交通志稾。

祀竈日,回書院。

是歲,刻《藕香零拾》。

二十四年戊戌,年五十五歲。

在鍾山。

正月,回里,到郡城龍城講席。

四月,偕顧石公、傅苕生赴杭州,游西湖,住惲松雲方伯署。移寓湖上,雲抱水邊樓,湖州龐氏祠也。偏遊諸名勝而歸。

晤譚仲修、陳藍洲、許益齋諸先生。

五月,奉學使文,廢時文,改策論。

六月,得改書院為學堂之信。

八月,皇太后訓政,新制一概改舊。

山西胡中丞聘之寄《山右石刻文編》稾本囑訂定。為檢搨本,補入一百餘種,並加考,成書四十卷。

是歲,刻《舊德集》。

為劉聚卿觀察刻叢書。

二十五年己亥,年五十六歲。

在鍾山,兼領龍城。

八月,入都,送志名引見。徧訪舊友,與盛伯希昱、袁爽秋昶、許竹篔景澄、張次山仲炘、樊雲門增祥、胡長木延、左笏卿紹佐,門人王廉生、張燮鈞,常聚琉璃廠肆。譚正文、楊勤有、韓星垣諸書估均如故。並晤李雲從。

在滬土見蔣香生太守書,在都見方柳橋太守書,購及千金。

志名引見,到浙江以鹽大使候補。

長木以《山右石刻文編》,囑在江寧刊板。

十月,回江寧。

為三兒聘固始吴月笙女。月笙,名鏡沆,庚午舉人,鎮洋縣知縣,蜀中舊雨也。

是年,刻《常州先哲遺書》成。

《詩傳旁通》十五卷元梁益

《三續千文注》一卷宋葛剛正

《三朝紀事》八卷明李遜之

《陳定生遺書三種》明陳貞慧

《吴中水利書》一卷宋單鍔

《遂初堂書目》一卷宋尤袤

《得月樓書目》一卷明李如一

《景仰撮書》一卷明王達

《宜齋野乘》一卷宋吴枋

《陽羨茗壺系》一卷,附《洞山岕茶》明周高起

《戒庵漫筆》八卷明李詡

《文選注考異》一卷宋尤袤

《昭明太子集》五卷梁蕭統

《蕭茂挺文集》一卷唐蕭穎士

《文恭集》四十卷補遺一卷宋胡宿

《春卿遺稾》一卷補遺一卷宋蔣堂

《摛文棠集》十五卷宋慕容彦逢

《毘陵集》十六卷補遺二十卷宋張守

《内簡尺牘編注》十卷李祖堯注,蔡焕補注

《丹陽集》二十四卷宋葛勝仲

《梁谿遺稾》二卷宋尤袤

《歸愚集》十卷宋葛立方

《定齋集》二十卷宋蔡戡

《牆東類稾》二十卷元陸文圭

《清閟閣集》十二卷元倪瓚

《滄螺集》六卷明孫作

《荆川集》十八卷明唐順之

《從野堂集》八卷明繆昌期

《落落齋集》十八卷明李應昇

《小辨齋集》八卷明顧允成

《金忠潔公集》五卷明金鉉

《堆山先生前集鈔》一卷明薛寀

《韻語陽秋》十卷宋葛立方

《存餘堂詩話》二卷明朱承爵

二十六年庚子,年五十七歲。

在鍾山,兼領龍城。

夏,聞端邸剛徐兩相主張招拳匪攻各國使館。拳匪入城,大肆焚掠,百官奔迸,有枉死者。東西各國聯兵奪大沽。

七月,陷京師。兩宫西幸陝省。東南賴劉忠誠、張文襄兩師鎮定,得以無事,然寢饋不安矣。

冬月,議和。

是年,刻《藝風堂藏書記》、《藝風堂文集》。

二十七年辛丑,年五十八歲。

在鍾山,兼領龍城。

五月,赴湖北,謁張文襄師。

大水,書院被淹,僅上房無水,西園竹木盡死。

九月,為禄保聘惲次遠前輩女。次遠,名彦彬,辛未傳臚,工部右侍郎,壬戌同年。

十月,兩宫還京。

十一月,再到湖北,領江楚編譯書局總纂。

到九江,明華亭廉訪明保約游廬山。江行兩日,至湖口,轉入湖,至南康入山。遊三峽橋、棲賢寺、鹿洞書院、歸宗寺、秀峯寺、青玉峽、萬杉寺,返舟。又兩日,仍回九江,附輪返江寧。

十二月,購顔料坊李氏屋。書院既裁,將移居也。

辭龍城。

是年,刻《藝風堂文集》成,《藏書記》成。

二十八年壬寅,年五十九歲。

四月,移居顔料坊新宅。寒家自曾祖以來,無立錐地,兹積歷年館穀,置此數廛,亦云幸矣。

七月,開辦學堂,領高等、中、小三堂事,甚形忙碌。

八月,補行庚子科場。書賈雲集,得書極多。在江南逢科場五次,己丑及是年書最佳。

九月,劉忠誠公薨於位。張文襄師調署,住高等學堂作行轅。遂緩開高等學,先開中小學。

十二月,奉派赴日本攷察學務。

二十九年癸卯,年六十歲。

正月,偕徐積餘太守乃昌及各教習赴日本攷察各學,得暇即搜看舊書。適張文襄師回兩湖任,魏午莊制軍光燾接印,電促荃孫等回國。

三月十四日,回江寧。

聞志選姪歿於如皋,驚悼之至!身後止一女。

舉薦經濟特科,未赴考。

四月,開學,中小學均歸兼轄,各友幫助,事尚順當。

八月,舉行癸卯科鄉試。回江陰商辦學堂事宜。

九月,到館。

是年,刻孔北海、魏文靖、韓致堯、李忠毅四譜。

三十年甲辰,年六十一歲。

在高等學堂。

二月,赴鄂見張文襄師。新自京師陛見回任。

三月,回江寧。

校內新修大樓塌陷,壓死六安學生一人,傷十人,諸生大譁。僅而撫定,參工程員章君邦直官且勒賠。

八月,魏帥調閩浙。李勤恪公興鋭來接任總辦。胡長木延卒於蘇州,穆少若觀察穆克登布接事。

十月,李帥薨於位,命蘇撫端午帥端方暫署,稽察兩江師範學堂學務。

十一月,周玉山制府馥到任。午帥到蘇,又調湖南,偕劉聚卿觀察赴蘇送之。聚卿住徐子静宅內,飽觀書畫及搨本。遇湯伯和書估,又購舊書。

十二月,回江寧。

是年,《聚學軒叢書》印行,荃孫舉舊藏書應刻者助之。目列於左。

經類

《周易虞氏略例》一卷李鋭

《讀易漢學私記》一卷陳壽熊

《尚書義考》二卷戴震

《周禮補注》六卷呂飛鵬

《説文辨疑》一卷顧廣圻

《小爾雅義證》十三卷胡承珙

《周秦名字解詁補》一卷王萱齡

史類

《周公年表》一卷牟庭

《南江書録》一卷邵晉涵

《鐵橋金石跋》四卷嚴可均

《金石萃編補目》三卷黄本驥

《元碑存目》一卷黄本驥

子類

《松崖筆記》三卷

《九曜齋筆記》三卷惠棟

《意林注》五卷補遺一卷周廣業

《丙辰札記》一卷章學誠

《瑟榭叢談》二卷

《交翠軒筆記》四卷沈濤

《聚星札記》一卷尚諒

《古柏齋讀書雜識》王宗文

《退餘叢話》二卷鮑倚雲

集類

《清白士集校補》四卷蔡雲

《落帆樓文集賸稾》二卷沈垚

三十一年乙巳,年六十二歲。

在高等學堂。

為禄保娶婦惲氏。

新調曾道兆錕來總辦學務。其人放縱自恣,四月接事,十月辭去,浪費兩萬餘金。玉帥又派吴道廣霈充總辦。

適惲氏長女病卒,年三十六歲,尚不及其母一齡也,傷哉！並無所出。

三十二年丙午,年六十三歲。

在高等學堂。

三月,在宅東闢地,造一樓庋書,正對雨花臺,名之曰"對雨樓"。

六月,赴上海迎戴、端兩大臣回國。感受暑熱,回江寧即患口鼻喎斜,右手三指麻木,醫治始愈。

七月,長孫通生。

十月,次子佛保病卒,年甫十八。英年好學,傷痛之至！

十二月,為諸生辦畢業。

是年,刻《讀書記》,印行《雲自在龕叢書》五集。

第一集

《尚書記》七卷莊述祖

《續千文》一卷宋侍其瑗

《吴興山墟名》一卷荃孫輯

《吴興記》一卷荃孫輯

《元和郡縣志逸文》三卷荃孫輯

《奉天録》四卷荃孫輯

《集古録目》十卷荃孫輯

第二集

《三水小牘》二卷逸文一卷荃孫校輯

《北夢瑣言》二十卷逸文四卷荃孫校輯

《牡丹譜》一卷宋陸游

《牡丹記》一卷宋歐陽修

《教童子法》一卷安邱王筠

第三集

《東湖叢記》六卷海昌蔣光煦

《效顰集》一卷江陰繆鑑

《萬善花室文集》六卷續一卷大興方履籛

《齊雲山人文集》一卷陽湖洪符孫

第四集

《名家詞》水雲樓詞、柳下詞、宋于庭詞、正盦詞、周稚圭詞、董晉卿詞、張翰風詞、冰蠶詞

第五集

《定海遺愛録》一卷

《舊德集》十四卷荃孫鈔輯

三十三年丁未，年六十四歲。

在高等學堂。

三月，辭兩江師範學堂稽查。

五月，禄保補考畢業，升本科。

吴道廣霈素有心疾，更有小人慫恿，狂如瘈犬，遇人輒噬，荃孫謹避之。

七月，張文襄師入都，電招赴鄂，充存古學堂教務長。即送師首途，附火車至廣水始回，自此不復見。

辭高等學堂。午帥奏派主圖書館事。

十月，偕陳善餘赴浙，購八千卷室藏書，以七萬元得之。

大雪，游西湖。

十一月，到蘇，奉特旨速行，赴京預備召見，以病乞假。

丁氏書旋陸續運江寧。

是年，刻《對雨樓叢書》四種：

《詩品》三卷梁鍾嶸

《荀子考異》宋錢佃

《茅亭客話》蜀黄休復

《南朝史精語》十卷札記一卷宋洪邁，荃孫校

三十四年戊申，年六十五歲。

在圖書館。

二月，具呈請午帥代奏乞長假。

内兄夏閏枝太守署寧波府，去秋到任。荃孫欲訪天一閣，閏枝與范氏定約三月十八日開閣觀書，遵舊例也。荃孫十一日赴甬，住寧波府官舍，僧保侍行。

游月湖，晤同年陸漁笙前輩廷黻、童玉亭世兄德厚、盛心傳編修炳緯，皆舊雨也。

登天一閣觀書，阮文達《天一閣書目序》："此閣構於月湖之西，宅之東，牆圃周迴，林木蔭翳，閣前略有池石，與闤闠相遠。"今閣尚明時舊宅，閣之外有月臺，臺之下即小池，略有竹樹。《定香亭筆談》云："余兩登此閣，閣不甚大，地甚卑濕，而列匱書乾燥無蠹蝕，是可異也。"今則不然，登閣閲書，散篇斷簡，鼠嚙蟲穿，幾無完帙，與阮公所見大異。兵燹之後，所存無多，薛觀察所定現存書目，不及原書十分之三。范氏子弟樸魯不學，久已無人整理。再百餘年，即此賸編零本亦不存矣！然皆明嘉靖以前本子，刻本無方體字，鈔本皆藍格棉紙，令人尤愛不釋手。

游天童山，住寺中三日，敬觀三朝墨寶。宋元碑有六種。

游阿育王山，觀唐碑、唐幢。

四月，回江寧。

五月，到常州。王仙洲太守步瀛約修《常州府志》。

與蘇州善堂沙田訟事，議和息。自己丑在江陰與夏滌初表兄

子沐、章同年成義同報壽興沙新漲二千畝,與蘇州善堂毘連,水利房王守晟交搆其間,連年興訟。蘇堂紳董身不履境,任憑圩長造報勘驗,多番兩造,均不折服。今年蘇董石子元祖芬、江孝成衡與荃孫舊交,彼此通函互議,同呈和息,詳司核准定案,以後少所轇轕。

七月,到上海。盛宮保屬續刻《常州先哲遺書》,體例照前編。

復返郡城,住志局。發凡起例,均具規模。

第二孫近生。

八月,怔忡病復發,辭志局。

府志自康熙陳玉璂先生修成,至今已二百餘年。乾隆中,盧抱經先生為總纂,洪稚存、趙味辛、湯賓鷺、錢樹參諸先生為分纂,為人所阻,事中止。道光中,李申耆先生為總纂,洪子齡齮孫湯果卿成烈薛子選于衡諸先生為分纂,亦不成,改修《武陽志》。此次紳士中有與王太守不合者,又恐查辦平日侵吞官項,百計阻撓。王太守適調補凉州,荃孫因借病辭。

十月,漸愈。得皇上大行之信。翌日,又得皇太后凶問。以今上嗣位,改元宣統。醇親王為攝政王監國。

十一月,學部榮中堂榮慶專函來促赴都。

十二月,偕熙之姪回里。到四河祖塋議遷葬伯父母塚,新正四日下葬,留熙之辦理。

宣統元年己酉(1909),年六十六歲。

在圖書館。

正月,回江陰,拜伯父母新塚。先伯父庚申殉難,榮昌紳士故弁拾遺骸,以大旗裹之,松棺入殮。先大夫專人迎至重慶毘陵義地。至庚辰,全家回蘇,開龕,松棺已朽,檢骨支體並不能全。另易棺木,歸停宗祠。甲申,伯母歿於郡城,亦停宗祠。庚寅,以四百元得峭岐三保一片地安葬。土人無理,又無看墳人。去年始與祖保議遷祔祖塋,依曾祖、祖父母、俞氏外祖父母,想亦陰靈默許。又廣購墳外田二十餘畝,似可永安。

廣鈔宋元人詞。定議改惜陰書院為圖書館。

五月,學部奏派京師圖書館正監督。

匋齋調直隸,送之焦山,兩宿方去。

赴常熟,與瞿氏商量進書事。寓游文書院,院在山半,古木怪石,叢竹平臺,勝地也。與舊友龐絅堂、李玉舟兩同年,邵伯英編修小敘。張安圃前輩人駿調督兩江。

七月,二女祉保許字閏枝之子緯森。舊姻新好,特均庶出也。近來學生真不敢親近,寧歸舊家耳。

八月,學部函電交催,正擬北行,而聞張文襄公薨逝。一慟而病,兩月方愈。

十一月,為三兒僧保娶婦吴氏。

是年,刻王懷祖詩。

為家蘅甫刻《中吴紀聞》,並撰札記,又《玉峯志》、《玉峯續志》。

刻劉光珊《感舊詩》,即送之。

為劉葆良刻其兄葆真可毅文集。

宣統二年庚戌,年六十七歲。

在圖書館。

接祖保信,知聯城之婦去臘已歿。

為御史江春霖誣劾納賄五千兩,與皖撫朱中丞家寶疏通參案,疏上不查辦。荃孫憤懣已極,具呈求派專員嚴查。地方官慰之云:"上諭不問,已知其誣矣!何必再瀆?"

二月,赴杭州。住夏閏枝杭府署,復游西湖。

張安圃制軍奏修《江蘇通志》,延荃孫總纂。

五月,沈子培方伯招游皖城,始見朱中丞,方知丁卯同年、詞館後輩,從前未見一面,未通一信也。巡警道卞柳門緒昌、學司吴棣軒同甲為舊友,勸業道童次山祥熊為門人。曹揆一元忠來江寧,言學部囑視荃孫老病何如。揆一代促入都,允之。

八月,荃孫生日,接祖保病歿之信,何傷之至!此子自幼相隨,天性極厚，予夫婦亦視同己出。自官湖北，出入於惲、瞿兩家，從無閒話。年甫五十而歿，伯父之後，只賸聯城、聯沅兩曾孫，傷已！

九月，由京漢火軍入都，僧保隨侍。賃居西城太僕寺街。入署，見学院，又入學署，見堂官。時圖書館未建，借北城廣化寺開辦。到館任事，分類理書。

去國廿年，又經大亂，名勝荒蕪，舊雨寥落，觸目生感。師門已無一人，四川舊雨則喬懋軒樹枏一人，同課則馮觀察金鑑、王學士錫蕃兩人而已，同年則陸中堂潤庠、吕尚書海寰、唐尚書景崇、廷尚書廷杰、陳侍郎邦瑞、沈大理家本、李閣學聯芳、陳給事田、張中丞曾敭、林侍郎紹年，舊遊則榮中堂榮慶、張總憲英麟、陳閣學寶琛、盛尚書宣懷、鄒尚書嘉禾、董授經康、羅叔藴振玉，新交則吴中書昌綬、海寧王國維、寶侍郎寶熙、鳳將軍鳳山、毓學士毓隆、陳參事毅，門人則張侍郎亨嘉、王仁俊、孫雄、張錫恭、陳世昌，均不勝記。

十月，禄保以江南高等學堂預科畢業，獎拔貢報捐主事，分部學習掣農工商部派庶務司行走。

得電，第三孫生，名之曰蘧，僧保出。

十一月，傳旨召見養心殿，監國詢學務及南北圖書館辦事，一一奏對。奉旨以學部參議候補。次日謝恩。廠肆舊人尚多，以譚正文、韓翰文兩鋪為優，而價長至十倍不止。

十二月，赴南皮，會葬張文襄公。與梁星海、端仲剛端緒同行，到者二十餘人。過天津，會劉聚卿、傅沅叔、沈佑彦、沈冕士。

是年，刻東坡七集成。

《續碑傳集》八十六卷成。本百卷，因書局裁撤，截去補遺十四卷。

為吴仲飴刻《拙軒集逸文》。

宣統三年辛亥，年六十八歲。

供職京師。

丁衡甫中丞寶銓囑與羅叔藴同編《傅青主年譜》。

三月，派回江南催瞿氏進呈書。

匋齋囑代刻《壬寅消夏録》四十卷。

回江寧,重訂通志條例。張制軍㓦修通志,以張子虞觀察預為總辦,常款每月千五百金。荃孫囑以八百金為局員開支,以七百金為纂修開支,如有不足,再議添款。子虞在江南多年,舊屬爭求派事,滿局冗員,月支千四百金,轉至纂修無款可發。是以志局為養閒人之地也。子虞旋卒,另委林貽書觀察開謩為總辦。本係舊交,與商裁冗員節浮費,均肯照辦,然本以學司改官,指日除授。是以志局為暫歇脚之地也。尋簡徐州道去。又委張篁樓觀察彬接任,篁樓為文襄公猶子,夙傳家學,辦事結實,節本局浮費,延專員采訪。荃孫欣逢同志,允於今冬將書目交卷,乞假回寧,專辦志事以冀成功。革命倏逢,遂成畫餅,惜哉!

族兄禄田歿,回申港哭之。

五月,旋京,並解瞿氏書五十種。

六月,編呈各省志書目四卷。

四兒愷保病歿於家,一别不復見,傷哉!

南中大水。

偕寶瑞臣遊上方山。

八月,復偕瑞臣、金鞏伯、劉仲魯游房山雲居寺。

刻本館宋元本書留真譜。本書一葉,牒文、牌子、序跋述源流者均摹之,加考一篇。

湖北兵變,湖南、江西應之,山西、陝西應之,天下大亂。

全家竄上海。

九月,復交新編善本書目八卷,即乞假回上海寄寓。

江寧亦於十月失陷。

十二月二十七日,皇帝遜位於民國,南北合同。國破家亡,生不如死。

是年,《藕香零拾》三十二冊成。

節讌游玩好諸費,可以成就古人與之續出未經刊布者。壽梨棗,始小帙訖鉅編。

《澹生堂藏書約》四卷祁承㸁 《藏書紀要》一卷孫慶增

《流通古書約》一卷曹溶　《古歡社約》一卷丁雄飛
《唐開成九經碑圖》一卷魏錫曾
《大唐創業起居注》三卷荃孫校
《安禄山事蹟》三卷荃孫校
《牛羊日曆》一卷　《東觀奏記》三卷裴庭裕　《廣陵妖亂志》一卷羅隱
《十三處戰功録》一卷李壁
《玉牒初草》二卷劉克莊
《宋中興百官題名》何異
《河南志》四卷元人
又
《棲霞小志》一卷盛時泰　《兩京城坊考補》一卷程鴻詔
《游城南記》一卷張禮　《據鞍録》一卷楊應琚
《遼東行部記》一卷王寂　《僞齊録》二卷楊堯弼
《寓庵集》六卷李庭
《還山遺録》二卷楊奐
《静軒集》六卷閻復　荃孫輯
又
《菊潭集》四卷孛求魯翀[1]　荃孫輯
《蘇穎濱年譜》一卷孫汝聽
《孫淵如年譜》二卷張紹南
《曾公遺録》三卷曾布
又
又
《山房隨筆》一卷逸文一卷蔣正子　荃孫校輯
《刑統賦》一卷傅霖　《真賞齋賦》一卷豐坊　《河賦注》一卷江藩
《舊聞證誤》五卷逸文一卷李心傳　荃孫校
《錢竹汀日記》一卷　《農丹》一卷張標　《强䔥圃三書》一卷强

① 此處當為“孛術魯翀”。

望泰

《古泉山館書跋》二卷瞿中溶　《破鐵綱》二卷胡爾榮

《敬齋古今黈》十二卷逸文二卷李治

又

又

《常州先哲遺書續編》成。

《象像管見》五卷明錢一本

《毛詩日箋》十卷秦松齡

《皇朝名臣琬琰集》二十一卷後集二十卷續集八卷明徐紘

《恩卹諸公志略》一卷明孫慎行

《天山年譜》一卷明鄭鄤

《長安客話》八卷明蔣一葵

《荊溪外紀》二十四卷明沈敕

《雜詩》五卷楊名亡

《困思鈔》三卷明孫慎行

《炙硯瑣談》三卷湯大奎

《午風叢談》四卷鄒炳泰

《暨陽答問》四卷李兆洛

《韻石齋筆談》二卷明姜紹書

《飲淥軒隨筆》二卷伍守澄

《初月樓論書隨筆》一卷吴德旋

《學古文緒論》一卷前人

《教經堂談藪》六卷徐書受

《龜巢集》十六卷元州應芳①

《薛方山文録》二十二卷明薛應旂

《水南集》十卷明張衮

《賜餘堂集》十四卷明吴中行

《正誼堂集》二十三卷董文友

① 此處當為"謝應芳"。

《微泉閣集》二十卷董文驥

《清芬樓文》二卷任啟運

《宛鄰遺文》六卷張琦

《止庵遺集》四卷周濟

《端虛勉一居文》二卷張成孫

《丹稜堂文集》四卷蔣彤

為沈子培刻《至元嘉禾志》三十二卷、《澉水志》二卷。

為吴闐生刻《姑溪集》五十卷後集二十卷札記一卷,均成。

先府君年譜一卷,壬子歲所手定也。至宣統三年而止。嗣後僑寓滬濱,歷十餘年,杜門不問世事,惟以鉛槧自娱。吴興劉翰怡、張石銘兩君方刊叢書,時相就正,或出藏本以資之。又為武進盛氏編所藏書目。洎清史館開,膺總纂之聘,乙卯夏到京師。開館之始,會議一切編輯事宜,多經折衷。高年不便客居,回滬遥領,手定全書凡例一卷。因《儒林》、《文苑》、《循吏》、《孝友》、《隱逸》五傳,國史舊稾原出府君手輯,仍歸增訂,後以《循吏》一傳分歸他手。越兩年,四傳脱稾。又創輯《明遺臣傳》、《土司傳》,則國史所未具者也。繼復於甲辰、戊午兩次到京,會商史事。時館中分纂積稾已多,府君力主列傳應先擬定目録,晝分時代,择人主任編排歸卷,加以修正,乃有頭緒。自任康熙一朝,脱稾者十之六七,未克畢事。其後,館中修正傳稾悉依此例。而府君已不及從事矣。

《江蘇通志》,宣統初年甫經開辦,改革後停輟久之。復議開局,馮孟華中丞主其事,謂金石一門非府君莫屬。府君以時移事易,不願復尸其名。遣僧保與其役,盡發篋中搨本,考釋編訂,仍悉一手成之。通志迄未定稾,惟《金石志》十卷抽印單行。

江陰續修縣志,推府君為總纂。議定專補同治志以後至宣統三年爲斷限,手定凡例,分任同人纂輯而總其成焉。

平生藏書校勘,私淑蕘圃黄氏。光緒初,為潘文勤公輯刊《士禮居題跋》。後有續得,分貽江建霞京卿及鄧君秋湄刊印行世。復偕同志吴伯宛、章式之兩丈廣為搜訪,所得益多,由式之丈一手校録。合前後已刻未刻,編為《蕘圃藏書題識》十卷、《刻書題識》一卷,府君獨出資刊之。

又於昔年所刊諸叢書之外集録零星碎簡,編為《煙畫東堂小品》十二冊。

一、《康熙朝品級考》、《圓明園考》黄凱鈞、《周世宗實録》輯本、《後村雜記》劉克莊。

二、《簡莊隨筆》陳鱣、《讀金石萃編》沈欽韓、《攝山紀遊集》厲鶚、王藻、方士庶、閔華、陸鍾輝、張士科。

三、《公車徵士録》全祖望。

四、《東林同難録》、《國史貳臣表》、《保舉經學名單》。

五、《五百羅漢名號》。

六、漁洋與林吉人札、與汪于鼎札;《覃谿嵩洛訪碑圖小記》,《覃谿評選漁洋詩》。

七、《徐星伯小集》輯本。

八、《瞿木夫文集》。

九、《西游録注》、《和林金石攷》、《朔方備乘札記》李文田;

十、《稽瑞樓文草》陳揆、《吴山子文》輯本、《董子中詩》董成、《思庵閒筆》嚴虞惇。

十一、十二、宋人小説殘本凡二十五種。

己未之冬,諸書均已刊成。自著《藝風堂集》、《續集》、《外集》,有文無詩,先已刊行。辛亥以後所作,文詩合編為《辛壬稾》三卷、《癸甲稾》四卷、《乙丁稾》五卷,亦先後寫定付梓。

府君身閲滄桑,厭世已久,垂暮編摩,至是多已就緒。偶感微疴,於十一月初一日棄養,享壽七十有六歲。禄保等慟撫楹書,深慚繼述。竊惟府君手定斯譜訖於辛亥,隱寓絕筆之意,而晚年著述不可闕而勿載。謹紀其概畧,以補譜中所未備,俾後來有所考焉。

男禄保、僧保謹識

顧亭林年譜校補

據民國間刻印《嘉業堂叢書》本

顧亭林年譜校補

張石舟自訂　江陰繆荃孫校

敘

補：聞桐城胡雒君虔嘗為先生撰次年譜 "桐城"上增"儀徵阮相國云"。

校：大興徐先生丈鉤稽詩文集原作"鉤稽各書"。

校：蓋車下去"氏"字。本之崑山吴廣文映奎，而吴下去"氏"字。又本之先生嗣撫子衍生也，道光二十二年穆與太史謀匄貲，為先生建祠堂於京師慈仁寺西偏，既成，太史謂穆曰："先生蹤跡甚奇，學者或不盡知，子盍比而敘之以詔後進乎？"爰乙去"徐丈欲更事釐訂，以出守榆林，未遑，穆乃不自揆度"綜兩譜之異同，傳以各書所紀，語務求詳，事期覈實。乙去"綜大賢之本末"一語。

歲在昭陽單閼原作"道光二十三年"。

明萬曆四十一年癸丑(1613)五月二十八日，先生生。

字寧人梨州思舊原本作"迎人"，似誤。荃孫按，此與《山東通志》作"炎午"同。

增：小字蕃漢，見王德甫《存養齋集》。

校：注東坡《顧亭林詩》云："平林豈舊物，歲晚室扶疏。"云云。《東坡集》無此詩，詩亦惡劣，殆贗作也。荃孫按，此等詩必鈔自鄙俗志書，何足為據？

增:秀水盛百二《柚堂筆談》稱趙松雪有《亭林碑記》,頗精。又曰明華亭顧正誼仲芳官中書舍人,晚於濯錦江上築小圃,林木清幽,自號曰亭林,以南朝顧亭林野王所居曰亭林,故仲芳以自號,而顧寧人亦以名其集。荃孫藏顧亭林《法雲寺感夢伽藍記》拓本,晉開運二年歲在乙巳,更在嘉祐之前。

增:穆案:《秋江別思》卷子初歸休寧程氏還香室,今歸上元蔡友石京尹,穆於丁未從大尹令嗣小石處見之,《觚賸》有蔣山傭一則。

校:《鄒平縣志》前列修志姓氏,有顧倆字寧人,崑山人,同時校編,疑"倆"即"傭"之訛。

增:子貞云:"倆"字不誤。

穆案:王世貞至一也,静志居至高蘇門者,鈔書自序至十二卷,蘇州府志至所居,照此改。

增:魏敏果《徐母顧太夫人碑》:母何夫人,博學明禮,幼即訓以《列女傳》、《孝經》諸書。同應五子,長曰緗,字遐篆,次先生,三曰紓,字子嚴,四曰纘,字子叟,五曰繩,字子久。荃孫附注。

又有仲姊適馬氏。 推詳衍生語意,馬仲實所娶,乃衍生之姊。

四十三年乙卯,三歲。

校:左目為眇。 乙去"或有雲翳未可知"七字。

先生目中白外黑。《觚賸》云親見之。 "眇"字殆衍生不善屬文之誤。

天啟六年丙寅(1626),十四歲。

校:庠名繼紳。 乙去"庠"字。

增:《潛研堂集》有《次山墓志》,其所作先生傳未見。又陸燿《切問齋集》稱有劉九畹者為崑山顧氏傳,架空結撰,全非事實,未見其傳,不知作何等語也。

校:徐譜謂賓瑶公卒於崇禎十年,引健庵所作《兄孚若詩集敘》云:"九歲能作歌詩,猶憶一日會葬外王父畢,泛舟巴城湖,過黄幡綽墓,兄左手持巨觥,右手操筆作七言長歌。"以孚若九齡推之,當在是年。穆案:以元譜考之,賓瑶公卒實在孚若未生之前二年,蓋權厝丙舍久而後窆也。且以九齡作歌,亦但追述其早慧,非謂持觥操筆,九齡童子輒能作此狂態也。然以會葬外王父之日而縱酒狂歌,越禮實甚。健庵此文本不可訓,並附糾之。　《左氏傳》:襄公二十三年,杞孝公卒,晉悼夫人喪之,平公不徹樂,非禮也。禮為鄰國屈。

崇禎五年壬申(1632),二十歲。

補:甘提學學潤。　學潤字元宏,見《江陰縣志》。

六年癸酉,二十一歲。

兄緗遐篆中順天舉人。　陳濟生撰傳:遐篆天才俊逸,為古樂府風骨踔厲,而當崇禎之中天下多故,遐篆自負其才,每談兵餉、農田水利事,幾欲空其儕輩。惜年未四十没,遺詩具在。余與寧人輯而刻之。荃孫附注。

補:《沅湘耆舊集》:"汝鼐一字夔友,號密庵,寧鄉人,崇禎元年拔貢。會上幸本學,群臣請復高皇帝積分法,祭酒顧九疇奏先生文甚佳,莊烈帝特賜第一,詔題名勒石太學,以五品官秩留監肄業。癸酉舉於鄉,兩中會試副榜,官廣東新會教諭。南渡後由翰林院待詔改授兵部職方郎中、五省監軍,復授檢討。旋薙髮溈山,號忍頭陀,著有《廣西涯樂府》、《嚏古集》、《寄雲棲集》、《褐玉堂集》。"

移:《三朝紀事闕文序》:"先帝即位,天下翕然,以為中興更化之主,無復向時危迫之意。又當先帝頒《孝經》、《小學》,釐正文字之日,臣乃獨好五經及宋人性理書。"案:頒發《孝經》、《忠經》、《小學》三書,在崇禎六年,當繫於此。

增:崇禎六年上諭刻於書首。

祖制設科取士,專為致治求賢,近來士習日偷,貢舉失當,人材鮮少,理道不張,皆緣督學師教各官董率乖方,培養無術,盡失舊制初意,以致朝廷不獲收用人之效。朕思士子讀書進身,乃人才根源,必宜首重德行,幼學壯行,如平生果係孝悌廉讓,自然做官時不貪不欺,盡忠竭節,何必專工文藝?據《會典》及提學敕書內,敦尚行誼,勵頹俗,不專論文優劣,開載甚明,近來通不遵行。至《孝經》、《小學》諸書,及州縣各有社學,原欲養蒙育德,敷教儲才,近全不講究興舉,其士子自童時入塾,以迨應試登科,只以富貴溫飽為志,竟不知立身修行、忠君愛民之大道,如此教化不明,士風吏治,安得不日趨卑下?朕惟祖宗求材用賢,原不盡拘資格科目,至攷試文義,正欲因言證人,亦非專尚浮詞,務華遺實。今欲衹遵祖制,起敝還淳,童子必入學遇試,先查德行,自儒童以及鄉會試,須有實績,方許入場。異日敭行,攷官挨論,酌古準今,宜有法則規條,頒有遵守。又教官為士子試長,化導最親,舊制甚重。近皆以衰庸充數,教術全廢,皆繇士風不正之源。今設法興紀,著吏禮兩部同都察院及該科詳議的確具奏。至海內之士,豈無潛修碩德、純學鴻才、清志剛方、實堪大用者?更宜特拔一二以示風勸。至於科道,不必專出考選官員,應令先歷推知,並著酌議來行。荃孫增入

九年丙子,二十四歲。

校:巡按御史王君一鶚具題貞孝事狀,奏旌其門,載行狀未詳悉。

十一年戊寅,二十六歲。

亓提學煒。　煒字選浦,見《江陰縣志》。

十四年辛巳，二十九歲。

校：二月，蠡源公卒。　徐譜作贊善公卒，引《鈔書》序云："念先祖之見背已二十有七年。"序作於康熙丁未，逆數之，當卒於是年。此誤以嗣祖為本生祖也。攷賓瑶公卒於天啟六年，年四十二。《蘇州府志》稱賓瑶公十歲而孤，逆推之，贊善公卒當在萬曆二十二年。

十五年壬午，三十歲。

注"即以子叟生子"至"一一符合也"，乙去。

大清順治元年甲申(1644)，三十二歲。

補：二月，復遷居常熟之語濂涇。　先生族孫少穎禮部份告穆云：楊子常彝實家語濂涇。先生蓋與之結鄰云。　印林曰：語意似戊子被劫事，或偶話舊事。

二年乙酉，三十三歲。

校："拜祠畢即歸語濂涇"八字乙去。　印林曰：接書壽母事，則其歸語濂涇已見。

補：十六日丙申，月食既。　穆案：朱子素《東塘日劄》亦載此事，為乙酉閏六月十六日，云是夕月食，倏忽，既，時天無纖雲，色暗如漆。

校：七月初六日巳刻。　乙去"巳刻"二字。

增：表哀詩一首。　先生自注云："晉孫綽作《表哀詩》，其序曰：余以薄祜，夙遭閔凶，天覆既淪，俯憑坤厚，豈悟一朝，復見孤棄，不勝哀號。作詩一首，敢冒諒闇之譏，以申罔極之痛。"穆案：

《曲禮》居喪不言樂,禮之常語也。《日知録》論之詳矣。先生生遭極變故,援表哀之例,抒其無告之悲。孫綽之序,即先生之自序也。或者乃欲為先生諱,滅諸詩,其少乖論世之指也夫。

四年丁亥,三十五歲。

校:二十日亥時。　乙去"亥時"二字。

校:淄川行。　結云:"取汝一頭謝元元。"　"結"下添"句"字。

六年己丑,三十七歲。

校:納妾韓氏。　增"是年"二字。

補:八尺一首。　注全乙。　八尺鎮在吴江縣南二十里官塘之西。

校:瞿公子元錥。　"元"改"玄"。　穆案:瞿公字起田,永曆朝謚文忠,乾隆四十一年謚忠宣,其子之可考者,玄錫、玄銓、玄鑑、玄錀、玄錥、玄鏡,此所称玄錥,未知爲"錥"字之訛,抑別一人也。忠宣有孫昌文,字壽明,於順治五年戊子十二月由海道入粵,己丑六月達桂林。永曆褎授翰林院檢討,有《粵行紀事》三卷,當為玄錫之子,别山張公贈詩所謂"孝廉曇谷之長君"者也。玄錫亦撰有《庚寅十一月初五日始安事略》,記忠宣殉難事。其時昌文猶未歸也。而《粵行紀事》載庚寅八月十二日,叔父玄錥自家鄉泛海入粵,已抵惠州長樂縣。十月十九日,與昌文相見於梧州之雞籠洲,叩其狀,沙埕海道,先後一轍,而艱難更甚。未幾,至永安縣,為亂兵所害。如玄錥即此玄錥,則是終完其省親之志。忠宣殉國,玄錥殉親,忠孝一門,可謂極古今之盛美矣。昌文稱玄錥為仲叔父,又疑即玄銓改名。《忠宣集》本有玄錫所刻,作行狀,近刻删去,遂滋疑竇,容更攷之。

荃孫案,"玄錥"即"玄錥",《粵行紀事》可據,不必疑。顧詩或傳鈔之誤。稼軒長子玄錫字伯升,崇禎壬午舉人。

八年辛卯,三十九歲。

與徐州萬年少定交。　年少作《秋江送別圖》送之。穆案:《茶餘客話》:萬年少溪東邨屋在河下,隰西草堂在北門西岸。《秋江別思》卷子題曰:"辛卯春,始遇顧子於舊都,顧子名圭年。顧子曰:余再轉注而得此名。余心異之。是年秋,顧子抱布為商賈,繇唐市之淮之浦西,過余草堂。余始雖心異顧子,至是乃詳知顧子之為余友也。曰:子非寧人乎?方年少時操筆挾策,論古今之事,國步既傾,屢經喪亂,天下之賢者,不能須臾忍,多成名於鋒刃屠割之間。余與子亦幾不得免,事既不就,行且八年,而子隱於商賈,余隱於沙門,雖所就之各殊,志足悲矣。今子操奇贏於市中,宰天下之平,於此始基之乎?抑將終身焉與監市屠狗者伍耶?子歸唐市,念未轉注時昔之名者安在,則庶幾舍商賈而求所為寧人者乎?是日也,顧子欣然鼓枻渡江而東去。隰西沙門慧壽。"程瑶田跋曰:"余曾見壽道人為徐君平畫冊,自題曰:君平薄游淮陰,余為沙門於普應寺,寺在浦西寺之東,余隰西草堂在焉。今言辛卯秋顧子由唐市至淮之浦西,過余草堂,是為沙門之五年也。"　靳應昇茶坡《題隰西草堂》詩曰:"雖少冬青樹,猶餘古薜蘿。閑居真處士,枯坐老頭陀。雲水隨緣過,江山入夢多。問津如有客,夜半渡黄河。"　程瑶田《秋江別思跋》曰:"細玩顧詩,非壽道人作畫言別時所贈。先是,金陵相見,道人反淮,顧氏歸吴,當在夏日汎漲之時憶道人而作,故結曰:會□淮水平,清江發吴榜。然觀道人序再見情事,似作詩時尚未寄贈,後果於秋放榜,至淮,乃出前所出詩以贈之耳。壤叟又記。"

九年壬辰,四十歲。

校:先生有世僕陸恩叛投里豪葉方恒。　乙去注"順治"至"葉"字,又乙"静敬默"三字。

"父重華"下增"崇禎"二字,又乙"葉嵋初"三字,改"方恒"二字。

為常熟楊子彝作祠堂記。　“彝”改“常”,增注“子常名彝”四字。

十年癸巳,年四十一歲。

注“寶志公”改“僧寶志”。

《贈朱監紀四輔》。《江蘇詩徵》云:字監師,寶應人。《寶應縣志》:“朱四輔字監紀,少負異才,於書多涉獵,尤諳經濟,有用世志,至是棄諸生,交海内悲歌慷慨之士,尚王聞其名,延致幕下,知尚之信必叛,辭歸,人服其知。著有《鐵輪集》。”荃孫附注。

補:又王應奎《柳南隨筆》引釋石林《寄巢集》《七護詩》序云:“剩道人鼎革後,隱於南沙之畢澤,四壁蕭然,為《七護詩》以寄意。”沈確士為作傳云:“隱居相城,尋移居陽城湖之濱,妻子織席以食,見者呼席先生,又幾年,窮餓死,友人陸泓經紀其喪。”畢澤近陽城湖,陸泓即畢澤人也。

十二年乙未,四十三歲。

五月十三日禽擒叛奴陸恩,數其罪,沉諸水,叛黨復投葉氏,訟之官,移獄松江。

《陸清獻日記》:“翼王言顧寧人係徐公肅之母舅,顧宏善乃其嫡侄,鼎革初,嘗通書於海上,黏在《金剛經》後,使一僧挾之以往,其僕知之,以金與僧,買而藏之。後其僕轉靠葉方恒,葉重託之,寧人有所冀於此僕,僕曰:‘《金剛經》上何物也?乃欲詐我乎?’寧人懼,遂與徐封翁謀,夜使力士入其家,殺之,取其所有,並葉所托亦盡焉。葉訟於官,下獄,幾死,賴錢牧齋救之得免,遂不復住崑山,遊歷燕魯秦晉之間,與博聞之士相往還,如傅山、李因篤,其好友也。其學問日以淵博,然性不諧俗,著述尚多,有《十三陵志》。”張履按,是記所載諸子瑕,類多出於傳聞之辭,如陽明縱士擄掠,瞿稼軒暴横貪淫,顧亭林殺奴而盡取其所有,張考夫之教過嚴而無法,如此類比,似未盡足據。穆案:亭林此事,觀後歸元恭《贈北遊序》自明。　《江陰志》:張應鼎,明諸生,少負雋才,謂人生當效馬援、班超立功萬里外,焉能鬱鬱以寒氊坐老耶。遭國變,嘔血數升,往來秦淮,見銅駝荆棘,呻吟夢寐,悉發於詩。晚年奉佛,改名印頂,號大育頭陀,無何,化去。荃孫附注。

補:《江陰志》在釋道門,肙齋未尋得。

十四年丁酉,四十五歲。

從唐臣假吴才老《韻補》譜,讀而校之。　乙"過即墨"三字。

海鹽吴氏刻《昭代名人尺牘》法帖,内有蒿庵與亭林書曰:"春初承示補注《儀禮》數則及陳氏《禮書》十二冊。《禮書》近始展卷,脱簡次第,具録呈上,其中與鄭、賈異同處頗多,其最顯白者改定,謹録請教。四月中旬,計行旌亦當南指,謹掃榻以待。弟張爾岐頓首。"錢氏大昕曰:"此札亭林客濟南時所寄。"穆案:此劄不得其年,附録於此。詹事云客濟南時所寄,亦臆揣之辭,實則若蒿庵家居而掃榻相待,濟陽在濟南東北,安得云行旌南指耶。

牟房案:張饒州著有《游勞山詩》一卷,中《古琴引》篇,自敍學琴始末最詳。

校:至曲阜,謁孔林;往鄒縣,謁周公廟、孟廟。　印林曰:周公廟在曲阜城東,於鄒縣無涉,當乙之。

校:過鄒平,游張氏萬斛園。　牟房案:張少保有日涉園,而城西南郭外沙溼之側有兔柴在黄山陰,董香光為作記。有寄清園在城中,少保府左有會景園在東郭外,無以萬斛名者。攷少保季子名萬斛,字季量,嘗築藥園於城西南,自署其門曰桃花源裏人家,則先生所游者當即此園。元譜以為延登所居者,誤也。

十六年己亥,四十七歲。

至昌平,初謁天壽山。　昌平王北堂題先生畫象卷子曰:"憶萱齡十二歲時,業師楊復庵先生授以《昌平山水記》,俾識鄉邦故實,且曰:亭林先生來吾昌平,皆寓吾家。《潛籟軒詩》所謂'人如吴季子,道在魏西河'者也。"自注:《潛籟軒詩》,昌平楊下人先生著,朱竹垞集有題詩。穆案:下人名自牧,又字謙六,號豫齋。竹垞詩"芳草芹城外,幽居虎峪隈。緇塵吹不到,白鳥有時來。萬籟入門寂,群花繞屋開。家童聞剥啄,知得異書來"

作顧與治序。　當補車譜一段。

康熙元年壬寅(1662),五十歲。

五十初度。　先生《與友人辭祝書》:"竊惟生日之禮,古人所無,《小弁》之逐子,始説我辰,《哀郢》之故臣,乃言初度,故唐文皇以劬勞之訓,垂泣以對群臣。而近時孫退谷、張篔山著論欲廢此禮。彼居常處順者,猶且辭之,況鄙人生丁不造,情事異人,流離四方,偷存視息,又知我者當閔其不幸,而弔慰之,不當施之以非禮之禮,使之拂其心而夭其性也。"荃孫附注

穆案:《鮚埼亭·謝稱祝詩》次首有曰:"宜臼悲吟怨我辰,三閭哀怨志庚寅。祇應孤孽充談助,那得觥籌遍世人。"自注:此顧亭林先生之言也。荃孫案,謝山即據此書。

《堯廟》一首。　盧紹弓有《駁堯塚在平陽議》一篇,《後議》一篇,語極明覈。

二年癸卯,五十一歲。

汀芒。　穆案:天呼若汀,雖本之《毛詩古音攷》,然實誤,與先生之韻部論者不同也。

與富平李因篤遇，遂訂交。《陸清獻日記》："富平李天生，樸實君子也，叩其所學，極留意程朱。"

《國史考異》，潘文勤刻入《功順堂叢書》，荃孫又得吴撰潘注、潘撰吴注《明史樂府》二冊。附注。

往驪山訪明宗室存杠。　注：字伯常，王山史作"嘗"，避明諱。

注：子孫冒楊氏。荃孫按，國初明宗室存於民間，往往改姓，花山馬寒中亦朱姓也。

《陸清獻日記》：翼王極口吴江潘次耕之博洽，曾於健庵所見之，不誣也。

三年甲辰，五十二歲。

注：今汾陽有大相、小相二村。　印林曰：瀚近於藺山得齊隋古石，題名多諸葛氏、主父氏，其裔孫尚多居此邑。

五年丙午，五十四歲。

注：維亭。　陳鑑案：維亭在崑山縣西四十里官塘上，其北即常熟界。

出雁門。　印林曰：後手札云：今以六月至雁門。蓋指晤天生之日耳。

注：顔修來手札。　印林曰：此案似未甚晰，如此改訂，不當云前札云在太原度歲也。

石珍社翁乃修來叔父，《山左詩鈔》有傳。

印林曰：頃至岱下，即元譜後至山東游泰山也，即過兖郡，即元譜至兖州守署度歲事也，然則此札十月前在秦安寄顔耳，非仲冬也。

注：其書六封各送韻譜一本。　先生所刻《韻譜》，未審是自譔是舊籍，每部止有一本，則非小徐與李仁父書也。

家訓疑即《顔氏家訓》。

注:未見刻啟耳。刻啟何解?

六年丁未,五十五歲。

孫思仁。疑即孫承澤之字。

過蘇禄國王墓《德州志》:蘇禄國王墓在城北二里。

作《音學五書序》、《程正夫詩序》。

增:《鈔書自序》。

七年戊申,五十六歲。

注:兩祭文。均乙去"尚饗"。

萊州黄培詩獄。印林曰:江夏謂黄也,以江夏黄童作隱語耳。驕吝云者,即後一札所云黄氏絕不照管也。

《啟禎兩朝遺詩》共八卷四百三十二葉,一百一十六人,且多死於明者,或沈天甫多所羼入,所以斥為偽,致寘重典,沈出首止三百一十六葉,今多出一百餘葉,不得云毁棄也。荃孫附注

城垣顛撲。改"顛踣"。

許瀚案:未有字先有音,字常留,音遞變。孔子用上古之字,孔子不能悉同上古之音,非誤也,時為之也。先生亦未嘗言孔子誤也。印林自改定。下接傳語者不得其旨,即未免駭人耳。餘乙去。

八年己酉,五十七歲。

是年,山史攜所藏《華山碑》至京師,孫承澤跋之。又主謝方山重輝。乙去"元譜"至"未詳"。又乙"宋牧仲"至"之作"。又乙"詩話"至"又嘗"。又乙"可謂"至"進取者"。又乙"然則"至"可見矣"。又乙"舉"字,"而德州","州"、"而"字。居字方山,名重輝增,字千仞,德州人,以父陞蔭增中書舍人增,其

一也也字。　其所著易“方山”二字

雅雨堂《山左詩抄》:案先生居官不名一錢,監崇文門税,至於缺額,泥塗富貴,恬淡應求,品望清高,德行醇粹,故其為詩,浮雲不繫,卷舒自如,有樂天自得之妙。

九年庚戌,五十八歲。

《陸清獻日記》:“翼王言北海學博而才敏,所著諸書雖不能皆精,然多有益於學者。博學之士,皆收入門下相助校對,朱錫鬯、顧寧人其尤也。”穆案:壬子年,觀先生與李武曾札,則翼王此語尤誣。承澤何人,乃能收亭林於門下哉?《鈔書自序》曰:炎武之游四方十有八年,未嘗干人,有賢主人以書相示者,則留此實録也。

十年辛亥,五十九歲。

李晉卿從問音韻之學。　穆案:《李文貞年譜》:“康熙十年辛亥,年三十,訪顧炎武,問音韻之學。”清馥案:《語録》曰:“某嘗以曆論八篇質於猗氏衛先生,先生以示顧氏,顧氏曰:曆之是否,吾不能知,論文字則元人之文也。某曰:以先生之博學,何為不知曆?顧氏曰:吾於經史雖略能記誦,其實恰是零碎工夫,至律曆禮樂之類整片稽攷,不耐心,此是大病,今悔之而已老矣。當戒之。”又按《年譜》元本,公因猗氏衛氏既齊見顧寧人先生,其答問自訟之語,公每舉為讀書要訣云。穆案:猗氏衛公晉卿,庚戌會試房師也。《譜》又曰:“衛公精於韻學,公日從之遊,以與顧氏之學相參證,故於習國書獨能易人所難。晚年所著《韻箋》及《音論》等篇,大抵皆闡明顧説。至以收聲釐韻部,以五聲切眾音,則補顧氏所未發,得於國書者為多。”又曰:“公既通國書及顧音學,乃摘事之習用,依等韻字母編為便覽。”穆案:嘗怪文貞極好古韻,而所言韻理全乖,觀是譜乃知文貞仍以等韻為古韻也。然則雖名尊顧而實畔之矣。故愚纂顧譜,特附文貞所作小傳於後,而獨刊去論音之語,不敢以曲學誣先儒也。

穆案:《陸清獻日記》:"余國柱、徐乾學、翁叔元、王鴻緒,京師謂之四縴,趙吉士等謂之小縴,然吉士交城平賊頗有功。" 乙去後字,改壬子。

十一年壬子,六十歲。

《茶餘客話》:計改亭東作《耆舊記》:"康熙十一年,海內耆舊重見於長安者,蘇門孫徵君鍾元,年九十二;北平孫少宰退谷,年八十三;王尚書敬齋,年七十一;崑山顧隱君寧人,年六十。"

康熙《德州志》:"矩亭在城東三十里,李孝廉誠明別墅。誠明字思伯,萬曆甲午舉人,十上公舉不第,年逾五十,獨居京邸,建一亭,椽楹瓦甓俱從方,額曰'矩亭'。朝夕觴詠其中,歲久傾圮,其子源重建,源《自題矩亭》詩曰:'東郊別墅舊林坰,還向空園起矩亭。堂構重開尋故阯,圖書長在守遺經。賈逵父業千秋重,鄭眾儒門再世馨。敢□詩成輪奐美,松筠未改曩時青。'"又載濱州□澳,在平王曰高,州人程先貞、趙其星和詩。

十二年癸丑,六十一歲。

亭林刻座右銘。

《蒿庵集》李象先序:"癸丑與蒿庵同省志之役,時崑山顧寧人、益都薛儀甫咸在焉。"劉孔懷序:"癸丑八月,余有事濟上,始識先生於紫薇署中。時顧寧人在座,先生謂之曰:'壬寅於陽丘讀君《古周易序》,非為此公作乎?'寧人頷之。"

穆案:《德州志》載淮南張弨《挽程正夫》云:"幾載相知欲晤難,登堂恰值此秋殘。三旬方訂重聯榻,一夕何期遽掩棺。休息久知身是幻,塗藏轉覺境為寬。新詩輯授如先兆,涕泗交橫為再刊。"繹詩意,是工部之卒,力臣正主其家計,當與先生相會也。

《茶餘客話》:"力臣與程工部正父交善,自京回南,過德州,偶詣正父,已病篤,力臣停舟,旦夕視疾,經紀其喪。亭林《哭正父詩》'十載故人泉下别,交情多愧郅君章',指力臣也。"

十四年乙卯,六十三歲。

穆案:楓仲以歲貢生,康熙己未召試鴻博,不遇,後官聞喜訓導,《己未詞科録》有"虚名空稱為實禍",亦此也。

十五年丙辰,六十四歲。

"丙午"殆"甲午"之訛。　允斌、度汪皆充同考官。　顧洪善,壬子十四名舉人。

戴笠字耘野,又字曼公,原名鼎立,字則之,吴江人,諸生。《遺民集》:曼公谷隱巖耕,不入城府,大有林處士遺風。

嵊縣改上虞。

十六年丁巳,六十五歲。

注:乙去"當時衍生"至"誤記"。

注:静樂李鱸習西洋之學,未審疑又泉與鱸即一人否之字矣。

十七年戊午,六十六歲。

《霜紅龕集·書郭九芝慎盧箴後》曰:"九芝郭友令頻陽,顔其讀書之室曰慎廬,為此四以之言矢諸内外,因有所不忍,遂有所不敢,緣有所不敢,益有所不為。為予言其二人終天,備嘗荼毒,飲泣卷舌不可忍聽,予為悲其志而書之。九芝尊敬二曲,為西京師表,恒服膺乎其謦欬之微,即為政可知矣。老人傅山記。"

《陸清獻日記》:"戊午十月廿八,會富平李天生,言顧寧人亦住富平,其學亦尚程朱,近日所刻《日知録》多論學之言,與前刻不同。”又記:“癸亥十月十二日,會萬貞一,云顧寧人《日知録》已十倍於前。”則先生之歿二年矣。

校:注常熟吴龍錫上加“蒼符”二字。　江南惟有顧書圭年。增:自注謂顧寧人,見王應奎《柳南隨筆》。

穆案:孫豹人、閻百詩、朱竹垞、李子德是年皆有贈幼南歸娶詩,豹人詩《用法早齊于定國薦賢新效狄梁公》,自注:“薦同鄉博學鴻詞三人,王山史、子德及豹人也。”

穆案:山史詩云:“御水橋邊秋葉黄,一枝寒菊度重陽。臨風每憶陶元亮,恐負東籬晚節香。”又有《病臥昊天寺舍述懷》詩云:“競喜夔龍滿,猶懷木石居。游岩兼痼疾,栗里失耕鋤。多難羞長劍,息機攜舊書。故人卧明月,遥為惜躊躇。”自注謂顧亭林先生二詩俱見《北行日記》。

十八年己未,六十七歲。

案:右實蓋衍生姊夫。

穆案:王九如名永命,字劭庵,臨汾人。順治戊子舉人。《晉國垂棘》載其《脩冷口邊工紀略》,知嘗官遷安知縣,有治績,遷安人生祠之。《垂棘》目録云候補主事,當是由知縣推升。穆兄麗暹官平陽訓導,檢府志無,所謂王九如者,以訊其鄉人,乃知九如為永命之别署,臨汾人至今稱其孝,其後裔今尚有在學者,因往訪之,云九如是其高祖,生平著述甚多,《垂棘》所載特緒餘耳。

十九年庚申,六十八歲。

案:先生仲姊蓋即陳皇士夫人。

曾寅。　穆案:寅字以人,江西清江人,康熙癸丑進士,由庶吉士改山西道御史、河東巡鹽,轉冀寧道。

二十年辛酉，六十九歲。

注：黄斐，康熙庚戌進士，由庶吉士改山東道御史，河東巡鹽官，副都御史。

宜園。　穆聞諸曲沃人云，先生又嘗館景明村之白石樓，正德間白石山人李鑌所構也。

廣東改惠潮。

二十一年壬戌，七十歲。

郭名未詳。　趙城張于宇云名可圻。

先生著書。　汪晦庵改齋。　吴縣王亮生增塗藏一舊寫鈔本。　乙去"補遺四卷有袖珍本"八字。

小本有《日知録》之餘四卷，蓋先生所删餘也，衍生書目作補遺四卷，蓋誤。

又《李文貞年譜》載贖五書事曰："顧書既成，厚自珍秘，世無知者。顧氏既没，其板沈薶於揚州坊賈間，坊賈將削其板以鐫他文，適有告公者，公為贖歸，傳佈於世。"事在康熙四十六年，與衍生所記之時恰合。《陸清獻日記》："朱錫鬯云，監板經史亦多差誤，顧寧人有考訂數紙。"

《海甸野史》二十六卷。　卷一《仿指南録》，安福康范生著；卷二《續明季遺聞》，汪光復著；卷三《癸巳小春入長沙記》，丁大任著；卷四《永曆紀事》；卷五《兩廣紀略》，華復蠡著；卷六《始安事略》，瞿元錫著；卷七《盧司馬殉忠實録》，許德士著；卷八《戎車日記》；卷九《盧公遺事疏稾》；卷十一《恩恤諸公志略》，凡二十一人，孫慎行著；卷十二《孫愷陽先生殉城論》；卷十三《江夏紀略》，徐世溥著；卷十四《閩游日記》，華廷獻著；卷十五《兩廣新書》，方以智撰；卷十六《風倒梧桐記》，何是非撰；卷十七《北史紀略》，陳宏範撰；卷十八《江陰城紀事》，許重熙撰；卷十九《江陵紀事》，失名；卷二十《東林事略》,失名;卷二十一《東林紀事本末》,失名;卷二十二《孫高陽前後督師略》,蔡鼎撰;卷二十三《督師毛文龍始末》,李清撰;卷二十四《東陽兵變》,錢謙益撰;卷二十五《崇禎甲申燕都紀變實録》,錢邦芑撰;卷二十六《忠逆諸臣紀事》。穆案:近刻《荆駝逸史》,此二十餘種皆在其中。

乙去治河事一帙。《菰中隨筆序》言曾見一帙,言治河事。

穆案:先生勘定之書,有別本《干禄字書》,見《四庫書提要》小學類存目。

乙去《潛丘札記》事與戴唐器書一條。

《陸清獻日記》:"李厚庵言顧寧人之韻書,梅定九之曆書,皆從來所未有。"

又言顧寧人言,治世大官少而小官多,亂世大官多而小官少。此論甚好。

魏冰叔《曝書亭集序》:"三吴顧寧人博學窮物理,余最愛其文有根據。"

《國史·儒林傳》　不與吴棫本音爭,亦不全用補音之例。

印林曰:此何等語。

又詩集有《題寧人先生神道表後》:

志在規恢四十年,老投華下聽啼鵑。可憐閒卻支天手,餘技猶能試計然。　岱恒嵩華行蹤遍,恥以浮言當説鈴。問誰同此佐王略,除是剡中黄負苓。自注:先生嘗曰:《待訪録》與《日知録》中同者十之七。吴下風流脆薄多,先生天畀自嵯峨。蒺藜烝好黄精熟,便唱休糧秘藏歌。　貞孝墳前四柿樹,寒芒終夜燭南州。直待魂歸皋復後,攀裾重與痛宗周。庾郎蒙面賦江南,柱國家奴更負慚。一灑諸公入闒辱,峨眉六月雪生龕。

張月齋氏《重訂亭林年譜》,用朱墨筆手書於初印本,密行小字,行間及上下方皆滿,又有黏籤數條,蓋改訂非一次,今悉以墨筆過録,不復區別。其行間塗改之字恐難遍識,則亦間用朱書。凡每條有作圈作角,或單或雙,一依原本。初印誤字,此本已剜改者,概不標出,省繁複也。原本前鈐“張穆印信”白文方印一,並附記之。癸巳三月二日春寒乍增,風霾大作,燒燭寫畢,几塵幾盈寸矣。坊。

宣統辛亥與梧生監丞同事京師圖書館,梧生出手過月齋自校補《亭林年譜》。另紙摘録,或校或補,分標每則之上,間亦竊附己意。援何義門《庚子銷夏記》校文例,稍加理董,或可別行。二月廿八日寫起,三月十一日寫畢。江陰繆荃孫識。

厲樊榭先生年譜

據民國間刻印《嘉業堂叢書》本

厲樊榭先生年譜

仁和朱文藻撰　江陰繆荃孫重訂

康熙三十一年壬申(1692),年一歲。

是年五月初二日辰時,先生生。

先生名鶚,字太鴻,又字雄飛。先世本慈溪,故仍以四明山樊榭名其居,學者稱"樊榭先生"。劉樊窗榭,兼取皮日休詩。

按集中載,吳鳳華《壽樊榭先生六十詩》云:"先生閏史辰,五月蓂吐二。"

高祖恭、曾祖子良、祖大俊、父奇才均布衣,前母孫氏,母何氏,兄士泰,弟鵑。見後。

康熙三十二年癸酉,年二歲。

康熙三十三年甲戌,年三歲。

康熙三十四年乙亥,年四歲。

康熙三十五年丙子,年五歲。

康熙三十六年丁丑,年六歲。

康熙三十七年戊寅,年七歲。

康熙三十八年己卯,年八歲。

康熙三十九年庚辰,年九歲。

康熙四十年辛巳,年十歲。

康熙四十一年壬午,年十一歲。

康熙四十二年癸未,年十二歲。

康熙四十三年甲申,年十三歲。

康熙四十四年乙酉,年十四歲。

三弟生,名鵾,字子山。

康熙四十五年丙戌，年十五歲。

康熙四十六年丁亥，年十六歲。

康熙四十七年戊子，年十七歲。

康熙四十八年己丑，年十八歲。

康熙四十九年庚寅，年十九歲。

先生丁父憂。

按：《題三弟遺詩後序》云："予少孤露，弟僅六齡，至今凡二十一年。"計之，當在是年。

康熙五十年辛卯，年二十歲。

按：《杭可庵先生遺象記》云："猶憶鶚弱冠時，從先生游。堇浦小於鶚四歲，先生命其少子號奕聞世瑞執經於鶚，而堇浦亦時相過從。"未知何年，姑附於此。

康熙五十一年壬辰，年二十一歲。

康熙五十二年癸巳,年二十二歲。

先生為錢唐王賓遠路清撰《疏寮集序略》,云:"近余道鴛湖,過虎丘,臨惠泉,往返於荊溪、錫山之間,遇一勝境則必鼓棹而登。足之所涉,必寓諸目;目之所觀,必識諸心。自謂此行也,詩可盈篋矣,迨歸,檢其藁,僅得八首。而其抑鬱、憤懣,欲吐而不得吐者,填塞胸臆間,幾不復支靜。求其故,終不可得。蓋余擔囊作客,所聞者,什一之籌。所接者,會計之策。即遇佳山水少滌襟懷,而塵埃復垢,絕無文人翰士可角勝於筆墨之場。故每一搦管,旋復自棄,游雖多,而詩則少。"

按:此序末題"甲午天中剛半書於秋稼軒之南楹",序稱"近游鴛湖、虎丘、惠泉、荊溪、錫山諸處",又稱"所聞者,什一之籌;所接者,會計之策"。今按甲午年,館於汪氏聽雨樓,則無暇游歷,故以此序系於癸巳年。所云得詩八首,集中不存。《疏寮集》是鈔本,今藏瓶花齋吴氏,此序墨迹在卷首。

季夏,撰《游仙詩》三卷并序。

康熙五十三年甲午,年二十三歲。

《樊榭山房集》編詩始於是年。

夏,與金壽門農、汪次顏訂交。

秋,游西溪。

是年館於汪氏聽雨樓,浦、沆兄弟從游。汪沆撰《樊榭山房文集序》云:"康熙甲午至戊戌,先生授經予家聽雨樓,兄浦偕沆朝夕承提命。"

康熙五十四年乙未,年二十四歲。

是年,館聽雨樓。

有文字之會。周穆門《無悔齋詩集序》:"乙未丙申間,予輩數人為文字之會,暇即相與賦詩為樂。"

送梅耦長先生庚羆泰順令還宛陵,有詩。

康熙五十五年丙申,年二十五歲。

是年館聽雨樓。

倪穟疇國璉、金江聲志章來訪,不值。穟疇為作《城東訪友圖》。

婚於蔣氏。

《蔣靜山詩集序》:歲丙申,予昏于蔣氏,先生為予妻之世父。

為金壽門撰《丙申集序》。

康熙五十六年丁酉,年二十六歲。

是年館聽雨樓。

三月十三日,游法華山,有詩。

康熙五十七年戊戌,年二十七歲。

夏,同金壽門訪長興鮑西岡明府鉁留宿縣齋,和明府《蘋州曲》十首。又同壽門游若溪廣惠寺。

五月十八日,泛舟碧浪湖,作《夢芙蓉》詞云:"何處簾紋卷上,白紵歌輕,去也終怊悵。雙髻可買,應作五湖長。"

是年館聽雨樓。按:汪沆《序》有"甲午至戊戌授經聽雨樓"之文,則是年尚館汪氏也。

康熙五十八年己亥,年二十八歲。

三月,同汪青渠、汪抱樸游惠山。《同程友聲紅橋夜泛游蕃厘觀登平山堂》。

十一月，自西溪泛舟之餘杭，游洞霄宫。

康熙五十九年庚子，年二十九歲。

秋，應試舉於鄉，以詩經中式九十一名。考官李紱巨來，江西臨川人，侍講學士；副湯之旭孟升，睢州人，編修；同考官張□□梁友，□□人，永康縣知縣，解元；邵基，鄞縣人。

全祖望撰《墓碣銘》云："李穆堂閣學主試事，闈中見其謝表而異之，曰：'是必詩人也。'因錄之。"

至慈溪，展大父墓。

登舟北上，除夕宿德州。

是歲，符聖幾之恒從游。

康熙六十年辛丑，年三十歲。

春闈報罷隨南歸，五月抵家。

全祖望撰《墓碣銘》云："計車北上，湯西厓侍郎大賞其詩，會報罷，侍郎遣人致意，欲授館焉。樊榭襆被潛出京翌日，侍郎迎之，已去矣。"

夏，久旱，西湖水涸。

汪惟憲《積山遺集·過湖上》詩云："岸柳汀荷漸槁黄，湖南蕪塞更荒涼。可憐西子秋容悴，僅作徐妃半面妝。"

秋，游永康縣，留房師張梁友署中。

集中有《將返武林留别張梁友先生》詩云："十日琴堂住，天涼抱病歸。偶游嗤索米，臨别感傳衣。"是知張梁友為房師也。

是年冬，撰《南宋院畫錄》八卷自序。

康熙六十一年壬寅，年三十一歲。

輯《秋林琴雅》，徐紫山逢吉、陳玉几撰、吴尺鳧焯、符幼魯曾、趙意林信題詞。

雍正元年癸卯(1723),年三十二歲。

金壽門農以詩卷索序。

同沈樂城嘉轍吴耕民游艮山,讀《元大德土神廟碑》。

雍正二年甲辰,年三十三歲。

二月重游洞霄宫,探大滌洞天。

夏,登舟北上。

甲辰六月八日,將北游,張東扶、符聖幾餞于湖上,因作《念奴嬌》詞志別。《寄内》詩云:"炎風記上郭門船,回首高城更黯然。"

秋,風潮損稼。

《寄内》詩云:"夢回竹月攤書地,人道風潮損稼天。行卷賃居成左計,心關桂玉路三千。"

九月南歸。

雍正三年乙巳,年三十四歲。

春,客揚州。二月四日,汪紱江招飲康山,同集者,吴尺鳧、陳授衣,各賦《琵琶仙》詞一闋。

三月六日,飲於陳松門七芙蓉閣,會者里中友江硯南。

仲夏歸里。集中《夏五閑居》詩云:"始春游廣陵,仲夏返敝廬。"

雍正四年丙午,年三十五歲。

春正月,游揚州,即歸。

按:丁敬身《硯林集》有《丙午正月,樊榭自揚州回,携示汪紱江拓贈厭勝錢》詩。

又客吴淞,夏歸。

五月二日,生日有感,作詩。

五月十八夜,偷兒涉水入室,家具頓空。

雍正五年丁未,年三十六歲。

正月晦日,客湖州,同姚玉裁念慈游道場山。

初夏,游姑蘇諸勝。

五月二十五日,梅雨初霽,吴尺鳧買舟約數人,緣孤山,掠蘇堤,入西泠橋,以泊於裏湖。時趙意林鼓琴,丁敬身作小篆數幅,沈樂城觴碧箭勸客,先生與尺鳧各賦《水龍吟》一闋,極暮乃罷去。

雍正六年戊申,年三十七歲。

五月移居。

《移居》詩云:"半宅從人典,全家冒雨遷。"又云:"差喜東城近,蕭疏野趣便。"

十月,弟子山舉一男,未幾而殞。賦詩云:"含飴未得娱大母,吟苦何緣學二郎。落落衰門慳雀賀,迢迢貧境想熊祥。"

按:先生未有子,故賦詩云云。

輯《城東雜記》二卷,自序。

雍正七年己酉,年三十八歲。

人日,為吴繡谷作《玲瓏簾詞序》

春客揚州,秋歸。

九月一日,為母六十壽。

《母壽日作詩》云:"酉年季秋朔,阿母甲子周。良朋惠文綺,學子羅嘉羞。貧家不解音,亦召絲竹謳。"

冬,復客揚州,歲暮歸。

作《友林乙藁跋》。

撰《湖船錄》一卷,全謝山祖望、馬曰璐、姚世鈺序。

雍正八年庚戌,年三十九歲。

夏,客揚州,旋歸。

秋,登虎阜,游惠山,復客揚州。同馬秋玉佩兮、汪西顥、陳江皋,自京口放船至焦山,又游金山。

冬歸。

是年,弟子山舉一子黼。

雍正九年辛亥,年四十歲。

九月十日,同嶰谷兄弟游真州吳氏園。

辛亥九月十日同厲樊榭陳對鷗汪祓江家兄嶰谷游真州吳氏園亭用庚子山梨紅大谷晚桂白小山秋平字為韻

馬曰璐

清游續佳節,幽興在園池。江近澄波碧,鷗閑片席遲。人情猶戀菊,霜意正摧梨。獨有探奇者,飄蕭似不知。

日高林翳散,宛轉細塍通。漫水魚梁北,空亭蓮葉東。及時杯重把,後日約難同。剩取殘雲在,芙蓉護冷紅。

疇平皆可望,樹好更須攀。選勝不無意,分題先解顏。歸禽明落日,衆葉響空山。難得朋樽合,都成如此閑。

寸寸碧瀾秋,寒蟾共一樓。茶聲分客聽,竹色夾煙流。興異剡溪盡,褉同蘭渚修。明年春及健,合買五湖舟。

十月十日,三弟子山亡。

《題三弟遺詩後序》云:"予少孤露,弟僅六齡,零丁危苦,相依至今,凡二十一年。今年十月十日,忽遘疾夭亡。檢篋中,有《庚戌除夕》一絕句。弟素不能詩,豈有夙慧邪?"

春,少司農鳳臺王公鈞為兩浙運使,時聘修《西湖志》。時總裁為總督李衛、管理巡撫程元章,總纂為編修傅王露,分修則與蘇滋恢、杭世駿、陸秩、沈德潛、吳焯、趙信、吳嗣廣、張雲錦、陳臻同在局。

雍正十年壬子,年四十一歲。

移居南湖,遂自號"南湖花隱"。

按:《己未贈東扶移居》詩題云:"移居南湖八年矣!"計之當遷於是年。

王茨檐《南湖花隱記》云:依城北陴陑舍喧而即靜,水樹明瑟。有敞而堂,有折而廡,有華散生,盤門藩落而延接于欞檻,是為樊榭山民"南湖花隱"。宋張鎡功甫所稱"管領風月"者,功甫以循王諸孫性豪侈,務奇意相勝,其第宅不一區,即南湖所占,在當日不知幾百畝。樊榭以數椽棲讬於後,其寂寞為已甚,則樊榭之歉於功甫者也。然樊榭學博而文富,所述造泓涵演迤,不下數百卷,識者謂其必傳於後無惑。功甫稱詩家上將,冰茹血食,琱碎月魄,雖見推于誠齋楊氏,而遺集鮮傳,則又功甫之所遜于樊榭者也。君子之游于世,有裁足之思,無贏餘之念。況出吾之所有,不難抗古人而上之,俯仰吟笑綽有餘裕,區區居室,奚足較其豐約為?且夫南湖當功甫之盛閬春把菊,天鏡鷗泛月,諸勝累累無閑壤。一時朱黼長纓賓從之填擁,鐘韶笙絲磬筑之衎宴,魚龍爵馬之殫物窮麗,誠無所不足。迨其後不數十年,淪宇薤音,并就熏歇。今茲所見,遠巒雲浮,卉木翳薈,禪棲盂瓶之扣食。泠泠水次,物不停固。與為豪侈者之役于物也,其終不如寂寞者之適已矣。題以"花隱樊榭",殆欲佩蘭餐菊以終老於斯夫,是為記。

郭頻伽《靈芬館詩話》云:"樊榭 徵君,舊居南湖,自號'南湖花隱'。倪米樓秀才繪《花隱樓圖》,偕李西齋布衣同作《齊天樂》詞以紀之。"戴金溪比部賦《南浦》一闋云:"鷗外夢長閑,向湖邊、又展露渦風鬟。亭角舊聽鶯,《楊枝曲》、消盡粉團香陣。涼波無恙,畫闌幾照驚鴻影。城上青山如解意,點綴玉真眉暈。天涯有客悲秋,喚停杯共說,老仙花隱。隱語笑芙蓉,茶煙杪,未歇水樓芳訊。斜陽一舸俊游客,容易成孤引。霜葉無多明艷別,似惜飄零紅粉。"

客揚州,歲暮歸。訪趙功千於松江。

冬至後三日,過馬半槎,南齋炙甜香以供客,風味幽絕,前明宣宗時,禁中製也。賦《國香慢》詞一闋,明日以綠箋書之,裝成小軸,高西唐篆其首曰"甜香新詞"。

游法雲寺,賦《銀杏》詩。

雍正十一年癸丑,年四十二歲。

春日晤沈椒園廷芳,以朱性父《珊瑚木難》見貺。至虎丘,重午客淮南。

秋,客揚州,歲暮歸。見陸南香□《白蕉詞》作序。

九月九日在揚州。《作沈椒園詩序》。

四月十一日,奉上諭,舉博學鴻詞科,除現任翰詹官員無庸再應薦舉外,其他已仕之人在京著滿漢三品以上、在外著督撫,會同學政,悉心體訪、遴選、考驗、保題,送部轉交内閣。

除夕撰《一角編序》。

雍正十二年甲寅,年四十三歲。

正月九日,與王茨檐曾祥、丁敬身敬、汪西灝沆同游皋亭靜慧寺。

春,客揚州。

夏,病痁。

秋八月游西湖四照亭,有記。

九月,總督上蔡程公合試全浙之士,題有"河清海晏頌"。

按:文集有《河清海晏頌》一首,當是赴試時所作。

復客揚州。

揚州新構梅花書院,為馬秋玉賦《記事詩二十韻》。

詩集《小玲瓏山館月夜答方將見懷》有"寒鐙背旅雁,霜氣皓盈襟"云云。則客揚州在秋冬之交,殆是試後事也。

冬歸。

是歲《西湖志》告成,時鄞縣全紹衣祖望留京師,除夕夢杭大宗及先生兩人抵京,歡然道故,有詩記其事。

据《詞科掌錄》,是年九月初十日正試,十四日補試,十三年正月十九日續試。先生正試取第二名,題為"河清海晏頌""萬賓告成賦""三通論""沖融和氣洽五排十二韻"。

雍正十三年乙卯,年四十四歲。

二月二十七日,奉上諭,薦舉博學鴻詞。外省奏薦者寥寥無幾,無論已奏、未奏之省,再行遴選。

春,客吳興月河。

夏閏四月,集竹墩積照堂,同聯句者沈牖翁樹本、杭大宗世駿、沈東甫炳震、繹旃炳巽、幼牧炳謙。

按:嚴遂成有《同年厲樊榭孝廉納姬》詩云:"牡丹紅淺青梅小,未覺尋春四月遲。"注云:"姬,湖人。孝廉于四月來游定情。"

七月,為杭堇浦作《石經考異序》。

中秋夕,迎姬人朱氏於碧浪湖,白岳山人程士棫為作《碧湖雙槳圖》。《悼亡姬詩序》云:"姬人朱氏,烏程人,姿性明秀,生十有七年矣。雍正乙卯,予薄游吳興竹溪,沈徵士幼牧為予作緣。以中秋之夕,舟迎于碧浪湖口,同載而歸。予取淨名居士女,字曰月上。"

按:集中有《中秋月夜吳興城南鮑氏溪樓作》詩云:"言念嬋媛子,牽蘿凝佇久。納用沈郎錢,笑沽烏氏酒。"据此,則朱姬迎於碧浪湖，而相待于鮑氏溪樓也。

魏玉璜《碧湖雙槳圖》云：“厲樊榭徵君姬人朱滿娘，以中秋夜同泛碧浪湖而歸，因繪是圖。時賢相與為詩，卒後，余始獲見之，用題其後：夢覺揚州已十年，却從苕水載嬋娟。菰城若比松陵路，又覺吹簫白石仙。星漢横斜水拍天，碧湖涼露卸紅蓮。中秋月色無窮好，却為伊人分外圓。翠袖熏鑪伴詠詩，春風小閣畫蛾眉。誰令誤竊姮娥藥，不見宜男結子時。一段春愁化彩虹，乍來還去恨匆匆。桃花滿地胭脂濕，不待東風嫁小紅。”

許齋生云：《奚虚白疑居湖州城南，舊為鮑氏溪樓，即樊榭徵君納姬人月上處也。虚白摹遺像，屬題次圖中詩韻》：“百年數文獻，君名留人口。彼姝適所遭，幸于如是柳。樂府賽旗亭，孰分袒左右。俊游艷稱前，佳話永垂後。溪樓亦靈光，終古闢戶牖。天公選替人，圖畫要諸人。近釣漁隱漁，親酹酒奚酒。奚家釀酒稱酒奚。青山紅袖間，重置斫輪手。光芒交映輝，何處蔽沫斗。許我補題詩，漫郎成聱叟。”

十一月初十日，奉上諭，保舉博學鴻詞。直省所舉人數寥寥，務宜悉心延訪，速行保舉，定於一年之內齊集京師。

是年正月，會同舉諸公於槐塘小眠齋宅，共十一人，徵歌選勝極一時之盛。按：齊召南《賜宴堂詩·答王五槐搪津門見寄次韻兼懷諸友三首》其第二首云：

“吳山顧曲記當年，纔落春鐙未禁煙。細雨溟濛留客夜，微風料峭養花天。清歌共判樽前醉，高會誰知夢里緣。今日浮萍湖海闊，如君還近潞河船。”原注云：“乙卯正月，會同舉諸公於槐塘宅，共十一人。今則厲二樊榭、沈六幼牧、周大 青瑤、張大介石，俱還浙多時。嚴大崧占尚讀禮未出，周石帆得官後即以艱歸家。每與堇浦星齋晤言，不勝今昔聚散之感。”

按：先生集中此會無詩，因附載齊詩於此。

寒食日，撰《屠墟廟志》。

乾隆元年丙辰(1736),年四十五歲。

二月二十四日,奉上諭,内外臣工所舉博學鴻詞,聞已有一百餘人,祇因到京未齊,不便即行考試。其赴考先至者未免旅食艱難,著從三月為始,每人給銀四兩,資其膏火,在戶部按名給發,考試後停止。若有現任在京食俸者,即不必支給,并行文外省,令未到之人,俱於九月以前到京。若該省無續舉之人,亦即報部知之,免致久待。

是年七月應詞科,與趙功千偕行,徵入都,報罷,南歸。試日,欽命賦題"五六天地之中合賦"、詩題"山雞舞境"、論題"皇鐘為萬事根本論"。

《歲暮行答蔣丈雪樵》詩云:"我棲山澤久沈冥,却因公府相料理。邪瘉爭笑伯龍癡,漫浪翻成司馬悔。"

孫瑤圃《行狀》云:"乾隆丙辰,北闈力薦不售,自京歸里,學詩于厲樊榭先生。醇古淡泊,令人尋味於言外。

全祖望撰《墓碣銘》云:"以詞科薦同人,強之,始出。穆堂閣學欲為道地,又報罷。"

杭世駿《詞科掌錄》云:"明詔既下,首訖凡四年合内外所舉,凡二百六十七人。"又云:"浙江總督管巡撫事,兵部右侍郎,兼都察院右都御史程元章,舉十八人。庚子舉人厲鶚,浙江 錢塘人。與烏程嚴遂成、仁和周玉章、杭世駿,歸安沈炳謙、天台齊召南、鎮海張懋建、會稽周長發、錢塘汪沆、蕭山周琰、山陰周大樞、秀水萬光泰、錢塘陳士璠、餘姚邵昂霄、錢塘程川、歸安孫詒、秀水李宗潮、錢載同舉。"

秋,作《授衣賦》。

乾隆二年丁巳,年四十六歲。

夏,客揚州。重游焦山,游曲阿,旋歸,卧疾南湖草堂。

秋,復客揚州,冬歸。

《擬冬堂贈辭序》云:"乾隆丁巳夏五,予抱嗽上氣之疾。歷秋乃瘳家人以為有妖沴焉,歲除前四日,命巫歌樂,牲禮送之。"

乾隆三年戊午,年四十七歲。

九月,門人符南竹卒。

揚州勝處,惟紅橋為最。十月十七日,風日清美,煦然如春。廉風、萸亭、賓谷、封田招同授衣、于湘,喚舟出鎮淮門,歷諸家園館,延緣至法海寺,極蘆灣盡處而止。縣鐙歸棹,吟興各不能已,相約賦《念奴嬌》鬲指聲一闋。

乾隆四年己未,年四十八歲。

三月,編定《樊榭山房集》詩八卷、詞二卷,序而刊之。

《自序》云:"僕少好篇詠,晚頗知難。三十年以來,所作隨手棄斥,存篋中者僅十之二三。暇日編次古今體詩為八卷,長短句二卷。乾隆四年三月朔。"

五月,渡太湖,至吳江旋歸。

六月六日,為符南竹作《秋聲館吟藁序》。

《樊榭山館續集》編詩始於是年九月。

按:前集《自序》雖在是年三月朔,而所編詩乃盡于七月,以後續集開卷首翻有《九日登高不果》之作,故編詩始于九日。

賃居南湖上八年矣,其主將鬻他氏,復謀棲止。瑞石山下有屋數楹,張東扶導以相度。頗愛其林壑之趣,以價貴未遂。

乾隆五年庚申,年四十九歲。

春正月,同麟徵、敦復、西顥游西溪,遇雪。

初夏,移居東城,有《小園見辛酉三月五日偶成》詩。

《移居》詩云:“南湖結隱八年餘,又向東城賦卜居。”又云:“麇公祠宇今相並,且逐鄰翁掠社錢。”自注云:“里有古社,祀蜀漢 麇公子仲。”

按:先生《移居》詩有“驗時巢燕方新乳”句,知移居當在初夏。

夏五,客揚州旋歸。與吳江王載揚藻唱和。

冬,集小山堂,食熊掌。

乾隆六年辛酉,年五十歲。

春正,同西林皋亭探梅。

夏日,卧疾。

歲暮,姬人朱氏病甚危。

《典衣》詩云:“半為閨人償藥券。”自注云:“時朱姬病甚危。”

乾隆七年壬戌,年五十一歲。

正月三日,姬人朱氏歿,湖上權厝。

《悼亡姬》十二首序云:“姬人針管之外,喜近筆硯。影拓書格,略有楷法,從予授唐人絕句二百餘首,背誦皆上口,頗識其意。每當幽憂無俚,命姬人緩聲循誦,未嘗不如吹打彈絲之悅耳也。予素善病,姬人事予甚謹,辛酉初秋,忽嬰危疾,為庸醫所誤,沈綿半載,至壬戌正月三日泊然而化,年僅二十有四,竟無子。”

午節,貧甚,桑弢甫冒雨假以白金十兩。

是年輯《遼史拾遺》方成。

趙昱觀《廣政石經殘本用昌黎石鼓歌韻》詩:“更復携示史拾遺,數番略盡松間哦。”《自序》注云:“時先生輯《遼史拾遺》方成。”

在揚州納姬人劉氏。

馬秋玉曰璐詩:

竹西自昔多佳麗,名士傾城此一時。聞說蛛絲曾拂面,便看椒實已盈枝。窗外有連蒂椒一株。湖邊緩唱迎郎曲，橋畔先歌却扇詞。雙燭影中杯瀲灩，寒宵真與意相宜。

畫取雙眉當遠嵐，隔墻詩老漫相探。謂謝山。幽姿的的如瓊玉，皓月盈盈正十三。顧氏瑤池攻點筆，蘇家小袖最宜男。國香一覺徵前夢，近事南堂喜劇談。南堂納麗揚州歸，與舊姬連育四子。

趙意林《寄調厲樊榭納姬揚州》云："歌吹殘年憶竹西，歡情已作絮沾泥。泰娘才思知多少，蓼岸桃溪試品題。姬人姓劉。雪凝柔玉滿邗溝，花蕊新詞乞小留。想得定情鴛帳暖，莫教月上夜生愁。"

按：《沙河逸老小藁》系於壬戌，是月上歿後即納劉姬。堇浦作《秋玉墓志》所云"樊榭六十無子"是五十之訛。窗外有連蒂椒，是揚州事。朱朗齋疑在南湖，疑在溪樓，是未細看《沙河逸老藁》也。

乾隆八年癸亥，年五十二歲。

春日，病足。三月十六日，為汪西顥沆作《盤西紀游集序》。

客揚州，同人招集花畦看芍藥。

病肺。

《同人携茗集張漁川齋中試惠山泉用涪翁韻》詩云："嗟予微疾不能飲，湖目三思蓮子湖。"自注云："予以病戒茗，煎蓮子代之。"

齒痛。

詩云："五十又過二，早衰惜居諸。世味已飽諳，長此安齟齬。"

秋，復客揚州。同方西疇士庶、閔玉井華、陸渟川鍾輝、王梅沜藻游金陵攝山，詩有《攝山紀游集》一卷，陳授衣章序。

九月，馬半槎招集行庵，以仇英畫淵明像為供，用"人世難逢開口笑，菊花誰插滿頭歸"分韻賦詩。作《九日行庵文讌圖記》。

乾隆九年甲子，年五十三歲。

春，客揚州。

秋，過硤石，登西山 廣福院。月夜渡石湖。

輯《雲林寺志》八卷，自序。

乾隆十年乙丑，年五十四歲。

春，過昆陵，游青山莊。客揚州。

秋八月，游越中。《題北嶺將軍廟詩序》云：予以乾隆乙丑秋八月，同新安吳長公、同里丁敬身為越中之游，過謁廟下。

九月，復客揚州。

重九後二日樊榭至自武林同人適有看菊之集分韻共賦得侵韻

馬曰琯

景幽風淡晝愔愔，簾卷秋齋雨一襟。滿眼繁英尚初馥，入唇香蟻少孤斟。故人適自湖山至，雅調重聯斷續吟。不是此花無此會，花枝人意總同岑。

分得佳韻

馬曰璐

菊蕊盈枝香霧排，陶家清興繞書齋。秋花愛寄蕭閑地，好友能開寂寞懷。三徑雨風寧少負，一年琴酒不教乖。峭帆才落吟情續，又比皐亭句子佳。樊榭來，時有過皐亭、臨平諸詠。

冬夜同樊榭堇甫竹町西疇玉井南圻于湘家兄嶰谷宿南莊

梅花一枝横碧沼，似為荒村破枯槁。詩人衫袖有春風，淡月窺人沉林表。

床鋪丁字聯清冬，四圍水木霏微中。地白時看雁影過，窗虛更覺江天空。

獨我吟聲何太苦，月色花光且吞吐。詩成遙答遠山鐘，夜靜不傳街市鼓。

人生會合安可常，趁取酒熟清而香。明朝更放煙江棹，水宿雲眠枯木堂。

邀樊榭竹汀于湘看牡丹酒半移醉綉毯花下作

鐙轉闌干月轉空，花殘猶得貯春風。不因被酒還移席，孤負故人今夕同。

柬樊榭竹町紅橋之游

閑游最好晏溫天，綠樹陰濃靜管弦。想見吟聲出篷背，沙禽飛過筆牀前。

紅橋煙水幾多寬，擬作西湖一角看。我欲明朝相約去，夕陽同依曲闌干。

乾隆十一年丙寅，年五十五歲。

春閏三月三日，杭州府鄂筠亭敏修禊事於西湖，賦詩，會者凡六十一人，樊榭與焉。同會者，錢塘梁溪父文濂、周穆門京、金江聲志章、金冬心農、厲樊榭鶚、丁龍泓敬、張柳漁湄、陳句山兆崙、陳眉山兆嵋、呂耜堂伊、吳鷗亭城、施竹田安、陸抑齋秩、吳藍田玉增、施北亭庭樞、周暢鶴宸望、丁誠叔健、吳奂若璠增、施大醇學濂、吳蘭林玉墀、厲綉周志黼、仁和許初觀大綸、孫晴湖陳典、胡質孚□、汪復園臺、梁葭林敔心、顧耕樃正謙、杭堇浦世駿、王茨檐曾祥、顧寸田之麟、張南漪熷、皇甫藥坡鯤、孫瑤圃庭蘭、杭奕聞世瑞、趙勿藥一清、吳萬洲中麟、歸安茅湘客應奎、孫武水林、慈溪周雪崖羽逵、會稽魯秋塍曾煜、平湖陸恬浦培、張鐵珊雲錦、葉迎坡鑾、陸雲軒騰、海寧施蘭垞謙、許復齋承祖、鄞全謝山祖望、秀水錢蘀石載、德清徐南墅以震、徐柳樊以泰、徐根苑以坤。衲子則烎虚明中讓山篆玉。其非浙產者南陵劉炯舍琦、歙汪秀峰敔淑、宣城施蘗齋念曾、滿洲舒雲亭瞻、長沙周雪舫宣猷、閩林餘齋緒光及筠亭太守也。太守彙刊其詩，而明中為之圖，穆門為之序。

夏，客德清縣齋，歸游臨平諸勝。

冬，為銷寒會，會者周京、金志章、梁敔心、丁敬、杭世駿、全祖望、顧之麟、吳城、丁健、汪敔淑。

全祖望撰《墓碣銘》曰："予交樊榭三十年，祁門馬嶰谷兄弟延樊榭於館，予每數年必過之。嶰谷詩社以樊榭為職志，連牀刻燭，未嘗不相唱和。已而錢塘踵為詩社，予亦豫焉。"

歲暮，游弄珠樓。

輯《宋詩紀事》一百卷。

乾隆十二年丁卯，年五十六歲。

春，客當湖。

夏，客揚州。五月十五日，小玲瓏山館為展重午之會。

秋歸，復同全謝山偕往揚州，至吳門疾作，遽歸。

月夜唐棲舟中次樊榭韻

全祖望

霜花霜葉環江城，夜明如晝送我行。生民水旱大可念，故人出處尤關情。時樊榭將謁選，予力止之未得。三千卷書壓艙重，五十里水聽櫓清。東方漸白殘夢醒，荒雞似為客子迎。

溪行欲與樊榭游烏鎮東西二寺不果

緩棹出烏鎮，遙山入望稀。清流染晴色，稚麥幻春暉。河女留魚賤，僧寮訪古違。五湖堪極目，浩蕩白鷗飛。

吴江過接待寺和樊榭

拂天喬木古，有客訪三乘。帶霧過枯澗，叩門多遠僧。鷗分午餘飯，雲護宋時鐙。此去臞庵近，居人識未曾。

乾隆十三年戊辰，年五十七歲。

春暮，由水路入都，抵津門，客查蓮坡之水西莊，同撰《絕妙好詞箋》七卷，遂不就選而歸。　嶧縣待閘，晤沈椒園，時以御史催振至山東。　南地拜杜少陵祠。

全祖望撰《墓碣銘》云："樊榭且老矣，乃忽有宦情。會選部之期近，遂赴之。同人皆謂：'君非有簿書之才，何孟浪試一擲？'樊榭曰：'吾思以薄禄養母也。'然樊榭竟至津門，興盡而返。"

冬日，重游大滌洞天。

復返揚州。

同堇浦、竹町、西疇、玉井、南圻、于湘宿嶰谷南莊。

重游焦山。

按：焦山為廣陵馬嶰谷半查招游，嶰谷詩《焦山看月》，以"江流有聲斷岸千尺山高月小水落石出"分韻，則是十六人同游。又按：《登雙峰閣》詩，以"清磬度山翠，閑雲來竹房"分韻，則是十人同游矣。又按：寒夜石壁庵同聯句者馬曰琯、方士庶、馬曰璐、杭世駿、陳章、陸鐘輝、樓錄及先生，凡八人，則又是八人同游矣。

《歲除日同金江聲吳東壁甌亭游紫陽庵賦詩》自注云："《南史》何子季云：'吾年五十有七，月食四斗米不盡，何容復有宦情？'予年正與之同也。"

梁啟心《南香草堂集·喜樊榭自津門歸》詩云:"一官如脫屣,片席似鷗輕。小別轉成趣,清游肯近名。西風葛沽水,寒食呂彭城。興盡歸來好,詩壇待主盟。"自注云:"樊榭本以謁選入都,至津門忽不樂,即日買舟歸里。"

乾隆十四年己巳,年五十八歲。

春客揚州。舟過橫里,訪平松雨故居。

過蘇州訪王述菴昶於朱氏蘋花水閣。

秋,哭查蓮坡。

九月一日,為母八十壽,堇浦撰序。

乾隆十五年庚午,年五十九歲。

初夏,客揚州。

乾隆十六年辛未,年六十歲。

是年編定《樊榭山房續集》,序而刊之。

《自序》云:"僕詩前集自甲午至己未,凡二十六年。僅編成八卷,詞二卷附焉。己未至辛未十二年來,復次弟編成續集,如前之數。"

春三月,皇上南巡,偕吳城撰《迎鑾新曲》。城曲曰"群仙祝壽",先生曲曰"百靈效順",合刻為一編。

仲春,撰《煙草倡和詩序》。

初夏客揚州,大旱米貴,遣劉姬。

杭世駿撰《馬君嶰谷墓志銘》云"錢塘厲徵君五十無子,借君宅以蓄華妍"者,謂納一妾也。杭又有《哭厲徵君》詩云:"服散幾年疏酒伴,分香先日放歌姬。"則先生將歿前,妾已先遣去矣。

按:先生以求子故,累買妾而卒不育。最後納妾劉姬,揚州人,頗妮之,以不安其室而去。見全《墓碣銘》。

冬,復客揚州。

辛未仲冬樊榭至自錢湖謝山至自甬上
雨中招集山館有懷家兄嶰谷暨于湘北上

馬曰璐

一庭寒影暮雲閑,時見飛鴻杳靄間。詞客喜從江外至,音書猶未汶陽還。長途並轡逢朝雨,孤館分鐙話故山。何事翻教成悵望,從來會合感離顏。

乾隆十七年壬申,年六十一歲。

元日,侄黼生子。

是年九月十一日辰時卒。無子。母太夫人猶在堂也。

哭樊榭

馬曰琯

涼雨孤篷憶去時,無端老淚落深卮。年年送慣南湖客,腸斷秋衾抱月詩。

卅載交情臭味親,磚鑪木榻愧留賓。丹鉛不斷杯盂斷,君素不飲酒,近復毀茶。風雨清吟泣鬼神。

一第那能搏母歡,夕葵負米恨漫漫。泉臺縱隔無多路,忍見慈闈淚眼乾。

無兒栽竹句堪哀,"無兒北宇猶栽竹",君句也。此事才人莫怨來。天遣多才例磨折,幾曾文字委蒼苔。

藥補清羸鬢已華,一生心迹許煙霞。松聲月影休重問,無限寒蟲助怨嗟。

曲曲長廊冷夕曛,更無人與共論文。宵分有夢頻逢我,海內何人不哭君。

年來吟社半凋零,胡後唐前失典型。寒鑑樓空小師死,招魂又復酬寒廳。復翁、天門、薏田、環山次第下世。

雪薦哀梨霜薦柑,清冬彷彿會城南。紙蓮花動風吹戶,老木蕭蕭葉打庵。聞訃後為位哭於行庵。

哭樊榭

馬曰璐

大雅今誰續,哀鴻亦叫羣。情深攜庾信,義重哭劉蕡。望遠無來轍,呼天有斷雲。那堪聞笛後,又作死生分。社友凋喪,及樊榭而五。

冷泉流不盡,游迹憶前經。一舸載春雨,卅年成聚萍。史收遼散佚,詩紀宋英靈。樊榭有所輯《遼史補遺》及《宋詩紀事》。寂寞叢書畔,高樓剩墜螢。

握手看徂謝,詞場失總持。秋鐙吊影瘦,明月照情癡。樊榭《惆悵》詩有"秋衾空抱月明歸"之句,遂成絕筆,《秋鐙詞》,別時同作。集在無兒守,魂歸戀母慈。絕絃予白首,仍是歲寒期。

骨相由來異,科名不救貧。授書寧負笈,化鶴定朝真。聞其墮地時即有異,未就外傅,已能屬文。似此堪千古,如君復幾人。重為吾道惜,四海一沾巾。

按:是年不聞先生有至揚州之事,据盧見曾刻《漁洋山人感舊集序》,是壬申六月撰。序云"辛未冬,以公役至京師,謁崑圃黄夫子於家。出所鈔《漁洋先生感舊集》見示,拜受而卒讀之"云云。又凡例一條云"是集轉輾鈔寫,訛誤頗多,宋編修嘗訂正之,復委榆村之孫,寀全、子謙以校讎之役,再三過尚有闕疑。玲瓏山館藏書充棟,所與稽者厲樊榭鶚、陳授衣章,皆博雅君子,幸重檢閲,而後授梓"云云。

蓋《感舊集》得於辛未之冬,而開雕於壬申之夏。則是年先生於辛壬冬春之間,尚留揚州也。

嘉慶六年辛酉歲,得先生及側室朱孺人栗主。時何春渚琪方倡率同人葺新武林門外衙灣吳家橋蘇家廟,以祀宋黄文節公。遂於祠右建清風閣,以祀先生。栗主為丁龍泓敬手題,其内陷云:"樊榭先生行二,生康熙壬申年五月初二日辰時,卒乾隆壬申年九月十一日辰時。"副室朱氏孺人栗主乃先生自題,云:"名曰滿娘,字曰月上。烏程人,生康熙己亥年八月二十四日辰時,歿乾隆壬戌年正月初三日戌時。"王蘭泉廉訪為撰"丈室花同天女散,摩闌詩共老人參"以題其楹。

全祖望撰《墓碣銘》云:"卒於某年月日,享年六十有二。娶某氏,無子,以弟之子為後,葬于湖上之某峰。"

受業汪沆《樊榭山房文集序》云:"先生歿於乾隆壬申九月。易簀前一日,詔沆而語之曰:'予生平不諧于俗,所為文詩亦不諧于俗,故不欲刻、向不知我者而索序。詩詞二集,業已自序授梓,尚留小文二冊藏敝篋,子知我者也,他日可為序而存之。'今年春,從先生嗣繡周茂才索得原藁,付諸剞劂氏,謹述先生一身淡于榮利,難進易退,而著述流傳宏通,淹雅之譽播于海寓。及沆從游承訓之本末次第,以紀其梗概之。乾隆戊戌秋七月。"

按:全氏不詳卒年月日,但云享年六十有二;汪序則云:"歿于乾隆壬申九月。"是享年僅六十一矣,故并存以俟考定。据《瑞石山房集·哭厲先生》詩編於壬申,則當從汪序也。

《借閑生》詞云:樊榭先生木主,舊祔武林門外黄文節公祠。道光戊子正月二十一日,同人移奉西溪交蘆庵。先生墓故在此。譜白石《法曲獻仙音》調，并用原韻：煙渺南湖，草迷東墅，欲妥吟魂何處？先生自南湖移居東城。路逐溪回，寺依雲住，騷壇舊日樽俎。歎大雅淪亡久，輕鷗自來去。漫相顧，薦寒泉、萬梅花裏，天女伴、隨手散空飛舞。先生姬人朱月上木主亦附祀焉。定月下徜徉，記前游、微笑心許。窈窕幽棲，恍披尋、集内妙句。待荒阡澆酒，莫又清明時雨。

張仲甫《彝壽軒詩鈔》云："章次白奉厲徵君神位於永興寺，陪祀馮具區先生，酹以詩，余亦繼聲：兩賢慧業并生天，蕭寺棲神豈偶然？遺老倡開招隱社，徵君賡和太平年。梅花詩卷俱千古，流水高山共一椽。二雪雙龕相映處，便娟空翠稱幽眠。"按：此詩作於道光甲辰，是又設位於永興寺也。寺在西溪，徵君嘗游憩焉。

俞蔭甫《春在堂隨筆》云："厲樊榭徵君墓在西溪法華山之王家塢，因奉栗主於交廬庵。事詳吴穀人祭酒《樊榭徵君墓田碑記》。道光庚寅，戴文節公、徐 汪兩君至庵，祀徵君歸，而寫為長卷，山水縈紆，蘿蔦幽蔚。樊榭詩所謂'一曲溪流一曲煙'者，盡此尺幅中矣！舊藏章次白廣文梅竹山房，亂後失去。丁君松生又購得之，因付交廬庵僧收藏，以存古迹。時交廬庵亦因亂後傾圮，如冠九觀察出貲修葺，并屬何子貞先生書徵君及月上姬人栗主，仍奉庵中。今又得文節此卷，名流韻事，後先輝映，足為西溪生色矣。松生以示余，故紀其略也。"

諸遲鞠《溪樓延月補圖》題記云："聖湖之陰，西溪之奥，勝地幽刹曰交廬庵。庵有《溪樓延月圖》，寫厲徵君納姬事。雍正乙卯，樊榭重客苕溪鮑氏溪樓，實為寓屋。滿娘月上納於中秋，碧浪同舟，瑶情玉色，未傳圖詠，久頗闕焉。逮嘉道間，涑園太守訪椒墓於前，小米年丈獲栗主於後。祀之庵院，永伴瓣香。會費山人丹旭安硯東軒，曾寫兩圖，一畀庵僧幐藏勿替，其副贈奚處士疑。溪樓後主相證墨緣，當代名流偕題雅製，今具《清尊集》中。庚辛之難，庵毁於賊，此圖亦亡。邇者舊宇新庀，歲已十六，年丈從子子用刺史，棄官將歸，屬補繪事，更乞偶雲同年，重書題製，合裝冊子，仍付庵僧保守什襲。斯蓋遠綿佳話，近繼先志，舉一而善備矣。子用復裒刻徵君全集，雖其唾餘，都經手輯，讀書、讀畫，煥然、粲然。吾知海客金餅，增價於樂天；山門玉帶，比珍於佛印。又不第蕭寺之清供，抑亦藝苑之韻歟，故樂為補圖，且拈黃鍾商《琵琶仙慢》一闋，用白石道人《吳興紀游》詞韻記之。時光緒十有一年乙酉小暑日也。詞曰：倒影樓臺，有人是、打槳來時桃葉。小名惟認團欒，黃昏最幽絕。消受到、吹簫石帚，但春去、怕聞鶗鴂。畫里煙波，定中香火，情事誰說。謾分付、禪窟枯僧，已風景、都非那時節。添了百年佳話，儘飛花飛莢。憑點綴、詞遷眉史，補溪山、絹素如雪。正好居士清涼，倦游言別。”

《樊榭年譜》刊行後，費仲深太守遂以《樊榭集注》十六冊相假，吳江董先生汝熊所著詳於典故，於樊榭事迹亦少有加增於年譜外者。謹擇譜中未見姓名諸人表之。親戚有蔣賓侯宏道，靜三之兄；詩友汪青渠潭、石貞石丈、吳穎芳西林、顧之珽搢玉、吳梅查均、蔣敬持德、亦諳上緒。涵香院僧太虛清一、交蘆庵僧然。房師張梁友、陸南香、汪袯江三人仍未見其名也。又有陳燧《過滿月庵，尋樊榭先生舊游處詩》：“東鄰有精舍，蔽虧深樹裏。矮屋如蝸盤，清涼國尺咫。吾徒苦熱惱，招携隨步止。初來意已幽，稍住趣尤美。憶昔厲徵君，讀書曾憩此。文采映前後，風流被閭里。杖履未及從，吾生悲後起。只餘壁上詩，一一勞僧指。清游洵夙園，高談契禪旨。啜茗坐超忽，松風浩盈耳。”

鮑亞谷《裨勺》載樊榭逸詩云：予前宰長興，厲孝廉鶚來訪，貽詩一冊。五言云：

相近餘杭道，山川似永嘉。樹寒鳥挾子，地暖薤生花。碓舍水春急，溪門網麗斜。他年如卜築，便種故侯瓜。余杭道中

故人新定去，別我雨冥冥。湖海須強飯，風塵尚轉萍。秋山臨夕渡，孤棹指前汀。牢落無勞歎，雲嵐何限青。送倪子珍之睦州

水檻天然好,真成漫叟居。芙蓉三品鳥,蒲葉一雙魚,隱几時無事,焚香復晏如。緇帷有漁父,更憶漆園書。題楊山水閣

漢帝祠南岳,還封天柱山。翠微終不改,玉檢久應閑。君住皖公下,青蒼對掩關。鱸香秋盡後,歸去聽潺湲。送人歸灊山

曉入曾城路,蕭閑水木饒。松涼人氣健,殿迥露華銷。無復金輿駐,依然絳節朝。白頭逢道侶,指點話光堯。

甃石通橋道,當風上古臺。山蟬吟不斷,林翠拂還來。泉想虞琴奏,蘿疑御幄開。登臨思內禪,浩劫使人哀。

剩訝神山失,蒼蒼片石存。莓苔鎸古色,風雨護雲根。遠貌飛來勢,空歸衆妙門。東京共蕭瑟,莫問玉真軒。過宗陽宮是南宋德壽宮遺址

七言云:

林坡犖确如香篆,湖色沿洄似玦環。瞥見郭熙小平遠,斜皴粉墨寫寒山。

飢烏接翅上觚棱,一面青山塔七層。塔院微鐘斷煙火,耐寒猶有赤髭僧。雪後寶石山

挼藍新水拍湖堤,側帽年年路不迷。盡日無人窺影處,蜜梅花發竊黃嚌。南湖早春

雙鬟十五蕩舟徐,不見清波錦鯉書。儂似湖中石鼓樣,望

郎望似蜀桐魚。臨平湖竹枝

斧劈山色雪雲淡，不了樹枝黄葉稀。月波樓下吹笛去，絕無人影披蓑衣。”朱璧溪山釣雪圖

七古云：

平生最愛郭熙語，春山如笑心所耽。秋山如妝更佳絕，境不親遇思潭潭。路紆港狹暗門外，兩岸樹老多楓楠。秋聲萬竅發巢瑟，黄葉飛墜前林龕。陡出港口目盡豁，湖面百頃朝光含。青山有意在隔岸，狀態始得窮幽探。馮夷苦欲獻窈窕，風伯為我驅浮嵐。穠花稚柳亦何有，朱粉已謝東家慚。或浮亭亭遠在北，或立挺挺偏依南。陰晴重掩不可數，一一碧玉蓮花簪。誰能水上見微步，宓妃湘女遥相參。坡陀中更横秀嶺，首尾裸裸形眠蠶。攲斜斷處遠岫出，眉際小缺微填藍。石梁坐久劇平視，口不能語心能諳。須臾殘日射滉漾，金支彷佛蛟宫涵。漁舠遠列若鳧雁，敗荷蕭索聲微酣。似聞有語勸小住，欲築汀畔為漁庵。坐學士港，小橋望隔湖諸山

蔣生沐《東湖叢記》云：“余收得《樊榭山房詩集》，為萬近蓬藏本，有丁敬身手書卷五《游龍興寺》詩，其眉上有云：甲申臘月，寺為鄰火所燒，寸椽不留，獨胡季良所書陁羅尼經幢巍然無恙，城中易黑灰，此獨未摧拉，竟成詩讖，為撫然者久之。敬身七十一歲記于萬秀才近蓬藏本。時乙酉閏二月二日也。此幢，予曾作長歌，藁已失去，去臘龍興寺被災後，予過之，市井凋殘，寺已盡毁，維此幢無恙。歎佛力之彌堅，喜古緣之不損，因賦一律記之：‘一火俄教埽百椽，地中三日尚浮煙。寸空真歎人災烈，幢在方知佛力堅。俗駕何曾諳擊埽，韋蘇州《石鼓》詩：“既擊既埽黑白分。”貞材枉自極雕鎸。幾時客有如歐者，下馬能來此布氈。’又卷六《明鄭貴妃書泥金普門品經》同。丁敬身作詩，其眉上有云：‘予稿已燬去，见此尚可記也，因

附錄之。敬身記。比似楊家妹子書,顏挑柳趯更憐渠。米公云:顏柳以挑趯名家,貴妃所書是顏書,頗腴勁可玩。蒙將白馬馱經力,已到紅羊换劫餘。敲冰茧紙帝青光,蘸水皴毫苦末黄。苦末,梵語泥金也。見《翻譯名義》。想見莊嚴書竟處,開函猶拂内家香。月墮雲飛不可攀,琳瑯金薤見來難。祝釐有願纏綿在,遺事分明似阿環。了無印跋流傳久,鈿匣香厨昧幾家。綺語莫教增障習,好同天女散來花。宋張端義《貴耳集》:真定大歷寺藏經,皆唐宫人所書,經尾署姓氏,極可觀。佛龕上有一塗金匣,藏《心經》一幅,字尤婉麗。後題云:"善女人楊氏,為大唐皇帝三郎書。"敬叟附記,七十一歲。'案此數詩,兩家集中均未載附,識於此。"

孔北海年譜

據光緒二十八年《煙畫東堂叢書》本

孔北海年譜

漢桓帝永興元年癸巳(153),一歲。

謹案:范《書》本傳,融以建安十三年爲曹操所害。年五十六,逆數之,當生於是年。

范《書》本傳:孔融字文舉,魯國人。孔子二十世孫。七世祖霸爲元帝師。《漢書·孔光傳》:霸字次孺。父宙,泰山都尉。《孔宙碑》:宙,字季將。孔子十九世孫。治嚴氏《春秋》,舉孝廉。除郎中、都昌長,遷元城令。

《融家傳》:兄弟七人,融居第六。謹案:都尉君七子,惟謙、褒、融三人可考。

桓帝永壽二年丙申(156),四歲。

《融家傳》:幼有自然之性。年四歲,每與諸兄共食梨,融輒引小者。大人問其故,答曰:"我小兒,法當取小者。"由是宗族奇之。

桓帝延熹二年己亥(159),七歲。

入京師,見河南尹李膺。

《范書》本傳:年十歲。當作"七歲",辨見下。隨父詣京師。時河南尹李膺謹案:膺傳:延熹二年為河南尹,坐輸左校。是時融七歲,本傳"十"字誤。至延熹五年,已更楊秉、劉祐二任。八年,膺再任河南尹,時融父歿二年矣;均不合。以簡重自居,不妄接士,賓客勑外自非當世名人及與通家,皆不得白。融欲觀其人,故造膺門。語門者曰:"我是李君通家子弟。"門者言之。膺請融,問曰:"高明祖父嘗與僕有恩舊乎?"融曰:"然,先君孔子與君先人李老君同德比義,而相師友,則融與君累世通家。"衆坐莫不歎息。太中大夫陳煒後至,坐中以告煒,煒曰:"夫人小而聰了,大未必奇。"融應聲曰:"觀君所言,將不早慧乎?"謹案:《續漢書》曰:煒曰:"人小時了了者,大亦未必奇也。"融答曰:"即如所言,君之幼時,豈實慧乎?"語較明爽。膺大笑曰:"高明,必爲偉器。"

《御覽》引《漢書》曰:"膺大説,引坐。謂曰:'卿欲食乎?'融曰:'須食。'膺曰:'教卿為客之禮:主人問食,但讓不須。'融曰:'不然。教君為主之禮:但置飲食,不須問客。'膺嘆曰:'吾將老死,不見卿富貴也。'後與膺談論百家經史,應答如流,膺不能下之。"謹案,《融家傳》:"聞漢中李公清節直亮,意慕之,遂造公門。李固漢中人,爲太尉。"此條誤甚。固歿於建和元年,融尚未生也。

桓帝延熹六年癸卯,十一歲。

正月,父歿,哀悴過毁,州里稱孝。

《泰山都尉孔宙碑》:"是時東岳黔首猾夏不□□□祠,兵遺畔未寧,乃擢君典武,以文脩之。旬月之閒,莫不解甲服罪,□□□褥,田畯喜於荒圃,商旅交於險阻。會鹿鳴於樂崩,復長幼於酬酢,□□□稔。會遭篤病,告困致仕,得從所好;年六十一。延熹六年正月乙未□□□疾,貴速朽之反眞,慕寧儉之遺則。"謹案《續漢·百官志》:建武六年,省都尉應劭曰:"每有劇賊,郡臨時置都尉,事訖罷之。"《桓帝紀》:"永壽元年,置太山琅琊都尉。時公孫舉等反叛,殺長史。次年爲段熲討破,斬之。延熹三年九月,太山琅琊賊勞丙等復叛,寇掠百姓。冬十一月,泰山賊叔孫無忌攻殺都尉侯章。十二月,遣中郎將宗資討破之。"《通鑑》:"詔徵皇甫規爲泰山太守。規到官,廣設方略,寇虜悉平。"則宙爲太山都尉,與皇甫規同時,文武相濟。五年,罷琅琊都尉。延熹八年,罷太山都尉。蓋劇賊盪平也。宙先致仕,後卒,相去亦無幾時。

范《書》本傳:年十三,當作"十一",史誤。王世貞以爲九歲,亦誤。喪父,哀悴過毁,扶而後起,州里歸其孝。

靈帝建寧二年己酉(169),十七歲。

黨禍起。張儉來投兄褒。褒出,融留之。事發,褒、融與其母三人爭死,詔坐褒。

范《書》本傳:“山陰張儉爲中常侍侯覽所怨,覽為刊章,下州郡以名捕儉。儉與融兄褒有舊,亡抵於褒,不遇。時融年十六當作十七,史誤,儉少之而不告。融見其有窘色。謂曰:‘兄雖在外,吾獨不能爲君主邪?’因留舍之。後事泄,國相以下密就掩捕,儉得脫走。遂並收褒、融,送獄二人未知所坐。融曰:‘保納舍藏者,融也,當坐之。’褒曰:‘彼來求我,非弟之過,請甘其罪。’吏問其母,母曰:‘家事任長,妾當其辜。’一門爭死,郡縣疑不能決,乃上讞之。詔書竟坐褒焉。《孔褒碑》:褒,字元禮。孔子廿世之孫。泰山都尉之元子,北海相之元兄。治家,業《春秋經》,綜核□□,篇籍靡遺。融由是顯,名與平原陶丘洪、陳留邊讓齊聲稱。”

《續漢書》並以俊秀爲後進冠。蓋融持論經理不及讓等,而逸才宏博過之。

靈帝熹平六年丁巳(177),二十五歲。

辟司徒掾。

范《書》本傳:“州郡禮辟,皆不就。辟司徒楊賜府。謹案:此事傳未繫年。據《後漢書補表》,熹平五年十一月,光禄大夫爲司徒。六年十二月,坐辟黨人免,所謂黨人,其即融與?時隱覈官僚之貪濁者,將加貶黜,融多舉中官親族,尚書畏迫內寵,召掾屬詰責之。融陳對罪惡,言無阿撓。”《續漢·百官志》:“司徒掾屬三十一人。”

靈帝中平元年甲子(184),三十二歲。

在司徒掾任,謁賀大將軍何進,不時通謁,還府投劾去。又舉高第,爲侍御史。與中丞趙舍不合，託病歸家。

范《書》本傳："河南尹何進當遷爲大將軍，楊賜遣融奉謁賀進。不時通，融即奪謁，還府投劾而去。河南官屬恥之，私遣劍客欲追殺融。客有言於進曰：'孔文舉有重名，將軍若造怨此人，則四方之士引領而去矣；不如因而禮之，可以示廣於天下。'進然之，既拜而辟融舉高第，爲侍御史。與中丞趙舍不同，託病歸家。"《續漢·百官志》："御史中丞一人，千石，屬少府。侍御史十五人，六百石。"惠定宇《漢書補注》："中丞內領侍御史，融爲舍屬。與舍不合，故歸。"

靈帝中平六年己巳，三十七歲。

辟司空掾，拜北軍中候，遷虎賁中郎將，又轉議郎。

范《書》本傳："後辟司空掾。《續漢·百官志》："司空掾二十九人。"拜中軍候。當作"北軍中候"，史誤。劉攽曰："漢官無中軍候，惟有北軍中候耳，字有脱誤。"吴氏《補遺》曰："仁傑案，《郭仲奇碑》額云北軍中候，《祝睦碑》云北軍軍中候，然《仲奇碑》中但云拜軍中候，不言北軍，與額不同。《郭究碑》亦但以軍中稱之者，蓋當時官稱所尚如此。《北海傳》當云'軍中候'，其文倒耳，無脱字也。中候自中興以來始有北軍軍中候之稱，其辭或省，則曰北軍中候、軍中候云。"謹案《魏志》引《續漢書》正作北軍中候。《續漢·百官志》："北軍中候一人，六百石。"本注云："掌監五營。"在職三日，遷虎賁中郎將。《續漢·百官志》："虎賁中郎將，比二千石。"本注云："虎賁宿衛，屬光禄勳。"謹案是時董卓獎進名流，如蔡邕三日周歷三臺；荀爽九十三日，自被徵命至臺司；皆不拘常格。會董卓廢立，融每因對答，輒有匡正之言，以忤卓旨，轉爲議郎。《續漢書·百官志》："議郎六百石，屬光禄勳。"

獻帝初平元年庚午（190），三十八歲。

遷北海相，撫幽州叛兵。

范《書》本傳："時黄巾寇數州，謹案，《通鑑》："中平五年，青徐黄巾復起。"《魏志·崔琰傳》："徐州黄巾賊攻破北海。"而北海最爲賊衝。卓乃諷三府同舉融爲北海相。《續漢·百官志》："皇子封王，其郡爲國，相一人,二千石,治民。"謹案,北海國,光武以兄子興,融爲相,時六世嗣王某謚曰康。召邴原署功曹主簿。"

《續漢書》:"孔融遷北海相,時年三十八。承黄巾殘破之後,崇學校,設庠序,舉賢才,顯儒士。以彭璆爲方正,邴原爲有道,王修爲孝廉,告高密縣爲鄭玄特立一鄉,名爲鄭公鄉。"《魏書·崔琰傳》注。

司馬彪《九州春秋》:"融在北海,自以智能優贍,溢才命世,租賦少稽,一朝殺五部督郵,幽州精兵亂卒到城下,舉國皆恐。融直出説之,令無異志,遂與别校謀夜覆幽州軍,悉有其衆。無幾時,還,復叛去。"

獻帝初平二年辛未,三十九歲。

任北海相。

《九州春秋》:"黄巾將至,融大飲醇酒。躬自上馬,禦之淶水之上。寇令上部與融相距,兩翼涉水,直到所治城。城潰,融不得入,轉至南縣。"范《書》本傳:"融到郡,收合士民,起兵講武,馳檄飛翰,引謀州郡,賊張饒等群輩二十萬衆從冀州還,融逆擊,爲饒所敗,乃收散兵,保朱虚縣。《續漢·地理志》:朱虚侯國故屬琅琊,永初元年屬。稍復鳩集吏民爲黄巾所誤者男女四萬餘人,更置城邑,立學校,表顯儒術,薦舉賢良鄭玄、彭璆、邴原等。郡人甄子然臨孝存知名,早卒,融恨不及之,乃命配食縣社,其餘雖一介之善,莫不加禮焉。郡人無後及四方遊士有死亡者,皆爲棺具而斂葬之。"

秦子曰:"孔文舉爲北海相。有遭父喪,哭泣墓側,色無憔悴,文舉殺之。又有母病瘥,思食新麥。家無,乃盜鄰麥,熟而進之。文舉聞之,特賞,曰:'無有來討,勿復盜也。'盜而不罪者,以爲勤於母飢;哭而見殺者,以爲形慈而實否。"《類聚》八十五。

獻帝初平三年壬申,四十歲。

任北海相。舉鄭益恩孝廉。

范《書》本傳:"時黄巾復來侵暴,融乃出屯都昌,章懷注:"都昌縣屬北海郡,故城在今青州臨朐縣東北。"爲賊管亥所圍。融逼急,乃遣東萊太史慈求救於平原相劉備。《吴志》:慈,字子義,東萊人也。避事之遼東,北海相孔融聞而奇之,數遣人訊問其母,並致餉遺。時融爲管亥所圍,慈從遼東還。母謂之曰:"汝與孔北海未嘗相見,至汝行後,贍恤殷勤,過於故舊。今爲賊所圍,汝宜赴之。"慈單步見融,既而求救於劉備,得兵以解圍焉。備驚曰:'孔北海乃復知天下有劉備邪?'即遣兵三千救之,賊乃散走。"

《鄭玄别傳》:"玄一子,名益恩,年二十三。國相孔府君舉孝廉。"謹案:益恩死於袁譚之難,事在建安元年,年二十七。舉孝廉時年二十三,當在是年。

獻帝興平元年甲戌(194),四十二歲。

任北海相。爲賊所逼,棄郡徙徐州。勸劉備領徐州。

《通鑑》:"北海相孔融謂備曰:'袁公路豈憂國忘家者邪?冢中枯骨,何足介意。今日之事,百姓與能,天與不取,悔不可追。'備遂領徐州。"

獻帝興平二年乙亥,四十三歲。

劉備表融領青州刺史,復還北海。

范《書》本傳:"在郡六年,劉備表領青州刺史。"萬斯同《歷代史表》繫於此年。

《九州春秋》:"融左右稍叛,連年傾覆,事無所濟,遂不能保四境,棄郡而去。後徙徐州,以北海自還,領青州刺史,治郡北陲。"謹案,田楷爲青州刺史,公孫瓚所置。袁譚爲青州刺史,袁紹所置。同時有三刺史。是融所治,止北海屬縣之一二城,其未能全有北海也。

《殷芸小説》:"鄭玄在徐州。孔文舉時爲北海相,欲其返郡,敦請懇惻,使人繼踵。又教曰:'鄭公久游東夏,今艱難稍平,儻有歸來之思,無寓人於室,毁傷其蕃垣林木,必繕治牆宇以俟還。'及歸,融敎僚屬:'昔周人尊師謂之尚父,今可咸曰鄭君,不得稱名也。'"

獻帝建安元年丙子(196),四十四歲。

任北海相。城陷,奔東山。朝廷徵融爲將作大匠。

范《書》本傳:"建安元年,爲袁譚所攻。自春至夏,戰士所餘裁數百人。流矢雨集,戈矛内接,融隱几讀書,談笑自若。城夜陷,乃奔東山,妻子爲譚所虜。及獻帝都許,徵融爲將作大匠。"《續漢·百官志》:"將作大匠一人,二千石。"

《鄭玄别傳》:"玄有子爲孔融吏,舉孝廉。融之被圍,奔赴,爲賊所害。"

《通鑑》:"平原禰衡少有才辨,而尚氣剛傲,孔融薦之於曹操。"謹案,融年四十,猶在北海。薦衡當在徵入朝時,年已四十有四。《衡傳》云"衡年弱冠,融年四十",皆舉成數,衡亦二十有四矣。

獻帝建安二年丁丑,四十五歲。

任將作大匠。

《通鑑》:"故太尉楊彪與袁術昏姻,曹操惡之,誣云欲圖廢立,奏收下獄,劾以大逆。將作大匠孔融聞之,不及朝服,往見操曰:'楊公四世清德,海内所瞻。《周書》:"父子兄弟,罪不相及。"況以袁氏歸罪楊公乎?'操曰:'此國家之意。'融曰:'假使成王殺邵公,周公可得言不知邪?'操令許令滿寵案彪獄。融與尚書令荀彧皆屬寵曰:'但當受辭,勿加考掠。'寵一無所報,考訊如法。數日求見操,言之曰:'楊彪考訊無辭語,此人有名海内,若罪不明,必大失民望,竊爲明公惜之。'操卽日赦出彪。"

《通鑑》:"馬日磾喪至京師,朝廷議欲加禮。孔融曰:'日磾以上公之尊,秉髦節之使,而曲媚姦臣,爲所牽率,王室大臣豈得以見脅爲辭?聖上哀矜舊臣,未忍追案,不宜加禮。'朝廷從之。"

獻帝建安四年己卯,四十七歲。

遷少府。建議止復肉刑。

范《書》本傳:"遷少府。據《歷代史表》,繫於此年。《續漢·百官志》:少府卿一人,中二千石。每朝會訪對,融輒引正定議,公卿大夫皆隸名而已。""論者欲復肉刑,融乃建議曰:'古者敦厖,善否不別,吏端刑清,政無過失,百姓有罪,皆自取之。末世陵遲,風化壞亂,政撓其俗,法害其人。故曰:上失其道,民散久矣。而欲繩之以古刑,投之以殘棄,非所謂與時消息者也。紂斮朝涉之脛,天下謂爲無道。夫九牧之地,千八百君,若各刖一人,是下常有千八百紂也。求俗休和,弗可得已。且被刑之人,慮不全生,志在思死,類多趨惡,莫復歸正。夙沙亂齊,伊戾禍宋,趙高、英布爲世大患。不能止人遂爲非也,適足絕人還爲善耳。雖忠如鬻拳,信如卞和,智如孫臏,冤如巷伯,才如史遷,達如子政,一離刀鋸,没世不齒。是太甲之思庸,穆公之霸秦,南睢之骨立,衛武之初筵,陳湯之都賴,魏尚之守邊,無所復施也。漢開改惡之路,凡爲此也。故明德之君,遠度深惟,棄短就長,不苟革其政者也。'朝廷善之,卒不改焉。""是時,荆州牧劉表不供職貢,多行僭僞,遂乃郊祀天地,擬斥乘輿。詔書班下其事。融上疏曰:'竊聞領荆牧劉表桀逆放恣,所爲不軌,至乃郊祭天地,擬儀社稷。雖昏僭惡極,罪不容誅,至於國體,宜且諱之。何者?萬乘至重,天王至尊,身爲聖躬,國爲神器,陛級縣遠,禄位限絕,猶天之不可階,日月之不可踰也。每有一豎臣,輒云圖之,若形之四方,非所以杜塞邪萌。愚謂雖有重戾,必宜隱忍。賈誼所謂擲鼠忌器,蓋謂此也。是以齊兵次楚,唯責包茅;王師敗績,不書晉人。前以露袁術之罪,今復下劉表之事,是使跛牂欲闚高岸,天險可得而登也。案表跋扈,擅誅列侯,遏絶詔命,斷盜貢篚,招呼元惡,以自營衛,專爲羣逆,主萃淵藪,郜鼎在廟,章孰甚焉。桑落瓦解,其執可見。臣愚以爲宜隱郊祀之事,以崇國防。'"

獻帝建安五年庚辰,四十八歲。

任少府。南陽王馮、東海王祗薨。上欲修四時之祭,訪於融,融對,罷之。是年男生。謹案,融歿時男九歲,應生於是年。

范《書》本傳:"南陽王馮、東海王祗薨。帝傷其早歿,欲爲修四時之祭,以訪於融。融對曰:'聖恩敦睦,感時增思。悼二王之靈,發哀愍之詔,稽度前典,以正禮制。竊觀故事,前梁懷王、臨江愍王、齊哀王、臨淮懷王並薨無後,同産昆弟卽景、武、昭、明四帝是也。未聞前朝修立祭祀,若臨時所施,則不列傳紀。臣愚以爲諸在沖亂,聖慈哀悼,禮同成人,加以號謚者,宜稱上恩,祭祀禮畢,而後絶之。至於一歲之限,不合禮意,又違先帝已然之法,所未敢處。'"

獻帝建安七年壬午,五十歲。

任少府。是年女生。

獻帝建安九年甲申,五十二歲。

任少府。

范《書》本傳:"曹操攻屠鄴城,袁氏婦子多見侵略,而操子丕私納袁熙妻甄氏。融乃與操書,稱:'武王伐紂,以妲己賜周公。'操不悟。後問出何經典。對曰:'以今度之,想當然耳。'"

《會稽典録·與曹公書》:"歲月不居,時節如流,五十之年,忽焉已至。公爲始滿,融又過二。海内知識,零落殆盡,惟會稽盛孝章尚存。其人困於孫氏,妻孥湮没,單孑獨立,孤危愁苦。若使憂能傷人,此子不得復永年矣。《春秋傳》曰:'諸侯有相滅亡者,桓公不能救,則桓公恥之。'今孝章實丈夫之雄也,天下譚士依以揚聲,而身不免於幽執,命不期於旦夕,是吾祖不當復論損益之友,而朱穆所以絕交也。公誠能馳一介之使,加咫尺之書,則孝章可致,友道可弘也。今之少年,喜謗前輩,或能譏平孝章。孝章要爲有天下大名,九牧之民所共稱嘆。燕君市駿馬之骨,非欲以騁道里,乃當以招絕足。惟公匡復漢室,宗社將絕,又能正之。正之之術,實須得賢。珠玉無脛而自至者,以人好之也,況賢者之有足乎? 昭王築臺以尊郭隗,隗雖小才,而逢大遇,竟能發明主之至心。故樂毅自魏往,劇辛自趙往,鄒衍自齊往。嚮使郭隗倒懸而王不解,臨溺而王不拯,則士亦將高翔遠引,莫有北首燕路者矣。凡所稱引,自公所知而復有云者,欲公崇篤斯義也? 因表,不悉。"《吴志·孫韶傳》注。

獻帝建安十一年丙戌,五十四歲。

免少府。

范《書》本傳:"後操討烏桓,又嘲之曰:'大將軍遠征,蕭條海外。昔肅愼氏不貢楛矢,丁零盜蘇武牛羊,可並案也。'時年飢兵興,操表制酒禁,融頻書爭之,多侮慢之辭。既見操雄詐漸著,數不能堪,故發辭偏宕,多致乖忤。又嘗奏宜準古王畿之制,千里寰內,不以封建諸侯。操疑其所論建漸廣,益憚之。然以融名重天下,外相容忍,而潛忌正議,慮鯁大業。山陽郗慮承望風旨,以微法奏免融官。"

獻帝建安十二年丁亥,五十五歲。

拜太中大夫。

范《書》本傳:"歲餘,復拜太中大夫。《續漢·百官志》:"太中大夫,千石。"本注云:"無員,屬光禄勳。"性寬容少忌,好士,喜誘益後進。及退閑職,賓客日盈其門。常嘆曰:'坐上客恒滿,尊中酒不空,吾無憂矣。’與蔡邕素善。邕卒後，有虎賁士貌類於邕，融每酒酣，引與同坐曰：‘雖無老成人，且有典刑。’融聞人之善，若出諸己，言有可采，必演而成之。面告其短，而退稱所長。薦達賢士，多所獎進，知而未言，以爲己過，故海內英俊皆信服之。”

獻帝建安十三年戊子，五十六歲。

五月，爲曹操所害。

《通鑑》：“融與郗慮有隙。慮承操風旨，構成其罪，令丞相軍謀祭酒路粹，奏融昔在北海，見王室不静，而招合徒眾，欲規不軌。及與孫權使語，謗訕朝廷。又前與白衣禰衡跌蕩放言，更相讚揚，衡謂融曰：‘仲尼不死。’融答曰：‘顔回復生。’大逆不道，宜極重誅。操遂收融並其妻子，皆殺之。初京兆脂習與融善，每戒融剛直太過，必罹世患。及融死，許下莫敢收者，習往撫屍曰：‘文舉舍我死，吾何用生爲？’操收習，欲殺之，既而赦之。”

范《書》本傳：“初女年七歲，男年九歲，以其幼弱得全，寄它舍。二子方弈棋，融被收而不動，左右曰：‘父執而不起，何也？’答曰：‘安有巢毁而卵不破乎？’主人有遺肉汁，男渴而飲之。女曰：‘今日之禍，豈得久活？何賴知肉味乎？’兄號泣而止。或言於曹操，遂盡殺之。及收至，謂兄曰：‘若死者有知，得見父母，豈非至願！’乃延頸就刑，顔色不變，莫不傷之。”

謹案，《本傳》言所著詩、頌、碑文、論議、六言、策文、表檄、教令、書記，凡二十五篇。《隋·經籍志》：《少府孔融集》九卷，梁十卷、目一卷，仍九卷也。今輯本不及一卷，所逸多矣。又案，融免少府，歲餘，復拜太中大夫。《獻紀》特書“曹操殺太中大夫孔融”，而郗慮、路粹枉奏，仍曰“少府”，《孔融集》亦曰《少府孔融集》，舉其前官，實所不解。

魏文靖公年譜

據光緒二十八年《煙畫東堂叢書》本

魏文靖公年譜

宋孝宗淳熙五年戊戌(1178),一歲。

公諱了翁,字華父。邛州蒲江人。曾祖大昕,祖苹。父士行,本生父高孝璹。公以戊戌六月八日生。公祖七子。祖母同邑高氏。長敏孫,次朝散郎士行,次和孫,次南壽,次直行,次承事郎孝璹,次朝奉郎孝壽。孝璹與高氏之兄黄中爲子。士行無子,又以公還爲後焉。高氏同產六人:長載,次稼,次崇,次定子,次公,次茂。

六年己亥,二歲。

七年庚子,三歲。

八年辛丑,四歲。

九年壬寅,五歲。

十年癸卯,六歲。

十一年甲辰，七歲。

從杜德稱希仲游，隨諸兄入學，儼若成人。未詳年月，附識於此。

十二年乙巳，八歲。

十三年丙午，九歲。

十四年丁未，十歲。

十二月十八日，祖母高孺人卒。　喜小學。《荅薛檢法書》："某爲兒童，卽喜小學，如《鍾鼎款識》及《篆韻》，皆有善本。"未詳年月，附識於此。

十五年戊申，十一歲。

十六年己酉，十二歲。

光宗紹熙元年庚戌（1190），十三歲。

二年辛亥，十四歲。

少長英悟絕出，日誦千餘言，過目不再覽，鄉里稱爲神童。《本傳》系於十五年前，附識於此。　伯父敏孫卒。

三年壬子,十五歲。

著《韓愈論》,抑揚頓挫,有作者風。

四年癸丑,十六歲。

五年甲寅,十七歲。

從章先生寅臣游,先生迪以義理,不以凡兒畜之。

寧宗慶元元年乙卯(1195),十八歲。

二年丙辰,十九歲。

受知於蒲江令□仰之,卷在第三。

三年丁巳,二十歲。

受知於邛守范季才蓀。按:謝啟有"二十作文賦,未當陸士衡挺異之年"云云,姑繫於是年。

四年戊午,二十一歲。

應省試,受知於吏部郎趙大全、知邕州李□□、簽書樞密院宇文□□,以《易經》冠同經生。

五年己未，二十二歲。

廷對登曾從龍榜進士第三由第一改。賜及第。　賦謝恩詩。授僉書劍南西川節度判官。

六年庚甲，二十三歲。

到成都府録事任。　叔父南壽卒。　後族人之伯父和孫亦卒。

嘉泰元年辛酉(1201)，二十四歲。

往眉州主文。　問以漢中朝唐入閣本末，得丹稜史守道孟傳。在闈中答老生唐明宗一日九開延英問。

二年壬戌，二十五歲。

召爲國子正。　過漢嘉，交游忠公仲鴻。　由淮西闈入朝。同産兄高南叔定子舉進士。

三年癸亥，二十六歲。

造朝。　女璧海生。　夏，楊孺人得疾卒，提刑楊熹之女。秋，葬楊孺人於何村。

四年甲子，二十七歲。

改武學博士。　九月，女璧海殤。

開禧元年乙丑(1205),二十八歲。

正月,召試館職於摛文堂。公極陳權姦猾胥,債帥驕軍,必取禍辱,宜急於内修,緩於外攘,凡數千言,大忤韓侂胄,御史徐相欲劾之。侂胄曰:"得無成其名。"乃止。　改祕書省正字。十二月二十七日,金使趙之傑賀。來年正旦,見於紫宸殿,倨傲不如儀。公言虞公允文乾道折金使事。韓平章侂胄上聞,請駕還内,如乾道故事。

二年丙寅,二十九歲。

遷校書郎,以親老乞補外,改知嘉定府。　上建康留守葉適書論學。　奉親還里。

三年丁卯,三十歲。

春,行至蜀口,聞吴曦叛,倉卒還荆州。　湖北宣撫使吴公獵命公攝參議官,訪以西事。　曦誅,乃還蜀。　朝廷收召不赴。以明堂恩,贈考承事郎,妣孺人,焚黄告墓。

嘉定元年戊辰(1208),三十一歲。

里居。　二月,葬大母及世父、叔父。　葬女璧海。　娶杜夫人,知威州杜子仁益之女。

二年己巳,三十二歲。

丁本生父憂,解官,心喪。　偕王直夫卜葬地馬鞍山,曰"長寧阡"。　築室白鶴山下,創鶴山書院,榜所居曰"自庵"。開門授徒,以所聞於輔廣李燔者教士，士爭負笈從之。《書鶴山書院始末》："開禧二年秋八月，臨邛魏了翁請郡西還，既又三辭聘召，遂得遷延歲月，享邱園之樂者累年。先廬枕山，與古白鶴岡阜屬連。山之巔修竹緣坡，循坡而上，草木膠葛。又上，爲李唐望敵之所，居一縣之最高。面前一峰，除翦荆棘，蒙犯虺蜴，側足而上，則地平衺，衡二百尺，縱數里，無復側峻凹凸，殆天閟而地藏者。遂卜室，貯書其上，與朋友共焉。"

三年庚午，三十三歲。

鶴山書院落成。　秋試士，自首選而下，獲雋八人，院幾空焉。人傳爲美談。　差知漢州。

四年辛未，三十四歲。

在漢州任，以化民善俗爲治。《漢州到任謝表》："六年去國，薦叨趣詔之嚴；三命循牆，實獲使麾之請。"按：公丙寅去國，表云六年，應繫於是年。　境内橋壞，民有壓死者。部使者以聞，詔降官一秩，主管建寧府武夷山沖佑觀。　八月，復原官，知眉州。　撰《永康軍花洲記》。　撰《長寧軍貢院記》。　從父弟嘉甫文翁舉進士。

五年壬申，三十五歲。

在眉州任。　開環湖。《新開環湖記》："臨邛魏某居郡之明年，歲熟時康，教孚訟清，郡故有沼，迺宣迺理，於圃之西爲洞，循洞之西爲亭，榜曰'西港'。港西爲高梁，榜曰'環湖'。湖光渺莽，從廣百丈，其衡之長如從而加倍。北迤東截松菊亭，又東爲菱嶼，又東北爲雪橋，又東爲起文堂，於是環圃皆湖也。"　撰《石泉軍軍學記》。

六年癸酉，三十六歲。

在眉州任。　開蟆頤堰，灌眉山青神田七萬二千四百有奇。

同產兄弟高東叔載、西叔崇同成進士。

七年甲戌，三十七歲。

在眉州任。　公尊禮耆耇，簡拔俊秀。朔望詣學宫，親爲講説，行鄉飲酒禮，增貢士額，治行彰聞。　蟆頤堰成，撰記。　修江鄉館，撰壁記。　表史少弼公亮之閭曰節閭，爲撰《雲莊集序》。　同產兄弟高南叔稼成進士。　擢潼川府提點刑獄公事。《本傳》繫之嘉定四年。按：公集内《環湖修蟆頤堰記》、《修江鄉館》均在五、六、七年，是史誤，今改繫此年。

八年乙亥，三十八歲。

兼提舉、常平等事，攝轉運判官。　爲游仲鴻乞獎。　二月，攝遂寧府事。　修城浚隍。史言後一年，潰卒攻掠郡縣，見有備，不敢逞。按，張福之亂在嘉定十二年，非後一年。　撰《遂寧府勸農文》。　宴新進士，賦詞二闋。

九年丙子，三十九歲。

授轉運判官。　春，培城葺臺。　秋，造極堂。　跋山谷與楊君全詩帖真蹟。　上疏乞與周敦頤、張載、程顥、程頤錫爵定謚，朝論韙之。

十年丁丑，四十歲。

在轉運任。　撰《玉臺極堂柱識》。　再上疏乞早定周、程三先生謚議。疏有云："下之有司，二年於茲。"當系於是年。　遷直祕閣，知瀘州主管，潼川路安撫司公事。　丁本生母憂。　七月，同產兄高東叔卒。

十一年戊寅，四十一歲。

心喪去官。本傳前云丁生父憂解官，心喪，後云丁母憂，不云生母。攷高東叔、西叔行狀，寔生母，傳落"生"字。又按，《蔭補表姪高斯謀狀》云："比歲本生父母歿，兩次並乞解官，持心喪已，蒙朝廷允許。"與此合。

十二年己卯，四十二歲。

撰《潼川新城銘》。　潰卒張福變起，詔起安丙爲安撫使。公與安書，言馮安世及根括局事。

十三年庚辰，四十三歲。

差知潼川府。　游似、吴泳、牟子才皆來造門受業。　禮官以周元公、程純公、正公謚告，與其貳，付元奏請官，公得受而藏之。

十四年辛巳，四十四歲。

元旦收召。　撰《緜州新城記》、《申尚書省賜横渠先生謚狀》。

十五年壬午，四十五歲。

入都。按，《季季相字説》："嘉定十五年，予被命造朝。"是十四年元旦被召，次年始至。召對。　上"人心不能與天地相似者"五疏。　進兵部郎中。　改司封郎中，兼國史院編修官。　十一月二十一日，輪對上劄子二。　跋青神杜才叔《和歸去來辭》。

十六年癸未，四十六歲。

爲省試參詳官，得無錫蔣良貴重珍爲第一人。　遷太常少卿兼侍立修注官。　定張橫渠謚曰明。　撰《潭州惠民倉記》。

十七年甲申，四十七歲。

遷祕書監起居舍人。　上直前奏事劄子。　八月八日，被命上會稽朝陵，歷九日回。公詩注："舊例，朝陵俱有期程，往返不過九日，歸即以名銜至閤門放見。"　閏月，寧宗崩。理宗即位。時事寖異，公積思成疾，三疏乞免，不得請。　遷起居郎。　撰《道州寧遠縣新建濂溪周元公祠堂記》。

理宗寶慶元年乙酉（1225），四十八歲。

正月，雷，召對，亟言時政。　濟王薨。　二月五日，上殿，進劄子，言濟王冤。戶部張忠恕上封事，公嘆曰："忠獻有後矣。"　胡夢昱因直言，爲史彌遠黨右正言李知孝劾，罷竄嶺南。公出關餞別。知孝將擊公，彌遠畏公，議改公權工部侍郎，公以疾辭。　七月三日，上封事。　十一月，以集賢殿修撰出知常德府。　越三日，朱端常劾公欺世盜名、朋邪謗國，落職。罷新任，追三官，竄南安，復改靖州。　公離都，祖帳餘杭門外，連日不絕。臨安尹致餽贐，具四大舟。　過呂城，觀呂氏世藏名帖。王實齋遂同劉漫塘宰來訪，見《讀易亭詩》，漫塘最擊節。

二年丙戌，四十九歲。

赴靖州，眉山李肩吾同行。　四月七日，渡湘。　壽寧觀道士掘得陳忠肅公嶽山壽寧觀留詩。　到靖，靖州守洪偉遇之如使客。

答靖州士人生日啟。

三年丁亥，五十歲。

在靖州。　跋陳正獻公所藏《孝廟御書用人論》。跋云"正獻公以乾道五年升昭文相"，後五十八年推之，當在是年。　跋李肩吾爲許成大書《鄉黨内則》。

紹定元年戊子(1228)，五十一歲。

在靖州。　築室城東，亭沼華木略具，亦名鶴山書院。撰《靖州鶴山書院記》。記略：某泰禧間築室於先廬之北，曰鶴山書院。又以罪戾徙靖，寓館之東，曰純福坡。五老峰位其左，飛山屬其右，而侍郎山嶷立其前，屏剔菑翳，爲室而居之。迺即故鄉之名，榜以"鶴山書院"。來學者二三十人。清湘蔣成父公順、巴郡稅巽甫與權、清湘滕謹仲處厚、靖州蔣得之山、吴門葉元老□□、嚴植均從遊。

二年己丑，五十二歲。

在靖州。　丹稜程叔運掌來山中從遊。　跋《張魏公帖》。跋云：紹興七年，後九十二年推之，當在是年。　答袁衢州甫書。

三年庚寅，五十三歲。

在靖州。著《九經要義》二百六十三卷。案《宋・藝文志》分《易》十卷、《書》二十卷、《詩》二十卷、《易》①、《儀禮》五十卷、《禮記》三十三卷、《周禮》三十卷、《春秋》六十卷、《論語》十卷，《孟子》未著録。《文淵閣書目》存《孟子》二冊，亦無卷數。《四庫》收《周易》、《尚書》、《儀禮》、《春秋》四種。儀徵阮

① "易"疑衍。

氏呈進《禮記》三十四卷,暨《尚書》闕卷、《毛詩》三十八卷。豐順丁氏刊行《周禮》,爲常熟張氏所得。惟《論語》、《孟子》無傳本,據《宋志》所收,止二百三十三卷。今《禮記》三十四卷、《毛詩》三十八卷,溢出十九卷,《孟子》似不過十二卷,與《本傳》所紀卷數尚合。 《周易集義》六十四卷。方回跋云:鶴山先生謫靖州,取諸經注疏,摘爲要義。又取濂洛以來諸大儒易說,爲《周易集義》六十四卷。仲子太府卿静齋先生克愚明己,壬子歲以軍器監丞出知徽州,刊《要》、《集義》,置於紫陽書院。至丙子歲,書院以兵興廢,書版盡毁。尋草創新書院於城南門内,獨《集義》僅有存者。今戊子歲,山長吴君夢炎首先補刊。會江東祥刑使者太原郝公良弼割資相工,得回所藏墨本。率總府郡頖協助兩山長及書院職事生員,醵泉訖,役半年而畢。 虞犹從遊。見字通跋。

四年辛卯,五十四歲。

公愛渠江之右修篁巨木,欲爲亭其上,張仲平錯爲築之。四月,亭成,爲之記。 靖州通判江塤有詩,落成,公依韻答之。 置興賢莊,有記。 復職主管建寧府武夷山沖佑觀。 去靖州還蜀。 過公安,跋張氏所藏東坡帖。 兄高瞻叔知緜州。公至緜,次兄南叔亦由利路提刑歸。瞻叔爲築棣萼堂,飲酒賦詩,極歡。 交邛州通判常有開。 從父弟文翁卒。

五年壬辰,五十五歲。

里居。 蘇叔明訪公山中。 改差提舉江州太平興國宫。 知遂寧府,不拜。 八月,進寶章閣待制、潼川路安撫使,知瀘州。 瀘大藩,控制邊面二千里,公奏葺其城樓櫓雉堞,增置器械,教習牌手,申嚴軍律,興學校、蠲宿負,復社倉,刱義塚,建養濟院。居數月,百廢俱舉。 兄高西叔卒。

六年癸巳,五十六歲。

在瀘州任。 遷葬楊夫人於茅林。 九月,進華文閣待制,賜金帶。時上親政,公應詔上章論十弊,乞復舊典,以彰新化。

端平元年甲午(1234),五十七歲。

五月,召赴闕。　九月,補刊《通典》二千葉。　十月,召權禮部尚書兼直學士院。

二年乙未,五十八歲。

五月,造朝。《傳》云還朝六閱月,推之當在是年。　入封首乞明君子小人之辨,以為進退人物之本,以杜姦邪窺伺之端。次論故相十失猶存,又及修身、齊家、宗賢、建內小學等,皆切於上躬者。他如和議不可信,北軍不可保,軍實財用不可恃,凡十餘端。復口奏利害,晝漏下四十刻而退。　兼同修國史兼侍讀。　再兼吏部尚書。　七月,上十事,不報。　閏七月,進講大學。　十月,元兵陷泗州,兄高南叔死之。　詔以端明殿學士同簽書樞密院,督視京湖軍馬,給金千兩、銀五萬兩、度牒千緡、錢五百萬緡,爲隨軍資。　十二月,曾從龍辭,並命督視江淮,五辭不獲命。尋兼提舉編修《武經要略》,恩數同執政。　進封臨邛郡開國侯。　賜便宜詔書如張浚故事。　詔官告院制修武郎以下告給督視府。　陛辭,面賜御書唐人嚴武詩及"鶴山書院"四大字,仍賜金帶鞍馬。詔宰臣飲餞於關外。　辟吴潛樞密都承旨、督府參謀官,趙善瀚、馬光祖督府參謀官。　開幕府江州。　奏邊防十事。　至鎮江度歲。　王德文爲注渠陽詩。

三年丙申,五十九歲。

元旦,發京口。　到江州。　二月,召爲簽樞密院事,依舊端明殿學士。赴闕奏事,力辭不拜。　上備邊十策。　四月,乞歸田里。改資政殿學士、湖南安撫使,知潭州,復力辭。詔提舉臨安府洞霄宫。　還感熱證，在蕪湖舟中命醫，力疾講《禮記》一節。　七月，至金陵，偕兄高瞻叔游蔣山。　十一月，依舊資政殿學士，知紹興府浙東安撫使。

嘉熙元年丁酉(1237)，六十歲。

正月，改知福州，兼福建安撫使。累章乞骸骨，詔不允。　三月十八日薨。後十日，詔以資政殿大學士、通奉大夫致仕。　遺表聞，輟視朝，贈太師，謚文靖，賜第宅蘇州，累封秦國公。　王實齋時知平江府，經紀喪事，甚爲周摯。　子克愚，字明己，號静齋，寶祐中軍器監，知徽州。爲政知先務，闢貢闈，作橋梁，政恬事熙，民安其化。據《姓譜》。守温州，陳宜中之父坐贓當黥，宜中上書請貸，克愚卒寘之法。及宜中爲浙西提刑，克愚郊迎，宜中報禮不書銜。亦云“部民下陳某”，克愚皇恐不敢受，宜中陰摭其過，無所得。其後，克愚發賈德生冒借官木事，忤似道，廢罷家居，宜中入，乃極言克愚居鄉不法，似道令章鑑劾之，貶嚴州。克愚之死，宜中擠之爲多。據《宋史·陳宜中傳》。　子近思，字求己，號己齋。見《詩苑衆芳》。壻劉朔齋申。

同治甲戌，荃孫在蜀帥吴勤惠公幕，公持舊鈔《魏鶴山大全集》，屬校刊付梓，因魏公蜀人也。舊鈔本出自梁溪安氏，脱誤特甚，又無他本可校，僅取文字之完整者，及汲古所刻題跋，與碑版之搨本對勘，刊成文鈔四十卷。然空白尚多，未敢臆定。後於錢塘丁氏傳鈔一部，亦出梁溪安氏。以邛州高氏殘刊本校過，較吴本略爲完善。世有宋本，今歸吾友孫問青編脩，即錢辛楣所跋者。他日如能假讀以成完璧，或亦鶴山先生所默許者乎？繙閲既多，因編爲年譜一卷。分年隸事，容有訛舛，閲者教之。江陰後學繆荃孫識。

韓翰林詩譜略

據光緒二十八年《煙畫東堂叢書》本

韓翰林詩譜略

韓翰林名偓，字致堯，史作“致光”，誤。小字冬郎，自號玉山樵人，京兆萬年人。父瞻，字畏之。母王氏，河陽節度使茂元之女。兄儀官，御史中丞。偓貶之明年，亦貶棣州司馬。

唐武宗會昌四年甲子(844)

偓生年無明文，以玉谿生诗“十歲裁詩走馬成”句考之，馮譜編入宣宗大中七年癸酉，上溯十歲，當生於是年。

宣宗大中七年癸酉(853)

偓送父執李商隱過大梁，卽席賦詩，一座盡驚。商隱贈以絕句：“十歲裁詩走馬成，冷灰殘燭動離情。桐花萬里丹山路，雛鳳清於老鳳聲。”

懿宗咸通元年庚辰(860)

《香匳集序》：“自庚辰、辛巳之際，迄己亥、庚子之閒，所著歌詩不啻千首。孫棨《北里志序》：“自大中皇帝好儒術，進士由此日盛。京中飲妓籍屬教坊。新進士設宴可行牒，追其所贈資，優於常數。諸妓居平康里，如不悋所費，則下車水陆備矣。余頻隨計吏，久寓京華，时亦偷游其中，常欲紀述其事，以爲他時談藪。俄逢喪亂，鑾輿巡省，静思陳事，追念無因，聊以編次，爲太平遺事耳。中和甲辰。”按，咸通元二年至廣明元年，皆盛極之時，與偓序恰合，疑皆卽事詩也。

僖宗廣明元年庚子(880)

十二月,黄巢陷長安,帝走興元。

中和元年辛丑(881)

正月,帝幸成都。

三年癸卯

五月,李克用破黄巢,復長安。

光啟元年乙巳(885)

三月,帝還京師。十二月,田令孜奉帝幸鳳翔。

二年丙午

二月,帝幸興元。

三年丁未

三月,帝還鳳翔。

文德元年戊申(888)

二月,帝還長安。　三月,崩。昭宗卽位。

昭宗龍紀元年己酉(889)

禮部侍郎趙崇知貢舉,擢偓登第。 狀元李瀚。 同年可考者:温憲、吴融、唐備、崔遠、李冉。《登科考》失名。 偓《與吴子華侍郎詩》注云:"予與子華俱久困名場。"按,偓登第已四十有六,故云久困。

詩:《及第過堂日作》、《余作探使以繚綾手帛子寄賀因而有詩》、《及第後出京别錦兒》。

大順元年庚子(890)

夏四月,削李克用官爵,以張濬爲招討使,會諸道兵討之。

二年辛亥

二月,復李克用官爵,貶張濬。

景福二年癸丑(893)

八月,討李茂貞。十月,以茂貞爲鳳翔兼山南西道節度使。以崔胤同平章事。

乾寧二年乙卯(895)

三月,崔胤拜河中節度使,選偓爲幕府。偓時爲刑部員外郎。按,偓爲刑部員外,本傳不載,見《翰林集》。《集》云:"余自刑部員外郎爲時權所擠,值磐石出鎮藩屏,朝選賓佐,以余充職掌記,鬱鬱不樂,因成長句。"本傳所謂"佐河中幕",當卽指此。 五月,李茂貞、王行瑜、韓建犯闕。 六月,李克用舉兵討三鎮,茂貞等還鎮。

留茂貞養子繼鵬、行瑜弟行約將兵，留宿衛。　七月，宿衛兵作亂，帝如石門鎮。茂貞斬繼鵬，帝還京師。　崔胤復拜平章事。偓本傳“召拜左拾遺，以疾辭”，當在是年。　十二月，進克用爵晉王，克用還晉陽。

詩:《因成長句寄所知》全題見上、《亂後卻至近甸有感》注:乙卯年作。

三年丙辰

七月，李茂貞犯闕。帝幸華州。　八月，李克用入援。　崔胤免。朱全忠疏薦，仍拜平章事兼領度支。　胤舉偓自副。十月，復李茂貞官。

詩:《乾寧三年丙辰在奉天重圍作》。

光化元年戊午(898)

八月，帝還長安。

二年己未

正月，崔胤免。

三年庚申

六月，崔胤復拜平章事。　十一月，劉季述等幽帝於少陽院。

天復元年辛酉(901)

正月，偓時擢左諫議大夫，與崔胤定策説。孫德昭、周承誨、董彦弼討劉季述等，皆伏誅。帝復位，三人皆賜姓名，留宿衛，時人謂之三使相。崔胤進司空,偓等賜號功臣。 孫德昭等又附韓全誨,忌崔胤。胤召李茂貞入朝,使留族子繼筠宿衛,偓以爲不可,胤不納。 五月,擢偓爲翰林學士、平章事,王溥薦也。院試文五篇:《萬邦咸寧賦》,《禹拜昌言詩》,《武臣授東川節度使制》,《答佛誓國王進貢書》,《批三功臣讓圖形表》。 偓數召對,訪以機密。帝疾宦官,欲盡去之,偓以未可盡誅對,帝前膝曰:"此一事終始屬卿。" 八月,上問陸扆不樂反正事,偓爲解釋。 九月,董彦弼見帝無禮,偓請逐之,赦其黨。又諫三使相有功,不如厚與官爵、金帛,不可使豫政事,帝不用。 彦弼譖偓漏禁省語,不可與圖政。帝曰:"卿有官屬,日夕議政,奈何不欲我見學士?" 中書舍人令狐涣,帝欲以當國,俄又悔之,欲用偓。偓因薦御史大夫趙崇,崇,座主也。帝嘉其能讓。 與吴子華侍郎融同年同直。 與吴子華、王相國溥、令狐舍人涣、劉舍人崇譽、王吏部涣唱和無題詩。 十月,朱全忠舉兵發汴梁。偓勸胤督茂貞還衛,卒又勸表暴内臣、罷韓全誨等。未及用,全誨等劫帝西行。 偓追及鄠縣,見帝慟哭。至鳳翔,遷兵部侍郎,進承旨。

詩:《雨後月中玉堂閒住》、《六月十七日召對,自辰至申,方歸本院》、《與吴子華侍郎同年同直,懷恩敘懇,因成長句四韻,兼呈諸同年》、《和吴子華侍郎、昭化舍人歎白菊衰謝之絶,次用本韻》、《中秋禁直》、《秋雨内宴》、《錫宴日作》注:天復元年辛酉、《雨中》、《宫柳》、《侍宴》注:天復元年翰苑作、《辛酉歲冬十一月,隨駕幸岐下作》、《從獵三首》注:天復元年。

二年壬戌

三月,回鶻入貢,請發兵赴難,上令偓答書許之,偓諫止其事。五月,宰相韋貽範母喪,溝通宦官,欲還位。偓不草制,宦官益側目。 十一月,帝行武德殿,因至尚食局,使官人招偓。偓至,再拜曰:"崔胤無恙,全忠軍必捷。"帝喜。偓曰:"願陛下還宫,毋爲人知。"帝賜以麪豆而去。 蘇檢數爲偓經營入相,偓怒,乃止。

詩:《冬至夜作》注:隨駕在鳳翔府、《秋霖夜憶家》注:同上、《恩賜櫻桃分寄朝士》注:在岐下、《寄遠》注:同上。

三年癸亥

正月,李茂貞殺韓全誨等,遣偓詣朱全忠營,囊全誨等首示之,鳳翔圍解。帝幸朱全忠營,因還京師,大誅宦官。　帝欲誅宫人與韓全誨謀者,偓諫止之。　崔胤請以輝王爲大元帥,帝問偓,偓附胤議。　帝反正,厲精政事,偓處機密,率與帝意合,欲相者三四,讓不敢當。　偓侍宴,全忠、胤臨陛宣事,坐者皆去席,偓持故事,不爲動,全忠銜之。會偓薦王贊、趙崇爲相。全忠見帝,斥偓罪,帝顧胤,胤不爲解。全忠欲殺偓,京兆尹鄭全規救止之,遂貶濮州司馬。帝泣,與偓别,偓曰:"是人非復向來之比,臣得貶死爲幸,不忍見篡弑之辱。"　再貶榮懿尉。二月,出關。

詩:《出關經硤石縣》注:天復三年二月二十二日。

昭宣帝天祐元年甲子(904)

正月,梁王全忠屯河中,表請遷都。帝發長安,二月,至陜。四月,帝至洛陽。　八月,朱全忠弑帝於椒殿。　昭宣帝即位。偓在湖南長沙。五月,復至醴陵縣。

詩:《過漢口》、《漢江行次》、《洞庭玩月》、《訪同年虞部李郎中》注:天復四年二月在湖南、《贈處士》、《春陰獨酌寄同年虞部李郎中》注:在湖南、《奉和峽州孫舍人肇荆南重圍中寄諸朝士三篇。時李常侍洵、嚴諫議龜、李起居殷衡、李郎中冉皆有繼和。余久有是債,今至湖南,方暇牽課》、《雪中過重湖,信筆偶題》、《寄湖南從事》、《贈湖南李思齊處士》、《同年前虞部李郎中自長沙赴行在,余以紫石硯贈之,賦詩代書》、《夏五月,自長沙抵醴陵,貴就深僻,以便疏慵,由道林之南,步步勝絕。去緑口,分東入南小江,山水益秀。村籬之次,忽見紫薇花,因思玉堂及西掖廳前皆植是花,遂賦詩四韻,聊寄知心》、《翫水禽》注:在湖南醴陵縣、《早翫雪梅有懷親屬》注:甲子醴陵作、《欲明》注:在醴陵、《梅花》、《小隱》、《曛黑》注:甲子醴陵作、《早起五言三韻》注:甲子醴陵作、《曉日》、《醉著》、《柳》、《花時與錢尊師同醉,因成二十字》注:甲子醴陵作。

二年乙丑

二月,朱全忠殺德王裕等九人。　六月,殺裴樞等於白馬驛。十二月,弒何太后。　偓由醴陵至袁州。　以兵部侍郎翰林院承旨召,不赴。

詩:《病中初聞復官》注:此編入甲子,爲天祐之元年,詳詩意尚是遷洛未弒時語,云甲子非謬也,乃史稱召命在天祐二年乙丑,豈復官在甲子,而徵命則在乙丑與、《早起》、《家書後批二十八字》注:在醴陵,時家在登州。按,偓兄儀先貶棣州司馬,偓家因隨之至海上也、《湖南梅花一冬再發,偶題於花楥》、《湖南絶少含桃,偶有以新摘者見惠,感事傷懷,因成四韻》、《卽目》、《淨興寺杜鵑一株,繁麗無比》、《避地》、《息兵》、《翠碧鳥》注:以上並在醴陵縣、《贈孫仁本尊師》注:在袁州、《題易卜崔沔處士》注:袁州、《乙丑歲九月,在蕭灘鎮駐泊兩月,忽得商馬楊迢員外書,賀余復除戎曹依舊承旨,還緘後因批四十字》。

三年丙寅

二月,偓在撫州。　三月,自撫州往南城縣。　秋至福清王黄滔家。

詩:《丙寅二月二十二日撫州如歸館雨中有懷諸朝客》、《三月二十七日自撫州往南城縣,舟行見拂水薔薇,因有是作》、《和王舍人撫州飲贈李司空》、《荔枝三首》注:丙寅年秋到福州、《九月前東都度支院蘇暐以無題殘稾見授,依次編之》、《寄上兄長》、《寶劍》、《登南神光寺塔院》注:丙寅福州、《兩賢》、《再思》、《有矚》、《秋深閒興》、《故都》、《夢仙》、《向隅》注:丙寅秋至福州作、《贈吴顛尊師》注:丙寅年作、《送人棄官入道》。

丁卯

二月，帝禪位於梁，唐亡。以兵部侍郎依前充職召，不赴。

詩：《感事三十四韻》注：丁卯作、《社後》、《息慮》、《早起探春》注：丁卯福州、《味道》、《裹娜》、《秋郊閒望有感》、《李太舍池上翫紅薇醉題》。

戊辰

偓在汀州之沙縣，寓天王院歲餘，與老僧藴明善，贈詩、刻碑。

詩：見上。

己巳

正月，偓自沙縣抵邵武軍，將赴撫信，爲閩相急召，仍回沙縣。

詩：《己巳年正月十二日，自沙縣抵邵武軍，將謀撫信之行，到纔一夕，爲閩相急腳召，卻請沙縣郊外泊船，偶成一篇》、《余寓汀州沙縣，病中聞前鄭左丞璘隨外鎮舉薦赴洛，兼云繼有急徵，旋見脂轄，因作七言四韻，戲以贈之，或冀其感悟》注：己巳年、《又一絶請爲申達京洛親友，知余病廢》、《夢中作》、《建溪灘波心目驚眩，余生平過奇境，今則畏怯不暇，因書二十八字》、《寒食日沙縣雨中看薔薇》注：己巳年。

庚午

偓在尤溪之桃林鎮。

詩：《自沙縣抵尤溪鎮，值泉州軍過後，村落皆空，因有一絶》、注：此後庚午年。《此翁》注：此後在桃林場、《多情》、《失鶴》、《卜隱》、

《晨興》注:庚午桃林場、《暴雨》注:庚午桃林場作、《山院避雨》、《閒適》、《漫作》、《騰騰》注:庚午桃林場、《寄隱者》、《閒居》、《僧影》、《贈隱逸》、《南浦》、《桃林場客舍之前,有池半畝,木槿櫛比,閒水遮山,因命僕夫運斤梳沐,豁然清朗,復視太虛,因作五言八韻》注:在庚午、《中秋寄楊學士》、《寄禪師》。

辛未

僑在南安。

詩:《清興》注:辛未南安縣、《深院》、《淒淒》注:辛未南安縣、《火蛾》注:辛未南安縣、《信筆》、《雷公》、《船頭喜凉》注:辛未南安縣、《天鑒》注:辛未在南安縣。

壬申

僑在南安。

詩:《江岸閒步》注:此後壬申年作,在南安縣、《野塘》注:壬申南安、《閨怨》、《余臥疾深村,聞一二郎官,今稱繼使閩越,笑余迂古,潛於異鄉,聞之,因成此篇》、《八月六日作》注:壬申年作。

癸酉

僑在南安。

詩:《安貧》、《殘春旅舍》、《鵲》、《露》、《贈僧》、《感舊》、《卽目》注:癸酉南安、《驛步》注:癸酉年在南安縣、《訪隱者,遇沈醉,書其門而歸》、《疏雨》、《南安寓止》按,此詩首句云"此地三年偶寄家",推之當在是年、《氣疾初愈》。

甲戌

偓在南安。按,《書裴郡君祭文》首書甲戌歲,銜書前翰林學士承旨銀青光禄大夫行尚書戶部侍郎知制誥昌黎縣開國男食三百戶韓某,見《困學紀聞》。甲戌後詩文無可考。

後唐同光元年癸未(923)

偓卒於南安之龍興寺,年八十。　鄭誠之爲哀詞,今墓在南安。　温陵帥聞其家藏箱笥頗多,扃鐍甚固。發觀,得燒殘龍鳳燭、金縷紅巾百餘條,蠟淚尚新,巾香尚鬱,乃偓爲學士日,視草金鑾,夜還翰苑,當時皆秉燭以送,悉藏之。　鄭文寶見延平老尼,亦談斯事,尼卽偓妾。　子寅亮,家於南安。　四世孫奕,慶曆中獻偓手寫詩百餘篇,授司士參軍,終於殿中丞。

《金鑾密記》一卷。　唐韓偓撰。偓天復元年爲翰林學士,從昭宗西幸。朱温圍岐三年,偓因密記其謀議及所聞見事,止於貶濮州司馬。予嘗謂偓有君子之道四焉:唐之末,南北分崩而忘其君,偓,崔胤門生,獨能棄家從上,一也;其時搢紳無不交通內外,以躐取爵禄,偓獨能力辭相位,二也;不肯草韋貽範起復麻,三也;不肯致拜於朱温,四也。詩曰"風雨如晦,雞鳴不已",偓之謂矣。而宋子京薄之,奈何。一本釐天復二年、三年各爲一卷,首尾詳略頗不同,互相讐校,凡改正千有餘字云。晁氏《讀書志》。

具述在翰苑時事,危疑艱險甚矣。昭宗屢欲相之,卒不果而貶,竟終於閩,非不幸也。不然,與崔垂休輩駢首就戮於朱温之手矣。陳氏《書録解題》。按,此書久佚,《説郛》中存五段,只一段爲偓事,餘無涉。

詩二卷,《香匳集》一卷。　《香匳集》,沈括《筆談》以爲和凝所作。凝既貴,惡其側豔,故詭稱偓著。或謂括之言妄。《許彥周詩話》:高秀實言:"元微之詩豔麗而有骨,韓偓《香匳集》麗而無骨。"

李端叔意喜韓偓詩,誦其序云:"咀五色之靈芝,香生九竅;咽三危之端露,美動七情。"秀實云:"勸不得也。"晁氏《讀書志》。

偓在閩,所爲詩皆手自寫成卷。嘉祐間,裔孫奕出其數卷示人,龐潁公為漕,取奏之,因得官。詩文氣格不甚高,吾家僅有其詩百餘篇。世傳別本有名《香匳集》者,《唐書·藝文志》亦載其辭皆閨房,不雅馴。或謂江南韓熙載,誤以爲偓。若然,何爲録於《唐志》乎?熙載固當有之,然吾所藏偓詩中亦有一二篇絕相類,豈其流落亡聊,姑以爲戲?然不可以爲訓矣。《韓偓傳》自貶濮州司馬後,載其事卽不甚詳。其再召爲學士,在天祐二年也。吾家所藏偓詩雖不多,然自貶後,皆以甲子歷歷自記其所在。有《乙丑年在袁州得人賀,復除戎曹,依舊承旨》詩,卽天祐二年也。昭宗前一年已弑,蓋哀帝之命也。末句云:"若爲將朽質,猶擬杖於朝。"固不往矣。其後又有《丁卯年正月聞再除戎曹,依前充職》詩,末句云:"豈獨鴟夷解歸去,五湖魚艇且餔糟。"天祐四年也。是嘗兩召皆辭,唐史止書其一。是歲四月,全忠篡,其召自哀帝之世,自後復召,則癸酉年南安縣之作,卽梁之乾化二年,時全忠亦已被弑。明年梁亡,其兩召不行,非特避禍,蓋終身不食梁禄,其大節與司空表聖略相等,惜乎唐史不能少發明之也。

《韓偓詩集》。　昭宗反正,密勿之謀,致光爲多,觀其不草韋貽範詔,正所謂"如今冷笑東方朔,只用詼諧侍漢皇"也。詩以言志,致光可稱卓然不拔之君子矣。

《韓内翰香匳集》三卷。　《香匳集》三卷,予從元人鈔本録出,末卷多《自負》一詩,洪邁《絕句》亦未收。行間字極佳,比流俗本迥異。予嘗命名手繪圖二十六幅,裝潢成帙,精妙絕倫,閱之意蘂舒放。嗟夫!致光遭唐末造,金鑾前席,危捋虎鬚,及乎投老無門,託跡甌閩,竟齎志没地,此豈淺夫浪子所能然耶?後人但知流浪香匳,無有洗發其心事者,千載而下,可爲隕涕也。沈括云"和凝後貴,以此集嫁名於致光",則宋人已辨之詳矣。同上。

《韓内翰別集》一卷。　唐韓偓撰。《唐書》本傳謂偓字致光,計有功《唐詩紀事》作字致堯,胡仔《漁隱叢話》謂字致元。毛晉作是集跋，以爲未知孰是。按，劉向《列仙傳》謂：偓佺，堯時仙人，堯從而問道。則偓字致堯，於義爲合。"致光"、"致元"皆以字形相近誤也。世爲京兆萬年人。父瞻，與李商隱同登開成四年進士第，又同爲王茂元壻。商隱集中所謂"留贈畏之同年"者，卽瞻之字。偓十歲卽能詩，商隱集中所謂"韓冬郎卽席得句，有老成之風"者，卽偓也。偓亦登龍紀元年進士第。昭宗時，官至兵部侍郎、翰林學士承旨。忤朱全忠，貶濮州司馬，再貶榮懿尉，徙鄧州司馬。天祐二年，復故官。偓惡全忠逆節，不肯入朝。避地入閩，依王審知以卒。偓爲學士時，内預祕謀，外爭國是，屢觸逆臣之鋒，死生患難，百折不渝。晚節亦管寧之流亞，實爲唐末完人。其詩雖局於風氣，渾厚不及前人，而忠憤之氣，時時溢於語外。性情既摯，風骨自遒，慷慨激昂，迥異當時靡靡之響。其在晚唐，亦可謂文筆之鳴鳳矣。變風變雅，聖人不廢，又何必定以一格繩之乎！《唐書·藝文志》載偓集一卷、《香匳集》一卷。晁氏《讀書志》云韓偓詩二卷，《香匳集》不載卷數。陳振孫《書録解題》云《香匳集》二卷、《入内廷後詩集》一卷、《別集》三卷。各家著録互有不同，今鈔本既曰別集，又注曰"入内廷後詩"，而集中所載又不盡在内廷所作，疑爲後人裒集成書，按年編次，實非偓之全集也。《四庫全書提要》。

韓偓天復初入翰林，其年冬，車駕出幸鳳翔，偓有扈從之功。返正初，上面許偓爲相，奏云："陛下運契中興，當復用重德鎮風俗，臣座主右僕射趙崇可以副陛下是選，乞廻臣之命授崇，天下幸甚。"上嘉嘆。翌日，制用崇暨兵部侍郎王贊爲相。時梁太祖在京，素聞崇之輕佻，贊復有嫌釁，馳入請於上前，言二公長短。上曰："趙崇是偓薦。"時偓在側，梁主叱之。偓奏曰："臣不敢與大臣爭。"上曰："韓偓出。"尋謫官入閩。故偓有詩曰："手風慵展八行書，眼暗休看九局圖。窗裏日光飛野馬，案前筠管長蒲盧。謀身拙爲安蛇足，報國危曾捋虎鬚。滿世可能無默識，未知誰擬試齊竽。"《摭言》。

偓自號玉山樵人，所著歌詩頗多。其閒綺麗得意者數百篇，膾炙人口，或樂工配入聲律，粉牆椒壁，竊詠者不可勝計。行書亦可喜，《題懷素草書》詩云："怪石會秋澗，寒藤掛古松。若教臨水畔，字字恐成龍。”非潛心字學,作語不能逮此。《宣和書譜》。

韓偓昭宗時爲翰林學士承旨,頗與國論。爲崔胤、朱全忠所不容,謫濮州司馬,其後復官,不敢入朝。挈其族依閩中王審知,嘗道沙陽,寓居天王院者歲餘,與老僧藴明善,以詩贈之。至後唐時,邑令張僚爲之記,敘偓始末甚詳,且述唐末亂離之事,頗與唐史合。予來沙陽,聞之,竊欲一觀,而其碑因寺中廢,爲有力者取去,秘不示人。久之,始得見其副本,感而賦之,且録偓詩卷中,傳諸好事者云。《偶訪明公大德,贈長句四韻》。前翰林學士承旨、戶部侍郎、知制誥韓偓上:“寸髮如霜袒右肩,倚肩筇竹貌怡然。懸燈深屋夜分坐,移榻向陽齋後眠。刮膜且揚三毒論,攝心徐指二宗禪。清涼藥分能知否,各自胸中有醒泉。”“詞臣謫去墮天南,詩墨從來牓寺簷。好事不須收拾去,世間遺集有《香匳》。”《梁溪集》。

韓偓《香匳集》百篇,皆豔體也。沈存中《筆談》云:“乃和凝所作。凝後貴,悔其少作,故嫁名韓偓耳。”今《香匳集》有《無題詩》序云:“予辛酉年戲作無題詩十四韻,故奉常王公、內翰吴公、舍人令狐涣相次屬和。是歲十月,一旦兵起,隨駕西狩,文稾咸棄。丙寅歲在福建,有蘇暐以稾見授,得《無題詩》。因追詠舊詩,缺亡甚多。”予按,《唐書·韓偓傳》:偓嘗與崔嗣定策,誅劉季述。昭宗反正,為功臣,與令狐涣同爲中書舍人。其後,韓全誨等劫帝西幸,偓夜追及鄠,見帝慟哭。至鳳翔,遷兵部侍郎。天祐二年,挈其族[1],依王審知而卒。以《紀運圖》攷之,辛酉乃昭宗天復元年,丙寅乃哀帝天祐二年,其序所謂丙寅歲在福建,有蘇暐授其稾,則正依王審知之時也。稽之於傳與序,無一不合者,則此集韓偓所作無疑。而《筆談》以爲和凝嫁名於偓,特未攷其詳耳。《筆談》云:“偓又有詩百篇,在其四世孫奕處見之。”豈非舊詩之缺亡者乎?《韻語陽秋》。

---

① 族,原本作“旅”,據上引文改。

補輯李忠毅公年譜

據光緒二十八年《煙畫東堂叢書》本

補輯李忠毅公年譜

明神宗萬曆二十一年癸巳(1593),一歲。

公諱應昇,字仲達,號次見,又號石照居士,江陰人。

公以癸巳十一月二十八日生,母孫太淑人夢日升天,因名焉。赤岸李氏,在江陰東鄉顧山鎮,本色目人。始祖嘉那,謚桓烈,至元中官統軍元帥,墓在河間寧津縣。孫李八撒兒,佩虎符,鎮江陰,家焉,遂以李為姓。曾祖詡,字戒庵,著有《世德堂吟稿》、《名山大川記》、《戒庵漫筆》諸書。祖果。父鵬翀,邑諸生,封通議大夫、太僕寺卿。母孫氏。伯父鶚翀,字如一,富藏書。今所傳有《得月樓書目》一卷。兄弟五人,長應炅,次公,次應炱、應星、應會,俱庠生。

二十二年甲午,二歲。

二十三年乙未,三歲。

二十四年丙申,四歲。

二十五年丁酉,五歲。

二十六年戊戌，六歲。

公生穎敏，出就外傅，讀書過目不忘。　習戴《記》，師命其自解，析疑剖微，宿儒不及。

二十七年己亥，七歲。

二十八年庚子，八歲。

二十九年辛丑，九歲。

三十年壬寅，十歲。

三十一年癸卯，十一歲。

弟應星生。

三十二年甲辰，十二歲。

為舉子業，敏悟絕倫，於先正中酷愛毘陵孫文介慎行、高邑趙忠毅南星兩先生文，尤好覽《朱子綱目》、《蘇長公集》，及遇古今忠孝節烈事，則慷慨欷歔，流連累日。

三十三年乙巳，十三歲。

三十四年丙午，十四歲。

三十五年丁未，十五歲。

三十六年戊申，十六歲。

三十七年己酉，十七歲。

三十八年庚戌，十八歲。

三十九年辛亥，十九歲。

補博士弟子員第一。

四十年壬子，二十歲。

四十一年癸丑，二十一歲。

四十二年甲寅，二十二歲。

公業師本邑顧文熊、宜興周延儒、武進吴鍾巒，受業年月則未詳。所著制義名《自携草》，詩名《學餘草》。

四十三年乙卯,二十三歲。

應秋試。主試官諭德周如磐、中允孫承宗,揭曉,中第十五名禮記房舉人,是科解元葉有聲。　冬入都。

四十四年丙辰,二十四歲。

應會試。主試官禮部尚書東閣學士吴道南,禮部尚書掌詹事府劉楚先。揭曉,中第五名會魁,會元沈同和。　廷試三甲一百二十六名,狀元錢士升。　吏部觀政。七月,南還,有《孤興篇》一卷,《倚雪篇》一卷,自序。　妹歸於貢氏悦茲。

四十五年丁巳,二十五歲。

二月,納妾吕氏。　四月,赴都,授江西南康府推官。　莅任,決積案千六百餘,置大猾數十人重辟,出無辜民江九五等於死。士民服公廉,為之謡曰"前林後李,清和無比"。林謂晉江林學曾,以清慎著稱者也。　修白鹿洞書院,重定學規。旬有小會,月有大會,朔望再宿山中,與諸生講紫陽之學,其後人即洞祀之。　俸不足封,公售田以給之。

四十六年戊午,二十六歲。

在南康任。　點江西同考官分詩經房。　時主試官為編修成基命、工科給事中范濟世。　解元張斌出公門下。撫州府學生,治《詩》。迎父母及弟至署。子遜之生。

四十七年己未,二十七歲。

在南康任。　差收關税。　權南康府兩月,卸任。

光宗泰昌元年庚申(1620),二十八歲。

在南康任。　九江、南康間,有柯、陳二大族,相傳陳友諒苗裔。負固强梗,嘗拒捕,有司議兵之。應昇單騎往諭,皆叩頭聽命,出其所匿罪人,一方以定。據《上汪按院書》,系此年。　贈公五十壽。

十一月,妾吕氏殁。

熹宗天啟元年辛酉(1621),二十九歲。

在南康任。　為白鹿洞書院肄業生求科舉於學道額十名①。　撰《白鹿洞書院志》。　有《招五草》一卷,自序,常熟魏浣初序。

充粤東鄉試同考官,中七人,有同門墨卷序。　間道歸省,仍回南康任,有《别匡草》一卷。

二年壬戌,三十歲。

在南康任。　五月,弟應星游庠。　行取入都。　六月,還里。　七月,北上。　考選御史。　十一月,假還,有《三游草》一卷。　覃恩封父母。

三年癸亥,三十一歲。

二月,授福建道監察御史。　赴宜興,游蜀山張公洞、玉女潭

---

① "白"字原本奪,據上下引實際名稱補。

等處。有《息影篇》一卷。　秋九月，還朝。　二十九日，上《中外之憂未釋，上下之志宜通疏》。　十月，巡視北城。　十九日，上《治法治人交敝并議清釐疏》。　閏十月十三日，糾南都御史王永光，上《公論久已誅心，大臣不宜掩耳，伏乞乾斷以息邪萌疏》。　十一月二十五日，靖恭坊許國興家被殺男女六口，旋獲到張二、張七等四名，上《强賊慘殺六命，鞫認已真，乞下法司正法，并查參失事官員疏》。　十二月初六日，上《敬循職掌廣察吏息民之議以裨萬一疏》。　二十二日，又糾王永光，上《邪臣供吐已明公論是非難掩再疏》、《糾駁以聽聖裁疏》。　兼管九門鹽法、鹽課，餘金分毫不取，悉以周濟。

四年甲子，三十二歲。

在御史任。　管理章奏。　正月十四日，上《外番内盜及小人三患疏》，疏内指斥近習，魏忠賢惡之。　二月十四日，上《黔事愈切近憂，乞早求長策疏》。　三月，京師地一日三震。　十六日，上《縷訴民隱有十害五反宜去疏》，得旨戒飭所司。　十九日上《保護聖躬速停内操疏》。　代孫掌院瑋上《一法守以肅臺綱疏》。　與邑令劉□書，言舊欠宜緩徵。　五月十九日，代孫掌院上《申明憲紀大破積習以安民生疏》。　二十日，上《乞除法外之刑，以明好生之德疏》。時忠賢領東廠，好用立枷，有重三百斤者，數日即死，死者六七十人。疏上，忠賢益恨之。　忠賢勢甚張，公密草疏列其十六罪，將上，為兄序班應炅所見，攘其疏，毁之，怏怏而止。　時楊漣參忠賢二十四大罪，得嚴旨。公即上《罪璫巧於護身，明主不宜分過》一疏。疏并斥魏廣微。　六月二十四日，巡城御史林汝翥廷杖逃匿，代孫掌院上《朝廷紀綱不可不惜疏》。　七月，萬燝廷杖，公往朝堂視之。　六科廊火。　初三日，代孫掌院上陳《救林汝翥疏》。　十五日，公上《念死諫之臣作敢言之氣疏》，人甚危之。八月二十七日，上《海内民窮已甚，東省亂形可虞疏》。　九月十四日，代掌院高攀龍草疏嚴劾崔呈秀，呈秀窘，昏夜款門，長跪乞免。

公正色拒之,含怒而去。　十月朔,帝廟享頒曆,魏廣微後至,為魏大中等所糾,廣微疏辨劾言者。　初七日,公上《閣臣負罪愈驕謹平心參校以折凶鋒疏》,廣微益怒,與忠賢合謀,將鐫公秩并杖百,首輔韓爌力救,乃奪俸一年。　初八日,代高掌院覆喬道長疏。江陰大水成災。

五年乙丑,三十三歲。

三月,逆黨曹欽程劾公為東林護法,遂削籍。　公南歸,有《歸田草》一卷。　築落落齋。　彙刻《西臺奏疏》,有自序。　魏大中被逮,公泣告親友,貸百金贈之。　十二月,弟應星卒。

六年丙寅,三十四歲。

二月,逮繆公昌期,公送之郡城,痛哭而別。　三月,魏忠賢假蘇杭織造太監李實《劾周起元疏》列入公名,亦逮公。　十七日,緹騎至江陰,到城拜辭父母。伯父如一先生執其手曰:"勉之,李氏有人矣。"父拊其背曰:"行矣,國有忠臣,我有孝子矣。"即行。　十九日,宿吴霞舟先生鍾巒宅,歡酌如常時,以幼女字其子。郡城士民聚觀者數萬人,洶洶欲動。方開讀時,有髮垂肩者十人,各挾短棍直呼入署,曰:"殺魏忠賢校尉!"士民號呼從之,諸尉踉蹌走,越墻脱履,狀甚狼狽。一賣蔗童子撫髀曰:"我恨極矣,殺却江南许多好人。"舉蔗刀臠一肥尉,片肉擲狗食之。公搏顙丐息事,校尉亦氣奪,踉蹌去,郡侯曾公二雲櫻素有惠政,又捐俸以飽緹騎,乃登時撫定。　兄應炅隨行。　過鄒縣,道旁民有聞名而下淚者。　四月二十日,抵京,羈錦衣東司房。　為弟應星作壙志。　二十三日,送鎮撫司究問,誣贓四千。五日一比,五毒備至,同年及門人募代輸應,卒不能免。將死,遺兄書訣别,并寄詩友人蔣允儀,有"他日蒙恩弛黨禁,老親稚子待君看"之句,天下聞而悲之。有《受命草》一卷。　王恭廠災。　閏六月三日,卒於獄,年三十四。　崇禎初,贈太僕卿,蔭一子。　弘光元年,予謚忠毅。

丙申年,為武進盛氏刊《常州先哲遺書》,采及吾邑繆文貞公《從野堂》、李忠毅公《落落齋》二集。《從野堂》有十世孫鎔為之年譜,《落落齋》獨無之。聞忠毅公之子膚公遜之,曾編公事迹為年譜,求之海内藏書家不可得,求之赤岸李氏子孫,亦不可得。因取《明史》列傳、《江陰志》,錢牧齋、吴梅村兩墓志,重為編次,亦略存梗概耳。如膚公所編復出,當重為刊行,此數葉以覆醬瓿可也。同邑後學繆荃孫識。

繆氏考古録

據民國二十四年鉛印本

繆氏考古録　卷一

漢

繆生

《漢書·楚元王傳》:元王既至楚,以穆生、白生、申公為中大夫。穆生不耆酒,元王每置酒,常為穆生設醴。及王戊即位,常設,後忘設焉。穆生退曰:"可以逝矣。醴酒不設,王之意怠。不去,楚人將鉗我於市。"稱疾臥。申公、白生强起之,曰:"獨不念先王之德與? 今王一旦失小禮,何足至此!"穆生曰:"《易》稱知幾其神乎! 幾者,動之微,吉凶之先見者也。君子見機而作,不俟終日。先王之所以禮吾三人者,為道之存故也。今而忽之,是忘道也。忘道之人,胡可與久處! 豈為區區之禮哉?"遂謝病去。

《漢書·儒林傳》:申公弟子為博士十餘人,蘭陵繆生,長沙內史,其治官民有廉節稱。

《經典釋文敘録》:長沙內史繆生,蘭陵人,申公弟子也。《繆生為申公弟子攷》:《漢書·楚元王傳》:王少時嘗與魯穆生。(穆、繆通叚,據《廣韻》當以繆為正。)白生、申公俱受詩於浮邱伯,不言繆生為申公弟子也。至《儒林傳》敘申公弟子,則有繆生。(《史記·儒林傳》同。索隱云:繆一音穆,所謂穆生為楚元王所禮也。)竊嘗即兩文求之,繆生蓋與申公俱學於浮邱伯,後又從申公受業者也。古者,同門之朋往往轉相傳授,《鹽鐵論》稱浮邱伯事荀卿,《穀梁序疏》云,穀梁傳荀卿,荀卿傳申公。依《元王傳》,申公為浮邱弟子,依《鹽鐵論》及《穀梁疏》,申公、浮邱又同為荀卿弟子。繆生之於申公,正如申公之於浮邱矣。《廣韻》五十一幼繆下云:《漢書・儒林傳》有申公弟子繆生。不引《楚元王傳》引《儒林》者,據最後受業為文也。《元王傳》又云:高后時浮邱伯在長安,元王遣子郢客與申公俱卒業。繆生之為弟子,其在申公卒業後,與申公為《穀梁》大師。《穀梁》開篇即云"春秋信道",又云"人之於天也以道受命,不若於道者天絕之"。又云"人之所以為人者,言也,言之所以為言者,信也。信之所以為信者,道也。繆生之去楚,曰:先王所以禮吾三人者,為道之存故也,今而忽之,是忘道也。其進退侃侃,本道立議,正得申公《穀梁》之傳。瑕邱□公而外,繆生實為高弟矣。《廣韻》一屋繆下又云"《禮記》有繆公又姓,又靡幼切"。靡幼切即指五十一幼之繆生,而又姓之云次於繆公之下。《禮記・檀弓》魯繆公作繆,秦穆公作穆,《禮記》有繆公,謂魯穆公也,而繆生之得姓,出於魯繆無疑。(《廣韻》姓氏多本《風俗通》,此當亦應劭舊説。)以魯人傳魯學,(魯學見《儒林傳》。)述《穀梁》師承者,所當謹志而弗敢遺者也。光緒丁未丹陽吉城。

繆忌

《史記・封禪書》:亳人謬忌奏祠太《漢書》作泰,下同。一方,曰:"天神貴者太一,佐曰五帝。古者天子以春秋祭太一東南郊,用太牢,七日,《漢書》作東南郊,日一太牢,七日。為壇開八通之鬼道。"於是天子令太祝立其祠長安東南郊,常奉祠如忌方。按謬與繆同,稱亳忌者,言亳人忌也。亳與薄通,故又作薄忌。《孝武紀》作薄誘忌,誘系謬字之譌。九疇附注《漢書・郊祀志》亳人謬忌考證,胡三省曰:"謬,姓也,與繆同。"

繆彤

《後漢書・獨行傳》:繆彤,鄧名世《古今姓氏書辨證》作謬彤。字豫公,汝南召陵人也。《御覽》四百十二引《汝南先賢傳》作郃陽人。按"郃"是"邵"之誤。少孤,兄弟四人皆同財產,各娶妻,諸婦遂求分異,又數有鬬爭之言。《汝南先賢傳》作"爭訟之言"。彤深懷憤歎,乃掩戶自撾曰《汝南先賢傳》作"彤默閉戶自撻自大罵曰""繆彤,汝修身謹行,學聖人之法,將以整齊風俗,奈何不能正其家乎?"《傳》作"如何近一家之中,不能使之和協耶?"鞭兩髀皆瘡。弟及諸婦聞之,悉叩頭謝罪,遂更為敦睦之行。《傳》作"諸姊及弟叩頭自責,不復分矣"。仕縣為主簿。時縣令被章見考,吏皆畏懼自誣,而彤獨證據其事,掠考苦毒,至乃體生蟲蛆,因復傳換五獄,踰涉四年,令卒以自免。大守隴西梁湛召為決曹史。安帝初,湛病卒官。彤送喪還隴西,始葬。會西羌反叛,湛妻子悉避亂它郡,彤獨留不去,為起墳冢,乃潛穿井旁以為窟室。晝則隱竄,夜則負土,及賊平而墳已立。其妻子意彤已死,還見大驚。關西咸稱傳之,共給車馬衣資,彤不受而歸鄉里。辟公府舉尤異,遷中牟令。縣近京師,多權豪,彤到,誅諸姦吏及託名貴戚賓客者百有餘人,威名遂行,卒於官。

繆斐

《魏志·劉劭傳》注引《先賢行狀》:繆斐,字文雅,該覽經傳,事親色養。徵博士,六辟公府。漢帝在長安,公卿博舉名儒。時舉斐任侍中,並無所就,即襲父也。

《太平御覽》引宋躬《孝子傳》:繆斐,東海蘭陵人。父忽患病,醫藥不給,斐夜叩頭,不寢不食,氣息將盡,三更中忽有二神引鑠而至,求裴"當"作"斐"曰:"尊君昔經見侵,故有怨報,君至孝所感,昨為天曹攝録。"裴當作"斐"驚起,視父已差。父云:"吾昔過伍子胥廟,引二神像置地,當是此耳。"

魏

繆襲

陳慶年《繆襲事輯》:繆襲,字熙伯。《魏志·劉劭傳》注引《文章志》。襲一作卜,《隋志》:《皇覽》繆卜等撰。東海蘭陵人。《世説新語·言語》注引《文章敘録》、《魏志·劉劭傳》、《後漢書·仲長統傳》皆云東海繆襲。襲辟御史大夫府,歷事魏四世。《劉劭傳》注引《文章志》。累遷侍中,《世説新語·言語》注引《文章敘録》。官至尚書光録勳。《劉劭傳》注。友人山陽仲長統漢末為尚書郎,早卒,著《昌言》,詞佳可觀省。《劉劭傳》。襲常稱統才章城謹按:《韓昌黎集·後漢三賢贊》云:"友人繆襲稱其文章足繼西京。"蓋范《書》作"才"而袁、謝諸家或作"文"也。足繼西京。董賈劉揚《後漢書·仲長統傳》。撰《昌言表》《劉劭傳》注。侍中高堂隆論郊祀事,以魏為舜後,推舜配天。蔣濟以為舜本姓嬀,其苗曰田,非曹之先,著文以追詰隆。《魏志·蔣濟傳》。與襲往反,並有理據,文多不載。《蔣濟傳》注。魏文帝黄初二年正月郊天地明堂,明帝太和元年正月以武皇帝配天,文皇帝配上帝,郊日及牲色,異議紛然。襲據祭法云:"天地騂犢,周家所尚,魏以建丑為正,牲宜尚白。"《南齊書·禮志上》。魏明帝為外祖母築館於甄氏,既成,自行視,謂左右曰:"館當以何為名?"襲曰:"陛下聖思齊於哲王,罔極過於曾、閔,此館之興,情鍾舅氏,宜以渭陽為名。"《世説新語·言語》劉孝標注。按《魏書》:帝於後園為象母起觀,名其里曰渭陽,然則象母即帝之舅母,非外祖母也,且渭陽為館名,亦乖舊史也。魏國初建,使王粲改作登哥及安世巴渝詩。明帝太和初,襲奏安世哥曰享神哥,奏可。《志》下云文帝已改安世為正始,而襲至是又改安世為享神,未詳其義。王粲所造安世詩今亡。襲又奏曰:"文昭皇后廟置四縣之樂,當銘顯其均奏次第,依太祖廟之名號曰昭廟之樂。"尚書奏曰:"禮,婦人繼夫之爵,同牢配食者樂不異。文昭皇后今雖别廟,至於宮縣樂器音均,宜如襲議。"奏可。散騎常侍王肅議曰:"王者各以其禮制事天地,今説者據《周官》單文為經國大體,懼其局而不知弘也。漢武帝東巡封禪,還祠太一於甘泉,祭后土於汾陰,皆盡用其樂,言盡用者為盡用宮縣之樂也。天地之性貴質者,蓋謂其器之不文爾,不謂庶物當復減之也。禮,天子宮縣舞八佾,今祀圜丘方澤,宜以天子制,設宮縣之樂、八佾之舞。"襲、衛臻、左延年等咸同肅議,奏可。《宋書·樂志一》。漢時有短簫鐃歌之樂,其曲有《朱鷺》、《思悲翁》、《艾如張》、

《上之回》、《雍離》、《戰城南》、《巫山高》、《將進酒》、《君馬黄》、《上陵》、《有所思》、《雉子班》、《聖人出》、《芳樹》、《上邪》、《臨高臺》、《遠如期》、《石留》、《務成》、《玄雲》、《黄爵行》、《釣竿》等曲,列於鼓吹,多序戰陣之事。及魏受命,改其十二曲,使襲為詞,述以功德代漢,改《朱鷺》《宋・樂志》作《初之平》。為《楚之平》,言魏也。改《思悲翁》為《戰滎陽》,言曹公也。改《艾如張》為《獲吕布》,言曹公東圍臨淮禽吕布也。改《上之回》為《克官渡》,言曹公與袁紹戰破之於官渡也。改《雍離》為《舊邦》,言曹公勝袁紹於官渡,還譙,收藏死亡士卒也。改《戰城南》為《定武功》,言曹公初破鄴,武功之定始乎此也。改《巫山高》為《屠柳城》,言曹公越北塞,歷白檀,破三郡烏桓於柳城也。改《上陵》為《平南荆》,言曹公平荆州也。改《將進酒》為《平關中》,言曹公征馬超,定關中也。改《有所思》為《應帝期》,言文帝以聖德受命應運期也。改《芳樹》為《邕熙》,言魏氏臨其國,君臣邕穆,庶績咸熙也。改《上邪》為《太和》,言明帝繼體承統,太和改元,德澤流布也。其餘並同舊名。《晉書・樂志下》。詔撰《皇覽》。《魏志・王俊傳》注引《魏畧》。襲、王象等《史記・黄帝紀》索隱。從延康元年始撰集,數歲成,藏於秘府,合四十餘部,部有數千篇,通合八百餘萬字。《王淩傳》注引《魏畧》。宜皇王之省覽。《皇帝紀》索隱。襲有才學,多所述敘。《劉劭傳》。有《國志》、高似孫《史畧五》:劉軻論太史公以來姓氏,《國志》有若衛顗、繆襲、應璩、王沈、傅玄、韋曜、薛瑩、華覈、陳壽。唐仲冕《嘉慶海州志・人物傳》列繆襲於文學,謂嘗奉詔與衛顗、韋誕等修魏史,注云:本《三國志》。再考。《祭儀》、《北堂書鈔》一百四十四引繆襲《祭儀》。《尤射》、《漢魏叢書》本。《列女傳讚》一卷、《皇覽》一百二十卷、《隋志》、《許昌宫賦田》、《北堂書鈔》八引繆襲《許昌宫賦田》云:“發正千畝以帥萬國。”《挽歌辭》、《北堂書鈔》九禮儀部引。集五卷、《隋志》。録一卷《隋志》注。正始六年年六十卒。《劉劭傳》注引《文章志》。

繆藝風師《繆氏得姓考》輯史傳繆姓人略備,熙伯名事輯未成,慶年為摭拾亡逸以補之。《世説》注引《文章敘録》:“襲,蘭陵人。”《御覽》引宋躬《孝子傳》敘繆斐,及《晉書・繆播傳》皆云蘭陵人,獨樂史《太平寰宇記》海州下以為東海朐人，孤文無證。嘉慶間，唐仲冕修《海州志》據以入人物，失之，今不取。又梁任昉《文章緣起》云："挽歌起繆襲。"《提要》譏其不知《薤露》之在前。《提要》詩文評類明王行《墓銘舉例》下云："墓志之興，或云宋顔延之，或云晉王戎，或云魏繆襲，或云漢杜子夏，其源不可詳考。"此類皆不以入傳，丹徒陳慶年識。

文集

魏《鼓吹曲》十二篇

漢第一曲《朱鷺》，今第一曲《初之平》，言魏也。

初之平，義兵征。神武奮，金鼓鳴。邁武德，揚洪名。漢室微，社稷傾。皇道失，桓與靈。閹宦熾，羣雄爭。邊韓起，亂金城。中國擾，無紀經。赫武皇，起旗旌。麾天下，天下平。濟九州，九州寧。搠武功，武功成。越五帝，邈三王。興禮樂，定紀綱。普日月，齊暉光。

右《初之平》曲，凡三十句，句三字。

漢第二曲《思悲翁》，今第二曲《戰滎陽》，言曹公也。

戰滎陽，汴水陂。戎士憤怒，貫甲馳。陳未成，退徐滎。二萬騎，塹壘平。戎馬傷，六軍驚。勢不集，衆幾傾。白日没，時晦冥。顧中牟，心屏營。同盟疑，計無成。賴我武皇，萬國寧。

右《戰滎陽》曲，凡二十句，其十八句句三字，二句句四字。

漢第三曲《艾如張》，今第三曲《獲呂布》，言曹公東圍臨淮，生禽呂布也。

獲呂布，戮陳宫。芟夷鯨鯢，驅騁羣雄。囊括天下，運掌中。

右《獲呂布》曲，凡六句，其三句句三字，三句句四字。

漢第四曲《上之回》，今第四曲《克官渡》，言曹公與袁紹戰，破之於官渡也。

克紹官渡，由白馬。僵屍流血，被原野。賊衆如犬羊，王師尚寡。沙塠傍，風飛揚。轉戰不利，士卒傷。今日不勝，後何望。土山地道，不可當。卒勝大捷，震冀方。屠城破邑，神武遂章。

右《克官渡》曲，凡十八句，其九句句四字，一句句五字，八句句三字。

漢第五曲《翁離》,今第五曲《舊邦》。言曹公勝袁紹於官渡,還譙收藏士卒死亡也。

舊邦蕭條,心傷悲。孤魂翩翩,當何依。游子戀故,涕如摧。兵起事大,令願違。博求親戚,在者誰。立廟置後,魂來歸。

右《舊邦》曲,凡十二句,其六句句三字,六句句四字。

漢第六曲《戰城南》,今第六曲《定武功》,言曹公初破鄴,武功之定始乎此也。

建武功,濟黄河。河水湯湯,旦莫有横流波。袁氏欲衰,兄弟尋干戈。決漳水,水流滂沱。詹城中如流魚,誰能復顧室家。計窮慮盡,求來連和。和不時,心中憂戚。賊衆内潰,君臣奔北。拔鄴城,奄有魏國。王業艱難,覽觀古今,可為長歎。

右《定武功》曲,凡二十一句,其五句句三字,三句句六字,十二句句四字,一句五字。

漢第七曲《巫山高》,今第七曲《屠柳城》,言曹公越北塞,歷白檀,破三郡烏桓於柳城也。

屠柳城,功誠難。越度隴塞,路漫漫。北踰岡平,但聞悲風正酸。蹋頓授首,遂登白狼山。神武慹海外,永無北顧患。

右《屠柳城》曲,凡十句,其三句句三字,三句句四字,三句句五字,一句六字。

漢第八曲《上陵》,今第八曲《平南荆》,言曹公南平荆州也。

南荆何遼遼,江漢獨不清。菁茅久不貢,王師赫南征。劉琮據襄陽,賊備屯樊城。六軍廬新野,金鼓震天庭。劉子面縛至,武皇許其成。許與其成,撫其民。陶陶江漢閒,普為大魏臣。大魏臣,向風思自新。思自新,齊功古人。在昔虞與唐,大魏得與均。多選忠義士,為喉脣。天下一定,萬世無風塵。

右《平南荆》曲,凡二十四句,其十七句句五字,四句句三字,三句句四字。

漢第九曲《將進酒》,今第九曲《平關中》,言曹公征馬超,定關中也。

平關中,路向潼。濟濁水,立高墉。鬬韓馬,離羣凶。選驍騎,縱兩翼。虜崩潰,級萬億。

右《平關中》曲,凡十句句三字。

漢第十曲《有所思》,今第十曲《應帝期》,言曹文帝以聖德受命,應運期也。

應帝期,於昭我文皇。曆數承天序,龍飛自許昌。聰明昭四表,恩德動遐方。星辰為垂燿,日月為重光。河洛吐符瑞,草木挺嘉祥。麒麟步郊野,黄龍游津梁。白虎依山林,鳳皇鳴高岡。考圖定篇籍,功配上古羲皇。羲皇無遺文,仁聖相因循。期運三千歲,一生聖明君。堯授舜萬國,萬國皆附親。四門為穆穆,教化常如神。大魏興盛,與之為鄰。

右《應帝期》曲,凡二十六句,其一句三字,二句句四字,二十二句句五字,一句六字。

漢第十一曲《芳樹》,今第十一曲《邕熙》,言魏氏臨其國,君臣邕穆,庶績咸熙也。

邕熙,君臣念德,天下治。登帝道,獲瑞寳。頌聲並作,洋洋浩浩。吉日臨高堂,置酒列名倡。歌聲一何紆餘,雜笙簧。八音諧,有紀綱。子孫永建萬國,壽考樂無央。

右《邕熙》曲,凡十五句,其六句句三字,三句句四字,一句二字,三句句五字,二句句六字。

漢第十二曲《上邪》,今第十二曲《太和》,言魏明帝繼體承統,太和改元,德澤流布。

惟太和元年,皇帝踐阼,聖且仁。德澤為流布,災蝗一時為絕息。上天時雨露,五穀溢田疇。四民相率遵軌度,事務澂清。天下獄訟察以情,元首明。魏家如此,那得不太平。

右《太和》曲,凡十三句,其二句句三字,五句句五字。三句句四字,三句句七字。

挽歌詩

生時游國都,死没棄中野。朝發高堂上,暮宿黄泉下。白日入虞淵，懸車息駟馬。造化雖神明，安能復存我。形容稍歇滅，齒髮行當墮。自古皆有然，誰能離此者。

喜霽賦

嗟四時之平分兮，何陰陽之不均。當夏至之句萌兮，或旱乾以歷旬。既彝麥之方登兮，洎注潦以成川。忍下民之昏墊兮，棄嘉穀於中田。倬彼昊天兮旁魄后土，育我黎苗兮降之伊祜。既垂曜於辰角兮，申勸之以九扈。何災沴之無常兮，曾粢盛之弗顧。覽唐氏之洪流兮，悵侘傺以長懷。日黄昏而不寐兮，思達曙以獨哀。白日時其浩旭兮，雲滃勃而交回。雷隱隱而震其響兮，雨霖霖而又隤察。長霤之潺湲兮，若龍門之未開。賴我后之明聖兮，獨克躬而罪己。發一言而感靈兮，人靡食其何恃。咨天鑒之遄速兮，猶影響之未彰。屯玄雲以東徂兮，扇凱風以南翔。穹蒼皎其呈色兮，羲和粲以揚光。農夫欣以斂川兮，田畯耕於封疆。《初學記》二霽晴八

藉田賦

詔句芒使掌曆兮，敕羲仲以農期。儀晨祥而舉趾兮，樂田祖以豳詩。嘉載芟之千禄兮，美振古之如茲。《初學記》十四

靈旗蔚以壽冪兮，雄戟偈以嵯峨。彎枉矢於狼弧兮，建黄鉞於瓠瓜。《御覽》三百三十九

許昌宫賦序

太和六年春，上既躬耕帝藉，發趾乎千畝，以帥先萬國，乃命群牧守相，述職班教，順陽宣化，烝黎允示，訓德歌[①]，觀事樂業。是歲，甘露降，黄龍見，海内有克捷之師，方内有農穰之慶。農有餘粟，女有餘布。選秋來享，殊俗内附，穆乎有太平之風。《御覽》五百三十七

---

① 原文脱“功”字。

嘉夢賦

心灼爍其如陽，不識道之焉如。《文選·沈約別范安成詩》注

青龍賦并序

蓋青龍者，火辰之精，木官之瑞。《藝文類聚》九十六

懿矣神龍，其知惟時。覽皇代之云為，襲九泉以潛處。當仁聖而覿儀，應令月之風律，照嘉祥之赫戲，敷華耀之珍體，燿文采以陸離。曠時代以稀出，觀四靈而特奇。是以見之者驚駭，聞之者崩馳。觀夫仙龍之為形也，蓋鴻洞輪碩，豐盈修長，容姿溫潤，蜲蜿成章，繁蚆蚪蟉，不可度量。遠而視之，似朝日之陽。邇而察之，象列缺之光。爚若鑒陽，和映瑶瓊，嘒若望飛，雲曳旗旌。或蒙翠岱，或類流星，或如虹蜺之垂耀，或似紅蘭之芳榮。煥璘彬之瑰異，實皇家之休靈。奉陽春而介福，賚乃國以嘉禎。《初學記》三十

撰上仲長統《昌言》表

統字公理，少好學，博涉書記，贍於文辭。年二十餘，游學青、徐、并、冀之閒，與交者多異之。並州刺史高幹素貴有名，招致四方游士，士多歸焉。統過幹，幹善待遇之。訪以世事，統謂幹曰："君有雄志而無雄才，好士而不能擇人，所以為君深戒也。"幹雅自多，不納統言。統去之，無幾而幹敗。并、冀之士以是識統。大司農常林與統共在上黨為臣道，統性倜儻，敢直言，不矜小節。每列郡命，召輒稱疾不就，默語無常，時人或謂之狂。漢帝在許，尚書令荀彧領典樞機，好士愛奇，聞統名，啟召以為尚書郎。後參太祖軍事，還，復為郎。延康元年卒，時年四十餘。統每論説古今世俗行事，發憤歎息，輒以為論，名曰《昌言》，凡三十四篇。《魏志·劉劭傳》注

奏對詔問外祖母服漢舊云何太和六年

後漢鄧太后新野君薨，時安帝服緦，百官素服，安帝繼和帝後，鄧太后母卽為外祖母也。但太后臨朝，安帝自蕃見援立故也。又

案後漢壽張恭侯樊宏以光禄大夫薨，宏卽光武之舅也，親臨喪葬，準前代宜尚書侍中以下弔祭送葬。《通典》八十一

奏改《安世哥》為《享神哥》

《安世哥》本漢時哥名，今詩哥非往時之文，則宜變改。案《周禮》注云：《安世樂》，猶周《房中》之樂也。是以往昔議者，以《房中》哥后妃之德，所以風天下，正夫婦，宜《安世》之名曰《正始之樂》。自魏國初建，故侍中王粲所作登哥、《安世詩》，專以思詠神靈，及説神靈鑒享之意。襲後又依哥省讀漢《安世哥》詠，亦説“高張四縣，神來燕享，嘉薦令儀，永受厥福”，無有《二南》后妃風化天下之言。今思惟往者謂《房中》為后妃之哥者，恐失其意。方祭祀娱神，登堂哥先祖功德，下堂哥詠燕享，無事哥后妃之化也。自宜依其事以名其樂哥，改《安世哥》曰《享神哥》。《宋書·樂志一》、《通典》一百四十一

奏文昭皇后廟樂

文昭皇后廟，置四縣之樂，當銘顯其均奏次第，依太祖廟之名，號曰昭廟之具樂。《宋書·樂志一》、《通典》一百四十七

樂舞議

《周禮》以六律六同五聲八音六舞大合樂以致鬼神，今之樂官，徒知古有此制，莫有明者。《後魏書·樂志》

周存六代之樂，故各有所用。今樂制既亡，唯承漢氏韶武，魏承舜，又周為二王之統，故《文始》、《大武》、《武德》、《武始》、《大鈞》，可以備四代之樂。奏黄鐘，舞《文始》，以禮天地；奏太簇，舞《大武》，以祀五郊、明堂；奏姑洗，舞《武德》，巡狩以祭四望山川；奏蕤賓，舞《武始》、《大鈞》，以祀宗廟。及二至祀丘澤於祭，可兼舞四代。又漢有《雲翹》、《育命》之舞，不知所出。舊以祀天，今可兼以《雲翹》祀圜丘，兼以《育命》祀方澤，配天地，宜宫懸如延年議。《後魏書·樂志》、《通典》一百四十七、《續漢·祭祀志》中注引末七句。

處士君謚號議

元者，一也，首也，氣之初也。是以周文演《易》以冠四德，仲尼作《春秋》以統三正。又謚法曰：行義悅人曰元，尊仁貴德曰元，處士君宜追加謚號曰元皇。《通典》七十二

皇后銘旌議

自殷以前□與銘旌皆書姓，男名女字，無書國者。周之後，天王稱天子，諸侯稱某甫，秦漢皇帝皇后太□書銘置之柩也。舊禮書銘皆不書國號，后亦不書氏。魏為天下之號，無所復別臣子，所以稱魏，故某侯某者，皆以自別耳，明太后不宜復稱魏。案《左氏》云：天王崩，不言周。《通典》八十四

神芝贊并序

青龍元年五月庚辰，神芝產於長平之習陽，許昌典農中郎將蔣充奉表以聞，其色丹紫，其質光耀，其長尺有八寸五分，其本圍三寸有三分。上別為三幹，分為九枝，散為三十六莖。圍則一寸九分，葉徑二寸七分，其幹委綏，洪纖連屬，有似珊瑚之形。其吐柯載葉，祥明爓絜。攷圖案諜，蓋美乎所同於前代者矣。古《瑞命記》曰："王者慈仁則芝生，采食之，則延年不終，與真人同。"又神農氏論芝云：山川雲雨，五行四時，陰陽晝夜之精，以生五色神芝，皆為聖王休祥焉。自漢孝武顯宗世號隆盛，而元封永平所紀神芝方斯蔑如也。且其枝幹條莖本末相承，乃協於天官之數，非神明其孰能如此哉？推其類象，則蓂莢之植階庭，蓮蒲之生庖廚，視四靈矣。乃詔御府匱而藏之，且畫其形，遂以名園為之贊曰：

帝德允臻，廚不難致。煌煌神芝，吐葩揚榮。曩披其圖，今握其形。永章遐紀，載之頌聲。《藝文類聚》九十八　《御覽》八百七十三、九百八十六

祭　儀

夏祀以蒸餅。《御覽》八百六十

夏祀調和羹芼以葵，秋祀調和羹芼以蔥，春祀調和羹芼以韭。《書鈔》一百四十四 《御覽》八百六十一、九百七十七、九百七十九

吴

繆禕

《三國志·薛綜傳》：選曹尚書同郡沛郡。繆禕以執意不移，為羣小所疾，左遷衡陽太守。既拜，又追以職事見詰責，拜表陳謝，因過詣瑩，復為人所白，云："禕不懼罪多，將賓客會聚瑩許。"乃收禕下獄，徙桂陽，瑩還廣州。

晉

繆悅

《魏志》注引《文章志》：襲子悅，字孔澤，晉光禄大夫。

《南史·陸澄傳》：尋領國子博士，尚書令王儉謂之曰："昔曹志，繆悅為此官。"

繆紹

《魏志》注引《文章志》：襲孫紹、播、徵、胤等並皆顯達。

繆播

《晉書》:繆播字宣則,蘭陵人也。父悦,光禄大夫。播才思清辯,有意義。高密王泰為司空,以播為祭酒,累遷太弟中庶子。惠帝幸長安,河閒王顒欲挾天子令諸侯,東海王越將起兵奉迎天子,以播父時故吏,委以心膂。播從弟右衛率胤,顒,前妃之弟也。越遣播、胤詣長安説顒,令奉帝還洛,約與顒分陜為伯。播胤素為顒所敬信,既相見,虚懷從之。顒將張方自以罪重,懼為誅首,謂顒曰:"今據形勝之地,國富兵彊,奉天子以號令,誰敢不復。"顒惑方所謀,猶豫不決,方惡播胤為越游説,陰欲殺之。播、等亦慮方為難,不敢復言。時越兵鋒甚盛,顒深憂之。播、胤乃復説顒急斬方以謝,可不勞而安。顒從之。於是斬方以謝山東諸侯。顒後悔之,又以兵距越,屢為越所敗。帝反舊都,播亦從太弟還洛,契闊艱難,深相親狎。及帝崩,太弟即帝位,是為懷帝,以播為給事黄門侍郎。俄轉侍中,徙中書令。任遇日隆,專管詔命。時越威權自己,帝力不能討,心甚惡之。以播、胤等有公輔之量,又盡忠於國,故委以心膂。越懼為已害,因入朝,以兵入宫,執播等於帝側。帝歎曰:"姦臣賊子,無世無之,不自我先,不自我後。哀哉!"起,執播等手,涕泗歔欷,不能自禁。越遂害之。朝野憤惋,咸曰:"善人,國之紀也。而加虐焉,其能終乎?"及越薨,帝贈播衛尉,祠以少牢。

《隋書·經籍志》:《論語旨序》三卷,晉衛尉繆播撰。新舊《唐志》二卷

《古經解姓氏書目》:繆播《論語音》。《釋文》引。按,皇侃《義疏》亦采播説。

短喪章

繆播曰:爾時禮樂崩壞,而三年不行,宰我大懼其往,以為聖人無微旨以戒將來,故假時人之謂啟憤於夫子,義在屈己以明道也。《皇疏》九。按此語邢疏亦引之,以為繆協。繆協他處未見,《皇疏》序前列繆

播名通，書止有此一節，不宜有誤，疑邢誤也。

《釋文》"夫子哭之"引繆氏《旨序》云：誓也予所否者，否，方有反。

繆協存疑　見前

繆徵

《晉書·賈謐傳》：渤海石崇、歐陽建，滎陽潘岳，吴國陸機、陸雲，蘭陵繆徵，京兆杜斌、摯虞，琅邪諸葛詮，弘農王粹，襄城杜育，南陽鄒捷，齊國左思，清河崔基，沛國劉瓌，汝南和郁、周恢，安平索秀，潁川陳眕，太原郭彰，高陽許猛，彭城劉訥，中山劉輿、劉琨，皆傅會於謐，號曰二十四友。

《隋書·經籍志》：晉秘書監繆徵集二卷，録一卷，亡。新舊《唐志》同。

繆胤

《晉書》：胤字休祖，安平獻王外孫也，與播名譽略齊。初為尚書郎，後遷太弟左衛率，轉魏郡太守。及王浚軍逼鄴，石超等大敗，胤奔東海王越於徐州，越使胤與播俱入關，而所説得行。大駕東還，越以胤為冠軍將軍、南陽太守，胤從藍田出武關，之南陽，前守衛展距胤不受，胤乃還洛。懷帝卽位，拜左衛將軍，轉散騎常侍、太僕卿。既而與播及帝舅王延、尚書何綏、太史令高堂沖並參機密，為東海王越所害。

繆世應

《北堂書鈔》：繆世應《太尉石鑒碑》。嚴可均云：世應一作應世,爵里未詳。又云當在惠帝時。

繆世應《太尉石鑒碑》

君為治書侍御史,朝廷以公雅節不羣,直方其道,仍授準繩之官,頻居爪牙之任,鷹跱虎視,而庶僚風靡。《書鈔》六十三

繆炳

《經典釋文敘録》:繆炳《禮記音》一卷。《隋志》同。

繆蔚

《通鑑》:太康四年,帝命太常議崇錫齊王之物,博士庾旉、太叔廣、劉暾、繆蔚、郭頤、秦秀、傅珍上表曰:"昔周選建明德以左右王室,周公、康叔、聃季皆入為三公,明股肱之任重,守地之位輕也。漢諸侯王在丞相三公上,其入讚朝政者,乃有兼官,其出之國,亦不復假台司虚名為隆寵也。今使齊王賢邪,則不宜以母弟之親,尊居魯衛之常職,不賢耶,不宜大啟土宇,表建東海也。古禮:三公無職,坐而論道,不聞以方任嬰之。惟宣王救朝夕,然後命召穆公征淮夷,故其詩曰:'徐方不回,王曰旋歸。'宰相不得久在外也。今天下已定,六合為家,將數延三事,與論太平之基,而更出之。去王城二千里,違舊章矣。"帝覽之大怒,付廷尉科罪。廷尉劉頌奏旉等大不敬,當棄市。尚書夏侯駿曰:"官立八座,正為此事。"乃獨為駁議,左僕射下邳王晃亦從駿議,七人皆丐其死命,並除名。

繆坦

《晉書·郭舒傳》:高官督護繆坦嘗請武昌城西地為營。

《晉書·戴若思傳》:遣鄧嶽、繆坦收若思而害之。

《晉書·周顗傳》:敦使繆坦籍顗家。

繆徽

《晉書·華表傳》:後監繆徽又奏嶠少子暢為佐著作郎。

繆施

《晉書·傅玄傳》:與東海繆施俱以時譽選入著作,撰集《魏書》。

繆蕤

《晉書·周訪傳》:王敦時鎮湓口,遣督護繆蕤、李恒受訪節度,共擊彦。蕤於豫章石頭與彦交戰,彦軍退走。

繆世徵

《晉書·張軌傳》:秘書監繆世徵、少府摯虞相與言曰:"天下方亂,避難之國,惟涼土耳。張涼州德量不恒,殆其人乎?"

繆嵩

《通鑒》:蔣幹使侍中繆嵩、詹事劉猗奉表請降。

繆愷

《晉書·慕容廆載記》:蘭陵繆愷以文章才儁任居樞要。

《通鑑》:慕容廆舉蘭陵繆愷典機要。八十八

宋

繆方盛

《宋書·阮佃夫傳》:時直閣將軍柳光世,與帝左右蘭陵繆方盛有密謀,未知所奉,方盛結佃夫。太宗即位,封劉陽縣侯。

繆士

《渚宮故事》:宋甄法崇永初中為江陵令,在任嚴明。其時南平繆士為江安令,卒於官,後一年,崇在廳,忽見一人從門而入云:"繆士謹通。"法崇知其亡,因問:"卿貌何故瘦?"答云:"我生時所行,善不補惡,罹縶苦,復勤劇理。"畢又云:"卿縣民某甲負我米千餘石,無券書,悍不還,令兒累窮弊,乞為嚴飭。"法崇曰:"卿可作詞。"士云:"向不齎紙,且久不復書矣。"法崇令省事取筆疏其語,士口受其言,歷歷辭成,謝而去。法崇以事問繆家,云有此。登時攝問,負米者畏怖,依實輸還。

南齊

繆老生

《南齊書·索虜傳》:司空長洛王繆老生合戰,老生走還長安。

梁

繆昭

《梁書·徐勉傳》:以五經博士繆昭掌凶禮。

北魏

繆琰

《魏書·劉芳傳》:録事參軍繆琰掩其後。

繆儼

《魏書·劉芳傳》:蘭陵繆儼靈奇與彭城劉氏才望略等。

繆承先

《魏書·劉芳傳》:彭城内附,靈奇弟子承先隨薛安都至京師,賜爵襄賁子,尋還徐州,數十年間,了無從宦者。

繆彦植

《魏書·劉芳傳》:世宗末,承先子彦植襲爵見敘,稍遷伏波將軍、羽林監,彦植恭慎長厚,為時所稱。

北齊

繆淇

西門豹祠頌碑会官屬題名:從事陽平繆淇難陁。天保八年

唐

繆師愈

《寶刻類編·繆師愈都督府記》,李貽孫撰,會昌五年十一月立,夔。

歐陽修《集古録·安公美政頌跋》:唐人書見於今而名不知於當時者,如張師邱、繆師愈之類,蓋不可勝數也。

繆岛雲

《唐詩紀事》:岛雲少從浮屠,其詩尤尚奇險,至如"四五片霞生絕壁,兩三行雁過疏松",又"抛芥子降顛拂拂,折楊枝灑醉惺惺"。《廬山瀑布》曰:"白鳥遠行樹,玉虹孤飲潭。"皆夐出前輩。開成中,常遊豫章。武宗朝,准敕反初,名甚喧然。

繆氏子

《閩書》:福安繆家埔山,唐時有繆氏子,六歲能文。開元間以神童召試,賦《新月詩》:"初出如弓未上弦,公明挂在碧雲邊。時人莫道娥眉小,十五團圓照滿天。"有竊掘其山者,流出淡血,其人遂

不顯。今又呼為蛾眉山。

繆阡從

繆岑

繆陶婆

繆日華

繆真姓

見唐開成五年往生碑題名，碑在浙江會稽禹廟。

宋

繆道者

《浙江通志·仙釋傳》：西安之原口山多猛獸阻險，往來者沿崖攀木，側足以行。春夏水溢，則病涉。道者來居甘泉寺，鑿山開道，遇虎狼則手撫之使去。熙寧間，以火自化，今號金川聖者。

繆進

《東坡續集·獵會詩序》：借職繆進。

繆潛

《修武縣志》:繆潛,通仕郎,前熙州道縣丞。

繆潛《大宋百家巖崇明寺智深上人經幢銘》并序

熙寧改號之五年,歲在壬子,夏四月初,余始來百家巖崇明寺,與二三友人講學於疊雲樓上。有僧凜然其儀,茫然其量,出語無文飾,臨事有剛斷,負荷內外,獨贍百口之衆。余怪而問之,即主僧,俗姓俎氏,法名智深者也。逮崇寧乙酉秋七月初,余思竹林之游,復到巖下。其門人道英出其行狀,且曰:先師陸真山陸郛之人,生而好佛,幼而出家,慶曆八年三月望日受戒為僧。元符三年九月八日示滅於衆,得臘五十有三,享年八十有二。度弟子六人,道英其一也。已燼骨葬於山門外之東嶺,立石幢丈餘,刻尊勝陁羅尼真言於其上,欲乞一言以銘之,庶取信於來世。余惻然,念其至誠,廼為之銘。銘曰:"堂堂智深,崇明之老。主寺十年,咸以為寶。壽八十二,天實畀之。葬於東嶺,鳥獸俱悲。誰立經幢,道英之報。九地幽深,慧日能照。"崇寧四年七月望日本寺僧静熙書丹。

繆昌道

《福建通志·選舉》:崇寧二年特奏名繆昌道,長溪人,假承務郎。

繆剛

《福建通志·選舉》:大觀三年,特奏名繆剛,長溪人。

《萬姓統譜》:繆剛字慶仁,寧德人,迪功郎,大觀進士。

繆昌彦

《江陰縣志》:繆昌彦字公信,政和五年乙未何㮚榜,壽昌令。

繆渥

《紹興府進士題名碑》:繆渥,紹興八年黄公度榜。按《浙江通志》誤作繆涯,《兩浙金石志》曾辨之。

繆若虚

《福建通志·職官》:幹辦公事。繆若虚,平陽人,紹興八年進士。

《浙江通志·選舉》:繆若虚,平陽人,紹興八年黄公度榜進士,福建撫幹。

繆昌朝

《江陰縣志》:繆昌朝,字公敬,紹興八年特奏名,羅田令。

繆次回

《江陰縣志》:繆次回,字聖微,紹興二十四年特奏名。

繆從龍

《浙江通志·選舉》:繆從龍,平陽人,紹興三十年梁克家榜進士,蘭溪尉。

《福建通志·選舉》:紹興三十年,武舉繆從龍,昌道孫,知婺州蘭溪縣。按,兩志一以為平陽人,一以為長溪人,似乎兩人矣。然一云紹興三十年進士,一云紹興三十年武舉,進士、武舉不同而同是紹興三十年。一云為蘭溪尉,一云為蘭溪縣,尉與縣不同,而同是蘭溪。再攷。

繆夢弼

《福建通志·選舉》:紹興三十年武舉繆夢弼,長溪人。

繆仲虎

《咸淳臨安志》:孝宗乾道五年乙丑,鄭僑榜繆仲虎,長溪人。

《福建通志·職官》:同安縣知縣事繆仲虎,長溪人,乾道五年進士。

繆夢遠

《浙江通志·選舉》:繆夢遠,平陽人,乾道年舉人。

《廣東通志·金石略》:淳祐壬寅,東嘉繆夢遠來守古英,暇日考圖志,搜南山勝概,莽為荒墟,詢諸耆舊,漫不省委廢歲月,於是披荆誅茅,首即寒翠故址而加闢焉。市材傭工於旁郡,重建斯亭,積壤爬剔,佳石畢露,季秋上澣,集郡寮以落其成,因鑱崖壁,庸告來者,嗣而葺之,庶其永存。

繆欽

樓鑰《北行日記》:三十日,發承局,繆欽歸以弟三書行。

繆夢達

《浙江通志·選舉》:繆夢達,平陽人,乾道年。

繆友皋

《浙江通志·選舉》:繆友皋,浦江人,淳熙二年詹騤榜進士。

繆守愚

《福建通志·選舉》:淳熙五年,特奏名繆守愚,長溪人。

《福建通志·古跡》:黄州黄陂主簿繆守愚墓,在壽寧縣北溪。

繆鞏

《福建通志·選舉》:淳熙五年,特奏名繆鞏,長溪人。

繆次襲

《浙江通志·選舉》:繆次襲,平陽人,淳熙八年黄由榜進士,通判廬州。

繆興宗

《福建通志·選舉》:淳熙十四年,特奏名繆興宗,長溪人,潁州推官。

繆瑜

《江西通志·選舉》:淳熙十四年丁未王容榜繆瑜,龍南人,進賢令。

《宋詩紀事》:繆瑜,字珍叟,龍南人,淳熙進士,官進賢令,有《崆峒詩集》。

《輿地紀勝》:《嵩臺記》,繆瑜撰。《嵩臺集》,繆瑜編。

繆瑜《遇災感應詩》并序

辛酉歲,錢唐火災,延燒居民以七萬計,惟吴山上一老翁家獨全。翁平時誦經樂施,火起之夕,以老憊不能去,遣兒與婦令亟走,竟不忍相捨,雜處烈焰之中,全家昏然熟寐,至於蒲萄架亦不焚灼。夫善積於平日之間,而孝感於一念之頃,其為神物護持如此,行道之人相與言者,必曰蒲萄架。因詩之,以為世人好善者之勸云。

鬱攸屬者潛煽災,蜚廉縱風相與偕。林林生齒七萬戶,連甍接棟燒成灰。如何老翁一區宅,間不以寸獨不烗。玉石俱焚勢應爾,豈有幻術能然哉。聞之翁乃好善者,平時事佛經卷開。有餘必以濟貧乏,不以利欲縈其懷。倉卒遂蒙鬼神護,萬目注視咸驚猜。厥初巨焰爇天起,左顧右盼如燔柴。翁知無地可脫免,委身甘作燼與煨。麾兒與婦令亟走,誓死不去無違乖。全家酣寢越信宿,如聞大浪聲喧豗。及其夢覺火亦息,依然一室當崔嵬。微如蒲萄不熏灼,而況梁棟與桷榱。蒼蒼表善有如此,餘自作孽何足哀。作詩志往勸來者,勿以斯語同優徘。《咸淳臨安志》

繆瑜《題七星巖》

蓬萊山上□仙宮,□□□闕凌虚空。煙濤微□不可涉,徒有丹青人未□。如何大造□□□,□兀□臺郡城北。洞門竟日鎖煙霞,嵌□□□□□□□。□□北斗辭經躔,魁杓歷歷墮眼前。不與天公管喉舌,卻於平地巢神仙。寶蓋低垂自盤古,涓涓雪竇流膏乳。石牀猶帶神龍腥,石井幽深通水府。二李遺蹤得訪尋,捫蘿□□□□□。□□□細□蛟龍,□□□□□□□。綬□□□□□□□,□□□□□□□。□□□□□□□,□□□□□□□。□□好入名山遊,□□□□□滄洲。未妨乘興此夷猶,惜無大筆追曹劉。剩留記刻巖之幽。　嘉泰□□臘月邑令□□繆瑜。《高要金石志》

《後村詩話》:予初筮任江西,有老選人繆瑜來訪,有句一聯:"有客去遊丞相閣,無人來問孝廉船。"

繆嘉猷

《江陰縣志》:繆嘉猷,字仲良,淳熙十四年特奏名,浮梁丞。

繆景凡

《浙江通志·選舉》:繆景凡,龍游人。紹熙元年余復榜進士。

繆翥

《福建通志·選舉》:绍熙四年特奏名繆翥,長溪人。

《萬姓統譜》:繆翥字叔羽,判豐州,紹興進士。按紹興即紹熙之誤。

繆德綏

《福建通志·選舉》:慶元二年武舉繆德綏,寧德人,荆湖北路副將。

繆傅梅

《福建通志·選舉》:慶元五年特奏名繆傅梅,長溪人。

繆之光

《嘉定赤城志》:慶元五年繆之光,臨海人,字觀國,終江陵府觀察支使。

繆師皋

《寶慶四明志》:嘉泰二年傅行簡榜繆師皋。次年試中教官。按,是榜"聖人成天下之大順"賦、"春旗簇仗齊"詩、"漢御外理内之術"論後教官條亦列師皋名。

《景定建康志》:《東廳續題名記》:繆師皋,迪功郎,嘉定七年五月初十日到任,當年八月十四日離任。

繆震

《福建通志·選舉》:嘉泰二年武舉,繆震第三人,知賀州。

《福建通志·宋職官》:鈐轄繆震以武德郎任端平間。

繆隆

《浙江通志·選舉》:繆隆,平陽人,嘉定元年鄭自誠榜進士,教授。

繆思問

《浙江通志·選舉》:繆思問,平陽人,嘉定七年袁甫榜進士。

繆文子

《宋元學案》:繆文子,象山之徒也。嘗云:某始初來見先生,若發蒙然。再見先生,覺心下快活,凡事亦自持,只恐到昏時自理會不得。象山云:見得明時,何持之有?人之於耳,要聽即聽,不要聽則否。於目亦然。何獨於心而不由我乎?

《象山語録》:繆文子資質,亦費力慕外,尤殢,每見他退去,一似不能脱羅網者。天之所以予我者,至大至剛至直至平至公,如此,私小做甚底。人須是放,教此心公平正直,無偏無黨,王道蕩蕩,無黨無偏,王道平平,無反無側,王道正直。某今日作包顯道書云:古人之學,不求聲名,不較勝負,不恃才智,不矜功能,今人之學,正坐反此耳。

繆□□

《福建通志·職官》:長泰縣知縣事繆□□,寶慶間任。

繆暹

《寶慶四明志首》:編類文字府學學論繆暹。按校勘記,里貫不詳,羅序云在泮之士,則皆四明人無疑。

繆蟾

《宋詩紀事補遺》:繆蟾字升之,壽寧人,紹定二年進士。

《兩浙金石志》:文林郎、特差充紹興府府學教授繆蟾。

繆蟾《紹興府進士題名碑記》

上踐阼之八年,徽猷農卿程公帥浙東領府事,下車未幾,修教庠序,以孝弟忠信淑諸生,學者鄉風。是年論秀賓興,勸駕有加禮,善類增氣。明年奏廷對二十有二人,猗歟盛哉,越所未有也。舊題名記二姓氏充牣,餘不盈咫,公一見歎曰:"此邦為帝鄉,且屬東朝壽慶恩腴,闔郡秀茂,上春官得人宜多,茲詎足紀姓名。"亟礱石以俟捷至,果如公言。公嘗麾節鄞江,今江東憲袁君甫魁天下,聯名尤夥,豈非福星所至,則魁躔文宿,次舍翼從,炳煥增輝,固應爾耶。新碣肇建,芳字粲陳,非獨傳不朽,示方來。至於文風丕振,士氣聿張,光紹三魁,衮衮未艾,此又公之使深屬。蟾倚席罔功,拭目榮修。或謂蟾曰:"識顛末,紀歲月,郡博士職也。"蟾用不敢辭,謹再拜泚筆,述所睹聞,俾來者有攷。若夫前記所刻,自杜正獻公而下,其人物風流,事業彪炳者,國有史,郡有志,登載詳矣。異時將大書特書,不一書而止。作人有功,聞者興起,又當推本於今。紹定五年十月望日,文林郎特差充紹興府府學教授繆蟾謹題。《兩浙金石志》

《福建通志·壽寧縣古迹》:宋特奏名狀元繆蟾墓在三都。

繆蟾《應舉早行詩》

半戀家山半戀牀,起來顛倒著衣裳。鐘聲遠和雞聲雜,鐙影斜侵劍影光。路崎嶇兮憑竹杖,月朦朧處認梅香。功名苦我雙關足,蹋破前橋幾板霜。《福寧府志》

繆正叔

《福建通志·選舉》:紹定二年黄朴榜繆正叔,福州閩縣人。

繆汝礪

《江蘇通志·選舉》:繆汝礪,江陰人,宋紹定年間進士,由特奏。

《江蘇縣志》:繆汝礪,字和卿,紹定二年特奏名。

繆烈

《福建通志·選舉》:嘉熙二年,周坦榜長溪繆烈省元,福州教授,遷秘書省正字。

《鐵琴銅劍樓藏書目録》:《類編皇朝大事紀講義》二十三卷,題黄甲省元肇慶府學教授温陵吕中講義,省元國學前進士三山繆烈、蘭皋蔡炳編校。

繆烈《題獅子巖》

幽巖蕭颯商飆起，一天灝氣凉如水。金井梧飛蘭谷芳，長江浪冷蓴魚美。雁字半側銀鉤攲，雲光浄埽光陸離。桂花巖下香滿枝，隨意催送到書帷。碧潭煙斂琉璃滑，素娥乘鸞下天闕。清暉深射水昌宫，虚明澄澈蛟龍窟。上下天光一鏡浮，冰輪碾破一天秋。今來古往事悠悠，月自升沈水自流。《福安縣志》

繆元德

《浙江通志・選舉》：繆元德，平陽人，淳祐四年留夢炎榜進士，知吉安。

《明一統志》：繆元德，平陽人，咸淳五年知撫州事，儉以足用，寬以愛民，嘗建和糴倉，糴米以活饑民，遺骸之未掩者，捐俸掩之。明年改知吉州。

繆應符

《浙江通志・選舉》：繆應符，鄞人，淳祐進士。

《寶慶四明志》：繆應符，淳祐七年張淵微榜進士。

繆雷奮

《福建通志・選舉》：淳祐十年特奏名繆雷奮。

繆恭

《嘉定縣重修縣學碑》：華亭繆恭刊。按，是碑王遂撰并正書，淳祐中刊。

繆文龍

《湖海新聞》:宋淳祐戊午間,九疇按:淳祐誤,戊午,寶祐六年。三山繆文龍幼學京庠,與陳魁峰相厚善。一日辭歸,求陳魁峰書為介紹,謁建漕節齋陳昉。繆意謂陳當路,書尺必可規求權局。歸次衢之江山縣,乞靈於江郎廟,神賜夢遊一所官舍,廊廡邃深,有士官數輩,巍冠博帶,翱遊其間。少頃,有一人捧一碗飯,進與繆,繆視之,則真珠飯也。飡未及半,進飯者復奪之。夢覺,卜之於神,果神所賜夢也。初未測其意,及來富沙,投書於節齋,謂繆曰:"西津鎮建文書院,有朱文公、真西山祠,今請君為堂質,一月可得官楮五百貫之俸,少為養廉之助。"繆遂以漕向來參至書院,一如夢中所見。會食堂中,飯未畢,繆之母訃音至也。一飯未畢,即以憂去。信知人之飲啄莫非前定。真珠飯者,乃朱文公、真西山二賢之祠云。

繆萬年

《湖海新聞》:開慶己未,丁大全因貂董宋臣得相,不愜人望,江西路分繆萬年作《釘詩》刺之云:"頑鑛非銅鋼樣堅,寒坑纔離亟趨炎。十來鎚打隨成器,一得人拈即逞尖。不怕斧敲惟要入,全憑鑽引任教嫌。休言深處難抽彼,自有羊蹏與鐵鉗。"丁見之大怒,繆竟以此稞罪配化州,後丁果召庚申之變。君子曰:詩得比賦之體,使之在朝,必一敢言之士也。

繆志道

《宋詩紀事補遺》:繆志道,字竹林,開化縣人。

繆志道《讀蘭皋先生集》

自少從諸老,如公有幾人。斲輪推老手,削鐻妙驚神。人物九

泉古,詩名千載新。矮窗遺稿在,一讀一霑巾。《開化縣志》

繆幼節

《福建通志·福安縣古迹》:龍頭書閣在穆洋,釋褐繆幼節讀書處。

繆朝宗

《江蘇通志·忠節傳》:繆朝宗,淮人。宋環衛官知海州,從文天祥於平江。天祥歸福安,自婺間道以從。空坑之敗,自經山間。

《萬姓統譜》:繆朝宗,淮陰人,環衛官知海州,有忠義,嘗從文天祥於平江。天祥歸福安,自婺間道以從,精練幹實,孜孜奉公,軍府器械,悉出其手。空坑之敗,自經於山間。

元

繆主一

《浙江通志》:繆主一,字天隱。永嘉人。從葉味道游,通《易》《書》《詩》三經,補國學生。上書攻賈似道。宋亡,隱居教授,兩目皆瞽。大德間,郡守廉希憲延為經師。

《經義考》:繆氏主一《易經精藴》、《禮記通考》,佚。

《宋元學案》:繆主一,字天隱,永嘉人也。從西山先生葉味道學,博聞强記。入太學,賈似道蕪湖之敗,先生與同舍諸生伏闕上書攻之。宋亡,隱居教授。雙目晚瞽,當事輿致之為學舍經師。大德間,初製大成樂器,皆以詢之。所著有《論學規範》、《尚書説》、《禮記通考》、《天隱集》。

繆君珁

戴表元《題繆氏族譜》：信州之繆為儒已久，其族聚居上饒靈山之陽，謂之繆源，今猶及與沿江機宜諱君珁字振玉者交游。

繆君珁《重修報恩光孝禪寺記略》

鶴林山報恩光孝禪寺，古竹林寺也。訂之圖諜，宋高祖微時嘗游息寺中，既即位，改曰鶴林。至唐開元，法照師來主法席，始為禪寺。咸通十一年，夾山會師繇此往參船子和尚，故寺有夾山大室。紹興，天子思報祐陵罔極之德，迺易今額。自時厥後，住持事非有道行不在選。咸淳丙寅，古鏡師慶清自當塗隱静山來居之。其始至也，事廢不舉，地茀不芟，棟撓梁枉，垣斷級墮，乃銖積顆聚，以事營繕，勿勤檀施。甫期年，葺三門經藏佛殿及諸像，設費甚夥，衆以為難。師曰："未也。"明年寢堂丈室，祠宇寮院，軒檻欄楯，器具牀座，莫不畢葺。又明年，為庫為廡，為庖為湢，為圊為廬，為垣為逵術，百役踵興，惟善法堂大役也，未易謀，師慨然曰："舍是勿圖，吾則不武。"乃倒囊鉢，鳩工選才，悉力竭作，未一年而堂成。郡牧總卿趙公嘉其志，特書"天雨寳華"四大字。於是樓閣殿廡，空翔地湧，耽耽奕奕，殆無遺功矣。予聞而異之。夫自浮屠氏之説以誘脅世俗，疏鈔筆句，名曰化緣，降氣低色，何異道乞，甚者攫資施之入而厚私橐，尚肯散其所聚哉？清師之風，固可以愧其徒也。《至順鎮江志》

繆若鳳

戴表元《題繆氏族譜》：機宜之族子若鳳，教授天台。

繆奎

見大德間錢亨《有竹居記》錢跋尾。

繆巖

繆巖《記錢應炎重建貴涇橋石刻》

涇以貴名,按《圖經》,疑即古季涇也。或以字近俚俗,遂改焉。嘗攷其地勢,聯屬前湖後江,南商北客之日去來者,絡繹而不絕,豈不謂通津矣乎?舊有橋不知創始何代,歲久石斷,水齧岸頹,雖人未病涉,而慄慄危懼,若將隕焉者亦多矣。鄉之善士錢公叔姪,一力捐財鳩工起廢,其廣增於舊餘二尺,崇石封堍,築隄捍潮,凡可為經久計者靡不至。始延祐二年八月乙未,迄明年十二月,而告成功焉。長虹臥波,復還舊觀,偉矣哉,斯舉也。昔賢編竹渡浮蟻,尚陰報如響,況錢公叔姪仁於用心,後世安知無二宋者出?余喜而書其歲月,勒堅珉以傳不朽云。公諱應炎,字南沖,姪垚,字基遠。董工則陶澄、楊輔也。延祐丙辰清明日里人前青田令掾繆巖記。

繆禧祥

《蓑衣真人殿井闌記》:昔甲子泰定元年菊月,法界庵焚,修僧智觀洎本路父老繆禧祥歡募里巷,檀信資助浄財修。

繆進德

《至順鎮江志》:濂溪書院山長繆進德,字仁甫,福州人。

繆骳弟

見《至順庚午慶雲寺鐘款題名》。《東歐金石志》

繆忠

《彰德路儒學刱置雅樂重修講堂記》:儒學教授繆忠。

繆元果

《貴池志》:池州路教授繆元果,天台人。

繆思恭

《樂郊私語》:嘉興通守繆思恭,當張氏來攻嘉興,楊完者命繆典火攻,我師遂大捷。既而張氏歸命,因大城武林,檄繆統所屬工徒以赴其役,張陰屬其弟士信乘此戮辱之,眾皆為繆心戰,繆不以介意。繆當治西北面數十百丈,以松江路工徒屬之。繆每事作則先人,止則後眾,勞來督罰,殊得眾心,由是視他所築益堅好,士信亦無如何。一日巡工至繆所轄地分,時日已虞淵而工猶未輟,士信曰:"日出而作,日入而息,汝何獨勞民如此?"繆曰:"平章禮絕百司,猶敬共皇命,日夕尚勤畚鍤,況為之民者,敢偷餘晷?"士信曰:"此人口利如錐,何怪杉青閘畔烈烈逼人。"繆曰:"今幸太尉革面,國家借此得成獎順之典,若念杉青之役,猶恨不力,縱逸平章耳。"士信曰:"別駕好將息。言及杉青,猶能使人肉跳不已。"

《至正庚辛唱和集》:思恭,字德謙,吴陵人。至正間為郡同知。丁酉,張士信來攻,檣艪蔽天,排川而下。思恭於杉青閘東西岸積葦以待。時南風大作,岸上舉火,敵舟焚燎至四十里。治郡三年,民大悅服,終淮安總管。

我生胡弗辰，守土愧簪黻。離亂難斯瘼，兵氛駕飄拂。貴臣既防求，苗獠薦驕狒。比戶罹毒淫，流殃痛未訖。大軍有凶年，荆榛莽茀鬱。天地塞無歡，三秋翳沈沕。當國哀黎氓，方來濫朱紱。所冀民社寧，優詔非為屈。頓覺元氣清，太空如蕩袚。借問今夕娱，還思去年不。得不字

人情莫大乎歡戚，而情之歡戚，則又係乎時之治亂。何者？當其亂也，雨覆雲翻，天地否閉，對此茫茫，無復生理，雖有花晨月夕，適足動我之感愴欷歔。及其治也，上清下寧，日月開朗，耳目所遭，無非佳境。雖當淒風苦雨，皆足助我之酒腸吟思。此二者無他，當由情以證時，時從情得，知情之歡戚，可以卜時之治亂矣。《至正庚辛唱和詩》為嘉禾同守繆君、廣文曹君偕諸名輩分韻之什也。讀其庚子兵後之作，則知方岳非人，苗獠驕肆，悲音於邑，何其戚也。比讀辛丑避暑之作，則藩衛有人，民庶樂業，逸興超舉，何其歡也。蓋其為時不過一再，逾年而二十八。詩之歡戚頓異，要亦一係乎人焉耳矣。余奉使以來，稽滯歲月，每每以損辱使命為戚。乃者太尉公順承皇命，報使有日，為歡可知，適舟過檇李，以方外故知新公請序此詩，不覺因己之歡戚有觸於此詩，且知詩可以觀時之治亂若蓍蔡如此。鄱陽周伯琦序。

至正己亥兵後明年庚子八月望，同守繆公招同諸彦小集南湖，以杜甫“不可久留豺虎地，南方猶有未招魂”為韻，人得一字，即席而成，以紀一時之變，且幸此會為不易得云。司農右丞郁遵識。

楊果《繆氏二賢祠記》

繆氏世居拼茶場。元至元癸巳間，有曰思恭氏者字德謙，辟充令史，適偽吴張士誠陷泰州，明年陷揚州，丙申復陷蘇州。公隨軍征進，克復高郵，所向有戰功，超升萬戶。士誠以鄉人故，欲招為援。公曰：“挽回原氣，在此一舉。”乃身往勸之，以請朝命，奉正朔，不失為忠臣之説。士誠因自戢不亟為亂者數年，公之力也。升嘉興府同知。興學校，勸農桑，累遷至淮陽路總管，徵為王府參軍。疾作，不果行而卒。弟思敬字德中，以有才德聲望，時亦為士誠徵，

唉以樞要,迫以威武,公正色曰:"見利思義,見危授命,人之大節。吾寧殺身以成仁,不偷生以害仁也。"士誠不敢屈。迨我皇明混一區宇,登用豪傑,有司以茂才舉公,授麟遊縣簿,尋復以直諫謫戍。於戲壯哉!當元季之習,瀕海之人,非有涵濡造就之功,培植薫陶之素,而二公者,明節於一時,濟美於一家,後先相望,殆所謂生理本直道著而氣不可撓者也,是可為百世風矣。及嘉靖丁亥,侍御雷君來督淮陽鹽法事,按郡乘,知其賢,召場之父老與繆之子弟諭之曰:"先達者,鄉人之表也,祖宗者,子孫之憲也。若知汝場人物,繆氏二兄弟之為賢乎,其盍撤場之淫祠,非祭法所宜有者,改祠而俎豆之,將使場之人旦夕過其祠,肅然斂袵相語曰:是吾鄉之先達也。彼人也,我亦人也。吾不能遠追古聖賢之事業,其不能廉頑立懦,以求無愧於吾鄉之先達矣乎?又將使繆之子孫春秋奉其祭祀,愾然作氣相語曰:是吾之先人也。彼善,是吾子孫與有光焉。吾苟不肖,則先人之辱矣。是安可不夙興夜寐,慮忝所生,以期無厚顏於對越之位,駿奔之時矣乎。"於是運長吴君允楨、副使劉君太清卽以繆氏原建官侯廟改而為祠,中為堂者三楹,前為大門,繚以周垣,長闊計二十畝,仍令繆氏子孫世守而奉祀焉。

繆思敬

見前。

繆倫

《浙江通志·寓賢》:繆倫,東平人,字叔彝。侍父宦游錢塘。至正十六年,淮兵寇城,執其父,將殺之,倫哀號乞免,弗聽;傾家以贖,又弗聽。乃自縛請代,於是殺倫而釋其父。

繆貞

《鐵網珊瑚》:張外史書雜詩,至正壬寅秋八月十有八日,海虞繆貞、吴郡余大亨、崑山顧元臣同觀。

《列朝詩集小傳》:繆貞,字仲素。好古博雅,家有述古堂貯法書、古物。

《常熟志》:致道觀"虞山福地"牓額、李烈士碑分書,其蹟也。平生所實用者,有述古圖圓硯,因以述古名其堂,著有《書學明辨》。

姚福均《海虞藝文志》:《六朝明辨》四卷,元繆貞撰,字仲素,常熟人。好學,精六書,名重三吴虞山。舊有其篆書"虞山福地"四大額字,旁有正書題識,更有隸書李烈士碑,今俱無存。宅在虞山南。嘗得宋述古圓研,以述古名其堂,黄溍有記。墓在虞山東嶺下。

繆侃

《列朝詩集小傳》:侃字叔正,貞子。年少有俊才,詩工《玉臺》小體,書善楷隸。

黄廷鑑《第六絃溪文鈔》:《書屈侃甫永安者獻狀後》,狀中繆侃題處士,尚沿舊志之疏。攷侃於元至正間值淮兵亂,避地浙東,辟署行省郎中,督漕運馳傳,歷諸郡,作《渡灘歌》。見鮑刻《玉山璞稿》。時吴越阻絕,父老居虞山,温清久缺,繪故山雲樹并所居猗猗堂為圖,題曰"望雲以寄志",一時名流屬和。見平陽陳高詩序。亂定歸,往來玉山草堂,賦詩酬唱。楊廉夫、袁子英輩咸重之。見《玉山名勝集》。是侃固嘗膺禄仕,非全韜晦者,其題宜栞正也。

繆侃《和西湖竹枝詞》

初三月子似彎弓,照見花開月月紅。月裏蟾蜍花上蜨,憐渠不到斷橋東。

《兵後過訪顧仲瑛感賦》丙申十月

少年壯志已模棱，憶舊懷親思不勝。我父竟為逃難客，故人近作在家僧。身居亂世慚何補，哭到窮途去未能。相見莫論生死事，且須泥飲盡寒鐙。《列朝詩集》甲

繆佚

《常熟志》：繆佚，字叔民，貞子，侃弟。能詩，工畫，嘗寫"林塘圖"，楊鐵厓、倪雲林並為題詠。

題　畫

四月初七日，為本初先輩寫山巠雜樹并賦詩云：

山巠羣玉樹蕭森，下壓石隄春水深。一葦孤舟泊何許，緑陰多處聽鳴禽。

任陽唐本初，名所駕之舟曰一葦航，嘗過予山巠書堂，徵寫所見雜樹，荒穢無足觀，仲權貢士遂裝潢之，挂于齋閣，而諸先生題詩殆徧，此為鼷鼠抉機，良可愧也。忽然見之如發夢寐，因再用筆補其疏漏，復題絕句一首於上，仲權先生必有以教之。

畫中悟得三生石，我豈前身亦畫師。縹帙緗題忽相照，宛如臨水見須眉。

繆氏考古録　卷二

明

繆大亨

《明史》:繆大亨,定遠人。初糾義兵,為元攻濠,不克,元兵潰,大亨獨以衆二萬人與張知院屯横澗山,固守月餘,太祖以計夜襲其營,破之,大亨與子走免,比明,復收散卒,列陣以待。太祖遣其叔貞諭降之,命將所部從征,數有功,擢元帥總兵,取揚州,克之,降青軍元帥張明鑑。初,明鑑聚衆淮西,以青布為號,稱青軍。又以善鎗稱長鎗軍,由含山轉掠揚州,元鎮南王孛羅普化招降之,以為濠泗義兵元帥。踰年食盡,謀擁王作亂。王走死淮安,明鑑遂據城居民以食。大亨言於太祖,賊饑困,若掠食四出,則難制矣。且驍鷙可用,無為他人得。太祖命大亨亟攻,明鑑降,得衆數萬,馬二千餘匹,悉送其將校妻子至應天,改淮海翼元帥府為江南分樞密院,以大亨為同簽樞密院事,總制揚州、鎮江。大亨有治略,寬厚不擾,而治軍嚴肅,禁暴除殘,民甚悦之。未幾卒,太祖過鎮江,歎曰:“繆將軍生平端直,未嘗有過,惜不見矣。”遣使祭其墓。

《京口山水志》:明總制繆大亨墓在黄山下之經家灣。

繆貞

大亨之叔,見大亨傳。

繆把頭

《明史稾》:張赫,濠人。江淮大亂,團義兵以捍鄉里,嘉山繆把頭招之不往。

繆美

《繆美傳》:武毅將軍繆美,壽州安豐人。歲壬辰,江淮大亂,集勇士捍鄉井,推陳也先為主帥。乙未夏,與陳也先渡江而南,察陳也先所為,後必敗,以丙申春三月率所部千餘人、馬三百餘匹自歸上於陰巷,上以屬故越國胡公。是月從胡公攻下建康,出北門,追水寨軍,乘勝克鎮江、丹陽。五月克廣德、宜興。八月攻常州,所過屯堡若金澤、楊思明皆降。丁酉春二月,拔紅菱橋、洛社諸寨。三月克常州。四月從攻寧國。會長鎗援寧國,美與戰,殺獲甚衆。既下寧國,復從攻下徽州。七月,苗軍楊完者侵徽州,出戰西門,又出北門戰,又戰於東門,連捷,追北二十里。戊戌春,從襲阿魯灰院判營,破之,進攻於潛昌化,獲其縣印,上之。三月從攻嚴州道,遇長鎗戰,卻之,進拔嚴州。五月,偽吴張士誠與楊完者合軍犯嚴州,敗其舟師東門,追至大浪灘而還。又分兵出西門,覆其精鋭。自是苗軍勢衰矣。八月,壽昌急領其兵援之。十月,克蘭溪、浦江,用降人蔣元帥為導,取義烏,遂會胡公金華城下。上至金華,美從胡公大敗處州胡深元帥軍梅花門外,逐至茭道,盡獲其輜重,金華遂降。己亥正月,分兵取諸暨,略地至紹興。十月還次金華。十一月復從胡公擊處州,處州軍據礬嶺。其地險隘,衆莫利先登,美率敢死士持梃,魚貫奮擊,奪其壁以入我師,守將石末、參政棄城而竄,分兵略定浮雲,得元帥葉琛,使論元帥胡深曰:“今上天授也,士之欲立功名者,不以此時自附,將誰與戮力?且去年爾之衆戰而大敗,今年我之師不戰而勝,則天意亦可見矣。與其險阻偷生旦夕,孰若改圖可以保富貴也。”深然之,出降。龍泉、慶元皆平,遂以胡深、葉琛暨劉基入見。内出銀碗、文綺賜之，而遣還金華。庚子四月，除胡公帳前萬戶。閏五月，從擊信州僞漢陳友諒軍，狼狽引去，胡公還師金華，留美從林都督守信州。辛丑二月，以其師取石港。五月張士誠軍犯諸暨，胡公促美部兵東還禦之，遇於楓橋，戰卻之。未幾，陳友諒軍犯信州，復以永嘉侯檄援。行至草萍聞敵保玉山，馳赴之，戰於東津橋，以寡敵衆，無不一當百，敵懼而卻，遂復玉山。永嘉侯命為前鋒，比達信州，又命結營敵壘之後，絕其歸路，城中聞援兵至，開門夾攻，友諒軍脱者無幾。上聞之，出銀碗一、文綺三匹賜之。壬寅春，胡公命引兵還金華，至常山，聞胡公為蔣英所剸，乃兼程進，至金華，發喪。張士誠軍乘胡公之喪，攻諸暨，急。曹國李公遣美以援請於守將曰："夜斫其營，其衆可亂而走也。"從之。呂副樞果棄輜重，僅以身遁，事聞，有御衣之賜。甲辰三月，移守嚴州。四月謝再興舉諸暨，判附張士誠，美從胡参軍城新城，敵撓我版築，美統奇兵出敵背決戰，敵敗北而城以完，遂留守焉。乙巳三月，張士誠大舉圍新城，號二十萬，聲振浙東。美初應之北門之外，覆斗巖之下，敵攻西門，又趣當之，再戰再捷。會曹國公大敗之於龍潭，美逐其餘黨至湖頭，受上賞。丙午正月，從王指揮援浦城，拔無蓋洞舡山寨，逐敗陳友定軍於舡山大寨，五戰而入浦城。洪武元年春，從下建寧。延平四月，復從林都督殄海寇於昌國。十二月，除武毅將軍、管軍千戶。明年春，從曹國公北征，克景州、薊州、惠州，戰錦川。六月從攻上都，復取道通州，往援大同，戰黑河，遂與大軍俱還。北平三年二月，從華都督攻下雲州。五月復從曹國公擊上都，敗蠻子太尉軍于察罕腦兒，進攻應昌，分兵擊花環塞，曹國公命護送江文清士馬至北平。十月班師南還，定封行賞賜，以世襲之命則四年二月也。六月夏，城中都而以七年春移戍平陽。平陽岸海而故城規制弗稱，美改作之，在平陽八年。年未六十輒致其事，君子以為急流勇退，有賢達之風云。

史氏曰：有古豪傑之士，其克成功名，非獨有過人之材略，要必又能擇所從而去就焉。馬援不舍隗囂而歸漢光武，尉遲恭不舍劉武周而歸唐太宗，將覿為俘囚之不暇，尚可望新息、鄂國之封哉。

夫元之將士，與陳也先共事者亦多矣，獨繆將軍逆知其無成，而決意臣附今天子於草昧之初。繆將軍今也勳在帝室，爵為武毅，位冠千夫，澤流後嗣，不亦宜乎。於戲！去就之所關繫，豈輕也哉。《蘇平仲文集》卷三

繆均

《浙江通志・選舉》：繆均，平陽人，洪武十七年舉人，十八年丁顯榜進士，工部主事。

繆伯榮

《廣東通志・選舉》：繆伯榮，香山人，洪武二十年丁卯舉人。郭志誤作"庚午"。

繆慶光

《江西通志・選舉》：洪武二十年丁卯鄉試繆慶光，上饒教授。

繆觀國

《萬姓統譜》：繆觀國，祁縣人，洪武進士，永樂中以給事中出知江西龍南縣。公敏愷悌，激勸耕讀，用以成俗，功在士民。

繆永

《安徽通志・選舉》：繆永，含山人，洪武年歲貢。

繆伯雨

《萬姓統譜》:繆伯雨,工於詩,有《虞山樵唱》,暨陽黄常為之序。其詠物詩二百餘首,為時所稱。

《海虞藝文志》:《虞山樵唱》,明繆伯雨撰,常熟人。

繆讓

《江蘇通志·選舉》:繆讓,長洲人,明永樂十八年庚子科舉人,十九年辛丑科曾鶴齡榜進士。

《進士題名録》:永樂十九年曾鶴齡榜繆讓,直隸蘇州府長洲縣人。

《水東日記》:御史繆讓,宣德中黜。

繆雲

《安徽通志·選舉》:繆雲,無為州人,永樂年歲貢,涿州判。

繆禮

《安徽通志·選舉》:繆禮,全椒人,宣德年歲貢。

繆通

《安徽通志·選舉》:繆通,來安人,宣德年歲貢。

繆文盛

《江蘇通志·選舉》:明薦辟繆文盛,江陰人,任推官。

《江陰志》:繆文盛,字成章,正統八年癸亥辟舉福建延平府推官。

繆忠

《安徽通志·選舉》:繆忠,當塗人,正統年歲貢。

繆順

《安徽通志·選舉》:繆順,當塗人,正統年歲貢,福州照磨。

繆樸

《進士題名録》:景泰二年柯潛榜繆樸,直隸蘇州府常孰縣軍籍。

《海虞藝文志》:《草窗稿》,明繆樸撰,字尚質,常熟人,景泰二年柯潛榜進士,遷南京刑部郎中。有坐重刑者餽以燖鵝,中實黄金,樸覺而發其事,年逾六十致仕,題所居曰草窗。

繆召卿

繆懋卿

《蕪湖縣志》:繆懋卿,蕪湖人,與兄召卿皆好施予,凡值歲歉,出穀以振,全活甚衆,上憲屢加旌異,成化初,敕給冠帶。

繆樗

《明史·姜綰傳》:繆樗,字全之,溧陽人,成化十一年進士。孝宗初,陳時政八事,因劾大學士尹直等,時號敢言。官給事中,劾同中官陳祖生,逮鞫,謫莒州判官。

《江蘇通志·宦績傳》:繆樗,溧陽人,字全之,成化乙未進士,知東陽縣。邑有隱糧詭寄,立法丈量以均徭役,擢南御史,抗論中官蔣琮,語侵汪直,帝察其忠,逮琮而謫樗莒州判官,辨王氏疑獄,有神君稱。

《金華徵獻略》:繆樗,字全之,溧陽人。成化間以進士為東陽令。先是,邑中田糧多虚,貧民告病,樗沿坵覆畝,編號繪圖,一時飛詭之弊,為之一清。萬曆、康熙再丈量,而猶以成化年冊籍為憑。始作《東陽縣志》,歷任五載,凡學校、倉場、祠宇,莫不修舉,政平訟理,一時推賢令者必首推繆公,仍以內召去,民為之立碑,而蘭谿章懋為文,其詞有曰:"以繩乎吏者繩乎身,而冰蘗其操也;以教於家者教夫人,而子弟其民也。"其頌詞曰:"衣不文繡,食不膏粱。夙夜靡懈,視民如傷。煢獨是矜,高明罔畏。豪右强宗,縮首喪氣。迺新庠序,迺廣積倉。以敦風化,以備歉荒。斥彼淫祠,俗斯近古。表厥賢孝,人用興起。他人有田,我輸其租。匪侯覈之,貧者何辜。百年之蠹,一朝而去。惟正之供,自今伊始。"志其略以為實録云。

《千頃堂書目》:繆樗《東陽縣志》九卷,成化癸卯修。

繆昶

《山陰繆氏譜》:明成化十三年丁酉古提場大使昶輯。

繆昌

《江蘇通志·選舉》:繆昌,無錫人,天順三年己卯科舉人。

《進士題名録》:成化十四年曾彦榜繆昌,直隸常州府無錫縣民籍。

《四鎮三關志》:繆昌,無錫人,分守遼海東寧道。

繆芳

《雲南通志》:繆芳,曲靖人,成化二十二年丙午科舉人,官教授。

繆編

《福建通志·職官》:繆編,建安縣丞,成化間任。

繆寧

《安徽通志·選舉》:繆寧,壽州人,成化年歲貢照磨。

繆鳳

《安徽通志·選舉》:繆鳳,廬州府人,成化年歲貢經歷。

繆覲

《江蘇通志·選舉》:繆覲,無錫人,弘治八年乙卯科舉人。

繆白

《雲南通志》:繆白,呈貢人,弘治八年乙卯科舉人。

《雲南通志·鄉賢傳》:繆白,字元素,呈貢人,弘治乙卯舉人,任成都通判。董師征吐蕃,嚴戒妄殺。攝司獄,讞訟多雪冤抑。時有宋姓者,以豪俠為不法,白廉得之,欲竟其獄,當事不可,鬱鬱不樂。後擢麻哈知州,遂不仕,請歸事母,曲盡色養。母歿,哀戚居家四十餘年,以盛德稱。及卒,貧不能斂,子孫稱貸葬之。

繆恭

《萬姓統譜》:繆恭,字思敬,天台人。通《春秋》,為縣學諸生。已而棄舉子業,攻詩文。弘治初,詔求直言,恭以布衣上書,論天下事。一曰保神器,二曰崇正學,三曰紹絶屬,四曰懷舊勳,五曰廣賢路,六曰革冗員。首尾歷歷,凡數千言。指斥忌諱,皆人所不道者。疏入,敬皇帝不之罪也,特赦有司遣還家。

《千頃堂書目》:繆恭《茆山穢稾》,浙江太平人。弘治中上疏請擇宗室賢者,封之以嗣懿文太子,後格不得上而罷。

《南渡録》:萬元吉《議復懿文太子故號及建文諸臣謚疏》,弘治中布衣繆恭伏闕上書,請復建文故號,爵其後裔奉祀,敬皇帝勿罪。《書目》言格不得上,《南渡録》言敬皇帝弗罪,語屬兩歧。案此即紹絶屬弟三書中語,似《南渡録》合。

繆暲亦作璋

《雲南通志》:繆暲,通海人,弘治八年乙卯科舉人,清平知縣,遷武昌通判。互見《雲南》其子宗周傳。

繆仲輝

《福建通志·選舉》:繆仲輝,閩縣人。弘治十一年林士元榜,建昌府通判。

繆世賢

《湖南通志·職官》:孝宗朝繆世賢,賓州人,沅江縣訓導。

繆璵

《湖南通志·職官》:孝宗朝繆璵,曲靖人,石門縣知縣。

繆縉

《安徽通志·選舉》:繆縉,滁州人,弘治年歲貢,新城訓導。

繆璉

《千頃堂書目》:繆璉《雪崖集》一卷,字宗貴,福安人,弘治中隱士。又見《紅雨樓書目》。

繆輔之

《雲南通志》:繆輔之,通海人,正德二年丁卯科舉人,官知州。

繆珊

繆璉

《千頃堂書目》:繆珊、繆璉《壎篪集》,珊字仲林,璉字仲卣,平陽人。案璉字仲卣,與字宗貴者非一人,福安、平陽亦非一地。

寒　夜

城頭燈影寒,鴉散聲悲咽。東歸一葉舟,夜泊松江雪。

繆尚志

《江蘇通志·選舉》:繆尚志,常熟人,正德十四年己卯科舉人。

繆子英

《廣東通志·職官》:程鄉縣主簿繆子英,浙江人,正德十四年任。

繆宗周

《進士題名録》:正德十六年辛巳科楊維聰榜,雲南通海人。

《明史·何孟春傳》:戶部主事繆宗周。

《湖南通志》:繆宗周,通海進士,右參政,分守上荆南道。

《雲南通志·鄉賢傳》:繆宗周,字碌溪,通海人,父璋,官清平知縣,遷武昌通判,有政聲。宗周於正德辛巳成進士,任戶部主事,以議大禮廷杖,復奏裁冗官以輕門稅,求直言以回天變,又爭留大臣,忤執政意,謫鬱林州判,尋遷太和知縣,甫八月,擢松潘兵備道,蕩平番寇,一方賴之。再擢四川右布政使,轉浙江右布政使。所至有宦績。里居三十餘年,絕跡公門,清約如寒士。年八十五乃卒。初,宗周之謫鬱林也,其父遺書勖之曰:"大丈夫事業當如此。"論者以為宗周之賢本於其父云。

繆洙

《萬姓統譜》:繆洙,上饒人,舉人,正德中任公安知縣。

繆思恭

《福建通志・選舉》:貢生繆思恭,福安人,瓊州府臨高教諭。

《廣東通志・選舉》:靈川縣訓導繆思恭,正德朝任。

繆鍔

見正德戊寅王鑑之《繆氏譜序》。

繆宗道

《廣東通志・選舉》:繆宗道,瓊山人,嘉靖元年壬午科舉人,博白知縣。

繆宗堯

《雲南通志》:繆宗堯,通海人,嘉靖四年乙酉科舉人。官治中。

《福建通志・職官》:繆宗堯,汀州府同知。　又,上杭縣知縣繆宗堯,以本府同知任。

《福建通志・宦績傳》:繆宗堯,通海舉人,嘉靖間任同知。吏事精練,文以詩書。當嘯徒流毒三省,宗堯單騎諭降,不聽,已而渠魁被執,其徒謀為變,密計擒之,境以寧謐。其攝郡,振饑理冤,鋤豪植弱,奉身廉潔,有守有為。

繆中孚

《江蘇通志・選舉》:繆中孚,常熟人,嘉靖四年乙酉科舉人。

繆冕

《福建通志·職官》:繆冕,福安縣訓導。

《福建通志·宦績傳》:繆冕,字希周,汾水人。嘉靖七年訓導,以道學自勵,撰《師聖賢》、《克己私》、《戒嗜慾》、《務謙勤》四詩梓授諸生,曰:某無以教,願諸君體之。學使者督以舉惡,冕曰:古人謂他郡自有,平原自無,冕不敢罔人塞咎。竟受罰,陞星子教諭,未赴卒。

繆希亮

《江蘇通志·選舉》:繆希亮,溧陽人,明嘉靖八年己丑羅洪先榜進士。

《孝義傳》:事母至孝,登第後,不廷對而歸,遂終養焉,母歿,不復出。

繆文龍

《進士題名録》:嘉靖十七年茅瓚榜繆文龍,貴州烏撒衛軍籍,直隸華亭縣人。

《雲南通志·職官》:繆文龍,貴州人,進士,嘉靖時任按察使,轉左參政。案:《雲南通志·選舉表》:嘉靖十七年戊戌科茅瓚榜繆文龍,霑益人,官參政。攷烏撒衛後千戶所在霑益州,治西北,隸貴州,與霑益州同城。文龍烏撒籍而為滇中參政,州志想又收入,遂致兩岐。

繆汝恩

《雲南通志》:繆汝恩,雲南府人,嘉靖十九年庚子科舉人。

繆俊

《江陰志》:繆俊,字用章,嘉靖二十二年癸卯科舉人,廣西梧州府通判。

繆宣

《進士題名録》:嘉靖二十三年秦鳴雷榜繆宣,直隸蘇州府常熟民籍。

《江蘇通志·選舉》:繆宣,常熟人,明嘉靖甲辰秦鳴雷榜進士。

《千頃堂書目》:繆宣《瑞鶴堂稿》四卷,字來洲,常熟人。

繆垓

《江蘇通志》:繆垓,拼茶場人,嘉靖二十五年丙午科舉人。按《通志》,萬曆三十四年舉人,又有繆垓,亦拼茶場人,必有一誤。

繆思莘

《浙江通志·選舉》:繆思莘,山陰人,嘉靖二十八年舉人,任通判。

繆建和

《廣東通志·職官》:瀧水縣教諭繆建和,星子人,嘉靖三十一年任。

繆載

《福建通志・選舉》:貢生繆載,福安人,惠州府龍川訓導,有猺子戶粥子納差,載還其金,俾贖子而免之。

《廣東通志・職官》:龍川縣訓導繆載,嘉靖三十三年任。

繆應龍

《雲南通志》:繆應龍,字忠庵,曲靖人,嘉靖三十七年戊午科舉人,官知縣。

《寶豐縣志》:知縣繆應龍,嘉靖四十一年任。

《千頃堂書目》:繆應龍《寶豐縣志》,萬曆間修。

繆文英

《雲南通志》:繆文英,雲南府人,嘉靖三十七年戊午科舉人。

繆一鳳

《福建通志・選舉》:繆一鳳,福安人,嘉靖四十一年黄星耀榜,贛州府寧都縣。

繆元亨

《江蘇通志・選舉》:繆元亨,常熟人,嘉靖四十三年甲子科舉人。

繆坤

《江陰縣志·藝術傳》:繆坤,字子厚,其先以醫名者七世,坤名尤著,性行湻篤,自察脈審方外,端居誦讀,不接塵事。嘉靖間帥府延至軍前療疫,全活甚夥,著有《方脈統宗》行世,與鄉飲十七次,壽九十,自志其墓。

繆文

《江西通志·職官》:繆文,嘉靖朝都指揮使。

繆乾亨

《江陰縣志》:繆乾亨,字子禮,嘉靖朝歲貢。

繆希彤

《湖南通志·職官》:世宗朝繆希彤,臨桂人,興寧縣訓導。

繆文璧

《湖南通志·職官》:世宗朝繆文璧,藍山縣訓導。

繆鼇

《安徽通志·職官》:繆鼇,德興人,嘉靖朝巡按廬鳳、淮陽、滁和,監察御史。

繆鳳

《安徽通志·選舉》:繆鳳,潛山人,嘉靖年歲貢,餘姚簿。

繆敔

《安徽通志·選舉》:繆敔,和州人,嘉靖年歲貢。

繆士傑

《安徽通志·選舉》:繆士傑,和州人,嘉靖年歲貢,安邑教諭。

繆應登

《安徽通志·選舉》:繆應登,滁州人,嘉靖年歲貢,訓導。

繆旺

《廣東通志·職官》:增城縣教諭繆旺,福建人,嘉靖朝。

繆守之

《雲南通志》:繆守之,通海人,隆慶四年庚午科舉人,官同知。

繆熊

《臨海屈氏世譜》:繆熊,貢生,屈必達是其壻。屈隆,慶壬申歲貢。

繆世傑

袁通《河内志》:主簿繆世傑。

繆文薦

《雲南通志》:繆文薦,昆明人,萬曆四年丙子科舉人,官通判。

繆文翠

《雲南通志》:繆文翠,昆明人,萬曆四年丙子科舉人,官知縣。

繆元亨

《江陰縣志》:繆元亨,字汝嘉,萬曆十年歲貢,溧陽縣訓導。

繆伯昇

《浙江通志·選舉》:繆伯昇,山陰人,萬曆十九年舉人,刑部主事。

《福建通志·職官》:繆伯昇,惠安縣知縣。

《福建通志·宦績傳》:繆伯昇,山陰舉人,天啟初任。保民如孺,民之忿懥者除之,巽懦者張之,弛懈者作之。初不見德而日遷善,不知久而愈思,會登萊之役,餽饟是憂,以催科不及格被劾,民相與越訴上官,得免,仍勒碑紀焉。

繆照

《廣東通志·職官》:東安縣主簿繆照,分水人,萬曆十九年任。

繆正之

《安徽通志·選舉》:繆正之,桐城人,萬曆二十二年甲午科舉人,翰林孔目。

繆正之

《江陰縣志》:萬曆二十四年歲貢繆正之,字己先,安慶府訓導。

繆思啟

《雲南通志》:繆思啟,曲靖人,應龍子,萬曆三十年癸卯科舉人,官同知。

《畿輔通志·藝文》:《玉田縣志》,明萬曆辛亥知縣繆思啟創修。

繆思周

《雲南通志》:繆思周,曲靖人,思啟弟,萬曆四十年壬子科舉人。

繆昌期

《明史》:繆昌期,字當時,江陰人,為諸生,有盛名。舉萬曆四十一年進士,改庶吉士,年五十有二矣。有同年生忌之,揚言為于玉立所薦,自是有東林之目。張差梃擊事,劉廷元倡言瘋癲,劉光復和之,疏詆發訐者,謂不當詫之為奇貨,居之為元功。昌期憤,語朝士曰:"奸徒狙擊青宮,此何等事?乃以瘋癲二字庇天下亂臣賊子,以'奇貨元功'四字没天下忠臣義士哉!"廷元輩聞其語,深疾之。給事中劉文炳劾大學士吴道南,遂陰詆昌期。時方授檢討,文炳再疏顯功,昌期即移疾去。既而京察,廷元輩復思中之,學士劉一燝力持乃免。天啟元年還朝。一燝以次輔當國。其冬,首輔葉向高至。小人間一燝於向高,謂欲沮其來,向高不悦。會給事中孫杰承魏忠賢指,劾一燝及周嘉謨,忠賢遽傳旨允放。昌期急詣向高,力言二人顧命重臣,不可輕逐,内傳不可奉。向高怫然曰:"上所傳,何敢不奉!"昌期曰:"公三朝老臣,始至之日,以去就力爭,必可得也。若一傳而放兩大臣,異日天子手滑不復可止矣。"向高默然。昌期因備言一燝質直無他腸,向高意少解。會顧大章亦為向高言之,一燝乃得善去。兩人故向高門下士也。昌期尋遷左贊善,進諭德。楊漣劾忠賢疏上,昌期適過向高。向高曰:"楊君此疏太率易,其人於上前時有匡正。鳥飛入宫,上乘梯手攫之,其人挽衣不得上。有小璫賜緋者,叱曰:'此非汝分,雖賜,不得衣也。'其强直如此。是疏行,安得此小心謹慎之人在上左右?"昌期愕然曰:"誰為此言以誤公?可斬也。"向高色變,昌期徐起去。語聞於漣,漣怒。向高亦内慚,密具揭,請帝允忠賢辭,忠賢大愠。會有言漣疏乃昌期代草者,忠賢遂深怒不可解。及向高去,韓爌秉政,忠賢逐趙南星、高攀龍、魏大中及漣、光斗,爌皆具揭懇留。忠賢及其黨謂昌期實左右之。而昌期於諸人去國,率送之郊外,執手太息,由是忠賢益恨。昌期知勢不可留,具疏乞假,遂落職閒住。五年春,以汪文言獄詞連及,削職提問。忠賢恨不置。明年二月,復於他疏責昌期已削職猶冠蓋延賓,令緹騎逮問。踰月,復入之李實疏中,下詔獄。昌期慷慨對簿,詞氣不撓。竟坐贓三千,五毒備至。四月晦,斃於獄。莊烈帝即位,贈詹事,兼侍讀學士,録其一子,詔并予謚。而是時,姚希孟以詞臣持物論,雅不善左光斗、周宗建,力尼之。遂并昌期及周起元、李應昇、黄尊素、周朝瑞、袁化中、顧大章,皆不獲謚。福王時,始謚文貞。

《東林列傳》:繆昌期,字當時。先為常熟人,後徙江陰。自諸生至鄉舉,皆困場屋,而文名藉甚。萬曆四十一年成進士,年五十二矣。大學士葉向高主試,以宿望選翰林院庶吉士。是時常熟令楊漣以考選候補,與往來密,稱石交。方昌期之未入都也,無錫顧憲成、高攀龍闢講堂於東林庵,昌期私謂人曰:"諸君有意立名,黨錮道學之禁,殆將合矣。"既登朝,而羣小攻東林甚急,還觀其所為,皆附時相走私門,惡清流清議為己害。昌期雖未心許東林,而惡攻者滋甚,往往盱衡扼腕,形於顔色。朝論遂以東林目之,昌期亦弗顧也。四十三年五月,梃擊事起,巡城御史劉廷元阿後宫,以瘋癲蔽其獄,提牢主事王之寀抉摘主謀,御史劉光復主廷元議疏,攻省垣之右提牢者有無貪首功視為奇貨等議,昌期憤甚,語人曰:"一御史以瘋癲二字出脱亂臣賊子,一御史以奇貨元功四字抹殺忠臣義士!"而主瘋癲者切齒,嗾工科給事中劉文炳論劾昌期,移疾歸。明年内計羣小欲逞志於昌期,掌院學士劉一燝力持之而止。歸里七年,熹宗初,補原官,主湖廣省試,以趙高、仇士良發策,語觸忌者,明年陞左春坊左贊善,冊封建德王。又二年,陞左諭德。先是,逆閹横殺光廟伴讀王安,逐首輔劉一燝,而葉向高召至。昌期於葉師生也,又相善迎,謂曰:"内傳不可奉,顧命大臣不可逐。公三朝老臣,當以去就爭之,力遏其漸,無令中人手滑。"向高迂其言,頷之而已。趙南星為冢宰,素善昌期。時高攀龍、楊漣、左光斗等澄汰流品,辨别邪正,昌期每預其議,朝右皆側目。方楊漣二十四罪疏之未上也,昌期謂光斗曰:"内無張永,外無楊一清,一不中而國家從之,可僥倖乎?"漣與光斗不聽,僉疑草稿出於昌期,疏入外庭,尚倚向高為助,一日向高言於内閣曰:"此豎在君側,小心一旦去之不易得。"昌期勃然曰:"誰為此言者?可斬也。"向高色變而起,號於人曰:"西谿殺我!"西谿,昌期號也。又廣寧陷,昌期欲有所爭於向高,語未合,昌期詫曰:"果爾,公非削國之相,卽亡國之相矣。"向高氣結,幾暈絶。向高名寛大而不能受,昌期之好盡言亦過戇矣。自是口语藉藉,流聞大内,與草奏之説相應而禍不可解矣。既而向高去,韓爌為首輔,亦雅意嚮之。然忠賢銜之切,未幾,爌亦去,正人次第削奪。當漣出都門,昌期持具往送。會推掌南翰林院,忠賢遣小璫至閣,厲聲曰:"繆昌期仍留之送客。"遂罷歸。既而璫矯旨削籍,旋逮問。方被逮時,妻子不得訣别,縣令岑之豹促令就道,昌期曰:“早知此矣。與應山同事,應與應山同禍。”應山謂楊漣也。逮至下鎮撫獄,許顯純叱曰:“你係江南第一才子,何為與楊漣同謀?”昌期曰:“楊漣職司風紀,某係詞臣,平素交好,同謀是實。且某既為詞臣,是是非非,應得執筆為皇上謀,為二祖十宗謀,死無悔也。草疏是實。”顯純厲聲拷掠,慘毒備至,死之夕,狀甚秘,外人莫得知。斂之日,十指墮落,捧掬置兩袖中,蓋逆璫以草奏故,屬獄吏加梏拳焉。其他苦毒又可知也。卒年六十五。崇禎初,復原官,贈詹事府詹事,兼翰林院侍讀學士,予祭葬,謚文貞。

《恩卹諸公傳略》:西溪繆公名昌期,江陰人,東南名士。儀狀挺傑,在東林見所行事不嗛,則直口規之令服折,以是名為諍友。余嘗一望見之,知為錚錚者。癸丑館選為庶吉士。舊例首舉稱弟子,然公待余語意切直,若為真弟子者。方甲寅秋,余跳居城外,公私謁,再為余核諸劾疏,欣欣嚮往,最後三案事,公皆褰裳濡足。公在湖廣主試,約楊公談者三日夜,歸與余談當年為請鄭妃移宮抗德清狀極詳。又嘗三言汪文言于余,謂鼓説禁中鼎革時甚有力,幾如漢之陸賈。王生不可不一面,且謂門房曰:“業在是。”余生平不謁游客,第謝不面也。逮後乃為人歎惋,豈不千古偉人。乃屢逐屢進,直聲撼公卿家。籍之日,堂扁八十有八,嗚呼!豈有品事也。汪既游客,公亦局外人,並遭酷禍,蓋有動之者而。然公禍又以人説曾改楊疏稿,終不知其三案中,殫心王室之勤勤懇懇也,累為德清切骨,其慷慨大義,不避師弟子,是亦一世間未白心事。雖恩卹無言,及者不第,一瘐死之游客,徒抱季昶噬臍之恨而已。三案事余業詳輓中。公從澄江來郡,田野人繞途者十數萬,都合掌念佛曰:“今日乃見真菩薩出世!”公款款笑慰,謝如平常,長途簏輿中,手紙筆孜孜不休。初別家,子女孫環泣,其夫人止之曰:“毋撓乃公,令清心有所著述,一白事理。”傷哉!

《經義考》:《周易會通》十二卷,存。張雲章曰:公江陰人,萬曆癸丑進士,歷官左春坊、左諭德,殉璫難,贈詹事,謚文貞,其書弟子饒秉鑑等所述。

《從野堂集》八卷,明繆昌期撰。昌期字當時,江陰人,萬曆四十一年進士,官左諭德,罹璫禍,死詔獄。崇禎朝,賜卹。弘光時,予諡文貞,事蹟具《明史》本傳。先生大節凜然,文筆亦樸實淹通,可傳可讀,亦不盡以人重。集中愛君以周公為法,論公論國之元氣,論湖廣鄉試策程文,均直指時政,毫無假借。京房之直言,劉蕡之讜論,未敢多讓。當其下筆時,早已置生死于度外。故得禍亦最酷。此集初刻在明崇禎丁丑,子虛白編成詩文八卷。再刻在雍正戊申,五世孫詵刪存文集二卷。三刻在同治甲戌,十世孫之鎔重訂诗文八卷。三编各有不同,而崇禎本最為完備。今以崇禎本為主,以雍正、同治兩本校其得失,擇善而從。崇禎本所無者,則為補遺一卷。崇禎本最少,江陰夏彥保從里中粤東兩殘本彙録成書。雍正本系葉氏敦夙好垒藏書,均非易見。同治本刊於海陵,版式最陋,編次無法,有遺事,有贈答,有哀輓,有圈點,有評語。原跋云從鈔本出,恐係當時家藏初稿,決非贋筆。謹將遺事、贈答、哀輓、年譜附刊於此,而圈點評語未便刊入,先生之集,最完備矣。光緒丙申春正元夕武進盛宣懷跋。

繆天秩

《江蘇通志·孝義傳》:繆天秩,字原常,明吴縣人。父疾,陰刲股以進,父竟不起。居喪哀毁,以創鉅,遂成瘵疾。年僅二十四歲卒,後以子國維貴贈參政。

繆國維

《浙江通志·名宦傳》:繆國維,吴縣人,進士。萬曆丙辰知温州府,裁革常例,峻卻餽遺,禁絕俳優,褫衙役紈綺,焚於庭。力砥靡俗,崇獎佳士,表彰忠孝節烈,政聲卓然。

《江蘇通志》:繆國維,字四備,吴縣人。累官貴州副使。聞安酋難作,叱馭兼程,抵任,枕戈坐甲者三閲月,圍解,敘功,遷參政,尋告歸。

《嘉惠堂書目》:《西垣先生集》十一卷,明繆國維撰,刊本。

繆尊素

《江陰縣志・文苑傳》:繆尊素,字太質,生有異才,垂髫應童子試,邑令郝敬奇其文,招覆,降階揖曰:"文章名世當在子矣。"比長,與黄毓祺聯九子社,尊素作社引文,稱九子盡一邑之儁。當萬曆中葉,江西四家最著,厥後復應幾澄諸社競起,欲延致尊素,尊素弗屑,而獨以江上九子社頡頏諸名輩,豔稱一時。評慶曆兩朝文,山陰王思任為作序狀,其舟次衣紫衣,兩目作巖下電,覺丰采至今如見。

繆鍾理

《江陰縣志・孝弟傳》:繆鍾理,字守恒,幼失怙恃,事祖至孝。祖患奇疾,思飲鹿血,鍾理焚香祝天,刺臂血盈盞以進,祖飲而甘之,遂愈。又八年卒,鍾理居喪哀毁,咯血數升。生平多焚券讓田之事,善醫,著《化機淵微》二卷。

繆希孟

繆希曾

《江陰縣志・孝弟傳》:繆希孟、希曾,讓宅焚券,以孝友聞。

繆世則

《廣東通志・職官》:樂會縣典史繆世則,湖南人,萬曆朝。

繆玠

《湖南通志·職官》:神宗朝繆玠,山陰人,湘鄉縣丞。

繆宗舜

《湖南通志·職官》:神宗朝繆宗舜,紹興人,湘陰縣丞。

繆世仁

《湖南通志·職官》:神宗朝繆世仁,紹興人,湘陰縣丞。

繆邦珏

《福建通志·選舉》:貢生繆邦珏一作鈺,舉人,一鳳子,萬曆間。

繆希雍

《明史·李時珍傳》:常熟繆希雍,精通醫術,治病多奇中,而希雍常謂本草出於神農,譬之五經,其後又復增補别録,譬之注疏,惜硃墨錯互,乃沈研剖析,以本經為經,别録為緯,著《本草單方》一書行於世。

《江蘇通志·藝術傳》:繆希雍,字仲淳,常熟人。好談古今成敗事如指掌,不以醫名而醫輒奇效。又喜形家言,著《本草經疏》、《葬經翼》。

《先醒齋廣筆記》四卷,明繆希雍撰。希雍字仲醇,常熟人,《明史·方技傳》附見《李時珍傳》中。天啟中,王紹徽作《點將録》,以東林諸人分配《水滸傳》一百八人姓名,稱希雍為神醫安道全,以精於醫理故也。是編初名《先醒齋筆記》，乃長興丁元薦取希雍所用之方，裒為一編，希雍又增益羣方，兼采《本草》常用之藥，增至四百餘品，又增入傷寒温病時疫治法，故曰《廣筆記》。希雍與張介賓同時，介賓守法度而希雍頗能變化，介賓尚温補而希雍用寒凉。亦若易水、河間各為門徑，然實各有所得力。朱國禎《湧幢小品》記天啟辛酉國禎患膈病，上下如分兩截，中痛甚，不能支，希雍至，用蘇子五錢即止，是亦足見其技之工矣。《四庫全書總目》卷一百四

《神農本草經疏》三十卷，明繆希雍撰。希雍嘗謂《本草》出於神農，譬之五經。其後又復增補別録，譬之注疏，惜朱墨錯互，乃沈研剖析，以本草為經，別録為緯。第《本草單方》一書行於世，而不及此書。未審即是書否？其書分本草為十部，首玉石，次草，次木，次人，次獸，次禽，次蟲，次魚，次米穀，次菜，皆以神農本經為主而發明之，附以名家主治藥味禁忌，次序悉依宋大觀《證類本草》。部分混雜者為之移正，首為序例二卷，論三十餘首，備列九方十劑及古人用藥之要。自序云"據經以疏義，緣義以致用，參互以盡其長，簡誤以防其失"是也。考王懋竑《白田雜著》有《用石膏辨》一篇，篇末附記極論是書多用石膏之非，其説良是。至云"繆仲醇以醫名於近世，而其為經疏議論甚多紕繆，前輩云《經疏》出而《本草》亡，非過論也"，是則已甚之詞矣。同上。

繆傳臚

《雲南通志》：繆傳臚，昆明人，天啟甲子科舉人，官知縣。

《湖南通志·職官》：繆傳臚，雲南道州學正。案《雲南通志》又有阿迷州繆傳臚，未知是否一人，俟攷。

繆思問

《廣東通志·職官》：靈山縣知縣繆思問，江南上元人，舉人，天啟年任。

繆祖命

《江蘇通志·選舉》:繆祖命,常熟人,明天啟七年丁卯舉人。

繆伯曇

《浙江通志·選舉》:繆伯曇,山陰人,崇禎三年舉人。

繆應時

《江陰縣志·孝弟傳》:繆應時,字行甫,少失怙,以醫名於時。孝事節母徐氏。母病膈,應時焚香告天,願減年延母算,憂勞痛瘁,不一月鬚髮皆白。母尋愈,崇禎六年旌。

繆印

《通鑑輯覽》:曾一本犯雷州執參將繆印。

繆士傑

《香山郝志》:繆士傑,香山人。選貢生。尚解推之義,贖鬻兒,救貧乏,任河内主簿,保固隄工,擢潁川衛經歷。減耗羨,平斗甬,屯民賴之。告休歸,九列賓筵。崇正八年卒,祀鄉賢。

繆九鳳

《舊浙江通志》:繆九鳳,如臯人,崇禎中任於潛。下車即問民疾苦,釐剔夙弊。先是,潛設里役,凡官司徵發,皆取給焉,既久,吏緣為奸,民甚苦之。九鳳作《放里歸農録》,甚便。操守嚴介,門無私謁。

繆沅

《進士題名録》:崇禎十年劉同升榜繆沅,浙江杭州府錢塘縣民籍。

《浙江通志 · 選舉》:繆沅,山陰人,崇禎三年舉人,十年劉同升榜進士,吏部郎中。

繆光先

《孤兒籲天録》:神一魁圍慶陽,總督楊鶴差慶陽衛指揮繆光先前往賊營招安,賊遂具稟乞撫。適定邊副將張應昌提兵南下,挫賊解圍,賊欲與鏖戰,光先勒馬阻止,始率眾歸降。

繆嶔

《江蘇通志 · 孝義傳》:繆嶔,字珍所,泰州人。泰州舊例,代鳳陽輸米徵催,與邑漕並急,百姓苦之。崇禎十一年,嶔以布衣伏闕上疏。會邑人徐耀為都御使,力言於戶部,得全豁免,而高寶、興江諸邑之代輸者,亦次第蠲除。

繆士珦

《福建通志 · 忠節傳》:繆士珦,字叔向,福安人,崇禎己卯舉人。劉中藻部將,與中藻同死事。乾隆四十一年詔祀忠義祠。

繆開文

《臨海屈氏世譜》:繆開文,熊曾孫。

《呈屈四兄毓庵》崇禎乙卯　九疇附注：毓庵名坦之，鄉飲賓。明崇禎甲申聞變絶食，七日而卒。人皆羡宦閥，我尤慕儒門。榮華更時落，質素彌久存。緊我曾王父，鍾彼女弟舅。赫赫河東第，寂寂城南村。曾祖生三女，長適王氏，次適屈雙泉先生必達，卽四兄之祖。世居南城外南村。幼適陳莊靖公，其第在河東街，今已易他姓矣。炎涼昔異態，枯菀今難論。太邱謝簪笏，靈均滋蘭蓀。先世故循吏，舊德四葉孫。兄舉縣三老，賓筵垂憲言。公堂揖祭酒，敝廬式高軒。姱修家風潔，良貴天爵尊。辨析白非馬，勇奪育與賁。卷懷霧豹隱，繼體雲鴻騫。研田羸菽粟，枌社宴雞豚。釣游少小狎，中表骨肉恩。蔦蘿施喬木，桃李陪芳園。聊寫平生款，下里和吹塤。《臨海屈氏世譜·藝文録》

繆太白

《江陰志》：繆太白字采星，崇禎十三年歲貢，四川江安知縣。

繆傳聲

《雲南通志》：繆傳聲，呈貢人，崇禎十五年壬午科舉人。

繆堅白

《江陰縣志·行誼傳》：繆堅白，字采瓠，文貞第五子。性孝友，文貞罹奄禍，哀痛不欲生，悲號流血，數十年猶一日。鏃礪名行，教子孫，無裘馬輕肥習。閒居典籍自娱，雖皸手枵腹，尋覽不輟，富於腹笥，談論經史，斐亹不絕，與人交，悃愊無華，其質直有過人者。

繆良玉

《雲南通志·循吏傳》：繆良玉，烏撒衛人，舉人，為鶴慶府教授。課讀維嚴，激厲士人向學，不愧師程。

繆元

《江蘇通志·選舉》：明薦辟繆元，溧陽人，官紀善。

繆文昺

《福建通志·孝義傳》：繆文昺，福寧人，割股愈母病，母壽至八十餘。初文昺無子，年五十始生二男，壽亦八十餘。

繆泮

《福建通志·孝義傳》：繆泮，字汝學，寧德人，少孤，母疾，割左股愈之，再疾，復割右股。

繆悅道

《江蘇通志·孝義傳》：繆悅道，天長人，田間兒也。母病，悅道刲肉熟之以啖母，有教之者，曰："子誤矣，須煮羹。"悅道再割作羹以進母，病遂愈。

繆保障

见《定海志》，廉之祖。

繆永宗

见《定海志》，廉之父。

繆廉

《定海志》：繆廉兄弟七人，至老同居，聚族近百口，自祖保障、父永宗至孫蘭，凡五代，耕讀各職其業，斂散需賓，事各有條，鄉人義之。

繆蘭

見《定海志》，廉之孫。

繆鼎台

高承埏《崇禎盡節録》：如皋繆鼎台，倡義被執，罵不絶聲，磔之舌斷，含血湧噴而死。

繆銘

《安徽通志·選舉》：繆銘，鳳陽縣人，舉人。科分未詳。

繆均則

《江西通志·選舉》：繆均則，崇仁人，舉儒士經歷。

繆臨

《福建通志·職官》：繆臨，秀水人，永福縣教諭。

繆奎

《福建通志·職官》:繆奎,廣信府人,永福縣教諭。

繆廷和

《福建通志·職官》:繆廷和,星子人,順昌縣訓導。

繆綸

《福建通志·職官》:繆綸,平湖人,光澤縣典史。

繆元吉

《福建通志·職官》:繆元吉,山陰人,南靖縣典史。

繆原

《福建通志·選舉》:繆原,連江人,知縣。

繆齡

《福建通志·選舉》:貢生繆齡,建陽人,淮安府沭陽教諭。

繆琚

《福建通志·選舉》:貢生繆琚,浦城人。

繆瑹

《福建通志·選舉》:貢生繆瑹,浦城人,鴻臚寺序班。

繆澤

《福建通志·選舉》:貢生繆澤,福安人,海陽縣丞。

繆亮

《福建通志·選舉》:貢生繆亮,福安人,韶州府訓導。

繆坡

《福建通志·選舉》:貢生繆坡,福安人,桂林府陽朔知縣。

繆時與

《福建通志·選舉》:貢生繆時與,福安人,肇慶府廣寧訓導。

繆一鶚

《福建通志·選舉》:貢生繆一鶚,福安人,南昌府靖安教諭。

繆邦璋

《福建通志·選舉》:貢生繆邦璋,福安人。

繆炅宗

《福建通志·選舉》:繆炅宗,建陽人,以賢良方正舉。

繆琚

《復社姓氏前録》:繆琚,字我式,金壇人。

繆瑾

《復社姓氏後録》:繆瑾,字我佩,金壇人。

繆禹卿

見列女。

繆釜

見列女。

繆樹

見列女。

繆理

見列女。

繆頌

理子，見列女。

繆域

見列女。

繆堂卿

見列女。

繆一元

見列女。

列女

元

繆禹卿妻濮氏

《浙江通志·列女》:繆禹卿妻濮氏,元紹興府山陰縣人。

明

繆思恭妻林氏

《福建通志》:繆思恭妻林氏,柔順婉娩,紡織不輟,夫婦相敬如賓。督學黄公濟語曰:"汝婦有樂羊妻之風。"慰勉交至。思恭授臨高訓導,《選舉表》作教諭。以善稱,人謂其得賢内助。

繆某繼妻葉氏

《福建通志》:繆某繼妻葉氏名元英,年十八,歸繆為繼室。前子一鳳方三歲,氏鞠如己子,課之學,卒領鄉薦。人賢其母。性好施,有逋租欲出妻者,氏為出贖金完聚。壽九十八。一鳳妻郭氏通經、《列女傳》。初生子多不育,勸夫置媵,體姑意,亦好施,三黨告乏,莫不立應,姑媳同心,富而好禮,一鳳後亦祀鄉賢。

繆一鳳妻郭氏

見上。

繆釜妻張氏

《明史·張烈婦傳》：張烈婦，蕪湖諸生繆釜妻，年十八，歸釜。越四年，釜病，屬張善自託，張泣曰："夫以吾有二心乎？有子，則守志奉主，妻道也；無子，則潔身殉夫，婦節也。"乃沐浴更衣，闔戶自經，閲日而釜乃卒。

《江蘇通志·義烈傳》：繆釜妻張氏，蕪湖人。釜以母喪哀成疾，將死，語氏曰："汝芳年，宜善自託。"氏哀泣自縊死，越二日，釜亦死，遂合葬。

繆天秩妻張氏

《江蘇通志·列女》：繆天秩妻張氏，吴縣人，萬曆間旌表。

繆樹妻卓氏

《福建通志·節孝》：繆樹妻卓氏年二十二，子在襁而夫亡。時舅姑已歿，無所恃，氏茹荼飲冰，收夫遺券，攜孤依母家苦守。撫孤教養兼至，底於成立。今派下繁衍，氏之力也。

繆理府志作"季高"繼妻黄氏

《福建通志·節孝》：繆理繼妻黄氏，夫亡守節，男頌娶婦陳氏，年二十二而寡，子二歲，陳斷指矢志，與姑共撫遺孤，終身無玷。

繆頌妻陳氏

見上。

繆域妻陳氏

《福建通志·節孝》:繆域妻陳氏,年二十七,夫亡欲殉,家人勸之曰:"而忘老姑、幼兒耶?"乃斷髮明志,非大故不歸寧,因請於姑,迎母同養,壽七十餘。

繆堂卿妻杜氏

《安徽通志·節孝》:繆堂卿妻杜氏,鳳陽人。

繆一元聘妻鍾氏

《安徽通志·貞烈》:鍾氏,鍾醇女,年十六,字繆一元。夫亡,女哭泣不已,父母解之曰:"當擇良家子配汝。"女垂首不應,一日取繆氏聘物焚之,自經死,歸屍於繆,與一元合葬。

屈思義妻繆氏九疇附注:思義,必達叔曾祖。

《臨海屈氏世譜》:思義仕明,試百戶,配繆氏。

錢奇英妻繆氏

《浙江通志·列女》:錢奇英妻繆氏。

應承完妻繆氏

《浙江通志·列女》:應承完妻繆氏,明寧波府奉化縣人。

周應奎妻繆氏

《浙江通志·列女》:周應奎妻繆氏,明寧波府奉化縣人。

張振美聘妻繆氏

《江蘇通志·貞孝》:繆氏,江陰人,許字張振美,未嫁夫亡,守貞。

附

戰國

繆賢

《史記·廉頗藺相如列傳》:藺相如者,趙人也,為趙宦者令繆賢舍人。

宋

繆興國

《鬼董》:十四弦,胡樂也。江南舊無之。淯熙間木工周寶以小商販易安豐場,得其製於敵中。始以獻羣閹,遂盛行。寶有巧思,久商於淮,多與羣盜壯士相識。後歸事閹尹林御藥,委以腹心。淯熙十四年秋,他閹介術者來,林御藥以親舊厮役命雜試之,言驗如指掌,至周寶,曰:"此囚也,不踰歲,當以刑死。"林御藥信之,呼寶來,語之曰:"我出入禁省,事當畏謹,設不幸而中,寧不我累汝,姑歸治素業,遲歲月復來。"寶含恨去。久佚不能復勞,又驟貧,鬱鬱繞西湖而行,過赤山,見軍人取質衣於肆,為緡錢十餘,所欠者六錢,而肆主必欲得之,相詬罵。寶為之解紛,視篋中纔餘五錢,為代償,而主者又必欲得一錢,寶亦大恨怒,傍人相與歎訝曰:"此所謂閔一郎也。其人以不誼致富,虐取一方,人恨不膾其肉。"寶失聲曰:"使在淮上,為壯士所齏粉久矣。浙民懦,容養惡奴至此。"傍有人曰:"寧知此無壯士?"蓋所謂李勝勝善騎射,軍中號李旗兒,方客殿司統制吴曦家,教其子弟弓馬。相率草飲,勝謂寶:"此家不可容君,盍往淮滸,結壯士掠之。"寶心躍如,即日行,渡江。自建康至廬,見陸才,告之故,才曰:"此輦轂下也,其可哉。"寶論説不已,才計寶恨怒,恐他日敗必汙己,乃以二十券與之好,謂曰:"二十四郎獨可販藥耳,然當往見林姑丈,問藥所自。"林姑丈者,安豐林青也,素為盜槖,才實賣寶於青而不肯明言之。寶至安豐,以事語青,青曰:"此有彭八、繆興國、王孝忠,皆健兒也,久不過北界,困悴無憀,我為君率之以行。"既召之,三人皆曰:"非古三官人莫能集事,我一夫耳,無以為也。"又兩日,得古訓于北盧塘,訓曰:"千里行劫,勢無達理。又在京輦,真探虎穴,虎子不得,必碎於虎口矣。"衆强之,訓拒益堅。興國與孝忠怒拔刀曰:"始約為兄弟,死生以之。今困於此,幸有機便,待此甦旦暮,兄復拒之,寧有兄弟情耶,我將自殺以血濺兄長衣矣。"訓迫不得已,乃曰:"城内乎?城外乎?"寶曰:"城外也。""去城幾何?"曰:"十里。"訓曰:"我聞赤山有攢宫,去此幾里乎?"曰:"亦十里。""果爾,當以狀來。"寶書付之,乃皆南。訓與興國、孝忠自京口舟行,寶、林青、彭八自建康宣城陸行,會於北關。寶先販藥時,嘗倩顧八船往來,多與之資,使匿税。又時商客雜沓,顧八不以為怪也。至是,亦用之。謂曰:"我與數布客,欲偕往淮南市藥，不欲晝行，夜分當集於舟，俟我來，即疾出臨安界，必倍酬汝。”顧艤舟新橋以待，時十二月初，天大風雪，古訓先使寶扣赤山城西巡檢寨門，呼之曰：“大理寺有所捕，事甚密，可以十卒待於門，不得妄出，事畢當呼爾曹衛送入城。”訓臂弓，挾四矢，立閔氏門，寶以釜抉扉而入，訓射著鄰戶上，使有聲，曰：“我軍司人也，一軍苦統制虐，相率叛去，欲往浙東。無裹糧，匄於閔氏，事不預君，若有强起或喧呼者，我必盡屠之。”赤山之人素聞其統制虐，疑必軍變，勢不可敵。又素惡閔，皆閉戶無出者，訓始與衆誓毋殺人，毋姦汙女婦。既而林青縛閔生於木几上，寘刀其頸，累欲殺之。訓苦禁乃免。閔妻，中官養女，素號有色，寶欲淫之，訓怒拔刀，將斬寶，寶憚訓而退，閔驚懼如癡醉人。天將明，邏者見門扉不完，呼其僕，則僕縶於竈下，家人皆扃閉樓上，方股栗不能言，旋解縛，言於府，府以付使臣朱直卿，直卿與其儕言之。總轄杭世亨曰：“江南鼠偷，皆無禮淫殺，此必淮人也。”直卿視盜所遺，得釜刃細竹縛為火燧者半枚，寘篋中，行以自隨。尹督之急，直卿惶惑無計，月餘，姻家蘇生邀與市飲，請出其物觀之，因曰：“前往某家紙鋪中，見周寶買寓錢遺細竹一束，正此類耶，今猶收得之。”命取諸其家，視燧所遺無異也。直卿固知寶有母寓鹽橋，賣竹篦人家。偽為林御藥人，往訪之，母以出告。上樓俟飯頃，母歸而執之曰：“寶安在?”曰：“寶昨過臨平，訪周來吉，計明旦當還邸。”蓋周與寶有外親，周有姻會，故寶過之。而寶之邸在武林門外之陳酒家也，直卿與其儕商略，即之臨平捕寶，未至二十里餘，寶適旋，縛以獻府，拷訊再三，始述其事。於是械寶於獄，遣直卿輩往安豐捕諸寇。閱月而彭八、興國、孝忠皆就縛，既而寶等咸論棄市，術者之言，可謂精而審矣。獨古訓逸去，終莫能得。

繆緊孫

《至治條例》：一名繆富二，所招：因伯母繆阿包將伊過房為男，不合將故房弟繆富六妻阿雇服內收繼為妻。雖係尊長所命，緣兄納弟妻,大傷風化,擬合比例,杖斷一百七下,離異依舊侍養,繆阿包相應。

一名繆阿雇,所招:不合聽受姑命,與房伯繆富二服内違法成親,罪犯擬合比例,杖斷九十七下,離異,所生女子隨母歸宗相應。

元告人繆阿賢所招:除告實外不合隱下。當時同坐飲酒,明白繆富二合親及書寫過房文約畫字事情出首不實,罪犯終是重事,告實原情擬免合依行省所擬免罪相應。主婚人繆阿包所招:不合與房叔繆勝八一同主婚,令已故男繆富六妻阿雇與過房到姪男繆富二為妻,卽係本婦房伯服内違法成親,罪犯比例,決五十七下,合准行省所擬相應。

繆勝八

繆貴三

繆阿賢

繆富二

繆富六

蜀石經校記

據民國元年國粹學報社《古學彙刊》排印本

蜀石經校記

春秋經傳集解襄二第十五標題與唐石經同，岳本“襄”下增“公”字。

杜氏　盡十五年

經十年

　　今彭城傅陽縣也岳本同。今本作“傳”，誤。
齊廿子光“廿”避唐諱。注同。
戍鄭虎牢“虎”不避。

傳十年

弃社稷也“弃”避唐諱，今本作“棄”。
晉荀偃士匄“匄”唐石經同，岳本作“匃”。下同，不別出。
弗勝爲笑“笑”今本作“笑”。
郰人紇抉之“郰”《論語》作“鄹”，省文從取，《説文》從邑取聲。
有力如虎“虎”不避。
及堞而絕之“堞”避唐諱，今本作“堞”。
隊則又縣之“隊”唐石經作“墜”。
右拔戟“戟”今本作“戟”。
以與向戌“戌”唐石經同，今本作“戍”，誤。
　　言俱天子樂也“俱”岳本同，今本作“具”。

師帥也今本作"師樂師也"。

言二父以力相尚"二"宋本作"堇父"。

皇戌子"戌"今本作"成"。

楚子囊鄭子耳侵我西鄙"侵"今本作"伐"。

大子宜賓之以上卿"子"今本作"夫"。

己酉師于牛首"于"唐石經同,宋本作"於"。

黜減損"減"今本作"減","損"今本作"損"。

爾車非禮也唐石經"車"下旁增"多"字。阮《校勘記》以爲旁增字爲後人所加,蜀石經全本開成,亦無"多"字,更可爲阮添一確證。

田畔溝也"溝"今本作"溝"。

公子熙之黨"熙"字本作"嬰"。"嬰"字見《釋文》。

先臨尸而逐賊"逐賊"今本作"追盜"。陳樹華據宋本以"逐賊"爲是,此經不誤。

子矯曰唐石經缺此字,今本同。阮《校勘記》:"顧炎武云:'蟜'誤'矯',所據乃王堯惠謬刻,諸本前後皆作蟜。"云云。今此經正作"矯",可見唐石經亦作"矯"字矣。

宵涉潁"宵"唐石經同,今本作"霄"。按,《張猛龍碑》"霄"作"宵",小異,因"宵"爲"宵",截然兩字矣。

又不能庇鄭"庇"今本作"庀"。

今伐其師顧炎武云:石經"今"作"令"。阮《校記》云:石經此處刓缺。所據乃謬刻,此經固不誤。

爲諸侯"笑""笑"今本作"笑"。

使廿其職"廿"避唐諱,今本作"使世守其職",惟此經與淳熙本同。猶《國語》云"昔我先世後稷",同意。阮《校記》謂脫"守"字,誤。

則何謂正矣"何"唐石經缺,阮《校記》疑爲"可",引陳樹華云:古文"可"爲"何"之省文。按,古文語急,"可謂"猶言"何可謂"也,今此經正作"何",知開成亦作"何"字,無須别解。

所左亦左之上"左"字唐石經缺,今此經作"左",開成亦作"左"。淳熙本作"右",誤。

經十一年

齊廿子光"廿"避唐諱。下文及注亦同,不別出。
己未同盟于亳城北"己"唐石經同,今本作"已"。

傳十一年

上下二軍皆屬於公"公"今本作"上"。
季氏欲專其巨人"巨"避唐諱,下文及注亦同,不別出。
入季氏者無公征"無"今本作"无"。
欲駈使入已"駈"岳本作"驅"。按,"駈",俗字,古文作"敺"。
右□□□琑還次於石泐
滎陽宛陵縣西有瑣候亭"滎"字宋本同,今本作"熒"。"候"今本作"候"。
名山名川唐石經初刻作"大川",改刻"名"。
墜命亡氏"墜"唐石經同,今本作"隊"。
大宰石臭"臭"今本作"㚖"。下同,不別出。
樂旨君子"旨"唐石經同,今本作"只"。

經十二年

春王三月"三"今作"二月"。

傳十二年

師于揚梁"揚"唐石經同,今本作"楊"。下文同。
言非適也今本"適"下衍"世"字。
王使陰里結之"結"唐石經同,今本作"逆"。
故禮之淳熙本同,今本作"故曰禮",岳本無"之"字。

經十三年

傳十三年

凡例釋例詳之"詳"避蜀諱。

新軍佐□□□代士魴"超一等"三字石泐。

欒黶爲汏"汏"唐石經同,今本作"汰"。

廿之治也"廿"避唐諱。然止避"世"字、"民"字,"治"字不避。

則致罪也"罪"陸粲附注云:"罪"當作"亂"。

而歲習其祥祥習則行"祥"避蜀諱。

五年五卜今本下"五"字據岳本補,此注未缺。

謂巡狩征行"狩"今本作"守"。下文及注同。

不習則增脩而改卜唐石經"脩"字下增"其"字,此經無,阮謂後人增,是也。

不習謂卜不吉今本"習"字據各本補,此注未缺。

不能脩德與晉競今本"不"字、"與"字據各本補,"能"字據各本正,此注未缺誤。

經十四年

故諸失國者經皆不書逐之賊也今本"諸"下有"侯"字,"經"字各本皆脫,此本亦僅存匡廓,然實有一字地位。

傳十四年

故比年伐魯"比"宋本作"此",此注未誤。

四嶽之後皆姜姓"姜姓"今本作"姓姜"。

蒙荆棘應作"棘",下同。此作"棘",誤。

齊子叔老字也顧炎武云:齊子,叔老謚也,"字"蓋傳寫之誤。然此注已作“字”矣。

弃其室“弃”避唐諱。

夏諸侯之大□□□□伐秦“夫從晉侯”四字石泐。

匏有苦葉“葉”避唐諱。

左史晉太史今本作“晉大夫”。

故曰吾師當作“帥”，“師”字誤。

吾令實過“令”唐石經同，今本作“今”。

士鞅反“反”唐石經作“及”，阮《校記》以爲王堯惠刻此經作“反”，知唐亦作“反”矣。

召公奭聽訟舍於甘棠之下今本無“舍”字。

使子行於孫子唐石經“子行”二字改刊，此行只九字。初刻尚有一字。山井鼎云：足利本後人記云，異本有“請”字。然則石經刊去字即“請”字也。按，此經無“請”字，是唐時校勘諸臣所刊改。

敗公徒于阿澤“阿”唐石經同，今本作“河”。

射爲禮乎唐石經“爲”字改刊。《釋文》云：或一讀射而禮乎。疑初刻乃“而”字。然此經亦作“爲”字，是校勘諸臣所刊改。

謂慼其不達也“慼”避唐諱。

余狐裘而羔袖唐石經“余”下旁增“猶”字。攷此經亦無“猶”字，其爲後人妄增無疑。

唁衛侯衛侯與之言唐石經同，今本不重“衛侯”二字。

神之主而民之望也唐石經同，今本“而”作“也”。

以補察其政“察”避蜀諱。

聞君過得誹謗“得”今本作“則”。陳樹華云：《正義》“聞君過失不得諫諍，得在外誹謗”之文，是作“則”者非也。

遒人行人之官也“行人”岳本同，今本作“令”。

將昏於齊故也“昏”避唐諱。

范宣子假羽毛“毛”唐石經同。阮《校記》以爲當作“旄”。

經十五年

傳十五年

宫廏尹"廏"今本作"廄"。

爲明年會溴梁傳"溴"岳本同,今本作"湨"。

獻玉曰今本"玉"下有"者"字,此經脱。

春秋卷第十五經七千九十三字,注五千二十四字,今本無。

蜀石經校記

公羊

桓公六年

不日不書葬者今本"日"作"月",此注與鄂本同,"月"字誤。

枼弧蓬矢今本"枼"作"桑"。

七年

辟實國也今本"實"作"寔",阮《校記》譏其誤,此注與鄂本同。

八年

國以別死生今本"國"作"因"。

薦尚麥魚麥始熟可礿今本"魚"作"苗",又脫下"麥"字。阮《校記》云:"苗"字誤,當定從"魚"。宋本亦有下"麥"字,此注與《穀梁疏》引同。

朌人先求諸明"朌"避宋諱。

天子之牲角握今本"握"作"搔"。阮《校記》云:當作"握"。此注與《穀梁疏》引同。

黷則不㪟"敬"避宋諱。

㪟而不黷"敬"避宋諱。注同。

牆屋既繕今《祭義》"繕"作"設"。

勿勿乎其欲欲饗之也今《祭義》"其欲"作"欲其"。

然後卒大夫也今本“後”作“后”。

九年

卒葬詳録“詳”不避蜀諱。

十年

春秋敬重恩“敬”避宋諱。

傳言公不見要者今本“見要”作“要見”。

當勠力拒之今本“勠”作“戮”，誤。

十有一年

鄭相也唐石經作“鄭之相也”。

猶愈於國之亡今本“猶”作“稱”。此注與疏同。“稱”字誤。

後有安天下之功今本“後”作“后”。此注與鄂本同。“后”字誤。

脅鄭立篡今本“立”作“之”。此注與鄂本同。“之”字誤。

當言鄭突今本“當”作“常”。此注與鄂本同。“常”字誤。

外未能結助諸侯今本“助”作“款”。此注與鄂本同。

則與春秋改伯從子辭同今本“春秋”作“諸侯”。此注與鄂本同。作“諸侯”誤。

故後王起今本“後”作“后”，誤。

蔡稱叔者今本“蔡”下“侯”字。此注與鄂本同。疏標起訖亦作“蔡稱”，“叔”字衍。

十有二年

公會宋公于龜毛本“龜”作“龜”。

十有三年

其恃外奈何今本“奈”作“柰”。

必出萬死而不奔北今本“北”作“此”。此注與鄂本同。“此”字誤。

明見伐者爲主今本“伐”作“我”。阮《校記》以“者”字爲衍,此注已有之。

十有四年

東田千畝今本作“畞”,《校勘記》作“畂”,毛本作“畮”。

十有五年

小國例時今本“時”下有“也”字。此注與疏標起訖同。“也”字衍。

蜀石經校記

穀梁傳襄公

[illegible] [illegible] 𠂇第一行

晉侯宋公衛侯鄭伯曹伯第二行　下泐

非大而足用與今本作“焉”。

蜀石經《穀梁傳》卷九所存十九行前，有不完字、小字四、大字六，與今本對校，只一字異同。後有“廿四”二字，則記石之次第。

蜀石經校記

周禮卷第九

秋官司寇上

周禮　鄭氏注 仿第十卷

蜡氏 從注月令曰以上均缺

薙氏 下五字缺

《爾雅》曰萍蓱其大者曰蘋萍讀如小子言平萍氏掌主水禁岳本“蘋”下無“萍”字，“平”下有“之字”二字。按，“之平〔字〕”二字當有，此注脱。“掌”字岳本脱。

司烜氏徒十有二人“二”今本作“六人”。

故書爟作烜岳本作“爲垣”，今本同。

冥氏岳本作“㝠”，今本同。

冥讀爲㝠氏《春秋》謂之螟岳本“秋”下無“謂”字。按，“謂”字不當有，此注衍。“螟”岳本作“冥”，此注誤。

庶讀如藥煑岳本“煮”下有“之煮”二字，此注脱。

書不作蠱者字從聲耳岳本“蠱”作“蠱”。按，疏庶是去之意，故爲庶不爲蠱，是取聲。此注作“蠱”誤。

讀爲聲音喈喈之喈《漢讀考》作“讀如”，云今本作“讀爲”，誤。

《月令》曰乃燒薙行水利謂燒所芟草及水之按，《月令》無“乃”字、“利”字，此注衍。岳本“謂”上有“非”字，亦衍文。

哲蔟氏岳本作“蔟”，誤。下同。

硩讀爲擿岳本“擿”作“擿”。

從石晢聲岳本"晢"作"折",此注作"晢",誤。

寔如蒴商"寔"岳本作"實"。

王持蟲豸自埋藏者岳本"埋"下無"藏"字。

故曰掌去黿黽之屬也書或爲掌去蝦蟇岳本無"之屬也"三字,有"黿黽蝦蟇屬"五字。按,岳本文字差順,此注誤。

獨讀爲濁岳本作"讀爲濁其源之濁",此注脱四字。

書亦或爲濁《漢讀考》:"濁"當作"涿"。此注已作"濁"。

爲之纑按,阮《校記》云,宋大字本無"之",《釋文》引此注亦無,以爲衍字。然此注已有之,岳本亦有。

此主王者之齒於後王識伊耆氏之舊德岳本"於杖"。按,疏云,掌共杖。此注"於"字誤。

今姓有伊耆也岳本"也"作"氏"。《漢制考》亦作"伊耆氏也"。此注"氏"字脱。

大行人

小行人

司儀

行夫今本四條連接。

行人主國使之禮岳本"人"作"夫"。今注"人"字誤。

主圍賓客作器爲之守衛者岳本作"任器","衛"下無"者"字。

象胥徒二十人唐石經作"廿人"。此注凡"廿"、"卅"均作"二十"、"三十"。

今總名曰象者今本"今"作"合"。

掌斝"斝"避蜀諱。

此王之上士也岳本無"上"字。

主都之八則也岳"都"下有"家"字。

當言每國岳本"國"作"都"。按,此官已缺,據疏"都家之士主治都家吏民之獄",作"都"是也。下庶士同。

大司寇

書曰王秏荒阮《校記》以《羣經音辨》引作"秏",云是據北宋本。今此注正作"秏"。岳本作"旄",毛本作"耄",今本作"耗",均非。

度作詳刑"詳"避蜀諱。

爲其民未習於教《釋文》出"爲民",然此注已有"其"字。

纂弑叛逆之國岳本"纂"作"篡",此注"纂"字誤。

以其化惡伐滅也岳本"也"作"之",當從,此注"也"字誤。

以五刑糾萬民"民"字通體不避,不別出。"愍"字同。

糾寥異者"寥"避蜀諱。岳本作"糾猶察異之"。

則自服直者也岳本"服"下有"不"字,今本有節及疏均作"不直",此注脫。

弊獄刑侯岳本"刑"作"邢",此注"刑"字誤。

百族府史以下岳本"百族"下有"謂"字,當有,此注脫。

小司寇

立君謂無冢適選於衆也岳本"衆"作"庶"。

書曰謀及庶民岳本"民"作"人",與《書》合。

其不見孤者孤從羣臣大夫在公後也岳本作"其孤不見者",無下"孤"字。"臣"下有"卿"字。按:今本從《釋文》及疏作"鄉",此注脫,"卿"字亦誤。

獄壹成而不可變岳本"壹"作"一"。

如今時讀鞫已乃論之也岳本"鞫"作"鞠"。"鞠",俗字。

不躬坐者岳本"躬"作"身"。按,以"身"釋"躬",此注"躬"字誤。

命婦者其大夫之妻也岳本作"其婦人之爲大夫之妻者"。

鍼莊子岳本"莊"作"嚴"。按,漢明帝諱"莊",改"嚴",漢注應作"嚴",

此注“莊”字誤。

觀其眸子岳本“眸”作“牟”。

杜子春讀罷爲羅岳本亦作“罷”，今本作“羅”。按，“羅”、“罷”古今字，《説文》無“罷”字。

玄謂附也岳本“謂”下有“麗”字。

故舊不遺則民不偷《論語》同“偷”。阮《校記》云：俗字。岳作“愉”，音他故反。

以弃社稷“弃”似避唐諱。然“世”字不避，此亦不足爲避之證。

不亦或乎岳本“或”作“惑”。

小司寇爲王導辟除奸人也岳本“導”作“道”，“奸”作“姦”。下同。

后世子之喪“世”字通體不避，不别出。

今宫門有符籍今本“符”作“簿”，阮《校記》已斥其誤。

於書則甘誓湯誓大誥之屬岳本“大誥”下有“康誥”二字。

掌鄉合州黨族閭比之聯唐石經“族”誤“旌”。

胥讀如宿胥之偦《漢讀考》：“讀如”當作“讀爲”。岳本“胥”作“偦”，當從，此注“胥”字誤。

弊獄訟之辭“弊”避蜀諱。

若今時百官聽政法解致邦令者岳本作“若今白聽正法解也”。

若今時決事比事也岳本作“若今決事比”。此注“事也”二字衍。

汋國汋斟汋岳本作“汋”，讀如“酌酒尊中”之“酌”。國汋者，斟酌。

三曰邦諜“諜”本作“課”，然“世”字不避，決非避唐諱。

倗讀爲朋友之朋岳本作“讀如”，阮《校記》據宋本以“當爲”爲正，此注正作“當爲”。

荒辯之灋唐石經“灋”作“法”，今本“辯”作“辨”，“灋”作“法”。

辯爲風别之别岳本“辯”下有“讀爲”二字，此注脱。

爲士師别受其數條岳本“爲”作“而”，“數”作“教”。按，《釋文》作“數”，音所主反，“教”字誤。

若國凶荒岳本“國”作“邦”。按，漢避高祖諱，改“邦”爲“國”。

慮刑貶罰也岳本無“罰也”二字。

劑各持所券也岳本“劑”上有“約”字，此注脱。

糾守備盜賊也岳本"備"作"衛",誤。

凡刉珥唐石經同。岳本"刉"作"剈",下文及注均同。

珥讀爲衈盥禮之事岳本"衈"下有"刉衈"二字,此注脱。"盥"作"釁"。據疏,刉珥是釁禮,此注"盥"字誤。

犯師禁于行陣也岳本"于"作"干"。此注"于"字誤。"陣"作"陳","陣"俗字。

鄉士

寮其辭"寮"避蜀諱。下文及注同。

爲其罪之要辭岳本"罪"下有"法"字。

如今刻矣岳本"刻"作"劾"。

弊其□于朝"訟"字石泐。

以□□訟"議獄"二字泐。

† 日刑殺"†"字半泐,唐石經同,今本作"協"。

若今時望後刑日也岳本"刑"作"利"。疏云"合利殺之日",作"刑日"亦通。

三日棄疾請逆尸岳本無"逆"字,與《左傳》合。

士師既獄訟之成岳本"既"下有"成"字,此注脱。

若今時三公出城辟督郵盜賊導之也岳本作"郡督郵盜賊道也",此注"辟"字誤,"之"字亦衍。

遂士

異其死刑之□而要之"罪"字石泐。

司冠聽□"之"字石泐。

則用遂士職聽之則三公往議也岳本"之"下有"時"字,"則"作"命","也"作"之"。

三百里以外至四百里曰都岳本"至四百里曰縣,四百里以外至五百里曰都",此注脱十一字。

都縣野之外地岳本無"外"字,此注衍。

獄居近爲野之縣獄岳本無"爲"字,此注衍。

糾其戒令而聽其獄訟唐石經"而"字在"糾"字上,與遂士同。此經與岳本同。

野距王城二百以外及縣鄙也岳本"鄙"作"都"。按,"野"、"縣"、"都"見上文,此注"鄙"字誤。

方士

謂王子弟及公卿菜地岳本"卿"下有"之"字,"菜"作"采",下同。

晉刑侯與雍子爭鄐田岳本"刑"作"邢"。

所治上者岳本作"上治"。

訝士

上下相虐岳本"虐"作"虐"。

猶呂步舒能使治淮南獄也岳本無"能"字,此注衍。

客出入則導之唐石經同。岳本"導"作"道"。

朝士

九棘岳本"棘"作"棘"。按,"棘"不從"朿",此注誤。

窮人蓋不得入也岳本作"窮民",然不得爲避唐諱之證。

《郊特牲》曰説繹之於庫門内岳本作"譏繹於庫門内",據疏當作"譏",此注"曰"字衍,"説"字誤。

廟門在庫門之内岳本"廟"下無"門"字,此注衍。

然則外朝於庫門之外皋門之内與岳本"於"作"在"。

今司徒府有天子以下會殿岳本作"大會殿",此注脱"大"字。

若今時得遺物放失六畜特詣縣廷也岳本"遺"上有"及"字,"特"作"持"。

物小自卑也岳本作"小物自畀也",此注"卑"字誤。

邦國朞唐石經缺文。《釋文》出"國期"。"朞",俗字。

判分兩合也故書爲辨岳本作"判,半分而合者,故書判爲辨"。

有券書者"券"作"劵",誤。下同。

亦如國服與岳本"如"下有"其"字。按,賈疏引注亦無"其"字。

其贏岳本"贏"作"羸"。此注"贏"字誤,今本"羸"亦誤。

若今時加賈貴取息坐贓岳本無"賈"字,此注衍。

屬責轉使人歸之而本主死岳本"轉"下有"責"字,此注脱。"死"下有"亡"字。

謂播書以明之也岳本"播"作"幡"。

謂當圖謀緩刑岳本"緩"作"援",誤。

司民

三台岳本作"能"。

賛佐也賛佐三府以貳佐王治者岳本作"賛,佐也,三官以貳佐王治者"。

司刑

刻其面岳本上有"先"字。

今東西夷戎岳本脱"戎"字。

若今宦男女也今本"宦"作"官",誤。

不詳之辭"詳"避蜀諱。

降略寇賊岳本"畧"作"畔",此注"略"字誤。

如今律家所著法矣岳本"著"作"署"。

司刺

若問惟薄忘有在焉者各本脱"者"字。阮《校記》引《漢制考》以爲當補"者",此注固有之。

再赦曰老旄唐石經同。《釋文》作“秏”,説見上。

上服與墨劓岳本“服”下有“殺”字,此注脱。

司約

治者理其相探冒上下之差岳本“探”作“抵”,此注誤。

或有彤器岳本“彤”作“雕”。按,經作“丹圖”,注作“丹書”,似作“彤”爲是。

此豈舊典之遺言乎岳本無“乎”字。按,此字當有。

謂有事爭訟罪罰謂刑書謬誤不止者岳本“罰”下無“謂”字,此注衍。

玄謂訟約若宋仲幾薛約宰者岳本無“約”字,與《左傳》合,此注“約”字衍。

謂殺鷄血釁其尸岳本“鷄”作“雞”,下有“取”字。此注“取”字脱。

約若吴楚之君岳本作“謂僭約若吴楚之君僭稱王”。此注“約”字、“僭稱王”三字均脱。

晉文公請遂岳本“遂”作“隧”。

司盟

世子座岳本“座”作“痤”,與《左傳》合,此注“座”字誤。

讀其載書臣告之岳本“臣”作“以”,此注“臣”字是“目”字之誤。

不信則詛所以省獄訟岳本作“不信則不敢聽此盟詛,所以省獄訟”。據疏,是此注脱。

使其邑閭出牲而來盟大字本無“其”、“而”二字,岳本無“而”字,阮《校記》至以“其”、“而”二字爲衍文。此注已有之,非衍文也。

職金

謂主受來金玉錫石丹青者兵之租稅也岳本“來”作“采”,無“兵”字。按,“兵”字不當有。此注“來”字誤,“兵”字衍。

又以著其物也岳本無“又”字。

謂之揭諸岳本“諸”作“櫫”，此注誤。

入之於天府岳本“天”作“大”。

給治及工直也岳本“治”下有“兵”字。

作槍雷椎椁之屬“椁”據《釋文》當作“桴”。

司厲

及所盜賊則物也岳本無“賊”字，今注衍。

若今時傷殺人所用兵盜贓岳本作“用兵器盜賊贜”。按，“器”字、“賊”字皆當有，此注脱；惟“贓”字較“贜”字爲正。

罪隸奴也岳本“罪”下有“之”字。

謂奴從坐而没縣官者岳本“没”下有“入”字。

齓者岳本無“者”字，有“毁齒也”三字。

犬人

幾讀爲祈岳本“祈”作“庪”。按，“祈”應作“祓”，此注“祈”字誤。下文亦作“庪”。

以𩨕辜祭四方百物岳本“𩨕”作“罷”。

幾讀爲刉岳本“刉”作“刏”，誤。

司圜

以此知其爲爲民所患苦岳本不重“爲”字。按，此字衍。

掌囚

兩手共入一木岳本無“入”字，下有“也”字。

桎中罪不𢷬手亦各一木耳岳本“亦”作“足”。

掌戮掌斬殺賊誎而搏之“誎”似避唐諱，然“世”字不避，不足爲據。注同。

搏當爲膊諸城之膊岳本作“城上”,與《左傳》合,此注“上”字脱。

肆猶陳之也岳本作“猶申也陳也”。

目言刑盜盜於刑殺惡莫大焉岳本作“凡言刑盜罪惡大焉”。

於刑同科者其刑殺之一人也岳本無“人”字,此注“人”字衍。

以醜遠之也岳本作“以貌醜遠之”。

髡者唐石經作“髠”,下從“兀”,此經移於旁,仍從“兀”。岳本作“髠”,誤。

司隸

隸人涅厠岳本作“涅”,今本作“湼”。

厲遮列也岳本“列”作“例”。按,阮《校記》云,鄭注當作“遮列”。岳本“例”字誤。

罪隸

玄謂牛助國轉徙岳本作“牛助國以牛助作徙也”。

其守王宫與其厲禁者如蠻隸之事此條當次閩隸下,鄭注不誤,唐石經已同今本矣。

閩隸

王立世子置以使掌其家事岳本“以”作“臣”。按,疏當作“臣”,由“臣”訛“臣”,由“臣”改“以”,注誤。

夷隸

介葛盧聞牛聲岳本“盧”作“廬”,誤;“聲”作“鳴”,與《左傳》合。此枉“聲”字誤。

周禮卷第九經四千二百六十字　注七千七百四十字

蜀石經校記

周禮卷第十

秋官司寇下

布憲

猶寥也“寥”避蜀諱,下同。

攘獄者距當獄也遏訟者止獄訟也岳本“止攘獄者,距當獄者也;遏訟者,遏止獄訟者也”。

禁暴氏

以力彊得正也岳本“彊”作“强”。

凡奚隸聚而出入者有所役也岳本作“其聚出入有所使”。

野廬氏

使不阻絕岳本“阻”作“陷”,今本作“使無陷絕”。

客所宿岳本“客”上有“賓”字。

聚欜之唐石經缺,岳本同,今本作“欜”。

有相翊者則誅之“翊”避蜀諱,注同。唐石經有“則”字,今本脫。

觀徇者也岳本“徇”作“伺”。

有姧人岳本“姧”作“姦”。

徑踰射趨隄渠者岳本作“射邪趨疾越隄渠也”。此注“疾越”二字脱。

若今次敘大功者岳本作“若今次金敍大功”，賈疏本“大”作“丈”，云官名。次金敍，主以丈尺賦功，今俗本多誤爲“次叙大功”，與此注合。按，阮《校記》：“大”應作“丈”。無煩曲説。

謂若今絕蒙大巿持兵仗之屬岳本“仗”作“杖”，今本“大”作“布”。

邦之有大師唐石經同，岳本脱“有”字。

蜡氏

脊讀爲骴岳本作“漬”。阮《校記》：“脊”上脱“玄謂”二字。司農從故書作“脊”而易作“漬”，鄭君從今書作“骴”。與此注合。

凶服衰絰者岳本作“服衰絰者也”。

人所穢惡也岳本“穢”作“薉”。“薉”正，“穢”俗字。

有部界之吏今本“部”作“都”，誤。

雍氏

穿地爲壍岳本“壍”作“塹”，今本作“漸”。

收艾之時岳本“艾”作“刈”。

書柴誓曰岳本“柴”作“粊”，此注“柴”字誤。

時非秋也岳本無“非”字。據疏，亦無“非”字。

萍氏

苛㝓“㝓”避蜀諱。

沽買酒過多岳本無“酒”字。

司寤氏

若今時甲乙至戌《九經三傳沿革例》云：各本作“甲乙至戌”，獨蜀本作

“戊”,後人又加一點。按,疏已作戌解。《漢制攷》引衛宏《舊儀》:五夜,甲夜、乙夜、丙夜、丁夜、戊夜。

夜中星隕如雨岳本無“如雨”二字。

司烜氏

明齍謂以明水滫涤盛黍稷岳本作“明水脩滫”。按,賈疏作“滫”。此注“脩”字脱。

玄謂屋讀爲其刑剭之剭岳本“爲”作“如”。《漢讀攷》:應作“讀爲”。此注正作“爲”。

而以適甸師者岳本作“而以適甸師氏者也”。

若今楬頭今本作“揭”。

條狼氏

若今時卒辟車之爲也岳本無“時”字。

卜之日岳本“卜”作“十”。

王立於澤宮岳本無“宮”字。

師樂師也今本“樂”下脱“師”字。

大史小史主書記禮事者岳本無“書記”二字。

玄謂大夫自不受命以出則其餘事莫不復諫也岳本無“不”字,此注衍。“諫”作“請”,此注誤。

庶氏

蠱物而能害人者岳本“能”作“病”。

謂熏之岳本“熏”作“薰”,今本作“燻”。

讀如雍潰之潰“雍”字最古,岳本“潰癰”,毛本作“癰”,今本作“瘫”,均誤。

凡毆蠱唐石經同,岳本作“敺”,今本作“敺”。

薙氏

夏日至而夷之唐石經同。按,《漢讀攷》作"雉之",云:司農從"夷",鄭君從"雉",《月令》"燒雉行水"注引"夏日至而雉之"爲證。《禮記正義》引皇氏曰:夷音雉。則"夷"字從司農亦不爲誤,惟音當從"雉"耳。

故書萌作夢注同。岳本作"甍",今本作"薨"。

謂耕及萌芽也書亦或作萌岳本作"耕反其萌牙",此注"及"字誤。"作萌"作"爲萌"。

夷之鉤鐮迫地岳本"鐮"作"鎌",誤;"鎌"下有"以"字,"迫地"下有"芟之"二字。

已而以水之岳本無"以"字,此注衍。

哲蔟氏

若鴞鷺賈誼所賦陸機云大如斑鳩緑色賈誼以下各本無。按,鄭君卒於建安五年,至孫吴建國,相去二十六年,疑元恪早歲著書,鄭君猶及見之,故采入注。鄭就盧學,即爲《禮》注,尚在桓、靈之間,想亦隨時修改耳。

辰謂從娵至荼也岳本作"辰謂從子至戌,歲謂從陬至荼",各本同。此注六字脱。

其祥未聞矣"祥"避蜀諱,當作"詳",此注誤。

翦氏

掌除蠹物唐石經、今本"蠹"作"蠧",誤。

今用以殺魚山海經朝歌山有草名莽可以毒物郭璞云廿二字在"蠹物穿食人器物者"之前。按,此注專釋"莽"字,應在"以薰之則死"下,先引《山海經》,再引郭注,"今用以毒魚"即郭注也。此注倒置。

故書蠹爲槖岳本"槖"作"橐",下同。阮《校記》以"槖"爲是。

掌凡庶蠱之事唐石經同,岳本脱"掌"字。按,"薙"字亦作"凡殺草之政事",則此字當有。

赤犮氏

以坋之則走涽之則死岳本作“涽之以灑之”，此注脱。

鄭司農云當爲蜃岳本“當”上有“晨”字，此注脱。

貍蟲蜃肌蛷之屬各本“蜃”作“䗪”，此注“蜃”字誤。

蟈氏

則於水東面爲煙西行被水上岳本作“令煙西行被之水上”。阮《校記》以“之”字爲衍，則“今煙”二字亦可省。

壺涿氏

以炮土之鼓毆之岳本“毆”作“敺”，今本作“毆”。

杜子春云泡當爲匏有苦葉之匏“葉”不避。岳本作“杜子春讀‘炮’爲‘苞有苦菜’之‘苞’”。《漢讀考》云：“炮”當作“泡”。此注不誤。

玄謂燔之炮之岳本“之”下有“炮”字。阮《校記》云：當作“燔之炮之”之“炮”。

使驚去也“驚”不缺筆。

則其神死淵爲陵“淵”作字不成，似避唐諱。然他字不避，此偶然耳。

故書云樟爲梓岳本無“云”字，此注衍。

五貫爲當午貫岳本作“當爲”，此注誤倒。

庭氏

與救日之矢夜射之唐石經同，今本脱“夜”字。

救日以枉矢岳本“以”作“用”。阮《校記》以“以”字爲正。

銜枚氏

窣踞譁者“窣”避蜀諱。今本“譁”作“讓”,誤。

禁䚯呼歎鳴於國中者岳本“䚯”作“訆”,從“丩”。此經“䚯”字誤。

鳴唫也岳本同。按,“鳴”當作“嗚”,此注“鳴”字誤。岳本“唫”作“吟”。

伊耆氏

咸讀曰函岳本“曰”作“爲”。

謂年七十當以王命授杖者今時亦命之爲王杖者岳本“授”作“受”。“王杖”,阮《校記》據《續漢·禮儀志》,當作“玉杖”。

大行人

巡狩岳本“狩”作“守”。

時聘以結諸侯之好

亦以王見諸侯之臣使來者時爲文也岳本無“時”字。

時聘者亦以禮見無常期也岳本無“以禮見”三字。

王親以禮見之岳本無“王”字。阮《校記》云:當據大字本增“王”字。此注固有之。

致禬凶禮弔禮岳本作“凶禮之弔禮”,此注“之”字脱。

爵者四孤卿大夫之士岳本無“之”字。按,“之”字不當有,此注衍。

斿其屬縿垂者也岳本“縿”作“摻”,今本作“幓”。

以㚘飾之各本“㚘”作“罽”,此注“㚘”字誤。

輔已行禮者也各本“已”誤“已”,此注固不誤。

就朝位岳本無“就”字,此注衍。

謂大門外賓下車及王出迎所立處岳本“王”下有“車”字。按,下文

"車"字當有,此注脱。

廟受祖之廟也岳本"受"下有"命"字。按,"命"字當有,此注脱。

車軹車也岳本作"車軹軹也"。《漢讀攷》:當云"車軹轊也"方合。此注作"車",誤。

再祼再飲公也岳本"祼"作"灌"。

朝事儀曰各本作"士"。按,《大戴》亦作"朝事篇","事"、"士"古通。

王禮以鬱鬯禮賓也岳本"王禮"下有"王"字,此注脱。

凡祭賓客岳本"祭"下有"祀"字,此注脱。

謂從來還去也岳本"還"作"訖"。

更自以其摯見岳本"摯"作"贄",此與《釋文》合。

親自對擯賓也岳本"賓"作"者",此注誤。

西上而立不前相禮也相禮不者聘之介是與岳本無"也相禮不"四字,此注衍。

以酒禮之者謂齊酒和之不同鬱耳岳本作"以酒禮之,酒謂齊酒也,鬱下有鬯耳"。

是謂使卿聘之介數也岳本作"是謂使卿之聘之數也"。

其君皆如子男也岳本無"如"字。

以父死子立岳本無"以"字。阮《校記》:賈疏以下皆無。按,有者是,此注固有之。

所寶貴見經傳者岳本無"經"字。按,《國語》稱《外傳》,所舉白狼、白鹿載之,此注"經"字衍。

撫安也存也頫省岳本"撫"下有"猶"字,"存頫省"三字連屬成文,此注"也"字衍。

七歲屬象胥唐石經同,今本作"屬"。

協辭命唐石經本作"協",誤。

七歲省而名其象胥九歲省而名其瞽史岳本"名"作"召",此注"名"字誤。

象胥譯語官也岳本無"語"字。

嗜欲不同岳本作"耆慾",今本作"嗜慾"。

周始有南越重譯而來獻是因名通言語之官屬象岳本無"南"字,"因"下無"名"字,"屬"字作"爲","象"下有"胥云"二字。阮《校記》云:疑當作

"是因名言語之官爲象云","通"字、"胥"字皆衍文。按,此注"屬"字誤,"通"字不宜少,勝於各本。

玄謂胥象之有才智者各本無"玄"字。按,"玄謂"見上,此注衍。岳本作"諝謂",此誤倒,"胥"亦當作"諝"。

書名畫字也岳本作"書之字也",此注"畫"字脱。

皆有齎其法式行行至則齊等之也岳本"有"作"謂",不重"行"。此注"有"字誤,"行"字衍。

書曰肆覲東后岳本"肆"作"遂","遂"字誤。

則詔相諸侯之禮唐石經同,今本無"詔"字,誤脱。

反而相聘也岳本"反"作"及",此注誤。

鄭司農云殷聘岳本"云"作"説",此注"云"字誤。

以春秋傳曰孟僖子如齊殷聘禮是也岳本無"禮"字。阮《校記》云:"是"當作"禮"。則"是"字衍。

小行人

承猶承相也岳本作"猶丞也",此注"承"字誤,"相"字衍。

使得親其言也岳本無"其"字。按,"其"字費解,此注衍。

虎人龍自其國家也岳本"家"作"象",此注誤。

都鄙者王公之子弟及卿大夫菜之吏也岳本無"王"字,"菜"作"采",下有"地"字,此注脱。

通之以爲符節岳本無"爲"字,此注衍。

后用琮也岳本作"享后用琮也"。

則享琥璜岳本"享"下有"用"字,此注脱。

大小各降其瑞一寸各本作"等",惟惠校作"寸",與此注合。

犒作稾岳本作"槁爲稾"。按,"槁"字是,此注"犒"字誤。

稾尚爲犒各本同。阮《校記》云:當作"槁",淺人别製"犒"字,鄭注無此從牛之"犒"。此注誤。

凡此五物者唐石經及各本同。

哀國敗岳本"國"作"圍",此注"國"字誤。

司儀

以詔者禮告王也岳本作“以禮告王”。

謂壝以爲牆處岳本“壝”下有“土”字,此注脱。

丘一成爲頓丘岳本“頓”作“敦”。

三成爲崑崙丘今本作“昆侖”。

獨君思仁岳本“君”作“居”,此注“君”字誤。

夫子信其言仁以爲異姓請妻之也岳本無“言”字,“請”作“謂”。

天揖揖手小舉之岳本下“揖”字作“推”,此注誤。

謂執玉而見前於王也岳本“見前”二字倒,此注誤。

玄謂旅如鴻臚之臚臚陳也岳本謂“如”作“讀爲”。按,鄭有讀爲、讀如、當爲三例,則此注當作“讀爲”,“謂”、“如”字誤。“陳”下當有“之”字,此注脱。

車逆主人以車迎賓擯於館也岳本無“擯”字。按,“擯”字不當有,此注衍。

車逆拜辱各本“逆”作“迎”。按,此引經句,不當改“迎”,惟此注不誤。

致□亦如之“館”字石泐。

致飱如致積□禮“飱”唐石經同。各本作“飧”,易與唐人所作“餐”字混,此經固不誤。注同。

飱夕食也各本脱“夕”字。按,朝曰饔,夕曰飱,此注獨未脱。

交擯□辭“三”字石泐。

三揖三□“三”字石泐。

賓上車進道主人乃答其拜各本無“道”字。

三進三進隨賓賓三揖三辭岳本無上“三”字,“揖”作“還”。

至而三讓讓三入門也岳本無下“三”字。

賓爲擯各本“賓”下有“當”字,此注脱。“擯”各本作“儐”。阮《校記》:鄭君説禮擯爲導,儐爲禮賓,分別與許不同。此注固不誤。下同。

賓亦一還辭也岳本作“一還一辭”,此注脱。

唯饗食速賓耳各本“唯”作“惟”。

鄭司農云還圭還歸其玉也各本無“還”字,此注衍。

賓之禮者各本“之”下有“拜”字,此注脱。

就朝拜□□三禮“謝此”二字石泐。

□□□□□“又送至於郊”五字石泐。

賓繼□□“主君”二字石泐。

玄謂□□君者“繼主”二字石泐。

擯主君也各本作“擯”,説見上,此注不誤。下同。

還□致贈“圭”字石泐。

謂王帛皮帛馬也各本無下“帛”字,此注衍。阮《校記》:賈疏引注作“謂玉帛乘馬也”。則此注“皮”字亦誤。

□饌而之積者“有”字石泐。

授勞於庭各本“授”作“受”,此注誤。

不擯其岳本“其”作“耳”,此注誤。

唯君相入今本“唯”作“惟”,誤。

以鄭司農云説私面岳本同。阮《校記》曰:“云”字不當有,須删。

春秋傳曰楚公子棄疾見鄭伯以其良馬私面矣“棄”不避。今本“良”作“乘”,是後人據《左傳》改,此注不誤。

寡君命使君于庭各本脱“使”字。阮《校記》以爲當補,此注未脱。

君館客者客將就省之岳本“將”下有“去”字,此注脱。

上下猶豊殺也岳本“豊”作“豐”,此注字作俗,下節注同。

謂賄束紡岳本“賄”下有“用”字,此注脱。

凡行人之儀“之”字旁注

行夫

焉使注作“夷使”。司農謂之“焉”,康成謂之“夷”,玄謂“夷發聲”,即“焉發聲”之誤。

象胥

王之大事諸侯執其大事次事卿執其次事岳本“諸侯”下有“使諸

侯”三字,“卿”下有“使卿”二字。

掌客

諸侯長子九命作伯者也岳本無“子”字,此注衍。

王所過之君也岳本作“國君”,此注脱。

牲三十有六唐石經“三十”作“卅”,“二十”作“廿”,此經仍作“三十”、“二十”。

車秉有五籔今本“秉”作“乘”,誤。

壺四十有四各本均作“二十有四”。上公四十,侯伯三十有二,子男之殺可知,應作“二十有四”,此經“四”字誤。

其米實實于筐豆實實于罋岳本上句不重“實”字。

牽陳于門西東面米禾芻薪陳于門外岳本“牽”作“牢”,“米”上有“車”字。按,“牢”即“牽”,疏亦未解;“車”字或“東”字之誤;亦軼去“面”字。

簋稻粱器也公十岳本“簋”作“簠”,此注“簋”字誤。今本“粱”作“梁”,誤。岳本下有“簠,堂上六,西夾、東夾各二也;侯伯八簠,堂上四,西夾、東夾各二”,此注脱二十六字。

男六簠堂上二也東夾西夾各二也岳本無二“也”字。

推其衰差□□□□二“公鉶四十”四字石泐。

倍鼎三各本作“陪”,此注誤。

腥爲腥鼎也岳本“爲”作“謂”。

於侯伯云二十有七其故字也岳本作“腥二十有七其故腥字也”,此注脱兩“腥”字。

陳於西門岳本作“門西”。

載米之車 自此止

曰籔十籔曰秉次行又存六字。

蜀石經校記

周禮

冬官考工記下

四寸者方以奇岳本作“四寸者方以尊接卑”，此注“奇”字衍。

瓚讀如餈屑之屑龍屑將皆雜色也岳本“如”作“爲”，下“屑”作“瓚”。阮《校記》以“爲”字爲衍，據此注，則如是也。

遂言見天子之摯也岳本作“用贄”。

以備失墜岳本“墜”作“隊”。

所以祀其神也岳本“祀”作“禮”。

終葵推也爲推於其杼上岳本“推”作“椎”。

杼殺也岳本“殺”作“䌸”。阮《校記》：經作“䌸”，注當用“殺”字，諸本皆作“䌸”，蓋淺人所改。惟此注未改。

致日度日景至不也岳本無第二“日”字。按，此字當有。

［夏日以下脱一葉］

鼻寸衡四寸唐石經同，岳本“鼻”作“鼻”。

横謂勺徑也岳本“横”作“衡”。

形如玉瓚岳本“玉”作“圭”。

以爲稱錘以起度量也岳本無“度”字，此注衍。

射其外鉏牙也岳本“鉏”作“徂”，誤。

磬人各本“人”作“氏”。

而求其是弦岳本無“是”字。

股磬太上則摩鑢大者岳本作“股磬之上大者”，此注因上文而誤。

矢人

司弓矢職曰茀當爲殺岳本無"曰"字。按疏"曰"字不當有,此注衍。《漢讀考》云:"當"字衍文,下"殺矢三分"注同。

殺矢七分岳本"殺"作"殺"。

司弓矢職曰殺當爲茀説見上。

前弱則勉各本"勉"作"俛"。

免作俛低也各本經作"俛",注脱"免作"二字,惟此注有之。

後弱則翊"翊"避蜀諱。注同。

欲栗欲其色如栗也岳本"栗"作"㮚"。

旊人唐石經同。今本作"瓬"。

髺墾薜暴不入市岳本"髺"作"髻","薜"作"辥";今本"暴"作"㬥"。

墳起不堅緻也岳本"緻"作"致"。

樹膊其側岳本"樹"作"尌"。

以擬度端其器也岳本"擬"作"儗"。按,《説文》擬度字從手,僭儗從人。

瓦器高於此岳本"瓦"作"凡"。

精蛪屬也岳本"蛪"作"列"。

榮螈屬也岳本"螈"作"原"。

哨頃小也岳本不重"哨"字,"頃"作"頎"。

紘大也岳本作"紘謂聲音大也"。

其聲清揚而遠聞則於磬宜各本脱"則"字。

顧長脰貌岳本"顧"作"顅",下同,此注誤。

匪來貌也岳本"來"作"采",此注"來"字誤。

匪或作飛岳本無"或"字。

鄭司農云廢爲匪以似爲廢岳本"云"字下作"'廢'讀爲'撥','飛'讀爲'匪',以似爲'發'",此注脱誤。

則必積爾如委矣苟積爾如委與唐石經改正本同。

執君之器則平衡岳本"執君器齊衡"。

梓人爲侯岳本"侯"作"候"。

崇猶高也岳本無"猶"字,此注衍。

讀若齊人搚公幹之幹岳本"搚"作"憯",脱"公"字。

皆爲舌也岳本"爲"作"謂"。

鄉射記曰岳本"射"下有"禮"字,下"張獸侯"條亦無"禮"字。

下介五丈四寸也岳本"寸"作"尺",此注"寸"字誤。

其制身矦夾中个矦身岳本作"身夾中个夾身",此注上"矦"字衍,下"矦"字,"夾"字之誤。

絹籠綱者讀爲竹中皮之絹也岳本"者"下有"絹"字。按,"絹"字當有,此注脱。

苦與羣臣飲酒而射也岳本"酒"下多"閑暇"二字。阮《校記》云:"閑暇"二字係疏語誤入。此注本無也。

或猶有也岳本無"猶"字。

曾孫諸侯子孫各本脱"子孫"二字。

廬人

戈柲六尺有六寸岳本"柲"作"秘"。

車戟常岳本"戟"作"戟"。

遒近也岳本"遒"作"酋"。

不徒止爾爾也岳本作"不徒止耳"。

絹讀爲悁若井悁岳本作"讀爲悁色之悁"。今本"色"作"邑"。據疏,當作"悁邑",此注因下文而誤。

椑讀爲鼓鼙之鼙岳本脱"之鼙"二字。

讀若井中蟲蜎之蜎岳本"讀"作"謂"。

則椑隓圜也摶圜之也岳本"隓"作"隨",今作"隋",下亦無"之"字。

齊人謂柯斧柄爲椑《漢讀考》云:今本衍"斧柄"二字,蓋或箋於旁,因誤入也。此注已有之,則誤在宋以前。

改句言擊岳本"擊"作"毄"。

容殳也殳無刃岳本無"殳也"二字。

同强强弱上下同也岳本無“强弱”二字。

校謂讀爲絞而婉之之絞岳本無“謂”字,亦無第二“之”字。按,“之”字當有。

侵之能侵敵也岳本脱下“侵”字。

凡矜八觚下同。岳本作“矝”。

酋殳上鐏也岳本“酋”作“首”,此注誤。

矛夷如酋矛也此注“夷矛”誤倒。

亦猶柱也岳本“亦”作“灸”,此注誤。

匠人

置槷以縣岳本作“棃”,誤。

槷當弋岳本“當”下有“爲”字,此注脱。

弋讀曰杙岳本作“讀爲”。

栈謂槷岳本“杙”作“玄”,此注誤。

其端則東西正之也岳本“則”作“在”。

天子十二門通十二字岳本“字”作“子”。

是爲轍廣也今本“爲”作“謂”。

堂脩二七岳本“脩”作“修”。

牲用白牡岳本“牡”作“牝”,誤。

若今四柱也岳本作“四注屋”。阮《校記》以“注”爲是,此注固不誤。

重室複笮也岳本“室”作“屋”,此注誤。岳本“複”作“復”。

謂此一尺之堂興岳本“興”作“歟”,此注誤。

謂四辟之内岳本“辟”作“壁”,誤。

乘車廣六尺六寸長二尺三寸个六尺六寸五个三丈三尺也岳本脱“長二尺三寸个六尺六寸”十字。

治六官之職屬矣岳本無“職”、“矣”二字。

謂有浮思也岳本“有”作“角”,此注“有”字誤。

廣長以長度高以高度廣岳本作“度高以高,度廣以廣”。

古者耜一金人兩人併發之岳本“金”下無“人”字,此注衍。

其壠中田畎《岳本“曰”作“田”。

田有一夫之所佃也岳本無“有”字、“也”字,“百畝”屬“佃”字下。

百畝方步地岳本“方”下有“百”字,此注脱。

遂上土赤亦有徑也岳本脱“赤”、“土”二字。

此畿内菜地之制也岳本“菜”作“采”,此注作“菜”。下同。吴跋以“菜”爲是,前見《秋官》亦作“菜”。

一井之中三屋九夫也三三相具以出賦稅岳本無“也”字,句讀不同。

殷人七十而莇各本“莇”作“助”,下同。

文公又問井地岳本“地”作“田”。

井諸野九一而莇岳本“井諸”作“請”。

方里而井九百畝岳本重“井”字。

又詩曰岳本作“又曰詩云”。

雖周亦有莇也岳本無“有”字。

年飢岳本“飢”作“饑”,此注誤。

稅民無蓺岳本“蓺”作“藝”。

野九夫之田而稅一岳本脱“之田”二字。

國中什一爲是也岳本脱“爲”、“也”二字,“是”字斷句。

圭之言佳也岳本作“珪潔也”。

周謂之土田岳本“土”作“士”。據疏當作“士”,此注“土”字誤。

通壅塞各本有“其”字,衍。

猶脉理也岳本“猶”作“謂”。

梢讀爲桑螵蛸之蛸謂水漱齧溝也岳本重一“蛸”字,“齧”下有“之”字。

奠讀爲渟岳本“渟”作“停”,下同。

里讀當爲已岳本無“當”字。

汲橈築之岳本“汲”作“版”。

却一分以爲殺也岳本“殺”作“閷”。

猶却也岳本“却”作“郤”,阮《校記》以爲當作“郤”,此注“却”字誤。

若今令辟裓也岳本“辟裓”作“甓裓”。按,疏作“辟”,是賈逵所見作

"辟"也。此注不誤。

蜀石經殘本跋

蜀石經《周禮》卷九、卷十兩卷，一缺首，一缺尾，缺均無多；《左傳》卷十六襄二全卷、《穀梁》卷十六十九行，光緒丙子在楊幼雲處見之，屬爲校異，因循未果。後歸張叔憲、李亦元，今歸吾友劉健之，海内孤本也。蜀石留於世者，有《毛詩·周南》、《召南》、《邶風》，《左傳》昭二十年六百餘言，陳頌南藏《周禮·考工記》六千餘言、《公羊》五千餘言，今之三冊，字數最多。宣統辛亥，與健之同竄海濱，借歸，以唐石經校經字，岳本校注字，疏其異同於别紙。兩通字及加減虚字之無關宏恉者，悉不著録。得《周禮》十九紙，《左傳》六紙，《穀梁》一紙，五十日方畢。去丙子三十六年，荃孫年亦六旬又九矣，心眼俱退，未能多方疏證，抱媿良多。惟殘冬亂世，藉讀書爲消遣。昔錢辛楣先生得見《毛詩》、《左傳》，以爲衰年眼福，荃孫今亦云然。前人云：蜀刻於大和與開成同源，惟經注全刻，止廣政本有之，俾後人獲見雕板前舊式，豈非幸事。諸跋以邵武楊實臣爲最，考訂源流甚詳。蜀石於宋末與文翁石室同燬，元明金石家無言之者。所傳合州賓館有《禮記》數石曾訪碑於台州，得唐宋刻數十種，無此石，貴州任大令載歸數十片之説，皆不足據也。今《毛詩》摹本流傳已少。夫長興開版本之學，貞明啟彙帖之風梁末帝刻貞明帖，在保大前，是真帖祖，轉在大亂之時，以存先聖之道，重勒廣傳，嘉惠後學，是所望於健之矣。江陰繆荃孫跋。

《左傳》"丗"、"巳"、"昏"、"愍"、"弃"、"枽"均缺筆，他廟諱則不避。"丗之治也"，一避一不避，可證《周禮》"世"字"民"字均不避，"棄"仍作"弃"，"諜"仍作"誺"，是習尚使然，不足爲避諱之證"淵"字似缺非缺。知祥，"祥"字作"⿰礻⺷"，"⿰言⺷"、"⿰⺷羽"同，不避"知"字，知祥祖諱。《左傳》作"察"，《周禮》作"察"，《毛詩》作"察"；父諱，歐《史》名道，《蜀檮杌》則云名巘，今本"道"字、"獻"字皆不缺筆。

又跋

壬子正月，陳頌南臧《周禮·考工記》、《公羊》桓公二冊亦爲健之收得，荃孫再假以續考，得《周禮》六紙、《公羊》二紙，次校記之內。各跋以青陽吴子肅履敬、子迪式訓兩跋爲最，略舉異同之字，不爲空言，是漢學家法。《周禮》避蜀諱，《公羊》避宋諱，力駁前人避唐諱之説，所見與荃孫同。經字與唐石經無甚異同，至各注則異同甚多，有阮氏《校勘記》以爲當據某書改某寫而此注本不誤者，有《校勘記》所未及者，獲益良多。至書人譌脱，《周禮》獨多於他經，其孫朋吉之疏歟？又如鄭注引及陸機《草木疏》哲蔟氏猶可附會，引及郭璞注翦氏則誤顯然矣。吴跋以爲仍其舊文，不敢損益，未免意存迴護，不如直指其過，俾知瑕不掩瑜。程克齋譏《春秋》以"甲午"爲"申午"，以"癸卯"爲"葵卯"。全謝山云：其書既多，自不能無舛錯，要之有足資攷證者。斯爲持平之論。宋晁公武有《石經考異》，張㚟有《石經注文攷異》，有目無書，無從考核矣。荃孫再跋。

校蜀石經繫以四絕

少日從容注禮書鄭君受業扶風，已爲三禮學，老年寫定在精廬。集思廣益人難及，采到烏程草木疏鄭君歿於建安五年，距孫吴立國二十有六年，元恪之書或成於早歲，鄭君猶及見之耶。

襄二春秋首尾全，發凡起例想當年。不知毋氏家財造，文選開雕孰後先。

補缺田侯善校讎，蜀唐諱字漸消磨。廿篇北宋公羊傳，我比河間見較多。

殘拓猶存十九行，穀梁字體最飛揚。紙邊廿四分明認，石數由來記更詳穀梁紙末有"廿四"二字，疑是記石數，大約每紙有之，翦裝時割棄耳，前人未經言及。

孟子音義札記

據光緒元年四川尊經書院刻本

孟子音義札記

孟子題辭

隳許規切。

各本同。謹按：墮，《説文》𨸏部作“陊”，云“敗城𨸏曰陊”，篆文作“墮”，《淮南子・修務訓》：故名立而不墮。高誘注云：墮，廢也。《禮記・月令》“毋有墮壞”，《釋文》：“墮或作隳，隳，俗字也”。注疏本均作“墮下”，《梁惠王篇》“無墮不墮”，亦作“墮”。

長師張丈切。

各本同。謹按：《梁惠王篇》“長子”、“長上”，《公孫丑篇》“助長”、“長民”，《滕文公篇》“長爭”、“從長”，《離婁篇》“長其長”，《萬章篇》“挾長”、“壯長”，《告子篇》“長義”，《盡心篇》“長知”、“長子”，均作“張丈切”。翟氏灝《四書考異・告子下》“長君條”引《音義》曰：長張，知丈切。《廣均》三十六養亦知丈切，此疑張氏舊説。

心剿下子小切，絕也。

韓本同，各本作“勦”。阮《校勘記》云：案，從刀之字訓絕，從力之字訓勞。依《説文》，當作“劋”，喿聲。韓本作“剿”，即“劋”之異字。謹按：曹憲《廣雅注》辨《禮記》“勦説”之“勦”從刀，《左傳》“勦民”之“勦”從力，後人因之，謂從力者訓勞，從刀者訓絕。此“剿”字，《音義》訓絕，故改從刀，然《説文》有“勦”無“剿”，“劋”字下引《書》“天用劋絕其命”，“劋”者，“勦”之異文，字體全別，不得因“劋”從刀而謂“勦”亦必從刀。“灑”字下云讀若《夏書》“天用勦絕”，“勦”仍從力。《白虎通・壽命篇》引《甘誓》亦從力。經傳中凡訓絕之字皆然，惟宋岳珂刊《禮記》，始改“勦説”字從刀，近人校《甘誓》《説文》《書》《禮》《釋文》，並謂“勦”當從刀。古本實不然。《小尒疋》:勦,截也。王氏煦疏亦改從刀。錢氏大昕《三禮答問》云:《説文》"勦"訓勞,鄭訓為擎,即取勞之轉聲而借其義,非有異文也。《説文》刀部無"勦"字,曹憲俗儒,未達六書之旨,故多妄説。以上皆《三禮答問》。王氏念孫《廣雅疏證》亦云:"勦"、"剿"、"鈔"並通。然則此字不必改從刀也。

《音義》下子小切,各本同,侯氏康據景北宋鈔本作"丁子小切",謹按:全書體例,出兩字有音釋者,下一字則言"下"以別之,若兩字中惟下字須音則不言"下",此條唯"勦"字有音,不必言"下"也,當從宋本。

梁惠王上

集穆張云當為"輯穆"。

各本在"王好"條下,孔韓本在"重嗟"條下,"亦樂"條上。謹按:重嗟者,首章末段注:集穆首章,章指文亦樂,次章經文,次序,當從孔韓本。

罔民下音同。

各本同,《校勘記》云:案,"音"當作"章"。

梁惠王下

暴見及後注虹見同。

各本作"虹見",皆同,《校勘記》云:無皆字,與全書體例不合。

尼之丁本作"屔",云"居"字

各本同。謹按,周氏廣業《孟子逸文考》云:顏元孫《干禄字書》平聲有"𡰥""尼"二字,注:上俗下正,疑"屔"是"𡰥"之譌。

公孫丑上

函音含。　鎧苦愛切,又苦亥切。　祝丁亦音呪。　蚤售音早授。　不中張仲切。

各本有此五條,在"擴"字一條下、"讜"字一條上,此脱。

龍斷或讀如斷割之斷。

各本同,謹按,翟氏灝《四書考異》引《音義》,作"割斷之斷"。

滕文公上

盻盻《説文》五禮切,恨視也,亦四莧切。

鄦君時焉得有翻切,此蓋徐鉉氏之文,《音義》誤作《説文》耳,今本《説文》作"胡計切"。

《音義》亦"四莧切",各本及《攷异》均同。謹按,《説文》目部,盻從目,兮聲,徐音胡計切。盼從目,分聲,音匹莧切,字義本别。《四書辨疑》曰:毛晃《韻略》盻與盼同訓顧視,仍引《孟子》此語為據。讀《孟子》者惟準此説,讀盻字與盼同,《音義》乃通順,惟"盼"字當從《廣均》、《集均》作"匹莧切",《釋文》、《毛詩音義》"盼兮"條下匹間反,又匹莧反。《通鑑》二百四十一上下盻盻,胡氏三省注引孫奭音五禮反,又普莧反,"普""匹"同聲,此作"四",疑"匹"字之誤。

瀹濟漯作"溼",誤也。

各本作"濕",《校勘記》云:"漯"、"濕"本是一字。丁云誤也,非顧氏《隸辨》云"累"即"㬎"之省而訛為田耳,如"顯"亦從㬎。《綏民校尉熊君碑》,"顯"皆為"顆",與"濕"之為"漯"正同。段玉裁云:漢碑多借"濕""漯"為"溼"字,今人以"濕"爲"溼"本字而"濟濕"字乃作"漯",此作"溼",誤。

懲艾丁廢切。

韓本"丁"下有"魚"字,謹按,《廣韻》二十廢:艾,魚肺切。當從韓本。

滕文公下

嚾也丁云：案，《玉篇》音驅，召呼也，蓋字"讙""譁"同。

韓本作"讙"，《校勘記》云：讙，即今之諠譁也。《玉篇》"音驅，召呼也"，此語甚誤，"讙"不得有驅音。攷《玉篇》㗊部：囂，荒貫切，呼也，與喚同，然則丁云按《玉篇》作"囂"，轉寫訛作"音驅"。

洚水《説文》胡貢切。

説見"盻盻"條下。

洚洞案《玉篇》下江切，從夅。

各本同，《四書攷異》引《音義》云："案《玉篇》下江切者，從夅。"謹按，"者"字當有。

莩皮表切，或作"莩"，或作"殍"，皆同。

各本同，惟《四書攷異》云：舊趙注本作"芆"。按，"莩"字已見《梁惠王》上篇，而《音義》重釋於此，例屬可疑，今觀趙注本，乃知其字有不同，故更釋也。其所云"莩又作芆"，當為"芆又作莩"之訛。

離婁上

厲王流於彘丁音帶。

韓本"帶"作"滯"。謹按，作"滯"是也。

祼音灌。

各本作"祼"，此作"裸"，誤。

旄音耄。

各本作"耄"，此作"耄"。謹按，《廣均》三十七號"耄"字作"耄"，見《經典省文》。

離婁下

畎夷始犬切。

謹按,《説文》"甽"即"ㄑ"之篆文,"ㄑ"徐音姑泫切。《廣均》二十七銑"甽"姑泫切,《釋文》《尚書音義》"甽"公犬反。"公""姑"同聲,"泫""犬"同均,此作"始",誤。

下於下去聲。

各本均在"田菜"條下,謹按,"下於"為正文膏澤句,"田菜""里居"為趙氏注收,其"田""里"句應列"下於"條下。

栢音杯。

《校勘記》云:韓本作"杯",是。

强仁

各本同,謹按,趙注止有"强力""仁義"也,"仁"字或"力"字之誤。

萬章上

放勛音勳。

《校勘記》云:韓本作"勳",同。按,韓本是也。《書·堯典》作"放勳",此作"放勛",故云勳同。《説文》力部曰:勳,古文作"勛",從員,然則《孟子》作"勛",依古文也。

萬章下

凡七章

各本同,按,景北宋鈔本作"九章",當从。

不撓

孔本、韓本作"橈",《校勘記》云:孔、韓是也。

將比丁毗志切,云比地而誅,猶云比屋而誅也,亦毗志切。

各本作"丁毗失切",謹按:丁之毗失,即《廣均》五質之毗必也。如作"毗志",則下文與之正同,何必重出。盧氏《鍾山札記》云:《詩·周頌》"其比如櫛",《釋文》:比,音毗志反。非也。"比"當讀弼。"崇"、"墉"是均,"比"、"櫛"亦是均,句中自相諧和。唐顧況

《十月之郊》詩曰“棟之斯厚,榱之斯密,如翼于飛,如鱗櫛比”,可見昔人固讀為弻矣。《四書攷異》亦引作“毗失切”,韓本作“毗先切”,“先”與“失”形近而誤。

告子上

桮音杯。

按,《校勘記》《離婁下》云:作“杯”是,此亦當作“杯”。

搏之

各本同,謹按:本文作“搏而躍之”,注亦無此二字。

蹴爾張取六切,或作“躍”,音同。

各本“躍”作“蹠”,《校勘記》云:蹠,疑《説文》趡字之别體,盧本改作“躍”,誤。謹按:“蹠”即“趡”,《漢書·揚雄傳》“神騰鬼趡”,宋景文校本引蕭該《音義》云:“趡”或作“蹠”,是其證也。但“趡”“蹠”二字據《玉篇》、《集均》、《廣均》、《廣雅注》、《漢書注》有“且水”、“千水”、“愈水”、“以水”、“子肖”諸反,與“取六切”不合,而孫以為音同者,蓋“子肖”、“千水”二切即“蹴”字之轉聲,孫意以字或為“蹠”,而《音義》仍當作“蹴”,故從其轉聲得音,非“蹠”之本音也,此改“躍”,誤。

柚梓似橙而醋。

各本同,焦氏循《正義》引《音義》云:“似橙而酢。”

盡心下

凡三十七章

孔本作“三十九章”,《校勘記》云:按“七”、“九”並非,當作“八”。

中禮張仲切。

各本同,《四書攷異》引《音義》云:“中張,丁仲切。”

餂

各本作"餂之",此脱。

《孟子音義》二卷,向以納蘭氏通志堂所刻為最先,後黄氏丕烈復刊述古堂景鈔蜀大字本,是為士禮居本,二者皆仿宋刻也。别有孔氏繼涵微波榭本、盧氏文弨抱經堂本、韓氏岱雲本,校訂均善。迨儀徵阮文達取孔、盧、韓本校通志堂本,成《校勘記》二卷,删訛訂闕,斯為最精。光緒乙亥,仲宣師翻雕盧本《經典釋文》於成都,復取盧本《孟子音義》刻之,荃孫任校字之役,爰録阮氏訂盧本之訛者附於後,間有管見,亦綴於末。既竣,録藁呈師,師命附刊於後。至各本異同,具有《校勘記》在,兹不復贅。江陰繆荃孫識。

東都事略校記

據民國二年《適園叢書》排印本

東都事略校記以舊抄本校翻刻宋眉山程舍人本

目録不同另寫

本紀一　卷一

善騎善射雅好儒素善騎射而雅好儒素　莊宗嘉其勇敢固因留之以疾歸適無此字與太祖會于壽春　具言秦鳳可取攻之狀　遷于西宮服御供給一如舊脱後七字

本紀二　卷二

丁巳祀周四廟無四字　次楊揚州下同　始慮遊惰墮之尚多　詳嫺閑吏理　浚關閔河　蜀小王無此字孟昶降　免於靡費穀　奉禄鮮薄而責以廉者更無難謂也　百粤越之人　詔曰嶺南諸州無曰字攻城之際民必有横遭鋒刃　啟運立極英武睿聖文神德聖玄功按，"玄"字宋諱，應避

本紀三　卷三

開寶之初無"之"字　次陳橋為六軍推戴天人齊歸脱下四字　太祖勉受周禪無"勉"字　追册故尹氏女贈皇后脱"女贈皇后"四字，衍"及"字　册立脱二字越國夫人苻氏為皇后按，尹氏女先歿，所以書追册，又書贈皇后，苻氏現在宮庭，應云册立某氏為皇后，今混而一之，誤　吏治得失速舉退而行之以稱吾意　苟能切脱此字中時病　民間脱"一"字

嫁娶　宜從優厚一脱此字應百官奉錢　皇弟三子封襄王元份封脱此字越王　選於衆而舉皋陶善人　則不仁者遠矣則不仁不善者斯遠矣　俾振滯淹何所仰止程作"屬在倫類"　舉升朝官衍"者"字二人　又陷邛州及程作"又陷"永康軍　師追進破賊十萬　泯卒其伐功

本紀四　卷四

夏五月戊午朔日食程作"日有食之"冬十月丙戌朔日又食程本作"日有食之"　有鋪金泥玉之餙速宜禁止程作"其禁之"　頒深詔朝廷倫　今偏順考舊規　朕固將親覽　此可責罰而不可獎也　十二月戊寅大脱此字赦天下　景德元年春正月丙戌朔又脱此字大赦天下　辛丑京師地震丁未復震　是玆謂慘酷　六月壬申重脱此字赦西京　上尊號曰體元御極感天尊道應真崇寶運文德武立功上聖欽明仁孝皇帝　己巳日月重輪　以答告神貺明

本紀五　卷五

百辟工群司　國家培勤邺黎庶　生齒日之繁　不意脱二字犯者頗衆　有司無得苛舉駁　遣近臣一脱此字十七人巡行河北　仍其復職官　疚咎實在予　上皇太后尊號曰應元齊聖顯功崇德慈仁保寶壽皇太后　現征錢金銀輸京師詔有司皆從銷訖停罷佈告遐邇弗得置之度外自罹三尺程本作"布告遐邇體朕意焉"　上尊號曰景祐體天法道欽文右聰武聖神孝德皇帝　無得四輔作闕門非品官無得起門屋"非"上衍八字　上刊去脱此字英睿二字　欽文右聰武

本紀六　卷六

必有非常之恩以示至公之道不使大器淹滯脱六字咨爾多士體朕意焉　夏四月癸酉旱上步禱脱"匹"字　九月辛亥率皇子脱三字大享明堂

本紀七　卷七

顥祁祈國公　朕脱此字今飭躬焦思欲消弭復災大異　將進祈自新　允蹈遥恭儉

本紀八　卷八

遣使八人相度農田水利税賦科率徭役利害及清宿弊脱四字廣惠倉所貯脱二字錢　獄訟失非其情與賦斂過失其節與　秋七月甲戌彗又現軫　乙亥脱六字詔曰按,乙亥不當去,去則甲戌之詔移為乙亥之詔矣　時以稱號上見請　苟有不倫論

本紀九　卷九

親祀祠北郊之儀　與夏人戰於雞靶靶嶺敗之

本紀十　卷十

上帝克相之靈脱二字豈朕之德哉　詔大司成考德行道藝歲貢之士脱此字　並速令除毁

本紀十一　卷十一

金人來索取張覺　金人擒遼主延禧于夾山遼國脱此字亡　宜裁抑一脱此字應不急之務　來徇國家一日之急一脱此字應天下方鎮郡邑守令各率師募衆勤王

本紀十二　卷十二

所過又程作"又所過"

世家一　卷十三

宣祖昭憲皇后杜氏　以造我　皇脫此字宋　人走報后曰點檢已作天子矣脫此字后曰吾兒素有大志今果然下衍"矣"字

懿德皇后苻氏　吳淑定駁議

章獻明肅皇后劉氏　真宗即位復進為美人程作"以為美人"

與楊淑妃愛撫視無甚異篤

皇后李宸妃

皇后楊淑妃

仁宗廢后郭氏

以上三傳另寫

慈聖光獻皇后曹氏　今宗社在爾何獨不然程作"今宗祀在邇"，亦當"爾"

世家二　卷十四

昭靜沈貴妃脫此傳

英宗宣仁聖烈皇后高氏

以上另寫

成皇后朱氏　后少依母遷朱家程作"任廷和家"

哲宗昭慈聖獻皇后孟氏　而婕妤寵幸甚智巧足以蠱惑哲聰程作"陰有奪位之意"　郝隨從旁以言脅之隨乃劉婕好之鷹犬敦逸懼禍不測違心罔決程作"畏禍不能剛決"乃以奏牘上蓋章惇無"宰相"二字迎合於外而隨排擠於內

昭慈皇后劉氏　欽聖念孟后無罪乃召入復位號稱元祐皇后而

后亦脱此字稱元符皇后　神主宗亦脱此字升祔哲宗廟室

顯肅皇后鄭氏　後后有異寵　王皇脱此字后崩

世家三　卷十五

天潢族無尺寸之柄

宣祖五子

太祖皇帝行二

太宗皇帝行二

魏王廷美行四　程脱行第，下同　真宗即位追復故官爵徽宗改封魏王脱六字子十程作"十子"一德恭二德隆三德彝四德雍五德鈞六德欽七德潤八德文九德惠十德存程數目全脱　贈樂平郡王附襲爵奉祀程脱五字　承簡薨德雍子承亮為長脱二字封昌國公

岐王光贊幼亡行五

太祖四子　滕王德秀早亡行一

吴王德昭行二　治平元年改封越王徽宗即位改封吴王程脱八字子五程脱此字　長脱此字惟正　次脱此字惟吉　三脱此字惟固　四脱此字惟忠　五脱此字惟和　惟巽脱此字最長

舒王德林早亡行三

泰王德芳行四　子三長脱二字惟敘　次脱此字惟憲　三脱此字惟能　乃顧後之子孫而有未議封者即封而爵未稱者程作"而有未議封節之典"　其令中書門下考太祖宗之屬緒籍

太宗九子　漢王元佐行一　程脱行第，下同　子三長脱二字允升　次脱此字允言　三脱此字允成　昭成太子元僖行三，脱二字　商王元份行四封冀公王　改鎮下衍"寧"字海鎮東鎮海軍治潤州，鎮東軍治越州，"寧"字衍　子三長脱二字允寧　越王元傑行五　移鎮淮南忠武正　鎮王元偓行六　子一脱此字允弼　楚王元稱行七　遷彰宣德保寧軍節度使　子一脱此字允則　周王元儼行八　不敢數入閤閤門　有子十三人惟脱此字允良允迪允初在脱此字　未嘗以小事脱三字詰責左右　為酣飲沈流酗之佚　崇王元億行九

世家四　卷十六

真宗六子　温王禔行一　追賜名復追脱二字贈温王　周王祐行二　昌王祇行三　信王祉行四　欽王祁行五　仁宗皇帝行六

仁宗三子　長脱此字楊王昉　二脱此字雍王昕　三脱此字荆王曦

濮王允讓　手詔比此字缺聞　以宗晟嗣宗晟脱二字官至武安軍節度使　宗愈嗣官至鎮南軍節度使開府儀同三司贈襄王謚曰恭惠脱四字　謚曰孝懿端　宗祐嗣官至清海軍節度使贈欽王謚曰穆恪脱四字　仲御嗣官至泰寧軍節度使開府儀同三司贈郇王謚曰康孝王

英宗四子　神宗皇帝行一　吴王顥行二　性皆于忠孝　子二脱此字孝騫　潤王顔行三　益王頵行四　子八長脱二字孝哲　二脱此字孝怡　三脱此字孝參　四脱此字孝奕　五脱此字孝騭　六脱此字孝忱　七脱此字孝頴　八脱此字孝愿

世家五　卷十七

神宗十四子　成王佾居長　惠王僅行二　唐王俊行三　襄王伸行四　冀王僩行五　哲宗皇帝行六　豫王价行七　徽宗追贈豫王程作"封豫王"　徐王倜行八　吴王佖行九　儀王偉行十　徽宗皇帝行十一　燕王俣行十二　楚王似行十三　越王偲行十四

徽宗三十一子　欽宗皇帝居長　兖王檉行二　鄆王楷行三　荆王楫行四　肅王樞行五　景王杞行六　濟王栩行七　益王棫行八　太上皇帝行九　邠王材行十　祁王模行十一　莘王植行十二　儀王朴行十三　徐王棣行十四　沂王㮙行十五　鄆王棋行十六　和王栻行十七　信王榛行十八　漢王椿行十九　安康郡王楃行二十　廣平郡王楗行二十一　相國公梴行二十二　陳國公機行二十三　瀛國公樾行二十四　建安郡王楧行二十五　嘉國公椅行二十六　温國公

棟行二十七　英國公樬行二十八　儀國公相行二十九　昌國公柄行三十　潤國公樅行三十一

欽宗一子

列傳第一以下均加“第”字　卷十八

范質傳低三格，下盡同

弘洪文館大學士

范旻傳質子

范杲傳質姪

王溥傳

王貽孫傳溥長子

王貽正傳溥次子

貽正字矩甫，官至國子博士，子克明，尚太宗女鄭國長公主，賜名貽永，令與父同行。

王貽永溥之孫，貽正子

魏仁浦傳

魏咸信傳仁浦子

列傳第二　卷十九

韓令坤傳

石守信傳

石保興傳守信長子

石保吉傳守信次子

石元孫傳守信孫，保興子

王審琦傳

王承衍傳審琦子

符彦卿傳

王景傳

王晏傳
王彦超傳
武行德傳
楊廷璋傳
郭從義傳

列傳第三　卷二十

慕容延釗傳
李處耘傳
李繼隆傳
李繼和傳
李昭亮傳處耘孫,繼隆子
王全斌傳
王凱傳
王仁贍傳
崔彦進傳
劉廷讓傳　如卷席程作"席卷"之易

列傳第四　卷二十一

昝居潤傳
張美傳
向拱傳
高懷德傳
韓重贇傳
韓崇訓傳
張永德傳
郭崇傳
宋偓傳

郭守文傳

列傳第五　卷二十二

李筠傳
李重進傳

列傳第六　卷二十三

孟昶傳
劉鋹傳
李煜傳
劉繼元傳

列傳第七　卷二十四

錢俶傳　加俶守太師　惟濬官至脱二字左龍武將軍,惟濟官至脱二字保静軍留後
錢惟濬傳俶長子
錢惟演傳俶弟六子
高繼沖傳
周行逢傳秦再雄附傳　懼為所脱此字襲下有"取"字　是大有造於爾爾輩何乃反拒王師也　惜程作"再雄"不知所以終
陳洪進傳　僭號商國程作"自立國號商"　進封岐王脱此字

列傳第八　卷二十五

吴廷祚傳
吴元扆傳廷祚子
李崇矩傳　越明年脱三字入為左衛大將軍

李繼昌傳崇矩子　破之於彌牟砦脱此字。按，漢州彌牟鎮，砦字不可去。　入判右金吾衛程作“右金吾街仗”

李遵勗傳　主服有虬龍文者屏藏之　居第園池必脱此字聚名華奇果四時暎帶更壘脱六字美石於其中　有會賢閒燕二堂壯麗弘邃東脱五字北隅　子端惠愍

楚昭輔傳　嘗召置左右與籌畫脱三字　開寶六年拜樞密副使后特賜宮錦禮衣段一表裏脱十一字　太平興國初以恩例脱三字拜樞密使　昭輔性勤謹介直，掌樞務，人不可干以私，雖不樂施亦不濫取，剛明有守士也脱十四字六年以疾告脱此字卒，年六十九，訃聞，上甚惜之脱六字，贈侍中

列傳第九　卷二十六

趙普傳　時捕獲為盜者百餘人欲脱此字盡誅之。　遺普書及土產脱二字。按，二字不可去，“物十甖”不明晰。物十甖　大為奸首利　仍賜□羊空格程作“銅”　論者以為安天下之功無大字　漢唐之相所不及脱七字，是宜有後云

列傳第十　卷二十七

曹彬傳　退師雄州以援餉其餽　玘之女即慈聖光獻皇后也，因后恩脱三字贈芸魏王，彬韓王，玘吴王。謚曰安僖，玘之子佾、傅，佾見《外戚傳》，皆傳后之兄也。傅脱此字仕至榮州刺史，謚曰恭懷。

曹璨傳彬長子　凡脱此字征討機宜脱二字，得與計議

曹瑋傳彬第二子　乃遽脱此字止程有以字以待之　於是康奴等脱此字族　寢寖其書不報　破章埋譕族　喻嘶囉以十一萬眾入寇

曹琮傳彬末子

潘美傳　潘美不殺袁彦而致脱此字彦朝覲成我志矣

列傳第十一　卷二十八

馮繼業傳

折德扆傳　子御勳　御勳提行。程脱二字,亦不提行。　御卿亦提行　惟昌亦提行　拜興州刺史性豪俠亦諳韜略脱七字卒年三十七

黨進傳

曹翰傳　伐巨木於五陽之脱三字虜地

崔翰傳

李懷忠傳

田重進傳

朱信傳　至郴林州刺史　以信為行營馬步軍都指揮使兼副監軍脱四字

列傳第十二　卷二十九

何繼筠傳　擒其將張環石斌以獻頗著戰功脱四字

何承渠傳繼筠子

李謙溥傳　子允則　又以水代伐炮積壘成深泥　久之密撤徹去　延之傳舍劇飲語而罷　無毫髮之異命耳先期至　允正官至河州團練使

馬仁瑀傳　仁瑀年十六因求見願隸脱二字帳下

李漢超傳　守恩提行

郭進傳

姚內斌傳

董遵誨傳

賀維忠傳

王彥昇傳

列傳第十三　卷三十

張昭傳

陶穀傳　在周為翰林學士，胸藏武庫，辨若懸河，而又賦性風雅，花柳之遇，不一而足脱二十二字

竇儀傳

竇侃傳程脱

侃，儀之弟，仕至起居郎，性亦耿介，政績亦可觀。

竇僖傳程脱

僖，儀之弟，官至右補闕，蒞政砥身，頗頗自好，不忝竇氏之伯仲云。

竇儼傳

儼字望之，儀之仲弟也脱五字

竇偁傳

偁字日彰，儀之季弟也，少脱六字舉進士　太宗居藩日衍"日"字，脱三字

列傳第十四　卷三十一

薛居正傳

呂餘慶傳

呂端傳　凡加體貌必先見拱揖

劉熙古傳

沈倫傳

盧多遜傳

宋琪傳

石熙載傳

列傳第十五　卷三十二

李昉傳

李宗諤傳

呂蒙正傳　固不如不毋知也　則海宇治格安静蠻夷來歸矣　間舉壽觴怡釋然自得　張紳累果有藏蒙正何亦不辨耶脫此字

張齊賢傳　八選遣吏　如敢因脫此字循不以實脫此字聞　擒之使與屈膝在吾術中　是時虜騎自湖口谷入寇　乃飯飲脫粟　皆按堵如脫此字故

宗誨提行

列傳第十六　卷三十三

張遜傳

柴禹錫傳　如知京使

柴宗慶傳禹錫子　宗慶所至昏貪皆以無狀罷

趙鎔傳

楊守一傳

弭德超傳

列傳第十七　卷三十四

荆罕儒傳　劉承鈞遣兵遥餌程作"追躡"。按,荆非敗績何得云追躡,罕儒乘勝北,漢必以羸師誘之,使其輕不設備,故云遥餌。

曹光實傳　地斤丘澤

曹克明傳光實後子　父光遠實為夷賊所害　峽路洛潰兵鄧紹等　乃遣書三十六遣溪峒洞　獨洪硐洞恃險　領平州川刺史　自是火其患遂罕

楊業傳

楊延朗傳
康保裔傳
康繼英傳

列傳第十八　卷三十五

李穆傳　穆坐與之同謀年降司封員外郎　年五十七亦哀毀之過也程脫六字
行簡提行
賈黃中傳
蘇易簡傳　子舜欽自脫此字有傳
錢若水傳　以專閫外之任事

列傳第十九　卷三十六

郭贄傳
李至傳　夫京師天下之脫此字本
王沔傳
辛仲甫傳
張宏傳
趙昌言傳　自薦可為天子大臣及歷力舉數十人
陳恕傳　居喪絕葷茹素脫此字
温仲舒傳
劉昌言傳

列傳第二十　卷三十七

張洎傳　為轉運使田錫所劾應降級程脫三字　以揚益潞路幽荆
李昌齡傳

王化基傳　子舉正另傳脱二字
王舉正傳化基長子
李惟清傳
夏侯嶠傳
楊礪傳　京兆鄠雩人
宋湜傳

列傳第二十一　卷三十八

宋白傳
楊徽之傳
徐鉉傳　無子為可惜也程脱四字
宋準傳　太宗悟寤得復故官
梁周翰傳　長春殿永輝殿脱三字　性疏俊卞辨急
朱昂傳
胡旦傳
柳開傳

列傳第二十二　卷三十九

田錫傳

王禹偁傳　勉以勤學業　信賞必罰行　得知單州至郡邵十五日而召　登第僅万百人　知蘄靳州　入元祐黨脱此字籍云

列傳第二十三　卷四十

李沆傳
李維傳沆之弟
王旦傳
王素傳　財用大詘屈　意不在仕事

王鞏傳旦之孫素之子

鞏提行

王質傳旦之侄

列傳第二十四　卷四十一

向敏中傳　捕侃女伎

畢士安傳　寇準程衍"資"字方正慷慨

寇準傳　行橐囊為溪寇所掠　而語及其所暱匿之人事

列傳第二十五　卷四十二

高瓊傳

高繼勳傳瓊長子

高遵裕傳

傅潛傳　及祁郝趙遊騎

王超傳

王繼忠傳

葛霸傳

葛懷敏傳

馮守信傳

石普傳

列傳第二十六　卷四十三

王顯傳

王繼英傳

周瑩傳

馬知節傳　猝遇內寇程作"卒能外寇"　知節慨慷,以武力智謀自喜,不敢有一毫顧恤身家之念脫十一字,又能好書及吟詠脫三字

賓友衍"懦者"二字所與善　未嘗有所避忌趨承程脱四字,改"顧憚"二字　而天下之士脱二字至今稱其正直云

王嗣宗傳

雷有終傳

雷簡夫傳　隱居終南山,少喜静僻,及壯,不事世態,厭逐紛囂脱四十字　簡夫星往其界嚴戒軍伍又時脱十字　蓋自簡夫為之振拔也,其所最好者《淮南》、《莊》、《列》、《道德》等書,兼嗜吟詠,茗香、筆硯之外,無他長物,亦以能於塵埃中識人,尤為世所欽服云脱四十八字,改"始云"二字

列傳第二十七　卷四十四

陳堯叟傳

陳堯佐傳　又有《潮陽編》十卷脱二字,《野廬編》、《遣興策》、《愚丘集》各多卷脱三字

陳堯咨傳

趙安仁傳　持恃兵勢　有所獻納上必然其策故脱六字,作"必焚稾"致身貴顯無少拂抑程作"無改儉素"

趙良規傳

趙君錫傳　君錫奏駁論其奸邪惡詔命遂格

陳彭年傳

任中正傳

任中師傳　中師性樂易,家素饒財,三四歲時,家人衣以綺麗之服,務撤去,乃喜。六七歲時,父兄口教以詩歌,過耳即能。其長,凡有既誦,過目輒不忘。當出仕,比歸林下脱自"三四歲"以下一節雖處通顯,自奉甚約,散步不乘車,非燕客不兼味脱十一字

周起傳

列傳第二十八　卷四十五

張詠傳

馬亮傳

薛映傳

凌策傳

李及傳　眾謂當命賓朋置酒脫二字為高會

列傳第二十九　卷四十六

邢昺傳　校定《周禮》《儀禮》注　據傳疏敷引衍"之"字多及時事

杜鎬傳

杜杞傳　然蠻特叛而束來手矣

晁迥傳

晁宗慤傳

孫奭傳

馮元傳

列傳第三十　卷四十七

楊億傳　準既逐遂

劉筠傳

戚綸傳

梁顥傳

孫何傳　性卞辨急

孫僅傳

列傳第三十一　卷四十八

曾致堯傳

曾鞏傳

曾肇傳

梅詢傳

錢昆傳

錢易傳錢昆弟

錢彦遠傳錢易子　衣冠、文物、程作“車馬”子女、玉帛，莫不有如之

錢明逸傳錢易次子

錢勰傳

錢藻傳

列傳第三十二　卷四十九

王欽若傳　乞下御史覈覆實

丁謂傳　字畏謂之　民大驚，趣赴楊劉程作“揚州”渡　在三司案牘參有差老吏不能曉者決以一言　過集賢院程作“學士院”

馮拯傳

列傳第三十三　卷五十

曹利用傳

張耆傳　耆為天雄軍鎮程衍“州”字定州鈐轄　故為曲欄攔

楊崇勳傳

列傳第三十四　卷五十一

李迪傳　降監海門税程作"海州鹽税"　以方寸小册策記兵及糧

李柬之傳迪長子

王曾傳　今與抗稱兩朝,非外夷狄之意,業已遣使弗果易程脱七字,真宗嘉之　又自采聖賢事蹟,繪會解用為觀規戒

王子融子戡合傳曾之弟

子戡提行

張知白傳

列傳第三十五　卷五十二

張士遜傳　士遜還鄉,仲淹置酒高會,明日,士遜復置會陳列程作"揮金"甚盛,時人榮之。

呂夷簡傳

呂公綽傳夷簡長子

呂公弼傳夷簡仲子

呂公孺傳夷簡三子

列傳第三十六　卷五十三

魯宗道傳　方從酒家還,使者曰:即召對脱二字上訝來遲。

薛奎傳

王曙傳

王益柔傳　先賢後才文

蔡齊傳

蔡延慶傳齊之侄,嗣為子

列傳第三十七　卷五十四

夏竦傳　則臣生不經緜歷

范雍傳　葛懷敏敗於定川州　砦名邠岐之間皆恐

程琳傳

姜遵傳　齊人皆脱此字懼復伏私蓄禁兵

趙稹傳

列傳第三十八　卷五十五

李諮傳　乃至絕葷茹素脱此字,鄉里稱其孝

盛度傳　奉使陜西參質漢唐故地,繪為圖以儗西域之形勢脱七字以獻　堯試臣以事不宜直以言　後亦取其材識兼茂明於體用可科,與賢良方正能直言極諫科並行。

王礮傳

王博文傳

王疇傳博文子

張觀傳

鄭戩傳

任布傳

列傳第三十九　卷五十六

王隨傳

章得象傳

晏殊傳

杜衍傳　衍用守策與宰相議不相能得　會契丹駙馬劉三嘏蝦避罪

列傳第四十　卷五十七

宋綬傳　趙隨州平棘人　唐謝偃惟皇戒德賦武　政出簾箔之間門　有蠹政紀程作"邦政"　藏書幾二萬卷

宋敏求傳綬子

李若谷傳

李淑傳若谷子

列傳第四十一　卷五十八

韓億傳

韓綜傳億第二子

韓絳傳億第三子　以絳宣安撫河北,絳劾仲昌首議蠹費國虐民

韓維傳億第五子

韓縝傳億第六子

列傳第四十二上　卷五十九上

范仲淹傳　而進退左右又脱此字人主之權也　守以客東兵則危　臣恐賊寇一隅隔遠在數百里外,應援不及,又頗須為牽制之策以沮軍賊氣　諸將皆服以為神脱此字不可測及　葫蘆盧泉諸砦邠鄧慶之民

列傳第四十二下　卷五十九下

范純仁傳文正第二子　衛士牧馬以踐民稼程作"倚以暴民田"　初純仁與議西夏脱四字請罷兵棄地　亦以　宣仁后誣謗未明為恨衍"也"字　口占遺表,呼諸子命門生李之儀次第之,其略云蓋嘗先天下而憂,期不負先臣之學,此先臣所以教子而微臣資以事君脱三

十字　又云惟宣仁之誣謗未明,致保佑之憂勤不顯,皆權臣務快於私忿,非泰陵實謂之當然。又云未解畺埸之嚴,幾空帑藏之積,有城必守,得地難耕,凡八事脱二十六字　建中靖國改元之旦,受家人賀,明日熟寐而脱十七字卒,時年七十五,詔賻白金三十兩,勅許洛給其葬　御書碑額曰:世濟忠貞脱二十二字贈開府儀同三司

范純禮傳文正第三子　遷左司史脱一字又遷太常少卿改脱一字江淮荆浙等路發運使　中書省刷銀黃

范純粹傳　以門蔭功稍遷至贊善大夫,不唯不可勝,兼亦不足勝,雖勝亦脱此字非也。

列傳第四十三　卷六十

陳從易傳　有謀殺兵馬都脱三字監　可報志廬陵之命矣邪

楊大雅傳

李垂傳　卒於官脱二字

燕肅傳　以創物之大智聞天下

胥偃傳

司馬池傳　池以土上不產轉市鄰郡

孔道輔傳　樞密使曹利用尚脱此字御藥羅崇勳皆竊弄天子威權,中外憚之,不早斥去,無以清朝廷程作"罪狀",當是時,崇勳操權利,而利用悍强不遜,内外憚之　而執政又以衍"為"字道輔為大臣道地憸險人之言入矣。

孔宗翰傳

段少連傳　兼云有上封皆者恐皇后不利於上。

蔣堂傳

彭乘傳　求便侍脱一字親

趙師民傳

趙彦若傳　有縱火傷僞印者

列傳第四十四　卷六十一

張亢傳　特懼中國見伐而為此舉爾決不敢動

种世衡傳　有牛家族首脱一字奴訛者　廷鞫程作"兩辭"疑而不決者　又為欲致祭境上　出侍姬以佐酒之

种詁傳

种諤傳　下吏詔脱此字貶秩四等　横山互袤千里，沃壤宜實稼　謂成功在己，不意程作"而"為禧括所外　樸提援兵數素隊以往

种誼傳　臣偁曰　知之哉下增，然品優劣於三子，詁宜濟之以猛，諤宜克之以柔，若誼也，雖未為盡善，賢於二兄遠矣

劉滬傳　擊潰水洛氐兵數萬　首發瘍症脱此字卒於脱此字水洛

列傳第四十五　卷六十二

王德用傳　章獻固欲敬與之

夏守贇傳

夏隨傳

郭承祐傳

許懷德傳

狄青傳

張孜傳

郭逵傳　遂取綏鄜州　逵曰：諤狂生也，朝廷以家世用之，過矣，他日生事召釁，上耗國帑，下竭民脂，塗炭生靈，敗乃公事者，必此人也程作"他日下作敗國事必此人也"　遣蔡確鞫鞫之　兵難遥隃度

列傳第四十六　卷六十三

丁度傳

吳育傳　强學博辨下　非所為慎重脱二字求至當者也　趙元

昊反嫚慢書始聞　亟城則爭爭脫此字而受患者

吳充傳　詔御史臺劾吏確挾仇矯旨脫四字捕充親戚官屬　大觀元年因里中有斬木揭竿之徒遽謀變程作"因星變謀"

明鎬傳

高若訥傳

列傳第四十七　卷六十四

謝絳傳　陛下進用丞弼極一時之選脫五字　有不時召入窮究道術程作"人人力道術究藝文"人知天子尊禮而名臣高位繇此選也　詔訪舊本是定正疑文

蘇紳傳

葉清臣傳

楊察傳　及擿奸發脫此字伏

尹洙尹源合傳　未必常當為賜予所費　皆未及施為而元昊臣服脫此字

孫甫傳　其悔禍不可量悔

石揚休傳　民苦脫此字賦役重，貧者身捐，富者家破，間有力饒而智者脫十五字隸太常為樂工六十餘人，揚休釐剔脫二字之罷去。

列傳第四十八　卷六十五

賈昌朝傳　毋無以所獻示外　而益空格舉其奉如大縣　封安國公。初河北京東大小流民就食青州，昌朝力勸富弼命所部民出粟益官廩，得公私十馀萬區，散處之民以便薪水，凡活二十餘萬人，皆昌朝協助之功居多。皇祐元年六月，復以昌朝為觀文殿大學士程本安國公下作"河決商胡，屬歲饑，又疫，人多流棄，昌期所救甚多①，徙鄭州，留為觀文殿大學士"　昌朝力爭不已，河自行大行西曲折間東走

① 昌期，據上下文，當作"昌朝"。

赴海，淹没平地二千餘里，禹跡既湮，昌朝議為堤防以立疆界，夏潦百川，眾流所匯，又復湧溢，而大名鄆澶孟濮濟淄滄棣濱博懷衛鄭等郡及開封往往受其害。昌朝與殿中李仲昌請句澶州商胡河穿六塔渠，入横隴故道，以遏其勢。嘉祐元年六月詔求直言，因京師大雨，房屋沖壞，社稷壇皆頽，昌朝洞閔時艱，與中人劉恢等商奠定之法，議言水勢既不可塞程本"力爭不已"下，止"其後河果不可塞"七字振救瀕河水災之民，全活者眾，劉恢上無"中人"二字往還河上。

宋庠傳

宋祁傳　五十万方人　每有大夫役　又請復唐馱幕纂之制

吕夏卿傳

劉羲叟傳

列傳第四十九　卷六十六

陳執中傳　屢進文章脱此字　王倫淪叛

龐籍傳

梁適傳　智高欲得邕桂椎七州節度使

劉沆傳

列傳第五十　卷六十七

文彦博傳　汾州介休程作"休介"人也　對敵而行有伍不進者　州屯二千十餘騎　以鎬副傳之　神宗曰議論推輪輪於至和時發端為難

列傳第五十一　卷六十八

富弼傳　遂欲求婚昏弼曰婚昏媚易以生隙，人命修短不可知，若歲幣之為脱此字堅久也　安得與韓琦等議等哉　三云子

富紹庭傳　卒年六十八，徽宗方欲用之而聞其訃，為之太息脱

十五字　臣偁曰　進退雍容，砥持世道脱四字，有始有卒

列傳第五十二　卷六十九

韓琦傳　方唱倡名，太史奏日下五色雲見

韓忠彦傳

曾公亮傳　公亮精情於法令　神宗以安石參知政脱此字事

曾孝寬傳公亮子

列傳第五十三　卷七十

王堯臣傳　天章閣待制程作“侍講”　夔州路漕臣請增脱此字鹽井，歲課十餘萬緡

孫沔傳

田況傳

程戡傳　然無他智略，不能折節交賢才，而惟結交宦者“智略”下程本作“折節交宦者”五字

列傳第五十四　卷七十一

張昪傳

孫抃傳　抃非糾繩之脱此字才

趙槩傳　槩為人樂易坦深中

胡宿傳

胡宗愈傳　首進六事，一脱此字曰端本，二曰脱二字正志，三曰脱二字知難，四曰脱二字誠加意，五曰脱二字守法，六曰脱二字畏天。

列傳第五十五　卷七十二

歐陽修傳

歐陽棐傳修第三子

列傳第五十六　卷七十三

包拯傳　知建昌縣衍"辭"字,以親年高改和州管庫。　根本不立,禍孰大於此者程作"禍孰大焉"

吳奎傳

趙抃傳

唐介傳　此太宗神御所言不可褻脫此字慢　亮不知人脫三字因薦之　安石辨益很堅介不勝憤

列傳第五十七　卷七十四

張方平傳　徙益州走馬承受張勉入奏秦

王拱辰傳

列傳第五十八　卷七十五

余靖傳

蔡襄傳

何郯傳

梅摯傳

許元傳　元有才財以主榷貨

陳希亮傳

吳中復傳

列傳第五十九　卷七十六

劉敞傳

劉攽傳敞之弟　宜從其厚後　此六畜之畜非亦嫌名也

劉奉世傳敞之子 郴彬州居住
呂溱叔傳
賈黯傳
沈遘傳
鄭獬傳
祖無擇傳

列傳第六十 卷七十七

范鎮傳 視穀貴賤發斂以便農夫未最為近古不可改 是臣自棄於聖此世也 定樂當先正律律正則樂無訛脫六字
范百祿傳 今大帥師未命而已除將佐
范祖禹傳鎮從孫 神宗服除故事開樂置宴脫此字

列傳第六十一 卷七十八

呂誨傳 用情罔公遏滅公道脫四字 背公植死黨 豈以身疾而喻朝政程衍"之疾"二字
劉述傳 陛下儻脫此字信而行之
劉琦傳錢顗附

列傳第六十二 卷七十九

王安石傳 可息程作"以激"二字奔競之風 力乃請據家貲高下又設措置糴便司于河北程作"又設措置河北糴便司"
王安國傳
王安禮傳
王雱傳 臣偁曰 樂諛佞下,使大有為之君不能致之王道,新法一行,四方鼎沸,其不致為累卵者猶藉 仁廟之庇也,雖然,安石罪固難逃,惜安國安禮內不避兄,屢陳忠讜,如水投石,其亦氣運使

然與程本"是以廉恥汩喪"一段,《賓退録》七引已同程本

列傳第六十三　卷八十

陳升之傳　升之雖亦言事然持論不堅也

王珪傳　而改温成廟為祠祖

蔡確傳

列傳第六十四　卷八十一

鈔本元絳、孫固在邵亢前

邵亢傳

馮京傳　下帥司按視示　時議程衍"今"字祖周官兵乘之制

元絳傳　翰林學士韓維辨難脱此字言　若以所祀事稷契奉之

孫固傳

列傳第六十五　卷八十二

蔡挺傳

王韶傳　自將精親鋭尾官軍

王厚傳韶子

薛向傳　驚迫令孫至死仇家為訟之當事欲抵之罪神宗為釋之脱十六字降知汝州　始募客舟以當脱此字官舟

列傳第六十六　卷八十三

呂惠卿傳

張璪傳

蒲宗孟傳　公卿重足斂一迹　多由其門以求久富貴　觖言怨望語無所不出　自邇以來此類程作"二數"人得進　落職知虢州此

列傳第六十七　卷八十四

郝質傳

賈逵傳　謂謂止是僥倖功績積不念蕃民後肝腦塗地

楊遂傳

盧政傳

燕達傳　莫如愛之脱“之”字

苗授傳

劉昌祚傳

劉舜卿傳

列傳第六十八　卷八十五

王廣淵傳

王陶傳

陳薦傳

孫永傳

陳襄傳　襄上言無“書”字臣脱此字已三奏

孫洙傳　逾月而卒，神宗為之歎息脱六字

列傳第六十九　卷八十六

熊本傳　而交人狃狂窺宜州之隙

沈起傳　為滁除州軍事　今起脱此字以赴父疾而致罪　則潰冒民田舍　不脱此字宜專任宦官

劉彝傳　移朐𦛗山令

沈括傳　有詔令其令供職　有《春秋機括》、《筆談》等脱此字行於世

徐禧傳　五路出師屯守有日，耗費無算，竟無功脱九字　舜舉

且死，望闕再拜曰："國帑耗靡，諸臣無策，願陛下大奮天威，殲滅無遺，方可安枕。萬弗聽讒劣之言，輕縱此賊，自貽噬臍。"程本但有"願陛下弗輕此賊"七字　禧為人疏狂而有膽氣，好言兵，頗有得於孫吳之萬一脱七字

列傳第七十上　卷八十七上

司馬光傳　有一夫大流言於道路　取綏州費六十萬餘萬

列傳第七十下　卷八十七下

司馬康傳

劉恕傳

列傳第七十一　卷八十八

呂公著傳　神宗因誤悟以為公著也

呂希哲傳公著子

呂希績傳

呂希純傳

列傳第七十二　卷八十九

呂大防傳

呂大臨傳

劉摯傳

蘇頌傳

列傳第七十三　卷九十

王存傳　比廢進士，專經一世科，參以詩賦。

趙瞻傳

傅堯俞傳　然比遣程本作"以遣"使按之

王巖叟傳

梁燾傳

鄭雍傳

列傳第七十四　卷九十一

滕元發傳

李師中傳

劉庠傳　故造端首難鄭

趙卨傳　畫稼穡之地三百十里以處降羌　占田充兵若巷何

呂大忠傳

游師雄傳

列傳第七十五　卷九十二

楊繪傳　裁蔭子之數，立出官之法，使不阻賢能而廣祿食脫九字，神宗嘉納。

孫覺傳

孫覽傳覺之弟

鮮于侁傳　論災異所由程作"之"，脫"所由"二字興言甚剴切。侁為蔡河撥𣟴發　以請重一"請"字外除

馬默傳　調臨淮濮尉　先帝所嘗幸行郡國　沙門囚島舊制

列傳第七十六上　卷九十三上

蘇軾傳　如蘇軾之才脱二字　因而厚賜之正墮陛其計　此又非寧臣之所知也　獎善詆惡絕不徇情脱四字　子三,曰脱二字邁,曰脱此字迨,曰脱此字過　行於世,過雖抱奇穎,不欲仕顯,故以定州致仕脱十五字

列傳第七十六下　卷九十三下

蘇轍傳　生民愁苦而宫中賜予程作"好賜"　歷商州周大名府推官宫　謂之調停亭,下同　而閑開之以坰牧　蘇轍疑吾君臣兼遂用邪正　不守誠信何以馭戎脱四字　凡七年而復後北流衍"遂通"二字　子三,曰脱二字遲,曰脱此字适,曰脱此字遜　臣偁曰　晁子止《東坡祠堂記》,極言少公所作墓誌銘多非實録,蓋指公除起居舍人,力辭之,宰相蔡確曰:今日誰當在前者? 公薦林希。又温公與公論役法不合,公乞補外,温公始怒,有逐公之意之類是也。子止自言聞之世父景迂,固非無據者。少公晚年畏禍,杜門謝客,宜其為文多巽辭,然何至倒置是非,誣其兄如此邪? 此亦少公之不幸也與程本全不同

列傳第七十七　卷九十四

孔文仲傳　臨江軍新淦塗人也。少刻苦問學衍"號"字博洽

彭汝礪傳

呂陶傳　坊場河渡度之弊　耳目當秉徇至公　尊而報之惟恐不盡程本作"皆用其至"

張舜民傳

豐稷傳

王覿傳

列傳第七十八　卷九十五

章惇傳
曾布傳

列傳第七十九　卷九十六

安燾傳　青苗責保任脱三字　降祁祈州團練副使
李清臣傳　又以為謂縣官百須皆出於農　轍因脱此字奏曰
許將傳
鄧潤甫傳
黄履傳　豈有祭天衍“示”字亦可謂社乎　追貶郴彬州團練副使

列傳第八十　卷九十七

林希傳　責監杭州樓店房務
將之奇傳①　知廣州賊岑深探攻陷新州
孔武仲傳　又全朝廷禮體貌統之意
孔平仲傳　而卒年五十一　脱四字
朱光庭傳　得已且已，廣闢何益程作“須要廣土闢地何益”　亦可吠聲程作“爾”字何哉，孔子曰：“君子而不仁者有矣”，誠可信哉云，誠可議哉脱四字

《呂申公家傳》謂孔經文蠢不曉事，為浮薄輩所使，以害善良，晚乃自知，嘔血死。浮薄蓋指子瞻，善良指伊川也，及攻劉元城，劾歐陽棐几九劄子，力言棐與程頤、畢仲游、楊國寶、孫朴交結呂范子弟縉紳，號為五鬼，又言歐則先以罪去，語最激切。按，元城受學温

① 將，據原書，當作“蔣”，繆校誤。

公,不入蜀黨,豈亦子瞻嗾之耶?伊川即申公門下士,其書恐未可盡信。又《范太史家傳》奏救伊川,略謂草茅之人一旦入朝與人相接,不為關防,而言者謂頤大奸大邪,貪黷請求奔走交結,又謂頤欲以故舊傾大臣,以意氣役臺諫,其言皆誣罔非實也。又三省進呈伊川服除,欲與館職判檢院簾中,以其不靖,令只與西監。當時洛蜀二党本無君子小人之分,伊川去國自取,亦屬有因,豈得一一歸罪子瞻也?又子瞻乞郡劄子謂頤教誘孔文仲,令其以私意論事,為文仲所奏,然則經文之劾伊川,豈更自有故邪?惜未見經文全疏耳在臣偁曰後低一格。按,偁書儗史無稱人字,此一段與蘇少公傳云云宜低一格作考異。

劉安世傳　如蝟毛而起為焉國家計,其安得乎

章楶傳

陸佃傳

温益傳

吴居厚傳

安惇傳

列傳第八十一　卷九十八

鄧綰傳

鄧洵武傳綰子

蹇周輔傳

蹇序辰傳周輔子

李定傳

舒亶傳

列傳第八十二　卷九十九

邢恕傳

楊畏傳　畏因昂致深言於京

來之邵傳
上官均傳　是時呂大防轍已罷政
董敦逸傳

列傳第八十三　卷一百

鄒浩傳
常安民傳
陳瓘傳　又移郴彬州
陳祐傳
龔夬傳
任伯雨傳
張庭堅傳
江公望傳　臣偁曰　彼邪脫此字讒之人

列傳第八十四　卷一百一

蔡京傳　王巖叟、范祖禹、劉安世復遠竄矣脫此字，京凱幾執政程下衍"矣"字　復用為翰林學士承旨兼侍讀修撰脫此字，徽宗有意修熙、豐故事，起居舍人脫十三字鄧洵武　徽宗震懼，仆所立奸黨寘文德門脫四字碑　子攸翛絛　按絛乃卞之子

蔡卞傳　對曰王厚高永年脫三字可

蔡攸傳　此兒輩欲以疾上衍"吾"字罷我也

蔡翛傳　翛修京次子也　臣偁曰　卒移漢之宗脫二字祚

列傳第八十五　卷一百二

趙挺之傳　始脫此字若多事
張尚英傳
何執中傳

鄭居中傳

劉正夫傳

列傳第八十六　卷一百三

張康國傳　或任非其人重

劉逵傳

朱諤傳　梔擅寘不行

林攄傳　字彦振福

管師仁傳

侯蒙傳

馮熙載傳

列傳第八十七　卷一百四

姚兕傳　明日青唐援脱此字兵至，不得遂渡脱此字，程本有“洮州之援”四字

姚麟傳　兵為前軍賊脱此字兵十餘萬　涇入為前入出為殿

折可適傳　奪十五三官　統將嵬名阿埋理，下同監軍昧勒都逋帥脱此字臣請以兵直據靈州

郭成傳　成隨機應之變

劉仲武傳　姿貌脱此字雄偉

趙隆傳　王師之脱三字討鬼章也　君能脱此字與此當有異拜

和詵傳　責濠豪州團練副使

列傳第八十八　卷一百五

徐勣傳　又用王安石日目録　人懷異意議，以沮新政

陳師錫傳　監潭涇州南嶽廟

石公弼傳　敕令今删定官　臣願陛下順民心以脱此字奉天體

天道以用刑

張克公傳

黃葆光傳　會歸明遼人李良嗣按"歸明""歸正"均指北人來降者　增置監兼局廩給無度　蔡京侈泰大過制

崔鶠傳　則譏詆誚王氏之説　一有容異論

列傳第八十九　卷一百六

王黼傳　黼鋭於成功脱"功"字　由是黼眷稍熄息

朱勔傳　修蒔園區,結遊客,致往來稱譽程作○者,亦廇　時謂東南衍"為"字小朝廷　揉之不斷葉葉程作"華華"結結為幢　又若傴脱此字僂衍"取"字布危言以示庭諍之姿　金鼇鼉玉龜　寘於環寰春堂者

列傳第九十　卷一百七

种師道傳

种師中傳

劉延慶傳　兩使留後乃五代藩鎮官以親信留主後務之官親不可循用　今大軍拔衮隊而行　何㮚孫、傅曹輔黼在城上募人為兵

何灌傳

列傳第九十一　卷一百八

唐恪傳　夷人始恫自疑　宜毋無聽用

何㮚傳　言事者謂論㮚宗蘇軾,謂為鄉黨曲學程作"㮚宗蘇氏,謂軾為鄉黨曲學"

陳過庭傳

聶昌傳　櫃拒黄流之水以斷歸路

孫傅傳

張叔夜傳

列傳第九十二　卷一百九

王雲傳
陳遘傳　刱比此軌軟務
梅執禮傳
程振傳　頗歎欲美去健羨
司馬朴傳
李熙靖傳
譚世勣傳

忠義傳第九十三　卷一百十

劉平傳
任福傳
王珪傳
武英傳
桑懌傳
耿傅傳
馬遂傳
曹覲傳
趙師旦傳
蘇緘傳
彭汝方傳
詹良臣傳

忠義傳第九十四　卷一百十一

傅察傳　從曾祖堯上不衍"曰"字俞自脱一字有傳　蔡京欲妻以

子　察曰太子倍盟而動意何所為乎程在"何為失信"下

蔣興祖傳

張確傳　即甚列黨籍　敢有以華石淫巧供上者死衍"無在"二字撫綏脅附脫二字

朱昭傳

張克戩傳

郭滸傳　獨滸久義不屈

朱友恭傳

霍安國傳

李涓傳　官其三子,後長子頗深忠義,諳韜略,屢為朝廷建大功,華夏亦心服其為人,詔遷左驃騎,治西戎,軍民咸悅,悅其恩威互用,凡朝廷賞賚,悉散士卒,故所在治聲彰著程全脫

劉韐傳　不若遣使脫此字緩援師,以紓紬目前之急。

李若水傳

吳革傳　字義乂夫

循吏傳第九十五　卷一百十二

程羽傳　太宗為開封尹,以羽為判官,及程作"太宗"即位

王明傳

陳靖傳　即增選降折資　殿脫此字最而行　盡罷在脫此字官田脫此字莊田屯田　而仰食東南西

薛顏傳

邵曄傳　白全願劾衍"其"字實

張綸傳

崔立傳　嘗知江陰軍,開橫黃河六十里　多見施行脫此字,程作"多見施用"云

趙尚寬傳

高賦傳　繕修陂堨堰

許遵傳

魯有開傳　因遁去，知確霍山縣

儒學傳第九十六　卷一百十三

序　謁款先聖整加飾祠宇

聶崇義傳　至國朝初上之

郭忠恕傳　舉童子及第脱二字

王昭素傳

孔維傳

李覺傳　此特脱此字一耳方

崔頤正傳

孔宜傳　參以舊史，訂訛考異脱四字

穆脩傳

李之才傳

周堯卿傳　以求其旨程作"以通為期"

代淵傳

胡瑗傳

孫復傳

石介傳　惟汝仲淹，汝誠予察程作"誠予藥石"　視弼之膚，霜剝風膚裂　剛守粹慤，與尚脩儔匹　其戒奸臣宦官等論二十餘卷，皆人所不能言，亦人所不敢言者程作"女則有《唐鑒》行于世"

儒學傳第九十七　卷一百十四

李覯傳

蘇洵傳　郭汾汶陽見盧杞曰　使斯人而不用也則而吾言為過

王回傳

周敦頤傳

張載傳

張戩傳

程顥傳　監西京洛路河竹木務
程頤傳　臣偁曰　宋興鴻洪儒間出
顔復傳
龔原傳
游酢傳
王當傳
陳暘傳　事以時作固因可變也

文藝傳第九十八　卷一百十五

趙鄰幾傳
韓溥傳
鄭文寶傳
吳俶傳
吳遵路傳
樂史傳
樂黄目傳
夏侯嘉正傳
羅處約傳
李建中傳
路振傳
崔遵度傳
石延年傳
蘇舜卿傳
梅堯臣傳
江休復傳
章望之傳　以嫌避扼之　犯艱苦以營衣食，毫脱此字不自悔
王令傳
文同傳　有《丹淵集》四十卷，為天下法潘本行於世
楊傑傳

郭祥正傳

楊蟠傳

文藝傳第九十九　卷一百十六

黄庭堅傳　編管宜宣州

秦觀傳　至藤滕州而卒

張耒傳

晁補之傳

晁詠之傳

陳師道傳

廖正一傳

李之儀傳

李格非傳　放乎逞以一己之私

李公麟傳

米芾傳

賀鑄傳

劉涇傳

蔡肇傳

周邦彦傳

唐庚傳

鮑由傳

倪濤傳

蘇元老傳

卓行傳第一百　卷一百十七

陳烈傳　若止於夫婦不相安諧，則使之歡好如初程本"使之離絕"而湔洗其過

朱壽昌傳

劉庭式傳

鄭俠傳　福州福唐塘人也　久之得監安上門，候缺者幾一載，後脫七字安石將以俠為經義局檢討

巢谷傳

徐積傳　以為郡衍"最授楚州"四字教授

隱逸傳一百一　卷一百十八

蘇澄隱傳　澄隱年一百，無疾而終程作"隱年百歲而卒"

陳摶傳

种放傳　百司供儗儀頓仗伏事煩

郭震傳

李瀆傳　瀆字河神，後改脫五字字長源

邢惇傳

林逋傳

徐復傳

高懌傳

張俞傳

邵雍傳

常秩傳

外戚傳第一百二　卷一百十九

杜審琦傳

審瓊傳

審肇傳

審進傳

王繼勳傳　專以臠割女伭婢為樂

賀令圖傳　汝常好經度邊事，今脫此字乃來送死耶

劉美傳

李用和傳
李璋傳
李瑋傳　八年卒，贈太師中書令脱六字
張堯佐傳
曹佾傳
高士林傳
向宗回傳
向宗良傳

宦者傳第一百三　卷一百二十

王德鈞傳
劉承規傳
秦翰傳
張崇貴傳　領獎蔣州刺史
周懷政傳
雷允恭傳
閻文應傳
任守忠傳
李憲傳
王中正傳
宋用臣傳

宦者傳第一百四　卷一百二十一

童貫傳　請益牢卒　未幾邊寇脱此字遽至　平時童重太師作幾許威望
梁師成傳　特以穎悟善逢迎故脱此字恩寵日隆脱二字

僭偽傳第一百五　卷一百二十二

張邦昌傳　邦昌絕持不可否於其間　雖非一夫所致，亦邦昌附贊程作"為之"之力也　某縱脫此字身膏賊斧手受賜而死矣　苟干于大位而不問

附録一　卷一百二十三

且叛則討之，服則綏之，此仁宗甚大脫此字德而大脫此字度也　誘黨項勒浪嵬族衍"不"字六大首領　初欲令石普晉楊延朗邀其歸路

附録二　卷一百二十四

附録三　卷一百二十五

附録四　卷一百二十六

附録五　卷一百二十七

國家景德初河西休付兵之後

附録六　卷一百二十八

附録七　卷一百二十九

桀黠多石智謀　隴㧞為河西節度使如知府州折氏

附録八　卷一百三十

《東都事略》一百卅卷，世間流傳以宋眉山程舍人所刻半葉十二行行二十四字本為最舊，明人翻刻之，五松閣仿刻之，楊局又翻五松本，各家書目未言有别本異同。天一閣藍格鈔本不知何所出。荃孫辛未在隆福寺書肆獲一舊鈔本，九行二十字本，擡寫、空格均自宋出，購而藏之四十年。去冬與程本對校，方知其佳。目録編次不同，《后妃傳》李宸妃、郭后、高后均不同，又脱沈貴妃一傳，加減字均屬有意，王安石傳贊易其半，蘇轍、孔文仲傳贊後有《考異》一篇，是程本在先，而此本改削增補，處處善於程本。爰仿《群書拾補》例條舉如右。宣統辛亥閏月，江陰繆荃孫識。

大金集禮校勘記

據廣雅書局光緒二十一年刻本

大金集禮校勘記

目錄

太祖尊謚“尊”，原誤“宗”。與皇統五年同原奪“皇”、“年”二字。保陵公　應聖公二“公”字，元並誤“宮”，據後文正。

第一卷　帝號上

阿離合懑宗幹《史·禮志》作“阿离合懑宗翰”。　隊九匹“匹”，《志》作“疋”。　奉上上命國號大金《志》作“奉上國號大金”，非。　諳版勃極烈“版”，《紀傳》、《志》並作“班”。“勃”，《志》作“孛”。　奕世之成平“成”，《文最》作“承”。　雷電之威斷《文》作“電雷”。　瑞物充庭“充”，《文》作“光”。　夤畏求端“夤”，《文》作“寅”。　靡懈於初終《文》作“終初”。　同躋熙熙“躋”，《文》作“濟”。　別京望幸原作“幸望”，據《文》正。　及兹動軫“軫”，文作“輅”。　並造明廷“廷”，原作“庭”。　挂一漏萬“萬”，原作“万”。　改服通天冠《紀》作“是日皇帝改服通天冠”。　貞元儀奉冊太師奉寶太尉十一字當為單行小注，原鈔提行，非是。下做此。　貞元儀通天正門入至大安門外十三字同上。　貞元儀無捧冊捧寶官等入至褥位立俟之文等十九字同上。　貞元儀殿下沙墀七字同上，原鈔夾入正文，未提行。　凡樂皆協律郎舉麾工鼓柷而後作，偃麾戛敔而後止。下皆准此二十五字，亦單行小注。　貞元儀進冊舉冊官八字同上，原鈔夾入正文。　貞元儀進寶舉寶官八字同上。　宮縣奏歸美揚功之曲原闕“歸”字，據《樂志》補。　貞元儀冊北寶南太常卿於冊東北向側立，太師以下於冊寶褥位東序立，舁牀弩手繖子退立東階之下面北立，太尉以下於冊寶褥位西序立，舁寶牀弩手繖子退立於西階下立定七十一字均單行小注。　東班以西為上，西班以東為上十二字同上。　中間小留班路“小”，《志》作“少”。　貞元儀冊寶牀興博士舍人分引太師太尉以下導從冊寶行樂奏肅寧之曲至西階下冊寶褥位三十八字單行小注。　貞元儀樂止太尉以下於冊寶西序立十五字同上。吏部侍郎不升止於冊牀之西十二字同上。　舍人在東，以俟冊引讀中書舍人自東階還，本班博士在西，以俟引奉冊太尉降自西階下面東立三十八字同上。　奉冊大尉搢笏《志》無“奉冊太尉”四字。　兩員於冊北，一員稍東，一員稍西，兩員於冊南，三員稍東，一員稍西二十六字均單行小注。下同。　中書令俟冊興先退“興”，原誤“舁”，據《志》正。　殿東間褥位案上“上”，原誤“一”，據《志》正。　禮部侍郎不升止於寶牀之西十二字單行小注。　博士以俟引司徒降西階以太尉立，舍人以俟引侍中西階復本班二十七字同上。　奉寶司徒從升“從”，原誤“寶”，據《志》正。　兩員於寶北、一員稍東、一員稍西，兩員於寶南、一員稍東、一員稍西二十六字單行小注，下同。　貞元儀捧冊官與舁冊官並進前取冊先升十七字同上。　俱降自西階復本班原奪“復本”二字，據《志》補。　貞元儀止云太師致賀詞十字單行小。　貞元儀太師降自東階，宮縣作肅寧之曲，至位，樂止二十字同上。　進詣前楹閒“閒”原誤“聞”，據《志》正。　貞元儀無分引太尉司徒就位一節及無初引宮縣肅寧之曲二十四字單行小注。此上三葉原鈔舛錯，今訂正。

貞元儀進冊官跪進冊狀，進寶官跪進寶狀，以授內常侍，各再拜，以次出二十八字單行小注。　貞元儀無禮部尚書跪奉侍中承旨一節十六字同上。　貞元儀無文武百寮具官之文十二字同上。　侍衛如來儀“衛”，原誤“儀”。　帉鍇匣上“帉”，原誤“扮”，今訂正。

第二卷　帝號下

因民心而啟洪基“民”，《文》作“人”。　紹復先王之業“業”，原誤“葉”，據《文》正。　咸謂太平“太平”，《文》誤“天平”。　茲為壯觀“茲”，《文》作“滋”。　拯生靈於阽危“靈”，《文》作“民”。　肆昭升於禹迹“迹”，《文》作“蹟”。　雖莫際於高深“際”，《文》作“濟”。　二千六百人，門內四百人，門外十二字單行小注。　玉在中，金在東，象次之，革在西，木次之十五字同上。　與天德儀同，亦有更異，並有皇太子禮，故復備録十九字同上。　大定十一年，儀兼奏告社稷十一字同上。

前二日，百官習儀《志》無"前二日"三字，疑當為"前一日"。　黄麾仗"仗"，原誤"儀"，據《志》正。　受冊寶壇臺《志》無"臺"字。　令人從依導駕人數服飾十字單行小注。　立俟等探閤門報《志》無"等探"字。　通事舍人引文武百寮《志》作"閤門官引"。　分入升殿，置於御座之左右，東西相向《志》作"分入升置殿上，東四閒相向"。　元昇八寶人下殿退立於殿西東階下稍南十七字單行小注。　內侍承旨索扇六字《志》無。　皇帝服衮冕《志》脱"皇帝"二字。　華蓋《志》作"甲蓋"。　鳴鞭訖訖，《志》誤"説"。　殿下亦鳴鞭原奪"鞭"字，據《志》補。　泰寧之曲《志》作"乾寧"，據《樂志》，作"泰寧"，是。　侍臣進鎮圭《志》無"侍臣進圭皇帝執圭"一節。　進受鎮圭侍臣係尚食局官十一字單行小注。　釋圭節侍臣承奉立侍於左十一字同上。　儀鸞使副添香《志》無"鸞"字。　凡樂皆協律郎舉麾工鼓柷而後作，偃麾戛敔而後止，下皆准此二十五字單行小注。　通事舍人二員《志》無"二員"二字。　由正門入，宮縣奏天保報上之曲《志》作"歸美揚功之曲"。　立於俟應據《志》，芟"於俟"二字。　弩手等《志》作"弩手繖子官等"。　東西兩班羣官合班轉北向立十二字原奪，據《志》補。　東班以西為上西班以東為上十二字單行小注。　太常卿舉冊寶官等吏禮部侍郎下，《志》奪此八字。　依位立定《志》作"稍南立定"。　奏和寧之曲《志》作"肅寧"，下同。　太尉以下以次東向立定十字《志》無。　導冊先升《志》上有"側身"二字。　吏部侍郎不升止於冊牀之西十二字單行小注。　並於前楹稍東《志》作"分左右於前楹"。　於前楹稍西"於"下《志》有"欄子外"三字。　御座前《志》無此三字，下同。　太尉退於前楹稍東"東"，《志》作"西"。　博士舍人立於後《志》作"太常博士"。　兩員於冊北，一員稍東，一員稍西，兩員於冊南，一員稍東，一員稍西二十六字單行小注。　博士舍人引太尉《志》作"通事舍人"，下引司徒同。　太常卿降自西階《志》無"自西階"三字。　入百官班《志》無此四字，下有"太常博士引奉冊太尉降自西階東向立以俟次"十九字。　導寶先升《志》上有"側身"二字。　禮部侍郎不升止於竇牀之西十二字單行小注。　博士舍人《志》下有"俱退不升"四字。　亦於前楹閒《志》作"於欄子外前楹閒"。　兩員於竇北,一員稍東,一員稍西,兩員於竇南,一員稍東,一員稍西二十六字單行小注。　讀竇讀訖原奪下"讀"字,據《志》補。　引司徒侍中降《志》但作"引降"。　入百官班《志》亦無此四字,下有"太常博士引奉竇司徒,次奉冊太尉東向立定,博士舍人贊引太尉司徒,進詣第一墀香案南褥位立定,博士舍人稍退",共四十七字。詞云誕膺徽號光御珍圖典儀告成寰區均慶十八字單行小注。　詞云勉從眾欲昭受鴻名禮文既成與卿等內外同慶二十一字同上。　以侍上壽下有奪文。　與宴官員數宣徽院取旨十字單行小注。　進酒官系宣徽院長貳官同上。　羣官就坐傳宣賜酒起坐拜數節次並如常宴之會儀二十字同上。　奏嘉禾之曲"禾",原作"和",據《樂志》改。　皇太子依朝會宴例便不降謝十二字單行小注。　監殷夏以從周文作"夏殷"。　天因人而聽順"聽",《文》作"進"。　人則天亦弗違"則",《文》作"即"。　偉績之無前"績",原作"蹟",《文》作"節",今正。　乾道之包函"函",文作"涵"。　從古以然"以",《文》作"已"。　施尊名"施",《文》作"薦"。　聖度能謙"謙",《文》作"兼"。　山川羣神"神",原誤"官",《文》同。　圖惟負荷"惟",《文》作"維"。　載念俯從"念",《文》作"餘"。　於戲《文》作"嗚呼"。　故當通上下之情"故",《文》誤"效"。

第三卷　追加謚號上

諳版勃極烈杲等"杲",原誤"果",據《紀》、《志》及《文》正。　□□康寧原奪二字,補二方圍。　括地開封"括",《文》作"拓"。　威震如雷霆"震",《文》作"振"。　至聖人以難名原奪"名"字,據《志》補。　無所畛域"畛",《文》作"軫"。　邦統未一"未",《文》誤"奉"。　內外敦敘"敦",《文》作"惇"。　燕殿達窮民之告"達",《文》作"通"。　執貺丕昭"執",《文》作"孰"。　發揮英聲"揮",原誤"輝",據《志》正。　俯歆徽號"歆",《文》作"馨"。　正號於悼王"號",《文》誤"位"。　皇伯尚書左丞相《文》作"尚書令丞相",疑當作"尚書令左丞相"。　著立大功者"著",《文》作

"者"。　無窮之傳"窮",原誤"今",據《文》正。　奮張皇威原誤"大奮張皇",據《志》、《文》正。　理若有待"若",原誤"右"。　歸者菳衆"菳",《志》、《文》作"益"。　威稜震俗《志》作"威靈震遠"。　應卒若神"卒",《志》、《文》作"變"。　稱天作謚"謚",《志》作"誄"。　布義行剛"義",《文》作"異"。　强毅執正"正",《文》誤"政"。　《熙宗實録》云施之罔極丙辰奉上十三字單行小注。　兼以皇帝所御殿"以",《志》作"於"。

神御前原奪"前"字,據《志》補。　東欄子内面西,《志》作"四面"。凡奉請皆俛伏興跪奉畢就一拜起十四字單行小注。　部擬御服如來儀省改奏便服十二字同上。　太傅宗弼"傳",原誤"常",今正。　法天行道"行",原作"興"。　孜圖書"孜",原誤"收",據《文》正。充實輝光《文》作"光輝"。道合於天至謂之元與謚議同十二字單行小注。御札"札",原誤"禮",今正。　應獻官拜立班官皆再拜十字單行小注。　第一日以次詣諸位前皆如上儀十三字同上。第一日酹酒十盞第二日第三日各一盞第一日羊五豬五第二第三日各羊一豬一併於前一日宰殺四十字同上。　當均慶於臣民"當",原誤"聖",據《文》正。　得歡心於四表"表",《文》作"海"。　弼成繼述之功"功",原作"工",據《文》正。

第四卷　追加謚號下

與皇統五年同原作"統五",奪佚不辭,今正。　合無於衍慶宮"合",原誤"有",據《志》改正。　前三款八月二十一日奏十字單行小注。

前二款並奏過親授冊寶儀八月二十五日准奉太尉行事儀准呈二十六字同上。　主節者皆持節立太尉後十字同上。　少頃又跪原奪"少頃"二字,據《志》補。　分左右前導原作"導前",據《志》乙轉。　皆再拜原奪"皆"字,據《志》補。　其冊牀先舁至太尉受冊褥位之東十四字單行小注。　跪受訖執笏五字原奪,據《志》補。《金史詳校》云,"受訖"下當加"以冊匣授中書令",下亦當加"以寶盝授侍中",有此二句,下文方可執笏。其説是。　輅旁夾侍"旁",原誤"中",據《志》正。　革車"革",原誤"草",據《志》正。　樂止冊寶牀承以席褥《志》作"承以席褥樂止"。　投戈講藝"藝",《文》作"義"。　俯狥黎庶之誠心"狥",《文》作"察"。　實我聖考《文》無“我”字。　盝匣等與天德貞元尊號冊寶制度同十五字單行小注。　承奉人等十八下原衍“年”字,今芟。　大定三年儀於殿中間設冊寶幄次十四字單行小注。　南向設太尉受冊寶褥位十字同上。　迎冊寶儀內人從二品已上四人三品已下二人餘與大定三年同奉上冊寶儀四月五日宣徽院奏過據合用玉輅只用象輅親授儀與大定三年不同故復備録六十三字同上。　其冊牀先舁至太尉受寶褥位之東十四字同上。　太尉搢笏據前文補“太尉”二字。　其寶牀先舁至太尉受寶褥位之東十四字單行小注。　奉寶盝置於牀據前文補“置”字。　冊寶出據前文補“寶”字。　輅旁夾侍“旁”,原誤“中”,據前文正。　大定三年儀聖武殿門外西向十二字單行小注。　市不易廛“廛”,原誤“塵”,據《文》正。　害不及民原奪“及”字,據前文補。　俶立七廟“俶”,《文》誤“俶”。　有尊有先“先”,《文》誤“光”。

第五卷　皇太后皇后

引冊官押舉冊官並先入立於殿西階下十六字單行小注,下引寶十六字同。　押冊官原複衍此三字,據《志》芟。　凡太尉司徒行並通事舍人太常博士贊引十七字單行小注。　其冊函蓋先去置於冊牀上十一字同上,下“寶函蓋”句同。　謹讀冊“謹”,原誤“言”,據《志》正,下“謹讀寶”、“謹請”同。　押冊官並先退復西階下東向立十三字單行小注,下“押寶”句同。　本部擬俟皇太后並升座即奏講皇帝於殿上稍南西向侍立至讀冊寶訖奏請行稱賀之禮殿上奏請不跪四十二字同上。　皇太后殿下、公等忠敬盡心、伏惟皇太后、膺茲典禮四節據《志》皆不提行,亦可不必改作小注。　司賓司贊尚儀尚宮等擬用知禮內侍人等充如無用閤門二十三字單行小注。　詩始夫婦“始”,《文》誤“經”。　敢忘纘紹“纘”,原空方圍,《文》作“紹述”,今據後文正。　表率勤劬“劬”,原誤“劭”,據《文》正。　詔書下禮部至冊禮畢十月十一日遍下十六字單行小注。　五禮精義云冊命大事先告天地宗廟示不敢自專社稷地祇之屬不必皆告三十字同上。　一奏中嚴外辨一承制一奉寶讀寶進入內十七字同上。　奉冊讀冊進入內七字同上。　一引寶兼進入内二奉節十字同上。　引冊兼進入内六字同上。　冊使副使讀冊讀寶引冊引寶兩奉節禮儀使十八字同上。　前一日尚書工部奉冊寶進入十二字同上。　用前六部攝官七十一員擎執六百七十八人十八字同上，原奪“人”字，據後文補。　舉捧冊官舉捧寶官據《志》補“冊寶”二字。　鞠躬“鞠”，原作“揖”，據《志》正。　冊牀置於北寶牀置於南十字單行小注。　相向立“立”，原誤“位”，據《志》正。　鹵簿依本品合得人數如無鹵簿鼓吹即代以錦衣人從二十二字單行小注。　及讀冊寶官據《志》補“寶”字。　用後六部攝官三十六員擎執三十二十二人十八字單行小注。　内外命婦擬各服其本服十字同上。　肩輿如無用小龍車子代同上。　如首飾褘衣難迭成造即用皇后拜天服十六字同上。　皇后升降並内侍閤門引十字同上。　升座“座”，原誤“床”。横班北向“班”，原誤“行”。

第六卷　追謚后

欽慈貞懿皇后原目分作兩行，今訂作連行，中空一格。　聖穆光懿冊文原誤在欽仁后下，據《紀傳》、《志》、《文》訂正。典儀二下空一格，接二月十一日乙卯，至光懿冊文末謹言二字止。　威德悉備曰欽聰明睿智曰獻十二字單行小注。　敬事節用曰欽貴賢親親曰仁同上。　欽仁后冊文太常博士一下，原誤並聖穆光懿二冊文，今移前空一格，接八月二十一日乙巳。　徽宗景宣帝后六字單行小注。　視民如子曰慈行善可紀曰憲十二字同上。　引大禮使侍中中書令並引冊寶牀十四字同上。殯殿別無阼階於殿東階上設拜褥同上。　凡拜者宣徽使贊詞八字同上。　凡讀冊寶祝文皇帝皆跪聽十一字同上。　哀皇后“哀”字原空格，今正。　聖善周聞曰宣聰明睿智曰獻十二字單行小注。　聽予至懷《文》作“咸使聞知”。　咸使聞知原奪“使”字，據《文》補。

第七卷　妃

典儀與贊者擬通事舍人充十一字單行小注。　冊寶匣盝蓋先去置於冊寶牀上十三字同上。　舉冊官“冊”下原衍“寶”字。　貞元儀式妃嬪導從共用二百二十人衣襖幞帶並仍帶二十二字單行小注。

第八卷　皇太子

十九日奏訖翦髮儀無賜告一節十三字單行小注。　中書令東階升殿上接官詹事由西階升與侍中對立受告以北為上二十七字同上。

侍郎歸庭中面西位八字同上。　詹事至閤前以告授掌管人退從殿側東北廊下門出歸庭中位二十五字同上。　若有宣再拜聽勑又五拜如儀十二字同上。　臣僚非特旨不敢入八字同上。　或進稱賀禮物如式合花坐臣僚上殿並如曲宴之儀二十一字同上。　剪髮文與上連行空一格，可不必改作小注。　廣愛惟親“愛”，原誤“受”。　傳嫡之格言“嫡”，原誤“得”。准奏漢文帝“漢”上無須空格。　成造盝匣牀“盝”，原誤“蓋”，今正。“下舁寶盝官”同。　一贊拜贊謝請內嚴外辦一次日代謝太廟並宰執以下次攝差二十四字單行小注。　元申又有請中嚴外辦及承制侍中二員並中書門下侍郎禮儀使儀注內亦有正月十日口稟下項儀禮除奏告就南郊臺行禮外並准行五禮精義冊命大事先告天地宗廟示不敢專社稷地祇之屬不必皆告合省去此節止告天地宗廟今奏告天地雖有員丘方丘未經行禮合依冊后已經遣合奏告之儀百二十字同上。　前一日尚書工部奉冊寶並牀匣進入十五字同上。　奉寶盝於合立節處“盝”原誤“蓋”，今正。　曲直華蓋警畢皆如常儀十字單行小注，“儀”，原誤“服”。　鹵簿依本品合得人數如無鹵簿鼓吹即以錦衣人代二十一字同上。　稟定坐麒麟金浮圖八字同上。

稟定空頂幘絳紗袍同上。　傘扇止於簾外退於左右朶殿前十三字同上。　冊寶等物並分付左庶子十字同上。　衹奉聖恩此段原提行，今訂正，亦不必作小注。　寶盝東北、寶盝北立二“寶”字原誤“蓋”，今正。　詣內殿及兩宮榭並謝太廟並同前謝禮十六字單行小注。　朔望受東宮官賀亦如上儀十一字同上。　大定七年據冊禮之行在八年正月，則此制當在七年，下文亦有“七年”字樣，據以補，此文作“八年”誤。制曰“制”，原作“詔”，據《文》正。　五月十四日依海陵庶人傘用梅紅羅表黄綾裹改造二十一字單行小注。　十二月試得小短再造九字同上，此上原有“七年”二字，今據移補於“制曰”之上，則此當芟。　差班祇人充傔使七字同上。　自來差官員家子弟或宫籍監人充十四字同上。　自來尚食局擬到係百姓十字同上。　差中都射糧軍六字同上。　自來尚食局擬到係百姓或宫籍監人十五字同上。　十一月五日“一”，原誤“二”，據下文七日又擬奏，十二月一日勅旨准奏，則此為“十一月”無疑。　擬仁政殿上表“擬”，原誤“據”。“殿”，原誤“擬”。　匣盝等物“盝”，原誤“蓋”。　黑色二字單行小注。　元申宋會要太常因革禮皇太子冊玉石簡六十枚前後四枚刻龍填金為捧護之狀貫以金絲首尾結為金花飾以鉛粉襯以紅羅泥金夾帕藉以錦褥成以黝漆匣長九尺五寸闊尺二寸高八寸覆以金夾帕絡以紅絲結條襯以法錦褥安以黝漆金葉裝牀其竿飾以螭首其黝漆匣用金塗縷銀花鳳葉裝加以腰輿行馬飾皆鳳條以魚釣竿為螭首又宋會要皇太子受冊寶以黄金為之注云寶方二寸厚一寸繫以朱組大綾連玉環金𣂪金檢長五寸闊二寸厚二寸悉裹以紅錦加紅羅泥金帕納以小盝以金裝内設金牀又盝二重皆覆以紅羅泥金帕盝及腰輿行馬皆銀裝金泥他法物皆銀為之鈒花塗以金又案《五禮精義》云皇太子寶以黄金為之龜紐文曰皇太子寶又令文云皇太子寶為之不行用其封令書用春坊印今擬飾以龍鳳處改為麟鸞純用紅處改為梅紅他物並依上典故制度成造三百十四字同上，此即上文所云“並准奏唐宋典故内者”是也，既係已准之奏正文，又難録入，故入旁注。　飾以龍鳳處“飾”，原誤“錦”。　待制張等“張”下必奪一字，既無可補，當空出一方圍。　匣盝牀等“盝”，原誤“蓋”。　石琚“石”，元誤“右”，據《史傳》正。　奏告天地於自來拜天處宗廟在廟庭中通告用祝文香酒等二十四字單行小注。　横街之南“街”，《志》作“階”。　工部官“工”，原誤“二”，據《志》正。　並朝服“服”，《志》誤“殿”。　朝服謂法服五字單行小注。　下馬入就次“入”，《志》作“各”。　在受冊位近東稍北西向冊北寶南十四字單行小注。　横班北向“班”，原作“行”。　俛伏興兩句上，《志》均有“皇太子”字。　惟不設壇臺及八寶八字單行小注。　索扇鳴鞭並如大安殿儀十字同上。　通天冠絳紗袍或朔望冠服十一字同上。　《藝文類聚》梁武冊太子表謝十一字同上。　興躬身侍中宣訖典儀贊再拜十二字原闕，據《志》補。　其日質明以下宜提行，緣此係謝廟禮，然上文必有奪佚。　東行由太廟西階轉至廟不鳴鐃吹十四字單行小注。　蓋傳家而慮長世原奪"長"字，"世"下空一方圍，今據《志》補正。　立嫡原誤倒。　慶基"慶"，文作"宏"。施行原誤"于行"，"施"誤"於"，"於"又誤"于"也。　導從提行空一格，接下三貫石。　細馬小底提行空一格，接下四貫石。　細車小底同上。　鞍轡小底同上。　設入殿"設"，原誤"收"，數節皆同，今正。　元設一十一人此下空一格，接下十貫石。不入殿小底提行空一格，接節次句，連下四貫石。　過食小底提行空一格，接下四貫石。　廚子同上。先王彝典"典"，文作"訓"。　英姿秀發"發"，《文》作"出"。　宸扆臨軒"扆"，《文》作"御"。　聖恩之庇"庇"，《文》作"託"。　侍膳"侍"，《文》作"視"。　大定二年"大"，原誤作"昨年"，鈔者誤作"字"，今正。　三少"少"，原誤"步"。為首者"首"，原誤"班"。皇太子離位"皇太子"三字，原誤"下同"二字，今正。

第九卷　親王公主

隋鄭衛吴原奪"吴"字。　三年正月牽攏官"官"，原誤"宫"。　勑旨今後駙馬已下"今"，原誤"令"。

第十卷　皇帝夏至日祭方丘后土同

后土同三字單行小注，"后"上空一格。　常告之儀"告"，原誤"吉"。東壝"壝"，原並誤"壇"，案"壇"即"簣"字，與"壇壝"字絕不通叚，今訂正。前祭一日原奪"前"字，蓋承上句"前"字而誤。　進饌者下衍"其實饌"三字，今芟。　並如圜丘儀"並"，原誤"位"，旁注"圜丘"下又衍一"位"字，今芟。　及奏樂之節"及"，原誤"乃"。　俱進徹毛血之豆"徹"，原誤"跪"。　孟冬神州升自南陛八字單行小注。　盥洗訖原奪"訖"字，據上下文補。　山川林澤原奪"林"字。　還大次樂作原奪"作"字。

第十一卷　皇帝祭皇地祇於方丘

儀注每年夏至日祭八字單行小注。　各為一列“列”,原誤“位”,據《志》正。　俱為三行原奪“行”字,據《志》補。　爵洗位“位”,原誤“爵”,據《志》正。　乾橑乾棗小注,原奪“乾橑乾”三字,據《志》補。　乾菱小注,原奪“乾”字,據《志》補。　俱降復位原奪“降”字,“復”誤“後”,據《志》補正。　退復位“復”,原誤“後”,據《志》正,下同。　躬身原奪“身”字,據《志》補,下同。　祝史“祝”,原誤“太”,據《志》正。　入自南壝原奪“入自”二字,據《志》補。“壝”,並誤“壇”,説見前。　退復位“復”,原誤“後”,下同。　初獻官原奪“官”字,據《志》補。　凡初獻小字,上原衍“辭殊”二字。　加玉於幣原奪“加玉”二字,據《志》補。　由卯陛詣神州“陛”,原作“階”,據《志》改。　餘以次祝史原奪“餘”字,據《志》補。　實於各鼎“於”,原誤“放”,據《志》正。　祝史以扃“扃”,原誤“局”,據《志》正。下“去鼎之扃冪”同。　俟初獻“俟”,原誤“正”,據《志》正。　太官令又同齊郎奉神州地祇之饌升自卯陛十八字原奪,據《志》補。　初獻搢笏原奪“初獻”二字,據《志》補。　奠版於案再拜興“案”,原作“按”。又奪“再拜”二字,據《志》補正。　執事者原奪“者”字,據《志》補,下同。　亞獻搢笏原奪“亞獻”二字,據《志》補。　降復位“復”,原誤“後”,據《志》正。　次引終獻下奪“帨手”二字,據《志》補。　執事者酌太尊“者”,原誤“以”,據《志》正。　第一等分獻官原奪“等”字,據《志》補。　詣酌尊所原奪“酌”字,據《志》補。　奉禮官贊曰原奪“官”字,據□補。　禮幣皆從“幣”,原誤“畢”,據《志》正。

第十二卷至十七卷

明昌二年以下,原鈔錯簡在十八卷,與時享禮多不合,當是陵寢闕文,而享所己齋、至末定為時享禮,錯簡,今既據《志》移入十八卷,而此無可歸,則附之十七卷闕文中。

第十八卷　時享上

閤門充小注,“閤”,元誤“閭”。　享所己齋此下原鈔錯簡在十七卷,今據《志》移此,卻與上文“於”字接。　七祀“祀”,原誤“祝”,據《志》正,下同。　御署訖“署”,原誤“書”,據《志》正。　壺尊六元奪“尊”字,據《志》補。　光禄卿帥其屬入實祭器良醞令入實尊彝二句元誤在“前一日諸太祝”之上,據《志》移此,又此上衍“前一日”三字,今芟。　先詣第二室尊彝所北向立《志》無此十一字,非。　皆設扃冪“扃”,原誤“局”,據《志》正,下“抽局”同。　齋郎對舉元奪“齋”字。　先詣第二室酌尊所北向立《志》亦無此十一字,並略。　卒徹“卒”,原誤“辛”,據《志》正,下同。　秋享宰執官“宰執”,原誤倒。　通具一品至三品員數小注,“具”,元誤“其”。

第十九卷　時享下

宮闈令“宮”,元誤“官”。　廩犧令小注,“令”,元誤“今”。　又設七祀次“祀”,元誤“祝”。　右十有二豆元奪“二”字。　實以巾元誤小注,依上下文例,改為大字。　贊者承傳在位官皆再拜訖俱各就執事位大樂令帥工人入禮直官二十七字元奪,據上卷補。　與祝史俱降“與”,元誤“興”。　七祀獻官“祀”,元誤“祝”。

第二十卷　原廟上

天德四年十月“德”,元誤“眷”。考天德四年十月,有使使奉遷太廟神主之文,而天眷四年無之,故據正。　內宮曰衍慶小注,元奪“慶”字。“門”下衍“日同□閤”四字,據《志》芟。　奉御容升綵輿“升綵”二字,元誤“弁緑”,今正。　甲騎旗幟“甲”,元誤“田”,據下文正。　頭子容《志》作“半身容”,其餘書法,大同小異。　御署祝版元奪“祝版”二字,據《志》補。　百官並公服“公服”,元作“穿執”,據《志》正。　奉送使副小注,“送”,元誤

"迎",據《志》正。　青布大亭子二座《志》作"龍車一,其制以青布為亭子狀,安車上,駕以牛"。　世祖皇帝容儀系皂羅衣"世祖",元作"睿宗",依《金史詳校》正。　大宗位殿"宗",元誤"位",據《志》正。　禮官署官並前導"導",元誤"從",據《志》正。　禮直官引班首降殿"首",元誤"前",據《志》正。　並香酒花果器皿"香"下元衍"內廣德殿又設"六字,與上文複,今芟。　設腰輿位"位",元誤"立",今正。　昭祖以下"祖",元誤"宗"。　禮直官引親王宰執以下元奪"王"字。　復位樂止"止",元誤"作",下同。　儀衛如上儀"衛",元誤"位"。　擡綵輿十六人"綵",元誤"採",亦作"彩",下並同。

第二十一卷　原廟下

宣徽院"院"上元衍"宗"字。　閤門通喝元奪"門"字。　親王宰執"執",元誤"職"。　並宣徽使四字當為小注。　樂止"止",元誤"作",下同。　皇帝行朝謁之禮"帝行"二字,元誤"太子",今正。　教坊樂作據下有"樂止"字,則此處當奪此四字。　並閤門贊拜五字當為小注。　既新寶構之成"構",《文最》誤"冊"。　規摹具麗"具",原誤"其"。　係廣德殿行禮先昭祖神位前再拜上香奠酒又再拜以次神位並同餘如十六年十九年之儀三十七字當為單行小注。　已上皇太子已下皆陪拜小注,此下元衍一字,今芟。　再兩拜元奪"兩"字,下句"兩"上衍"拜"字。　候工畢"工",元誤"二"。再拜訖"訖",元誤"記"。　五年八月二十七日《詳校》"七"作"八",誤。　自來每月一十五日元空"每"字,今補。　人香案訖上拜褥元奪"褥"字。　出香案排食訖"案",元誤"安"。　二十六年三月二十一日《志》無"三月二十一日"六字,《詳校》亦無辭,依例當補。　准奏停罷"停",元作"體"。

第二十二卷　別廟

既不稱宗元奪"既"字。　康帝承統"康",元誤"唐"。　有司行事"行",元誤"得"。　高居中充終獻官元奪"官"字。　桃皮竹席二虎皮席二九字當為小注。 就省牲位元作"牲禮位"。 跪置於輿"輿",元誤"與"。 擩于篚"篚",元作"詣"。命判宗正元無"正"字,下同,據《志》補。

添武靈皇帝別廟行禮合無依已奏定共用三犢或增二十一字元奪,據志補。《史》、《志》此下尚有"昭德皇后廟"、"宣孝太子廟"諸禮節,而此無之,當亦闕佚也。

第二十三卷 御名 聖節

文王子□伯之後"子",元誤"字"。 自大定五年元無"大"字,蓋省文。

第二十四卷 赦詔

設御座于應天門上八字原奪,據《志》補。 凡分班合班小注,"凡",元誤"正"。 奉敕樹金雞元奪"雞"字,據《志》補。 緣繩爭上竿元奪"爭"字,據《志》補。 皇帝乘輦還內"乘",元誤"來"。 近後設張設門之內外九字當為小注。 横班北上"班",元作"行"。 詣宣制位"宣",元誤"萱",據《志》正。 又于東側設棹子"東側"二字,元作二方圍,據《志》補。 所差官上馬元奪"上馬"二字,據《志》補。 差字送詔書小注,"詔",元誤"紹",今正。

第二十五卷 宣麻

小白敢不下拜下衍"登受"二字。案《左傳》,"下拜登受"四字在下文,乃記者之辭,非桓公語也,據《傳》芟此。 馬至其所居"至其"二字元誤倒。

稱有更異此下疑有缺文。

第二十六卷 闕

第二十七卷　儀仗上

碧襴一十六“襴”，元誤“欄”，下“天武約襴”同，據《志》正。　鈞容直“鈞”，元誤“釣”，下同。　什將節級小注，“什”，元作“十”，下並同，據《志》正。　擎執人共八千四百三十三人舁士三百三十八人二十字單行小注。　革車八疋“車”，元誤“馬”。　誕馬二控四人赤平巾幘緋寶相花袍元奪“赤”、“相”二字，“幘”誤“續”，下多同，據《志》正補。　銅面包尾“銅”，元誤“馬”，下同。　坐軺車元奪“軺”字，據《志》補。　黄抹額寶相花衫元奪“相”字，下多同，據《志》補。　告止幡二首六人緋抹額寶相花衫元奪“抹”、“相”二字，據《志》補。　金鉦一平巾幘元奪“幘”字，據《志》補。　緋苣紋“苣”，元作“巨”，下同。　車輻棒元作“袋全輻捧”，據《志》正。　曲蓋一下奪“寶相花”三字，據《志》補，下同。　刀盾三十六人上衍“銀褐”二字，下“二銀革帶”，元奪“銀”字，據《志》正。　稍一十二人下元奪“横刀”二字，據《志》補。　臂韝“韝”，元並作“勾”，據《志》正。　金吾牙門《志》此上有“牙門旗隊二十八人分左右”十一字。　青寶相花衫抹額元“衫”字在下，《志》同，今正。　緋白澤袍“白”上元衍“寶”字，今芟。　拱辰管元奪“管”字。　第四隊六十人《志》分注有“分左右”三字。　引夾人加弓矢元多奪“人“字，今並補。　朱牟甲八十副此上元衍一“皮”字。　鶡旗《志》作“貔旗”。　兜牟甲“兜”，元並作“頭”，據《志》正。　臂韝行縢鞋襪勒甲皮條全“韝”元作“勾”，“縢”作“滕”，“條”作“絛”，今並正。　笳二十四人“笳”下元有“色”字，可芟。　搁鼓“搁”，元多誤“捆”、“梱”，據《志》正。　羽葆鼓“羽”，元誤“翡”，今正。　歌色二十四人此上元空一行，據《志》並無闕佚，今宜接。　執者馬綌者步元作“執馬綌人步”，今從《志》。　絳引幡二十首此節末《志》有“共八十人”四字。　排欄旗“排”，元誤“緋”，今正。　龍武軍“龍”，元作“竜”。　白幹槍“幹”，元作“捍”。　汗袴“袴”，元誤“胯”。　蹬仗《志》作“鐙仗”。　天下太平旗一口此下元空三格，據《志》無闕佚，今宜接。　三十二人夾馬元奪三字，據《志》補。　長壽幢一“幢”，元誤“撞”。　四色寶相花衫青黄銀褐皁抹額元奪“花”字，“皁”下衍“衫”字，今正。　五方鳳旗下“革帶”，元作“抹带”。　第一部至第三部二百七十二人元作“二百六十八人”。　主帥二十人“帥”,元作“師”,下同。　朱縢絡刀盾元奪“縢絡”二字,今補。　緑縢絡刀盾元奪“緑”字,“縢”誤“滕”。　共二百四十六人“六”,元作“二”,下節作“二百七十二”,並誤,緣此皆除侍御史、大將軍、都尉、主帥而數之,故曰二百四十六,合上二十六人,則二百七十二也。　朱縢絡緑縢絡“縢”,元並作“滕”,“絡”字奪,下多同,今補正。　香案八計三十二人“計”,《志》作“轝士”二字。　金吾引駕千牛一十五人《志》作“金吾引駕四十九人”。　花腳幞頭餘同元無“餘同”二字,據《志》補。　逍遥輦“輦”,元作“子”。　什將元作“十”,今正。　腳輿平輦等下一百六十三人《志》作“輿輦共一百三人”,句在“平輦人員”節下。　皁纛旗十二口共一十二人元奪“共一十二人”五字,據《志》參補。　金輅駕士九十四人元無“駕士”二字,據《志》補。

踏休一名此下《志》有“共百三十人”五字。　玉輅下一百五十三人元奪“三”字,據《志》補。　器械並裹鐵兜牟七字應連上作小注。　內小旗兒二人元作“小旗兒一百六十二人”,《志》作“內執子旗者二”,案子旗即小旗也,據《志》正。　餘執槍元作“直槍”,據《志》正。　白鞓銀束帶“鞓”,元作“成”,《志》亦多誤,音淆故也。　事具行幸上元作“四具行幸上”,今正。

第二十八卷　儀仗下

執人騎夾二人騎元奪下三字,據《志》補。　儀鍠五色幡元作“鍾五色幡”,據《志》正。　三口掩後小注,“掩”,元作“引”,據《志》正。　內侍少監“侍”,元作“事”,據《志》正。　次偏扇團扇方扇元奪下四字,據《志》補。

坐障三具“三”,《志》作“二”。　次錦華蓋“華”,元作“花”。　次安車“次”,元作“四”,據《志》正。　被黄色《志》作“被黄袍帽”,疑奪“袍帽”一字①。　服獅子文一小注,“服”,元作“廂”,據《志》正。　牙門一人衣服同前一人下,元有“數”字。　皆監門校尉二人騎皆平巾幘“騎下”,元作“監當”二字,據《志》改“皆”字。　各巡檢校尉一人元奪“檢”字,據《志》補。

摑鼓“摑”,元並誤“槶”,據《志》正。　羽葆“羽”,元並誤“翗”,據《志》正。

---

① “一字”應為“二字”之誤。

馴象旗二口元奪“旗”字,據《志》補。 朱團扇三紫曲蓋三此句覆衍,《金史詳校》云:北本無下八字。是。 拱辰管六元奪“管”字,據《志》補。 祥雲旗一口元並奪“一口”二字,據《志》補。 牙門旗一口元奪“旗”字,據《志》補。 後第二隊此上《志》有“朱刀盾二小戟二”七字。共一十柄元覆衍此四字,今芟。

第二十九卷 輿服上

指南車小注,元奪“車”字。 以象飾諸末“末”,元誤“未”。 輪衣等以銀褐“褐”,元誤“揭”。 建大白餘同玉輅元奪“輅”字,據《志》補,下同。 重檐“檐”,同“檐”,元誤“襜”。 勾欄“欄”,元誤“襴”。 銜鷩毛笧“銜”,元誤“御”。 並繡飛鷥“飛”,元誤“緋”。 紫絲緌網元奪“紫”字。 托叉行馬“叉”,元誤“又”。 凡輅之式玉輅以青元作“凡玉輅之式以青者”,今正。 此隨輅之色者也元作“此玉輅合用青者”,今從《志》。以黄以皁此下元有“也”字,今芟。 至尊乘御步武所及元作“至尊秉銜及步武”,據《志》正。 非若餘物但為觀美也“但”,元誤“也”,據《志》正。 椅背踏道褥“道”,元誤“到”。 計開得內藏庫“開”,元作“問鈔者”,作“開”似是。 金稜天板“稜”,元作“祾”,《志》作“稜”。 梅紅線款幔帶“幔”,元誤“慢”,下“款幔組帶”同。 藻粉米元奪“米”字。 紅羅裹縷金造“裹”,元作“裹”。 鉈尾“鉈”,元誤“撻”,據《志》正。“鉈”、“撻”疑音同。 皇后車服制此下多衍一“制”字。 寶相帷“帷”,元誤“惟”。朱紅漆杌子元奪“朱”字。 紅羅親褥一元奪“一”字。 胡梯一《志》此上有“朱紅漆金塗銀葉裝釘”九字。 朱絲絡網“朱”,元誤“珠”。 紅羅衣褥全“全”,元誤“金”。 葉段行馬“段”,元誤“斷”。 浮動插瓣等“瓣”,元誤“辨”,據《志》正。 織成翬翟之形“翬”,元誤“暈”,據《志》正。並紅羅織成雲龍元奪“雲”字,據《志》補。 深青羅織成元奪“羅”字,據《志》補。 金釘腳造龍口攀束子全“釘腳”二字誤倒,“全”誤“金”,據《志》正。 青羅舃一輛“輛”,元誤“量”,下“韈一輛”同,據《志》正。 下有金稜玳瑁盤子“金”,元空一格,今補。 青褾襈裾“裾”,元誤“裙”。 舃加金塗銀釦“加”,元誤“如”。

第三十卷　輿服下

受天明命“受天”二字元誤倒，據《志》正。　地不愛寶“地”，元誤“也”。　又設藉寶褥位“藉”，元誤“籍”，下同。　自製造所“製”，元作“制”。　有司設百官位于殿庭元奪“位”字，今補。　復帥舁寶官還所司元奪“官”字，今補。　工鼓柷“柷”，元誤“祝”，下同。　舉寶官等以次各復本班“以”上元衍“一”字。　至位立定“位”，元誤“仕”。　博士舍人於前楹稍東立以俟“人”下元衍“立”字。　宮縣樂作“樂作”，元一“奏”字。　鞠躬宜辭畢“鞠”，元誤“且”。　玉珠佩二朵金鍍銀革帶“珠”，元誤“朱”，“銀”字奪。　正五品金鵬錦銅環綬一元奪“銅”字。　謂無枝葉者五字當小注。　謂花頭碎小者六字同上。　餘並禁斷“餘並”二字元誤倒。　士人及僧道“士人”二大字，宜在“士人謂得鄉薦云云”小注之上。

第三十一卷　班位表奏

不問散宮職事“問”，元誤“閒”。　太常寺檢照到“到”，元誤“判”。　遇有事緣“緣”，元誤“筵”，鈔者改作“緣”，未知是否。　漢兒渤海等小注，元作“漢兒漢渤海”，今正。

第三十二卷　輟朝廢務

延英閣“閣”，元誤“開”，今正。　有司攝事其日“其”，元誤“具”。　授衣“衣”，元誤“依”，今正。　九月一日四字當為小注。

第三十三卷　闕

第三十四卷　岳鎮海瀆第三十三卷闕

葵菹菁菹四字元奪，據後文補。　又設三獻官位在南元奪“位”字。　啐酒“酒”，元誤“爵”。　次引初獻以下就望瘞位元奪“就”字。　贊者曰可瘞寘土半坎二句元誤倒。　遂引初獻官以下出元複衍“初獻”二字。　萬民祈福“祈”，元誤“所”，據《志》文正。　偏于羣神“神”，元誤“祀”。　至於成周以來“成”，元誤“城”。　邀勒騷擾“騷”，元誤“搔”。　契勘岳鎮海瀆“瀆”，元誤“鎮”。　令各運司降香“令”，元誤“今”。

第三十五卷　長白山

奏稟封冊“冊”，元誤“稟”。　逐程置于驛之正廳“程”，元誤“呈”。　牙杖旗鼓“杖”，元誤“枚”。　各鍾於其分野“鍾”，元誤“種”。　載我金德“金”字元奪，據《志》文正。　秩秩幽幽元奪一“秩”字，同上。　肆予沖人“予”，元誤“子”，同上。　永膺天祐“祐”，元誤“祐”。

第三十六卷　宣聖廟

為善不可不勉元奪下“不”字，據《志》正。　功扶聖教者也元奪“功”字，同上。　于宣聖像左右列之“左”上元衍“以”字。　再勘當節目“節”，元作“即”。　其享官已齊而闕者元奪“其享官”三字，據後文正。　集初獻齋所肄儀“肄”，元誤“隸”。　俱還齋所元奪“所”字。　春秋二仲月“二”，元誤“一”。　位皆稍卻小注，“位”，元誤“仕”。　登二在鉶前“登”，元誤“登”。　五齊三酒“齊”，元誤“齋”。　實祠祭法酒元作“實祭祀祭法酒”。　執事官就省饌位元奪“省”字。　未明一刻“明”，元誤“後”。　引分奠官詣洗位元奪“位”字。　寘土半坎“寘土”，元誤“賓土”。　儗助教以學正代“代”，元誤“教”。　博士為終獻小注，“士”，元誤“仕”。　以上據充“充”，元誤“也”。　設刺史以下次于門外元奪“史”字。　設三獻位於東階元奪“位”字。　設學生位于助教之後元奪“設”

字。 昭告於先聖孔子文宣王云云小注,元作"云云先聖孔宣",文倒誤,今正。 合置一爵元此下又衍"一"字,今芟。

第三十七卷 雜祠廟

保陵公應聖公二"公"字,元並誤"宮",下"保陵公",亦誤"宮"。 以為形勝"形",元誤"刑",據文正。 郊圻"圻",元誤"忻"。 秀拔混厚"厚",元誤"後"。 雲雨之所出"出",元誤"立",據文正。此下衍"邱墟"二字,今芟。 仰維嶽鎮"仰",元誤"抑"。 某官某元奪下"某"字,據《志》正。 以篤金祜"祜",元誤"祐"。 令學士院"令",元誤"今"。 嘉江神之效靈"嘉",元作"佳"。 某官某元奪下"某"字,據《志》正。 申命有司"有",元誤"攸"。 贊禮者贊揖"揖",元誤"節"。 啐酒"酒",元誤"爵"。 太廟令進神座前元奪"太"字。 贊者曰可瘞寘土半坎二句元誤倒,據《志》前文正。"寘",元並誤"賓"。 廣袤百里"袤",元誤"衺"。

第三十八卷 沿祀雜録

慶元宮"宮",元誤"官"。 大定四年元無"大"字。 讀喪禮"喪",元誤"葬"。 惟祭天地社稷元奪"惟祭"二字。 依大定六年例元無"大"、"年"二字,此葢當時省文,前第四卷統五之類,然不如足之為便。 據夏享合進胙"享"上元空格,非。 並上項條例施行"條"上元空格,非。 太官令二員此下元衍"兼良醞令"三字①,今芟。 珍羞令兼良醞令"珍羞令",元係三大字,當為小注,與"兼良醞令"四字接。 "醞",元誤"醢"。 將來暑月"暑",元誤"署"。 不設登歌"登",元誤"祭"。 為越紼而行事"越",元誤"白"。 新穀將升小注,"升",元誤"外",據文正。 御署此二字與"御名"二字互用,葢當時文之例如此。 陵園在望"園",元誤"圓"。 深□疊傷之念"深"下元未空格,據文補方圈。"疊"誤"蠱",亦據正。 玆爰改火"火",元誤"大"。 正位坤儀"坤",元誤"神",據文正。

---

① 按,"三字"應為"四字"之誤。

以伸祫禮“伸”,元誤“神”,據《志》正。　大定六年元奪“大”字,下“大定十四年”同。　八政爰始“政”,元誤“正”。　疏滌三川“川”,元誤“州”。　北海廣澤王惟神百川所歸“百”,元誤“北”,據上文正。　祭天地奏告文元作“奏祭告文”,今正。　具官臣某“官”字元空格,今補。　祇講曠儀“祇”下元衍“謹”字,《文》作“謹講曠儀”,今正。　將秩曠文“曠”,元誤“廣”,下同。　諸陵祝文起奪“伏以”二字,今正。　受天成命“成”,元誤“承”。　□軷國門“軷”上元奪一字,據《文》加一方圈。

第三十九卷　朝會上

更不分班“更”,元誤“便”。　致詞云元正啟祚元奪“云”字。　宣答曰元奪“曰”字。　坐晏並侍立官“並”,元誤“教”。

第四十卷　朝會下

以彰肅敬小注,“以”,元誤“一”。　但有職事“但”,元誤“旦”。　禮部會到大定二年元奪“大”字。　頒降麻日“麻”,元誤“厝”。　今若有省部諸局“今”下元衍“有”字。

安禄山事迹校記

據光緒四年《藕香零拾》本

安禄山事迹校記

卷上一頁十行　安波注:《舊唐書·安禄山傳》作“安波至”。

一頁十八行　解九蕃語:《新唐書·安禄山傳》作“六蕃”,本書卷中“禄山悉解九夷之語”,則以九蕃為得其實。

二頁十二行　營州節督:舊新兩《書》均作“都督”,《通鑒》同。

又十四行　四府經略:據《新書》,“經略”下有“使”字,《通鑒》同。

九頁十七至二十行　貴妃以繡綳子綳禄山:《通鑒考異》引《事迹》作“以錦繡綳縛禄山”。

以彩輿輿之歡呼動地:《考異》“輿之”下有“宫中”二字。

貴妃與禄山作生日:《考異》作“禄兒”。

極樂而罷:《考異》作“極歡”。

十頁四行　為假子:《考異》引《事迹》作“養為己子”。

十頁九行　李廷望:舊新兩《書》均作“廷堅”,《通鑒》作“望”。

十一頁十九、二十行　野狐向窟嗥拜,以其不忘本也:《通鑒·唐紀》三十三引古人云“狐向窟嗥拜不祥為其忘本故也”,與此所引相反。《舊書·哥舒翰傳》與《通鑒》同。

三頁十行　得李起安岱李方來等:《考異》引《禄山事迹》作“李起”。《通鑒》作“李超”。

四頁二十五行　馮神威:《考異》引《事迹》作“承威”,今據改。《通鑒》作“神威”者從《玄宗幸蜀記》也,亦見《考異》。

四頁小字　居牀上不起:《通鑒》作“踞床微起”。

七頁十二行　其九月九日甲午縛太原尹楊光翽送之:胡注:按,禄山十一月始反,而《事迹》云九月取光翽,誤也。注:又按,是月有甲子,安得有甲午,亦不取。

二十七行　傳張介然荔非元瑜等首至:《考異》引《禄山事迹》:

"庚午陷陳留郡,傳張介然"云云。"守瑜"作"元瑜"。《新書》又作"守瑜"。

卷下三頁十三至十五行　畫戰之日及牙將充又縱□火焚驚走:據《太平御覽》三百二十三引《唐書》改為"畫獸之目爪將衝"、"縱火焚之駕馬",共十四字,《御覽》此引《唐書》,舊新兩《書》均不載,而與《事迹》所言文字脗合,雖小有損益歧誤,無大出入,如北抆古岸疑莫能定,"伺羅"為"同羅"之誤,餘無異同。定為《事迹》原文,而《御覽》失其標題,《御覽》前載引用書目,檢無此書。因附書於後,校録之家可以參觀焉。

曰:安禄山之亂,哥舒翰領兵馬步十五萬,賊將崔乾祐會戰。初,哥舒翰造氈車,以氈蒙其車,以馬駕之,畫以龍虎之狀,五色相宣,以金銀飾其畫獸之目及爪,將衝戰馬,因其驚駭從而掎角攢戈矢而逐之,賊知其計,積薪芻於隘路,候氈車至,順風縱火焚之,駕馬奔駭,燒氈車薪芻,煙焰昏黑,兩軍不相辨,我師謂賊軍在煙焰中,遂集弓弩並力射之,賊軍抽退,盡日矢盡,方覺無賊。我師衆從關門六七十里,路狹,北抆黄河,南抵古岸,排蹴進不得,賊抽軍從南山設疑,曳柴揚塵以伺羅諸兵習險直透黄河古岸,横截我師,我師敗績,沈河而死十有二三。

又曰:潼關之戰,哥舒翰在河北高阜上觀軍陣進退之勢,於時有般糧船在河北岸,左右言取船渡兵可得,遂令將船百餘隻到南岸渡人,舟中之指可掬,登船爭渡者不可勝數,每滿即沈,如是登船沈者數十渡,餘軍盡散,走還入關。

二頁　向潤客:《唐書》同,《通鑒》作"牛潤客"。

十五頁五行　騎將徐濟:《舊書·僕固懷恩傳》作"徐有濟",乃懷仙妻弟。

南朝史精語札記

據光緒乙巳《對雨樓叢書》刻本

南朝史精語札記

南朝史精語卷一　宋書

傳第二

吏民及文書不可得　今本作“吏民及文書互在”。

便益訴其本懷　今本作“便益誳其本懷”。

傳第三

卿小兒才名仕宦當遠輸於兄　今本作“位宦”。

傳第五

痛與牛杖　今本作“打牛”。

傳第十

寇今自送　今本作“況乃自送”。

此是天子鼓角　今本作“太子”。

傳十六

“敨體”二句下　應次以“秘書早亡”二句，再次以“我觸忤宰相”二句，再次以“年世推移”二句。

傳十七

欲為美選　應在“唯阿之閒”下。

辭擇適情　應在“雅違成命”之下。

年時未老　今本"年"字已缺。

傳十八

阿客博而無檢　應在"實有名家韻"之下。

南朝史精語卷二

傳十九

張暢已見《張邵傳》,此傳複出,然宋本已如是矣。

傳二十二[①]

語勢所至　應在"抑揚在流澹無味"下。

傳二十一

性之所滯具欲心行　今本"具"作"其"。

傳二十七

得道應須慧業,文人生天當在靈運前,成佛必在靈運後。　今本作"文人"斷句,語氣不合,得道須慧業,不必文人。

傳二十八

"常日非苦"二條　應在"無為使人動相評論也"之下。

傳二十九

苦思便憒悶　今本作"憒悶"。

① 此"傳二十二"校記在"傳二十一"之前,原文如此。

傳三十四

州從事輒與府録事杖　今本作“鞭”。

傳三十六

粟漿充夏飱　應在“老傖”之下。

傳三十九

名工細巧　今本作“納功”。

傳五十三

僕著之已敗今家中覓新者　今本“敗”作“改”,“新”作“所”,誤。

傳六十

非以吏職嬰之也　毛本“非”字作墨丁。

共事甚美　毛本作“兵事”,誤。

南朝史精語卷四

樂志

庭萬八羽　今本作“庭舞”。

神龜雖壽猶有竟時　今本作“音時”。

南朝史精語卷五　齊書

本紀

常日乃可屈曲相從　今本作“常曰”。

思食蒸魚菜　當在"今得用汝末"一條下。

樂志

回鑾轉翠　今本作"回鑾轉翠"。

州郡志

尉佗遺基　今本作"餘基"。

百官志

山濤以意辨人不在位次　今本"不"字下空三格。
以立意官為議主　今本作"立意者"。
領護軍凡為中小同一官也　蓋合中領軍中護軍而言。

傳第三

停府州儀送物　今本作"迎物"。
無生閒縫　應在"因此更嚴"下。
畢汝一世　當在"不關汝一人也"下。
唯干飯酒脯　今本作"唯子飯酒脯"。

傳第四

不容均之凡僚　當在"有司疑立優策"下。
必希天照　今本作"天昭"。

傳第九

張妃房唯碧綃紋幬　今本作"房帷"。
月澈河明　今本作"月徹"。

傳第十三

頓加常侍聖旨　"聖旨"擡寫,誤。
常以蟬冕不宜過多　今本作"毋以"。

傳第十五

著已二十年貧士竟不辦易　當在"以芒接之"條下。

為性不懶怠而倦怠頓來　今本作"自來",誤。

傳第二十

留舟觀岸上女子　當在"同舟八束"之下。

南朝史精語卷七　齊書

傳第二十二

巖照春而月華　今本作"昭春"。

傳第二十四

先通旨意　今本作"音意"。

傳第二十五

門世以下　今本缺十二行,下"恐不終尊身緣有此慮故令卿决之耳",均見《南史·徐孝嗣傳》,容齋所見本尚不缺。

傳二十七

未嘗卿士大夫　今本作"輕",下同。

傳三十

梨是百菓之宗查何敢比　今本作"及"。

傳三十七

為細作金銀庫吏局匠　應在"此輩五百人"一條之下。

一劉系宗足持如此輩五百人　今本作"唯持",誤。

南朝史精語卷八　梁書

本紀

借鎮軍静持之耳　今本作“恃鎮軍”。

傳第三

誤稱下官　當在“作野虜逐除”之下。

傳第八

天菁山韭　今本作“天著”。

南朝史精語卷九

傳三十八

“舉手懼觸”條　應在“因化為鳥”之下。

傳四十一

旬中當至御史中丞　今本作“旬日”。

南朝史精語卷十　陳書

傳第三

崇麾廣賦　今本作“崇摩”。

傳二十

以為聰慧之相　今本作“惠”。

《南朝史精語》十卷，宋洪邁撰，此書見《四庫存目》，並載邁所撰《史記法語》六卷、《經子法語》二十四卷，蓋摘經子新穎字句以備程式之用。《易》、《書》、《詩》、《周禮》、《禮記》、《儀禮》、《公羊》、《穀梁》、《孟子》、《荀子》、《莊子》、《列子》、《國語》、《太玄》。《宋藝文志》又有《西漢法語》、《東漢精語》、《三國志精語》、《晉書精語》，入類事類，亦見明《文淵閣書目》宙字号。蓋自經子至前漢皆曰"法語"，自後漢至唐書皆曰"精語"。此本有秀水朱十潛采堂圖書，為曝書亭舊藏，署名《南朝史精語》，仍取宋、齊、梁、陳諸書，未用延壽之作，孤本流傳，無別本可校，因取汲古本各書校之，方知此本之佳。《宋書》各志今本在紀傳之間，此書則在紀傳之後。考沈約各志上承三國兩晉，非為卯金一朝，固如《五代史》志刊於傳後，可見宋時官書如此。考劉知幾《史通》曰："舊史以表志之帙分於紀傳之間，降及蔚宗，肇加釐革，沈魏繼作，相與因循。"今北監版《魏書》志在列傳後，與《史通》合，是其顯證。而《宋書》則移其次第，列於紀傳之間。觀邁所序，猶從古本，知幾之言不妄。《百官志》"山濤以意辨人，不在位次"，今本缺"在位次"三字。《徐孝嗣傳》"門世以下恐不終尊身，緣有此慮，故令卿決之耳"，今本從"門"字以下缺十三行。此兩語均見《南史・徐孝嗣傳》，容齋所見《宋書》均不脫。其餘訛錯凡六十二事，有傳寫錯誤者，有本書異文者，彙著於此，為讀南朝史者之一助焉。寫本精雅，原出天水，橅而刊之，頗足説目。光緒乙巳十月江陰繆荃孫跋。

雲韶堂紹陶録校記

據光緒民國間刻《藝風讀書記》本

雲韜堂紹陶録校記以知不足齋鈔本校十萬卷樓刊本

雲韜堂紹陶録序

即而死生觀聖賢耶

紹陶録卷上

栗里譜　太元　下九年十九年同

華陽譜　一至丹陽應原脱太子召　歆人散人諸趣雖隆　禪宗宋未開圓覺

去彭澤辭　即為在曲阿阿在丹陽

游斜川辭　劉遺民周續原空三格之

居句曲山辭　幅員負既長兮

禮育王塔辭序　覆以大原脱此字架裟　泉法堅等原倒作"等堅"學佛　鴻鵠兮號十度而九回

壺觴　蕭蕭兮原脱我撫阿

笙　衮川兮深弓兮

栗里屨　鞋見《貧士詩》其制無考今所用如左九字原脱

有青其絇絢

栗里杯觴及壺罇　松陵木癭草堂竹根草堂原脱二字不貧仍有瓦盆

栗里牀及席　床原脱　席　薦

栗里案　机　椅　嗒哈隱春山亦吾机

栗里鋤詩下脱三葉，今補：

栗里香及爐見《雜詩》，其器無考，今所用如左。

宜用貓頭竹根，或松根柏根堅老者亦佳。香宜用易致草木若兜樓根號杜降香,馬蹄香即杜蘅,燕尾香即蘭楓膠、樟腦參,爇與爐相宜,以雅樸為良。

竹鯽食葉,切勿食根。爾首銜蟬,我心騏驎。在我窩兮不可嫚,楓樟為謀石為炭,卯鐘午魚可以換。

栗里扇見《閒情賦》,其制無考,今所用如左。

宜山藤扇、椶扇,或編竹籜篾黃,茳筒片竹。解紙黏墨煙、桐油飾之,號黑老婁,以輕密為良。

生綃白團,有風亦袢。玉潤碧鮮,無風亦寒。在我窩兮不可離,吾無玉手捉蒲葵,自託東山輝。

栗里花藥不列,見《時運詩》,其類可考,今所植如左。

梅　桃　李

取花實皆美者,見《蠟日》等詩,餘如薔薇類皆略。

花藥之列,無先我梅。宜江宜山,最宜幽谿。其次桃李,色香俱美。難哉李孟,諸君之子。在我窩兮不欲稀,舍北舍南多令姿,足未出門心已歸。

菊　蘭　桂

取色香韻皆秀者,見《九日閒居》等詩,餘如芙蕖類皆略。

花藥之列,無先我菊。宜露宜風,大率宜肅。其次蘭桂,饒山林氣。菊不敢先,迭為仲季。在我窩兮不欲枯,山容貴癯神貴孤,塵外有此塵中無。

栗里卉木繁榮見《勸農詩》,其類可考,今所植如左。

竹　松　柏

取氣象皆爽者,見《時運》等詩,餘如白楊類皆略。

卉木之繁,所先我竹。成兒超母,二百日足。其次松柏,異榦同節,自稚及老,升竹叔伯。在我窩兮不欲摧,雪月風雨無不宜,就中松風天下稀。

桑　槐　榆

取柯葉皆切者,見《歸田園》等詩,餘如柳類皆略。

卉木之繁,無先我桑。相助芙蓉,與吾集裳。其次槐榆,春風同敷。亦有翠葆,清涼吾廬。在我窩兮不欲殘,六七月起秋風寒。

蕭蕭吹得螵蛸乾。

栗里翼彼新苗見《時運詩》,其類可考,今所植如左。

禾　麻　麥

取莖實皆要者,見《西田獲稻》等詩,餘如秫類皆略。

新苗之翼,無先我禾。雪花將繁,雲子亦多。其次麻麥,東阡西陌。足度一世,奚止三日。在我窩兮不欲荒,玉堂金馬輸禾場,醉倚碌碡歌斜陽。

紹陶録卷下

書唐濟民事　其本奉趣可見小名宜僧小字僧兒其本奉趣之外又可見也

從君同里皇管鏄叔廉得之

書鹿伯可事　稍遷為郎原脱此字　歸辭苦若不遺餘力　異矣時同題名　夫大豈無繼之者

王質題　本奉自山野

山友辭　青菜子　身閒原脱此字青緑頭

黄栗留　耳原脱此字聞之心蕭然

提葫蘆　攢沙點漆苞原脱此字纍纍

屈陸兒　淩亂銜花花縴綷原空格

百舌兒　花沾冶舌柳沾冶舌

不如歸去　溪可飲林可啄飲啄原脱二字甘香草且為樂

白頭翁　身閒青白原脱此字腦上一暈深黑原脱此字團

婆餅焦　深山無事草奚多勞青林杯竊窈宴冥臥展轉　脆枝弱韌枝强惟原脱此字聞呼餅不聞香

脱卻布袴　燒香撥火稍急破布類

水友辭　瀉鵜　欹岸側島陰欒巒欒巒　虚舟横波人搴褰帑原脱此字

翡翠兒　幽青原作清幽淨緑深依歸

鷺鷥　寡寘鳴

青椿　上磯下磯入"入"上不衍"江"字江腹斜碕亂磧聲淙漂淙漂魚漁鷹

陶河　淺澤深　沙原脱此字岸巖石相蕩摩　鳥影忽翻水聲併原衍"莎"字

鴆鶺　長於樹穴中原脱兩字，只空一格。則銜其翅而學舉飛石樹牋牋崖稜稜移移　踢蘋蹴藻輕輕原脱此字行"稜"與"行"韻，"移"字之誤可知。

魚燕子　天人生水資歡水賢

科斗兒　發墊蟄則叢聒　本奉形始全　傍春草傍春原脱兩字石

水鵶鵲　此友兮宜相依倚

山友續辭　甘菊　青者氣微帶蒿艾女號苦若意不堪食

牛蒡　脣齾舌皺膝滕頭壯

石耳　柔氣薄生深巖危壁

槐芽　膠著虻房著螊螊

水友續辭　蓮子　清脆可食老花有他味愈佳原脱二字　中坻抵阻躋不可越

藕條　吴人欲肥根髟葉朔翔人號光旁希見之稱　光旁聊寄見幽並兒

水芹　花白根亦白，可食，葉似芎藭，色赤亦為荻芹，又號水英題是水芹，詩是水苔，似失一詩一題，兩本同。

我取友兮得水苔芹，深青淺緑鬖鬖開。半沈半浮輕去來，溪毛石髮相毰毸此詩的是詠水苔，非水芹也。

山水友餘辭　鶻嘲　鶻鵃嘲鶻鵃嘲

涴鳴　足皆黑，雄者翅紫，雄大鳴，雌皆聚，人吹截筒作雄聲致之，號涴鳴。筒本笋筒詩有訛字，兩本皆同，再考。原刻"足皆黑"下脱二十六字。

緑毛龜　爲秦龜爲原脱此字蠢蠢龜

秋雞　雨兩豪狹溪

水滂子　荷花不禁掐，稻花不禁揞棺　鷃濫堆惟江風起

水劃蟲　啑草泥原脱此字　黑油急旋旋原脱此字玉掌輕摇揺

刺椿　獨樹無旁柯杪　喚春呼報根春時　黠禽掐揞棺　餘姑存土卵卵蕨雞無宿根

甜藤　一片春山快活活聲

苦菜　經徑寒不萎　貝具母花哆哆

蓼米　蓼米蓼蘋米

蔞蒿　冬發土工取啖　皤毛老白角子鳥　草堂黍民氏不得驕

“蔞蒿”下脱四葉，今補：

茭白

花白，葉青，春生筍，夏生菌，皆可食，久則中心生白臺，為茭白。肌中有黑脈者為茭，欝莖差硬者至秋結實則菰米，亦可食。

春斑□，秋彨胡，一年計在江湖。赤腳白腳癯黄，鮮紅鮮杇茭白。茭白蘆人，魚子手拍。拍槳芽櫓，臍曉香發。

黄花菜

花黄，莖葉皆青，初春下澤，彌望不斷，柔嫩如薺，可食。生瀦田者微紫，尤甘美。

大金星，小金錢。亟嚥淡，緩嚼甜。黄花了未了，小兒群爭討。黄花菜，黄花菜，大黄小黄，甑篷闉，飯香蔬香直一唉。

山水友別辭

茯苓酥山藥類皆可成酥

采生山陽者，淨毛精濯，苦味盡，暴乾，酒密相和蒸之，厚冪勿洩氣，久自浮出精英，色味如酥。

茯苓且自茯，爾菟毋勞茯我神。只圖滋一啜，不圖延千齡酥。它酥，總弗如。松風浩蕩相招呼，呼上青冥山亦無。

地黄糖朮類皆可成糖

采生肥壤者，細捩去滓，料理全體，極嫩者投中，且浸且蒸數過，滓盡，色味如飴糖。

地黄風來聞清香，月來見清光。鵾鳩但先鳴，卞芭毋歇芳。糖他糖，總弗强。草花樹花爭結房，迎梅送梅陂愈蒼。

薏苡飯罌粟類皆可成飯

采生下澤者，料揀嫩實，淨濯。細舂，炊之，堪咀嚼，助飯食，氣味如粳米。

薏苡句漏升空飛，伏波抱愁死。一飽萬事已，古人皆流水。飯他飯，總弗換。樹陰相隨鳥聲變，草蟲木蝱自撩亂。

松粉蒺藜括蔞皆可成粉

采生山陰者，乘早露掇嫩葉，淨毛，緩捩，投清水，良久，密布細濾數過，俟窨乾加少密，色如嫩草。

松奉勸十八公，莫入明光宫。藉爾球端露，助我羼底風。粉他粉，總不近。總總松毛糞松本，松子松花香愈猛。

芭蕉脯蓮房牛蒡類皆可成脯

采生幽地者，擇糯蕉，取嫩根細灰，與清水繼煮，灰味盡，笮乾，鹽醬荳椒等浥之，色味如肉脯。

芭蕉不愁風械械，不愁雨瀟瀟。為人張秋本，為我解春牢。脯他脯，總弗許。山鬼且往憑山樹，繁陰相陪享風露。

薝葡鲊筍蕨類皆可成鲊

采生深谷者，杪春開白花，差擇新嫩者如前諸□味諸料釀之，長換清油可留初香，味色如石首鲊。

薝葡天上雪花六，地下梅花六。彼花花我眼，此花實我腹。鲊它鲊，總弗亞。山南招提北蘭若，野僧家風莫相捨。

榆醬蕪荑類皆可成醬

采生深谷者，晚春收莢稍乾，用為醬，謂之榆莢醬。初夏收實稍陳，謂之榆子醬，色味如豆醬。

榆葉瀹可茹，榆皮舂可餔。代豆釀為醬，代麵膠為糊。醬他醬，總莫尚。榆郎榆姑春春旺，林下山閒慰所望。

蒼耳酒五加、天門冬皆可成酒

采生傍舍者，精毛半蒸，量注温湯、清水、白麵麯，勻之麋杵、牛膝、牛蒡、商陸根、松葉等，極嫩為上，逾候乃入，又逾候乃成，謂之十日香，色味如糯酒。

蒼耳山婦耳帶璫，山兒耳帶臬。黄衣醬已佳，碧葉酒尤美。酒它酒，總弗右。陂深草深別宇宙，野香薰蒸歕饋餾。

蜀檮杌校記

據光緒民國間刻《藝風讀書記》本

蜀檮杌校記以舊鈔本校珠塵本

止正欲求兼兩川節鉞而不能得　兹可謂藥玉石切至之言也　如張扶、馮涓、張士喬、段融、蒲禹卿、張雲、陳及、田淳之徒前人校語：今此書惟蒲禹卿對策略存數語，而張扶、馮涓輩並其姓名不見於卷中，何也？按，此汝功詰《九國志》不載諸人諫諍章疏，而張扶、張雲、陳及均載其姓名。校語所云似未細核。　如髯須、肥遺、遠望、績長、禹糧、蒲騷之類今只肥遺一事見於卷中，髯須見《海録碎事》，則知此書亡佚多矣。

蜀檮杌上卷

宋尚書屯田員外郎黄松子張唐英汝功撰

其先潁潁川鄾城人後徙徒居項城　至堂他本作"棠"、作"當"，均誤。　塗驛郃郊　昌符"昌"上本有"李"字，别本無。朱玫等　夜宿坂坡下　以建遥領壁璧州刺史　令孜懼悔禍　以楊揭復恭代之　建今之奸鈔本作"姦"雄　乃入白紿謂昭度曰　其夕父令孜持符印節　後黄松子論中亦有"奪其符印"之語。　表陳成其事　建遣殺於三江口各本脱"口"字　天復别本無"天復"二字，三字另行起三年一本無"三年"，連接上文寫。　建率將吏百姓一本無"百姓"二字舉哀成服　任知元一本作"已"。　唐觀軍容使一本"觀"下有"為"字，誤。原脱"使"字。　帝王君之居上應宸神象　數類。鈔本亦誤"類"，據别本正有嘉瑞　永用一本"用永"。　承乾殿兩見，當考。　坤神德門一本作"乾德"。大玄元門　鼓角樓原脱為大定門　賞一本脱此字設廳為韻光殿按下有"賞設庫"、"賞設行庫"，此"賞"字當有。　軍資資庫　置脱此字尚書省於舊使院　飛龍廐厩　教坊防使　逐遂穩便使處制一本云"遂穩便宜處置"。　玉華革樓鈔本無"樓"字。　武成二年張革格為中書侍郎　惟正鈔本作"惟至公"是守　灌州中武部郎中張道古卒　釋褐為著書作郎艮以左原脱"左"字輔闕徵鈔本作"左補闕"。　陳田之亂變　葬我吾於關東不毛之地　唐左補輔闕張道古墓　宗懿為皇鈔本空格太子別本無"皇"字,亦無空格。　自顧可驅軀策　建十一子按宗懿以下祇十人,並王宗佶為十一人。一本無"宗佶"二字。　宗平鈔本作"澤"宗澤鈔本作"平"。　晉國公王宗佶鈔本重"宗佶"二字,一本無。

三年使我吾赤子　莊以兵者大事原脱二字不可倉卒而行　聞上至穀水原作"谷水",又作"谷口",事見《唐書通鑒》。　示此告敕勒西王者王氏興於西南方也,逢吉昌者四字刊本脱逢字如陛下之名也　人神神人有依

二年龍華革禪院召僧貫休坐別本"坐"上增"命"字。　貫休欲諷之原脱"之"字因誦作公子行　艱難稼穡總皆不知　五帝三皇是為何物　編纂纂開國以來實録　什邡防縣獲銅牌碑石記　改什邡為通計記縣　文大昌軍使徐瑶等脅太子元膺舉宫以叛一本"宫"下有"中"字。　富人李希妻喻俞,下同氏　焉得無禮干我原脱二字。　城中婦女人何必逞暴於此遂杖而釋之原脱五字。

四年三二月　炕字疑一作"凝"夢　遂風恙養成疾　頗一本有,鈔本無有國色　受秦鳳階成之俘信　禱於奇相之祠

唐史按,古氏震蒙氏之女,竊黄帝元玄珠,沈江而死,化為此神一本此句下有。上應鎮宿,旁及牛宿。郭璞《江賦》曰"奇相得道而宅神"原脱二十字,《海録碎事》引之,《軒轅黄帝傳》引《蜀檮杌》同。即今江瀆廟是也。

通正二年按,《十國春秋》作元年,此云二年,或以永平四年十二月為通正元年耶?　翰林學士庾傳博昌卒諸本皆作"博昌"。按,《古今姓氏書辯證》,蜀人庾氏,唐同州刺史崇生璞,前蜀禮部尚書,其族子四人,傳美後唐都官郎中,傳昌前蜀翰林學士,傳素左僕射,傳信翰林學士。又《前蜀世家》有宰相庾傳素,作"博"者誤。　義成侯候信之後　青宫字載筆記十五卷　弘宏農郡王　二人相謂會曰　八哥狀貌皃有异於人

天大漢元年　祀黄皇帝于南郊　幕幄幄皆裂

光天二年按《十國春秋》作"光天元年"　以脱此字干戈平定秦蜀

五穀谷豐稔　萬幾機之大　感此疾恙養　后妃交薦於中原作"亦甚篤愛"。無墜我負吾邦家之休

黄松子曰:天下陵凌遲姦奸猾亡命之徒　自壁璧遷利

止正謀自全之計　而原脱此字韋昭度章句書生　柔畦一本作"雅"醞藉　甘心俛俯首　輕省者徭賦

衍字化源建幼子　密以金百鎰鑑遺張格　實堪看社稷之託　頗好經史原脱此字詩賦

二年八月《十國春秋》作元年,按:前既云改明年為乾德元年,此乃云二年,其誤明矣。按:《五代史》衍北巡系二年事,衍還成都系三年事,則此本脱乾德元年事,非誤。

衍宫詞曰:輝輝赫赫赤赤浮五雲,宣華池上月華新。月華如水浸宫殿,有酒不醉真癡人。别本宫詞細注連寫,宗壽句連寫不提行。

入天台臺為道士　有文十千餘卷　嘉眉邛印蜀　衍召詔而問之　此皆太后太妃國舅之親情非臣之親情　太后别本作"妃"愛其美風姿　先捕而殺之脱此字梟首金馬坊一本"梟"下有"其"字,别本"馬"下有"門"字,疑衍。

四年　今朝廷下别本有"之"字,鈔本無,觀下文可知。　皆狼虎虎狼之人　禁百姓不得戴帶小帽　流軍使王承陳綱於茂州　説其女有美色原脱此字。　奏其出原脱此字怨言　自五月不雨至原脱此字,九月林木皆枯别本作"楉"

後蜀辛别本作"幸"寅遜修王氏開國紀

五年　唱霓裳羽衣及後后庭花　遊人仕士女　是日溺死原脱此字數千人　誰惟見楊花入漢宫　内侍宋光溥浦　宜修德以禳穰之　此是百姓怨氣,怨氣一本不重上達于天　立朝謇蹇諤　自比朱雲别本作"自雲在朝"。按,《類説》:張雲性多大言,曰吾不幸生三子,一學孫吴用兵,一學韓愈為小文,一學杜甫吟小詩,誠家門不幸所致。　今尚上方只有殺雞刀

六年正月禁民戴危帽。其製制狹中　以為馬落艸

咸成康元年　四月朔衍會群臣一本"衍"下有"從"字。　主憂臣

辱主辱臣死原脱四字。 朕原脱此字既不能弔伐彼原脱此字又不為臣子 飾飭宮殿於遐方 摧挫擪英雄 任數力疑,各本同之驕矜殊非謇蹇諤 焚爇藝軍營要款寬私第 蒙蔽由憑於密勿原作"內密"。 愛保傅之尊專官 衒趨時之伎侈 加開原衍"封"字府 倏倏爾隳隤 心鼎獨燭然 旋及乃夷門 劍霜末木匣 段凝領八萬雄師兵 引頸一本作"領"待誅 備闡皇王猷 吾王迴廻感於蜀王服伏其機辨 是鄙我吾也 列山棚于子得賢門 雷震應聖堂摧兩二柱 應聖堂柱震摧者之 太后太妃別本互倒。 金華宮丹景山別本作"丹宮",誤。 各有所一本無此字唱和 幸陽平昭脱此字化漢州三學下原衍三字。 回至天回苴驛

太后詩曰:周遊靈境景散幽情 卻驅金輦翠入龜城 夢魂猶自別本作"是"在青城

徐氏 公非久反當大富貴 君之富一本無此字貴 衍有原脱此字所私秦州節度使王承休妻嚴氏 知星者趙延乂又 衍親禱張惡亞于廟 衍入於別本無此字妓妾中 收其璽綬脱二字金寶 各已以處斬 一開闢土宇 屬梁室挻挺災 止正王三蜀 以安休生聚廓郭定中區 文軌大同固 遽聞致對計 特時寬斧鉞之誅 崇韜入居天府校本作"天策府"。按王蜀未建天策府,天府,成都尹所居也。衍捧奉詔欣然曰 乃率其宗屬及偽宰相王鍇等將佐家族"等"下別本有"及"字。 誅衍原脱此字於秦川州驛

黄松子曰 納土土歸命 可哀也原倒作"也哀"。

蜀檮杌下卷

宋尚書屯田員外郎黄松子張唐英汝功撰

孟知祥邢荆州龍岡人 夾河頓領兵 天祐佑五年 中官疑屢以事被誅按歐史先云召為中門使,前此中門使屢以罪被誅,應作中門使。知祥懼禍 因以知祥為成都尹劍南西川節度副使大使 時天成元九年正月 至原脱此字則崇韜已被誅 蓋蜀中以孟為不佳故原脱

"故"字。 亦預知我居此耶一本無此三字。 知祥加中書令一本作"加知祥中書令"。 冊並贈晉國雍順長公主 李仁罕宰 以蜀王而老於是原脫此字孤足矣 遣原衍"宗"字使持書至洛 于千壽無益 手攜一鐙檠架 雍順公主之脫此字塍 天大成初 累遷西四川衙内

二年二月"二年"原本連寫。 烏雀別本作"烏鵲"。

三年四月吴越遣使來聘，十別本衍"二"字月遣使報聘，十一二月晉高祖改元天脫此字福

其言略曰 慨自中原多故而脫此字大憝繼興 宜鄰好之是睦一本作"講"、"溝"，誤。

十月 虎旅中有謀不軌者別本作"有不軌之士"至無此字其夜軍中原脫此字号為張大蟲 十一二月

廣政元年 遊大太慈寺 十一別本作"十月"月地震

三年 教坊部頭孫廷廷，下同隱王彦洪等謀叛 侯候侍中家馬作人言 銀槍搶營中井水湧出 此叛判之兆也 因持仗杖為俳優諭主原脫"主"字獄吏令賊徒引富民為黨，以納其賂，常指獄門閭曰：此吾家錢鑪壚 至犀率浦

四年 毋使瘡痍夷 為民人父母有以"人"字為避唐諱者，然上文"下民易"、"虐民"、"膏民脂"，均不諱也。 嘗常謂李昊、徐光溥曰

五年 十月地震摧民居者百數一本作"數百"。

六年 有十四品一本作"十有四品"。 修涓娟修中各本脫二字等秩比公卿大夫士

十年八月諸王侍讀劉保乂又卒 西水縣令范義乂，鈔本作"義"，下同死 虎見之弭原本"弭"上衍"通"字耳而去

十二年八月昶游浣花《十國春秋》作"游浣花溪"。 十里字水中分島嶼 賞紅梔花

此花青城山中進三粒子種之而成，其花六出而紅，清香如梅，當時最重之各本連上。

十一月漢兵陷鳳翔王景崇自焚死各本連上。

十三年五月昶第三子玄元寶卒按蜀王之子元喆元寶元鈺皆當作

玄，宋人避諱改作“元”耳，舊鈔尚存其概，似不宜改。　乃封其弟別本無“其”字。　贈青州城大都督　絃管歌誦聲　財幣充實寔　左丞承歐陽彬卒　衡山上人　豈不佳嘉，據《海録碎事》十二引哉

十四年　放士庶人入觀

唐英按　落託托不事生產

四月　相者周玄元豹見之

十六年　為衙吏史　知祥以為蒙滎陽令　昶嗣位立　有門生自白陽城至　竟不設具席

二十年六月以周世宗歸我吾秦鳳之俘　蓬州縣學原脫此字孝子程崇雅門

二十三年　若通貢職一本作“職貢”。　昊字穹窮佐唐相紳之脫此字後　贈左右僕射　可笑可歎笑

二十五年正月以玄元喆下同為太子

玄喆應低二格，不應連。　卒于二十九年一本脫“二”字，誤。

二十七年　汝何所誘昶而結劉鈞　吾父子以豐衣美足食　臣生自日并州　守血食之宗祭祀　全贇斌，下同。　具頒皇朝日曆

黄松子曰　死有真封王之贈

九國志校記

據光緒民國間刻《藝風讀書記》本

九國志校記金山錢氏守山閣本,用龍氏活字本校。

吴列傳

陶雅傳　以睦陸州歸款案《職方考》無陸州。

李神福傳　交募勁助兵　此群盜烏為合易與耳　改左游奕將銅官鎮副遏使兩通

秦裴傳　以三千兵守之"千"上無"三"字。案下文卒不滿百,錢鏐以軍孤衆寡誚之,似守兵未必有三千也。

劉存傳　則城愈會固矣

李簡傳　手搴重甲擊　王茂章將以宛陵叛落"將"字。案茂章反形未著,應有"將"字。

柴再用傳　藉韁鞍而寢

陳璋傳　若食鱠用此本研硏酸酪　必此宿軍車之所也

朱景傳　斬栟步騎數千

張崇傳　捋將須相慶崇歸聞之因斂捋將須錢

譚全播傳　李子始花開開花。案下云"潭深魚正聚,楊柳西邊栽",應作"花開"方叶韻。

鍾泰章傳　前事為理"為"字缺

朱瑾傳　請假粱人旌旗"旗"字缺

陳彦謙傳　即以用嫡嗣為請"用"缺字

安仁義傳　沙陀人《通鑒》二百五十七注引《國志》作河陽人,乃沙陀之誤。　相與爲悲歡

徐温傳　東海朐朐山人　新安池陽"安"字缺

南唐列傳

周本傳　蒙家犯矢石　計定而後進"進"字缺

吴越列傳

鮑君福傳　軍中謂之鮑不鬪落"不"字

顧全武傳　四封九鄉之地"封"字缺　裨將湯臼舊　頓全顧金，下同。

黄晟傳　平嘉鎮浦將案龍本作"鋪"，《粵雅》本作"鎮"，蓋"鎮"傳寫作"鋪"，又訛作"浦"耳。

前蜀列傳

王宗裕傳　遷青衣州刺史

王宗翰傳　堯嗣多諫止正之

王宗播傳　禹遣宗播落"遣"字　別將常楊守厚案下云常司空，則非楊守厚也。

王宗範傳　隨母周張氏再適建為九夫人　及建開國立周張氏為后案歐《史 · 蜀世家》建后周氏，與此合。

潘在迎傳　紿紹以湎悲

後蜀列傳

趙季良傳　武泰泰軍節度使案武泰軍建節涪州。　嘗與興知祥

張業傳　告業與繼昭韶謀為不軌

武漳傳　改攻邛州

李肇傳　擢權為衙內都指揮使

張虔釗傳　虔度釗憤之

高彦儔傳　彦儔退追保青泥嶺

申貴傳　至犀率浦案，犀浦縣，唐垂拱二年析成都置，宋熙寧中廢為犀浦鎮。"率"字誤。

南漢列傳

劉弘操傳　多植楗捷橛案《南漢世家》作"鐵橛"，海中吴權植於水中，以誘弘操，掛戰艦而禽弘操也。"捷"字誤。

蘇章傳　章童子五人

吴懷恩傳　與指揮使吴珣恂。案歐《史・南漢世家》作"珣"。

邵廷琄傳　積於内府府内

潘宗徹傳　王師度馬逕徑。案《五代史記・南漢世家》、《續通鑒長編》均作馬逕。《方輿紀要》馬鞍山在府北六里,馬援嘗駐兵於此,因名。或謂之馬逕,"徑"字誤。

郭崇岳傳　直瞰我軍"瞰"字缺

楚列傳

張佶傳　吾等無類賴矣

許德勳傳　為踏蹈白都指揮使下同　馬子爭草眾駒爭阜

鄧進忠傳　岳嶽州刺史　進忠中襲位

李瓊傳　少以翹驍勇　背嚴關闕　斬首百餘級汲

吕師周傳　攻昭賀梧象蒙龔富等州　廖光匡齊按廖本名匡齊,振以避諱而改。

彭玕傳　攻破豫章"攻"、"破"二字倒

劉昌魯傳　高涼掠之民

彭師暠傳　父仕愁然。下同。　接牂牱鬱兩林　故能誘脅諸蠻"誘"字缺

劉言傳　莊宅邸店"店"字缺　鄭玟珓

王逵傳　彭師暠晸

周行逢傳　又今粗暴二字缺　無識職

何景真傳　禮體被斫破傷案韓禮被斫傷至其家而卒,非景真體被傷也。

北楚

宋張唐英補撰落六字

《九國志》四十九卷,路振撰,末二卷荆南高氏張唐英補撰。《宋・藝文志》、馬端臨《經籍考》俱云五十一卷,蓋並補編數之。

《世善堂書目》尚有其書,蓋佚於明末。乾隆中四庫館開,余姚邵二雲先生於《大典》中摘録散篇,未及進呈。孔葒谷戶部得底本,屬周有香夢棠編次,同人互相傳抄,儀徵太傅據鈔本進呈而不知出於《大典》。徐星伯先生屬龍燮堂觀察以活字板印之,而跋其上云:"李燾《長編》:治平元年六月辛酉,駕部郎中路綸獻其父振所撰《九國志》五十卷,詔以付史館。振在真宗時知制誥,所謂九國者,吴楊行密、南唐李昪、閩王潮、漢劉崇、南漢劉隱、楚馬商殷,宋諱、西楚高季興、吴越錢鏐、蜀王建孟知祥也。《永樂大典》"將"字韻載百將傳,五代之將,皆引《九國志》,此卷即從傳中輯出,故所載不及文臣也。"後金山錢氏刊入《守山閣叢書》,後附拾遺一卷三十八條,蓋據《通鑒考異》、《通鑒注》、《六帖》、《五代世家》注所引。劉燕庭方伯推錢刻為善本而痛詆龍氏活板。荃孫得星伯先生手校龍本而以校錢氏本,亦不盡如劉氏所説,今校正如右。又輯《長編注》、《職官分紀》等書,共得一百十三條附於後①。

---

① 按,繆荃孫所輯《九國志逸文》此次未收。

金石録札記

據光緒三十一年仁和朱氏刻《結一廬賸餘叢書》本

金石録札記

卷一目

漢泰山都尉孔宙碑　延熹七年十月一本作"八月"。

漢西嶽華山碑　延熹八年四月一本作"七月"。

漢李翕碑陰此五瑞碑即刻《西狹頌》前，非碑陰也。

漢李翕造郙閣頌　建寧五年三月一本作"二月"。

漢巴郡太守樊君碑　建安十年二月一本作"三月"。

卷二目

漢趙相雝府君碑一本作"雝"。

漢永樂少府竇君闕銘一本作"賈君"。

漢不其令董君闕銘《碑録》云"童恢"，見《循吏傳》，孝靈時人。

晉鴻臚成公重墓刻　永寧二年四月一本作"二月"。

後魏齊兗州刺史傅公碑一本作"徐兗"。

夜郎太守毌稚碑原本作"毌"。

後魏太鴻臚鄭嗣伯碑一本作"胤伯"。　按，"胤"宋諱，故改嗣，書"胤征"亦改為"嗣征"矣。

梁許長史舊館壇碑陶弘景撰，普通三年正月。按，《諸道石刻録》云孫文韜書。

梁開善寺大法師碑按，《諸道石刻録》，此碑紹興初為鹵人所焚。

後魏兗州太守張猛龍碑按，碑額作"魯郡太守"，非"兗州"。

卷三目

北齊郁久閭業碑　天保七年八月一本作"五月"。

後周太學生拓拔府君墓志　武帝保定元年十一月一本無"武

帝”二字。

北齊閻亮造象記　齊武成河清元年九月一本作“十九月”。

北齊權法師碑　河清二年七月一本作“九月”。

北齊邑義人造象記　天統二年七月一本作“八月”。

北齊蒙山碑　天統五年七月一本作“三月”。

隋齊國太夫人楊氏墓志　開皇十年三月一本作“二月”。

隋劉景超造象碑一本作“景韶”,一本作“景詔”。

隋驃騎將軍楊端墓志　開皇十五年三月一本作“二月”。

隋啟法寺碑一本作“起法”。

隋欒州使君江夏公碑　大業二年十月一本作“七月”。

唐衛尉卿竇慶墓志　貞觀五年七月盧校跋尾作“四年”。

唐正解寺碑　李百藥撰“百”均作“伯”,誤,下盡同,今按明抄本改正。

隋益州長史裴鏡民碑各本訛“唐”。　按,裴鏡民、皇甫誕二碑皆隋臣死王事,故貞觀中造立以表之,作“唐”誤。

唐令狐文軌象銘薛純正書。　各本同。按薛純陁名人,似脱“陁”字。

唐獨孤使君碑按周益公跋此碑,題于志寧文。

卷四目

唐中書令崔安禮碑按,宋光宗諱“惇”,此書出宋版,改“敦”為“安”,避嫌名諱,盧本作“敦”,誤。

唐國子司業于立政碑　陳遺玉八分書一本作“義玉”。

唐劉黑仁等造徘徊碑何義門校改“思仁”。

唐天后少林寺碑按,此刻乃天后御製詩碑,上應有“詩”字。

唐歐陽詢妻徐夫人墓志　鄧玄挺撰盧本作“鄧廷”,朱本作“庭”。

唐麴君碑盧本作“鞫”。

唐介休令張君清德碑　李愿撰一本作“李願”。

周醴泉縣令張仁蘊德政碑　長壽二年按,盧本作“三年”,長壽止一年四月,在未改證聖以前亦書二年,三年則決無此事矣。　此碑顏真卿書，是時魯公年尚幼，碑或是追書，不然，則名或誤耳。

周冬官尚書李沖玄墓志　證聖元年三月一本作“五月”。

昇州太子碑下　碑陰薛稷書附前人校語云，碑陰乃鍾紹京書，非薛稷。按，今碑尚存，實則鍾薛各半耳。

卷五目

周寇法師道德銘　長安三年九月一本作“十月”。

周整法師龍門石龕象碑　范元悊正書各本作“袁”。按，《類編》作“范”，前司刑寺佛跡碑亦范書。

唐澠池縣宗人為高宗造象碑　神龍元年三月一本作“五月”。

唐贈秦州都督唐宗碑　釋□曠正書按，此與《北岳恒山碑》一人所書，《類編》作“智曠”，空格即“智”字。

唐洛陽尉馬克忠碑　景龍三年二月一本作“三月”。

唐白鶴觀碑　八分書按，此碑尚存，是正書，非八分也。

唐洛州刺史盧公善政頌　蘇説八分書按，“説”宜作“詵”。

唐司農卿盧萬石碑　先天元年十一月一本作“十月”。

唐荆王神祠記　先天元年十一月一本作“八月”。

唐安樂府典軍田敬嗣碑一本作“胤”。　按“胤”改“嗣”，避宋諱，説見前。

唐贈歙州刺史葉慧明碑按，小注碑云兩行似是校語羼入，各本無。

唐明皇行次成皋詩　艾敘行書按今碑尚存，是“史敘”，非“艾敘”。

卷六目

唐崔慧爽傳　薛僅撰一本作“瑾”。

唐代國長公主銘　鄭萬鈞撰並行書按今碑尚存，是“正書”，非“行書”。

唐珪禪師銘　宋儋撰按，盧本“儋”，誤。

唐大智禪師碑　嚴復撰一本作“嚴濬”。

唐館陶令徐君遺愛頌　張孚撰，宋瑗八分書盧本作“宋爰”。按，《類編》作“張孚受撰，朱瑗八分書”。

唐傳菩薩戒頌盧本作"傳",誤。

唐內常侍趙泰宗碑　男尚容撰盧本作"內客"。

唐尚書省郎官廳石記　陳九言撰今存拓本,各本作"張",誤。

唐扶溝令馬光琡頌　崔穎撰一本作"崔顥"。

唐讀樊丞相傳詩　鄭炅之撰,胡霈八分書按,盧本有"天寶二載"四字,胡霈疑是胡霈然。

唐李琳碑上　杜混元八分書按,下一千三百十二《唐四禪寺萬菩薩像記》之林混元,疑是一人,《類編》有《四禪寺碑》,亦作"林混元",盧本作"温",必是誤字。

唐封孔子弟子詔上盧本正書有空圍二格,一本作"紀王正書"。

唐北齊范陽令宋君碑　郭慎徽撰盧本作"慎微"。

唐窣堵波幢銘　薛希昌八分書一本作"希呂"。

唐太子司議郎王元碑　朱璨八分書一本作"燦",一本作"粲"。

唐西河太守劉寂德政頌　孫寧撰盧本作"孫宰"。

唐康挺告盧本作"康珽"。

唐金城寺放生池碑盧本有"天寶十載七月"六字。

唐滎陽王妣朱氏墓志　韓擇木正書一本作"分書"。

唐贈文部郎中薛悌碑　蘇預撰按,一千三百六十一五原太守郭英奇碑,碑亦蘇預撰,似是一人,盧作"蘇頌",誤。

唐宇文顥山陰述按,已見一千三百二十一,此重出。

唐王公城河中頌　陳翃撰何氏改作"翃"。

唐宋武受命壇記　陸淙八分書盧本作"宗",葉本作"深"。

唐長明燈頌　邵真撰,王士則行書按,唐書家有王士則,見《寶刻類編》,邵真亦成德軍判官同時人。

卷八目

唐峿臺銘今碑作"浯"。

唐河瀆祠碑　王廷昌撰盧本作"延昌",誤。

唐崇徽公主手痕詩　李山甫等正書按,山甫,唐末人,其詩因手痕而附見耳。

唐章仇公夫人魏氏墓志　李禎撰一本作“李積”。

唐李氏移先塋碑今碑移作“栖”。

唐右堂銘葉本作“石堂”。

卷九目

唐工部尚書辛京杲碑　貞元六年六月一本作“七月”。

唐新鸛鵲樓記　陳翃撰一本作“陳翊”，下忠武公將佐略同。

唐忠武公將佐略碑　胡証八分書按，各本均作“證”，今《狄梁公祠碑》尚存，作“証”不誤，《叢編》亦作“証”。

第□千六百四十五元闕。　按，跋尾有《唐義興縣重修茶舍記》，所缺者即此。

唐彭正傳徐浩碑盧據何校改“王傅”。　張式撰，次子現正書盧本同。　按“現”當作“峴”，浩之子也，《唐昭義軍節度使王虔休碑》、《靈珍禪師塔銘》同。

唐送李愿歸盤谷序　正書，無姓名一本有“韓愈撰”三字，應從之。

唐武寧軍大將新亭記盧本作“大將軍新廳記”。

唐會善寺記一本“記”作“誌”。

唐王處士引瀑泉記　武少儀撰一本改“少微”。

唐心經　元和二年盧本從錢本改“長慶”，下《明州南樓詩》同。

唐江南西使院小史記盧本去一“南”字，以為衍文。按，唐節度鎮江南西道，非衍也。

唐禹穴碑　元積銘，韓杍材行書一本作“韓特材”。按，《類編》亦作“杍”，“特”字誤，《清泉寺大藏經記》同。

唐衡嶽寺大德瑗公碑　王詡正書一本“詡”作“翃”。

卷十目

唐四望亭記　正書今碑尚存，是分書，非正書。

唐寶稱律師塔銘　開成四年七月一本作“十一月”。

唐白蘋洲五亭記　開成四年七月一本作“十月”。

唐常侍裴恭碑　盧述撰一本作“盧術”。

唐四證堂記盧本作"四證臺記"。

唐南瀆廣源公碑　大中十二年盧本作"十一年"。

唐楊滌妻張氏墓志　大中十三年盧本作"十一年"。

唐鄭畋謁昇仙太子廟詩　乾符四年閏二月一本作"四月"。

卷十一跋尾

秦鐘銘　為莊公作也盧按,"莊"當作"共",各本俱譌。

古器物銘第四盧本按語,别本於此添寫"古器物銘第三",此本無之,足見此本之善。

甗銘　狀方而四足盧本"而"下有"有"字,宋本無。又引墨子盧本作"文引",誤。

秦鐘銘　秦遂能攻戎宋本同。　一本作"秦能攻逐戎",誤。

毛伯敦銘　原父釋祝下一字為鄭宋本同,盧本"祝"作"足"。

匜銘　右匜銘盧本"右"作"又",誤。

商雒鼎銘　居喪盧本作"君喪"。

卷十二跋尾

秦權銘　凡四銘盧本校云:此"銘"字衍。按,宋本有"銘"字。　周而復始宋本同,盧本作"終而復始",誤。

平周金銅鉦銘銘作"正",當是金文從省。　所謂五年者宋本有"者"字,盧本脱。

谷口銅甬銘　始歐陽公《集古録》宋本有"始"字,盧本脱。

卷十三跋尾

石鼓文　如此鼓及《詛楚文》盧本"鼓"下衍"文"字。

卷十四跋尾

漢陽朔塼字　尉府靈壁據宋本。　各本"靈"作"壺",下同。

漢居攝墳壇刻石　祝其卿墳壇盧本"其"下衍"縣"字。

漢巴官鐵量銘各本有"此銘王無競見遺"七字,宋本無,今從之。

漢國三老袁君碑　封貴陽侯後作"遺鄉"。按,以"遺"為"貴",文字缺誤,傳寫者不復審爾。

漢費亭侯曹騰碑　皇帝若曰宋本同,"帝"作"后",誤。

漢祝長嚴訢碑　人物同授盧本"授"作"受"。　伊歎嚴君盧本"歎"作"欺"。　招命道術盧本"招"作"昭"。　舉孝廉《隸釋》作"舉廉"。

卷十五跋尾

漢孔子廟置卒史碑　卞守宋本及《隸釋》均作"卞",盧本作"下",誤。　惶恐死罪宋本同,盧本"惶"作"皇",又重"死罪"二字。

漢吉成侯州輔碑　水經滍水盧本上衍"犨縣"二字,此本無,與宋本合。

漢韓明府孔子廟碑　所謂鹿者,禮圖不載,莫知為何器錢穀鈔本記其上云:射禮有鹿,中高一尺五寸為鹿形,背設圓箭以納算籌,射畢以釋算之器也。又有乏如屏,所以為獲者御矢,恐即柉。其有木旁,正猶俎豆之為柤梪歟?

漢州輔墓石獸膊字　膊上《隸釋》"膊"上有"左"字。　持以見寄盧本"持"作"特"。

漢丹楊太守郭旻碑　下闕一字按,《隸續》系"瘢"字。　淮夷蠢逌各本誤"迪"。

漢孫叔敖碑陰　可立禆祀《隸釋》同,各本作"碑",誤。　少子在江陵《隸釋》作"寧"。

漢倉頡廟人名　其隸字宋本同,各本作"字畫"。　祋祤候長《隸釋》同,各本作"侯",誤。

漢泰山都尉孔宙碑　宙孔北海父也盧本作"孔宙"。

漢西嶽華山廟碑　所謂集靈者宋本同,盧本"者"上有"宮"字。

漢老子銘　古謚法無耼字按,此亦謚曰洞簫之謚,人號之為耼,以其老爾,不謂易名也。

卷十六跋尾

漢車騎將軍馮緄碑　臨當受封以誣言宋本作"誣",各本作"謡"。　史復拜廷尉各本同,各本"史"下有"云"字。　拜屯騎將軍宋本同,盧從何氏據《隸釋》改作"校尉"。　按,《漢志》,將軍但有驃騎,次車騎,無屯騎也。驃騎、車騎次公下,亦不當復為廷尉。

漢金鄉守長侯君碑　霸莽時為隨令宋本同,各本"令"作"宰"。碑以為謚,恐亦非是按,謚亦號也,與謚曰聑同。

漢淳于長夏承碑　累葉牧守印紱典據十有餘人宋本同,盧本"紱"作"綬"。

漢武都太守李翕碑　穆如清風宋本同,盧本作"春風"。

漢成陽靈臺碑　堯母慶都慶都仙歿宋本同,各本不重。《漢書·地理志》皆曰成陽宋本同,各本無"書"字,"曰"作"云"。　東巡狩各本作"守"。　而《述征》云宋本同,各本"征"下有"記"字。

漢廷尉仲定碑　符節令宋本與此同,各本上有"遷"字。　修完靈臺宋本同,盧本"完"作"堯"。

漢桂陽太守周府君頌　而亦不著其名宋本同,各本無"亦"字。

漢石經遺字　據邕傳,稱邕以經籍去聖久遠宋本同,各本無"稱"字。

漢庠彰長斷碑　此碑所謂高祖自齊徙臨淄按《隸釋》"齊"下有"時"字。

卷十七跋尾

漢梁相費汎碑　因以為姓宋本同,盧本"以"作"氐"。　晉有詩按費詩《蜀志》有傳,非晉人也。

漢費君碑陰　君眀家中落宋本同,盧本"眀"作"舊"。　石勛字子才宋本同,盧本作"石勛字子才",葉本作"勖",蓋"勗"字耳,《隸釋》作"勛",亦誤。

漢太尉郭禧碑　返葬故郡原本作"鄉",據《隸釋》改。

漢殽阬君神祠碑　石隄西戎樹谷宋本同,盧本"戎"作"戍"。

漢稟長蔡君頌　稟長宋本同,盧本作"稾",下同。

卷十八跋尾

漢幽州刺史朱龜碑　蠻夷授手乞降宋本同,盧本"手"作"首"。

漢陳君碑　陳國相人按,《隸續》云陳國有柘縣,趙氏誤"柘"為"相"。

漢巴郡太守樊君碑　霸佐匡弼原本作"霸伯",據《隸釋》改。　陷附者眾宋本同,蓋言所陷之城、所附之人耳,盧本"陷"作"諂",誤。

漢宗資墓天禄辟邪字　延熹二年宋本同,盧本作"熹平",誤。

漢高陽令楊君碑陰　其曰白陵園令宋本同,各本"白"作"懷"。

漢司空宗俱碑　自均以下其姓皆當作"宗"而列傳轉寫為"宋",誤也按,右軍《臨河敘》崇山中一筆穿透至上,魯公《八關齋》"肅宗"字下亦不作"示",殆以此轉寫訛爾。

漢荆州從事苑君碑宋本同,盧本"君"作"鎮"。

漢酸棗令劉熊碑　字孟缺一字宋本同,盧本作夾註,誤。

卷二十跋尾

魏南郡太守卞統碑　猶有琅邪字尚存宋本同,盧本無"尚存"二字。

魏太僕荀君碑　惟其名字鄉里摩滅不可考矣按,《魏志》注載《荀氏家傳》衍字休若,彧弟三兄,衍子紹,位至太僕。則此碑為紹立耶?

晉南鄉太守司馬整頌　命君南中郎將牧統宛都□宋本同,盧本"牧"下衍"就"字,"宛"下不空格。

卷二十一跋尾

後魏叱閭神寶修關城銘　《官氏志》及《元和姓纂》有叱閭氏,後改為門盧本首"閭"字即作"門",誤。

後魏安東將軍孫公墓志　詔使加惠號惠蔚法師焉各本無第二"惠"字,似宜有。

後魏賀拔岳碑　孝莊而此碑獨作孝壯按,此碑"莊"與"壯"通,同甚多。

卷二十二跋尾

後周同州刺史普六如忠墓志　都督涇豳雲顯鹽靈等六州諸軍事各本作"邠",誤。

北齊馮翊王平等寺碑　高二丈八尺一本作"九赤"。"尺"、"赤"古通用。

北齊大安樂寺碑　尉長命傳今碑乃作萇命按六朝碑中"長"作"萇","莊"作"壯",多通用。

卷二十三跋尾

唐孔子廟堂碑　至文□□盧本作"至宣宗朝"。

唐杜如晦碑　其祖名果與《新書》表傳同,別本從《北史》作"杲"。

唐河間元王碑　戢武之名不見於他書按,《玉海》載《唐實録》:太宗與公卿謁見太上皇於戢武殿,置酒為歡,乙夜放散,賜帛有差,明日復置酒於淩煙閣。殆戢武與淩煙相接,故《段志玄碑》亦云戢武閣也。

獨孤使君碑　而其名不可辨按,周益公跋云名左從言。

卷二十四跋尾

唐于志寧碑　為冠氏長他本作"寇"。　自中書侍郎遷兵部他本下有"郎中"二字,或作"侍郎"。

卷二十五跋尾

周昇仙太子碑　故武為葺其祠他本"武"下有"后"字,其實不增亦可,宋人文法如此者甚多。

唐工部尚書姚璹碑　自工部侍郎顧氏校語云:"自"錢鈔作"肓",俱誤,蓋"官"字也。

後周宇文舉碑　其曾孫敞追建於神龍中他本作"神龍中,其曾孫敞追建"。

卷二十六跋尾

唐盧懷慎碑　上因游鄠杜,北望京闕他本"游"作"畤","闕"作"國"。抵其宅甚陋他本"宅"下有"室"字。

唐六公詠　恨不見其詩盧本"詩"誤"書"。

唐趙冬曦祭仲山甫文　慕巍巍之盛他本作"魏都"。

唐屯留令邢義碑按,前目無此碑。

卷二十七跋尾

唐駙馬都尉豆廬建碑　北地王精之後各本衍“入”字，以“北地王精之入後魏”為句。按，北地王精在燕為慕容麟所殺，未入後魏也，其五世孫萇始賜姓豆廬氏。高祖勝以皇始初歸魏各本“皇始”上有“燕”字。按，皇始魏道武第二建，非燕年號。

唐京兆尹鮮于仲通碑　表請國忠兼領劍南節制盧本作“度”。按，《新唐書》國忠自請兼領劍南，與此不同，或仲通先表請，而國忠再自請歟？及為國忠頌功德立碑耳他本“立碑”在“頌功德”上。

卷二十八跋尾

唐富平尉顔喬卿碣　家藏漢唐石刻四百卷盧本脱“唐”字，趙宋時漢石刻斷無四百卷之理，此石即唐碣，“唐”字萬不可去。

唐放生池碑陰記　職官之濫呂本中“百官”，誤。

唐康日知墓志　《唐書·日知傳》云：祖植，開元中為左武威大將軍，而志云祖禕，不仕他本作“祖諱石生，左武威”。據《唐書》作“武衛”。

卷二十九跋尾

唐義興縣重修茶舍記按，前目録無此碑。

唐顔杲卿碑　髮箱跳而前明鈔本作“跳箱”，謝本無“箱”字。

唐般舟和尚碑按，前目録無此碑。

唐西平王李晟碑　忒應二子明鈔本“忒”作“愻”。

卷三十跋尾

唐禮部尚書許康佐碑　嘿然不對明鈔本、盧本作“暗默不對”。

趙氏《金石録》宋本止存十卷。國初為嘉興馮研祥所得，刻一印曰“金石録十卷人家”，帖尾書頭，往往鈐用，傳之藝苑，以為美談。後流轉於江玉屏、阮文達、韓小亭，最後歸潘文勤公鄭盦。文勤師嘗出以相眎，推為天壤間驚人秘笈，今尚在仲午比部所。至舊鈔，不乏流傳之本，大半出於明葉文莊所藏。至刻本，向推雅雨堂盧校為最精，而三長物齋等刻不足道矣。一日，二楞觀察手一編示余，鈔手極舊，書籤題云"津逮秘書"，人皆訝其不符。余笑而應之曰："不觀津逮秘書目第六集《金石録》未刊，即此書也。"首有劉跂序、明誠自序，後有李易安後序、開禧趙不譾跋、明葉仲盛跋、歸有光跋。跳行空格，均據宋本，其間黏籤甚多，大半據盧本以校本書之誤，間有兩通之字，亦備列焉。爰借吾友章碩卿大令藏校宋十卷本，並自藏明鈔校本，成札記一卷，雖未能全見宋刻，然似可與雅雨堂本相頡頏矣。光緒乙巳清明後六日，江陰繆荃孫撰。

今存碑目

吉日癸巳字
石鼓文
秦泰山刻石
秦琅邪臺刻石
秦嶧山刻石宋重刻本
漢居攝墳壇刻石二
漢南武陽功曹闕銘
漢南武陽功曹墓闕銘
漢王稚子闕銘
漢北海相景君碑
漢敦煌長史武班碑
漢武氏石闕記
漢司隸楊厥開石門頌
漢孔子廟置卒史碑
漢孔德讓碣
漢孔君墓碣
漢韓明府孔子廟碑

漢郎中鄭君碑
漢冀州刺史王純碑拓本
漢倉頡廟人名
漢桐柏廟碑元重刻本
漢泰山都尉孔宙碑
漢西嶽華山碑拓本
漢車騎將軍馮緄碑宋重刻本
漢魯相史晨孔子廟碑
漢竹邑侯相張壽碑
漢史晨孔子廟碑
漢柳孝廉碑拓本
漢衛尉卿衡方碑
漢沛相楊君碑拓本
漢淳于長夏承碑拓本
漢武都太守李翕碑
漢博陵太守孔彪碑
漢李翕造郙閣頌
漢成陽靈臺碑拓本
漢司隸校尉魯峻碑
漢玄儒先生碑拓本
漢石經遺字拓本
漢堂谿典嵩高山石闕銘
漢倉頡廟碑
漢三公碑
漢涼州刺史魏君碑拓本
漢白石神君碑
漢幽州刺史朱龜碑拓本
漢尉氏令鄭君碑
漢趙相劉衡碑存額
漢小黄門譙君碑拓本

漢圉令趙君碑拓本
漢巴郡太守樊君碑
漢太尉楊震碑拓本
漢高陽令楊君碑拓本
漢光禄勳劉曜碑
漢執金吾丞武榮碑
漢酸棗令劉熊碑拓本
漢益州太守楊宗墓闕銘
漢魯相謁孔子廟碑
漢武氏石室畫像一
漢戚伯著碑拓本
仙人唐君碑
四皓神位刻石拓本
魏受禪表
魏百官公卿奏
魏孔子廟碑
魏范式碑
吴九真太守谷府君碑
吴禪國山碑
晉太公碑
晉蘭亭序帖本
晉樂毅論帖本
後魏中嶽碑
後魏造三級浮圖碑
後魏孝文弔比干文
後魏鄭羲碑
後魏鄭羲上碑
後魏鄭道昭登雲峰山詩
後魏天柱山東堪石室銘
後魏兖州賈使君碑

梁許長史舊館壇記拓本
後魏兖州太守張猛龍碑
東魏大覺寺碑存額
東魏高翻碑
東魏孔子廟碑
後魏松滋公興温泉頌
北齊夫子廟碑
北齊雲峰山題記
北齊天柱山銘
後周華嶽廟碑
北齊隴東王感孝頌
北齊唐邕造像碑
北齊馮翊王平等寺碑
北齊臨淮王像碑
北齊白長命碑拓本
北齊邸珍碑
隋老子廟碑
隋龍藏寺碑
隋正解寺造像碑
隋李氏像碑
隋梁州使君陳茂碑
隋舍利寶塔下銘
隋啟法寺碑拓本
隋栖巖道場舍利塔碑
隋孔子廟碑
隋屯衛大將軍姚辯墓誌重刻本
隋滏山石窟碑
唐太宗賜少林寺教書
唐宗聖觀碑
唐孔子廟堂碑

唐豳州昭仁寺碑
唐等慈寺碑
唐徐州都督房彦謙碑
唐化度寺邕禪師塔銘拓本
唐九成宫醴泉銘
隋益州長史裴鏡民碑
唐右僕射温彦博墓誌拓本
唐三龕碑
唐孟法師碑拓本
唐段志玄碑
唐贈比干詔元刻本
唐晉祠銘
唐孔穎達碑
唐晉州刺史裴府君碑
隋皇甫誕碑
唐益州學館廟堂記
唐光禄大夫豆盧寬碑
唐房仁裕母李夫人碑
唐三藏聖教序
唐萬年宫銘
唐薛收碑
唐中書令崔安禮碑
唐散騎常侍張後胤碑
唐李靖碑
唐尉遲敬德碑
唐紀功碑
唐蘭陵長公主碑
唐三藏聖教序並記
唐道因法師碑
唐清河公主碑

唐小字登封紀號文
唐于志寧碑
唐紀國先妃陸氏碑
唐孔宣尼碑
唐淄川公李孝同碑
唐碧落碑
唐三藏聖教序並述聖記
唐金剛經
唐馬周碑
唐阿史那忠碑
唐明徵君碑
唐李勣碑
唐開業寺李公碑
唐褚亮碑
唐述聖紀
唐美原神泉詩序
唐八都壇神君實録
唐奉先觀老君像碑
周邛州刺史狄知愻碑
周乙速孤府君碑
周昇仙太子碑
周明堂令于大猷碑
周懷州大雲寺碑
周紀信碑
周棲巖寺詩
周宴石淙序
周石淙詩
唐白鶴觀碑
唐景龍觀鐘銘
唐巂州都督姚懿碑

唐光禄少卿姚彝碑
唐贈歙州刺史葉慧明碑拓本
唐楊元琰碑
唐鬱林觀東嵓壁記
唐孔子廟碑
唐玄元觀尹尊師碑
唐李思訓碑
唐莎羅樹碑帖本
唐御史臺精舍碑
唐凉國長公主碑
唐鄭司農碑金重刻本
唐乙速孤行儼碑
唐明皇行次成臯詩
唐紀太山銘
唐北嶽碑
唐龍角山紀聖銘
唐麓山寺碑
唐大忍寺門樓碑拓本
唐代國長公主碑
唐謁郭巨祠堂記
唐大智禪師碑
唐尉遲迴廟碑
唐任城縣橋亭記
唐易州鐵像頌
唐易州刺史田仁琬德政碑
唐唐儉碑
唐安公美政頌
唐夢真容碑
唐石壁寺鐵彌勒像頌
唐尚書省郎官廳石記

唐述聖頌
唐雲麾將軍李秀碑
唐大照禪師碑
唐兖公頌
唐韓賞祭華嶽文
唐靈巖寺頌
唐金籙齋頌
唐嵩陽觀紀聖德頌
唐明皇注孝經
唐安天王碑陰
唐多寶塔感應碑
唐武部尚書楊珣碑
唐東方朔畫贊
唐雲門山投龍詩
唐金天王題名
唐城隍神祠記
唐離堆記
唐贈太保郭敬之廟碑
唐太尉李光弼碑
唐怡亭銘
唐浯臺銘
唐李氏移先塋碑
唐李氏三墳記
唐大證禪師碑
唐贈揚州都督段府君碑
唐襄丘令庾公德政碑金刻本
唐麻姑仙壇记重刻本
唐小字麻姑仙壇記帖本
唐中興頌
唐玄靖先生碑拓本

唐宋璟碑
唐般若臺銘
唐八關齋會記
唐黄石公祠記
唐干禄字書模本
唐乞題放生池碑額表
唐滑臺新驛記拓本
唐贈兵部尚書王忠嗣碑
唐玄靖李先生碑碎石
唐鮮于氏里門記
唐慧解寺三門樓讚
唐重修延陵季子廟記
唐重檇延陵季子墓刻
唐臧懷恪碑
唐元結碑
唐顔魯公與郭僕射書帖本
唐張九齡碑
唐顔氏家廟碑
唐三藏和尚不空碑
唐李公楙功昭德頌
唐姜嫄公劉廟碑
唐茶山詩並詩述
唐軒轅鑄鼎原碑
唐會善寺戒壇記
唐鹽池靈應公神祠碑
唐彭王傅徐浩碑
唐焦胱碑
唐韋臯紀功德碑
唐楚金禪師碑
唐晉祠新松記

唐乘廣禪師碑
唐左拾遺竇叔向碑
唐徐州使院石柱記
唐南海神廟碑
唐贈太保李良臣碑
唐絳守居園池碑宋重刻本
唐修浯溪記
唐平西王李晟碑
唐處州孔子廟碑
唐育王山常住田碑
唐義陽郡王苻璘碑
唐修龍宫寺碑
唐黄公記
唐太子太傅劉沔碑
唐魏公簪先廟碑
唐吏部尚書高元裕碑
唐重陽亭銘
唐圭峰禪師碑
唐鄭畋謁昇仙太子廟碑
唐瘞鶴銘
唐柘城令李公德政頌
唐題阮客舊居詩
唐楠木詩
唐嚴武題龍日寺西龕石壁詩
唐皇甫湜浯溪詩

歸來堂中二千卷,今石止存二百餘。煙雲過眼易磨滅,可憐石壽不如書。

本朝金石分兩派,蘭泉覃谿稱大師。若論著述分軒輊,德父終勝黄伯思。　荃孫輯畢復題二絕。

金石例札記

據光緒三十四年南陵徐乃昌刻《隨庵徐氏叢書》本

金石例札記

金石例序

至正四年春，子敏中來為饒理官　此本脫“至正四年春”五字。

卷一

碑碣之始

三家視桓楹

注：四植謂之桓　此“植”下衍“之”字。

注：廟庭有碑　此“廟”作“朝”，誤。

注：牲入麗於碑　此“於”作“為”，誤。

注：非正當桴四角也　此脫“桴”字。

注：穿中於間為鹿盧者謂穿去碑中之木　此脫“穿中”至“謂”九字。

注：四植謂之桓者　此脫“者”字。

注：但瑑為二柱　此“瑑”作“緣”字，誤。

墓志墓碑文辭各異

注：又云兩嬪雁行同域也而不同藏之類　此“嬪”作“殯”，誤。

墓志之始

宋元嘉中顏延之為王琳一作王彌作石志　此“琳”作“球”，再考。

注:前漢杜子春一作杜子夏　此第二“杜”字作“攷”,誤。

碑碣制度

諸碑碣其有皆須實録,不得濫有褒飾。　此小字脱。

龜趺　方趺　“趺”字均作“跌”,誤。

上高四尺其執政官以上聽立墳峰　此“上高四尺”下脱十字。

三品以上　應另行,此誤連。

有依品從合得尺寸見《儀制》,今更欲檢之,此未盡也。　此小字脱。

司馬公曰:按令式墳碑石獸大小多寡各有品數　此作“按司馬公曰”,誤倒。

蓋葬者以下皆小字　此作大字。

墓表制度

家禮云

注:轉及後右而周焉　此“周焉”作“用為”,誤。

墓表石立於墓前　此作“表墓石”。

石人羊虎柱制度

注:畏虎與柏故頂上栽柏路前立虎也　此脱“故頂上栽柏”五字,“路”作“墓”。

注:有漢旌陽太守趙起墓　此脱“趙起”二字

注:又唐王建《北邙行》　“建”作“達”,“邙”作“紀”,誤。

墓圖

古今石例云

有作圓象者　此作“圖象”,又脱“者”字。

嵌圍牆上韓魏公父墓圖今有此石,歲久,卧之牆外。　此小字脱。

家禮云刻石志

注:埋之壙前近地面三四尺間　“間”作“澗”。

諸墳塋地一品四面各三百步長周不等者以積步折之,餘准此。

此小字脱。

庶人不敘使官餘條葬無文者並准此。　此小字脱。

古今碑石同異

漢碑有銘詞亦有無者今亦然謂神道碑並墓碣有銘辭者有無銘辭者,今碑碣亦然也。　此作"今神道碑並墓碣有銘辭者有無銘辭者",均大字。

卷二

金石文之始

身比焉順也明示後世教也　此引《禮記·祭統篇》文,"焉"作"為",誤。又落"世"字。

朱干玉戚以舞《大武》,八佾以舞《大夏》　此引《禮記·玉藻篇》文,脱"以舞"二字,"夏"作"廈",誤。

親止杜回　此引《國語》,"杜"作"社",誤。

碑式碑式之可法者,固多舉其一二以為式,後皆仿此,當類推之。　此脱小字。

衢州徐偃王廟碑韓退之

箕子碑柳子厚

后土神祠碑張説

唐天下放生池碑顔真卿

禹穴碑郑舫

表忠觀碑苏子瞻

壽域碑王元之

披雲堂碑馬子才

東平行臺嚴公祠堂碑元遺山

祭孤魂碑杜止軒

文子廟碑郝伯常　以上十一條此小字全脱。

碑陰文式

碑陰文柳子厚　此小字脱。

德政碑之始《事祖廣记》云自秦漢以来死有功業,生有德政者皆記之,稍改用石,因總謂之碑。　此小字脱。

德政碑式　此四字脱。

明州王密德政碑李舟　此"明"作"雍"。

易州刺史田仁琬德政碑蘇靈芝　以上三條此小字全脱。

高陵縣令劉君德政碑劉禹錫

墓碑式

王黄華墓碑元遺山　此小字脱。

神道碑之始

注:若神靈出遊道之意姑以名碑爾　唐李夷簡臨終勅無碑神道　此本"故以名碑爾"五字在"無碑神道"下。　按《唐書》本傳夷簡臨終戒毋厚葬,毋碑神道。"無"當作"毋",盧本亦誤。

神道碑式

唐銀青光禄大夫守右散騎常侍致仕上柱國襄陽郡王平陽路公神道碑銘韓退之　此小字脱。

司徒兼侍中中書令贈太尉許國公神道碑銘

湖州長城縣令崔孚神道碑白樂天　此二條脱在唐故江南西道觀察使贈左散騎常侍太原王公神道碑下。

沁州刺史李君神道碑

朝散大夫胡公神道碑

内相文獻楊公神道碑

轉運使王公神道碑

禮部尚書趙公神道碑

内翰馮公神道碑

國子祭酒馮公神道碑銘

東平行臺嚴公神道碑

术虎公神道碑

刺史馬公神道碑銘

康公神道碑銘

劉氏先塋神道碑

完顏公神道碑

畢侯神道碑銘

千戶趙君神道碑

以上十五條脱在平章政事壽國張公神道碑下

家廟碑式

立家廟自有品從

注:唐人三品以上應低一格　此連上,"三"作"一",誤。

注:與墓碑同,其陰今磨之刻寺記矣,家廟碑立之家廟前　此脱"其陰"至"家廟"十一字。

司馬温公撰《文潞公家廟碑》　此句應頂格。

注:"其略云"以下應低一格　此本誤。

注:此皆禮之從宜者也　此作"皆祀",誤。

先廟碑式

魏博節度觀察使沂國公先廟碑銘

田宏正始有廟京師。謹案:魏博節度使銀青光禄大夫檢校工部尚書兼魏州大都督府長史御史大夫沂國公田宏正,北平龍盧人,故為魏博諸將,忠孝畏慎。田季安卒,其子幼弱,用故事代父,人吏不附,迎宏正於其家,使領軍事,宏正籍其軍之衆,與六州之人還之朝廷,悉除河北故事。比諸州,故得用為帥,已而復贈其父,故滄州刺史兵部尚書母夫人鄭氏、梁國太夫人得立廟,祭三代,曾祖都水使者府君祭初室,祖安東司馬贈襄州刺史府君祭二室,兵部府君祭東室。

袁氏先廟碑

袁公滋既成廟，明歲二月自荆南以旂節朝京師，留六日，得壬子春分率宗親子屬用少牢於三室，既事，退言曰："嗚呼遠哉，維世傳德，襲訓集余，乃今有濟。今祭既不薦金石音聲，使工歌詩，載烈象容，其奚以飭稚昧於長久？惟敬系羊豕幸有石。如具著先人名跡，因為詩繫之語下，於義其可。雖然，余不敢必屬篤古而達於辭者。"遂以命愈。已上係韓退之

丞相崔圓廟碑

始立廟洛邑，曰考廟、王考廟，皆二丈有七，從四尋，衡八尋，二戶立楹外，垂四阿，圬塓彩繪，施以丹艧，齋室爨室，庭垣稱之。《禮》曰："以勞定國則祀之，能禦大災則祀之，能捍大患則祀之。"是宜廟食以銘於鼎。　古者諸侯立五廟，有鼎與樂，有國之制，侯伯有爵而無土，廟有鼎祭樂，不克立五廟而立三廟，不銘於鼎而銘於碑。韓雲卿

南康郡王韋皋先廟碑

萬物本乎天，人本乎祖，乃立宗廟以交神明。　古者揚其功烈，銘於祭器，近古以魯鐘衛鼎追琢先德，不若鏤文字於麗牲之碑之為詳也，乃謹而書之。權載之

以上四碑脱在烏氏廟碑銘下。

彭陽郡公令狐楚先廟碑

今上元年七月具官令狐公西向拜章上言，守臣楚蒙被恩深，列於元侯，得立家廟以奉常祀。制書下，其奏於有司，於是善相考祥，得地於京師通濟里。居無何，新廟成，公以守藩故，申命季弟，監察御史定卜牲練日。越八日丁亥，祔饗三室，堦墉以尚幽，設幄以迎精，理無尤違，神用寧謐。劉禹錫

右僕射趙郡李紳先廟碑

王建侯，侯建廟，廟有器，器有銘，所以論譔先德，明著後代，或書於鼎，或文於碑，古今之通制也。　齋沐祗慄，拜章上言，請立其廟以奉常祀，於是得請於天子，承式於有司，是歲某月某日，經始於東都，明年某月某日有事於新廟，外盡其物，內盡其志，三獻百順，神格禮成。白樂天

以上二碑脱在丞相代國公王涯先廟碑下。

先塋先德昭先等碑之始

蒼崖先生曰：先塋先德昭先等碑例，似與神道碑、墓誌等碑不同，先塋先德昭先等碑創建於國朝已前，唐宋金皆無之，所書三代並妻子例，似與神道碑、墓志不同也。　此一條大小字均脱。

先塋先德昭先等碑式

大丞相劉氏先塋神道碑

謹按：劉氏世居宣德縣北鄉之青魚里，孝弟力田，蓋有年矣。曾大父雲自遼，日為大家。有子四人：曰璋、曰瓊、曰玹、曰瓚。玹之子四人：顯仁字仲明，祖仁字仲昌，用仁字仲至，體仁字仲康。仲至府君即公之考也。公家故大族，府君娶同鄉李氏，生三子，長敦字德厚，季効字德信，皆無禄早世，公其第二子也。自大父以來，不常厥居，有其先塋，止於青魚西北原而已。夫忠以報國，孝以起家，立身行道之義彰，慎終追遠之德厚，不有金石，後裔何觀？乃為之銘。公名某，字德柔，以小字某行，八子某，其長已襲世爵云。　此條脱在安肅郝氏先塋之碑下。

歸德府總管范陽張公先德碑　為鄜州洛郊主簿　此“洛郊”作“改郭”，誤。

初以大安兵興　此脱“以”字。

龍山趙氏新塋之碑

歲癸酉冬十月，先太師以王爵統諸道兵長驅而南。 癸卯冬十月，侯介於同官李稚川、周才卿為予言：吾趙氏世居保塞，以仕遷大梁，五代末，有諱匡穎者官至静江軍節度使兼桂州管內觀察使。弟匡衡及八世孫襄疊仕於宋，皆至通顯。金朝兵破大梁，吾家例為兵所驅，盡室北行，至龍山，遂占籍焉。雖譜牒散亡，而其見於祖塋石志者蓋如此。振玉之曾大父坤隱田間，致貲巨萬，娶王氏，生大父憲。資倜儻，好施予人，多以急難歸之。娶馬氏，生子八人，吾父琳，其第四子也。幼出大家，頗以裘馬自喜。由大父而上皆葬鄉里，振玉之考妣兵亂中權厝縣西佛寺，比避兵還，而寺屋被焚，遂失蒿殯所在。乃用故事，卜於平棘縣西北鄉蘇村里之南原，為顯考衣冠之藏。日者室人冀氏物故，因從祔焉。維遠祖自保塞遷大梁，既無歲月可考，自大梁遷龍山則僅能志之。今南原卜宅，亦吾趙宗之大舉，不勒之金石以昭示永久，後世其謂我何？誠得吾子辱以文賜之，為幸多矣。敢再拜以請。

下邳劉氏先德碑銘

下邳劉氏，其先世皆滄人，自總管而上，其世系名諱與其仕宦可知者凡四世。高祖父諱辛，仕金，官至顯武將軍軍資庫使、符離縣尉，升下邳令。子二人，長曰思誠，次曰思謙，業儒術。有子二人，曰元、曰珍。元早卒，珍字子玉，年八十二以壽終。配樂氏、潘氏，子二人，曰榮、曰顯。其一早卒，皆樂氏所出。榮字德茂，至元十一年正月卒，享年七十有六。配邢氏，子男二人，長曰源，承事郎、樂安州判官。娶徐氏，子男二人，曰某，次即總管傑也。娶謝氏，前卒，繼娶郭氏，靈壽縣尹敏之女，子男七人。傑字漢卿。自曾大父以上皆葬下邳巨山之陽，自祖父以下皆葬益都。今將補松楸之闕，展拜掃之儀，願得子之文，刻之貞石。乃為次第其世數事蹟而繫之以銘。王鹿庵

彰德總管孫公先塋碑銘

公之曾大父某娶何氏，四子：慶祐、慶文、慶元、禄和。慶元則公之大父也，娶趙氏，有婦德，二子威、平。平早世，威即公之考也，年若干，終於某官。杜氏年八十八，下及五世孫，疾，公率其子拱、振等，諸孫謙、諧、誼等以問。然而公未老，事業尚未既，而拱有才氣，謙既能以世其業云。予他日又可以考其淺深厚薄於此也。劉夢吉

懷孟萬戶劉公先塋碑銘

按，顯曾祖考諱德安，隱居不仕，妣張氏、楊氏。顯祖考祁陽府君諱寶，資幹奇偉，氣略過人，享年若干。妣李氏、楊氏、姜氏。顯考蒲陰府君諱世鼎，不避矢石，竟被創而廢，享年若干。妣齊氏、張氏，三世皆葬祁州蒲陰之北鄉百長原，其家宗支則有圖列碑陰。

龐氏墓道先德碑銘

曾祖其次居十，然以次推，十曾外二伯曾，則兄猶七人，其下有季叔無耶，昆弟耶，從父從祖之昆弟耶，所不可知，姑計是十家子孫將不百人而止，咸盡於賊，惟十曾一子祖府君諱智者存。考府君生六年，當至元改明年己丑夏五月二十有八日以卒，年七十七。考府君即墳喪之。仲應亦卒。仲温以他求出異，以九年戊辰十一月二十有七日卒，年止四十七，從葬先塋，諸姑四人，皆歸鄉人，詠昆仲二人合仲父季父子各四人，為十人，輅銀符由同提舉興州採木司主洺水簿卒，子文抑、文振，詠子文括、文播，承顏合諸父之子男十二人、女十一人。姚牧庵

此五碑脱在歸德府總管范陽張公先德碑下。

賜碑名號之始

本朝太宗撰中令趙公碑　此脱“撰”字。

賜碑名號式

教忠積慶文潞公洎碑　此脫"洎"字

崇儒丁文簡碑　此"丁"作"了",誤。

卷三

碣式

國子司業陽城遺愛碑　為司諫議宸於周行　此"議"作"義",誤。

墓碣式

故萬年令裴府君墓碣　公諱墐字封叔　此"墐"作"瑾"。

墓志式

故朝散大夫永州刺史崔公墓志

維元和十五年九月十五日壬子,永州刺史崔公薨於位,享年六十八。乙未殯於路寢,景寅遷神於舟,以某年某月日歸葬於某縣某原,祔於皇考吏部侍郎贈戶部尚書府君之墓。公前夫人徐州參軍滎陽鄭鉅女,有子曰義和,早夭,後夫人萬年尉范陽盧彤女,嘉淑之德,繼聞宗族,有子曰貽哲、貽儉,克承於家。洎公之兄子曰勵、曰禮,誠願志於墓,無忘公之德。　此志脫在故尚書戶部郎中魏府君墓志下。

邕州刺史李公志

公諱位,字某,實惟文皇帝之玄孫,別子曰承乾,為皇太子,以藩愛逼奪,危慄致禍,後封恒山為滑王,贈荆州大都督。繼別曰象,蘄春郡太守,贈越州大都督、郇國公。大宗曰玭,太子詹事,贈秘書監,生廙,尚書左丞,凡四代,有土田,居貴仕,公丕承之以率南服,克荷天休,繼有功德。嘗合汞、硫黄、丹砂為紫丹,能入火不動,以為神,服之且十年,然卒以是病,暴下赤黑,數日薨,實元和十三年六月十五日,年五十七。僚宰庀事有緹五兩,無金銀泉貝,幾不克斂,夷人號呼致幣歸,以明年月日葬,祔其穆長安西南陽原上。此志脱在安南都護張公志下。

桂管防禦副使吕公志　理陰符握機孫子之術　此"握"作"掘",誤。

世固有有其具而不及其用者　此脱一"有"字。

吕氏之道惡乎興　此"乎"作"可",誤。

柳州司馬孟公志

常謙　孟氏之孤曰:遵慶奉其父命書九篇,為善狀一篇,來告曰月日君薨,月日將葬於某,敢請刻辭。惟公志專於中,貌嚴於外,常立廷中毅然,望之若圖形刻像,聞國難輒不寢食,謀度憤叱,以故病不可治。曾祖某官,諱某;祖某官,諱某;父某官,諱某;公之諱曰常謙,子遵慶,弟曰某。

故試大理評事裴君志

裴氏之昭曰贈戶部尚書諱某,穆曰起居郎諱某,生均州刺史諱某。均州與其弟大理更為刑部郎,用文史名於朝,善社禮書。長子曰某,射進士策,不中,去。過汴,韓司徒宏迎取為從事,以聞,拜太子通事舍人,進大理評事。當伐蔡及鄆,汴常為軍首,贊佐有勞。既事,將侍太夫人於京師,道發疽,元和十四年月日終於河南敦厚里。年若干,字曰某。弟某,以其喪歸葬於某縣某里,未果。娶有男子二人,女一人,男之長曰某,通兩經,始杖且廬。

大理評事柳君志

晉之亂,柳氏始分,曰耆,為汝南守,居河東。又五世曰慶,相魏。魏相之嗣曰旦,仕隋為黄門侍郎。其小宗曰楷,至於唐,刺濟、房、蘭、鄜四州。楷生夏縣令府君諱繹，繹生司議郎府君諱遺愛，皆葬長安少陵原。遺愛生御史府君諱開，葬南陽。其嗣曰寬，字存諒，讀其世書，揚其文辭，卒於公館，元和六年八月七日也，年四十七。今將以某月日祔葬，苟又不得令辭而志焉，是無以蓋前人之大痛，敢固以請。嗚呼，余懼辭之不令以為神羞，余曷敢不諾。

此三志脱在桂管防禦副使呂公志下。

秘書郎姜君志　開元皇帝外孫也　此"孫"作"係"，誤。

襄陽丞趙君志

貞元十八年月日，天水趙公矜年四十二，客死於柳州，官為斂葬於城北之野。矜之父曰漸，南鄭尉。祖曰倩之，鄆州司馬。曾祖曰弘安，金紫光禄大夫、國子祭酒。始，矜由明經為舞陽王主簿。蔡帥反，犯難來歸，擢授襄城主簿，賜緋魚袋，後為襄陽丞。其墓自曾祖以下皆族以位，時宗元刺柳，用相其事，哀而旌之以銘。

温縣主簿韓君志

有唐故温縣主簿韓慎字某，漢弓高侯其先也，徙於南陽。貞元十六年又調於天官署河陽丞，未拜。十有一日暴病卒於長安永崇里先人之廬，又十有一日龜策襲吉，祔於咸陽洪瀆原先人之墓。

東明張先生志

東明先生張氏曰因，嘗有以文薦於天子，天子策試甚高，以為長安尉，一年投去印綬，願為黄老術，詔許之。病既亟，以命回曰："吾生天寶，訖貞元乙酉歲十月，今死於汝之手，盈吾志矣。京師，吾生也，畢原，先人之歸也，必以反葬"。乃自為志而卒。明年正月某日，葬如其言，弟子某等為碑以志其墓。

太府李卿外婦馬淑志

氏曰馬，字曰淑，生廣陵，母曰劉客，倡也。淑之父曰總，既孕而卒，故淑為南康謳者。李君為睦州，詆狂寇見誣，左官為循州録，過而慕焉,納為外婦,偕竄南海上。及移永州,州之騷人多李之舊,日載酒往焉,聞其操鳴弦為新聲,撫節而歌,莫不感動其音,美其容,以忘其居之遠而名之辱,方幸其若是也。元和五年五月十九日積疾卒於湘水之東,葬東岡之北,垂年二十四。

朗州員外司戶薛君崔氏墓志

唐永州刺史博陵崔簡女諱媛,嫁為朗州員外司戶河東薛巽妻,三歲知讓,五歲知戒,七歲能女事,善筆劄,讀書通古今,其服則鳴弦桐、諷詩騷以為娛。始簡以文雅清秀重於當世,其後病惑得罪,投驩州,詣女,蓬垢流涕,柳氏出也,以叔舅命歸於薛,元和十二年五月二十八日既乳病,肝氣逆肺,牽拘左腋,巫醫不能已,期月之日潔服飾容而終,年若干,某月日遷柩於洛,某月日祔於墓,在北邙山南洛水東。

此五志脫在秘書郎姜君志下。

墓志式

董府君墓志　推舉人士　"推"作"惟",誤。　此段誤合於上,後六段全脫。

處士裴君墓志

河東聞喜裴君諱某,字某,好學未仕,年若干,元和十四年月日終於京兆渭南墅。君之弟中丞公督桂州命其僚柳宗元以銘。君之出,河間邢群以狀來告。曾祖諱某,寧州刺史贈戶部尚書。祖諱某,起居郎。父諱某,尚書刑部員外郎。是年月日葬渭南某里,遷韋夫人之喪自萬年來,有俟,猶異室。柳子厚

志從父弟宗直殯

從父弟宗直生剛健好氣,自字曰正夫,聞人善,立以為己師,聞惡若己仇,見佞色諂笑者不忍與坐語。善操觚牘,得師法甚備,融液曲折,奇峭博麗,知之者以為工。作文辭,淡泊尚古,謹聲律,切

事類，撰《漢書文章》，為四十卷。是月二十四日出殯城西北若干尺，死七日矣。俟吾歸，與之俱志其殯。

伯祖妣趙郡李夫人墓志銘

夫人姓李氏，辯族氏者曰：趙郡贊皇之東祖，祖某為某官，父沖為單父尉，夫人生於良族，嶷然殊異，及笄，德充於容，行踐於言，高朗而不傷其柔，嚴恪而不害其和，特善女工翦制之事，又能為雅琴秦聲操縵之具，婦道既備，宜為君子之配偶焉。我伯祖臨邛令府君諱某，受夫人於李氏之廟而歸於正室。諸姑合以為斯志以從人之道，內夫家，外父母家，且又葬於我，志於我，故敘柳氏為備。

戶部郎中魏府君墓志

魏氏世墓於某縣某原，唐興，有聞士諱之遢者，與子及孫咸舉進士，嗣為儒，家綿州。涪城尉諱全瑶，魏州臨濆主簿諱欽慈，太常主簿諱緄，尚書膳部員外郎兼江陵少尹諱萬成，凡五代，名高而不浮於行，才具而不得其禄，江陵府君益之以閎達之量，經緯之謀，故豪士賢大夫痛慕加厚。生郎中府君，諱宏簡，字曰裕之，以文行知名。由是處約以終其世，既斂，家宰庀其政，視廩惟釜鍾，視藏惟束帛，無餘積焉。十有一月，遣車歸於洛師，某日祔於墓。監察御史柳宗元聞其道而玩其文也，久居又同閈，故哀而銘之。

亡姊裴君夫人墓志

劉氏至於唐，其著者中書令諱奭，中書之弟之子曰徐州府君諱某，實有孝德，世其家業。清池府君諱某，繼之以茂實，德清府君諱某承之以善政，以至於侍御史府君諱某，用貞信勁正達於邦家，克生賢女，以配於裴氏。某年八月十八日甲子安厝於長安縣之神禾原，從於先塋，祔於皇姑，宜也，母弟號哭而為之志。嗚呼，至哀無文，至敬不飾，故無其辭。

亡妻宏農楊氏墓志

亡妻宏農楊氏諱某,高祖皇司勳郎中諱某,司勳生殿中侍御史諱某,殿中生醴泉縣尉諱某,醴泉生今禮部郎中凝代,濟仁孝號,為德門郎中娶於隴西李氏,生夫人。及許嫁於我,柔日既卜,乃歸於柳氏。遂以九月五日庚午克葬於萬年縣棲鳳原,從先塋禮也。是歲唐貞元十五年龍集己卯,為之志云。

此六志脱在董府君墓志下。

殯志

志從父弟宗直殯已見墓志。柳子厚　按此本墓志脱此篇,故載於此。

歸祔志式

先太夫人歸祔志　此脱"太"字。

卷四

銘式

廬山女道士石碣銘　道士梁洞微也。其銘無序,四言,廬山玄德先生碣銘亦然。　符載　此段脱在唐故悼王石塔銘下。

河中府法曹張君墓碣銘　此本有故相權公墓銘、覃季子墓銘、善人白公墓銘三段,廬本在墓銘式衛府君墓銘下。

虞部員外郎張府君銘

尚書虞部員外郎安定張君諱季友,字孝權,年五十四,病卒東都。塗進韓氏門,伏哭庭下,曰:"叔父且死,幾於不能言矣,張目而言曰:'吾不可無告韓君別,藏而不得韓君記,猶不葬也。塗為書致吾意。'已而自署其末與封,敢告以請。"愈既與為禮,發書云云,其末有復語“千萬永訣”八字。名日月與封，皆孝權跡。孝權為人孝謹，與人語恐傷之，而時嶷嶷有立，與孝權遊者極衆，而獨以其死累余，可尚也已，是為銘。

東明張先生銘

匪禄而康，匪爵而榮。漠焉以虚，充焉以盈。言而不為華，光而不為名，介潔而周流，苞涵而清寧。幽觀其形，與化為冥，寂寞以成其道，是以勿嬰。世皆狂狂，奔利死名，我獨浩浩，端一以生。或曰先生友悌以道，慈幼以死，若不能忘情者何耶？吾曰：道去友耶？去慈耶？從容以求得之耶？蕩莽很悖道之非耶？且夫虧恩壞禮，枯槁憔悴。隳聖圖壽，離中就異。欻然與神鬼為偶，頑然以木石為類，倥侗而不實，窮老而無死。先生之道固知異夫如此也，乃書於石以紀。柳子厚

此二段脱在河中府法曹張君墓碣銘下。

墓銘式

此本無此條。

李元賓墓銘

已虖元賓！壽也者，吾不知其所慕；夭也者，吾不知其所惡。生而不淑，孰謂其壽？死而不朽，孰謂之夭？已虖元賓！才高乎當世，而行出乎古人。已虖元賓！竟何為哉！竟何為哉！韓退之

崔評事墓銘

朝之言嘻嘻，夕之言怡怡，偕入而出乖馬馳，一日不見而死。吁其悲！

施先生墓銘

先生之祖，氏自施父。其後施常事孔子以彰。讎為博士，延為太尉，太尉之孫始為吴人。曰然曰績，亦載其跡。先生之興，公車

是召，纂序前聞，於光有曜。古聖人言，其旨密微，箋注紛羅，顛倒是非。聞先生講論，如客得歸。卑讓肫肫，出言孔揚，今其死矣，誰嗣為宗？縣曰萬年，原曰神禾，高四尺者，先生墓耶！

盧君墓銘

盧君東美。愈謂立曰："子來宜也，行不可一二舉，且吾之生也後，不與而祖接，不得詳也。其大者莫若衆所與，觀所與衆寡，茲可以審其德矣。乃祖未出而處也，天下大夫士以為與古之夔皋者侔，且可以為相，其德不既大矣乎！講説周公、孔子，樂其道，不樂從事於俗；得所從，不擇外內奮而起，其進退既不合於義乎？銘如是，可以示於今與後也歟。"立拜手曰："唯唯。"君祖子輿，濮州濮陽令；父同，舒州望江令；夫人之祖延宗，鄆州司馬；父進成，鄜州洛交令。男三人：暢、申、易，女三人，皆嫁為士人，妻墓在河南緱氏縣梁國之原，其年月日元和二年二月十日云。

大理評事胡君墓志

胡之氏，別於陳。明允先，河東人。世勤固，戴厥身；籍文譜，進連倫。惟明允，加武資；力牛虎，柔不持。吏夏陽，有施為；去平陽，民思悲。河東土，河陸原；宜茲人，肖厚完。五十七，不足年；孤兒啼，死下官。母弟證，秩大夫；摭君遺，哭泣書。友韓愈，司馬徒；作後銘，系序初。

衛府君墓銘

嗟惟君，篤所信，要無有，弊精神。以棄餘，賈於人，脱外累，自貴珍，訊來世，述墓文。

此六段脱。

墓志銘式

薛君墓志銘

宦不遂,歸譏於時,身不得年,又將尤誰,世再絕而紹,祭以不隳。

此段脱在裴君墓志銘下。

李公墓志銘

高其上而坎其中,以為公之宫,奈何乎公。

房君墓志銘

有位有年,有弟有子,後先人葬,是為受祉。

石公墓志銘

生之艱,成之又艱,若有以為而止於斯。

韋公墓志銘

武陽受業,始於太師。以官讓兄,自待不疑。勤於紫閣,取益以卑。可謂有源,卒用無疵。慊慊為人,矯矯為官。爰及江西,功德具完。名聲之下,獨處為難。辯而益明,仇者所歎。碑於墓前維昭美,故納銘墓中以識公墓。

畢君墓志銘

上古愛民,為官求人。苟可以任,位加其身。其後喜權,人自求官。退而緩者,身後人先。故廣平死節而子不荷其澤,王屋謹廉而神不福其謙。嗚呼!天與人,苟無傷其穴與墳。

盧丞墓志銘

宏農諱懷仁,沂諱璥,襄陽諱某,今年實元和六年。

苗君墓志銘

有行以為本,有文以為華,恭以事其職,而勤以嗣其家,位卑而無年,吁其奈何!

孔君墓志銘

允義孔君,兹惟其藏,更千萬年,無敢壞傷。

杜君墓志銘

杜氏大家,世有顯人。承繼綿綿,以及公身。始為進士,乃篤朋友。及作大官,克施克守。纂辭奮筆,煥若不思。公牒盈前,笑語指麾。禄以給求,食以會同。不畜不牧,庫廄虚空。事在於人,日遠日忘。何以傳之,刻此銘章。

盧渾墓志銘

前汝父母右汝兄,汝從之居,視汝如生,遷汝居兮,日月之良,汝居孔固兮,後無有殃,如不信兮,視此銘章。

此十段脱在韋夫人墓志銘下。

按,盧本首銘式,次墓銘式,又次墓志銘式,東明張先生銘下,另有一題曰墓銘式。在墓誌銘式之前,有李元賓墓銘、崔評事墓銘、施先生墓銘、盧君墓銘、大理評事胡君墓銘、衛府君墓銘、故相權公墓銘、覃季子墓銘、善人白公墓銘九段,方接墓志銘式。此本脱去李元賓等六墓銘,而權公等三銘又羼入銘式内,舛誤殊甚。

王君墓志銘

鼎也不可以柱車,馬也不可使守閭。佩玉長裾,不利走趨。祇繫其逢,不係巧愚。不諧其須,有銜不祛。鑽石埋辭,以列幽墟。

扶風郡夫人墓志銘

陰幽坤從,維德之恒。出為辨强,乃匪婦能。淑哉夫人,夙有多譽。來嬪大家，不介母父。有事賓祭，酒食祇飭。協於尊章，畏我侍側。及嗣內事，亦莫有施。齊其躬心，小大順之。夫先其歸，其室有丘。合葬有銘，壼彝是收。

李君墓志銘

不羸其躬以尚其後人。

乳母墓志銘

乳母李，徐州人，號正真，入韓氏，乳其兒愈。愈生未再周月孤，失怙恃，李憐不忍棄去，視保益謹，遂老韓氏。及見所乳兒愈舉進士第，歷佐汴徐軍，入朝為御史、國子博士、尚書都官員外郎、河南令，娶婦，生二男五女，時節慶賀，輒率婦孫列拜進壽。年六十四，元和六年三月十八日疾卒，卒三日，葬河南縣北十五里，愈率婦孫視窆封且刻其語於石，納諸墓為銘。

盧太醫墓志銘

岐黄聖學，炳如月星。苟非其人，道不虚行。惟尚藥公，有得內經。探病之源，起死而生。為醫作鏡，底裏洞明。道風既扇，取重漢廷。陽報沓來，壽考康寧。翛然坐逝，歸神太清。大河安流，扶衛厥靈。扁鵲湯陰，實魏大名。遥遥華胄，復起魏京。古今世業，前後家聲。遺書具在，永為世程。元遺山

此五段脱在息國夫人墓志銘下。

卷五

今墓表式　此本作“墓表式”。

朝列大夫張君墓表　聞公之風　此作“文公”，誤。

御史張君墓表

謹按,中奉大夫故治書侍御史守申州刺史張君諱汝明,字子玉,世家汶上,曾大父靖,大父彦,皆潛德弗耀。父恕,用君貴,贈中議大夫。母程氏,清河郡太君。君三歲喪父,母程,故衣冠家而有賢行,力課君學,君亦能自樹立如成人。弱冠,擢大安元年經義進士第。君資稟厚重,與人交,敦仁義,平居恂恂似不能言,及當官而行,剛介有守,論議純正,人不能奪。仕宦三十年,家無餘資,其他尚多可稱,弗著,著不為窮達易節者。銘曰:汶之洋洋,思聖有堂。禮樂衣冠,此為之鄉。惟御史君,尤魯士之良。沉潛而剛,蓍艾而敦龐。可以為公卿大臣訓於四方。昔往矣,秉筆帝傍,藹然粹温,如珪如璋。今來斯,微服裹糧,衡門棲遲,詠歌虞唐。謂其逢也耶,茫乎及夜舟之藏。其不逢也耶,泰焉如晚節之昌。抱明月而長終,懷舊俗而不忘。在君為樂天,而識者涕滂。林深而蘭芳,風雨如晦,而雞鳴有常。世無良史久矣,孰為發幽潛之光。

司農丞康君墓表

君諱錫,字伯禄,姓康氏,世為寧晉人。中崇慶二年進士第,釋褐櫟陽簿、警巡判官,辟彭原令,入為尚書省掾。考滿,遷開封府判官,尋拜監察御史。言宰相侯摯師安石,非相材,提點近侍局宗室安石聲勢焰焰,公門請托,不可使久在禁近。朝儀偉之。選授右司都事,遷京南路大司農丞。破上蔡諸縣群不逞把持之黨,彈種人以贓汙尤狼藉者五六輩,宰相有不説者云:"康錫不欲吾種人在仕路耶?"因以飛語中之,出為河中府治中,充行尚書六部郎中,城陷,投水死,時年四十八。

陽曲令周君墓表

君諱鼎,字器之,姓周氏,世為定襄人。遷陽曲令,權河東北路轉運司戶籍判官、帥府檢察。又明年,雁門破,兵勢駸駸而南。鄉曲以太原不可保,趣君弟獻臣就謀去就。君為獻臣言:"城不保必矣,我臣子也,尚欲逃死乎?”獻臣欲挈君妻子以出,君又不可,曰:“吾守官於此,而不以妻子自隨,是懷貳也。吾弟往,吾死於此矣。”乃與之泣别於北門之外。是歲城陷,没於兵。實興定二年九月六日也,得壽三十有七,官奉直大夫。

史邦直墓表

邦直諱元,姓史氏,世為武陟人,某年遷河内,乃占籍焉。遷管勾黄河漕運。未幾,河南破,右丞仲德行臺徐州,檄邦直守御注,授彭城令,尋轉充觀察判官,危急存亡之際,多所建白,仲德甚倚重之。喪亂後,間關東歸,歲戊戌十二月二十有六日,春秋五十有七,以疾終於州之私第。邦直為人軀幹雄偉,望之如羽人劍客,而處事詳雅,倉猝無失辭。事母孝,待故舊有終始,身歿之日,識者多嗟惜之。

御史孫公墓表

正大中内帑被盜,所失皆慈聖宫珠貝,上怒甚,公時為監察御史,被詔按其事,而無跡可尋,法官讞疑,欲棄守者市,公執奏緩之,會赦得原。汴民李氏女有姿色,已許嫁矣,首相白撒之侄恃勢奪婚,且欲以為妾。夫家訴於官,官畏狥不為理,遂訴於公。公為奏聞,詔還已許。八年,親享太廟,郕國夫人温敦氏過廟門而不偃蓋,公劾奏以為失臣妾禮,上不忍加姨母罪,敕有司杖御者百,仍罰俸以愧之。舊制,承天門非犒軍不登,一日,上無故登焉,公奏人主不可示民不信,上即日為公犒軍。庚寅、辛卯以來,雖軍出屢勝,而亡徵已具,危急存亡之際,大夫士以自保為幸,或高蹈遠引,脱屣世務,或酣歌縱酒,苟延歲月。公獨正色立朝,耿耿自信,言事數十條,藹然有承平之風。公諱德秀,字伯華,其先涇州長武人,大父皋遭靖康之亂,流寓太原之文水,因家焉。

曹徵君墓表

歲丙午秋九月日,曹徵君子玉以疾終於襄陰之寓舍,春秋七十有四。嗚呼哀哉，世豈復有敦龐耆艾之士如君者乎！君諱珏，姓曹氏，子玉其字也。君既老，自號囂囂老人，有《卷瀾集》三卷藏於家。銘曰：仁信而篤誠，寬博而和平。以儒行概之，衆善具並。何負於人，而不能百齡？豈無百齡，孰愈君之名？城郭千年，貞石有銘。曰是維子曹子之墓，尚可以為鄉人之榮也。

此六條脱，當在朝列大夫張公墓表下。

南峰先生墓表

先生諱豫，字彦先，姓呂氏，懷州修武人。祖道，父琰，皆力田為業。先生自成童知讀書，既冠，遊學東州，以《易》為專門。經明行修，高出倫輩，醇德先生王廣道特器重焉。一時名士如秀容折安上、濟陽王善長、安陽苗景藩、館陶段彦昌、冠氏孫希賢、田子發從之學者甚衆。故家近太行五峰山，因以為號，示不忘本也。有《易說》若干卷。

施州房使君鄭夫人殯表

夫人之先出於周，以鄭為氏因初侯。曾祖諱隨祖諱玠，厥考諱絳咸垂休。歸於房宗生九子，左右黍稷祠春秋。道順德嚴顯且裕，宜壽而富今何謬。永貞冬至前四日，寓殯壙此非其丘。韓退之

故宏農令柳府君墳前石表

少陵原柳氏之大墓，唐貞元十九年某月日孤某奉其先府君洎夫人之喪，祔於其位。由新墓而南若干步，曰高祖王父蘭州府君諱某字某之墓；又東若干步，曰曾祖王父邠州府君諱某之墓；西若干步，曰祖某王父司議郎府君諱某之墓。咸異兆而相望，昭穆之有位序，壤樹之有豐殺，皆如律令。府君諱某字某，由父任為太廟齋郎，更許昌、陽武、闕①、華原尉，王屋丞，汝陰令，為宏農二年。推其誠心，裕於其人。年五十五，建中二年某月日卒於官，以其素廉，家之

① “闕”前脱“伊”字。

蓄不足以充凶事，遂殯於是邑。柳子厚

此三段脱在善人白公墓表下。

臨海弋公阡表

公諱潤，字天澤，姓弋氏，系出臨海，占籍汝州之梁縣者，不知其幾昭穆矣。大父整生二子，長曰洪，次曰海。洪娶張氏，二子曰祐、曰福。海娶酒氏，公其所生子也。弋氏自先世不異財，公早孤，能自樹立如成人，事從兄祐殊恭遜。祐嘗以事客内鄉者二十年，比還，公殖産倍於舊，祐歸求分居，公謂祐言："家所有皆父兄所積，潤但謹守，僅無損耗耳，兄幸歸，請悉主之，潤得供指使足矣。"祐悔悟曰："吾弟忠敬如此，我乃為讒口所間，慚恨無所及，尚欲言分異耶！"乃更相友愛。壬辰，河南破，公挈家避於西山，山栅破，公家亦被驅逐。一卒見公稠人中，請於主帥云："此吾鄉善士，其縱遣之。"帥遣公舉家去。是夜所俘悉阬之，里社為空，公家獨全。親舊歎曰："為善之報見之今日矣。"明年春，鄉郡游騎遍滿，公自度不能受辱，乃投水中，得年若干，實某年月日也。元遺山　此段脱在先侍御史府君神道表下。

誄式

衡州刺史東平吕君誄

聖人有心，由我而得。　此本"由我"而下接卷四《虞部員外郎張府君銘》"吾意已而自署"云云，並連《東明張先生銘》，大誤。下墓銘式亦應在第四卷，止載李元賓、施先生、盧君三墓銘，他本有。

君所居官為第三品，宜得謚於太常，余懼州史之逸其辭也，私為之誄以志其行。其辭曰：麟死魯郊，其靈不施。濯濯夫子，故潔其儀。冠仁服義，干櫓詩書。忠貞繼佩，智勇承綦。跨騰商周，堯舜是師。道不勝禍，天固予欺。鬼神齊怒，妖孽咸疑。何付之德，而奪其時。嗚呼哀哉！命姓惟吕，勤唐以力。輔寧萬邦，受胙爾國。惟師元聖，周以降德。世征五侯，伊祖之則。嗣濟厥武，前書是式。至於化光,爰耀其特。春秋之元,儒者咸惑。君達其道,卓焉孔直。聖人有心,由我而得。敷施變化,動無不克。推理惟公,舒文以翼,宣於事業,與古同極。道不苟用,資仕乃揚。進於禮司,奮藻含章。決科聯中,休問用張。署讐百氏,錯綜逾光。超都諫列,屢皂其囊。帝殊爾能,人服其智。戎悔厥禍,款邊求侍。盛選邦良,難乎始使。君登御史,贊命承事。風動海壖,皇威以致。來總征賦,甲茲郎吏。制用經邦,時推重器。諸臣之復,周官匪易。漢課牋奏,鮮云能備。君自他曹,載出其技。筆削自任,群儒革議。正郎司刑,邦憲為貳。糾佞肅邪,諂諛具畏。遷理於道,民服沐嘉。恩疏若昵,惕邇如遐。實閉其閣,而撫千家。載其愉樂,申以舞歌。賦無吏迫,威不刑加。浩然順風,從令無譁。繇鼃外邑,我繭盈車。雜耕鄰邦,我黍之華。既字其畜,亦藝其麻。鼙鼓斯屏,人喜其多。始富中教,興良廢邪。考績既成,王用興嗟。陟於嶽濱,言進其律。號呼南竭,謳謠北溢。欺吏悍民,先聲如失。逋租匿役,歸誠自出。兼併既息,罷羸乃逸。惟昔舉善,盗奔於鄰。今我興仁,化為齊人。惟昔富人,或賑之粟。今我厚生,不竭而足。邦思其弼,人戴惟父。善胡召災,仁胡罹咎。俾民伊怙,而君不壽。矯矯貪淩,乃康乃茂。嗚呼哀哉,廩不餘食,藏無積帛。內厚族姻,外賙賓客。恒是懸罄,逮茲易簀。僮無凶服,葬非舊陌。嗚呼哀哉,君昔與余,講德討儒,時中之奥,希聖為徒。志存致君,笑詠唐虞。揭茲日月,以耀羣愚。疑生所怪,怒起特殊。齒舌嗷嗷,雷動風驅。良辰不偶,卒與禍俱。直道莫試,嘉言罔敷。佐王之器,窮以郡符。秩在三品,宜謚王都。諸生群吏,尚擁長圖。故友咨懷,累行陳謨。是旌是告,永永不渝。嗚呼哀哉。柳子厚

虞鳴鶴誄

維某年月日,前進士虞九皋字鳴鶴終於長安親仁里。既克葬於高陽原,二三友生皆至於墓,哀其行之不昭於世,追列遺懿,求諸后土,申薦嘉名,實曰恭甫,乃作誄曰:吴虞之分,爰宅上陽。其後優遊,在越為鄉。延詡輔漢,恢定封疆。東徙之賢,時維仲翔。曰

預曰喜，在晉克彰。義篤斯文，有苾其方。秘書多能，垂耀於唐。洎於漢陽，世德以昌。毗贊尚父，休徽用楊。惟我先君，並時翱翔。洽主記室，蔚其輝光。實契伯仲，永永不忘。漢陽元子，實紹其美。傳襲儒風，彪炳文史。克恭以孝，惟禮是履。譽洽於鄉，論為秀士。百郡之選，叢于京師。昧没騰籍，乘淩蔽欺。生之始至，則奮其儀。退默以謙，人悦而隨。名卿是挈，先進咸推。方出群類，振耀於時。禍丁舅氏，漂淪海沂。捧訃號呼，匍匐增悲。喪有幼主，禮或多違。孰狥於名，而不是思。投袂就道，乘艱若夷。竭誠喪具，申敬裳帷。萬里來復，祇祔於墓。遽不淩節，儉而有度。由其温恭，守以貞固。行道咨嗟，觀禮興慕。復從鄉賦，煥發其華。克不再舉，聞於邦家。倚閭千里，歎詠斯多。姻族盈門，載笑且歌。君之不淑，名立志沮。慶歸其鄉，身終逆旅。生死已間，壽觴方舉。賀書在途，委骨歸土。哀歡易地，弔慶交戶。神胡不仁，降此大苦。嗚呼哀哉！惟昔夏首，羈貫相視。通家修好，講道為鄰。既冠於阼，思致其身。升于司徒，及爾繼年。交歡二紀，莫間斯言。愉乎其和，確爾其堅。更為砥礪，咸云韋弦。今則遽已，吾其缺然。嗚呼哀哉！誄行謀謚，惟古之道。生而無位，歿有其號。惟是友生，徘徊顧悼。爰用壹惠，幽明是告。温温其恭，惟德之經。先民有作，今也是旌。嗚呼恭甫，欽此嘉名。

行狀式

故銀青光禄大夫右散騎常侍輕車都尉宜城縣開國伯柳公行狀

如韓退之式，但多開州縣鄉里姓名並年耳。曾祖善才，皇荆王侍讀。祖尚素，皇潤州曲阿縣令。父慶休，皇渤海郡縣丞，贈蔡州刺史、工部尚書。汝州梁縣城鄉思義里柳渾年七十四狀。公字惟深，其先河東人。夫其子恭父慈，善行也；拊循制理，能政也；直廉潔静，儉德也；拒疑獨斷，明識也；冒危以捍牧圉，大節也；犯顏以陳訏謨，至忠也。有一于此，尚宜旌褒，矧兹備體，焉可以已，固當飾以榮號，章示後來，而故吏遺孤，淪寓遐壤，久稽典罪在宗屬，敢用評騭舊行,敷贊遺風。若乃揚孔氏褒貶之文,舉周公懲勸之法,徵於誄謚,則有司存。謹狀。

韓昌黎先生行狀　李翺　前式大抵相類,故止附見其目,當意推之,後仿此。

吏部侍郎沈公行狀杜牧之

御史大夫清河公崔公行狀

國子祭酒韓洄行狀權載之

宣州觀察使王凝行狀司空表聖

尚書戶部侍郎蔡公行狀歐陽永叔

司封員外郎許公行狀

歐陽文忠公行狀吴充

司馬温公行狀蘇子瞻

名號稱呼類

韓魏公祭式元遺山記其大略姑録之　古人書曾祖黄祖皇考　此本脱"考"字。

論碑文合書不合書

歐陽永叔陳文惠公神道碑　公諱堯佐,前娶曰杞國夫人宋氏,後娶曰沂國夫人王氏。　此本作"公諱實,前娶曰沂國夫人",誤"堯佐"為"實",又脱"杞國夫人宋氏後娶曰"九字。

卷六

先敘姓氏三代次履歷而以妻子居後　此本作"歷履",與"履歷"兩通,惟下文均作"履歷",則宜一律。

清邊郡王楊燕奇碑文二十四卷　此條脱在崔評事墓銘下。

國子司業竇公墓志銘三十三卷

太原府參軍苗君墓志銘三十五卷

此二條脱在江西觀察使韋公墓志銘下。

銀青光禄大夫贈工部尚書太原王公神道碑二十七卷　此條脱在清河郡公房公墓志銘下。

朝散大夫商州刺史除名徙封州董府君墓志二十九卷

秘書少監贈絳州刺史獨孤府君墓志銘二十九卷

檢校尚書左僕射統軍劉君墓志銘二十九卷

監察御史衛府君墓銘三十卷

此四條脱在殿中侍御史李君墓志銘下。

江南觀察使中大夫洪州刺史中丞贈常侍太原王公神道碑銘三十一卷　此條脱在鳳翔隴州節度使李公墓志銘下。

先敘家世

河南府王屋縣尉畢君墓志銘二十五卷　此條脱在集賢校理石君墓誌銘下。

銀青光禄大夫襄陽郡王平陽路公神道碑銘二十六卷　此條脱在中散大夫河南尹杜君墓志銘下。

昭武校尉守左金吾衛將軍李公墓志銘三十二卷　此條脱在柳子厚墓銘下。

朝散大夫越州刺史薛公墓志銘三十二卷

中大夫陜府左司馬李公墓志銘三十四卷

此二條脱在朝散大夫越州刺史墓志銘下。

無履歷可敘者

韓滂墓志三十五卷　此條脱在處士盧君墓志銘下。

僅有初筮可書者

登封縣尉盧殷墓志銘三十五卷　此條脱在李元賓墓銘下。

虢州司戶韓府君墓志銘二十五卷　此條脱在河南王屋縣尉畢君墓志銘下。

敘文辭之盛者

施先生墓銘二十四卷　此首條脱。

自乞銘序起

貞曜先生孟郊墓志二十九卷　此條脱在袁氏先廟碑下。

有志無銘

登封縣尉盧殷墓志銘二十五卷　此首條脱。

殿中少監馬君墓志三十三卷　此條脱在河中府法曹張君墓碣銘下。

述其妻子之辭

襄陽盧丞墓志二十五卷　此首二條脱。

河中府法曹張君墓碣銘二十五卷　此首二條脱。

貝州司法參軍李君墓志三十四卷　此條脱在殿中少監馬君墓志下。

王臨川以為銘之奇者

故幽州節度判官贈給事中清河張君墓志三十四卷　此條脱在試大理評事王君適墓志下。

賜廟碑體

魏博節度觀察使沂國田公先廟碑銘二十六卷　此條脱在烏氏廟碑銘下。

公相銘志體

司徒兼侍中中書令贈太尉許國韓公神道碑銘三十二卷

銀青光禄大夫贈工部尚書太原郡公王公神道碑二十七卷　此二條脱在清河郡公房公墓碣銘下。

節度觀察刺史志銘碣

魏博節度觀察使沂國田公先廟碑銘二十六卷　此條脱在鳳翔隴州節度使李公墓志銘下。

又志銘三十三卷

朝散大夫商州刺史除名董府君墓志二十九卷

秘書少監贈絳州刺史獨孤府君墓志銘二十九卷

此三條脱在江南西道觀察使贈左散騎常侍太原王公神道碑下。

御史卿監郎官墓志

監察御史衛府君墓銘三十卷　此條脱在殿中侍御史李君墓志下。

國子司業竇公牟墓志三十三卷

中散大夫少府監胡良公墓神道碑三十卷

此二條脱在正義大夫尚書左丞孔公戣墓志下。

考工員外郎盧君墓銘三十四卷

朝散大夫贈司勳員外郎孔君墓志二十六卷

此二條脱在殿中少監馬君墓志下。

朝散大夫尚書庫部郎中鄭君墓志三十二卷　此條脱在虞部員外郎張府君墓志下。

崔評事墓志二十四卷

大理評事王君墓志二十八卷

集賢院校理石君墓志三十五卷

國子助校河東薛君墓志二十四卷

此四條脱在太學博士李君干墓志下。

州縣官志銘

柳子厚墓志三十二卷　此條脱在中散大夫河南尹杜君墓志下。

河南少尹李公墓志三十五卷

興元少尹房君墓志二十五卷
幽州節度判官贈給事中清和張君徹墓志三十四卷
此三條脱在河南少尹裴君墓志下。
貝州司法參軍李君墓志三十四卷
虢州司戶韓府君墓志三十五卷
此二條脱在太原府參軍苗君墓志下。
河南令張君墓志三十卷　此條脱在貞曜先生墓志下。

卷七

書母例

父娶河南獨孤氏女　生二子君其季也　朝散大夫庫部鄭君志
公之父娶鄉邑劉氏女　生公是為齊國太夫人　司徒韓侍中碑
父娶裴氏女　貞曜先生志
父娶陳留太守薛江童女　殿中侍御史李君志
母曰太原縣君　虞部員外郎張府君志
母夫人燉煌張氏　河南少尹李公志
公先妣渤海李氏　贈渤海郡太君觀察太原王公志

書伯叔例

世父　伯父也四門博士　周況妻韓氏志　注,《儀禮・喪服篇》有族曾祖父者,曾祖之兄弟也。其子為族祖父,其孫為族父,其曾孫為族兄弟。有從祖祖父者,祖父之兄弟也。其子為從祖父,其孫為從祖兄弟。有世父叔父者,父之兄弟也。其子為從父兄弟。今韓公於開封及虢州皆為從父弟矣,於開封之女則公當為從祖父也。

叔父　告於叔父　襄陽郡王路公碑

書伯叔母例

世母　伯母也

書兄弟姊妹例

母兄
君母兄戣某官　孔員外志
公之母兄太常博士　河南少尹杜君志
母兄戢某官　　除名人董府君志
歸宗之妹　育幼弟與歸宗之妹　處士盧君志
族弟　因其族弟以來請銘　襄陽郡王路公碑

書姊妹夫例

姊壻　銀青光禄王公志
妹壻　愈于處士妹壻也　盧處士志

書妻例

妻彭城人　河中府法曹張公志
公之配　彭城劉氏夫人少尹李公志
夫人　秘書少監獨孤府君志
公娶清河崔氏女　故相權公志
公娶其舅女　觀察太原王公志

書子男例

能子　是真能子矣　襄陽盧丞志
為後子　仁本為後子獨存　觀察鄭公志

妻女壻例

長女壻
次女壻　觀察太原王公志

季女壻　其季女壻韓愈為之志　盧府君夫人苗氏志

書舅姑例

姑氏　母抱之置之姑氏以去　中大夫陝府司馬李公志
尊章　恊於尊章　扶風郡夫人志

書外家例

外高王父　外王父
自外高王父至外王父　銀青光禄大夫王公志
舅氏　少依舅氏讀書習騎射　司徒韓侍中志
夫人之兄　生公是為齊國大夫人夫人之兄曰司徒　同上
舅弟　葬子厚於萬年之墓者舅弟盧遵

職名例

有出身必書例

大父含液舉進士第,官卒河南法曹。　參軍苗君志
父倚舉進士,天寶之亂隱居而終。　崔評事志
皇考諱郇,以儒學進,官至侍御史。　河南令張君志
父宰臣用進士,卒官平陽翼氏令贈潭州大都督。　中散大夫少府監胡公神道碑
初干以進士為鄂州從事。　太學博士李君干志
道古進士司馬郎刺史隨唐睦徵為少宗正,兼御史中丞,以節度督黔中朝京師,改命觀察鄂岳蘄沔安黄。　曹成王碑
公一兄三弟:常、群、庠、鞏。　常進士,水部員外郎,夔江撫四州刺史;群以處士徵自吏部郎中,拜御史中丞,出帥黔容以卒;庠三佐大府,自奉先令為登州刺史;鞏亦進士,以御史佐淄青府,皆有材名。　國子司業竇公志
有子曰寘明經及第嗣其家業。　江西觀察韋公志
有子男七人:初、哲、貞、宏、泰、復、泂。初進士及第,哲文學俱

善,其餘幼也。 觀察贈常侍太原王公志 此本空白兩行,實脱去以上各條五十五行。

書父及其夫其子例

楚國夫人姓崔氏 此本作"翟"。

書妻及妻之祖父不書妻曾祖例

貞孝公皋之承孫 此本作"承孫","承"字衍。

書再娶例

夫人隴西郡夫人李氏 此夫人下衍"即"字。

書壻姓名例

此作"不書壻姓名",按,"不"字衍。此三條明書壻姓名。

長女嫁亳州永城尉 此本作"永州城尉",衍"州"字。

書子女及外孫例 此本衍"婿"字、"於"字。

卷八

書病死例

年若干,元和七年甲子日南至以疾卒息國夫人志 在許國公韓弘神道碑下。 此於書生死年月日例下再列書病死例一條,則複矣。

書自他州返葬例

注:秘書少監贈絳州刺史 此脱"州"字。

卷九

論作文法度

反覆照應　此作"難應",誤。
探其深賾　此作"頤",誤。
蔚乎其春　此"蔚"作"尉",誤。

論作文當取法經史造語

游廬山訖事　"訖"作"記",誤。

擬誥之始

翰林曰翰林制誥,中書曰中書制誥　此作"翰林曰制誥,中書曰制誥",誤。

露布式

天寶十二載　此作"𢧐",不成字。

擬檄之式

劉勰《文心雕龍》　注:誕告下民　此"下"作"上",誤。
東萊先生　稍覺氣象佳　此作"旺",誤。

箴式

注:揚雄百官　此"官"作"宮",誤。

擬贊之始

蜀楊戲著季漢輔臣贊　"著",此作"着",誤。

序式

注:慶後人之將蒙其休澤也　此作“復人”,誤。

蒼崖先生十五例

生娶嫁女　此作“稼”,誤。

卷十

元正朝賀

或兑賀正日　按,當作“免賀”,此作“兑”,誤

百官拜罷

左右丞則云以某人為某官　此作“丞相”,與上文複。

元潘蒼崖先生《金石例》十卷,公子潘詡敏中為饒州理官,屬郡士楊本端如刻之,此第一刻也。既敏中挈板歸濟南,吴旭景陽、吴以牧子謙復加校正刻之,王思明序,此第二刻也。第一刻在至正七年,第二刻在至正八年,均刻於鄱陽。龍宗武再搴泰和楊寅弼鈔本,刻於明時,此第三刻也。吾友積餘得第二刻,半葉九行十七字本,元刻元印,黄蕘圃所推為甲等者。首有“毗陵周氏九松迂叟藏書記”朱文長方印,又“周印良金”朱文方印。良金,明嘉靖三十年歲貢,光禄寺署丞,見《武陽合志》。則是本在明中葉已為藏書家所重,後有顧千里跋,亦極言此書之佳,積餘遂舉而影刻之。此書向有雅雨堂刻本,以為盧本出於鈔帙,又改易行款,看似不如此刻。荃孫檮昧,未加詳核,覆刻成書,方與讎校,則原本亦有脱誤,謹發舊藏朱竹垞、袁綬階所藏兩鈔本,並盧本對勘,成札記一卷,然後知天水、蒙古兩朝所刻亦未盡善,不第《日知録》所云井卦上六脱象辭,坤為釜,刻釜為金,與乾象同,致有司以之發策麻沙坊刻,貽笑

藝林,亦不能為兩朝諱。今以札記對讀,稍為可觀,字大如錢,清勁悅目,所謂下真跡一等者,亦藝林之偉觀矣。江陰繆荃孫校竟跋於金陵寓廬之雲自在龕,戊申二月宿雨初霽,棉衣乍脱,茗花如雪,新蕉展緑時也。

宋台州本荀子與熙寧本同異記

據光緒民國間刻《藝風讀書記》本

宋台州本荀子與熙寧本同異記

荀子注序熙寧本無“注”字。

諸侯分政熙寧本“分”作“力”。　弛而復張熙寧本“弛”作“弛”。其所徵據熙寧本“徵”字不缺筆，下“徵”字方言同。

荀子新目録

冨國篇第十熙寧本“冨”作“富”。　致仕篇第十四熙寧本“致”从“至”旁攵，下同。

荀子卷第一

勸學篇第一

須史之所學也熙寧本“史”作“臾”。　而致千里“致”从攵。　巢非不完也熙寧本“完”缺末筆作“宀”，注可謂完堅矣，同。　注一名白茝熙寧本“茝”皆作“茝”。　注搆結也熙寧本“搆”作“構”。　怨之所構熙寧本“怨”作“怨”。　梧鼠五技而窮熙寧本“技”作“技”，从支不从攴，是也。注中三“技”字同。　注能宂熙寧本“宂”作“穴”。　瓠巴鼓瑟熙寧本“鼓”作“鼓”，从支不从攴，是也。下“伯牙鼓琴”“鼓”字及两注中三“鼓”字皆同。須史舍也熙寧本“史”作“臾”，下皆同，不復出。　注爲已熙寧本“已”，作“己”是也。　螾熙寧本作虫旁而下犬，注皆同。　注謂之賛唱熙寧本“唱”作“嘳”，是也。　注吴起謂商文曰熙寧本“商”作“商”。　注而後梭熙寧本“梭”从手旁。

脩身篇第二

注昜曰熙寧本“昜”作“易”，是也。　注讀爲災熙寧本“災”作“灾”，下同。 謟諛我者熙寧本"謟"作"諂","諛"作"諛",下同。 致惡其賊"致"从攵,下皆同,不復出。 諫爭者疏熙寧本"疏"从𤴓。 觸陷生疾熙寧本"觸"作"觸","陷"作"陷"。 謂之謟"謟"从臽,注同。又注"陷"字皆从臽,皆熙寧本是也。 謂之諛熙寧本諛从臾,注及下皆同,不復出。 多而亂曰秏熙寧本"秏"作"秏",注同。 注修身之術熙寧本"修"皆作"脩",不一一出。 養心之術熙寧本"術"皆从朮,下及注皆同,不復出。 步道者熙寧本"步"从少,不从少,注及下同。 注鼻口面體熙寧本"鼻"作"鼻","面"作"百"。 倚魁熙寧本"倚"从奇,不从竒;"魁"从斗,不从斗,注內皆同。 注一涉反"涉"亦从少,不从少。 注渠讀爲遽熙寧本"渠"皆从巨,此从臣,誤。下渠渠同。 雖陷刑戮熙寧本"陷"皆从臽,是也,後不復出。 注其子焉住矣熙寧本"住"作"往",是也,此誤。

荀子卷第二

不茍篇第三

注羽氣忒羽"成"誤"忒"。 注辯足以明一熙寧本"一"作"事"。 注人不能勝熙寧本"人"作"而"。 非謟"謟"當從熙寧本爲言旁臽,後皆同,不復出。 言巳之光美熙寧本"巳"作"己",是也。下皆同,不復出。 注滌予誚反熙寧本"予"作"子",是也。 注變改凡"改"字熙寧本皆从己,是也。後不復出。 嘿然而喻熙寧本"嘿"皆從黑,注及下皆同。 不誠則疏熙寧本"疏"皆從𤴓,後不復出。 注賣直熙寧本"賣"从買,不从買,是也。 前後慮熙寧本"慮"皆从七,不作土。

榮辱篇第四

戈矛之刺熙寧本"刺"從朿,不從束,是也。 注巳直人曲熙寧本"巳"作"己",下注刻"巳"同。 鬬者熙寧本"鬬"皆从鬥,是也,下及注同,不復出。 親戚熙寧本"戚"皆从戉,後不復出。 豈不過甚熙寧本"豈"作"豈",注及下皆同。 賈盜熙寧本"賈"皆作"賈",注同。 注當爲鮍熙寧本從犮,不從友,凡"鮍"字皆同。 不怨熙寧本"怨"皆作"怨",不從七,後不復出。 注愷悌熙寧本"愷"從豈,後凡從豈者同,不復出。 注胠與袪同熙寧本"袪"字皆從衤,不從衣,是也。 以敦比其事業敦缺末筆,下皆同。 君子汪錯"汪"作"注",是也。此誤。 而後備者也熙寧本"備"作"俻"。 注以穀食於圈中熙寧本"穀"從㱿,從禾,此誤。 注與眓狘同熙寧本"眓"、"狘",皆從戉,不從戊,注中皆同。 注矜莊熙寧本"矜"從今,此誤。 累世熙寧本"丗"作"世"。 禦欲熙寧本"禦"作"御",是也。注"禦制也"同。 注廣慱"慱"作"博",是也,下同者不復出。 注聖人所以治人之七情熙寧本作"聖人之所以治人七情"。 注盈虗"虗"作"虛"。

荀子卷第三

非相篇第五

斷菑熙寧本"斷"作"斷","菑"從巛,注同,凡從巛者皆同,不復出。 注毛廧"廧"從回,此誤。 注多步凡"步"皆從少,後不復出。 注湷川熙寧本"湷"從夾,不从舂。 悔其始熙寧本"悔"從每,注同。 幼而不肯"幼"從力,不從刀,是也。後皆同,不復出。 注笑笑者熙寧本作"形笑者"。 黼黻熙寧本作"黼黻",注同。 注亦猶比也熙寧本"比"作"此"。 賁之神之熙寧本"賁"作"貴"。 注目神異熙寧本"目"作"自"。 注無根木也熙寧本"木"作"本"。 起於上熙寧本"起"皆從己。後不復出。

非十二子篇第六

注上下之意也熙寧本無"之"字。 注仁義禮智者也熙寧本"者"作"信"。 注喧囂囂从"頁"是也,此從"貢",誤。 佛然乎世熙寧本"乎"作"平"。 注明上之所禁也熙寧本"上"作"王"。 注曰公它成熙寧本"曰"字似作"田"。 注逆者熙寧本"逆"作"逆",此誤。 注出也熙寧本作"步",注内同此本,出於日本作"出",疑非台州本原字。 不耻不見用熙寧本"耻"皆作"恥"。 注假借"假"不從殳,熙寧本不誤。

仲尼篇第七

竪子熙寧本"竪"字缺一點作"竪",下同。 注穀梁凡"穀"字熙寧本皆從"㱿禾",此本皆從"㱿木",此誤,後不復出。 注不升熙寧本"升"皆作

“廾”。　注衰世“衰”是“衰”之壞體，熙寧本正作“衰”。

荀子卷第四

儒效篇第八

屏成王凡從尸者，熙寧本皆從戸，是也。前後不復出。　教誨熙寧本“誨”從母，不從毋。　邪道爲貪熙寧本“貪”從今，不從令，是也。　社稷熙寧本“稷”從禾，不從礻，下同。　夲朝“夲”熙寧本作“本”。　設規矩熙寧本“規”作“規”。　几知説熙寧本“几”作“凡”，是也。　注使汝爲□□蜮也所空兩字即“鬼爲”，熙寧本有之。　注貣士得反熙寧本“士”作“土”，是也。　挾洽熙寧本“洽”作“治”，是也。　姬姓凡從叵者熙寧本從叵，是也。　注不休當依熙寧本“休”從木，不從朮。　注汜音當從熙寧本“音”下增“祀”字。　注於申反熙寧本“申”作“甲”，是也。　鼓之熙寧本“鼓”從攴，是也。　注凾人熙寧本“凾”作“函”。　注一壷酒“壷”誤，熙寧本作“壷”。　注先王夫之有“夫”誤，熙寧本作“未”。　注故士也“士”誤，熙寧本作“亡”。　注爲之一也“一”字衍，熙寧本無。　注切所宜“切”從七，不從土。

荀子卷第五　楊倞熙寧本卷首缺二頁，而此“楊”字從木旁。

王制篇第九

職而不通“職”字以上熙寧本皆缺。　注衆人之毋熙寧本“毋”作“母”，是也。　材技之士“技”熙寧本從攴，不從支，注同。　注通啇“啇”誤，熙寧本作“商”。　黿鼉魚鼈熙寧本皆從黽不從龜，是也。下皆同。　注敦朴“敦”缺末筆。　尚完利“完”字皆缺末筆。

荀子卷第六

富國篇第十

樹事熙寧本“樹”字皆缺末筆。　注不秏損熙寧本“秏”皆作“秏”。

伺詐"伺"熙寧作"司"。按此本人旁,似後加。　注除天物之外熙寧本"天"作"大",是也。　注薦或爲存"存",熙寧本作"荐",是也。　爪麩熙寧本"麩"從"麥",注同。　其政令一熙寧本"一"字中斷分作注中兩"一"字。

是闇王已熙寧本"王"作"主",下"是愚王"同。　所以夫之"夫"誤,熙寧本作"失"。淑人"淑"誤,熙寧本作"淑"。注□巧爲繁多按熙寧本空格是"但"字。

荀子卷第七

王霸篇第十一

注寧有己怨"己"熙寧本作"已",是也。　注不忘耗費熙寧本"耗"皆從禾旁,後不復出。　注而滅之也熙寧本無"也"字。　注竪貂熙寧本"竪"字缺右點。　注綦掝也"掝"誤,熙寧本從木旁。　注舂稾"稾"熙寧本從禾不從木。　共已而矣"矣"誤,熙寧本作"已"。　無ナ是其外矣"ナ"熙寧本作"有"。　罷罷熙寧本從冂不從皿,注同。　而社稷危此"稷"字熙寧本從禾旁。　周公且"且"誤,熙寧本作"旦"。　注皆不定爲也"定"誤,熙寧本作"足"。　注當爲疷熙寧本"疷"作"疷",下同。　去遂之熙寧本"遂"作"逐",是也。　注若兵甲田賦"兵"熙寧本作"丘"。　注令"史"熙寧本"史"作"吏"。

荀子卷第八

君道篇第十二

雖慱傅熙寧本作"雖博傳"。　以爲故也熙寧本"也"作"邪"。　史吏熙寧本"史"作"使"。此字似後人描改。

荀子卷第九

臣道篇第十三

不邺熙寧本"卹"從卩不從阝。　第四頁熙寧本缺。　王好獨熙寧本“王”作“主”。 臣救熙寧本“臣”作“臣”。 不邮是非熙寧本凡“邮”皆從卩,後不復出。 注使生狂也熙寧本“狂”作“狂”。

致士篇第十四

山林“茂”從戊誤,熙寧本從戊。 注糞其根也“糞”从采誤,熙寧本從米。

荀子卷第十

議兵篇第十五

注儵忽之閒“儵”熙寧本從犬不從火。 秉鉞熙寧本“秉”作“秉”,“鉞”從戉,是也。 攻完“宀”缺末筆。 注髀褌一“褌”熙寧本作“褌”。注音秩“秩”誤,熙寧本音秋。 注不得必“得”誤,熙寧本作“可”。 注故无兵“无”誤,熙寧本作“無”。 失是之謂大吉“失”誤,熙寧本作“夫”。注有臣有左師上“有”字誤,熙寧本作“其”。 驩兆熙寧本“兆”作“兜”,注同。 得夫下也熙寧本“夫”作“天”。 注主之兵熙寧本“主”作“王”。注姐己熙寧本“姐”作“妲”。 注富具熙寧本“具”作“足”,是也。

荀子卷第十一

彊國篇第十六

注初開此也“此”熙寧本作“刑”。 注受命子宣王“子”熙寧本作“于”。 以爲齊爲歸熙寧本無上“爲”字。 注一則天下笑起至正文是仁止二頁缺。 注曾參下脩武“曾”誤,熙寧本作“曹”。 第十一頁熙寧本此頁略異,板心有字數,而“步”字從少,“策”字從朿。 注大荒熙寧本“大”作“太”。

天論篇第十七

注蕃茂也“茂”,熙寧本從戊。 光輝熙寧本“輝”作“暉”。 煇潤不慱熙寧本“煇”作“暉”,“慱”作“博”。 而盡亡矣熙寧本作“盡而亡矣”。

注豊富"豊",熙寧本作"豐",下同。　注裁制之熙寧本"之"下有"也"字。　注天之所禽"禽"熙寧本作"命"。　注直者爲桶"桶"熙寧本作"桷"。　望時而侍之"侍"熙寧本作"待"。　聘能熙寧本"聘"作"騁"。注"聘其智能"同。　注目物而自多熙寧本"目"作"因","而"作"之"。　注万物熙寧本"万"作"萬"。　注若思熙寧本"若"作"苦"。　注猶无益也熙寧本"无"作"無"。第二十三頁板心無人名,誤。字亦多,字體與呂本絕異,疑非從台州本影出,俟考。　注摽準也"摽"熙寧本從木旁。

荀子卷第十二

正論篇第十八

注特猶耳也"耳"熙寧本作"直",是也。　注亦非謂形象也熙寧本"形"作"刑"。　注緦冠縓纓"縓"熙寧本作"澡"。　注謂穀張也熙寧本"穀"字從"𣪊",本不從禾。　注韋昭公熙寧本"公"作"云"。　注藩服熙寧本"藩"作"蕃"。　注而不圖熙寧本"圖"作"圓"。　注五伯里甸服"伯"誤。熙寧本作"百"。　注必帥舊典熙寧本"必"作"心"。　以養皐熙寧本"皐"從畀。　注汪禮記"汪"誤,熙寧本作"注"。　注王由人耳熙寧本"王"作"主"。　注即龍疏鬚音熙寧本"疏"下疊"疏"字,是也。

宋淳熙八年,唐與政以公庫錢刻《荀子》於台州,即繙刻國子監本,有王子韶同校、呂夏卿重校題名、熙寧元年國子監劄子及校勘官十五銜名。每半葉八行行大十六字小廿四字。高七寸五分,寬六寸。黎公使重刻於《古佚叢書》内,海内稱爲精本。今松江韓氏藏熙寧原本,取以相校,又有不同,謹爲標出,可見繙刻一次即有訛錯,雖宋人亦不免此。華亭張丈文遠所校以台州本爲大字,熙寧本轉作小字,與荃孫校例不同,附識於此。歲在丙辰三月上巳日,江陰繆荃孫識。

邵氏聞見録校記

據北京大學圖書館藏稿本

邵氏聞見録校記汲古本以元钞本校補

序

奉康節公几凡杖

邵氏聞見録卷一

毛本“邵”上有“河南”二字，“録”上衍“前”字，時尚未知有後録，“前”字為後人所加，猶《漢書》各本亦加“前”字，皆誤，下亦無著書人名，各卷同。

偽蜀孟昶至犍為縣原脱此字　別去其地原脱二字因號曰哭蜀王灘　凡昶新所榷稅食飲之物皆罷

真宗皇帝原脱二字景德元年契丹入寇犯澶淵，京師震動，時上衍“當”字大臣有請幸金陵，幸西原脱此字蜀者，左丞原脱此字相畢文簡公病不出，右丞原脱此字相寇萊公獨勸帝親征，帝意原脱此字乃決，遂幸澶淵。帝意原脱此字不欲過河，寇公力請，高瓊控馬上衍“帝”字渡過浮梁　既射殺死虜驍將順國王撻覽　萊公遣侍禁曹利用以往原脱二字帝上曰　萊公戒曰上衍“之”字　陛下聞知博乎錢輸將盡，取其餘出上衍“盡”字之，謂之孤注，陛下寇準之孤注也，尚何念之原脱此字，帝聞驚下衍“之”字甚

真宗皇帝原脱二字東封西祀　於樓前起彩山幛之原脱此字　文定公原脱二字令行酒　上亦笑，即令命女樂列樓下，臨軒觀之

章獻明肅太后　君之貴，以此女也，又原空二字曰　后至上衍“之家”二字京師　長蘆寺無三門矣原脱此字，后其念之！后以本閣服用物下兩寺為錢，以原脱此字建

卷第二

仁宗好用導引術　命內侍按宮人籍白原脱此字上出上衍"自"字若干人　上比漢文帝何如原脱二字奎對以此

仁宗朝　時府兵有肉生於背,蜿蜒如龍狀伏者。仁宗語謂宰輔曰

孫文懿公為翰林學士,撰進升祔李太后赦文,仁宗皇帝原脱二字覽之感泣

伯温嘗得老僧海妙者　夜久原脱一字聞樂聲出雲霄間

仁宗一日幸張貴妃閣　帝怒曰:"嘗戒汝勿通臣僚饋遺送,不聽何也。"　嗚呼原作"烏乎"仁宗寵遇貴妃冠先於六宮

仁宗皇帝原脱二字朝,王安石為知制誥　每以謂漢文武恭儉為無足取者原脱七字,其心薄仁宗也,故一時大臣富弼、韓琦、文彦博而下原脱二字皆為其詆毀云

仁宗皇帝原脱二字一日天大雷震

仁宗御馬　帝以叔原脱二字父事王

本朝自原脱此字祖宗以來　多至失所有赴水河而死者　嗚呼原脱二字,可以謂之仁矣

仁宗皇帝原脱二字　帝登車問神何上衍"人"字人

仁宗皇帝原脱二字初納光獻后

仁宗皇帝原脱二字初升遐禁中

熙寧初仁宗皇帝原脱二字　蓋虜主王為太子時,雜入國使人中,雄州密以聞至闕下原脱三字　臨拜規撫之曰:吾原脱此字與汝一家也,異日惟盟好是會,唯原脱此字生靈是愛。

英宗山陵有輦官畢達慟哭原作"苦慟"於仁宗永昭陵下

永安霍道全者　道全忽歷徧山川原　初卜陵地原脱此字,有司召問之,道全曰:"今永安縣原脱此字地吉,吾謂原脱二字宜徙以為陵寢。"　凡所言全皆不用

卷第三

英宗於仁宗為侄　各以長成立　宣醫投藥已無及矣原脱此字　但以密敕召兩府令原脱此字黎明入，三上衍“又”字更令進粥，四更再召醫，又使人守之，翌日原作“望思”　解其髪衣原脱此字，以黄衣命翰林學士王珪草遺詔原脱五字，珪懼甚，不敢下筆　至今讀之，使人流涕下衍“也”字　乃云光獻聽信讒　韓氏子孫販賣松櫝，張大勳業以希進用，殊原脱此字不知陷其父祖於不義也　不幾於跋扈者老乎　吕誨中丞論原脱此字魏公以下遷官疏，乃天下之公言也。

英宗即位之初　時富魏公為樞密，怪上衍“相”字魏公不關報徹簾事　今皇太后謂臣與胡宿吴奎等曰：“無夫婦人無所告訴，其言原脱三字至不忍聞。”　國史著富公以不預策立英宗，與魏公至死此祭弔不通，非也

本朝自祖宗以儉德垂世，寺中有温成宫中物上衍“故”字，素朱漆床、黄絹緣席、黄隔織褥，帝飛上衍“御”字白書温成影帳牌，才二尺許原脱此字，朱漆金字而已，以温成寵冠六宫服用止於原脱此字此下衍“故帝寢疾，大臣入問，見所御皆黄紬，烏乎，恭儉之德不在此乎”廿四字。

光獻太皇太后　是年十七月

神宗開潁邸　王安用舞武靴

神宗即位　鋭意求治，初用吕溱為翰林學士下衍“為開封府，溱死，又用”九字，滕甫下衍“翰林學士”四字為御史中丞　上怒，疏斥之，至原脱此字以為逆人李逢親黨　未為中朝士大原脱此字夫所服　韓吕天下之世家原作“巨室”也

神宗既退司馬温公　用兵睃言利　吾昔聞民間疾苦，必以告仁宗，帝嘗因赦行之　蔡京等修哲宗史，為以王安石傳，至以王安石原脱六字為聖人

神宗元豐四年　王堯臣之子同國老以至和中潞公與劉相原脱此字沆、富韓公弼原脱此字、王參政堯臣共乞立英宗為皇嗣，章草進呈原脱此字，明其父功　公對與同國老合　劉沆贈太師中書令兼為

尚書令原脱四字　王同國老自水部員外郎充秘閣校理　治平初乃某自辭官也原脱此字

神宗初　分河北諸路兵將上衍"逐"字置保甲兵民原二字倒，諸路騷動

神宗友愛二弟　哲宗奉宣仁后欽聖后原脱三字臨幸　今王諸子性於忠孝愛　仁宗事燕王盡子侄之原脱此字禮

熙寧七年　請遣使同原脱此字分畫　同對資政殿論難久之原作"之久"　若有一使曰魏王英弼來上衍"者"字　大忠亦原脱此字乞終制　代北之地素無定封，設故造釁端，妄來求理辨　今又横使復至　强取其地延及原脱二字熙河一路　義勇舊原脱"舊"字十去其七　況代北雄上衍"與"字州素有定界，若優容而與之，虜情無厭，浸淫不上空二格，鈔本不空許，虜遂持此以為己宜　雖百端補救，終非求善法，此所謂富國之術者原脱此字也　聖人之大原脱此字德也，而好上衍"又"字進之人不顧國家利害，但謂得邊事將作，富貴可圖　以陛下神聖文武，若擇將相臣，領大兵深入虜境，則幽冀原作"强劃"，然鈔本"冀"字亦當作"薊"之地一舉可復　緣邊州上衍"次邊"二字郡　義勇保甲新興點。按"點"字不誤，點集軍馬章法也。未經訓練　今釁端原脱此字已成　彼上衍"惟"字若萬一入寇　此自古中國興防邊之要　假令入討原上下兩空格中一"人"字得志而還　妄興間鬭牒　如朝廷更有可説，諸原空格事但盡説之，横使如不納的，即遣報聘者於戎主前具且道於此意　聞去春久旱，陛下特時降手詔　乃及令得罪　王荆公再入相，曰："將欲取之，必固與翕之也。"　使帝忽原空二格韓、富二公之言不用　荆公之罪可勝言哉，具載之以為世戒原脱七字

卷第五

紹聖初哲宗親政　忠彦與清臣有舊連。按"連"字不誤，見《漢書》。　劉安世、吕希純、張舜民原脱三字同日報罷　邪説既騰勝，衆小人並進，清臣亦不能立於朝矣　而清臣亦得相位享美名原脱三字

元符末上皇即位　元祐皇后之賢言固也

熙寧初，韓魏公罷政　又欲原脱此字結高麗，起兵原脱此字圖大遼　嗚呼痛哉，故元祐初宰執輔，母后幼主不復言兵，西夏求故地，舉鄜、延、環、慶，非吾要害，城寨數處與之，遊師雄種誼，生擒鬼章，亦薄其賞，蓋用心遠矣哉原脱五十五字

紹聖、元符間，章惇用事譎棄地，帥臣興兵，取故地，築新寨，又取河外湟、鄯等州，關中大困，哲宗升遐，建中靖國之初，諫議大夫張舜民，邠人，熟知靈武之敗、永樂之禍、神宗致疾之由，在經筵為上皇言之，上皇為之感動，故章惇罷相，棄湟、鄯等州之地。崇寧初，蔡京用事，以紹述之説劫持上皇，興兵復取湟、鄯故地，責樞密使安公燾並棄地帥臣，熙河、涇原、環慶、鄜延各進築瀘、戎、綿州，並開邊，内臣童貫為宣撫使，每歲用兵不休，熙河帥劉法官至檢校少保，與全軍俱陷，童貫更以捷聞，上皇受賀。政和以來，天下公私匱竭，民不聊生，蔡京經營北虜，不就去位。王黼作相，欲功高於京，遂結女真以伐大遼，燕冀遺民殺虜殆盡。復用金帛從女真買定城以為弔伐之功，又陰納舊大遼臣張覺圖營平灤州等。事泄，女真興兵以招叛納亡為名，由河東來者陷忻、代，越太原，陷隆德以至澤州之高平，由河北來者直抵京城，上皇禪位，幸丹陽淵聖，割三鎮以為城下之盟。女真退，復詔三鎮堅守，又因女真之使，以黄絹詔書結其所用大遼舊臣，余覩者使歸，反以所得詔書紿其主，詔有共滅大金之言。女真怒，再起兵，破京師，劫遷二帝，虜宗室大臣，取重器圖書以去。上即位，於宋遷維揚，虜逼上渡江，甚危，兵民溺水死驅執者不可勝數。今乘輿播越，中原之地盡失，天下之人死於兵者十之八九。悲夫，一王安石勸人主用兵，章惇、蔡京、王黼祖其説，禍於至此，因具載之，以為世戒。原脱全則

元符没，哲宗升遐　蔡京之大原脱此字用自韓彦忠始　諫官陳瓘龔夫夬輩　曾布罷相京起上衍“師”字大獄　京止以貫原脱此字為太尉、節度使、陜西宣撫使　居中丁母憂相原空一格余深　又相王黼，黼獙年少凶愎　置經撫房三省原脱二字樞密院皆不預　絛與其兄攸原脱一字相仇

卷第六

伯温崇寧中　自三二月中伏覩忽降使臣差搬船糧草　嘗以為大訓歷代寶之　甘同當此日之誅　直至莫州來往四百千餘里　典桑賣牛原作"業費□"十間六七　皆云裝運起軍糧　又難行於審本覆　稱被契丹圍卻軍都兼被劫卻原脱此字糧草　伏乞聖慈早平令停罷　殊不知蕃戎原作"不審戎情"　上下幽州各俱致其生涯，土宿照臨外處，不可以征討　誠宜守道事貴費無私　兩省少直昌言之士　須預定以於吉凶　就中用同軍不同，間事必料，曾曹使沿邊相度　如令今比較並見真直虚　准唯此區分以為激勸　唯上衍一字有勾抽不同舉發　凡闕開啟沃，罔避危亡

伯温竊聞太祖　取幽薊，致上衍"之議卒"三字天下之亂如此原脱二字，悲夫

王晉公祐事太祖　符彦卿太宗之婦翁原作"夫人之父"有飛語聞於上　太祖問曰："汝能敢保彦卿無異意乎?"　貶護國軍行軍司馬、華葉州安置　初祐赴貶時，親賓送於都門外，謂祐曰："意公作王溥官職矣。"祐原脱二十二字

國初趙普中令為相　置二大甕，凡有人投利害文字，皆置甕原脱此字中，滿即焚梴於街衢　凡建議務更張矯激者原作"喜激昂者"，一切不用，每原脱此字曰："用此原脱此字報上衍"以"字國耳。"

太宗一日謂宰輔曰　太宗俯躬原脱二字曰："朕不如也。"　孔子所謂禹吾無間然焉矣　至召見王荆公，首建每事當法原脱二字堯舜之論

太宗祖既下江南，以賈黄中知金陵府原脱此字　賜原作"贈"黄中錢三百萬　七十人科第排頭，上五部經書誦舌端　呂氏固因樞密之侄　嗚呼原脱二字黄中之後衰矣　賈黄中字昌娟民，滄州人

卷第七

范魯公戒子孫詩　相鼠尚有禮原作"與茅鴟"　舉世好承奉原作"奉承"　往往陷囚繫原作"刑制"　勤勤戒告諸子　余因原脱此字讀國史，得其詩録

僧海妙者　公與海妙相别曰："吾不死，五年當復舊位。"後五年原脱七字趙元昊叛。

元豐二年予居洛　當時事原脱此字呼問之老人曰：公初原脱此字自分司西京貶崖州　公授以蠟丸，戒曰：俟候西京知府與某原作"會府"官會原脱此字　雖滔天之罪大，奈察立主之功高　如老人之言，則晉公智數原脱二字又出冀公之上矣

王內翰禹偁　當遵用舊禮下衍"罪"字以誹原脱此字謗謫知滁州

有纖人譖上於原作"於上"世宗曰　遽令取别入行在　上頓首衍"謝"字曰　世宗曰："善。"又史曰　請登馬衍"南歸"二字才出驛門則連營返原作"群撥"隊有斧鉞之誅　未有德信洽原脱此字黎庶者識者知主至威之行矣　點檢已作天子衍"歸"字矣，時后寢未興，聞報，安臥不答，晉王輩皆驚躍奔馬走出迎　衆皆賀衍"之"字，惟后愀然不樂　若治得其道則此位可尊，苟原脱此字或失馭，則求欲為匹夫不得　宫人不及二百人原脱此字　俶至錢唐開軸把中文字

李文定公迪道為舉學子時　曰異日無相原脱此字忘也

寇萊公既貴　恨原脱此字不及公之今日也　所謂甑石之儲，嘗空於私室，方丈之食，每盛於賓筵者原脱此字，余得於公之甥、王公丞相所作公墓志，公之原脱此字遺事如此

卷第八

張文定公齊賢以下九節原在卷七後　不十年致原脱一字位宰相矣

种先生放　名聲聳聞於原脱此字天下

李文靖公作相，嘗讀《論語》　“節用而愛人”、“使民以時”兩句，尚未能行。聖人之言，終身佩之可也。原脱十二字

咸平景德中　上意浸滿，未必原脱此字能高拱無事

呂文穆公既致政，居於洛　小注：宅後歸張氏，御坐尚在原脱二字，人不敢居正寢

呂文靖公為相　用水銀其原脱此字實棺

呂文靖公致政居鄭州　過鄭見文靖公，文靖原脱三字問曰

孫文懿公，眉州魚蛇人　尉李昭言獻戲之曰原脱此字：“似君人物求試京師者有幾?”文懿公以第三人原脱此字登第。

韓參政億、李參政若谷、王丞相隨未第時　王君宰相衍“才”字也　子曾孫官宦學至今未衰

慶曆三年，范文正公作參知政事　富公素以文父事范公云

薛簡肅公知成都府原脱此字　俾與諸原脱此字子弟講學　人不知為帥師客也，後原脱此字簡肅還朝

胡先生瑗判國子監　安厚卿樞密在其原脱此字席下　或云以與王原脱此字文康公少原脱此字苦淋疾及，原脱此字為樞密使

王懿恪公拱辰與歐陽文忠公同年進士　懿恪先娶文忠夫人之姊原作“文忠先娶懿恪夫人之姊妹”，再娶其妹　出判北京，特時賜笏頭毬露金帶佩魚　王拱辰非曾任宰相者老，不可改東宮官

天聖明道中　錢相遇之甚厚，一日原作“多”字會於普明院　西城建閣臨圜園驛　又有知名進士十人遊希深永叔之門下衍“生”字王復王尚恭為稱首　一日出長夏門，屏騎從同步至午橋訪郭君原脱此字、隱君，郭君原脱此字不知為錢相也，草具置酒，錢甚喜，不忍去，至晚衙騎從來，郭不原脱二十二字為動，亦不加禮　野人未嘗至府廷，無從下衍“上”字謁謝

謝希深、歐陽永叔官洛陽時　御史如束薪濕　時沂公年已高，若為之動，諸原脱此字公偉之　然獨猶不忘錢相

狄武襄公青　虜震畏慴服，無敢當者，而識達宏光遠　每至范韓宗獻家

郭宣徽逵達　提行

楊太尉微時　提行

卷第九

富韓公初遊場屋　又久為吾闞一室，皆大科文字　公下衍“能”字使虜，虜原脫此字之君臣誦公之言　嘗蓋曰過於中書令二十四考矣　獨為知公者也原脫三字

慶曆三二年，大遼以重兵壓境　虜意不在測　當富公再使也　政府故固為此，欲置臣於死　仁宗問樞密使晏殊曰：如何？殊曰：原脫四字夷堅決不肯為此　御史中丞王拱辰下衍“對”字曰：富弼不能止夷狄溪壑無厭之求，今念陛下止一女　拱辰蓋呂丞相之党也云

至和間富公當國　蓋公與河南進士段希元、魏昇升平同場屋相善　昇升，下同平官至大理原空二字寺丞　烏乎，為宰相不死其所親原空三格，脫一字如此原脫此字

仁宗末年提行，富公自相位丁太夫人憂，歸洛原脫二字，上遣使下詔起復者六七，公竟不起，至其疏末云　仁宗乃從其請，服除原缺二字，空二格　故用富公為樞密宰原脫一字相　竊聞制辭叙述原空四格陛下即位以原空一格臣在憂　嘗議建儲，以此為功效，而推今日之恩，嘉祐中雖嘗汎議建儲之原空一格事

熙寧初富公再入　無使齊年知，齊年原脫二字謂馮公京　惠卿又起李逢獄，事連李士寧，士寧原脫二字者蓬州人　惠卿公求害荆公者無所不至，神宗悟衍“急”字，召荆公

熙寧二年，富公判亳州　立屏後竊原脫此字　仁宗皇帝元原脫二字祐間

元豐六年，富公疾病矣　右左丞王安禮進曰　右左丞對上之言失矣　是年夏原脫此字五月　公既薨，司馬溫公、范忠宣往弔衍“之”字　神宗聞訃，震悼，内原脫此字出祭文　公兩女與其婿及諸外原脫此字甥皆同居衍“公之弟家之”五字　事一如公為無恙時　提舉常嘗平　先臣以不行青苗法得罪原脫二字，臣不敢為此官

韓魏公自樞密副使　君少年無廢學書,不可自棄　荆公終初不屈

治平初,英宗即位,有疾提行　宰執原作"疾作"請光獻太后垂簾同聽政　魏公坐政事堂,以頭子勾任守忠者原空二格立庭下

尹師魯以貶死　魏公到北京薦為幕原脱此字屬

張金部名方,為白波三門發運使　張金部被原脱此字召去

後隸軍單籍　因出潞公文賦原脱此字數百篇　張望自清河原作"河清"來獻壽

文潞公少時　明日有宰相來,君官豈異日之宰相乎　忽江水原脱此字漲

文潞公幼時提行

卷第十

文潞公慶曆中間　少愚自因迎見於漢州

韓魏公留守北京　謂怪忙之　曰太尉耳,曰原脱此字帥未升帳

後朝廷遣給事中徐禧同延安帥下衍"沈括副帥"四字种諤領兵築永樂城,諤議不合徐括,以聞朝廷,留諤守延安,徐括專永樂之後　監軍李舜舉裂才襟作奏　舜舉原脱此字自經死

文潞公判北京　家人頃須令沐髮　老謬無治原脱此字狀

元豐間文潞公以太尉留守西京　上言唐某所言切正中臣罪,後潞公為平章下衍"重"字事

洛城之東南原作"南東"　午橋西南二十里分洛堰引同洛水

天津引龍二一　橋之南　由長夏門以東衍"以"字北至羅門二水原脱二字皆入於漕河　請原脱此字復引伊洛水入城　由洛舟行可河至京師　以几杖樽俎臨是亭,都人原脱二字士女從公遊洛焉

元豐五年,文潞公以太尉留守西都　龍圖閣直學士張燾壽令鄭奐原空一格自幕後　司馬郎中旦原脱此字程太常中珦　温公取神宗送潞公判原脱此字河南詩

初温公自以晚輩提行　不樂仕進,早覓休致

文潞公嘗曰提行　所接皆藐邈然少年

英宗即位　以御史敕敷告納帝前　日刻宴匽例　温公為翰林學士,侍讀延邇英閣　袖中彈文乃新參政原脱此字也　終日原脱此字思之,不得其説　州郡監司若原脱三字奉命微忤其意,則譴黜從之　安石衍"如故所為終安石"七字不聽　林間談笑雖須歸我,天下安危且係公　羨君身散原作"自有"隨時樂,顧我官閒飽晝眠　遂艱難行步　君實勉勉之　獻可屢爭不能得,乃原脱"得","乃"作"及"抗章

河南監牧使劉衍"航"字仲通　恐非二三家之福

司馬温公提行

卷第十一

神宗皇帝初召王荆公於金陵　陛下用司馬光原脱此字為樞密

臣乃自知先見不如呂原脱此字誨多遠矣　用取舍異道　攻原空一格難安石者謂之讒慝　《資治通鑒》書成進御,特時拜公資政殿學士

司馬温公閒居西洛　時與王介甫已絶交原脱此字　數日輒盡無為諸弟所費用　辭以新入館,館原脱一字職中先進甚多,不當超處其右

司馬温公下衍"既"字居洛時往復夏縣院　買屋原脱此字瓷窑畔

過白公影顯堂

元豐四年,官制書成　尋除真龍圖閣知河中府慶陽帥,珪確知帝欲用之,故不令入朝。嗚呼,王珪、蔡確者不能將順神宗美意,取新舊人兼用之,遂啟朋黨之禍,蓋其罪大矣。原本"閣"下脱五十四字

元豐變法之後,重以大兵興大獄　而德音詔墨具在,可為一時痛惜原脱六字也

司馬温公自與王荆公論不合提行,不拜樞密副原脱此字使　公上衍"故"字取其害民之尤甚者罷之　蓋知賢其賢而不敢怨也　若曰當參用元豐大舊臣　自國朝治亂論之原脱此字,曰元祐黨者,豈非天哉,後世思得公之言,可以流涕痛哭矣

王荊公知明州鄞縣，讀書為文章三二日　興原空一格學校　然荊公之法原脱二字，衍“知”字　保甲保馬尤為有害天下　復以雇役為未便盡　速原脱此字故衍“後”字有弊　欲速行之原脱此字　差雇役之法　故曰差雇二法衍“並作”二字並用則可行也　保甲保馬法等相繼亦罷　不作樞密副使何　二公自此絶交原空一格

王荊公天資孝友　上作色而言曰

王荊公知制誥　荊公見之曰：“何物也原脱此字？”女子曰：“夫人令執事左右原脱二字。”

司馬温公從龐潁公辟為太原府通判提行　猶以兄元郎中為戶

卷第十二

呂誨叔、王介甫同為館職，當時閣下中皆知名士，每評論古今人物治亂，衆人之論，必正止於介甫，介甫之論又為誨叔正止也　衆問之，介甫對上衍“卒”字曰：劉向强聒人耳　京師二年鄙疵吝積於心　以安石之不肖，不得久從左右衍“以”字求於心而稍近於道　及反言新法不便

王荊公與呂申甫素相厚　荊公嘗曰：“呂十衍“六”字不作相，天下不太平。”　其重之如此，議按舉時其論尚同原脱八字　荊公薦申公為中丞，欲其為助，故申公多舉體例，司人作臺官　比大臣之抗立，因便殿之興與對　康節曰：“擇地乎？”曰：“不。”“擇財乎？”曰：“不。”康節曰衍“公”字：“有宅矣。”　十年春起知河陽下重“河陽”二字　哲宗即位，拜左丞，遷門下侍郎，與温公並相如上衍“元祐”二字、伯淳之詩

王介甫與蘇子瞻初無隙　介甫滋不悦，子瞻下重“子瞻”二字外補官　介甫厲聲曰：某衍“須”字説

王荊公晚年於鍾山書院　下方作史衍“懼禍”二字，乃假日録減落事實　荊公以行新法衍“作相”二字，温公以不行新法辭樞密使

范蜀公以侍從事仁宗　上章乞致仕，曰：“陛下有納諫之資，大臣進拒諫之計原脱十四字，陛下有愛民之性，大臣用殘民之術。”

公笑誦其詞曰：外材無任職之能　蜀公既致政，於熙寧之初義不為元祐起衍“也此”二字，公出處之不同，其道則同也

眉山蘇允明先生　事之推移，理勢之原脱此字相因　不然天下將被其原脱二字禍　又貽荆公三書，其言原脱二字甚苦

錢朝請者名景諶　師事康節先生，與原脱此字仲父同場屋　都無日目前之樂　群居衆處之處樂，反戚戚感傷　並問及拒時宰事，及乃勸僕以遠厩　彼為太常嘗博士　是後日遊其門間，執師弟子之禮　孔子孟軻子之言　而知人之難尤非淺識淺事　亦不敢必其乖無亂　平甫雖以僕為大方原“大”作“太”，又空一格擊節歎賞　有為僕賞激者，有指僕原脱此字以為矯而詆者衍“僕”字，固已自得於胸中，亦不屑人言之是非也原脱此字　故原脱此字天下萬事率皆由人而不在於己　必本義而行之，在我則有所不為，苟曷為利所動而亦由於人，則盜亦可為也　僕嘗病此風行於上衍“之”字天下也　識淺而慮闇困　仁恩惠靈澤　百姓怨愁苦　皆去故而務尚新奇　穿鑿六不經　其所為文學六經衍“而為”二字必本於道德性命而一歸於仁義　而故人張諫議定正國辟僕為高陽帥幕　止俟貧而老者生事粗足，幼而孤者有分有歸，西上衍“亦”字歸洛中，守先人墳墓

卷第十三

劉仲通慕司馬温公、吕獻可之賢　温公之原脱此字文出　器之平生喜讀孟子書，故其剛大不枉之氣似之原脱此字

熙寧間，上書者言秦泰州間田萬餘頃

熙寧中，朝廷有生老病死苦之語　富韓二原脱此字公　唐参政與荆公争，按問欲舉理原脱此字直衍“不勝”二字，疽發背死，趙清獻唯聲苦衍“時”字，范忠宣公為侍御史

元豐初，蔡確排吴充提行　珪以帝意告都檢正俞充，充原脱此字與琬善　涇原副帥劉昌祚領大衍“部”字兵先至靈武

蔡確鞫相州獄提行

章惇者，郇公之疏族　公試召原脱此字與語，自當愛之　數年

至兩制三司，使司上衍“右”字馬温公記悖如此

楊元素為中丞　即復條封布所難者以伸明原脱此字前議

摯贊責江陵原作“監臨”

吕惠卿丁父憂　故唐詷對兩府彈荆公云文

土蕃在唐最盛　今河湟奉、邈川、青唐、洮、泯以至階、利、文、政、綿州、威、茂、黎、雅移州夷人，皆其遺種也　獨唃厮原脱此字囉一族最盛　陜西州縣特時置驛，謂之唃家位　王韶者罷原空一格新安縣主簿，遊邊得其説，遂上開熙原脱此字河之策　獨岷原脱此字州、白石、大原潭、秦州屬縣有賦税　惟仰陜西諸郡原作“州縣”　陜西民日困，朝廷則原作“財用”二字益耗　韶暫入朝，鬼章衍“已”字舉兵攻河州　國人思故主，不輔翰瞎征，瞎征原脱二字懦弱，欲為僧，國或人又欲殺之，瞎征遂欲乞納土歸朝廷，時王厚原脱二字帥熙河

嗟大金亦原作“夫彼”夷狄也，能知正道如此，所以蔑視中國歟原脱七字

元豐八年三月五日神宗升遐，遺原脱此字詔至洛　程宗丞相淳自御史出為汝州監原脱此字酒官，會以檄來，舉哀於府第地　故為表而原脱此字出之

哲宗即位　諸黨相攻擊不而已　或加玩抗侮　深陰伺間隙

熙寧間，梁丞相適薨，聞光獻后衍“有旨”二字於相國寺飯僧

李承之待制奇士　已死姦英雄骨尚寒　後介復原脱此字用潞公薦，官於朝廷，無所言，承之以書復原作“後從”介索所送詩　可見承之之原脱此字剛正也　後荆公相神宗，以天命不足畏，祖宗不足法，人言不足恤為術述　奸好進賢須退，忠臣死國憂　惠卿堅請出領之，惠卿因節略文意，以“天生微臣為陛下”等語激故上意，遂有愚弄人主之責

朱壽昌者，少不知母所在　感君離合我酸辛心，此事今無古或聞　言内翰多作詩訕貶　上内翰原脱二字自知湖州赴詔獄

元豐七年甲子六月二十六日　伊洛南北合而為一流原脱此字，作“深丈餘”　尹洛之異政也原作“尹洛有異政，此其大者”

卷第十四

元豐末治原脱此字神宗山陵　蓋公之子宗帥從洛之原脱二字賢士大夫游

元祐三年，范忠宣公為尚書右僕射　以觀文殿大學士知潁昌府原脱此字

哲宗親政提行　提舉嵩山崇福宫，繼復觀文殿大學士，充中太一宫使　先是公疾革，精識不亂，諸子侍旁讀，口占遺表凡八事　以公口占書畫一緘申潁昌府，用府印，寄軍資庫　紹聖初為戶部尚書，欲結后戚向氏，故奏展向氏原脱五字墳寺，事下開封府

嘉祐中，李參自荆南帥召為三司使参政，孫抃以曰參刻剥聚斂之材不可用，改群牧使，蓋祖宗不以財計用人衍"至"字，仁宗朝大臣所守宗尚如此　薛向自三司使除同知樞密院，向原脱此字雖以能吏治曉財用進

卷第十五

程宗丞先生名顥，字伯淳　其父大太中公　宗丞心相契，苦無所間問　熙寧十年吴充亢丞相當國，復召還館　伯淳自澶州請監洛河竹木原作"太竹"務　明日悵然謂門生周純衍"明"字曰　惜其老矣原脱三字，無所用於世。純衍"明"字曰

元符末呂惠卿罷延安帥　至公再兼原脱二字樞密使上衍"副"字

田晝者，字承君，陽翟人　元亓符間　承君曰：吾觀作墨子作原脱此字詩　貴其何有益也　志完以書約承君會穎昌，中途自云得罪原脱四字，承君甚喜　建中靖國初，承君入為太常宗丞　除提舉常嘗平

儒釋之道雖不同　有旨復命為儒僧。按毛本作"復命為僧"，鈔本作"儒"，蓋道楷賜紫方袍及禪師號，追下獄受杖，必盡行削去，後有旨復其位而楷不受，改"儒"字情節不合。

程伯淳先生嘗曰　俾但小人無隙以乘，其為害不至如此之甚也

陳瓘字瑩中，閩人　瑩中上布書，講下示尊私史以壓宗廟　屢竄謫責例用赦　不肖子煩吾一行原脱二字

伯温紹聖初　選人作諸司屬官吏使，臣為走馬承受，則一生不可為作他官矣

本朝古文柳開仲塗、穆脩伯長首為之唱，尹洙師魯衍"兄弟"二字繼其後

卷第十六

楊凝式少師　況手乎持天子璽綬與人，雖保富貴，奈千載何　每出，導從輿馬在前，多步原脱此字行於後　今兩寺壁間題字為多原脱六字，衍一"與"字，多寶塔院有遺像尚存

國初隱士石砒居洛陽之北邙山　意謂好名原脱此字利者若此

孫覺龍圖未第時，家高郵，與士大夫講學於郊外官別墅

周長孺字士彦，澶淵人　得師原倒作"師得"曰邵康節先生　即其處不復見兔，得原脱此字石刻

張唐英者，天覺丞相兄也　尹聞之據遺遣書為禮

皇祐初洛陽南資福院　義琛見之曰："欲邀龍圖至院中，可乎?"師魯從之，義琛曰原脱十六字

陝西豪士劉易，多遊邊，喜談兵　魏公為書石原脱此字，或不可其意，則發怒洗去

祖無擇字擇之，蔡州人　元豐中，復秘書監集賢院學士判西京留司御史臺原脱八字，移知光化軍以卒

嘉祐中，有李殿丞者知濟源縣，魏廣者主簿氾水原衍"人"字，二人素相好。一日會府中，李被酒謂廣曰："我果宦官達，當薦君為屬。"未幾，河陽南倅闕，李攝其事，守闕原脱六字，李又攝之，遂檄廣權幕官。　任道師司門為康節先生云

薛俅肅之為梓州路提刑，市有道人賣兔毫筆者，以蜀中所無

也,因呼之,見其目光射人,則曰:"有術乎?"曰:"小技,姑為官人試之。"令熾炭稱許,以一手並衣袂置火中,取斗酒酌之,酒盡,火赤灰滅,道人振衣而起如初,肅之異而遣之,明日再招,不復見矣。肅之以為終身之恨,親為康節先生言之云。

姚嗣宗字因叔,華陰人,豪放能文章,喜談兵,嘗作詩曰:"踏碎賀蘭石,掃清西海塵,布衣有此志,可惜作窮鱗。"韓魏公宣撫陝西,薦於朝,命官以大理寺丞,知華陰,有運使李參者性卞急,因謁岳祠,見廷中唐大碑嘗為火所焚,問嗣宗曰:"誰焚此碑?"嗣宗曰:"草賊耳。"參問曰:"何不捕治?"嗣宗曰:"當時捉之不獲。"參問賊姓名,嗣宗曰:"黄巢耳。"參知其玩己,乃已。嗣宗人傑也,竟不達以死,呂汲公表其墓,載平生甚詳。

先有李藻字希純,常言嘉祐間應舉時,洛中有名士十餘人分題作詩賦,遇旬日會於僧寺,有大姓李生者好事,見希純曰:"已就所居闢舍館,可同諸君會課,差勝僧寺牢落也。"希純輩欣然從之。每至其館,主人具飲食,挽留甚勤,或數日不得去。一日同諸君醉臥未起,庭有桃花一枝飄落衾席之上,皆嘉祐太平之象也。時洛中有大姓數十爭延名士,以好事相勝,子弟有登科者,熙寧以後無復此風矣。

潞州張仲賓字穆之,其為人甚賢,康節先生門弟子也,自言其祖本居襄源縣,十五六歲時猶為兒戲,父母誨責之,即自奮治生,曰:"外邑不足有立。"遷於州,三年,其資為州之第一人。又曰:"一州何足道哉?"又三年,豪於一路。又曰:"為富家而止耳。"因盡買國子監書,築學館,延四方名士,與子孫講學。後孫仲容、仲賓同登科,仲安次榜登甲科,可謂有志者也。

偃師孫道中為余言,嘗村居,每月下聞笛聲甚清越。一日因即其聲聽之,在一老桑枝上,記其處,明日往觀,於桑枝上生一仙人横笛者,其眉宇衣服纖悉畢具,因折歸,聲遂絕。道中名元實,有禮學,嘗為尚書郎,其為人忠信不妄云。原書於"目光射人"下接"因問其所得,絕不言而去。道中為余言如此"十七字,下接"道中名元實,有禮學,嘗為尚書郎,其為人忠信不妄云。"

長安百姓安民原本"安民"上衍"常氏"。按安氏，長安此姓甚多鐫刻名家，今關中碑尚有安民刻者。

以鐫刻為業　又立原脱此字於天下州治廳事

卷第十七

長安張衍年八十，以術游士大夫間　余又以同問時為監司者張芸叟、陸孝叔、邵仲恭、吴子平原空一格數公命問之　仲恭帥鄆原作"邯鄲"移常州卒　衍與總領市易官原作"吴宫"

河南寧氏　夫人泣辭，且謂適曰："汝寧氏子，家破無所歸，能力學以取名，吾死不恨矣。"適原脱二十一字發憤讀書。

河南劉氏　政會首昔預義舉有殊勳　盜感其言而去，一方原脱二字賴之以免　陛下御樓上衍"前"字，則六軍必有希賞賜者　太宗歎息曰："吾之錢尚不肯受，況他人者乎？"亟仍命輦歸，以成其美名。　燁七子：貺、几、先、亢原脱此字、忱、兆、兢，几登科，嘗因陛對奏衍"仁宗"二字不進家譜事，上稱歎久之。忱為監司郡守有聲，子原脱此字唐老，元祐和為右正言。

康節先公曰　以疾乞知衛州，以衛原脱二字多名醫故也　其説謂參上衍"高"字政醫學甚高，既貴，診脈少衍"故"字不及郝老，郝老名充，居鄭州，今諫議之疾原脱十二字非郝老不可治。趙如其言，召原脱此字郝老氏至，診其脉。　用椀覆其頭頂項，以湯沃之　但氣虚藥劑差苦，大不能禁　其平生所治病原脱此字甚異　服者無不驗者外，從其學者皆名醫云

洛中形勢，郟鄏山在西，邙山在北，成皋在東，以接嵩少原脱此字，闕塞直其南　南接華嚴川以屬祝南山，北臨渭水，城南北三十千餘里，東南二十千餘里。漢末未央宫在其苑中上衍"圃"字。　又起南内，謂之興慶宫下有"今池殿故基亦在，自東築夾城複道南至興慶宫"二十字，鈔本無　為御湯蓮遵花湯，太子百上衍"湯"字官湯　自堯舜周秦漢唐都城成皆相近

洛中風俗尚名教　二月桃李雜花盛開原脱此字　花之貴者曰

原脱五字姚黄，初出邙山後白司馬坡下姚氏酒肆，水北地諸寺間有之　時園吏得錢，以小舟載遊人往觀過，他處未有也　政和間衍“為”字過之　花未開，官遣吏人監護，甫用開，盡檻土移之京師　余為之歎息又，追記其盛如上衍“時”字此

河中府河東縣永樂鎮　時栖筠方六三歲　河東尹渾瑊城上土其事　雖近度為僧　嗚呼今原脱此字永樂陷虜

樞密章公楶謂余曰　近時初為原脱此字官者原脱此字非車馬僕從數十不能行，可歎也　因以原脱此字録之

紀公實為余言　後富公出入將相原作“歷將相”

熙寧初，洛陽有老人党翁者賣藥，日於水街原脱此字南北往來亦異人也矣

有關中商得鸚鵡　遂經勁而死

余為西蜀憲鈔本在二十卷尾

卷第十八

伯温曾祖母張夫人　又夢寢堂門之左右木瓜二株，左者俱已結原脱五字，右者已枯　康節知而不言者下衍“也”字親謂伯温云原作“伯母”，當作“某云”

伊川丈人　既長，遊學夜行原脱二字晉州山路，馬失蹄原脱二字同墜深澗中　一日晝睡覺且言曰：“吾夢旌旗鶴雁自空而下重“下”字，導吾行亂山中原脱此字，與司馬君實、呂誨叔諸公相分別於一驛亭回視其壁間衍“有”字大書四字曰：千秋萬歲。”

太學博士姜愚　潞州張仲賓賓太博字穆之衍“自”字，未第亦從康節學原脱此字，有“子發”二字　今二子依吾家，避亂入蜀，伯温亦以子侄處之，方王覯文原脱十九字樂道未遇時　自荷一鍤杴剗棧雪以行　日已高上衍“過”字未飯

康節先公少日遊學，夫人捐館，康節持喪毀甚原作“特毀甚”，躬自爨以養祖衍“父”字，置家蘇門山下，康節獨築於原脱此字百源之上　以飲食易之油貯燈　有將校自京師出戍伐者　每舉此語先夫人

曰原脱此字　初寓學天宫寺　后王不疑,周卿又原作“同鄉人”買田於延秋村　以郭崇韜原脱此字廢宅餘材為屋三十間,請康節遷還居之　臺迥逈粲伊嵩　老萊來歡不已,靖端節歎何窮　匪報厚自恩隆重謝諸公為買園洛陽原重“買園”二字城裏占林泉　康節蓋曰家貧原作“貧家”未嘗求於人

吾本不原脱此字求名　嗟夫!洛陽風俗之厚,人物之盛,此不可見矣!

康節先公與富文忠公早相知　若進豈能禁吏責意　御史中丞呂誨原脱二字三司副使吴充

康節先公與富韓公有舊　初上小車人已静識　公原脱此字雖剛勇,遇事詳審　公一日有憂色,康節問之原脱此字公曰　明日僧修顒原作“顒修”開堂説法　公原脱此字與康節食筍,康節曰:“筍味甚美。”公曰:“未如中堂骨頭顧之美也。”康節曰:“野人林下食筍三十年,未嘗為人所奪,公今日可食以原脱此字中堂骨頭乎?”公笑而止。康節疾病,公日遣其子偕醫者來饋遺原脱此字藥物不絕。康節捐館,公賻贈之禮原脱此字甚厚。　先生年未原脱二字高,嘗勸之學修養　公曰:未晚娶甚善

卷第十九

司馬温公初居洛原在卷十八之尾,問士原脱此字於康節曰:“有尹材字處初,張雲卿字伯純,田述古字明之,三人皆賢俊後。”

康節先生與衍“趙”字宗道學士游　兄弟服除,欲往謝富公,濟獨未衍“敢”字行,請於康節　諸兄弟原脱此字行,君不行,是自處於不肖也。明日濟偕諸兄弟原脱此字以進。　吾兄見故人子,前日公事不可論也。濟歸原脱此字,謝康節曰:“微先生,濟之過不可贖也。”

熙寧癸丑春,大名王荀龍　君軍從賞花來北京,耿君先期已馳情,此時隕霜奈何重,今歲花開原作“開花”徒有聲　魏公鎮定相州

康節先公嘗言李復圭龍圖臨事有斷　除知慶州,後原脱此字責

光化軍　故仕宦官數不進，公居多不樂平　蓋廣原脱此字其意，使有所感悟也

熙寧初，王宣徽之子名正甫　一飲飯食之間

康節先公未第時嘉祐中　再以原脱此字朝章謝

富公未第時　康節登其院閣原脱此字，嘗作《洛陽懷古賦》　予家此始半原作“治平”歲　故有懷古之賦以通諷誦，君上衍“論”字王玉好賦，以賦言之原脱此字，秋雨霽，日色清，萬景出原作“景方出”，秋益明　乃眷西北物華之形妍，雲情物態，氣象汪然原作“一氣茫然”　不會要於方策來，不號令於天下，聲明文物不自原脱此字此而出，道德仁義不自原脱此字此而化　率土之濱，建進國為萬，而居中者實曰洛陽　昔噫太昊始法　或走齊而驛梁魏，或道陳而經隋　是必薄其賦斂，欲民不困而衍“民”字愈困，省其刑罰，欲民不殘而衍“民”字愈殘　蓋有備而無患原空六格。鈔本不空。按，其文曰“水旱為沴，年歲耗虚，此水旱之常理，雖聖人不能無，蓋有備而無患”，下少一句，不應連上。不得中者加以寬猛失政，重輕逸權，不有水旱兵革原脱二字而民已困，而況有原作“而況有水旱兵革者焉”之乎？此所謂本末交失，不亡何待？　意者不可以地之重易民之教，不可以民之教原脱六字悖天之時　宗顥每以富公為舉子原作“學晚”事相勉曰：“公夜枕圓枕衍“庶”字，睡不能久。”　冬以冰雪，夏以薪火原作“新火”

康節之先公先天之學　不三二年上南用士為相，多引用原脱此字南人專務變更，天下自此多事矣

卷第二十

熙寧三年四月，朝廷初行新法　世謂上衍“所”字康節先生為隱者，非也

康節先公出行不擇日　人未言則不知，既言則有知，知原脱此字而必行，則與原脱此字鬼神敵也　脱有益一

伯溫昔侍家庭，請於康節先公曰：“大人至鈔本作“致”，按，至和，仁宗第八改元，“致”字誤和中，仁宗在御，富公當國，可謂盛矣。”　以

原脱此字前或未至,後有不及也　雖出何上衍"尚"字益

康節先公遺訓曰　善人固可親,未相能知,不可急合　故無名吝君序亭曰

康節先公言頃原空一格京師原作"東京"有一道人日飲酒於市,將出,謂其鄰原脱五字曰　或問預原空三格知何術　又原空一格程伊川先生　已而船及岸衍"於"字同舟衆人中　當船危時,君正坐,色原脱此字甚莊

康節先公見一道人　食以原脱此字薦酒

熙寧中有一道人無目,以錢置於手掌中

伯温上世范陽　當原脱此字以肉祭,勿用做佛事亂吾教,無令吾死婦人之原脱此字手　每展大父墓,至原脱此字中途必上官店,必過信原空一格孝傑殿丞家　諸子泣奠原空二格　又原脱此字張峋字子堅,康節先公於門弟子中謂可與原脱此字語道者　所以預知者何止知原脱此字此哉以下三十一字均無

康節先公與吕微仲丞相不相接　世毋方敦薄俗　康節先公過士友家晝臥枕

熙寧初,歐陽文忠公為參知政事　當時少年一見忻然延接,語及原空一格平生學術出處之大

康節先生少時游京師　龍圖閣公先人叔父行也　美孺天原脱此字資和易

康節先公既捐館　或出於私怒,比具怒按亦釋散

熙寧八年秋,余原脱此字與士人十餘輩講學於洛陽建春門裏廣愛寺瑞端像院　覺謂同舍言之原脱二字　是原脱此字果有數矣

歐陽行周集校記

據民國四年藝風堂刻《三唐人集》本

歐陽行周集校記

序

遂大振耀甌歐閩之鄉　而陸睦相贊　共十卜編　已予諸其命矣

卷一

出門賦

予紛然以而遠遊　舉冀缺鉠於壟畝

石韞玉賦

和氏未遇異兮　石居山而有類當作"纇"　疊泥涅沙而共積　罕窮未眹朕　混瘞嵌宋本嵌巖沈蒙翳薈　不干于物以招害　致淮夷之琛宋本　深賚　庶免宋本勉再來之刖

廻鑾宋本"鸞"賦

將凝擬帖乎萬方　赫赫巍宋本"魏"巍魏以昂昂　化悠悠然而蕩蕩　則夷狄皆予赤子宋本原作"之子"也　七寢停警驚　聲名宋本"明"有素　廻龍宋本"旂",鈔作"旌"旗　列烈缺行誅　靈物既先光　虹霓之縈榮儀鳳　髣宋本"髣"髴焉　殷〻宋本脫此字闐闐　宣春旨二日，一字分兩　獎熨天衷暟丕不征以融融　下叶地神,按當作"坤",與"神"字相似靈

將歸賦

居惟苦飢饑　加相思兮寧苦若飢

王者宜日中賦

慕光昭照以心寫　想照彌乎八埏宋本"紘"　有隼宋本"準"之墉

况日則體類王　當其食昃宋本"昊"　用貶膳以去縣懸

瑾瑜匿瑕賦

苟當世宋本無而可用　異比宋本此荊山　將瑣瑣瑣瑣寧同　瑩乏宋本之光華　復騁聘乎千里

徵君洪涯子圖賦

朗郎詠堯年之日　如言實默不作"實默如言"　蘿纖纖緘以垂帽　賢達依宋本"依"範　暗識伯夷之潔宋本"挈"　披圖畫盡於是日　伊畫盡也可以稱智者之兼無

明水賦　注"貞元八年及第"六字

越杳杳之蒼宋本"倉"　信可薦宗祏祐　致萬姓性　龍吟吟雲而致雨　向天上之曈曨宋本"朧"

春盤賦

儻觀表以視見中　芳菲幾叢宋本"蘘"　隨意製宋本"裂"物　下手而乃芬馨亂開　將以緩愁秋年之思

藏冰賦

於其時而共貢職　黑牡宋本"壯"既馨　涸沍　洞乎干宋本"千"將之出地燦乎連城之韞匱宋本"匱"　西陵晨覿覲　輕蓮宋本"翣"莆之珍　助微凉於長簟覃

懷忠賦

嘗披宋本被圖於往載　惟玉石之明不分　日月淪蒙谷

律和聲賦

詠聲周兮宋本"市"　我得夔蘷而始見　哀思慮虞始安和利追往　且懲流而反及正　常誡誡險以歸平　無臭奧等無聲　曾莫奉於淫君后　亡禋宋本"禋"　八紘絃有截　彼離連與栗粟陸

卷二

雜著

蜀中將廻留辭韋相公貫之　方前恒玉食"食玉"倒　初發太原一親車無停輪

詠德上韋檢察　即韋皋相之弟也名纁　陰森兩雨蒽鬱

自懷州　孤蓬蓮被風吹　昨東今又與西

晨裝行　山枝鶻鳩鳩聲

予子歸閩　鄉路予子尚遥遠

聞鄰舍唱涼州　有善伊涼曲不作“有伊善諒曲”

賦得秋河曙耿耿送郭秀才赴舉雜言各本無“雜言”二字

空曲蒼蒼曉霜煙落　才應鷹秋賦懷金門　偶坐通宵霄見深旨心知慷慨愷日昭回

述德上興元嚴僕射　山横壁碧立並雄岷

春日途中　客路度年華行　又看春青草晚　相憶劇鄉縣中，“縣”字是韻

汝川行　誰是游冶治郎

許州途中　秦川行盡潁川州長

銅雀妓　舞態悦閲誰目　嗚咽蕙帷維前

福州送鄭楚才赴京師注時戲察劉公亮有感激鄭之意　門承若蘭族各本同。按此句費解，“族”字疑“錡”之誤　惜茲瑶瑞惠薰　嗚唳淚期西聞

和嚴長官　境鏡閒知如勝道

中丞詩曰鈔本小字汾陽樓秋水闊　城槐臨枉柱渚

酬裴十二秀才　蒽蒨松猶嫩孍清明月漸圓團

御溝新柳　嫩孍葉長龍鱗　相贈一枝先光遠人

同諸公過遇福先寺　千燈智慧惠心

除夜長安客舍　十上書鈔本，刻本缺三字仍寢　笄甲根增長年虚牖傳寒柝折

早秋登慈恩思寺塔

寄林蘊注即予之別墅原本空格　川原源似福平

欒津店北陂坡

卷三

雜著

益昌行並序，一本作"有序"　詩曰鈔本無此二字，下同

題華十二判官汝州宅內亭並序，一本作"有序"　圬汙墁塓有潔綺罽罨菴澹　心不朗宋諱且賞尚詩以美之

寄嚴僕射　下窺千十仞到浮煙

與洪紅孺卿　既同司採摘　青苞朱未食忽離離

韋晤宅聽歌　飛盡虹梁樑一夜塵

與林蘊同之蜀　傷心激念鈔本作"傷你念激心"，均費解

送聞上人遊嵩山　丹梯石磴路君先去

永安寺　草席蒲團圓不掃塵

讀周太公傳傅

秋夜寄弘濟上人　遥知是夜檀宋本擅溪上

懷林十二先輩輩

元日陪早朝　儀籥不唯丹舟穴宂鳥

題延平年劍津

晚曉泊漳州以本詩日暮句晚泊為是　數散點煙霜勝畫圖

日暮墓華軒卷長箔

答韓十八駑驥吟吟　案先列韓詩古人亦有此體。　即與題蟬聯而下亦無不可，但兩句以下忽又提行太草率耳。

嘶斯鳴當大路　自矜無匹疋儔　惟進昔穆天子　低徊迴但垂頭　為我商高聲謳

又和此首鈔　道通適堯舜門　茂宋本"茂"葵一花妍　梗宋本"梗"柟十圍瑰罔念梁棟棟梁功　掄擇期其精專

卷四

棧道銘　物同周所宜　西南有漏天夭天夭之竅缺　粵曰有智

慮 以念全玄造 縋懸鑪以下梓抒人 量威力之汙行隆 而相脫此字吹以風 踵武湯下衍一“湯”字者 銘曰脫此字 本亦同周設 斗超厓岸斷 鑽堅剡勁則 步驟交加如 項佛劉怒恐 材才不易林 惠恕怨之心

陶器銘 無往罔而不適 轂鬲罍罍甗獻 大窮儋擔石小極圭撮撮 在燀爇而莫渝偷 利則用五行之本 磨礱礱磨雕琢 黜點汙汙易抔杯用窮幽仄反 下洎相三王

馬公墓志銘 家亡令子孫 以果斷行政正令 雖猶在柱德

楊公墓志銘 骨月目瓌異 愛其風土宅亦心焉 儉以足務矜上以忠正政 如鐘含舍音 方圓必合答 名宦官之理 伏胸凶之號 藝術潛引弘宋人避諱作此

馬公墓志銘 名人墓記記墓 利錐雖處囊 曰綏緩 三十八荃孫按,當作年“十八” 先公卒脫此字 歐陽詹某 岑芩荃荃孫按,當作“荃”蒼翠 修短無涯崖

鄭公墓志銘 則見冕公晨昏之愛 聞儒里鈔作“闌儒里”咨予于題誌 既忝親真懿 寶賢產遐壤 嗚乎斯原脫此字

卷五

曲江池記 力宋本“方”墾而成則多天宋本夭然而有則寡 中成窞甚坎 別則卜缭垣 未繞及乃空山之㵾 湛然中渟亭 墉隍劃址趾 龍盤虎踞據 千門就既爽塏之致 重樓夭夭矯以縈映 遇佳辰於令今月 其洗慮延扌原作半邊歡 熒熒熒熒 洗慮延歡觀。原作“延觀滌慮”,荃孫按四段均與上文相映,仍作“洗慮延歡”為是。 右至不仁之亭毒

太學張博士講禮記記《禮記》書名,記是文名,應重“記”字 講之為言耩講,下同也 將肄隸以求明 三刊九經原作“經九”,荃孫校,當作“九經” 設公就几凡 卿鄉大夫 公惟始洎泊終

福州南澗寺記 天時泐泐而終固 軒闓杳冥杳 致有相以而外封乎 入無間以內攻文乎 發揮輝道精

右街副使廳壁記　使有副副之為脫此字言繼也　尚白衣奉御公此無作作

泉州北樓記　釋名曰樓聰膢也　是年暮墓秋　欲因戀主至折榱攘復隍　近大貞有為臣之節

泉州六曹記　一肢支　公侯卿士禮脫此字隔殊品　無回邪耶以脫此字莅下

二公亭記　事約均而用博　又日曰臨胃次　心謀眸意篝　是謂政平乎　調陰陽序陽　吾徒是見以寧　辨方萬經蹠　納忠衷懇乎群庶　基址未沈流　詹其非飾説

韓城縣西尉廳記　出于五脫此字千　上縣僅三二百　非最之緊下脫"無與焉緊之最次于望之最非最之望無與焉望之最"廿一字據鈔本補①　才地精美米　工主工士　若土壤壞廣狹

卷六

德勝頌　天循尋舊夢　將有結於脫此字常沴　宿布太大和　鳥獸魚鱉咸或若　景嗷啈爲祥光百具芳蓄穎以思圻　無磽碏礵與良沃　賸賸蔬雲矗以萎圃　歷水旱而莫無禦絜　元元無蚩蚩　今我飫粱粱,下同　鰥寡千于箱

鈔本有頌弟二章脫,正德本已添

有所恨　同敝幣帛以棄所恨鮮而輕著署　予子實未衰焉　爾身斯謂曰　又造次不而旁注忘之　吁所嗟萬里　曷不覯觀止　造次亡將之

東風　詹某啟詹某　合草莫移風之德　矜衿功多悖　發蟄蟄之不若　莫陰浚法郊　莫暴在野脫此字　晨振乃繇　東風行地也上兮　莫顧於脫此字家

南陽孝子傳　詹某旅行　因道之所見　自號號

片言折獄論　然後致法徇猶於朝　而有蔓龍縉雲高陽原作"聖

---

① 據原書,"下脫無與焉"至"據鈔本補"宜爲校勘文。

湯”,誤,今據鈔本佐之乃脫此字罪戾隨之　矧下衍“者”字非君子乎筋觔脈下同鈇鑕鎖　可以折獄者也

自明誠論　得誠自明用者也　佐羸贏嗚呼原作“嗚乎”　苟誠也脫此字

珍祥論　致越裳常,下同免兔武乙之殃　寶實鼎出於汾水之湄濱,湄是韻　無月日無之　儻黨來

秦皇帝周旋施天下　不為微徵　有緡緒來賓　其亦示警歟加如東方大丈丈命一等

卷七

唐天文述原作“唐天志”　皇唐百七十有五脫此字載　天與生生如其脫此字情之甚歟　亭亨乎其正　工或珽鋌臒臒　下泊洎營營非不不雨也非不晴也非不不晴也脫九字　非不不風也非不寧也非不不寧也脫九字　非不不陰也非不明也非不不明也脫九字,據鈔本補。按此頂上“常雨常晴常風常寧常陰常明”來。　與夫人子能領受脫此字父之憂　唯意是役牧圉臺隸惟意是用以其役無不當也脫十五字,據鈔本補　上土德維唐　負荷上有天　若自宋本目諸鐙燭　或為冬官之脫此字五年　夫此字模糊太宰六年

甘露述　清源凉　唅禭穟品章　塋域城固護　當懇而行之原作“行之而”　洎泊晨枝葉間　時相慰尉者　頳原作“潁”,鈔本作“瑩”然珠相　其為稀也原作“其稀也”,為誤倒　予子聞甘露之説　予子執弔禮　遂為之脫此字述

暗室箴　念彼攸元吉　旁帷宋本“惟”　又有曰符堅

弔九江驛碑材文　雖不甚成而脫此字拏攫憤輿　香爐峰宋本“烽”　加以原作“嘉所”斯碑之奇驛有修下衍一“修”字　坯之勞　嗚嗚呼乎　常人無良黜黷　弔之下有文曰二字此脫,以下提行　嗚乎子予碑　從吏史居君卑

弔漢武帝文　希升外汗汙漫　萬彙不同致故　與其角者去一其齒　而求子晉許由之志至　刲封膏割血　不免玼玭瑕　嗚嗚乎

嬴羸政其

補漢書封雍齒冊文　嗚鳴乎昔嬴羸氏不臧　夷嬴羸殲項

卷八

與鄭伯義書　注居方居華山之陰原作“陰之”　則諫必有拒距達宦窔棺櫬　為姜為傳傅

與王式書　注詹某大父門　詹某兄暮　進取無門脱二字　詹某鄉　膺唐堯之舉縉雲高陽膺虞舜之舉脱九字　管仲冀異缺　五羖殷　膺嬴羸劉之舉　不及囊臣晨　靈源元道士　注詹某鄉人　羅罪山甫　注予子以薄劣見知　注龍首山土名也　嗚鳴咽　繞予子之身萬重又夢脱二字　大人嚙予子臂見血　大人誠切功　遠警於予子焉　萬重見血脱此字者　抑温清清之心　息干宋本“于”時之譏機　詹某再拜

上送張尚書書　詹某同眾君子　斯詹原作“某斯”所以願也　則已脱此字騰於寰宇矣　知不然誠矣　詹某方拙魯訥　詹某閩越人　便往住西秦　然以逢詹某　詹某晝忖夜量　俾忘志干犯　豈獨遺詹某所願知之之困乎下同　詹某之困　亦知得尚書必救所困焉　特冀異拜伏

上鄭相公書　歐陽詹某謹齋沐緘書再拜遣隸隸子弟　中衡衢之車下　詹某愚蒙下“某”字均作“詹”　不由所學務矜所學也　詹某不敏　未資訓導脱此字而敬順　注詹某兩應博學脱此字宏詞　所以利斗粟希片帛者下衍“也”字　不能無之不作“以之無”　嗚鳴乎　洽沿乎州閭鄉曲之譽　洽沿闕下之聞也　其賢明明賢深探理源者且脱此字邦國也　聳眾人以能事用錫之名位　若勸以德行原作“行行”　其賢明明賢深探理體者　詹某代居閩越　人人耕耘耨所不及上天至不仁之膏澤

卷九

翫月詩並序　原"序"字作"大"字　朓眺之庭前　嬋娟原作"芳菲"徘徊桂搏華上浮　作翫月詩下"詩曰"二字衍　共下今宵霄堂　願勿至沈西方

東湖亭序　求綵桐匏瓠竹以將之　削桑梓榆之儀禮　是日曰客有天水永姜閱　濟陽蔡叅沼　捧豆侍伺徹

別柳由庚序　予去云之京師　注果州南脫此字充縣

送族叔迴廣陵序　悄然有不脫此字暢之色群公亦愕而阻祖歡小子侍觴奉觴而前曰歸脫此字好事春美時　鎔琢益蓋多

送巴東林明府之任序　平乎衡無疑　何微徵之不中　朱邑魯恭公

送建上人序　竹帛儻黨傳

送李孝廉及第東歸序　捨進為明原作"半捨為進明",今證下文改背文手乎占滯義口占　三工載不售

送許少府之任序　評才若地稱脫此字而命之　往往在目宋本"日"　士之生懷制四方之志

送張陲山南謁嚴相公序　指栺危棧猶平道

送王武式東遊序　四方五祀視　乃效教張儀蘇李之自鬻　予宋本子懷待兔之固　貿貿貿貿乎揚楊光其閒　禽棲捿朽木　吟唫苦寒以聆鐘鼓　千干箱之年

卷十

送蔡沼孝廉歸閩省親序　豈無重增予子鬱結之端乎　平乎衡下　才歟命歟脫二字　期烹亨,此兩通,然上"烹"字已作"烹",當一律

送鹽山林少府之任序　林君脂咱轄　若君非機足應權　為邦邦之光　所以衣人贊替時

送周孝廉擢第歸覲序　予子以片言隻字進　泠泠然可聽　賃

廡恒陋居　疊札禮之望可酬彫

送裴八侃茂才卻東遊序　二十十二斯冠　待以優祓禮　由晨及暝瞑　長沙歐陽詹某　詔昭之自愛曰　梗梗柟出地　無忽勿所謂

送楊據序　曳長裾裾於王侯之門

送陳八秀才赴舉序　白日露肅物　夷山堙煙谷　足塵其慮意耶　勉哉陳侯脱此字

三月三日宴僚吏序　賜群臣后大宴　合令宴于縣南　啐濁嘗漉鹿

泉州泛東湖序　予得識職之　橈鐃拍出没

送洪孺卿赴舉序　予子得而度子　中鵠餘矢失　升冬脱此字玄月期會于闕下

《歐陽行周集》十卷，明弘治十七年莊槩翻宋本，後有槩識語，前有弘治甲子蔡清序。每半葉十行，行二十二字，黑口，雙邊，上魚尾，下署歐陽文集一二，連葉數，長號到底，共一百葉，提行避諱。卷二三四、卷六七八九，與上卷相連，一切舊式可愛。海昌陳堅齋邁借傳是樓宋本對勘一過，用朱筆志誤，首卷之外，寥寥數字，而脱衍訛錯，無一葉不有，亦足見宋本不過如此。後正德□年重刻行款同，補《德勝頌》二詩之一，訛字略改，白口，上魚尾，下止"歐陽文集"四字，葉數亦長號，九十八葉，然在下魚尾下矣。至慎獨齋再刻，添入撰人、校對人三行，行數同，字數止二十字。"歐陽文集某卷"在上魚尾上，上魚尾下署賦類、雜類葉數、每卷短號。三刻均出於閩。至萬曆間，徐興公求《行周集》不得，遂據各書輯成八卷，則所出不同，編次不同，遂與三刻大異。然三刻之脱漏藉此訂正，亦不可謂無功，特以興公之淹雅，三刻又出自閩而不得一見，亦屬詫異。今弘治本藏南陵徐積餘處，正德本藏常熟王爾玉處，慎獨齋藏嘉興沈乙盦處，通借校讎，再檢《文粹》、《英華》校，則與徐本無異，徐固全録二書者。至行周之文妥帖排奡，實有古格，在唐中葉雖不能與昌黎並驅，然上紹獨孤昆陵，下開孫樵劉蜕，實為一代之雄，不能以李貽孫之序言為誣矣。乙卯五月江陰繆荃孫跋。

皇甫持正集校記

據民國四年藝風堂刻《三唐人集》本

皇甫持正集校記

卷第一

東還賦　扁舟渺兮前程賒途　咽水囂衢衡　臊濁滓澤　躬顛僕眩眠　一困身于王者一固窮兮聖人思九州之博大胡自陷於
“陳”字下脱二十一字，衍一字

醉賦　首衣屨濡兮不覺　百慮森復傷七情紛分始

公是　余不一原脱此字知也不果

論業　我則冠屨履於文史之囿　業成而後榮索　不可以知語變　赤羽玄白甲　動心駭耳目　氣勢宏横敞　戶牖悉周同　長江大注原脱二字　施於灌溉激

壽顔子辨　虚而靈虚而靈原不重　較然矣“也”下無此三字　如質者原作“如其質也”

悲汝南子孫　衣冠何戚戚

卷第二

夷惠清和論原脱“論曰”二字　黜出而不羞　即而評平處

送丘儒序　將原脱此字鬬其藝於洛下　以之如名都之肆　一人不知子也他人知子一門不容子也“也”下脱十字　子脱此字謹持其有以往

送簡師序　師雖佛其原脱此字名　猶愈於冠儒原脱二字冠吾絆而原脱此字不得侶師以馳

送孫生序　盡出其説以為原脱此字摯挈

送王膠序　吾造次顛沛起居意念間閒固記此吾心下衍“也”字與

交也　膠以俊進士舉進士　又悅其名所以為膠原作“而為之膠”　其意貞耳　吾於與膠

顧況集序　不能慕順顧

卷第三

制策　周之下無“德”字受田有經制漢之下無“法”字名力田有恒數　不以必文采　不以必資考　堯舜以有天下為己憂　握兵柄權　此其原脫此字所以其化如神下同　而惡咈拂口之慮　此堯舜之所以利菰天下也　所怒則專殺為常下無“則”字臆斷則自生患意且欲一知所避原作“臆斷人過且不知其所避”　則天下之罪罰沮矣雕琢之徭淫　特加申斥飭　夫脫此字多而無用　尚何虞於原脫此字人猶難食乎　計遷除領籍簿而已　悔吝立旋及　闕輔將相之職　適道當然耳　豈待曲今吏而事古為乎

卷第四

上江西李大夫書　勤身力苦心　雖聖賢如仲尼

答李生第一書　舍其斧斤原脫此字

答李生第二書　　固不務負奇　生如是何如哉耳　即祖粗習不暇者也

答李生第三書　　何所以得哉　　本有咎原脫此字猶由慎故免　有足尚常乎　恐生原脫此字乃不能　詩人尚不聞得原脫此字罪

答劉敦質書　方輪麄鹿軸　坎坷杌杌杭杭　退則自惟其初未通人事謂人之得先咸或為在己　始來求賓興眼中殆始無人　謂原脫此字其所聞見　自鈍吟於數晦晦　不下衍“可”字當遽歸　低顏以為惠惡　必不以為深粹原作“不必”　與言焉必下矣　拔與雙疊登而累疊取　　持其拂心言若　目指所聚取　怪當原脫此字時

卷第五

朝陽樓記　風夙菈夜其官

枝江縣南亭記　地形高低底　接翠栽裁綠

荆南節度判官廳壁記　今為哽咽腴之地　首介分於其軍　爰奠賓居客　退食公從公

卷第六

韓文公神道碑　次子均鈞　斂手失就職　斷民署候吏令旦且發　某須領精兵千人　尋原脱此字拜刑部侍郎　未來相計直　衆惧懼伏　授經引決史　死則庀庇其家

韓文公墓志銘　衆方驚爆躁

護國寺威師碣　師諱承丞威　適原脱此字來爰止

佷石銘　屍尸露於劫　刻詞訓狠石

《皇甫持正集》六卷,唐皇甫湜撰。湜,睦州人,持正其字也。元和元年進士,解褐為陸渾尉,仕至工部郎中。湜,韓門弟子,句奇語重,不離師法而雕琢艱深,或格格不能自達其意,較之同時文人,固已超出流輩。此集六卷,世間流傳只有汲古刻本,今借得陳子準藏吴匏庵叢書堂鈔本,舉出毛本訛脱甚多,悉據以改正。又得陽山顧大有家所藏鈔本,文字與吴本同,然卷第相接原出於宋,並為校記以志改移今跡並附録逸文一篇,歲在柔兆執徐中秋日江陰繆荃孫跋於海濱之聯珠樓。

樂章集校勘記

據光緒間吴氏石蓮庵刻《山左人詞》本

樂章集校勘記

上卷汲古本一卷,宋本分上中下三卷,梅禹金本同。

黄鶯兒　園林晴晝誰為主:宋本"誰為"作"春誰"。　葉映如簧語:天籟本"映"作"隱"。

玉女摇仙佩　飛瓊伴侣,偶别珠宫:梅本無"偶"字。　有許多姝麗:宋本"許"作"幾"。　須信華堂繡閣:宋本"華"作"畫"。　願奶奶蘭心蕙性:宋本作"但願取",天籟本同。

雪梅香　無憀恨,相思意盡,分付征鴻:宋本作"無聊意盡,把相思,分付征鴻"。

尾犯　别後寡信輕諾:《詞律》上有"自"字。　案新調流霞共酌,萬氏云"調"當作"詞",宋本"調"作"詞"。

宋本有《早梅芳》一闋,原脱。

正宫·早梅芳

海霞紅,山煙翠,故都風景繁華地。譙門畫戟,下臨萬井,金碧樓臺相倚。芰荷浦溆,楊柳汀州,映虹橋倒影,蘭舟飛棹,遊人聚散,一片湖光裏。　漢元侯,自從破虜征蠻,峻陟樞庭貴。脱十四字 鈴齋少訟,宴館多懽,未周星,便恐皇家,圖任勳賢,又作登庸計。

鬬百花滿搦宫腰　年紀方當笄歲:宋本"紀"作"幾",梅本無"當"字。　卻道你彈先睡:宋本"彈"作"但"。

甘草子秋莫亂灑　飄散露華無似:《詞律》作"池上憑欄無侣",案,次闋换頭"池上憑欄風緊",不應均用此四字,明鈔本、梅本作"飄散露華清風緊"。當是傳鈔者互换耳。

甘草子秋盡葉翦　惹兩眉離恨:宋本"惹"作"聚",明鈔本"惹"作"蹙"。

送征衣　過昭陽:宋本"昭"作"韶"。　張太樂,禹會群芳:宋本"太"作"大","芳"作"方"。　趨上國:宋本"趨"作"望"。　指南山等無疆:萬氏云"山"當作"岳"。　天地齊長:宋本作"齊天地遥長"。

晝夜樂　便只合長相聚:宋本無"長"字。　別離情緒:宋本作"離情別緒"。　悔不當初留住:宋本"初"作"時"。

西江月　好夢狂隨風絮:宋本"風"作"飛"。

傾杯樂禁漏花深　薰風布暖:宋本"薰"作"蕙"。　山開雉扇:宋本"雉"作"羽"。　笛家:宋本作"笛家弄"。　觸目盡成感舊:宋本作"觸目傷懷,盡成感舊"。"別久"二字,萬氏云應屬下段。　帝城當日,蘭堂夜燭,百萬呼盧,畫閣春風,十千沽酒未省宴處,能忘絃管,醉裏不尋花柳:萬氏云:當改作"帝城當日,未省宴處,能忘絃管,醉裏不尋花柳,蘭堂夜燭,百萬呼盧,畫閣春風,十千沽酒,豈知秦樓玉簫聲斷,前事難重偶",蓋謂因久别而追思當日宴處即聽絃管,醉裏必尋花柳,從未有忘此二事者,故上加"未省"二字,未省者,不解所謂也,下即以"蘭堂"四句實證,彼時歡會之勝而下以"豈知"二字接言,不料如今如此寂寥也。一轉移則文從字順矣。　絃管:宋本作"管絃"。　一晌淚沾襟褏:宋本作"一晌消凝,淚沾襟褏"。

傾杯樂皓月初圓　萬氏云:調更長,句法更亂。

迎新春　宋本以"漸天如水"為下段起句。　喧喧簫鼓:宋本作"喧天"。

堪碎粉良聚對此爭忍獨醒,歸去:戈氏校本作"隨分良聚,堪對此景,爭忍獨醒,歸去"。宋本同。

曲玉管　天籟本分三疊,以"杳杳神京"為第二段起句,以"暗想當初"為第三段起句。　一望關河:宋本"一"作"立"。　苒苒飛下江洲:《詞律》"江"作"汀"。

滿朝歡　露稀金掌:梅本"稀"作"晞"。　帝里風光爛漫:梅本作“光風”。　楚館朝雲:宋本“館”作“觀”。　偶憶歡盟重到:梅本“歡”作“舊”。　但掩朱門悄悄:宋本“門”作“屏”。

夢還京　天籟本分三疊,以“悄無寐”為第二段起句,以“甚況味”為第三段起句。

鳳銜杯有美瑤卿　此似頻見千嬌面:梅本、天籟本無“此”字。

鳳銜杯追悔當初　總時展丹青:宋本“總”作“更”。

鶴沖天閒窗漏永　再三往事:梅本作“再三追往事”。　好天好景:宋本“好景”作“良夜”。　還得似當初麼:宋本“當初”作“舊時”。　愛恩深:宋本作“受恩深”。

看花回屈指勞生　勞瘁相隨:梅本“勞”作“榮”。　紅顏成白首:宋本“首”作“發”。

看花回玉墄金階　□萬家急管繁弦:宋本作“正萬家”。　佳氣非煙:宋本作“佳嘉”。　雅俗熙物態妍:宋本作“熙熙”。　笑筵歌席連昏盡。在旗亭斗酒十千:梅本“盡”作“書”,天籟本“盡”作“曉”,宋本作“笑筵歌席連宵晝,任旗亭斗酒十千”。

柳初新　萬氏云,“柳抬下”與“杏園下”前後皆同,只“九陌”句多一字,或“妝點”句少一字也。

兩同心嫩臉修蛾　偏能效文人談笑:宋本“效”作“做”。　舞宴歌雲,宋本“宴”作“燕”。　箇人人:宋本“箇”作“那”。

兩同心佇立東風　鴛鴦阻,夕雨淒淒:宋本作“雨朝飛”,一本“鴛衾冷,暮雨淒飛錦書斷,朝雲凝碧”。

女冠子斷煙殘雨　斷煙殘雨:宋本“煙”作“雲”。　略略曾偕鴛侶:梅本無“曾”字。

玉樓春　昭華夜醮逢清曙:梅本“逢”作“連”。

玉樓春鳳樓鬱鬱　醮壇清夜:宋本“壇”作“台”。　保生香勸椒香膩:宋本“保生香”作“酒”。

玉樓春皇都今夕　蠟炬蘭燈曉夜色:梅本“曉”作“燒”。　朱履三千:宋本“朱”作“珠”。

玉樓春星闈上笏　不泛千鍾應未醉:宋本“未”作“不”。

玉樓春閬風歧路　恩恩縱説憐香雪:宋本“憐”作“鄰”。

金蕉葉　裛中有箇風流:宋本"裛"作"就"。

宋本有《惜春郎》、《傳花枝》兩闋,原脱。

大石調·惜春郎

玉肌瓊豔新妝飾。好壯觀歌席。潘妃寶釧,阿嬌金屋,應也消得。屬和新詞多俊格。敢共我勍敵。恨少年、枉費疏狂,不早與伊相識。

傳花枝

平生自負,風流才調。口兒裏、道知張鄭趙。唱新詞,改難令,總知顛倒。解刷扮,能佷嗽,表裏多峭。每遇著、飲席歌宴,人人盡道。可惜許老了。　閻羅大伯曾教來,道人生、但不須煩惱。遇良辰,當美景,追歡買笑。剩活取百十年,只恁厮好。若限滿、鬼使來追,待倩箇、掩通著到。

中卷

雨霖鈴　都門暢飲無緒:天籟本"暢"作"帳"。　方留戀處:宋本無"方"字　便總有千種風流:宋本"總"作"縱"。

定風波　《詞律》以"何以"作下段起句。　柳萬株:宋本作"塞柳萬株"。　近來:宋本作"邇來"。

尉遲杯　宋本以"困極歡餘"作後段起句。　寵嘉麗:宋本"嘉"作"佳"。　綢繆鳳枕鴛被:天籟本"枕"作"衾"。　且相將盡平生:宋本作"且相將共樂平生"。

慢卷紬　對好景良宵:宋本"宵"作"辰"。　紅茵翠被當時:宋本"時"下有"事"字。　免恁縈繫:宋本"縈"作"牽"。

征部樂　良夜可惜虚拋擲:宋本"夜"作"辰"。　追念狂蹤舊跡:宋本上有"每"字。　花街覓:宋本"街"作"衢"。　細説與此中端的:宋本删"與"字。　夢役勞魂:萬氏云:當作"魂勞"。宋本作"役夢勞魂"。　但願我蟲蟲心下:宋本作"重重心下"。　況逢春色:宋本作“況漸逢春色”。　更不輕拆:宋本作“更不輕離拆”。

佳人醉　天籟本以“臨軒砌”作後段起句。　冷侵書帷:《詞律》“侵”作“浸”,梅本同。　素光摇指:宋本“摇”作“遥”。　因念翠眉:宋本“眉”作“娥”。　音塵何處:宋本作“杳隔音塵何處”。　雕檻獨倚:宋本“檻”作“欄”。

迷仙引　才過笄年:宋本“才”作“纔”。　但千金慵覷:宋本“但”作“使”。　瞬華偷换:宋本“瞬”作“蕣”。　何妨攜手同去:“去”,宋本作“同歸去”。《蓮子居詞話》:“何妨攜手同去,永棄卻煙花伴侶”,亦通。

御街行前時小飲　中夜酒醺醺:宋本“酒”作“飲”。　不是鴛幃伴:宋本“幃”作“鴦”。　朦朧俱妙暗花面:宋本作“朦朧,暗想如花面”。

歸朝歡　路遥川遠:宋本“川”作“山”。　兩縈牽:宋本作“兩牽縈”。　浪萍風梗成何益:宋本“成”作“誠”。　玉樓深處:宋本作“歸去來,玉樓深處”。

采蓮令　宋本以“一葉蘭舟”為後段起句。　此時清苦:宋本“清”作“情”。　千嬌血:宋本作“千嬌面”。

秋夜月　萬氏云,中多參差不確,觀尹鄂詞則此篇必有訛脱。　奈你自家心下事難見:宋本作“有事難見”。　待音信:宋本無“音”字。

巫山一段雲六六真遊　九□麟㩜破非煙:宋本作“九班”,“㩜”作“穩”。　何處按雲軿:宋本“軿”作“軒”。

巫山一段雲琪樹羅三　令齎除檢降雕霞:宋本作“彤”。

婆羅門令　宋本以“空床輾轉重追想”為下段起句。　風細細:宋本不重。　任欹枕:宋本“任”作“如”。

法曲獻仙音　萬氏云:柳詞多訛,此調與諸家大異,必有錯誤。　宋本以“慣憐惜”為後段起句。　悔恨臨歧處:宋本“悔”作“每”。　慣輕擲:宋本“慣”作“頓”。　正懨懨多病:宋本“正”作“鎮”。

西平樂　宋本以“正是和風麗日”為後段起句。　盡日憑高寓目:宋本無“寓”字。　雅稱嬉游去:萬氏云,晁無咎詞此句作“準擬金尊時舉"六字，柳集必落去一字，然朱雍和詞作"好趁飛瓊去"，則亦作五字，似不必增也。　奈台隔尋芳伴侶：宋本"台"作"阻"。　楚管雲：宋本"管"作"館"。　寂寞韶光度：宋本作"寂寞韶華暗度"，天籟本"度"上亦有"暗"字。

蝶戀花　宋本作"鳳棲梧"下同。

蝶戀花簾內清歌　桐樹花聲：宋本"聲"作"深"。　坐上少年聽未慣：宋本"未"作"不"。　玉山將倒腸先斷：宋本"將"作"未"。

蝶戀花獨倚危樓　獨倚危樓：宋本"獨"作"竚"。　望極離愁：宋本"離"作"春"。　草色山光殘照裏：宋本"山光"作"煙花"。　無人會得憑闌意：宋本作"無言誰會憑闌意"。　也擬疏狂圖一醉：宋本"也擬"作"擬把"。

宋本有《法曲第二》、《一寸金》兩闋，原缺。

小石調・法曲第二

青翼傳情，香徑偷期，自覺當初草草。未省同衾枕，便輕許相將，半生歡笑。怎生向、人間好事到頭少。謾悔懊。　細追思，恨從前容易，致得恩愛成煩惱。心下事千種，盡憑音耗。以此縈牽，等伊來、自家向道。洎相見，喜歡存問，又還忘了。

一寸金

井絡天開，劍嶺雲横控西夏。地勝異、錦裏風流，蠶市繁華，簇簇歌臺舞榭。雅俗多遊賞，輕裘俊、靚妝豔冶。當春晝，摸石江邊，浣花溪畔景如畫。　夢應三刀，橋名萬里，中和政多暇。仗漢節、攬轡澄清，高掩武侯勳業，文翁風化。台鼎須賢久，方鎮静、又思命駕。空遺愛，兩蜀三川，異日成嘉話。

永遇樂薰風解愠　晝景晴和：宋本"晴"作"清"。　璿樞繞電：宋本"璿"作"旋"。　績唐虞垂拱：宋本"績"作"纘"。　架瓛杭：宋本"瓛杭"作"巇航"。　竟歌元首：宋本"竟"作"競"。

永遇樂天閣英遊　且乘閒暖閣長開：宋本"暖"作"孫"。

鵲橋仙　迢迢匹馬東去：宋本作“東歸去”。　慘離懷嗟少年：宋本無“離”字。　使忍分鴛侶：宋本“忍”作“恁”。　且際寸腸萬緒：宋本作“此際”。

浪淘沙慢　宋本分三段，以“陡頓翻成憂戚”為首段，“有萬般千種相憐惜”為二段，“恰到如今”為三段。　殢雨尤雲：宋本作“殢雲尤雨”。　相憐惜：宋本作“相憐相惜”。　到如今：宋本上有“恰”字。　如何時卻擁秦雲態：宋本“如”作“知”。

夏雲峰　疏絃脆管時換新音：宋本無“時”字。　越娥蕙態蘭心：宋本作“蘭態蕙心”。　醉鄉深處：宋本“深”作“歸”。

浪淘沙令　有一箇人人：宋本無“一”字。　促盡隨紅袖：宋本作“促拍盡隨紅袖”，《高麗史·樂志》同。應是“四肢嬌困”，宋本“四肢”作“西施”。

荔枝香　羅襪生塵，來繞瓊筵：宋本無“來”字。

古傾杯　煙和露潤，遍長隄芳草：宋本“潤”下有“繞”字。　名園芳榭：宋本“榭”作“樹”。

傾杯樂　宋本以“梨花一枝帶雨”為上段。　世人難使皓月長圓：宋本“人”作“上”。　下段，宋本作“慘黛蛾、盈盈無緒。共黯然銷魂，重攜纖手，話別臨行，再三問道君須去。頻耳畔低語。知多少、他日深盟，平生丹素，從今盡把憑鱗羽”，增十五字删增二字，梅本同，惟“有自”二字未删。

破陣樂　金柳搖風木木：宋本作“樹樹”，改“木木”者，避英宗嫌名天籟本作“本末”，亦非。　時光：宋本作“時見”，“見”字葉韻。　聲歡娛歌魚藻：宋本“聲”作“罄”。　別有以下至尾方用韻，萬氏云，疑訛誤。　各明珠爭收翠羽：梅本、天籟本作“各委明珠爭收翠羽”，“羽”字葉韻。　相將歸去：宋本“去”作“遠”。

陽臺路　墜冷風敗葉：宋本“風”作“楓”。　匹馬區區：宋本作“驅驅”。　追念平時：宋本作“追念少年時”。　寒燈半：宋本“半”作“畔”。

內家嬌　媚景朝升：宋本“媚”作“煦”。　煙花盡斂：宋本作“煙光晝斂”。　偎紅倚翠：宋本作“眷紅偎翠”。　奈向好景難留：

“向”疑“頃”。　舊歡頻棄:宋本“頻”作“頓”。　但贏得立高原:宋本作“獨立高原”。　斷腸一晌凝睇:宋本“腸”作“魂”。

二郎神　炎光初謝:梅本、《詞律》、天籟本均無“初”字,萬氏云:“初”字不宜有。《聽秋聲館詞話》云:“初”字謝天羽妄增。

醉蓬萊　蔥蔥嘉氣:宋本“嘉”作“佳”。

宣清　九十二字,《詞律》同,宋本百二十一字,天籟本同。歸來輕寒森森:宋本“森森”作“凜凜”。　命舞燕翻翻:宋本作“命舞燕翩翩,歌珠貫串,向玳筵前,盡是神仙流品,至更闌、疏狂轉甚。更相將、共鳳幃鴛寢”,凡增廿四字,梅本同。　玉釵亂横,信任散盡高陽,這歡娛甚時重恁:宋本作“玉釵横處,任散盡高陽,這歡娛、甚時重恁”。

雨中花慢　宋本作“錦堂春”。　心緒是事闌珊:宋本“是事”作“事事”。　認得這疏狂意下,向人誚譬如閒:萬氏云:“認得”即後段“伊要”兩句,該十四字,今少一字,且難解,恐必有誤。　把芳容陡頓:宋本“陡”作“整”。　翦香鬟:宋本“香”作“雲”。　尤雲滯雨:宋本“滯”作“殢”。　纏鴛衾:宋本“鴛”作“繡”。　今後更散無端:宋本作“敢更無端”。

定風波　早知恁般麽:宋本無“般”字。　只與鸞箋象管:宋本“鸞”作“蠻”。　拘束教吟詠:宋本“詠”作“課”,正葉韻。

訴衷情近雨晴氣爽　竚立江樓望處:《蓮子居詞話》云:“處”字是韻。引蔣勝欲《探春令》“處翅住指”並叶可證,然下闋序字,梅本作“候”,均非。韻又不可通矣。　遥想斷橋幽徑:宋本“想”作“認”。　秋風老盡:宋本“風”作“光”。

訴衷情近幽閨晝永　幽閨:宋本作“景闌”。　追先好:宋本“先”作“前”。

留客住　宋本以“旅情悄”為下段起句。　恁小樓:宋本“樓”作“欄”。　遥山萬疊雲散,漲海千里:宋本作“雲散遥山萬疊,漲海千重,潮平波浩渺”,與萬氏所改合。　遠信沉沉:宋本上有“念”字。

迎春樂　為別相思噭:宋本作“為別後相思煞”。　錦被裏,餘香猶在:宋本"錦被"上有"奈"字。

隔簾聽　天籟本以"梳妝早"為後段起句。　但隔簾,贏得斷腸多少:宋本"簾"下有"聽"字。

鳳歸雲戀帝里　霜月夜:宋本下有"涼"字,《花草粹編》作"明"字。　試恁暫分散:宋本"暫"下有"時"字。　即是恨雨愁雲:宋本"即"作"卻"。

抛毬樂　宋本以"向名園深處"為下段起句。　爭泥畫輪:宋本"泥"作"柅"。　爭似濃歡無價:宋本"爭似"下有"此"字。　怎生輕捨:宋本"生"作"忍"。

集賢賓　最是蟲蟲:宋本"蟲蟲"作"春風"。　幾回飲散良宵永:宋本"飲"作"欲"。　鴛衾鳳枕香濃:宋本作"鴛衾腰鳳枕香濃"。　近來雲雨每西東:宋本"每"作"忽"。　誚惱損情悰:宋本"誚"作"煩"。　爭似和鳴諧老:宋本"諧"作"偕"。

殢人嬌　良辰美景:宋本"美"作"好"。　與妳恣情睡睡:宋本作"與你恣情濃睡"。

思歸樂　相得盡高陽儔侶:宋本"相"作"想"。　共君把酒勸杜宇,再三喚人歸去:宋本作"把酒共君聽杜宇,解再三,勸人歸去"。

應天長　殘蟬聲漸絕:宋本無"聲"字。　歌未闋:宋本"未"作"聲"。

合歡帶　算舉措實難描:梅本"舉措"作"風指"。

少年游長安古道　不似少年時:宋本"少"作"去"。

少年游參差煙樹　獨自上蘭橈:宋本"上"作"憑"。

少年游世間尤物　發妝酒釅:梅本"釅"作"釃"。

少年游淡黄衫子　只恁翠蛾顰:宋本"恁"作"是"。

少年游鈴齋無訟　歌裀舞扇:宋本作"舞裀歌扇"。

少年游　一生贏得淒涼:宋本"得"下有"是"字。　顛倒盡猜量:宋本"盡"作"儘"。

長相思　宋本以"那人家未掩香屏"為下段起句。　露暖金莖:宋本"暖"作"翾"。　又豈知名宦拘檢:天籟本"名宦"作"宦名”。

玉樓春四首　宋本作“木欄花”。

玉樓春佳娘捧飯　唱出新聲群豔服:宋本“服”作“伏”。　管烈絃焦爭可逐:宋本“烈”作“裂”。

玉樓春　蟲娘舉措皆淹潤:宋本“蟲”作“重”,“淹”作“温”。　畫聲鼓喧蓮步緊:宋本“喧”作“催”。

玉樓春酥娘一搦　星眸顧拍精神峭:宋本“拍”作“指”。

駐馬聽　撻嗽些兒:宋本作“忒殺些兒”。　怎免分離:宋本作“怎忍”。　而今漸疏漸遠:宋本作“漸行漸遠”。　漫恁寄消息:宋本作“漫寄消傳息”。　恐恩情難似當時:宋本上有“衹”字。

戚氏　望鄉關:宋本“鄉”作“江”。　長天静:宋本“静”作“淨”。　舊游似夢裏,水程何限:宋本“裏”作“煙”。　聽嗚咽,畫角數殘聲:宋本“聽”作“漸”,“殘聲”作“聲殘”。

輪臺子　宋本以“念勞生”為下段起句。　恁驅驅:天籟本作“恁馳驅”。

引駕行　宋本以“忍回首”為下段起句。

望遠行繡幃睡起　勻紅鋪翠:宋本“鋪”作“補”。　金階鋪蘚:宋本“階”作“梯”。　金釵買對,好景空飲香醪:宋本作“金錢買醉,好景空飲香醪”。　見纖腰圖信人憔悴:宋本作“見纖腰圍小,信人憔悴”。

彩雲歸　此際浪萍風梗:《花草粹編》“際”下有“恨”字。　朝歡莫散:宋本“散”作“宴”。　鴛被鳳枕:梅本“被”作“衾”,《詞律》同。

離別難　嬌魂媚魄非遠:宋本無“媚魄”字。　總洪都道士也難尋:宋本無“總”字。　最苦是好景良天:宋本無“苦”字。

擊梧桐　自識來便好看伊:宋本作“自識伊,伊便好看承”。

夜半樂　宋本以“敗荷零落”為第三段起句。　含羞相笑語:宋本作“笑相語”。　後約丁寧竟何據:宋本“後”上有“歎”字。

祭天神　宋本以“又聞得行客扁舟過”為下段起句。　歡笑筵歌席輕拋彈:梅本“歡”作“歎”。　到此厭厭,向曉披衣坐:《詞律》

落"向曉"二字。

下卷

安公子　天籟本分三段,以"芳草青如染"為首段。　驅驅:宋本作"區區"。

菊花新　留著帳前燈:宋本"著"作"取"。　時時待看伊嬌面:宋本無"伊"字。

宋本有《過澗歇近》、《輪臺子》兩闋,原缺。

中呂調·過澗歇近

酒醒。夢纔覺,小閣香炭成煤,洞戶銀蟾移影。人寂静。夜永清寒,翠瓦霜凝。疏簾風動,漏聲隱隱,飄來轉愁聽。　怎向心緒,近日厭厭長似病。鳳棲咫尺,佳期杳無定。輾轉無眠,粲枕冰冷。香虬煙斷,是誰與把重衾整。

輪臺子

霧斂澄江,煙鎖藍光碧。彤霞襯遥天,掩映斷續,半空殘月。孤村望處人寂寞,聞釣叟、甚處一聲羌笛。九疑山畔纔雨過,斑竹作、血痕添色。感行客。翻思故國,恨因循阻隔。路久沉消息。　正老松枯柏情如織。聞野猿啼,愁聽得。見釣舟初出,芙蓉渡頭,鴛鴦灘側。千名利祿終無益。念歲歲間阻,迢迢紫陌。翠蛾嬌豔,從別後經今,花開柳折傷魂魄。利名牽役。又爭忍、把光景抛擲。

望漢月　《詞律》作"憶漢月"。　何事乍圓還缺:宋本"何事"作"爭奈"。　歡會依前離別:宋本"歡會"上有"暫"字。

燕歸梁　織錦裁篇:宋本"篇"作"編"。　密憑歸燕寄芳音:宋本"燕"作"雁"。

歸去來　憑仗如花女:《詞律》"憑"作"全"。

長壽樂　陡把狂心牽繫:宋本"陡"作"徒"。　次姿別成嬌媚:

宋本作"言談取次成嬌媚"。　臨軒親試對:宋本下有"天顔咫尺,定然魁甲登高第,待恁時、等著回來賀喜,好生地賸與我兒利市計"三十字。

宋本有《八六子》、《如魚水》帝里疏散兩闋,原缺。

正平調·八六子

如花貌。當來便約,永結同心偕老。為妙年、俊格聰明,淩厲多方憐愛,何期養成心性近,元來都不相表。漸作分飛詐料。　稍覺因情難供,恁殛惱。爭克罷同歡笑。已是斷弦尤續,覆水難收,常向人前誦談,空遣時傳音耗,謾悔懊。此事何時壞了。

如魚水

帝里疏散,數載酒縈花繫。九陌狂游。良景對珍筵惱,佳人自有風流。勸瓊甌。絳脣啟,歌發清幽。被舉措、藝足才高,在處別得豔姬留。　浮名利,擬拚休。是非莫掛心頭。富貴豈由人,時會高志須酬。莫閒愁。共緑蟻、紅粉相尤。向繡幄,醉倚芳姿睡。算除此外何求。

玉蝴蝶望處雨收　宋本以"文期酒會"為下段起句。

玉蝴蝶漸覺芳郊　宋本以"隼旟前後"為下段起句。

玉蝴蝶是處小街　宋本以"綺羅叢裏"為下段起句。　舉措皆奇:宋本作"舉止"。

玉蝴蝶誤入平康　宋本以"珊瑚筵上"為下段起句。

玉蝴蝶淡蕩素商　宋本以"西風吹帽"為下段起句。　舉盞忘憂:梅本作"盞裏忘憂"。

滿江紅暮雨初收　平生況有雲泉約:《詞林紀事》"雲泉"作"林泉"。　一曲仲宣樓:宋本"樓"作"吟"。

滿江紅訪雨尋雲　總來相見且相憶:宋本"總"作"縱"。　便不成長遣似如今:宋本"長"作"常"。

滿江紅匹馬驅驅　添傷感□何計:《詞譜》作"消何計"。　著何處是:宋本"著"作"看"。

宋本有《滿江紅》疋馬驅驅第四闋,原缺。

滿江紅其四

疋馬驅驅,摇征轡、溪邊谷畔。望斜日西照,漸沉山半。兩兩棲禽歸去急,對人相並聲相喚。似笑我、獨自向長途,離魂亂。 中心事,多傷感。人是宿,前村館。想鴛衾今夜,共他誰暖。惟有枕前相思淚,背燈彈了依前滿。怎忘得、香閣共伊時,嫌更短。

洞仙歌 宋本以"羈旅"為下段起句。 滿蕙蘭江渚:宋本"江"作"汀"。 隱隱隔桃花塢:宋本"塢"作"圃"。 水村漁浦:宋本"浦"作"市"。 閒思更繞:宋本"繞"作"遠"。 獨倚危樓:宋本"樓"作"檣"。

引駕行平韻 萬氏云:自起首至"西征"廿三字方起韻,無此词格,或云"人"字韻,不確。"和氣"下更有訛字。"村"字作叶,亦未必然。 是誰人斷魂處:宋本"誰"作"離"。 想媚容耿耿無限:宋本"限"作"勉"。

望遠行 亂飄僧舍密灑歌樓:萬氏云:二句宜倒。

八聲甘州 霜風淒緊:宋本"緊"作"慘"。 紅衰緑減:宋本"緑"作"翠"。 正恁凝眸:宋本作"凝愁",《詞林紀事》同。

臨江仙 宋本以"蕭條"為下段起句。

竹馬子 雄風拂檻:萬氏云:"檻"疑"欄"字之誤。 斷鴉零亂:宋本"斷"作"暝"。 又逐殘陽去:宋本"逐"作"送"。

小鎮西 久離卻:萬氏云:應作下段起句。 寂寞無眠:宋本"寞"作"寥"。

小鎮西犯 《詞律》以"路繚繞"為下段起句,宋本"遼"作"繚"。 遊人競來歡笑:宋本"歡"作"諠"。 信玉山倒:宋本"信"作"任"。

促拍滿路花 翠鬟蟬秋煙:宋本"鬟"作"鬢"。 楚腰纖細正□□:宋本作"正笄年"。 起來貪顛俊:宋本"俊"作"耍",疑應作

“傻”字而轉誤為“俊”也。　長是嬌癡:宋本作“最”。

六幺令　枕展當灘磧:宋本“展”作“底”。　鴛幃寂静:宋本“静”作“寞”。　也應暗思憶:宋本“思”作“相”。

剔銀燈　繡畫出萬紅千紫:梅本作“千翠”,“粹”字葉韻。

紅窗睡　宋本“睡”作“聽”。　峰舉措有許多端正:《詞律》删去“峰”字,“措”作“動”。　卻寃人薄倖:宋本“人”作“成”。

臨江仙　歡動帝城春:宋本“帝”作“一”。　荆王魂□:《詞律》“魂□”作“雲散”,下句“應認嶺頭雲”,“雲”字不應重。梅本作“魂夢”,宋本“魂夢”下增“斷”字。

鳳歸雲向秋深　天□殘星:宋本作“天末殘星”。　抛擲雲泉:天籟本作“林泉”。　會須歸老漁樵:宋本“歸”下有“去”字。

女冠子淡煙飄薄　想憂端多暇:《詞律》“憂端”作“端憂”。

玉山枕　清光洗:天籟本“光”作“如”。　露莎煙芰:宋本“莎”作“荷”。　幾闋新歌:與下句“盡新聲”複,疑當作“清”。

減字木蘭花　獨為誰憐:宋本作“慵困誰憐”。　幾日□□廢管弦:梅本空格,鈔本作“春愁”二字。

玉樓春　宋本作“木蘭花令”。

甘州令　對此早驟增聲價:宋本“早”作“景”。　好時代:宋本“代”作“節”。

西施　苧蘿妖豔世難□:宋本作“世難偕”,《詞譜》作“儕”。羅綺旋變塵埃:《詞譜》作“旋羅綺”。　至今悲寃魂:《詞譜》“魂”作“魄”。

宋本有《西施》自從回步一闋,原缺。梅本存“自從回步百花橋,便獨處清宵,鳳衾鴛枕”十六字,下缺四行,毛本全棄去。

西施其三

自從回步百花嬌。便獨處清宵。鳳衾鴛枕,何事等閒抛。縱有餘香,也似郎恩愛,向日夜潛消。　恐伊不信芳容改,將憔悴、寫霜綃。更憑錦字,字字説情憀。要識愁腸,但看丁香樹,漸結盡春梢。

河轉淮岸漸晚　露影紅芳：宋本“影”作“清”。

郭郎兒近拍　宋本無“拍”字。宋本以“愁瘁”為下段起句。畏景天氣：萬氏云，“畏景”決是誤字。　睡久轉轉慵起：宋本作“輾轉”。

透碧霄　太平時、朝夜多歡。遍錦家香陌，鈞天歌吹，閬苑神仙：宋本“夜”作“野”，“遍”作“偏”，“家”作“街”。

木蘭花慢　凝眸：宋本“眸”作“旈”。　繼楚得文章：梅本“楚”作“夢”。

臨江仙渡口向晚　涉崇岡：宋本“崇”作“平”。

宋本有《臨江仙引》畫閣蕩漿、《瑞鷓鴣》吴會風流兩闋，原缺。

臨江仙引其三

畫閣、蕩漿，隨浪箭、隔岸虹。荷占斷秋容。疑水仙游泳，向別浦相逢。鮫絲霧吐漸收，細腰無力轉嬌慵。　羅襪淩波成舊恨，有誰更賦驚鴻。想媚魂香信，算密瑣瑶宫。遊人謾勞倦，奈何不逐東風。

南吕·瑞鷓鴣

吴會風流。人煙好，高下水際山頭。瑶台絳闕，依約蓬邱。萬井千閭富庶，雄壓十三州。獨處青蛾畫舫，紅粉朱樓。　方面委元侯。致訟簡時豐，繼日歡游。襦温袴暖，已扇民謳。旦暮鋒車命駕，重整濟川舟。當恁時，沙堤路穩，歸去難留。

般沙調　宋本“沙”作“涉”。　塞孤：宋本以“摇指白玉京”為下段起句。　襟袁淒裂：宋本“裂”作“冽”。

瑞鷓鴣三吴嘉景　越相巧：宋本“巧”作“功”。　千里蒼波：宋本“波”作“江”。　最好簇簇寒竹：宋本“好”作“是”，“竹”作“村”。遥認南朝畫：宋本“畫”作“路”。

洞仙歌　宋本以“閒暇”為下段起句。　並燦枕輕倚：宋本作“並燦枕輕偎輕倚”，按此用角枕粲兮之語，“燦”當作“餐”。　深要深心同寫：宋本“深要”作“須要”。　早恁背人沾灑：宋本“沾”作“淚”。　愛印了雙眉索人重畫：宋本“印”作“揾”。

宋本有《長壽樂》，原缺。

長壽樂

繁紅嫩翠。豔陽景，妝點神州明媚。是處樓臺，朱門院落，絃管新聲騰沸。恣遊人、無限馳驟，嬌車馬如水。竟尋芳選勝，歸來向晚，起通衢近遠，香塵細細。　太平世。少年時，忍把韶光輕棄。況有紅妝，楚腰越豔，一笑千金何啻。向罇前、舞袖飄雪，歌響行雲止。願長繩、且把飛烏繫。任好從容痛飲，誰能惜醉。

傾杯水鄉天氣　宋本以“殢響幽窗”為下段起句。當無緒：宋本“當”作“黯”。　人静酒醒：宋本“醒”作“醒”。　天上征鴻：宋本“上”作“外”。　風窺寒硯：宋本“風”作“鼠”。

傾杯金風淡蕩　宋本以“最苦碧雲信斷”為下段起句。萬氏云：應分三段，“練淨”為第一段，“重省”為第二段，惟“氣”字非韻，又不敢以為然。　又是立盡梧桐清影：宋本“清”作“碎”。

傾杯樂　木落霜洲：宋本“木”作“鶩”。

鶴沖天　爭不恣遊狂蕩：宋本無“遊”字。　且恁偎紅倚翠：宋本無“倚”字。

續添曲子　宋本無，從鈔本校。

玉樓春　鈔本作“木蘭花”。

傾杯樂樓鎖煙輕　末句“孤負高陽客”下，鈔本有“恨難極和夢也多時間隔”十字。

祭天神　不分段，萬氏云：“那更滿庭風雨”句，可以分段。舊歡省：鈔本作“舊歡慵省”。

瑞鷓鴣　入夜風：鈔本作“一夜風”。　意沖沖：鈔本“沖沖”作“忡忡”。

訴衷情　不堪更倚木蘭：梅本作"朱蘭"。

梁州令　不分段，天籟本以"憐深定是心腸小"為下段起句。

夜半樂豔陽天氣　不分段，萬氏云：應分三段，"鬬雙語"為第一段，"笑爭睹"為第二段。　芳草郊燈明閑凝佇杜校：宋本"燈"作"汀"，"明"字衍。　嫩紅光數：宋本作"軟紅無數"。　競斗草盡，斂笑爭睹：宋本"斂"作"釵"。　等閒度空：鈔本作"空度"。

宋人詞集，校訂至難，而柳詞為最，如《傾杯樂》八首，"樓鎖輕煙"一百九十四字，分段；"離讌殷勤"一首九十五字，"木落霜洲"一首一百四字，均不分段；"禁漏花深"一首一百六字，分段；"凍水消痕"一首一百七字，分段；"水鄉天氣"一首，"金風淡蕩"一首一百八字，"皓月初圓"一首一百十六字，均不分段。或作《古傾杯》，或作《傾杯》。宜興萬紅友云：《柳集》"禁漏"一首屬仙侶宮，"皓月"、"金風"二首屬大石調，"木落"一首屬雙調，"樓鎖"、"凍水"、"離讌"三首屬林鐘商，"水鄉"一首屬黃鐘調，或因調異而曲異也。然又有同調而長短大殊者，至可闕疑。又云：《樂章集》訛舛最多，實難勘定。寧甘闕陋之嘲，不能為柳氏功臣，亦不敢為柳氏罪人也。海寧吴子律云：《樂章集》信不易訂，如《浪淘沙慢》一百三十三字，《女冠子》一百十一字，《引駕行》一百二十五字，《望遠行》一百四字，《秋夜月》八十二字，《洞仙歌》一百十九字，又一百二十三字，又一百二十六字，《長壽樂》八十三字，《破陣樂》一百三十三字，世乏周郎，無從顧誤，不能不為屯田惜已。《汲古書目》有宋板柳公《樂章》五本注，今世行本，俱不全。此宋板特全，故可寶。然《六十家詞刻》只一卷，麤率異常。汲古之書，往往所藏與所刻不符，殊不可解。今為吴仲飴同年重刻此集，因取明梅禹金鈔校三卷本，次序與毛本同，惟分三卷，多《西施》一闋不全，又八六子一題。又一明鈔本、《花草粹編》、《嘯餘圖譜》、萬紅友《詞律》、《天籟閣詞譜》、秀水杜小舫《詞律校勘記》引宋本校之。脱行、奪句、訛字、顛倒字悉為舉出，共得百許事，編校勘記一卷，逸詞一卷。刻既成，吴興陸純伯觀察以宋本次第及訛字注於新刻本，悉刺取入記而另刻之，列宋本目録於前，宋本有而汲古脱者十二首，悉按原次補入校勘記，另輯逸詞十首而聲律非所知，尚不敢自居為柳氏功臣也。杜、陸兩宋本不知有汲古所藏否？朱竹垞《詞綜》注云九卷，將來如遇各本，當校之，必有所得出此刻之外者，或於柳氏不無小補云。江陰繆荃孫識。

文潞公文集校勘記

據山東大學圖書館藏繆氏雲輪閣《文潞公集》鈔本

文潞公文集校勘記

卷一

《金苔賦》 劉曜耀、劉聰

《省試諸侯春入貢賦》 當是時誤"時是"

卷二

《多文為富賦》 寔 乎不義而富按上聯"罔同於無德而貪","乎"字上落一字

《土牛賦》 徒觀夫天

《德號繼胡賦》 文身辮辨髮 將臻夫天泰壇

卷三

《送乾元寺住持寔大師》 所謂栰筏喻者

《某伏蒙宮師相公杜寄示新居謹成拙詩一章上紀盛德》 德宇字翔黄扉

《幽蘭》 燕姞姞夢魂唯是見

《送胡秀才歸絳臺》 隻輪休歎阮院途窮

《送郭屯田牧涪陵》 星軺初動隼旟襖開

卷四

宫保相公杜以某於貝具之役 平淮伐潞皆殊績續

《和公儀游太華》 細草舒茵承蠟屐屣

《天平相公遠寄佳章謹依韻和呈》 至今關闞內仰蕭規

《答王龍圖遊山》 卻輸論假道歸朝客

《答青州相公》 小注:一慶予矛守洛

《梅公儀見寄華亭鶴一隻》 小注:公儀在雍壅公署

卷五

《秋日登闕塞》 二室檻攬前見 不減冶治城游

《依韻和答文裕群牧侍郎張》 酷愛君揮輝塵

《游楚諫議園宅》 小注:楚令帥師環慶

卷六

《次韻留守相公同游龍門》 樓臺華煥兩雨崖分

堯夫惠簟 蘄春薤葉水紋絞寒

余於洛城東云云 盡見雲卿鄉舊

《記賀經略相公移鎮太原》 新開大幕幙府 運使兵部某云云真賞得知心中小注同

承惠鱖白魚云云 小注:河北運使郭民惠考功惠孰"河"誤"阿"

《偶書答嵩歧守吳卿幾復北京作》

《東溪奉從景仁內翰歸東都》 瑞雲雪承露從頭看

《耆老會詩》 九老唐賢形繪鱠事

《右石景仁內翰》 北都相公頃守魏郡都

《答龐相家園》 一廛㕓幽趣斗城西

卷八

《神宗皇帝挽詞》 小注:今茲慈號慕

《故尚書懿敏王公挽詞》 沒世猶齎齊志 頹然處順君無恨恒

《司馬贈康國韓公挽詞》 小注:問於放野人

《中書侍郎傅公挽詞》 小注:小鳥如龜形刑 令植碧莎沙

《致政仲損工部哀詞調》

《太尉韓國文忠富公挽詞》晚年修好結潘楊陽 一坐簪紳仰典與刑 達士宮官定知無恒化

卷九

《譎正論》 惟是風盛馬牛

卷十

《謝男貽慶換授文資及章服表》 竊以朱紱□身落一字

《温卷啟》 矧□濁以裝懷落一字 效駑駕而脫此字雖勤 蘗茹茄之懷

《謝陳龍圖諫議惠渚宮集啟》 丹雘臒致飭 刻畫為功切

卷十一

《送龍昌期先生歸蜀序》 井絡給之區 其惟武陵先生龍君乎平

《贈清河先生序》 與我同司志

卷十二

《翼城縣新修至聖文宣王廟記》 行釋奠之禮落洛之

高公神道祁祁公之捐館

《高文莊公神道碑》 祈祁終三年喪 林億憶

卷十三

《奏為開先殿乞循制度事》 特貸鈇鑕鉞之嚴誅 出於清廟之官是以儉險

御前劄子 去防妨秋不遠

卷十四

《乞差嘉眉益利救應湑井監更不差秦州兵》 不可窮其窟穴宂

《乞下田況》 皆云去蜀中稍須防備

卷十六

《答御筆手詔》 數經大赦赧 自慶曆脱此字二年後

卷十七

短第五葉

卷十八

《條奏薛向利害》 若諒祚作 果遂倔强脱"强"字

《御批綏州邊事》 折秌繼世

《論夏國冊命》 小注:直便使問其故 再具誓哲表下同

《奏減廣南東西路戍兵》 屯泊洎

《論修復延州金明寨》 北至金明梈栳兩寨"金"上衍"金"字

脱第九葉

《奏西夏誓詔事》 重立封堠候 小注:創開界壕"開界壕"三字誤作大字

卷十九

《論用人》 國財材不足

卷二十

《言青苗錢》 其增有及倍陪者 陛下視示開元之末
《言市易》 錐刀是競兢
《論本朝兵政》 慶曆中即郎頗減
《奏西府紀事》 令今將作監 建立
《論監牧事》 在祀與於戎 場揚務破壞 素知之馬政
《對聖問》 时亦旰昃昊

卷廿一

《論馬保》 類出役彼錢 流徙徒者眾

卷廿二

《乞免人戶折變蚕鹽錢》 深慮虜姦謀
《乞嚴諭河北安撫司探報事宜》 沿松邊安撫司
《神宗諮訪詔》 勢恐未已落"恐"字,據答奏增
《答奏襲取燕薊蒯》 兵連速未解

卷廿三

《不保明濬川第二》 河水減緘退

卷廿四

脱第一葉

《論恤刑》 于頔鴨

卷廿五

《論西事三》 選拔將校拔上衍一“報”字

卷廿六

《論西邊事》 犬羊兇犯之性衍一“信”字

脱二三兩葉

卷廿七

《論監牧》 知潞路州崔台符

脱二三兩葉 可副秉求“副”上衍一“赴”字 又西人欵疑塞 詰譛其所由出 更相顧顛望計 議論不決衍一“决”字

卷廿八

《進漢唐故事》 是古故天子服 天子之后後庶人 禽荒脱此二字 非熊能 先臣祐甫輔,崔祐甫為唐德宗相

卷廿九

《奏疏決刑獄》 為聖閔雨兩

卷三十

《奏賜儒行中庸篇並七條事》 所用輔轉相　似有缺葉

卷三十一

《舜典》 爾作共工上

卷三十二

《乞罷男機宜》 並不令就差羌遣　乞差羌使臣下同

《陳乞堂弟大同西京差遣》 解官持特版

卷三十三

《第一劄子》 臣可無任　又私居待得罪　又而面聖度含容

卷三十四

《隨表劄子》 伏望聖慈許從懇迫之誠並其退歸之志“慈”下衍一“意”字　又　伏□俞旨便可促裝“伏”下落一字　又元祐二年　唐度之裴度

卷三十七

《許免公使錢詔》 日裁財萬幾

卷三十八

《舉馮詰任允乎》 至去年方替"方""年"誤倒
《舉劉庠撫綏緩夷夏》

卷三十九

《舉田瑜》 歲月未久"久""未"倒

卷四十

《舉杜圻》 吕品大太臨

東坡集校記

據宣統元年端方寶華庵刻本

東坡集校記

東坡集

首

二葉《宋贈太師制》“讜九原之可作”：兩本均同，按“讜”當作“儻”，《説文》：“讜，直言也。”《漢書・班固序傳》：“吾久不見班生，今日復聞讜言。”又通作“党”，謂直言也，無通“儻”之義。

《東坡本傳》

十七葉“軾命與舉舊典”：原作“舊興”，據《宋史》改。

《東坡年譜》

四葉“次於逆旅”：原作“送旅”，據嘉靖本改。

十三葉“及發常平錢米”：原作“錢未”，據嘉靖本改。

二十葉“重九作醉蓬萊”：原作“來”，據嘉靖本改。

廿三葉“休嫌五日怱怱守”：“休”字空格，據嘉靖本補。

三十葉“定州學士硯”：原作“學生”，據嘉靖本改。

三十九葉“饁婦年七十云”：原作“饈”，據錢校本改。

四十一葉“哲人之萎”：原作“痿”，據嘉靖本改。

卷一目

一葉下一行雙行小字“餽歲”：原作“飢”，據嘉靖本及本集詩題改。

六行雙行小字　《咀楚文》：當作“詛”。

卷四目

五葉《王復秀才所居雙檜二首》:原作"一",據本集詩題改。

六葉《次韻答章傳見贈》:原作"章傳",據本集詩題改。

《新城道中》:原作"蓮中",據本集詩題改。

《與臨安令宗人同年劇飲》:原作"厠飲",據本集詩題改。

卷五目

六葉《虎跑泉》:原作"鹿跑",據本集詩題改。

七葉《柏堂竹閣》:原作"枯堂竹閣",嘉靖本作"相堂",亦誤,據本集詩題改。

《石鏡》:原"石"字闕,"鏡"作"照",宋本同,避諱也。

卷十目

十四葉詩七十七首:原作"八",據本集詩數改。

《送孫勉》:原作"孫逸",據本集詩題改。

十五葉《遊桓山得澤字》:原作"柏山",據本集詩題改。此首下脱《戴道士得四字代作一首》、《次韵田國博夫南京見寄二絕》,計二題詩三首。

《次韵關尹送魚》:原作"門",據本集詩題改。

卷十二目

十七葉詩八十九首:原作"七十",據本集詩數改。

卷十四目

二十葉《次韵周穜惠石銚》:原作“石棹”,據錢校本改。

二十一葉《章錢二君見和》:原作“知”,據本集詩題改。

卷十五目

廿一葉《送穆越州》,《贈葛葦》:二題均脫,據本集詩題增,嘉靖本亦後增入。

卷十六目

廿三葉《用王鞏韻》:嘉靖本作“同”。

《秋詠石屏》:原作“狄”,據本集詩題改。

卷十八目

廿六葉詩一百一十五首:原作“七”,據本集詩題改。

《文登白石》:原作“次”,據本集詩題改。

卷二十二目

二十葉《策問十七首》:原作“八”,據本集文數改。

《私試策問七首》:原作“八”,據本集文數改。

卷二十四目

三十二葉《晁君成詩集敘》:本集在《錢塘勤上人詩集敘》下,目在《居士集敘》下,嘉靖亦誤。

東坡集　卷第一

六葉《和子由苦寒》　“丈夫重出處”:原作“又夫”;“又”,“丈”壞字,據嘉靖本改。

《和子由論》　“好之每自譏”:原作“目”,據嘉靖本改。

十一葉《中隱堂詩》　“笑汝益羈孤”:原作“灟”,不成字,據錢校本改。

十七葉《和子由聞子瞻將如終南太平宮谿堂讀書》“中間罹旱暵”:原作“旱暵”,據嘉靖本改。

《將往終南和子由見寄》　“窮年弄筆衫袖烏”:原作“彩袖”,據錢校本改。

卷第二

五葉《自仙游回至黑水見居民姚氏山亭高絕可愛復憩其上》“念此慚且泚”:原作“此”,據錢校本改。

十一葉《石蒼舒醉墨堂》　“何用草書誇神速,開卷慌悅令人愁”:原缺“速開卷”三字,據錢校本補。

十二葉《次韻子由緑筠堂》“只應陶靖節”:原作“静”,據錢校本改。

十五葉《次韻張安道讀杜詩》　“巨筆屠龍手”:原作“臣”,據錢校本改。

十九葉《塗山》“川鎖支祁水尚渾,地埋汪罔骨應存”:原“川”作“用”,“埋”作“理”,均據嘉靖本改。

《逍遥臺》　注:“莊子祠堂在開元寺,即墓為堂”:原“寺”作“侍”,“即”作“郎”,據嘉靖本改。

《四望亭》　注:“李紳”:原作“神”,據嘉靖本改。

卷第三

五葉《甘露寺》 “遷逝誰控搏”:原作“搏”,據嘉靖本改。

九葉《戲子由》 “畫堂五丈容旂旐”:原作“五文”,據嘉靖本改。

《越川張中舍壽樂堂》 “狐裘反衣無乃魯”:原作“孤裘”,據嘉靖本改。

卷第四

三葉《是日宿水陸寺寄北山清順僧二首》 “披榛覓路衝泥入”:原作“被榛”,據嘉靖本改。

《客位假寐》 “豈惟主忘客,今我亦忘吾”:原作“我忘吾”;“愠色見髯蘇”:原作“髯須”,均據嘉靖本改。

六葉《和致仕張郎中春晝》 “蝸殼卜居心自放”:原作“蝎”,據嘉靖本改。

八葉《和邵同年戲贈賈收秀才》 “白衣擔酒慰鰥孤”:原作“檐酒”,據嘉靖本改。

十葉《至秀州贈錢端公安道》 “記與嵇康留石髓”:原作“稽康”,據嘉靖本改。

十二葉《祥符寺九曲觀鐙》 “紗籠擎燭逢門入”:原作“迎門”,據嘉靖本改。

卷第五

九葉《遊東西巖》 “謝公含雅量”:原作“舍”,據嘉靖本改。

十葉《宿海會寺》 “重樓束縛遭澗坑”:原作“坈”,據嘉靖本改。

《海會寺清心堂》 “西來達摩尚求心”:原作“磨”,據嘉靖本改。

十七葉《和錢安道寄惠建茶》 “葵花玉銙不易致”:原作“銙”,據嘉靖本改。

廿二葉《成都進士杜暹伯升出家名法通往來吴中》 注:“暹若及第”:原作“通”,據本題改。

卷第六

十八葉《蘇州姚氏三瑞堂》 “天公亦恐無人知”:原作“未”,據嘉靖本改。

十九葉《送段屯田》 “王事匪盬君甚劬”:原作“三事”,據嘉靖本改。

《和屯田荆林館》 “便當勒鞭策”:原作“勤”,據嘉靖本改。

卷第七

二葉《惜花》 “豈知如今雙鬢催”:原作“推”,據嘉靖本改。

八葉《和章七出守湖州》 “弁峰初見眼應明”:原作“弃峰”,據嘉靖本改。

十三葉《荼蘼洞》 嘉靖本有小注:“長憶故山,一作半雨半晴。”此脱。

十五葉《喬將行烹鵝鹿出刀劍以飲客以詩戲之》:原本“鵝”作“鳩”,“飲客”作“斂容”;“便可先呼報恩子”:原作“知呼”,均據嘉靖本改。

卷第八

十葉《送顔復兼寄王鞏》 注:張安道為太一宫使,原作“官”,據嘉靖本改。

十九葉《有言郡東北荆山下可以溝畎積水因與吴正字王户曹同往相視以地多亂石不果還遊聖女山山有石室如墓而無棺槨或云宋

司馬桓魋墓二子有詩次其韻二首》“奈有中郎解摸金”:原作“模”,據嘉靖本改。

卷第九

一葉《春菜》“苦筍江豚那忍説”:原作“苦荀”,據嘉靖本改。

六葉《起伏龍行序》“可以致雷雨”:原作“以置”,據嘉靖本改。

十四葉《密州宋國博以詩見紀在郡雜詠次韻答之》“慎勿笑杕杜”:原作“狀杜”,據嘉靖本改。

卷第十

四葉《登雲龍山》“拍手大笑使君狂”:原作“史”,據錢校本改。

五葉《次韻潛師放魚》“不怕校人欺子産”:原作“子美”,據嘉靖本改。

七葉《次韻参寥師》“無數新詩咳唾成”:原作“詠唾”,據錢校本改。

九葉《夜過舒堯文戲作》“耐寒石硯欲生冰”:原作“水”,據錢校本改。

十七葉《答郡中同僚賀雨》“吏集泥土滿靴履”:原作“屨”,據嘉靖本改。

廿一葉《贈錢道人》“輕出千鈞諾”:原作“千鈞”,據嘉靖本改。

《次韻關令送魚》“饞涎不易忍流酥”:原作“饞延”,據嘉靖本改。

卷第十一

五葉《舶趠風》“一時清駛滿江東”:原作“駃”,據嘉靖本改。

《丁公默送蝤蛑》“怪雨腥風入座寒”:原作“醒風”,據嘉靖本改。

九葉《與王郎昆仲及兒子邁繞城觀荷花登峴山亭晚入飛英寺分韻得月明星稀四首》　“舉杯屬浩渺”:原作“眇”。“萬瓦浮青冥”:原作“青溟”,均據嘉靖本改。

十二葉《次韻和劉貢甫登黄樓見寄》　“清派連淮上”:原作“青派”。“巾箱襲碔趺”:原作“武夫”,据錢校本改。

十七葉《張先生》　“能致先生予亦賢”:原作“子”,據嘉靖本改。

卷第十二

六葉《次韻子由病酒肺疾發》　“二豎肯逋播”:原作“二竪”,據嘉靖本改。

九葉《東坡八首》　“至今誇我賢”:原作“夸”,據嘉靖本改。

十葉《岐亭道上見梅花》:原作“道士”,據嘉靖本改。

十三葉《和王鞏》　“春蔬黄土軟”:原作“黄士”,據嘉靖本改。

十八葉《寒食雨》　“寒庖煮寒菜”:原作“寒萊”,據嘉靖本改。

卷第十三

十葉《次韻王鞏南遷初歸》　“三年不易□,□睆倚天壁”:原缺,兩本同。

十一葉《子由作二頌石臺長老同公手寫蓮經字如黑蟻且頌萬遍脅不至席二十餘年余亦作二首》:原作“問公”,據嘉靖本改。

十五葉《將至筠先寄遲适遠三猶子》　“逆旅擔夫相汝尔”:原作“檐”,據嘉靖本改。

十六葉《别子由三首》　“何似鹽車壓千里”:原作“監車”,據錢校本改。

廿一葉《陶驥子駿佚老堂二首》　“我從廬山來”:嘉靖本提行分作二首,原本誤作一首。

卷第十四

八葉《至真州再和二首》 “荒祠過瓜步”：原作“爪”，據錢校本改。

十一葉《次韻周穜惠石銚》：原作“石棹”，據錢校本改。

十四葉《和王斿》 “娟娟霜月照生還”：原作“坐還”，據嘉靖本改。“野梅官柳何時動”：原作“野於”，據嘉靖本改。

卷第十五

六葉《蘇子容母陳夫人挽詞》 “不煩擁笏强垂魚”：原作“唾魚”；“當年太史取家傳”：原作“大史”，均據嘉靖本改。

八葉《次韻答賈耘老》 “牽挽直欲來瓜洲”：原作“爪州”，據嘉靖本改。

十四葉《再過超然臺贈太守霍翔》 “獲羌充國鬢未斑”：原作“班”，據錢校本改。

十七葉《次韻王定國》 “世家不可恃”：原作“侍”，據嘉靖本改。

十八葉《次韻胡完夫》 “青山别淚尚斕斑”：原作“斕班”，據錢校本改。

十九葉《送錢承制赴廣南路分都監》 夾註：“頃有佛動之異”：原作“手異”，據嘉靖本改。

《再和》 夾註：“時方闕會稽守”：原作“方開”，據嘉靖本改。

《次韻劉貢父省上喜雨》 “疏雨蕭蕭未作泥”：原作“翛翛”，據嘉靖本改。

廿一葉《次韻孔常父送張天覺河東提刑》 “埋輪家世本留侯”：原作“宰留侯”，據嘉靖本改。 “子河駿馬方争出”：原作“駁馬”，不成字，據嘉靖本改。 夾註：“唐稱昭義步兵”：原作“陽兵”，據嘉靖本改。

《送張天覺得山字》 “晻藹鄉□間”：“鄉”，據錢校本補，下一字仍闕。

卷第十七

原缺第三、第十兩葉,據嘉靖本補。

三葉《九月十五邇英講論語終篇賜執政講讀史官燕于東宫又遣中使就賜御書詩各一首臣軾得紫薇花絶句其詞云絲綸閣下文章静鐘鼓樓中刻漏長獨坐黄昏誰是伴紫薇花對紫微郎翌日各以表謝又進詩一篇》 注:“摎技屬地”:原作“也”,據錢校本改。

五葉《次韻劉貢父所和韓康公憶持國》 注:“唐蕭氏自瑀及遘八宰相”:原作“反遘”,據嘉靖本改。

十葉《次韻子由五月一日同轉對》 注:“正元中詔曰自今”:原作“中元詔曰”,據錢校本改,“正”即“貞”,宋避諱改。

十六葉《木山聖俞詩》 “雨侵蘚澀得石瘦”:原作“兩侵”,據嘉靖本改。

十九葉《王晉卿所藏著色山二首》 “縹緲營丘水墨仙”:原作“眇”,據嘉靖本改。

卷第十八

一葉詩一百一十七首:原作“十五首”,據本集詩數改。

三葉《次韻毛滂法曹感雨詩》 “强結三友歡”:原作“三交”,據嘉靖本改。

八葉《次韻劉景文周次元寒食同遊西湖》 注:“一楪膠牙餳”:原作“一堞”,據錢校本改。

廿一葉《熙寧中軾通守此郡除夜直都廳囚繫皆滿日莫不得返舍因題一詩於壁今二十年矣衰病之餘復忝郡寄再經除夜庭事蕭然三圄皆空蓋同僚之力非拙朽所致因和前篇呈公濟子牟二通守》 “因和前篇”:原作“因知”,據嘉靖本改。

卷第十九

六葉《黄泥坂詞》 “襲前人之詭幻”：原作“詭幼”；“恐牛羊之予踐”：原作“子踐”，均據嘉靖本改。

十四葉《服胡麻賦》 “乃淪乃烝”：原作“丞”，據錢校本改。

卷第二十

十葉《六一泉銘》 “予哭於勤舍”：原作“動”，據嘉靖本改。

十一葉《仁宗皇帝御書頌》 “太子諭德”：原作“喻”，據嘉靖本改。

十八葉《黄庭經贊》 “予既書黄庭内景”：原作“子”，據嘉靖本改。

十九葉《韓幹畫馬贊》 “其一欲涉水”：原作“涉末”；“則隅目聳耳”：原作“聳目”，均據嘉靖本改。

卷第二十一

七葉《學士院試春秋定天下之邪正論》 “為人君父而不知春秋”：原脱“父”字，據嘉靖本添。

十一葉《辨論二》 “婦謂舅嬖妾為姑”：原脱“為”字，據嘉靖本添。

十五葉《思治論》 “不志於功名”：原作“忘”，據嘉靖本改。

卷第二十二

原缺第五葉，據嘉靖本補。

一葉《策問十七首》：原作“十八”。

《秋試策問七首》：原作“八”。

《省試策問三首》:原作"二",均據本集首數改。

十一葉《試館職策題》　"考古以證今":原作"詔",據嘉靖本改。

卷第二十三

七葉《書劉庭式事》　"昔羊叔子":原作"叔予",據嘉靖本改。"杲卿與庭式善":原作"與杲卿",據錢校本改。

十三葉《書韓魏公黄州詩後》　"相與募公之詩":原作"墓",據嘉靖本改。

十六葉《書篆髓後》　"雖草本":原作"本草",因上文而誤,今據嘉靖本改。

十八葉《書朱象先畫後》　"朱君象先":原作"像",據本題及目改。

卷第二十四

一葉《送章子平詩集敘一首》:原作"張",據本集詩題改。

《敘十四首》:嘉靖本作"敘十五首",中脱《晁君成詩集引》,當次《勤上人詩集序》下。

二葉《敘十五首》:原作"十四",據嘉靖本改。

十七葉《居士集敘》　"亂周孔之真":原作"實",據嘉靖本改。

卷第二十五

五葉《徐州謝獎諭表》　"官守有限":原作"有恨",據嘉靖本改。

十六葉《謝宣召入院狀》　"天祚聖神":原作"天胙",義通。

廿二葉《謝賜御書詩表》　"書已逼於鍾王":原作"鐘",據嘉靖本改。

卷第二十六

六葉《杭州謝放罪表》 “則逆耳之奏形於言”:原作“之惷”,據嘉靖本改。

八葉《謝賜曆日詔書表》 “已宣播於王言”:原作“主”,據嘉靖本改。

十七葉《賀楊龍圖啟》 “因墳典而道祁招之詩”:原作“析”,據嘉靖本改。

卷第二十七

八葉《徐州謝兩府啟》 “獷悍堅實”:原作“礦”,據錢校本改。

十三葉《謝翰林學士啟》 “永為巾笥之珍”:原作“申笥”,據嘉靖本改。

十四葉《答李寶文啟》 “蓋闇然而日彰”:原作“暗”,據嘉靖本改。

十五葉《謝賈朝奏啟》 “敢懷盍歸之意”:原作“蓋”,據錢校本改。

卷第二十八

十八葉《上蔡省主論放欠書》 “不當干説”:原作“千”,據嘉靖本改。

卷第二十九

子目另葉,不接集文,與文集各卷異。

十七葉《與章子厚書》 “以嘯召無賴”:原作“肅”,據嘉靖本改。

卷第三十

首缺子目

一葉《答秦太虚書》“他日一為仕宦所縻”：原作“官”，據錢校本改。

三葉《答李琮書》“多勸遷居遷居非月餘不能定”：原空二字，據錢校本改。

卷第三十一

首缺子目

三葉《鳳鳴驛記》“苟有所不屑”：原缺“屑”字，據錢校本補。

七葉《四菩薩閣記》：上六行六字，下十行十二字，兩本均闕。

十四葉《錢塘六井記》“其一納之石檻”：原作“襤”，據嘉靖本改。

卷第三十二

首缺子目

原缺第二十葉，據嘉靖本補。

二葉《雩泉記》“惟山之激”：原作“滋”，非韻，據嘉靖本改。

四葉《醉白堂記》“而皆有侈心焉”：原作“耻心”，據錢校本改。

七葉《李氏山房藏書記》“而楚獨有左史倚相”：原作“獨在”，據嘉靖本改。

八葉《寶繪堂記》“王涯之複壁”：原作“三”，據嘉靖本改。

十一葉《眉州遠景樓記》“尚未晚也”：原作“未勉”，據嘉靖本改。

十三葉《莊子祠堂記》“得其寓言之意”：原缺“意”字，據嘉靖本補。

卷第三十三

子目另葉,不接集文。

九葉《表忠觀碑》 “天祚忠孝”:原作“胙”,據錢校本改。

卷第三十四

子目另葉,不接集文。

十一葉《湖州謁諸廟文》 “保祐斯民”:原作“祜”,據嘉靖本改。

卷第三十五

三葉《祭魏國韓令公文》 “入贊兵政”:原作“人”;“喪我宗臣”:原作“呂”,均據嘉靖本改。

五葉《祭任鈐轄文》 “公侯干城”:原作“扞”,據嘉靖本改。

十一葉《黄州再祭文與可文》 “我竄江瀆”:原作“江濱”,據嘉靖本改。

卷第三十六

首缺子目

一葉《司馬温公行狀》 “征東大將軍”:原作“象”,據嘉靖本改。

二葉 “勇且狂”:原作“旦”,據嘉靖本改。

六葉 “而法官以為非犯階級”:原作“法言”,據錢校本改。

七葉 “則宜許侍從以上進金錢”:原作“待從”,據嘉靖本改。

廿三葉 “常摘孟子之言曰”:原作“謫”,據嘉靖本改。

卷第三十七

首缺子目

二葉《富鄭公神道碑》"物故大半":原作"太半",據嘉靖本改。

八葉下五行十二字,六行十九字,兩本均闕。

十葉《富鄭公神道碑》"王則據貝州":原作"具",據錢校本改。

十三葉《武寧節度》:原空格,據嘉靖本補。

十四葉 "折其口而服其心":原作"圻",據嘉靖本改。

卷第三十八

一葉《趙清獻公神道碑》"以忠言摩士如晉叔向":原作"摩土";"奸宄消亡":原作"究",均據嘉靖本改。

二葉 "知建州崇安縣":原作"祟",據嘉靖本改。"得不瘐死":原作"瘦",據嘉靖本改。

三葉 "且多過失":原作"笑",據嘉靖本改。

四葉 "公言漢文成五利":原作"公宮",據嘉靖本改。

五葉 "宜特黥配":原作"黜",據嘉靖本改。

六葉 "用捨為大":原作"拾",據嘉靖本改。

八葉 "長曰屼":原作"岏",與次子名同,據錢校本改。

卷第三十九

三葉《司馬温公神道碑》"今陝州夏縣":原作"陝西",據嘉靖本改。

七葉《范景仁墓志銘》"二公既約史相為傳":原作"吏",據嘉靖本改。

八葉 "當遷校理":原作"常",據嘉靖本改。

十葉 "大臣嘗建此策矣":原作"比",據嘉靖本改。

十三葉 “復還僖祖”:原作“復遷”,據嘉靖本改。
十四葉 “又使胡瑗等考正”:原作“胡援”,據錢校本改。

卷第四十

二葉《勝相院經藏記》 “及諸理障”:原作“及事”,據嘉靖本改。

東坡後集

卷三目

三葉《次韻滕大夫三首》:《雪浪石》、《同前》、《沈香石》三子目誤作大題。

卷四目

六葉《見長蘆天禪師》:原作“夫”,據嘉靖本改。

卷五目

七葉《同正輔表兄》:原作“王輔”,據嘉靖本改。
《章質夫送酒書至而酒不達》:原作“到”,據本集詩題改。

卷六目

八葉《又子由勸不讀書》:原作“文子由”,據嘉靖本改。

卷七目

八葉《李伯時畫舊宅圖》:原作“隱宅”,據本集詩題改。

十一葉《吕承奉讀書作詩不已貧甚》:原作"承事",據本集改。
《寄黄師是》:有目無詩。

卷八目

詩一首《何公橋》,詩本集在賦前。

卷九目

十三葉《李潭六馬圖贊》:原作"漢",據本集改。
《續養生論》:原作"添",據錢校本改。

卷十三目

十五葉《任兵部尚書乞外郡劄子》:原作"外任",據本集改。
十七葉《答謝民師書》:原作"謝舉廉",據本集改。

卷十五目

十七葉《瓊州惠通井記》:原作"泉",據嘉靖本改。
《順濟龍王廟新獲石砮記》:原作"石磬",據本集改。

卷十六目

十八葉《祭柳仲遠文》:原作"達",據本集改。

卷二十目

十九葉《東莞資福堂老柏再生贊》:原作"再生柏",據本集改。

後集卷一

十四葉《歐陽叔弼見訪誦陶淵明事歎其絕識叔弼既去感概不已而賦此詩》“胡椒銖兩多”:原作“録”,據嘉靖本改。

後集卷二

十三葉《滕達道挽詞》“德公少受知於范希文、孫元規”:原作“睍”,據《宋史》“孫沔字元規”改,左旁誤。

後集卷三

五葉《僕所藏仇池石希代之寶也王晉卿以小詩借觀意在於奪僕不敢不借然以此詩先之》注:“自嶺南解官”:原作“曰”,據嘉靖本改。

十三葉《丹元子示詩飄飄然有謫仙風氣吴傳正繼作復次其韻》“夢中哦七言”:原作“我”,據嘉靖本改。

後集卷四

二葉《次韻子由清汶老龍珠丹》“玄珠白璧兩無求”:原作“云珠”,據嘉靖本改。

五葉《次韻王雄州還朝留別》“但遣詩人歌杕杜”:原作“杖社”,據錢校本改。

七葉《過高郵寄孫君孚》“聞君有負郭”:原作“員郭”,據嘉靖本改。

十六葉《游羅浮山一首》注:“綺輅輪囷”:原作“困”,據嘉靖本改。

後集卷五

二葉《正月二十四日與兒子過賴仙芝玉原秀才僧曇穎行全道士何宗一同游羅浮道院及栖禪精舍過作詩和其韻寄邁迨一首》“野餉籃有惠”:原作“藍”,據嘉靖本改。

九葉《次韻程正輔遊碧落洞》“孤鴻方避弋”:原作“戈”,據嘉靖本改。

十六葉《薏苡》“玉粒照生光”:原作“坐光”,據嘉靖本改。

《殘臘獨出》“疑是左元放”:原作“兀”,據嘉靖本改。

後集卷六

十二葉《夜卧濯足》“釜鬵鳴飋飋”:原作“釜鬲”,據嘉靖本改。

十四葉《五色雀》“雨潦則反是”:原作“友是”,據嘉靖本改。

後集卷七

三葉《歐陽晦夫惠琴枕》“輪囷濩落非笛材”:原作“用”,據嘉靖本改。

十一葉《次韻韶倅李通直》注:“且勸我卜居於舒”,原作“歡”,據嘉靖本改。

十三葉《乞數珠》“我老安能為”:原作“我者”,據嘉靖本改。

十八葉《次韻江晦叔》:原作“王”,據次首題目改。

後集卷八

一葉目《鍾子翼哀辭》:原作“鐘”,據嘉靖本改,文同。

四葉《秋陽賦》“若予者”:原作“子”,據嘉靖本改。

十二葉《王大年哀詞》“面奏功而不賞”:原作“實”,據嘉靖本改。

後集卷九

十七葉《補龍山文》:嘉本前首下有“右嘲”二字,次首下有“右解嘲”三字。“請歌相竄”:原作“請飲”,據嘉靖本改。

後集卷十

五葉“夫樊遲之所為汲汲於學稼者何也”:原作“旱稼”,據嘉靖本改。

十一葉《策問》 “士忽胥讓之節”:原作“皆讓”,據錢校本改。

《策問》 “推尋前世”:據對策下尚有“深觀治跡”四字,方接孝文。

廿一葉“禜社伐鼓”:原作“縈杜”,據錢校本改。

廿二葉“圜法有九府之名”:原作“圓”,據錢校本改。

廿七葉《擬進士對御試策一道》 “今臣竊恐陛下先入之言”:原作“竊觀”,據錢校本改。

後集卷十一

十四葉《志林》 “氏何以支”:原作“以丈”,據嘉靖本改。

十八葉 “刑其親戚師傅”:原作“傳”,據嘉靖本改。

後集卷十二

二葉《第二狀》 “未賜開允”:原作“元”,據嘉靖本改。

九葉《謝三伏早休表》 “共揚扇暍之風”:原作“腸”,據嘉靖本改。

十五葉《賀駕幸太學表》 “青衿之政”:原作“矜之”,據嘉靖本改。

十七葉《揚州謝到任表》 “力求潁尾之行”:原作“賴尾”,據嘉靖本改。

十八葉“散為扇暍”:原作“臈”,據嘉靖本改。

十九葉《賀立皇后表》 “纘女維莘”:原作“萃”,據嘉靖本改。

後集卷十三

目録 《謝賜曆日表》,《定州謝到任表》:按,本集應《定州謝到任表》第一,《慰正旦表》第二,《謝賜曆日表》第三,今《謝賜曆日表》誤在《定州謝到任表》之前,中又脱《慰正旦表》。

三葉《謝兼侍讀表》 “故目郡守為五學”:原作“故自”,據嘉靖本改。

十四葉《提舉玉局觀謝表》 “不厭飯蔬之陋”:原作“蔬”,據錢校本改。

《慰皇太后上仙表》 “庶下答於臣民”:原作“達”,據嘉靖本改。

後集卷十四

一葉《賀鄰帥及監司冬至啟》,《賀鄰帥及監司正旦啟》:均作“師”,據嘉靖本改。

《揚州上呂相書》:原作“杭”,據總目改。

五葉《謝諸郡啟》 “勉加策勵之勤”:原作“榮”,據嘉靖本改。

十七葉《答潮州吳秀才書》 “比來起居”:原作“此”,據嘉靖本改。“且許過我而歸”:原作“栽”,據錢校本改。

十八葉 “讀之赧然”:原作“赧然”,據錢校本改。

後集卷十五

十三葉《峻靈王廟碑》 "雷燠發酆城獄":原作"酆都",據嘉靖本改。

後集卷十六

五葉《送張龍公祝文》 "惠然肯來共者四人":原作"首來其者",據嘉靖本改。

後集卷十八

十一葉《王子立墓志銘》 "先塋之側":原作"瑩",據嘉靖本改。

十四葉《陸道士墓志銘》 "龍虎九成無或奸":原作"允成無或好",據錢校本改。

後集卷十九

四葉《書孫元忠所書華嚴經後》 "上乞度僧":原作"止乞",據嘉靖本改。

四葉《觀音贊》 "十六大阿羅漢":原作"子六",據嘉靖本改。

八葉《水陸法象贊》 "膏火為鐙":原作"大",據嘉靖本改。

十七葉《廣州東莞縣資福寺舍利塔銘》 "其皷舞天下":原作"跛",據錢校本改。

後集卷二十

三葉《夢齋銘》:"世人之心"下空二格,嘉本接寫。

七葉《十八大阿羅漢頌》 "風止火滅":原作"大",據錢校本改。

十一葉《補禪月羅漢贊》 "綺眉覆額":原作"觀",據錢校本改。"不受刀籥":原作"籥",據錢校本改。

十三葉《南華長老重辨師逸事》 "有終不壞者五":原作"暑",據錢校本改。

東坡內制集

卷二目

四葉《賜馮京韓絳告敕詔書茶藥口宣》:原作"馮宗",據本集改。

卷四目

八葉《賜皇弟祁國公偲生日禮物口宣》:原作"祚國公",據本集改。

卷五目

十一葉《內中御侍以下賀冬至詞語三首》:此目錯文在卷六。

十二葉《賜皇弟普寧郡王偲生日禮物口宣》:此目錯文在卷九。

卷六目

十三葉《內中御侍以下賀年節詞語三首》:此目錯文在卷七。

卷七目

十五葉《賜胡宗愈辭免恩命不允詔》:下脱《內中御侍以下賀冬至詞語三首》,《賜大遼人使御筵酒果口宣》二首。

内制集卷一

二葉《賜金紫光禄大夫守尚書右僕射兼中書侍郎呂公著生日詔》"方斯干獻夢之辰":原作"斯千",據嘉靖本改。

八葉《賜河東路諸軍来年春季銀鞋兼傳宣撫問臣僚將校口宣》:原作"銀鞓",據目改。

十三葉《賜宰臣呂公著生日禮物口宣》"故命爾息其子也":原作"恩",據嘉靖本改。

内制集卷二

十葉《賜鎮江軍節度使充集禧觀使韓絳赴闕詔》"請老閒居":原作"問居",據嘉靖本改。

十一葉《諸宫觀寺院等處祈雨青詞齋文》"時錫霈澤":原作"霈",不成字,據嘉靖本改。

十五葉《五岳四瀆等處祈雨祝文》"於神蓋反掌之易":原作"伸",據錢校本改。

十六葉《神宗皇帝御容道場功德疏文》"修妙供於珠庭":原作"殊",據嘉靖本改。

十葉《鄭州超化寺祈雨齋文》"佛慈所愍":原作"怫慈",據嘉靖本改。

内制集卷三

一葉《賜尚書左丞李清臣乞退不許批答》"念我聖祖":原作"聖子",據嘉靖本改。

十五葉《賜新除依前静海軍節度使進封南平王李乾德制誥敕書》"庶緣大寵":原作"又",據嘉靖本改。

内制集卷四

四葉《劄子》“内降指麾”:原作“旨”,據本篇下九行改。

十葉《生擒西蕃鬼章奏告永裕陵祝文》“孰知耘耔之勞”:原作“秄”,據錢校本改。

内制集卷五

二葉《沿路賜奉安神宗御容禮儀使呂大防銀合茶藥詔》“肆予命爾”:原作“矛”,據嘉靖本改。

三葉《太皇太后皇太后皇太妃受冊禮畢奏謝天地社稷宗廟諸宮觀並諸陵青詞齋祝文》“無任懇禱之至”:原作“懇倒”,據嘉靖本改。

十四葉《賜太師文彦博已下罷散興龍節酒果口宣》“以弼亮之任”:原作“弼量”,據嘉靖本改。

内制集卷六

二葉《賜外任臣僚進賀太皇太后受冊馬詔敕》“式將戴后之心”:原作“武”,據嘉靖本改。

《賜資政殿學士知鄧州韓維進奉謝恩馬詔》“儀及於物”:原作“儀名”,據嘉靖本改。“戴惟忠藎”:原作“盡”,據錢校本改。下十行同。

十七葉《除范純仁特授太中大夫尚書右僕射兼中書侍郎進封高平郡開國侯加食邑實封餘如故制》“予欲守在四夷,以汝為偃兵之姚宋,予欲藏於百姓,以汝為息民之蕭曹”:原“予”均作“子”,“息”作“思”,據嘉靖本改。

内制集卷七

一葉《賜新除太中夫人守尚書左僕射兼門下侍郎吕大防辭免恩命不允詔》 “何以詞為”:原作“辭”,據錢校本改。

十一葉《賜新除門下侍郎孫固辭免恩命不允斷來章批答口宣》 “毋復固詞”:原作“辤”,據錢校本改。

内制集卷九

五葉《除皇伯祖宗晟特起復制》 “雖門内以恩掩義”:原作“雖閨以恩掩義”,據錢校本改。

七葉《内中御侍已下賀太皇太后冬至詞語》 “彤史何如”:原作“形史”,據錢校本改。

内制集卷十

三葉《賜泰寧軍節度觀察留後知相州李珣進奉賀冬馬一疋詔不忘嘉歎》:原作“歎嘉”,據嘉靖本改。

八葉《景靈宫宣光殿》:原作“靈景”,據目改。按三卷有《三宫受冊奏告景靈宫青詞》。

樂語

八葉《口號》 “且種蟠桃莫計春”:原作“討”,據嘉靖本改。

《請吏黑山歸屬國》:原作“史”,據嘉靖本改。

十三葉《校坊致語》 “河行池中”:原作“何”,據嘉靖本改。

十四葉《隊名》 “象舞及青衿”:原作“矜”,據嘉靖本改。

十五葉《隊名》 “生商來瑞鳦”:原作“气”,據嘉靖本改。

東坡外制集

目

卷中目

五葉《陳侗知陜州》:原作"洞",據本集改。

《喬執中張安上除漕刑》:原作"安止",據本集改。

卷下目

七葉《劉霆知陳留縣》:原作"之",據本集改。

《楊晟該吴奉雲各轉一官》:按,集内題作"供職楊晟該差使吴奉雲","該"字應屬下讀。

八葉《處士王臨試太學録》:原作"大學",據本集改。

《張敦禮節度觀察留後》:原作"使",據本集改。

《馬傳正大理寺主簿》:原作"大正",據本集改。

外制集上

一葉《太常少卿趙瞻可户部侍郎》　"自頃功利之臣":原作"目頃",據嘉靖本改。

三葉《新淮南轉運判官蔡濛》:原作"朦",據目改。

外制集中

六葉《祖母郭氏周氏贈魯國太夫人》:原脱"魯"字,據嘉靖本補。

九葉《鞠承之可秦州通判》:原作"素州",據目改。

外制集下

十一葉《李丞祐内殿崇班》 “累勞當遷”:原作“思榮”,據嘉靖本改。

《蕭士元知隰州》 “自畏祗率”:原作“祗服”,據嘉靖本改。

十八葉《林希中書舍人》 “博聞强識,篤學力行”:原作“博學”,據錢校本改。

东坡應詔集

第一

三葉《策略第一》 “而可以御萬物哉”:原作“銜”,據錢校本改。

應詔集第二

三葉《策別》第六 “而詔曰弗推”:原作“昭”,據嘉靖本改。

七葉《策別》第八 “昔桓文之霸百官承職”:原“百官”上衍“用”字,錢校本塗去,今改墨丁。“椎析贏虚”:原作“折贏”,據錢校本改。

應詔集第三

一葉《策別》第一 “設為高位者”:原作“誤”,據嘉靖本改。

九葉《策別》第十四 “臣欲去其二弊”:原作“一”,據嘉靖本改。

十葉《策別》第十五 “責之厚賦”:原作“原賦”,據嘉靖本改。

十一葉 “方其貧困之中”:原作“方感”,據錢校本改。

應詔集第四

一葉《策別》十六　“而唐室因以微”:原作“固”,據嘉靖本改。

三葉　“而折其驕氣”:原作“拆”,據嘉靖本改。

十葉《策別十九》“往者蜀之有均賊”:嘉靖本作“妖賊”,不知“均賊”指王均之亂也,不宜改為“妖”。

應詔集第五

十三葉《策斷》二十五　“昔吴之先”:原作“皆吴”,據嘉靖本改。

“至有天下太半”:原作“太平”,據嘉靖本改。

應詔集第六

七葉《大臣論下》　“窮寇弗追”:原作“弗迫”,據嘉靖本改。

應詔集第七

七葉《伊尹論》“何則”:原作“可則”,據嘉靖本改。

應詔集第九

三葉《荀卿論》　“剛愎不遜”:原作“復”,據嘉靖本改。

五葉《留侯論》　“此其所扶持者”:原作“比其”,據嘉靖本改。

東坡奏議

卷第一

六葉《諫買浙鐙狀》 “有京城榷酒之議”：原作“搉”；“何如勿買”：原作“則如”，均據嘉靖本改。

十四葉《上皇帝書》 “冒田之訟必倍今日”：原作“昏田”；“陛下誠慮及此”：原作“試”，均據嘉靖本改。

十六葉 “糧草未嘗不折鈔”：原作“抄”，據嘉靖本改。

十八葉 “今人為其主牧羊”：原作“其左”，據嘉靖本改。

二十葉 “則仁祖可謂知本矣”：原作“之本”，據嘉靖本改。

廿二葉 “計析毫釐”：原作“折”；“利害相形”：原作“刑”，均據嘉靖本改。

廿八葉《再上皇帝書》 “譬之醫者之用毒藥”：原本“毒”字缺，據嘉靖本補。

卷第二

二葉《論河北京東盜賊狀》 “人得升合”：原作“勝合”，據嘉靖本改。

六葉 “或標異服飾”：原作“摽”，據嘉靖本改。

十二葉《上皇帝書》 “責以大綱”：原作“貢以”，據嘉靖本改。

十六葉《乞醫療病囚狀》 “及至捕傷格鬬”：原作“捕賞”，據嘉靖本改。

十九葉 “吏且懼罪多方以求免”：原作“吏耳”，據嘉靖本改。

卷第三

一葉《乞留劉攽狀》：原作“放”，據集中題目改。

二葉《繳詞頭奏狀》　“開河縻費”:原作“麋”,據嘉靖本改。

四葉　“燕飲交歡”:原作“交私”,據嘉靖本改。

廿八葉《乞留顧臨狀》　“肅正紀綱”:原作“肅王”,據嘉靖本改。

卷第四

三葉《因擒鬼章論西羌夏人劄子》“將驕卒惰”:原作“隋”;“乃始欵塞”:原作“疑塞”,均據嘉靖本改。

十四葉《大雪論差役不便劄子》　“而況農民在官”:原作“在言”;“受恩至深”:原作“息”,均據嘉靖本改。

卷第五

四葉《轉對條上三事狀》　“而沿路進瓜果”:原作“爪果”,據嘉靖本改。

十一葉《乞郡劄子》　“以臣子大義”:原作“議”,據嘉靖本改。

十九葉《論周穜擅議配享自劾劄子》　“或漁利榷財”:原作“摧”,據嘉靖本改。

卷第六

九葉《論高麗進奉狀》　“今月三日准秀州差人”:原作“今年三日唯秀州差人”,據嘉靖本改。

廿七葉上九十行“近歲”至“糴”計二十四字,原本作雙行。

卷第七

一葉《乞開杭州西湖狀》　“皓以為已瑞”:原作“以馬”,據嘉靖本改。

七葉《申三省請開湖六條狀》　“湖已行遠”:原作“汀遠”,據嘉靖本改。

卷第八

二葉《乞禁商旅過外國狀》 “以祭奠亡僧浄源為名”:原作“浮源”,據本集六卷《論高麗進奉第二狀》改。

十葉《相度準備賑濟第二狀》 “官本既貴”:原作“貢”,據嘉本改。

十四葉《相度準備賑濟第三狀》 “所損丘山”:原作“捐”,據嘉靖本改。

卷第九

二葉《乞相度開石門河狀》 “縱有勇悍敢往之人”:原作“勇掉”,據嘉靖本改。

六葉《再乞發運司應副浙西米狀》 “即所須數目浩瀚”:原作“浩澣”,據嘉靖本改。

十葉《杭州召還乞郡狀》 “無以仰報天地生成之德”:原作“伸報”,據嘉靖本改。

十一葉上七八九行“今者”至“必如”計四十二字,原本作雙行。

十四葉《金單鍔吴中水利書》 “宜加迅駛”:原作“迅駃”,據嘉靖本改。

廿六葉 “尤宜先復”:原作“復”字缺,據嘉靖本補。

卷第十

六葉《論八丈溝不可開狀》 “亦不知據數申上”:原作“中上”,據嘉靖本改。

八葉“車水興工”:原作“切”,據嘉靖本改。

十葉上七八行“今來”至“朱慮”計三十二字,原本作雙行。

十八葉《乞將合轉一官與李直方酬獎狀》“尋以捕獲淩遲”:原作“淩持”,據嘉靖本改。

十九葉“萬一減死刺配”:原作“咸死”,據嘉靖本改。

二十葉上五行“日内”二字,原本作雙行。

廿二葉《薦宗室令畤狀》“朝廷未有以大聳勸之耳”:原作“未有以夫”,據嘉靖本改。

卷第十一

五葉下一行自“界滿”至“送納”計二十二字,原本作雙行。

十二葉《論積欠六事並乞檢會應詔所論四事一處行下狀》“困苦已極”:原作“理極”,據嘉靖本改。

十八葉同前題“因令看詳畿内負欠”:原作“因今”,據嘉靖本改。

《再論積欠六事劄子》“人如鬼腊”:原作“晧”,據嘉靖本改。

卷第十二

二葉《論綱梢欠折利害狀》“動使淨盡”:原作“静盡”,據嘉靖本改。

十一葉《乞歲運額斛以到京定殿最狀》“侵擾綱梢於千里之外”:原作“十里”,據嘉靖本改。

十六葉《乞罷宿州修城狀》“均乞與放免”:原作“地乞”,據嘉靖本改。

十八葉《乞賻贈劉季孫狀》“並已死盡”:原作“使盡”,據嘉靖本改。

卷第十三

一葉《乞校正陸贄奏議上進劄子》:原作“校三”,據嘉靖本改。

十二葉《上圜丘合祭六議劄子》“於緝熙單厥心”:原作“放”,

據嘉靖本改。

廿二葉《乞校正陸贄奏議上進劄子》“即如臣主之同時”:原作“臣王”;“馮唐論頗牧之賢”,原作“頗收”:均據嘉靖本改。

卷第十四

四葉《乞降度牒修定州禁軍營房狀》“持杖入庫”:原作“伏”,據嘉靖本改。

十一葉《乞增修弓箭社條約狀》“不至忸怵以生戒心”:原作“忸伏”,據嘉靖本改。

廿三葉《乞將損弱米貸與人戶令賑濟佃客狀》“願以此米”:原作“比米”,據嘉靖本改。

卷第十五

三葉《代張方平諫用兵書》“無慮害持難之識”:原脱“無”字,據嘉靖本改。

十二葉《代李琮論京東盜賊狀》“復失河朔”:原作“復夫”,據嘉靖本改。

十三葉《代呂大防乞録用呂誨子孫劄子》“致忤時宰”:原作“致悮”,據嘉靖本改。

東坡續集

此集明人所編,頗覺雜糅,非前六集可比,十一卷目並有續添一條,可見隨得隨編,並無條理,不但有目無文,又重出前後集及奏議者十餘篇,《和孔宗翰二絕》一卷中又重出《快哉此風賦》,止存兩韻,《捫虱新話》所稱葉嘉傳乃陳元規作《睡鄉》、《醉鄉記》,鄙俚淺近,決非坡作,一並攙入。嘉靖本又脱去詩四十五篇、文四十七篇,豈刻時所得本不全耶? 決非從成化本重刊可知矣,均著於校記。

卷一目

二葉《次韻謝魯直餽雙井芽茶》：原作"韻謝次"，據嘉靖本改。

三葉《戲詠子舟畫兩竹鸜鵒》：原作"用"，據嘉靖本改。

卷二目

六葉《過海得子由書》下落《儋耳復與子瞻相見》一題。

八葉《病中邀安國請成伯主會》：原作"清"，據嘉靖本改。

《東園》下脱《徐穆父用杭越唱和韻》一題。

卷三目

四葉《虚飄飄》下脱《次韻張甥棠美述志》一題

十四葉《與范夢得八首》下有《與李無悔》《與李公擇》《與程懷立》三題，有目無文。

卷五目

十七葉《與王文甫》下有《與王慶源》一題，有目無文。

卷六目

十八葉《與子安兄》下有《與鄉人》一題，有目無文。

《答李方叔》下脱《與毛滂》一題。

卷九目

廿三葉《策問五首》，子目：一、禹所以通水之法，二、天子六軍，

三、修廢官舉逸民，四、練兵久矣而國用益困，五、關隴遊民私鑄錢與江淮漕卒為盜之由。

《策問五首》，子目：一、策問三首，二、私試策問一首，三、擬殿試策問一首。今本集先策問三首，私試策問一首，擬殿試策問五首，無總目。再《策問》五首，子目：一、禹所以通水之法，二、修廢官舉逸民，三、天子六軍之制，餘同。次第均誤。

卷十目

廿六葉《玉嵓陽先真贊》下有《傅大士贊》、《普照王贊》，今集在贊類末《應夢觀音贊》下脱《思無邪齋贊》一題。

廿八葉《罷登州謝杜宿州啟》下集有《杭州到狀》、《賀王發運啟》兩文，今誤編於此。

《答陳提刑啟》一題有目無文。

續集卷一

一葉《北歸次韻》，嘉本無。

五葉《次子由詩相慶》，《正輔既見復次前韻慰鼓盆勸學佛》，嘉本無。

六葉《吕倚夢得承事借示古今書一軸作詩代跋尾倚年八十一》，嘉本無。

十葉《次韻黄魯直赤目》，《寄子由》，《廣州何道士眾妙堂》，嘉本無。

十一葉《琴枕》，嘉本無。

廿四葉《赴嶺表過金陵蔣山泉老召食阻雨不及往》，嘉本無。

廿九葉《江上值雪效歐陽體限不以鹽玉鶴鷺絮蝶飛舞之類為比仍不使皓白潔素等字》 "楚人自古好弋獵"：原作"戈"，據嘉靖本改。

卅三葉《書堂嶼》：原作"與"，據嘉靖本改。

《次履常臘梅韻》,嘉本無。

四十二葉《蘆》,嘉本有目無詩。

四十八葉《次韻范淳父送秦少章》,嘉本無。

續集卷二

一葉《見魯人孔宗翰題詩三首》,嘉本作"孔周翰嘗為仙源令中秋夜以事留於東武官舍時陳君榮右王君建中皆在郡其後十七年中秋周翰持節過郡而二君已亡感時懷舊留詩於壁又其後中秋軾與客飲於超然臺聞周翰乞此郡客有"止句,似未竟,第一首下有"右孔"二字,本卷第二十葉重出,後二首有此全題,"客有"下有"誦詩者次其韻二篇以爲他日一笑"一行,是此本重出二首,嘉靖本缺一行,謹注於此。

二葉《奉和凝祥池》,《奉和潁叔萬壽觀》,《正月十四夜扈從端門觀燈三絕》,嘉本無。

三葉《過通判曹仲錫飲書懷兩絕》,《和喜雨》,嘉本無。

七葉《馬融石室》,嘉本無。

八葉《代書寄桃山居士張聖可》,《六月六日以病在告獨游湖上諸寺晚謁損之留題一絕》,《重九日以病辭府宴來謁損之啜茶清話復留小詩》,《李鈐轄座上分題戴花二首》,嘉本均無。

九葉《雪後便欲與同僚尋春一病彌月雜花都盡獨牡丹在耳劉景文左藏和順闍黎詩見贈答之》,嘉本無。

十葉《建中靖國元年正月復過虔再次前韻》,嘉本無。

十一葉《惠州太守東堂祠故相陳文惠公堂下有公手植荔枝一株郡人謂之將軍樹今歲大熟嘗啗之餘下及吏卒其高不可致縱猿取之》,《贈何道士》,嘉本均無。

十五葉《儋州上元過子赴使君會》,嘉本無。

十六葉《儋州寄子由》,嘉本無。

十七葉《書衮儀所藏惠崇畫二首》,《次韻徐得之常與余詞卜鄰於江淮間將赴登州同舟至山陽以詩見留別》,嘉本均無。

二十葉《和孔周翰二首》，重出，見前；《送穆越州》，嘉本無。

廿一葉《贈葛葦》，《雨二首》，《杭州牡丹開時僕猶在常潤間周令作詩見寄次其韻復送一首送赴闕》，嘉本均無。

廿五葉《嘗天門冬酒》，嘉本無。

廿九葉《儋耳四絕句》，嘉本無。

五十九葉《龍山補止》，《孟嘉解嘲》，嘉本無。

續集卷三

九葉《歲暮作》，《和張常侍》 "乏酒每形言"：原作"之"，據嘉靖本改。

續集卷四

十一葉《與王敏仲啟》，脫一葉，兩本同，嘉本注明以下脫一葉，五字無補處，按目與王敏仲八首，今止存六首。

十九葉《與滕達道》 "語言之間"：原作"問"，據嘉靖本改。

廿二葉 "近附黄岡遞拜書必達"：原作"近拜"，據嘉靖本改。

五十三葉《與楊濟甫》：原作"陽"，據前後目録改。

續集卷五

四十三葉《與楊玄素》 注："去府五十六里有米五百來石"：原"府米"二字互換，據嘉靖本改。

續集卷六

三十六葉《答龜山長老》 "張君予都尉"：原作"君子"，據嘉靖本改。

續集卷七

一葉《答參寥》 “要楷法輒生”:原作“往”,據嘉靖本改。

三十六葉《答錢濟明》 “某若住常”:原作“往”,據嘉靖本改。

續集卷八

三葉《觀宋復古畫序》,嘉本無。

九葉《物不可以苟合論》“聖人懼其相瀆而至於相侮也”:原無上“相”字,據嘉靖本補。

廿一葉《論武王》,嘉本無。

廿四葉《論養士》,嘉本無。 廿五葉 “豈悠於之禍”,疑。

廿九葉《論隱公里克李斯鄭小同王允之》,嘉本無。

三十葉《論管仲》,嘉本無。

三十二葉《與叔孫静三首》下目注:缺一葉,兩本同,今上下推尋無缺葉之跡,不可解。

三十三葉《論孔子》,嘉本無。

三十五葉《論周東遷》,嘉本無。

三十七葉《論范蠡伍子胥大夫種》,嘉本無。

三十八葉《論商鞅》,嘉本無。

四十葉《論封建》,嘉本無。

四十一葉《論始皇漢宣李斯》,嘉本無。

四十四葉《論項羽范增》,嘉本無。

續集卷九

三葉“禹所以通水之法”,“二天子六軍”,上三行以下互易,據嘉靖本改。

六葉《天子六軍之制》 “公侯百里”:原作“諸侯”,據嘉靖本改。

二十葉《郊祀奏議》,《論時政狀》,嘉本無。

三十二葉《舉黄庭堅自代狀》,嘉本刊本卷奏議之末。

三十四葉《舉趙德麟》,嘉本無,重奏議第十。

三十六葉《乞奏封太白山神狀》,嘉本無。

續集卷十

三葉《李端叔傳神贊》,嘉本無,重後集卷九。

四葉《李西平象贊》 "誅延賞":原作"銖",據嘉靖本改。

五葉《東莞資福寺再生柏贊》,嘉本無,重後集卷二十。

六葉《畫佛贊》,嘉本無。

七葉《篆般若心經贊》,嘉本無。

《畫西阿彌陀經贊》,嘉本無。

十七葉《雪浪石盆銘》,嘉本無,重後集卷一。

十八葉《德威堂贊》,嘉本無,重後集入銘類。

廿七葉《謝韓舍人啟》,嘉本無。

廿八葉《潁州謝運使啟》,嘉本無。

廿九葉《謝王内翰啟》,嘉本無。

三十一葉《上監司謝禮上啟》,嘉本無。

三十四葉《賀正啟》 "凡在含生之類":原作"舍",據嘉靖本改。

三十八葉《答臨江軍知軍啟》,嘉本無。

四十一葉《回答館職啟》,嘉本無。

四十四葉《及第後謝秋賦試官啟》,嘉本無。

四十五葉《謝應中制科啟》,嘉本無。

續集卷十一

一葉《上神宗皇帝書》,嘉本無,重奏議卷一。

二十葉《上皇帝書》,嘉本無,重奏議卷二。二十二葉下脱一葉,兩本同,號數不誤,今據奏議卷二補足。

二十五葉《代張方平諫用兵書》,嘉本無。

三十二葉《上韓魏公乞葬董傳書》,嘉本無,重正集二十八。

三十六葉《與劉宜翁書》"北面摳衣":原作"樞",據嘉靖本改。

三十八葉《謝范舍人書》,嘉本無。

三十九葉《上梅龍圖書》,嘉本無。

四十四葉《上吕僕射論浙西災傷書》,嘉本無。

續集卷十二

一葉《勝相院藏經記》,嘉本無,重正集卷四十。

二葉《虔州崇慶禪院新經藏記》,嘉本無。

五葉《畫水記》,嘉本無。

六葉《張龍公祠記》,嘉本無。

八葉《刻秦篆記》,嘉本無。

九葉《秦太虚題名記》,"則曰以不時"下缺三字,兩本均闕。

十一葉《潮州修韓文公廟記》,嘉本無,重後集十五。

三十八葉《表忠觀碑》,嘉本無,重正集卷三十三。

三十九葉《宸奎閣碑》,嘉本無,重正集卷三十三。

宋《蘇長公集》分前集四十卷,後集二十卷,奏議十五卷,應詔集十卷,内制十卷,附樂語、外制三卷,續集十二卷,共一百十卷。冠以宋贈太師制敕、《宋史》本傳並年譜。黑口本。蘇轍作軾墓志,稱軾所著有《東坡集》四十卷,後集二十卷,奏議十五卷,内制十卷,外制三卷,和陶詩四卷。晁、陳所載并同,而别增應詔集十卷,與今所稱"東坡七集"相近。按宋時有《南行集》、《坡梁集》、《錢塘集》、《超然集》、《黄樓集》、《眉山集》、《武功集》、《雪堂集》、《黄岡集》、《仇池集》、《毗陵集》、《蘭臺集》、《真一集》、《岷精集》、《掞庭集》、《百斛明珠集》、《玉局集》、《海上老人集》、《東坡前集後集》、《東坡備成集》、《類聚東坡集》、《東坡大全集》、《東坡遺編》等名。生前刊行,崇寧初年奉詔毁板。南則有杭本、蜀本、吉州本、建安麻沙本。

明仁宗時,嘗以内閣所藏宋本,命工翻刻,未竟。成化中,海虞程某爲吉州守,求得宋曹訓刊本,與仁宗所刻未完新本,重校付梓,又加以《和陶詩》,合舊本所無者,編爲續集十二卷。集中有目録連屬篇目之卷,有不連屬之卷,奏議九、十兩卷連屬在一篇,其連屬者尚存宋本舊式。錢求赤《書後集》云,後集其子過編,則正集或坡公手定。《宋史·藝文志》云:蘇軾前後集七十卷,奏議十五卷,補遺三卷,南徵集一卷,詞一卷,南省説書一卷,應詔集十卷,内外制十三卷,别集四十六卷,黄州集二卷,續集二卷,和陶詩四卷,北归集六卷,儋耳手澤一卷,年譜一卷。名目頗爲叢碎,亦與今本不合,續集止二卷,另出和陶詩四卷,宋本如是。明人所續,則爲十二卷,而和陶詩在其中。今宋本不可見,以成化本爲最古。至嘉靖十三年,江西布政司刊繆宗道所校者,白口本,已不如此本,如續集詩文共缺九十三首,昔人均未指出。今陶齋制府以圖書館藏本刻而傳之,影摹惟肖,原板模糊處,則據嘉靖本。荃孫又得錢求赤據宋刻校本,佳處尤多,以後東坡集當以此爲佳本矣。惟明人所編續集與前後集,奏議重出多篇。即本集中,如和孔宗翰詩一卷,内亦重出,可謂雜糅。至嘉靖本脱落,亦只在續集中,决非出自吉本。今吉本誤之顯然者,據嘉靖本、錢校本改之,而别爲札記,以志所據。嘉靖本之重出、脱落亦著之,訛字則記不勝記矣。宣統庚戌上元日江陰繆荃孫校竟跋於雲自在龕。

剡源集校記

據光緒民國間刻《藝風讀書記》本

剡源集校記

宋序

濂始獲而盡脱此字覽焉因作而原倒作“而作”曰　俳諧偕以為體孳孳為嘩華　標掠前修則精粗雜糅揉　第無此字區區所見孤陋及覽先生之文作新而不刻刊　如晴青巒出雲姿恣態横逸此非近於于所謂豪傑之士耶

自序

三傳而從坊郭瑯　癸酉冬赴起昇

序後一行

賦　序　記　題跋　行狀　葬碣　哀辭　祭文　墓表　墓志説

卷一

和靖書院記　閒艱關槖原空一格載

銀峰義塾記　基構搆是懼

太平州司户廳續題名石記原本作“當塗户曹續題名記”　其志拘而力勞窮解鋭原作“鮮有”所作　故政凡始調於吏部率願脱此字得之食焉而求脱此字無愧　自大古聖賢猶難之　官不足以充其才原作“吾身”　上饒楊君脱此字性淑敏　需為當塗户曹之次　將融偏脱此字揉操異以適於世用　是豈既脱蜕去州縣之拘勞　使宦官學於斯者

奉川驛記　至則者皆失其便　余考地志誌　然自脱此字近世事繁難概於于古　前為有縣者　成屋之嘗當規為驛者　于於民廛之東　計功至於八百原倒作“百八”　因其故脱此字名　于於是縣人兹事子不可以無紀記　以餘之為民于於兹邑　彌完其敗缺　凡以圖其脱此字久安

三江鹽場興造記　父老擁竈灶而炊　　若拄柱笏西山之為者而仁足以庇芘後

耿氏時思亭記　不能過始如死之戚

卷二

遺安堂記　發粟振賑飢饑　郊迎前先驅　聲華燁燁甚余心深嘆羨　先大夫異其言契原作“不凡”也　仕脱此字為州典簽尋棄歸享高上壽　庶幾不辱先大夫之身力　則迫於賦役税征戰周衰已然無問原作“矧於”今日　如脱此字蟄霆遇啟　規規原作“視之”計較然於人亡禍福之間其達纔賢勝於當時愚者而已　仕方開始當世決未見指　其及物為如何原倒作“何如”　天之報之脱此字亦廣

秀野堂記　　背畝墅種之田　是獨不原倒作“不獨”為淮浙偏氣之勝

清華堂記　　游歌於此堂台之上

質野堂記　　倘得餘閒间　無不訢欣合

廣心堂記　　如棄涕唾涶　想其靈台泰太宇

陳氏不礙雲山堂記　　名其所脱此字居之堂　徑往脱此字而從遊其間乎　此堂脱此字吾先君南墅翁公之所名也蓋先翁公少而廛居　皆嘗聘翁入幕府脱此字　以文字知翁名　戴復古翁賓暘賜高髯之徒脱二字　堂始雖大成而翁倦遊老矣　巍然榛礫櫟中吾兄弟不能寧寂而居也　雖非脱此字先翁之居而先翁之意也　始余沾粘原作“忻忻”然奇孔晨　日自無以預與乎煙霞丘壑之事而其力常嘗足以兼之　櫛翠比城朱連　自非以文章器氣業相求　略若無老人衰颯之氣　令予忘懷脱此字醉歌　以附於父文党翁高吾家復古之

後南墅翁聞之亦當隱然脱二字為雲山助喜矣　其歲秋九月晦日剡源戴表元記脱十三字

水心雲意樓記　然時時夢刻本作"念念"不忘黄灘焉　取杜子美詩脱此字語名之曰水心雲意　人之習於趣動者得之而以為心　人之習於静者得之而以為意　以其茶藐然之　身將横縱原倒作"縱横"自獻於几席之下　聞登於兹樓

困學齋記　余識漁陽脱二字鮮于伯幾於杭　伯幾以材選為台府郎三司史掾意氣鮮雄豪　余性雖齷齪　一出能脱一字成鼎足之業　其終身本志乃在云抱耒躬耕　不以三公易野冶鍛之樂　推而致進嵇葛之儔故所未暇遜　殆但以似為世故所用　就其所好之脱此字雖賢

養心齋記　與余相促數數原作"從如一"相善也　然每脱一字過余　有移晷脱此字刻不厭倦　若以為不可及者脱此字　好役其材與而智者何其勞愚乎吾年非亦高　擇隩澳而潛焉　弦歌鳴唱焉　高車駟馬之所賓士驅騶官傔僕從　采色養目目之昏鄭衛養耳耳之聾滋味服禦養口體口體原作"之"衰　景文歸而覩規其名

愛日齋記　有吕脱此字復初　而翛翛然為清儒曰脱此字吾甚愛揚雄之言愛日也　豈非亦篤學力行脩修謹博習君子人哉　而反其身心於不屑者往往而如是　耳目脱此字之於韶美　此人之至情原作"志願"仁人孝子之不敢不極於其親者也"仁"上衍"而"字　則既聽其命而奈之何脱此字俾其親而甘之　陵淩節躐等　足心高志揚　有馳里門名淩諸父之氣　學問以去蔽非以為蔽脱四字而有專精一往經之士　忘渴饑原倒作"饑渴"清修而静處虚　手構南堂望一區　商略確今古　入脱此字而披斕斑之衣　晴日喧輿軒　自古游夏淵騫之不能兼者按游夏淵騫孔門四弟子名，言德行文學不能兼也，原刻作"交遊淵騫"，誤　於吾脱此字愛日為有助

卷三

容膝軒記　則好嘗想像古人居處服食動作百為物之態　不合

者存而求之脱此字合然後己出而語於人人脱此字曰　又益古求不止　吾夫子之論人也原作"孟子之論友也"　蓋夫聞古之君子　其拘揚之有次而勤動之有業嚴密之有分　則何能脱霑體塗足之勞而近於書冊原作"冊書"琴瑟之事　故夫昔之有為容膝之云言者　余竊聞之"余"上無"然"字　國初家以來　士大夫好事"事"下衍"家"字往往猶張古圖於壁牖間原本作"猶能置圖畫於壁牖間"　今方原作"方今"棄軒裳　吾固顧同聞於子者也

餘軒記　豈獨不異仕而縻糜之

恕軒記　然後能行其真恕

蒼翠樓記　時時幅幗巾野服

充安閣記　時闔開辟之以趍趨便焉　家無浹辰晨之儲　吾所以昡疑於元公之言　夫聞其名猶昡疑之　而昔之甞當仕者亦余也有仕不仕"不"上衍"有"字　昔嘗見有乘車而行於途塗，下並同者也　豈不以其尤巍巍原作"嵬嵬哉"等第而先充之　伸吟傴偃僂　攜遺其千金相印　遯遁於喪亂　幸可以沖充默　欠屈伸偃仰　方丈寸之小　古今近遠脱二字九州萬里之交聚焉　何足以空之言　且吾閣吾名之脱一字　大於常言原作"韋絃"

拂雲閣記　處玉清西廬峰下原作"廬西峰下"

擬晉山房記　將唾棄原作"棄唾"不暇

卷四

蕺隱記　又往往多在荒墟僻塢島　嘗常於此采擇蕺焉　而亦已以忘其為脱一字蕺山久矣　有儒者王庭廷吉下同　亦將或幾為庭吉而顯也　　是養其耳目支之體而已矣　因書其於齋以為之記

秋山記　但見寒螿螢野燐幽蟲過鳥馬

唐畫西域圖記　每則名各先書其國號　每圖出書一王而一二奴前後俠侍之原本作"俠持之"　皮頭帽如缽"皮"字上衍一字，今去　服皮衣裘　胸懸一金花"金"上衍"員"字　一奴小皮帽"皮"上衍"員"字　一奴戴幕離羅　余發垂雙瓣如綏縷微解衽脱此字　一奴皮希韜

發　吐谷國渾之南　一王二奴皆椎垂髻　與王目同原作“同目”　衣皆反及領項者　又黨項西之原作“之西”千碉國也　或絢焰成或紅波　役趣原作“動止”遲速諸態　睹觀之變然如生　風氣不翅啻如是而已

損庵記　慧如癡魯如敏敝

西原庵記　傝尤峭悄潔

卷五

會稽唐氏墓記　古之詩時人　故其人脱此字敦親重士　文禁華未繁　蓋繫系乎其人焉　風氣俗益衰　陰陽之説句首衍“拘忌”二字　翼私服而賓士原作“東賓士西”　智詒謀力奪　世久之子孫　有壤地相入交與鄉人爭尋尺之畔　死而惡掩之　有識感之士　可脱此字數百年不亂私　其遠祖通議公原作“大夫”之葬　有私致其山家之券於鄉貴人節度金君者　會通議之七世孫理班。按此即唐義士葬六陵遺骨之人也。　全君謝而諾之書再行而全君脱六字竟還券　賢唐氏之子孫脱此字不散其宗能行身為孝原作“守其身而孝其親”復故物而光先猷也　又賢全君之服義原作“復券”　以先世之邱丘壟寔書來謁請文　乃歷道子心之激概者原作“乃述其概”而授之

敷山記　士大夫必心知材業無所益於時　其脱此字山中卷外截　蒼峭再重原作“互連”　望而知為美壤不疑錮於勢家原作“美壤也然已入於勢家”　始克售脱此字而有之　初脱此字子敬欲規窺一區之地以居久矣　余吾聞之驚喜　曹君亦用是賢之賢乎　乃恂然一儒原本衍“徒”字清苦刻厲語議成而言慮定言而動其能脱此字不負敷山審矣　然脱此字則曹君不為傷義子敬不為傷廉也　知子敬者或不皆如曹君之深愛子敬者或不皆如曹君之真原作“知子敬者不解如曹君之真”,中脱兩句　非敷山之約得曹君之意脱二字也　柳子之言為戇愨　吾將自書以鑱鐫於敷山之石　曹君兄弟原作“曹君名元弟”,衍“名”字,又訛“兄”為“元”

戴氏剡源張村葬記　蛇行數千步而屬於塚家者

計籌山昇元報德觀記　不必富且貴能矣下衍“富貴矣”三字涉而於物也必勞　而人之下衍“窮者”二字欲不可窮也　於世之能死不足為　空飛意至原作“幻出”　烏於乎是豈不甚知可願哉　疲精畢鋭歲以求之　　余自有脱此字四方之事　所至奔走涉歷脱四字見佳山水不一　不忍棄舍去　抵道家所謂四明洞天原衍“者”字適遠無數舍　猨猿鼯鼪宅焉　安得瓊台玉宇者也　古禹氏國之西原作“衝要”峭立人天外　以行鄉民禜祟祀　既而復置為常清脱二字觀　有肖像之殿地　凡所以居止共供具　則當武恭王之時　始改賜今額為昇元報德　又為致山壤原衍“田”字之並并昇元若隸昭忠廟者　山為畝故如而田之如數先　夫脱此字其山川若是　翺翔往來脱二字采擇是山之毛以為衣　日凡與人居行而人不知　謂其欲長處世以道自樂原作“欲長處世以自全”　其事遠原作“遠事”不可知　以有身力為苦　　抑皆其憂無原二字倒而後能樂乎

固海宿雲山崇勝寺記　簦笠扉屨履

卷六

徐氏報恩閣記　上腴肥田十畝

此樂堂記　頤指而供張帳給

卷七

通鑒竊辨序　　所而見前後輩　　則曰力不足及　力及足之而無暇者　施諸用則趣趨利逐便而不適於經久　喜脱此字而讀之　豈與夫白圭范蠡輩比力而籌等哉　年未充老而學已成　人之傳博其書者　姑私繫係所聞

左氏蒙求序　伯秀巍嵬然

五伍，下同典蒙求序

程宗旦古詩編序　詩諸成文而有韻故也

趙子昂詩文集　而彼未嘗至下衍“故”字也　故古之相知者脱此

字

天原發微後脫此字序　自義和未來絕　至於三千三百禮樂之盛美九州四海聲容文物之美盛　秦禍熄息　學者酲醒行寐寤語有周邵脫此字程張諸大儒　又得新安子脫此字朱子　而無復遺恨憾士之幸而逢於斯其會　予余行憂色　至於形行之所倚　指畫不一少　魯無君子者脫此字斯焉取斯豈詎不信然屬使君以為序引脫此字俾予附書其後

齊東野語序　周子之辭謙爾耳非實也蓋昔原衍"者"字學廢兵起　學者翕翛然　今之所傳謂齊東之云者非之之辭也原作"非實辭"也　如斯而已矣脫此字　其欲似吴公子原衍"季"字札也　他所為稱舉旁聞引曲證　記封丘之壝原衍"也"字　敷射夫之序原衍"也"字周子之辭脫此字謙爾耳非實也　豈其子裔孫而遂忘齊哉　外大父參預文莊章公原作"文章之事"　氾濫淹注貫　而繫係之齊　則次第其言辭

卷八

潘可大孫子釋文序　最姦雄如曹孟德至親為之注議

周公謹弁陽詩序　人常嘗有言　事之嘗其心也者多矣　人未有原作"余亦"好老與窮者也然則亦適遭之歟也　謂之所非歟原作"謂有遭非歟"　公謹脫此字盛年　弁陽在吴興山水清峭處脫此字　亦自脫此字有足樂者　而人方羨美其詩工　丙戌春道杭過遇之　猶繫係之弁陽

趙君理遺文序　凡所撰述多為鑒史而惜幼脫此字宣求之未盡

李時可詩序　而侯注生於目　東家饖餲幣　當亦恍然　於吾言誹誣也。脫此字矣

胡天放詩序　清川流練飛　於乎美乎哉原作"哉乎"

張君信詩集脫此字序　則不能精也脫此字　惟好明本作"我"，郁本改"予"，均誤攻詩最久　余嘗治詞賦其法原刻下衍"難精"二字一精原刻下衍"詞賦"二字則力不能及他學　閩士之脫此字中　張君脫此字

君信　嘗以贄見其鄉先生陳令學士原作"陳性善學士"　不復如前時脫此字卻行顧忌　余為之脫此字擊節從容停篰蓄雋永驪適哉原作"惟呼適哉"　余與於君信　雖下衍"精"字於詩亦復何用　博奕蹴踘原倒作"蹴踘博奕"之流　陛楯郎即　為我種魚數千原倒作"千數"頭屢醉不一醉脫此字

陳季淵詩序　與遺山元裕之同輩原作"遺完裕之"　遺山完甚推下之

卷九

湯子文詩序　當已執上士大夫之珪　子文詩律麗清遂廼乃一如邱園書生山林處士之作　抉摘煙露霞　不見其脫此字累之也丹陽古詩國圃

許長卿詩序　酸咸甘苦之於脫此字食　余自垂髫髻學詩

方端叟詩序　顧眄盼自如

朱佘景遊樂府編序

卷十

富春孫氏族譜序　又百有脫此字餘年而遂為大族　育國子監進士垚堯字叔高　無如之何哉脫此字　必待於脫此字二千年之久若進士君脫此字之純誠篤孝　兼有書法脫此字　如此周週而復始其族之人窮老廢疾孤寡不能自立

楊氏池塘讌集詩序　大受和武恭王之脫此字諸孫　僅以三月三五日將修蘭亭故事　官塗途木尺　則既漫為螯懟志而曰　其發廢之有節　固其閭閻原倒作"閻閭"委巷之所通行也　近體律脫此字詩若干首

八月十六日張園玩月詩序　談嘯莊諧詣

北山小序　留飲小憩憇

遊雲門若耶溪詩序　於是暮春湍林晝鳴原缺二字散坐索索有

涼氣　一溪清紆紘如帶　諸美勝一一在眼中　遊者脱二字自永嘉陳用賓而下

陵陽牟氏壽席詩序　冬官貳二卿

城東倡和小序　襟袖飛疎疏

游蘭亭詩序　至元甲午子之春　丹粉堊翔湧　河南秋狄公王氏子孫之賢而文者曰子才而次脱此字拜薦牲酒祠下　行部相望而首逮於會郡僚之良儒官之美騶鳴轍流於於而來脱十八字河南公欣禮之　選童稚之雅稚秀者　當席拱立脱此字　莫無不懽愜　後無人一千年亦脱此字不能使人瞻慨慕　既又有脱此字作而非之者曰下衍“子”字何以古人為哉子不觀夫栢杯,下同乎　若沈浮若沈浮　亦莫下衍“能自”二字休焉今吾人之遊下衍“於”字世有以異於栢之游於水下衍“乎”字　而何羨焉乎　裵徘徊几席間　安知後來者不健脱此字羨下衍“從”字吾今日而不可得乎

卷十一

顧伯玉詩文編稾序　是烏知焉其初　傾身而願從之交下衍“者”字　而稱脱此字子游為文學者首凡東南之儒者班班然名揚藝顯宜皆出於二人下衍“之”字苗裔焉　沽注吴土士　余嘗客華亭之聞所謂亭林　亦有顧氏之居果東園而與下衍“余”字同大學　伯玉雖世居果東園　今令不正以脱此字其可以名終身傳後世者距雖古下衍“之”字聞人何遠耶也　真其難哉　則為深可愧悔耳乎大德戊戌秋望後七日前進士戴表元序脱十六字

陸孟孫字士宗説序　自三國至於李唐氏脱此字代有儁雋士而不聞以氏是族下衍“而”字行於儒林者　無耘耕鋤糞治之勞　況於以舊族　士視其所下衍“居”字立爾耳　猶於爾家取足之

史景正字序　皆别冠以景　既而有識知則　然雖原倒作“雖然”其將所不正　資微器氣薄而脱此字功力不充　蟲蛇興之焉其不止至於是　趍趨而會於聖人之海

卷十二

字三友説序　學者耳目脱二字安於舊弊　其不順於物而動者脱此字皆損也　豈有能自知者脱此句哉　無未有不以所事在位為而貴者也　而孟子曰彼趙孟之貴非貴也我仁義之貴良貴也斯言也自孟子出之是也脱七字非孟子而言之則涉於傲

陸元厚章字説序　君子之為文章者取恥之　則人脱此字不若是畏愛之矣　甫里陸氏世賢而有文材余姻因家下衍"子"字少年子名元章

卷十三

送屠存博之婺州教序　上之人時其原作"其時"可仕也　則下衍"為"字仕者皆為賢公卿大夫　長於豪華原倒作"華豪"　知其能作者乎下衍"哉"字　高車而肥驅馬　又未論也論此字脱已仕者之當勞嗟乎夫　身之可所憂輕於人　其有泰然心也乎哉原作"者哉"　正余前脱此字所云謂師良而法備者也今猶有為東萊公脱此字之學而不變者乎

送白廷玉赴常州教授序　三代之司徒宗伯鄉卿,下同大夫

送趙生游吴序　然而有言遊偃公子札之化　故其人好辭聞章而長説謳　煙雲魚鳥池台苑籞禦與漁帆歌酒之玩　其以弟子禮拜游於其門　而盡得之山川風物盛衰榮枯外物之變美

卷十四

送鄧善之序　則日曰與其徒歌吟古聖賢之説

送貢仲章序　雖窮厓僻谷晦海遠野陋之處

送老甘秀才序　而老者亦氣昏志沮阻,同下

贈曹子貞編修序　日與賢士大夫講論以求去其固陋原倒作"陋

固”

贈黄彦寔序　烏於乎　天之生下衍“斯”字人　則如勿生而已脱二字　則懼於聰明之過之論下衍“也”字　而非下衍“遂”字以聰明為不善而不為也　以為士之生斯脱此字世　蓋當其脱此字時　則即攀拔援而試之　即則名之曰道德　先生没二十年家單仕嗣絕　而其脱此字子弟乃於中間方以材著大德辛丑之夏遇宣城校官字彦寔者脱此字於杭問之先大夫乃東發翁也脱五字行藏本末無不習聞問之古人今學問文猷獻無不貫演脱此字至於雄詞篇雅章　而為家庭之所成者下衍“然”字耶　今令即用材又可得用為耶原作“又可得無耶”　若如無材然　見王敬叔兄弟尤余所材也原作“尤余所取材也”亦以是脱此字質之

贈相士歐陽生序　壬申戌歲　存者往往病廢失先業　内脱此字若有得乃其膂旅力趨蹡鏘

送李公度歸三茅序　益以數輩破壁產挾持

送慶上人謁永嘉脱二字陳使君蒙脱此字序　然而入焉不能脱此字無累於身　僕僕原作“役役”於道途之間　鄞為東南斗絕下衍“之”字處下衍“壤”字地相接　興樂極而如志忘　糧糗不待須頒而給　是固故非吾徒之所能然也　陳公又天下之端直博傅毅君子也下衍“子”字行矣必有以發教子矣

卷十五

游鄉員墓志銘　江南之俗族貴進士

卷十六

單均範墓志銘　百世之下寧無知智者

趙君理墓志銘　余寔材村君居厚君而忍銘君乎

孝善胡先生墓志銘　其子昌翼義　至國子司業伸仲　時親躬灑拜掃　於是炳文以其鄉先生方使君回脱八字前進士程君龍江君

靁胡君次猋之狀

題董彦醇詩後　皆肄習修飾成咸偉丈夫

卷十八

題趙考城成遺事後

題趙幾仲詩編後　斕爛斑班在目

題畫　而此一人立飲而無席義與古異脫四字

題十一子象　皆非所以尊孔夫子　所從嘗學道而去為君子者乃為之人為脫此字一像像繫一傳其於老子耶也

題温上人心經　吾觀其人視榮策名貨利

題毒安原作“奋庵”，下同柴君自書所作詩後　樸朴學而好修文節門家固多事仲容又時特喜交結　往及度史丞相群從　四壁皆脫此字有吐跡

跋史和旨詩卷　宋朝時宰相世家多言韓呂氏脫此字　景甫歸而語倡其諸罤弟者

題萬竹王君詩後　其詩肫醕醇

卷十九

題趙侍郎誥　樓宣脫此字獻公所評　端重勁直以為有禮體余嘗見唐誥書名脫此字

題陳子翁合浦與弟帖　然則此言於忠肅公固猶尢為未定之言也公自合浦歸為脫二字崇寧二年

題王理得山中觀史吟後　拘者又引古異同用攻之過苛　故人研事字擿　君又早工攻詩　二者之道能可相起而不能相為也

題楊鵬舉所編脫五字太學登科題名後　失去仕各二十年餘為之重慨然脫此字　習聞父兄時議論脫此字　異脫此字時三舍法嚴亦須盤礴薄掩抑　顧不樂媿乎

題沂州先賢考　此豈有所驅迫羡美誘而然哉

題雪竇行紀後　趣腴諛而理

題李常鄉試稿　無挾書假請倩

題陳獻肅公邦彦遺事後　又不肯媚龍脱此字大淵

卷二十

瓶城軒銘序　為習讀脩省身之所　書題其楹曰　澐澐焮焮而為瓶則一成形而以終古至於持收藏鹵莽　則脱此字血流漂杵　寧且默而勿無語也　堯禹之征佐　以庶幾乎君子之成城

復心齋銘　仰抑之滋高　爰揭揚良箴

遜齋銘　遜步不僵彊

君子軒銘　舍爾洪流荒

千戶高君行述　一似小嬰兒而不見其面的

卷二十一

縮軒賦　矧哂然而笑歎曰　荒荒乎内怵迫惕而人莫之知　聊憩備而逃戲嘘　豈不知夫郊之獲為飽於麓原空二格　吟先王生之説以游於千萬人之都　此豈徒無德得而已殆難知其所終經故曰寡求而少欲願者　子毋以昔之揚揚揭揭而病今之齪齪安知非子德之將就而落樂其誇耶也　一謀歸而即就成　亦或以為雖雌　縮於往者百世不亡忘　既而渙然以怡下衍"矣"字久而恢然於中

喜友堂賦　顧語其季原作"觀瞻傷嗟"　子姓先後並去聲，妯娌也　化墟虚作家　未遑其他代　嵐風淒霧泊圖書畫俎豆　先生起舞取脱此字而酌其季曰

息齋賦　盛年華仕士　薊邱之陽有逸一人焉　周同遊星辰期以已息乎心躬　皆非息也原"息"上衍"所以"二字　而山中之雁鳥

静軒賦　東平閻公名其某居静軒

胡麻賦　膏湑湛渟而珠媚　常凝温而抱抱粹　在困而愈能恭近義　佐依飛仙之服餌也

蠅虎賦　我玩諸掌原作"掌中"　蠨蟏蚩蚩嫱　先生聽忻然笑而置之　故見畏於蠅者其所以見狎於人　搏善良以自為食　彼雖暴而莫趣動　有道於己此愈攻愈堅　閱千歲世於須臾　信謂振古之如斯

碧桃花賦　故華花於桃者必紅　瓦厥礫交加　一卉木二字原作"葉"字,誤合二為一之見材　翕焉然若離群獨至　然後知是花之吉祥原作"如是花之吉祥"將慰我而非戲　渺蘧廬於大窖信木偶之所之原作"渺蘧廬於宿信任偶意之所之"　無潔無淄緇

卷二十二

魯仲連列傳　魯仲連可事謂卓犖不羈之士矣

卷二十三

豢夸二氏誡　他善搏者脫此字　由是人心伏服之盡國中無與為搏者然謀所以原作"折之"挫之　度其人已不復可畏也脫此字　氣喘然茶索矣　夸氏之國有好遊德之士亦猶是也　叩之其業築靡不知投之其藝靡不習　奇詭怳恍惚之説　則相與北面遊而事之　其説之凡脫三字曰凡吾於學非弗能物物而精之也　玆二事者脫此字以使媮偷近娛而安成名者警焉

祭趙丞文　某年歲在癸巳正月孟陬戊午朔越二十六日癸未年家子戴表元謹以清酌庶羞之奠致祭於故剡丞趙公之靈脫二十四字　能有賢於己　勢權之鄉細原空二格弱罷市　勤如於窶儒　勇如俠使客　逸如散飛仙　浮沉里閭閈　山之將夷移蘭枯玉隕　惟公如存原作"惟知公存"　百年之情臨此一觴尚饗脫二字

代祭王右軍祠堂文　維某年某歲某月某日原作"維某年日月"谷禽春弄吟澗草卉晴秀　繡存在平原　某等爰懸睹新像

卷二十七

古詩五言

東陽方韶卿惠古意七篇次韻　二跂跂原作"跛跛"緣碧蟲　但便不揮鞭撾　六艱難逾愈同情　七吹簫碧白雲中

次韻答朱侯招遊海山　十年學操撫琴　調苦心易遠為　青天無今古原倒作"古今"　接興歌且息急

浴蠶沙溪水一首為下衍"上饒"二字陳烈婦作烈婦信州上饒人山居中翫物雜言　二問訊園訊居人　痛盛載無吾言　三鳥雀原作"雀鼠"食之宜　九大雞還遂啄蔬

和淵貧士詩七首　二智計無他研妍

排律十七韻和阮侯伯子　看騎金騕褭原作"腰嫋"

傍家東北有山曰紹地余幸得之規以為素莊也　憶昔惜初經營

君英誇少年一首贈俞光遠　緑衣擁攤安輿

七陽字　厚墐原空格違嚴風　一笑箧生春陽

酬脱此字陳茂陽書監赴史氏塾教學脱二字　坐受窮困攻功　共語凉月天中　囊觚瓢赴群童

春風　春風自多相識

感物　騄驥初今失群　尺天水成滄溟

卷二十八

古詩七言

聽琴行贈沈秀才　誰歟與傳者夢溪公　清弦音應指滑如流鶯佯狂握攘臂紅塵市

建溪精舍得本字　兒戲成叢業六千本　風床溽礎暑新候濁

夜寒行　柴紫竿葦炬鬧荒城　南牆詩翁窮撥據爐

自信上歸游石門訪故人毛儀卿鎮卿兄弟作長句贈之　人行不行青麥蹊溪

剡民氏,下同饑

杖錫虎

杖錫山山中深與世絕　兩虎來山前搏人食　傳聞此事義我亦怪　杖錫山山中民獷健疏農耕　黄茅覆蹊溪機半張　妻兒駭呀胡不原作"不即"歸　但見有血漬斑斕原作"斕斑"衣　嗚呼哀哉乎此民良足悲嗚呼哀嗟哉乎此事不足疑　虎居山林原作"深山"乃爾何

雪後汎況湖歌　城尖數峰淡大模糊

又坐隱辭　善賈不如歸躬耕　不如諸葛草廬閒談管樂　南面之尊何加如於據梧之賤

贈天台潘山人　至今臥遊想其共處

范文正公小楷昌黎伯夷頌蓋在脫此字宋景祐三年十一月在青社時脫此字所書以遺京西轉運使蘇公舜元者也後二百四十年大興李侯戡得此本於燕及南來守吴乃文正公鄉里即訪公子孫以畀之范氏喜而求索詩為賦贈　處處江湖虹紅散彩書昔離孔氏忽自歸金今遇襲侯如有待

送程敬叔教諭赴建平　天馬放靮靶難羈停留

余既題畬齋有聞紙田之説而笑者復作此篇　學農無年猶尤可待　此時畬齋淡無事

醉歌贈袁茂才德平脫二字　我歌屬君君當為歌

題范道士來鶴亭　道人自與愛白鷗閑　及返此靈物三神山頭白原作回首正落樊籠間

看花曲　馬蹄碎蹴原作"蹴碎"牆西草

江行雜書　但餘白田鳥如匹練

吴姬曲　余巽時留吴久矣未當為吴歌庚寅之冬同孫侯西來談讌追想少年風流之樂意成五章名吴姬曲庶幾有□好者取而歌之以補吴鄉樂府之缺云脫此序　隔堤迎喚笑欲飛舉不用少年雙多槳催問郎君青春得幾許

其二　當尊一歌闋且呼酒　坐見花外摇明湖波

其三　朝看成雲暮成看雨偶然一笑欲一回眸　誰能家學取野鴛鴦

徐氏建康達觀亭歌原作“達觀亭歌為建康徐氏作” 何人擇勝誅草荒萊仙蹤跡著人清辟易 對此心神情轉蕭散 只比把雲霞眼中換

相逢行贈文伯純同年 寒樓棲夜雨金瑣夢故國園春風白袍客醉醒眼相思還易老

贈趙子寔 肯誰信有人穿翠微幅巾大帶長儒襦袍韋篋錦囊解綵豪毫 君行原作“聞君”暫去還復來

積雨小霽喜袁太初舒叔恭兩生至 吐出語珠圓吾所許 賦就解寒蟬容客觀 莫學癡兒只生吴語

謝李仲賓墨竹 問侯君從得此本 鳥聲幽真日高無人

題王敬仲野亭 無不識今人日汨没難為賢 魯公山伯鷥相後先

登新嶺 四山陰雲雪濕灰色 登高望意遠會有極

晚歲次韻答李在明 墨卿鄉守墨不作急惡 何人伊吾原倒作“吾伊”驚夜半大雪北窗歌南國風

卷二十九 律詩五言

客遊 酒醒唯嫌原空二格雁

自宣州至湖州風雪中十日始達 南雪没馬耳原倒作“馬没耳”北風打船頭原倒作“船打頭”

次韻答應德茂雪後見遠寄

史昭甫招陳宗魯之長興 白鹽蓴菜鱠膾 歸錦囊看爛熳佳客解醉留題

鄞城火後見光遠 海柳吹吟猶弱山鶯歌聽未真

蘇伯清席中飲張仲寔賓所寄二詩

風雨遊小大浦 海塢西秋風里 雨跨過象山來畬戶父收牛種

方處士挽詩 語吾不似今人

題陳秀才溪山佳處趣 是子昂書扁脱五字 同遊誰穿遷蠟屐書欲斕斑没設

東籬湖州七十里脱三字泊南潯佳聚落也脱四字　碑碣僧來頻謁囊詩原倒作"詩囊"客去自編

送陳養晦教諭之象山　藥市山山重古

律詩七古

乙未歲毘陵道中　煙火誰開家寒食禁

東湖第三溪上皆史氏故弟　幾聚衣冠埋魂作土

游陽明一洞天呈丁理得諸君　北斗高齋壇天寂寂

辛卯除夜　狂歌把燭酒屠蘇屋醉眼看梅霧霧瑗淞天

陪阮使君遊玉几　靈潭陰罩赤蜿蛇蜒

次韻王監簿春前對雪之作　清情懷未厭日如年　梁苑賓貴遊圖畫裏　蝦鬚簾濕閒春勝曉猊舌香寒濃凝午煙　磯頭新泊載書原作"釣魚"船

感事　工部生丘前米五升

寄趙子昂濟南　儒冠相映應有賓遊

徐都目之官奉化　茅屋三間傍伴剡灘

次韻王景暘寄軒　江湖猶説覺氣横行

卷三十

四明山中逢晴　莎坂南風寅雨蛤出茅簷西日乙一禽來

辛亥歲七夕醉陪諸公登西湖竹閣　江湖望闊邊塵城起　景忠張原作"張景忠"學正之平江

鮮于伯幾機家釣臺石

絕句五言

五雜俎三章　原作"二章"

五雜俎　羅繡襦往復來駟馬車不獲已學著書脱此首

絕句七言

寇氏脱二字馬浩秀才攜秋日海棠詩見過

題趙子昂疊岫圖　相逢欲無問秋風江客不是巴中亦是剡中

其二　橘桔花飛盡不歸去

灼艾戲呈阮使君　愁坐窮　展灸炙經

題江干初雪圖　看渠風雪寒忙如許也還有魚兒上釣來

其二　香中行坐影水中眠

戊戌清明杭邸望雪　雪是梨花煙雲是柳

有人出示畫卷以為元暉作秋詩　峴硯山山下小於菟始余病此集訛謬不可讀遇藏書者必問嘗蓄善本與否

奉化戴帥初先生《剡源集》，刻於洪武辛亥，景濂為司業時，定為二十八卷，而此本在明中葉已不可得。嘉靖丙辰，周儀偶得全集之目，而搜求重輯，至隆慶壬申，勒成三十卷，萬曆辛巳，後裔戴洵刻之，傳本亦少見。國初餘姚黄梨洲選六十三篇，分為四卷，名曰《剡源文鈔》。道光戊子盧刻之。道光庚子，上海郁氏復取萬曆三十卷校勘並輯札記一卷，刻入《宜稼堂叢書》，趙味辛先生跋歷敘得書之艱，自是海内始得讀《剡源集》矣。荃孫於光緒丁酉得萬曆本，庚寅得盧刻《文鈔》，今春至滬復得海昌楊芸士所藏舊鈔本，每葉二十四行，行二十三字，與萬曆本同，而何義門先生用汲古閣舊本校過復鈔，附逸文十二篇，余於剡源可謂有緣矣。謹録校語以補《札記》，並刻逸文及何跋以傳之，脱訛校正稍勝郁本，舊鈔四編目亦附於後。時光緒癸卯大重陽江陰繆荃孫跋。

循良傳稿

據北京大學藏稿本

循良傳稿目録

朱克簡傳子約

朱克簡，字敬可，江蘇寶應人。阮元《淮海英靈傳》。順治四年進士，授中書，八年典試廣東。時嶺南初入版圖，鎮兵不修戢。《揚州府志》列傳。克簡怒責尚可喜、耿繼茂家傳，咸受約束。王熙《朱敬可墓誌》。十三年考授御史，巡按八閩。《寶應縣誌・列傳》。閩省八府一州，延建汀郡在西北，福興泉漳福寧處海濱。時海氛甚熾，居民常被焚劫，任斯土者，視爲畏途，緩則因循，急則逃遁。克簡至，和睦將帥，申明軍政，不憚巡歷講晝之勞，與文武同官經營修舉。墓誌。疏稱仙霞一關地聯三省，盤山復嶺，爲盜賊淵藪，非多增兵馬，則防圍不密。詔如所請。時兵部尚書王永吉請清汰營兵老弱及應減應撤者，克簡言八閩山賊伏莽，海寇揚波，王師現當征勦，省兵雖三萬四千，而半多缺額，似不可減撤，議遂寢。又言水將與騎將不同，必擇善知水性者望風瞻星卜向，方能統兵出洋，用水兵之法，不難得其力，而難得其心，閩地越在天南，語言莫辨，漳泉係鄭成功故土，沿海者皆其戚屬，宜行連保法，察其踪迹，考其身家，庶不得混入營伍，投誠者，悉令歸農或調諸別營效用，離其原巢，堅其歸志。又以陸路精騎衝突，功皆可施，水兵一舟，僅數十人出於巨浪洪波，非技熟膽壯者鮮不驚眩。應著令凡出師開洋轉戰風濤中，能破浪擒賊者受上賞，海兵恃船所需如木竹鐵釘油麻棕葉等項海之所無者，一物不備，不能成舟，宜設專官禁濱海奸民不得潛通接濟。又言延建邵汀勢居上游，寧化崇安沿海要地，今俱爲賊所分踞，必按其形勢，增兵固守，彼固自來，來則仆滅之。賊進無所得，退無所守，自當坐困。家傳。又立六規二十四約四維八恤七清七革十三餘以及鹽政、屯政諸規條墓誌，悉切事勢。與提督馬成功、總兵王之綱等心腹相愛如兄弟，故諸將奉令居福州，月餘出巡。家傳。至汀州，聞海寇攻福州，急統汀鎮兵兼程進。府志。寇聞援兵至，遂退，克簡入城，曰："寇雖退，知我援少，必少復來，不可無備。"乃修殘缺，嚴卒伍，爲守禦計。數日，寇果復圍城家傳，克簡謂其季弟曰墓誌:“城破,吾與城亡,汝以敕印歸都察院。”乃出死囚百餘人,連發砲,賊大潰,出兵急擊,賊死無算,圍乃解。先是,海上被擒者立决無問家傳,克簡驗其髮不過五寸者免誅,編爲民,得萬人府志,故囚感其寬仁,咸出死力。家傳。至漳州,適左布政以軍餉匱乏,詳請定遠將軍追征前數年逋賦,克簡力阻之府志,並拜疏請蠲,奉旨允免。至福清,以閩安鎮爲要地,設兵守之,連江、羅源、福清、長樂各酌勢隘,派兵分汛。至興化,見流民載道墓誌,與知府張彦珩議賑,捐俸以倡,活者萬二千人。至泉州,以崇武、獺户爲泉門户,大盈爲泉藩籬,分設兵,與同安聯絡。至延平,知延船艄工多通山賊者,令沿江州縣設循環簿稽查之府志,其弊頓息。墓誌。賊之伏於汀、延、建三郡者亦離其黨羽,擣其巢穴,次第歸誠府志,計爲巡按時所上汰冗員,革帶辭,禁株連,蠲鹽課,恤驛困諸疏,均蒙允可。《淮海英靈集》。秩滿,歸,築環溪草堂府志,讀書以老。《淮海英靈集》。康熙三十二年,卒。墓誌。

克簡幼穎悟,好讀書,通經史百家家傳,論事成敗如指掌。明季避亂,居湖西,聞馬阮用事,高杰、黄得功争揚州,克簡慨然曰:“求爲南宋不得矣,相匪人鎮將不和,其能久乎?”及三藩之變,人情危懼,克簡曰:“三桂耄矣,何能爲?耿兵至浙境,吾友李之芳能破之。”後皆如其言。家傳。著有奏疏二卷,政略二卷,《石崖遺集》若干卷。《淮海英靈集》。

子二,長約,次經。墓誌。約康熙十一年副貢,以教習期滿,授福建福安縣知縣,歷江西南豐、山東費縣《淮海英靈集》,昇直隸晋州知州。《揚州府志》。致仕歸。歷任以廉能稱,尤善治盗。《淮海英靈集》。其任福安也,以兵火後田荒多虚報,因仿朱子審田遺法,令民自報田數,丈量多逾額,勸民自首免罪。有吴某者姓名誤入逆籍,約爲辨其冤,得免。《揚州府志》。費縣梼山愚民,乘火灾爲盗,約指授巡檢郭茂桐往論之,皆服。蒙山賊據紫荆關行劫,不受招撫,約用劉順昌更番之法,分鄉勇六百名爲六班,更以金鼓臨之,遇賊即退,賊退復進,賊緣以困敝阮元《廣陵詩事》,半月悉被縛《淮海英靈集》,而民不傷一人。《廣陵詩事》。鹽徒聚衆過晋州《淮海英靈集》,約戒各村閉栅欄,無售其鹽,迫之東去,乃於東路選鄉勇三百人,備擋牌樹於前以御鳥槍,而以槍刀弓矢魚貫進,鹽徒悉獲。約素講程朱理學而能見之實政。《廣陵詩事》。年七十六卒於家。采訪册。

黎士宏傳

黎士宏,字愧曾,福建長汀人。《經世文編目》。順治三年貢太學,侍郎周亮工延館其家,推爲海内名士。十一年中順天舉人,除江西廣信府推官,一時姦宄斂戢。乾隆朝《長汀縣誌》。受十三郡讞牘,脱無罪者數百人,時爲語曰"遇黎則生"。《大清一統志》。廣信屬邑玉山兵燹後城中草深三尺,居民止三十二家,巡撫特檄士宏招集流亡。士宏立學建治,治尚簡易,民多歸之,適裁缺,遂補永新縣。永新固山邑,士宏一意與民休息,有虎患,士宏齋心告禱,虎爲屏迹,民稱黎青天云。以卓异上聞,特授陝西甘州府同知,再擢江南常州府知府。時吴逆煽亂,西秦震警,督撫彙題請留士宏,擢授洮岷道副使,留署贛州道事。適提督王輔臣以兵叛,各鎮會師凉州進勦,士宏倡議河東失守,鎮兵雲集,必事權歸一乃濟,督撫會疏入奏,上即以提督張勇爲靖逆將軍節制諸鎮,其疏略曰:"恢復河東,非用河西兵不可,用河西兵非責之張勇不可,臣等以百口保其無他。"疏皆士宏筆也。旋復蘭州。《長汀縣誌》。會寧夏營弁謀逆《一統志》,河東千里無固志,督撫以士宏名著西陲,具題請改授寧夏道,以安反側,上從之。士宏至寧夏《長汀縣誌》,嚴守御以待鎮兵。又密請免衛所逋糧七萬五千石。歷遷陝西布政使参議《一統志》,以寇平追叙甘州功,賞給士宏三代封典如其官《長汀縣誌》,以母老乞歸《一統志》,築溉本堂於城西,家居二十年。著有《托素齋集》、《仁恕堂筆記》、《理信存稿》,卒年八十,入祀鄉賢祠。

黄貞麟傳

黄貞麟,字振侯,山東即墨人。順治十二年進士。選安徽鳳陽府推官。初至任，即除訟師李守義，閤郡懍然。值大旱，禱雨未應，貞麟曰："得無有沈冤未雪，上干天和乎？"遂於龍興寺禱雨壇下，立判諸大獄，三日果雨。江南逋賦案興，蒙城、懷遠、天長、盱眙各逮紳民百餘人繫獄候勘。獄小，人皆夜立，不能卧。其時胥吏多舞文，有已完而注未完者，有報在先而注完在後者，貞麟分晰上聞，保全者五百人。天長有盜劫銀鞘，捕盜者多引陷良民，按察使以案付貞麟，貞麟訊知其仇誣，悉請開釋。有壽春營弁李某請曰："此案某受累有年，逋盜尚少一人，君坐一人罪，則某可以免。"貞麟曰："吾不敢殺人爲君功名也。"河南優人朱虎山，遊食太和，土猾范之諫與昝姓有隙，誘虎山至家爲蓄髮，誣昝姓將結朋宗室，以謀逆事發，江寧推官不敢問，委之貞麟，貞麟力白其誣。上命逮京師復勘，刑鞫無异，乃釋昝姓而治之諫罪。潁州民吴月以邪教惑衆，株連千餘人，貞麟反覆推訊，止坐月及數爲首者，餘皆免。有捕役索財於水姓，不得，指爲月黨，逐至新蔡而殺之。鄉人來救，捕役並誣其村人黨月，事聞，撫鎮發兵圍之，繫其衆至鳳陽。貞麟悉縱之使歸，約卒歲後復至，人感其德，屆期畢赴，貞麟廉得其實，重懲捕役而盡釋村人，旋以他事解官事白入都。康熙九年，選直隸鹽山縣知縣。鹽山故多盜，乃爲立法令牌甲互相救護。遇有警，一村中半守半援，盜日以息。地瘠户貧，屬役者七十餘丁，逃亡者殆盡，貞麟悉與豁除，不期年，流民復業者數百家。邑有學田，故明義士劉永昌所施者，時奉部行查學田，除濟貧生外，餘銀皆充餉。有司不察，全數征收，貧生無所資，劉氏子孫亦大累，貞麟爲通詳請免。十二年，邑苦旱，貞麟欲報灾，謂父老曰："大吏使勘灾者至，供給惟官是責，期不費民間一錢。"及秋徵，吏仍以舊額進曰："蠲若干，待命下而還之民可也。"貞麟曰："下輸上易，上反下難。待準蠲而還之，反覆間損民實甚。"立令除之，民皆感惠。鄰邑有飛蝗至者，貞麟爲文虔禱，蝗食草而不害稼。又永革雜派陋例，昇户部山西司主事。山西聞喜丁徭累民，有一丁費十餘金者，貞麟力爲請減，歲省數千計。監督京左、右翼四倉，每監收放寒暑風雨輒不避，尋因旂甲領餘米數百石，訊以監督離倉，故鎸級調用，而太倉筆帖式某復虧缺米數，貞麟又新與代者有隙，以倉役侵盜候勘。十七年罷職，歸，三十三年卒。據萊陽宋連《黄計部傳》、桐城張英《户部黄公墓誌》及貞麟自序紀年。

趙吉士傳

趙吉士，字天羽，安徽休寧人，寄籍杭州。順治八年舉人。康熙七年，選山西交城縣知縣。縣居萬山中，巖磴參錯。孔河出塔莎谷東南，流會於汾，故水曰交水，山曰交山，縣曰交城。地近屈，産畜馬，絶有力。又饒灌木，歲取其材。時禁民間養馬，又廢南堡村木廠，由是利爲文水所奪，交人重困。朱彝尊《户科給事中降補國子監學正趙君墓誌銘》。武弁路時運又需索於民，遂殺時運作亂，鄰邑諸盜亦並起，而大同總兵姜瓖反，盜遂與瓖黨姜建雄合，破交城、文水、汾州、清源、徐溝、太谷。官兵克復諸州縣，瓖誅，建雄走，餘盜潛山中，滋蔓不能制。吉士將之官，或問曰："若何靖盜?"吉士曰："其必先撫後勦乎？不先撫，無以携其黨，不終勦，無以絶其根。"到官浹旬，有投撫者數十人，人給一示令招其黨，大閲南門外。分鄉營兵列左右，士民願與校者聽，得技優者百人。是歲饑，録山中貧民七十人，使家人與雜處，得群盜陰事甚悉，遂申警備，令鄉紳家出一丁，與民均役。分夕巡城，城中肅然。行保甲團練法，犯法者由甲長練總鄉督以達於縣，匿賊者連坐，不入甲者以奸民論。鄰盜相戒不入境。

交城賦額二萬二千，山賦居大半，多抗官不償。河北都賦倍諸都，吉士率數十騎至其地，爲陳朝廷威德，勖以力耕保妻子，慎勿爲盜，取族滅，聞者悚息。日暮宿土窑中，有訟者仍平其曲直。時左右多賊黨，吉士若勿知，明日復深入，陰察其地勢民情。至木欒窑，把總蘇成甫迎之偕歸。是歲山中民無逋賦者。八月，充鄉試同考官，而蘇家崖礦盜起，吉士還縣，令廣購糧草，賊駭，謂官兵且大至，尋散去，捕得數十人，置之法。未及交，山賊楊芳、林芳清等復肆焚掠，吉士入山，勸農，有惠崇德者，故從姜瓖反，至是跪馬前自首，吉士撫慰之，爲易名重生。明日宿其家，因詢得二楊所在，得實，大饗山民,立擒二楊,杖二十,係之,密遣卒從間道械以入城。山民爲賊黨者愕視,不知所爲,吉士召山民遍飲以酒,度二楊去遠,乃整伍出山,賊渠任國鉉、鍾斗等糾衆尾其後,卒不敢發。會陝西叛弁黄某部衆二百餘踞葫蘆川,與國鉉等合。葫蘆川有東西兩川,最險要。吉士謀間之,賊時與其黨食飲,乃遣山民持書一函付斗與國鉉,僞爲誤投黄弁者。黄弁得書,疑斗與國鉉率衆出山去。國鉉等既失黄弁,無所恃,乃就撫静樂李宗盛,踞山爲盗主。九年春,遣其黨趙應龍劫清源,害校官李開秀。吉士遣惠重生入山説國鉉等,謂官兵且勦葫蘆川,若獻趙應龍可脱罪。國鉉恐,致書宗盛紿應龍,縛付重生,應龍恨爲所賣,乃盡發諸盗陰謀,且爲吉士畫除宗盛策。吉士乃械應龍,赴太原,自會營兵勦宗盛,别遣重生往説國鉉等俾無動。群盗聞所購只宗盛,率自保莫爲用。宗盛走被擒,兩葫蘆賊因是日夜爲備,且謀劫縣城。吉士從容治文書,行鄉飲酒禮,賊聞,備少弛。近兩葫蘆口三十里有廢堡曰靖安,昔以屯兵者,吉士築之。會總兵欲調官兵,盡誅交山盗。吉士曰:“劇盗有名者不過十餘人,其它率烏合,一聞盡剿,恐山中嚮化之民畏罪自疑,反爲賊用。今靖安堡初復,但請協兵三百以駐防爲名,刻期入山,賊可一戰擒也。”從之。吉士自太原偕守備姚順率兵至縣,大閱享賓。夜半,席未散,吉士起,馳馬出南門,則姚順、蘇成甫已集兵門外,會師,疾驅,未五鼓行四十里至水泉灘。飲犒畢,始語順等曰:“此行也奉詔討賊,非爲駐防,來稍遲,且得罪。”遂令把總王國振由西冶川進襲東葫蘆,蘇成甫進襲西葫蘆,吉士偕姚順進駐東坡底。語順等曰:“賊謂吾由堡進兵,近堡以東,必設備,今由間道得至此,此地爲兩葫蘆要道,據之則東西援絶矣。”國鉉等聞姚順駐防靖安堡,僞就撫以餌順,及至堡,寂然,乃大驚走還,大呼曰:“官兵入山矣!”兩葫蘆賊皆走上三坐崖,且語山中民官兵將屠山,從者千餘人。吉士率兵前進,令安營止宿,明日遣人至崖下,語之曰:“官謂汝等皆良民,毋爲賊脅官,且按户稽丁,不在者即以賊論。”衆乃稍稍去,僅存二百餘人。吉士曰:“此真賊矣。”乃分兵爲四,要賊去路,自收軍駐横嶺,已而崖上賊竄走,伏兵起,禽獲頗衆。吉士復益兵進,獨石河入爛圍山,永寧盜馮養成糾衆來援,兵大敗之,餘賊多逃入鄰境。吉士馳報太原府,發諸縣兵夾擊,而已收兵駐獨石,縱諸降賊,質其妻子,俾捕他盜以自贖。先後均就獲,入山旬有六日,盜悉平。乃召山中民,始終不降賊者三十七家,賚以羊酒,立爲約正;其素不與徭役者編其籍,入都圖。自後交山無賊患。初吉士患山中路深阻,命山中民都具一圖,鱗比爲大圖,日召父老詢徑途曲折注之,以次及永寧、静樂所隸諸山,朗若列眉。每獲賊,善遇之,因得詰諸賊蹤跡,故所向得利。上官亦知吉士能,辦賊不拘以文法,用是卒能成功。吉士居官廉,軍中賞賚皆自備,班師日,鄉大夫斂金五百爲犒,辭不受。據《交山平寇記》。

治交城五年,百廢俱舉,論平賊功,征入爲户部主事,先後丁母及父憂,服闋,仍補故官。《先正事略》。二十年奉使征揚州關鈔,吉士寬以惠,商負販乘小舟概免,譏察輸税者,自封投櫝,胥吏苛斂之弊盡革。墓誌銘。二十五年,擢户科給事中。有忌之者,劾其父子异籍,吏議被黜,旋補國子監學正。四十五年,卒,交城祀之名宦祠。《先正事略》。著有《萬青閣集》。《經世文編》。

張壎傳

張壎,字牖如,江蘇長洲人。以官學教習議叙知縣,選河南登封縣。登封自明季遭寇亂,入本朝比歲不登,民多失業。壎至,誓於獄神,除私斂,招流亡,督之耕種,復相土宜,課植木棉及諸果實。莅官甫五月,大修學宫,復嵩陽書院,延耿介爲師,導諸生程、朱之學。自修縣治達郊鄙,立學舍二十一所,課諸童子,以時巡閱,正句讀,導之以揖讓進退之禮,聞者皆灑然易慮。間策蹇驢歷民間問所苦,有小争訟,輒從阡陌間决之。《蓄蕞編》。西境有吕店者,俗好訟,難治。壎察里長張文約善士也賢,舉爲鄉約,禮遇之,俾行化導,俗爲之一變。及文約將終,語其子曰:"張公厚我,爾其勉之。"甲長申爾瑞負税且受杖,路拾人輸税金,疾走衙前,俟失金者反之。壎詰爾瑞曰:"爾既拾遺,充税可免責,盍爲其反人也?"對曰:"小人安命，寧受責，終不利人財。”壎曰：“善哉，奇男子也。”舉爲鄉約，旌其門。後有王進寶、魏光大、秦瓚皆拾遺金而反失者。高鵬舉死，妻孟氏年少，舅欲强嫁之，孟氏哭夫墓，將自縊。壎適微行，問其故，乃給之銀布，勸還家而免其徭，歲時存問，俾終其身。縣故多胥役，時獄訟日鮮，姦僞無所容，諸胥稍自引去。其更番執事者，退則操耒耜爲農，以在官無所得錢也。《獻徵録》。又開蓴嶺二百里，復古轘轅路，建古賢令祠，修鄢公墓。歲三月，率民致祭。鄢公名廷誨，崇禎末爲登封令，守城抗賊死者也。康熙二十一年旱，自春徂夏不雨，壎暴烈日中，拜表引罪，步登少室東峽，冒夜行達旦，汲泉水，反岳廟，叩頭呼吁，俄而雨大注。山有虎，鄉長郭九合者將赴縣輸税，夜夢父告曰：“爾有虎厄，當避之。”時方緩徵且過限，九合念不往是負張公也，路出金星廟，果一虎當道，九合叱曰：“我不懼死，獨慮違張公限耳。”虎俯首避道去。自此，境内無虎患。《耆蓂編》。壎在官五年，民知向方，生聚日盛，家設位旦夕尸祝，大書“官清民樂”於門。耿介嘗稱之曰：“年來嵩、洛間，别一世界矣！”以卓异薦，昇廣西南寧通判。去之日，民遮道痛哭，立祠於四鄉，肖像以祀，榜曰“天下清官第一”。至南寧，未幾，乞歸。旋遭母喪，服除，赴京師，卒。《江南通誌》。

王繻傳

王繻，字慎夫，河南睢州人。少警敏，從學於同邑湯斌，斌深契之。年十六，補弟子員。康熙二十五年，起家東明縣知縣。未一年，母憂，歸。二十九年，補直隸獲鹿縣，尋行取户部員外郎中，授江南糧儲道。四十九年，擢江南按察使。以疾告歸。其在東明也，以縣錢糧多欺隱，居民流亡，乃爲易甲長，法大户，用其族長催之，於是兼併之弊絶。《國朝先正事略》。流亡者來歸，繻酌給牛種，縣分四十里，里養馬一匹，以備官用。芻茭芻補倒斃李紱《按察使王公墓誌銘》，民苦其累，繻勒石禁之。《先正事略》。賈五雲、梁進皆盜魁也，繻至，諭之曰：“吾知若名素矣，五雲，汝爲練總，進，汝爲保長。

邑有盗，汝緝不用命，即斃汝。”盗自是絶迹。有馮化者以勾逃人誣其鄰某，縹密令鄰匿他所，别令一人跽堂下，召逃者，謂曰：“汝識某，可執以出。”逃者不識，見一人跽堂下，意爲鄰某也，報之，衆皆嘩，逃者技窮，乃曰：“馮化給我。”衆中有欲遁者，縹曰：“必化也。”追之，果然，重杖遣之。有安姓者，客於外，繼妻高氏與前妻之女在室，高與人通，忌女，圖並亂之，女不從，共戕女以滅口。事發，縹曰高母道已絶，應照故殺妻前夫之子律斬，庶足戒爲繼母而淫兇者。巡撫韙其議，具題報可，著爲例。東明距睢州八十里，縹以憂歸，縣人赴睢吊白衣冠者數千人。《先正事略》。其在獲鹿也，獲鹿爲山陜衝衢，王治驛有法，民不知有供億苦。時有陜西寡婦兵還京，頗驛騷，井陘令選愞巡撫檄縹往料理，兵戢不嘩，歲歉出谷，以活飢人，親給銀米，編審户口，人不得爲奸利。其在糧道也，所屬舊有倉規銀鉅萬並虐取之民，縹至，皆杜絶轉漕。時扁舟巡察，懲其濫收者。宜興僻處萬山中，一夕忽至，百姓訝曰：“吾民不見糧道四十年矣，今乃飛至耶？”號曰“飛糧道”。道庫歲收銀八十五萬兩，爲修船及弁丁運費。前運丁預支行糧，例扣月利，丁益困，縹悉除之，照額全給。仲雍墓在虞山，久廢不修，城隍廟聚衆演劇，歲縻金數萬。縹修仲雍墓，封閉城隍廟門，曰教化監司責也。其遷按察使也墓誌銘，十五衛四十九幫官丁，咸請留，不遂，皆泣拜以送，與前巡撫湯斌去任時略同。胥門外有坊曰民不能忘，爲斌建也。民鎸縹姓氏於其次，其淵源蓋有自云。爲按察時，宿州某生携妻子授徒於人家，其妻兄之女來視，居數日，妻子皆中毒死，生故疑與其妻兄有隙，疑使女毒之，控諸府，女不勝刑，遂誣服，獄具。縹疑之，問館中來往者何人，女曰止一十二歲某徒耳，召而曲誘之，曰師抶我急，因致砒麵中。生之妻兄乃得釋。無錫民有與攻皮匠毆者，已而匠死，有僧與民素有仇，證以爲因傷致隕。縣令據僧言擬抵，縹察鬥毆月日在保辜限外，詰曰：“傷久，曾醫乎？”曰：“醫矣。”乃檢所用方，則匠死寒耳，僧乃服罪。所平反多類此。四十二年，聖祖南巡，縹力疾迎覲，上顧巡撫宋犖曰：“朕聞縹督糧儲時甚好。”隨遣太醫臨視《先正事略》，賜德里雅噶神藥並御制《初寒詩》一幅。縹趨謝恩。温旨再下,教以調攝甚備,縹叩謝感泣,謂:"臣受國恩,今疾,無以圖報。"上因書"世恩堂"額賜之。尋告歸,曰:"按察使任大責重,卧治即辜恩矣。"竟不出。五十九年,卒於家。墓誌銘。

陳汝咸傳

陳汝咸,字華學,浙江鄞縣人。幼聰敏,有神通之目。藍鼎元《月湖先生傳》。隨父錫嘏講學證人社中,黄宗羲謂人曰:"此程門之楊迪,朱門之蔡沈也。"康熙三十年,會試第一,成進士,改庶吉士,出大學士李光地門下。光地以講學招來後進,江陰楊名時招汝咸同往,汝咸曰:"梨州教人頗泛濫諸家,然意在博學詳説,其究歸於蕺山慎獨之旨,初聞之似駮而實未嘗不醇。今相國步趨朱子,其言粹然矣,然未知其躬行者何如也?"名時爲之瞿然。《文獻徵存録》。散館,出知福建漳浦縣。漳浦,閩劇邑,多詞訟,汝咸勸民親遜,嚴懲訟師,聽斷明決,民莫敢欺。有被訟者肖紙爲隸,立限令訟者自召之,一訊即決,公庭肅然。縣中賦役故責户長爲主辦丁糧,版籍歲久混淆,胥吏役因緣爲姦。汝咸念編審爲賦役大政,躬自核算,編糧均户人丁,各歸現在之籍。《月湖先生傳》。定三百畝爲一户,令民具親供計丁口産業自封投糧,多者爲首,行滚單法,以次輪催,均保甲,以三百家爲一保,第其人口多寡藉以供役。五年一編丁,而役法平。《國朝先正事略》。吏胥陰撓之,幾爲所惑,汝咸毅然不回,條分縷析,三年而法立,姦人無所施其技。民樂輸將,歲賦絶無逋負者。《月湖先生傳》。閩俗信鬼賤醫,病者輒舁土木神卜藥以療,往往不幸死。汝咸厲禁之,因曉以訪證,自製刀圭以濟貧病者,全活甚衆。《先正事略》。毁學宫伽藍祠,凡陳真晟、周瑛、高登諸儒之著作,皆葺而表章之。尤服膺黄道周之學,東郊歸誠書院,故道周講學所,有僧據焉。汝咸逐僧,以黄氏子孫主之。漳浦故有教堂,男女群聚,茹蔬禮佛,曰無爲教,汝咸籍其居爲育嬰堂。西洋天主教將開堂於漳,且借上官爲言,汝咸皆不顧。邑城隍廟功曹祠旁有鬼卒,相傳能禍福人,汝咸命隸毁其像,隸悚惕不敢,汝咸怒,自鞭而碎之。大修文廟,造祭樂諸器。又設義學在邑者一,在雲霄洞山杜潯者三,延諸生有學行者爲之師,時會邑中士大夫及鄉之俊彦集明倫堂,經史性理諸書終日無倦。《月湖先生傳》。又修朱子祠之在銅山雲霄者。古田黄檗有明錢忠介墓,爲釐其墓田繪圖,貽錢之子孫。漳浦之俗,遂如鄒魯。《文獻征存録》。邑俗每輕生,多有因細故服斷腸草死借圖賴者,汝咸力懲其弊,令當刑者掘草根贖罪,或出俸錢以市,草積堂下,毁之。革相驗陋規,臨屍必反覆諦視,以手指按,雖仵作,謝弗及。邑多虎,捐貲令鄉民設虎牢,復募善射者伏强弩毒矢要之,並作文牒城隍,自是虎多入牢者。值歲旱,朝夕步禱梁山絶頂之龍湫,經涂數十里,紳士多不能從。甫下山而雨,人以爲精誠所感。丁亥夏,霪雨溪流泛濫,高及雉堞,民皆昇屋而號,汝咸力疾登城樓,與錢數十萬緡,募船拯救。又多爲木筏,渡一人賞錢三十,人皆輿錢助,登城者數千人,多方撫恤,雖灾,不爲害。有姦匪百餘人潛伏七星洞,將入海,發兵擊之,走和平山中,謀再至漳浦。汝咸遣人密致賊黨林大啖,以重利誘擒巨魁曾睦及從。蔣卿、江貴等姦徒悉散,復獲海賊徐容等十餘人,得金寶,悉歸藩庫。徐容者,盗首也,汝咸詢以賊中情形並剿撫機宜,均得其要害。因條陳撫捕以靖海氛,利商舶,並請赦徐容以致餘黨,諸盗悉歸誠。《月湖先生傳》。南靖多盗,大吏移汝咸治之,縣民列狀請留不得,各歸取田器,塞縣門,晝夜環守,行有日,扶老携幼數萬塞街巷,環跪泣曰:"公毋去,活我。"汝咸肩輿不得行,乃夜以兩騎疾走,出門,縣民覺,追送十里許,號泣而歸,歸則構祠城北門,名月湖書院,歲時祀之。《先正事略》。汝咸之至南靖也,逋盗,伏深山中者相謂曰:"此漳浦陳公善治盗,出没必知之,安所逃。顧其人長者自詣歸誠,當必無患。"於是悉受撫。汝咸開示威信,頌聲大作。

四十八年,内遷刑部主事,旋擢御史。上言商船出海寇,掛號無益。又言海賊入,必返其家。下海劫掠,責之巡哨官;未下海之蹤跡,責之本籍縣令,當力行各澳保甲。上嘉納之。海盗陳尚義乞降,汝咸請入海往撫。上以御史近臣不宜輕涉海,命郎中雅奇偕汝咸所薦阮蔡生撫之,卒降尚義及其黨百餘人。五十二年,擢通政司參議,奉使入楚祭炎帝神農、帝舜陵,兼賚駐防士卒。山路險峻,𧼈汛僻遠。或謂可調官代給者,汝咸曰:"王命屬我,何敢憚勞。"因簡從裹糧而行。《月湖先生傳》。歷施州、辰州、永定、九溪至紅苗界猺狪,土官率男婦出迎,帕首,歌土音,汝咸爲竹枝詞,宣布上德,使習而歌之。《文獻徵存録》。因遍歷苗疆,考其情形,以籌撫馭之計。使還,遷鴻臚寺少卿,再遷大理寺少卿。五十三年,命赴甘肅賑荒,汝咸睹餓殍,心傷,不復茹酒肉,會同督撫發賑。慮窮鄉殘黎不遍及,日徒步行郊野。時值癘疫,病遂不起,卒於固原之海都喇。囊惟衣一襲,錢一緡而已。訃至漳浦,士大夫及農工販豎咨嗟嘆息,刑牲設醴,奔哭於月湖書院,十日不絶。復醵金置田,春秋享祀之。著有《兼山堂遺稿》、《漳浦政略》。《月湖先生傳》。

佟國瓏傳

佟國瓏,字信侯,遼東人。祖從龍,入關,隸漢軍。康熙三十年,由筆帖式授山東文登縣知縣。縣文俗愚悍,有勸以尚嚴峻者,國瓏曰:"爲政在誠心愛民,興利除害,化導之而已,嚴峻非民之福也。"邑副將某以暱妓蝕軍餉,合營大噪,夜半斬關,出屯東郭。國瓏聞變,單騎往諭曰:"吾與軍民同疾苦,有冤當訴我,何妄動爲?"衆猶汹汹,國瓏當砲立,曰:"吾不忍見爾曹族誅,請先試若砲。"衆動色,曰:"公廉明,軍何敢犯!然事已至此,奈何?"國瓏力任保全,再三核其故,得實。疾縛妓,抶之,衆泣拜而散,副將尋被劾去。

值歲饑,奸民騷動,國瓏遍入村墟,給賑撫諭,捕治兇渠,民賴以安。邑豪宋某以鄰婦貸錢不償息,殺之。吏役得賂,皆爲豪掩,又以千金賄國瓏。國瓏怒,笞其人,覆驗婦有重傷,鞫得其情,置豪於法,一邑肅然。邑故瀕海,副將林某縛商舶之泊島嶼者數十人,指爲寇,國瓏訊釋之,别捕誅真盜四十餘人,海疆敉弭。旋昇山西澤州知州。歲大祲,發常平倉報貸民,克期輸還無爽者。又減耗羨,革陋規,平物價,民情大悦。國瓏常以論事忤太原知府某,某嗛人誣揭之,坐罷任。州民鳴鐘鼓罷市,欲詣闕。既而得旨,留原任,民皆歡悦。時平陽民變,略同宰文登時。巡撫檄國瓏以兵往,國瓏曰:"是速之亂也。"復單騎馳赴,民皆額手曰:"佟公至,吾屬無慮矣!"乃安堵受撫。捐廉修州城,民感其德,立生祠,禁之不能止,以疾引去,攀號者聲震郊野。雍正二年,以舊屬高平令虧帑被逮,責償萬金。先是,在澤州辦軍需數年,未嘗以尺寸擾民。至是,民感憤,共捐五千金投州庫。國瓏復竭舊産,始完項。歸,布衣蔬食,裕如也。乾隆三年聞兄喪,悲慟遂卒。據蔣士銓《澤州知州佟公信侯傳略》。

廖冀亨傳

廖冀亨,字瀛海,福建永定人。康熙二十九年舉人,四十六年選授江蘇吴縣知縣。是歲江南旱,有旨留漕賑饑。吴縣截漕米三萬九千九百餘石,冀亨以四十七年三月接任,飢民待賑猶亟而米已罄,得前令冒銷狀,詳蘇州府請追,弗許,冀亨不得已貸銀購米二千餘石,繼之。是冬又饑。十一月詔撥米施賑,冀亨奉文設粥廠十有一,領米二千七百石,每廠日食數千人。未一月,米匱,稟商知府陳鵬年請益於上官,不可,又貸銀五千餘兩,易以米以濟。紳士感其誠,相率助賑,持三年未嘗或缺。蘇省錢糧繁重甲天下,吴縣尤多,冀亨征收不重火耗,催科必用滚單,民皆稱便。知收漕弊重,拘尤不法者治之,凡留難、勒索、踢斛、淋尖、高揚、重篩諸害,掃除一清。《蘇州府志》列傳。轄境有蘆洲,在太湖中,居民或墾成田,或種蓮蓄魚,利特厚,地方官奉文丈量,每假增糧之名,因以爲利,冀亨曰:"聖天子富有四海,歲蠲租億萬,發賑億萬,俯念民艱至悉也,湖蕩偶爾成田,未可久恃,今增其糧,朝廷不過太倉一粟,而爲累於民,無盡期矣。"一無所問。冀亨初莅任,有吴人語之曰:"吴俗健訟,但其人兩粥一飯,肢體薄弱,凡訟求'少準速決',更須加二字曰'從寬'。"冀亨悚然受之,書諸廳事,其收詞不立定期,民情易達,嘗自謂訟貴聽,聽得分曉,乃能速决而無冤抑。在吴三年,非姦盗、光棍,行杖無過二十,蓋受此六字箴也。有庠生授徒鹽商家,自刎死,勘問得實,將脱鹽商於罪,或有謗其受賄者,冀亨無所避,卒脱之。東山司巡檢報人二子弑父屠嫂,未遂,自盡。冀亨方秉燭閲其詞,燭無風齊滅,知有冤。克日往驗,渡湖大風,舟幾覆,從者色變。冀亨曰:"縣官伸冤理枉而來,神必佑之,何懼焉!"須臾抵岸。研訊半日,得其父故殺狀,巡檢得賄誣報,俱論如律。冀亨既有聲於吴,他州縣疑獄,往往令推治。《求可堂自記》。會有宜興縣知縣誣稟典史故勒平民爲盗,因夾致死一案,冀亨奉委按驗。宜興知縣者,總督噶禮之舊友也,或以是語冀亨宜少假借,冀亨不爲意。既蒸檢踝骨無傷,又密訪原稟皆誣。據實詳報上,噶禮屢駁詰覆審再三,卒如冀亨議,以是見惡於總督。方宗誠《循吏廖君記》。時江蘇巡撫張伯行清節爲天下第一,深契冀亨,署布政使陳鵬年尤重之,而噶禮不懌伯行,惡鵬年尤甚。四十九年,鵬年被劾,欲並及冀亨,令藩司嚴查虧空,皆有抵。五十年,即以有抵之款及民欠漕米奏參奪職。出署日,惟青錢十九枚而已。五十一年,噶禮敗,冀亨尋旨開復原官,以病不赴選。及卒,蘇人祀之百花書院。《求可堂遺書》。

葉左寬傳

葉左寬,字映庭,江蘇長洲人。康熙五十九年舉人,授山西定襄縣知縣,通達政體,悉民隱、滌煩苛,不假胥吏故事,而民不擾。雍正八年昇沁州知州,署潞安府知府,除無名諸税,復四門集,以便商民,民大懷畏。歷權平陽、太原,治行爲山西最,以十二年卓异引見,賜蟒服,擢浙江紹興府知府。紹興有惰民格殺士,衆嘩,將罷試。左寬在三江閘,飛騎至,數言剖解,試如初。尋調金華府東陽縣。飢民求賑者以萬計,左寬曰:"按册施賑,是賑册非賑民也。"乃召饑者前,註名於册而撻其二人,衆乃定。二人者,一婦人,曾以訟至官,服華服,至是易敝衣,乞衣賑,左寬識之,令褫其敝衣,内華服如故;一男子,容甚澤,令飲皂莢汁,嘔出酒肉,衆驚服,冒賑者潛散去。在金華三年,多善政,擢杭嘉湖道。既去,人爲立祠,遇其生日，張燈樂以祀。有武人自沁州來者，言沁州亦有祠。曾於左寬生日過其地，祭獻者擁馬首不能行。是時左寬去沁已數歲矣。旋調金衢嚴道。衢州地高西安龍游諸縣，素築壩蓄水溉田，木商入山者私開壩，行水日涸，左寬嚴禁之，民皆稱便。八年，移寧紹臺道釐關政，修戰艦，親巡外洋，雖遠必至，紹興水、蕭山、諸暨民多挾衆詣縣求食，巡撫惡之，不欲賑，左寬曰："某來時，民饑幾欲死，何忍坐視其悉填溝壑耶?"繼以泣請，巡撫心惻，聞於朝，遂得賑。左寬以待饑而賑，常不及，因議修復紹之鑒湖，寧之廣德湖，用資灌溉，會去官，乃止。著《浙東水利書》，冀後有行之者。丁父憂，歸，遂不出，卒於家。據彭屺豐《葉公墓誌銘》。

翁運標傳

翁運標，字蓼墅，浙江餘姚人。雍正元年進士。初授河南桐柏縣，多惠政，民爲建生祠。乾隆八年，知湖南武陵，誅左道莫少康，釋其被誘者。有兄弟争産，父殤，弟以其兄爲父之養子，分以瘠壤，使别居。其兄控訴狀中有父嗜酒得疾語，運標怒其暴親過，笞之，仍斥其弟割腴田以畀兄。有子证父竊人金者，拘其父，婉詰之，終不加刑，曰："脱有誣，天性之恩絶矣。"請故俟，後廉得其實，果黑夜爲他人攫去，而其子誤以爲父也。唐氏子聘張氏女，兩姓皆貧，不能婚，乃粥女。運標出資贖女，召唐氏子婚焉。有重囚亡命匿衡州人業織家者，家故不知。大府下檄索之甚急，囚逸去，運標令業織者導役往捕，卒得囚，業織者竟不連坐，亦不受一笞。鄧康二姓争湖州利，鬥殺積數十年，久不服，運標親往勘其地，會大雨，二姓人皆請少避。運標曰："爾輩爲一塊土，世世罹重法不顧，予何愛此身乎?"植立雨中逾時，堅不去，遂皆感動，劃界息訟。邑東長樂村有江堤久，民屢遭水患。德山石塔，明提學董其昌建，亦就頹，形家言頗以爲病。邑又無書院，借設僧舍。運標皆籌咨興創，不數月而三工成，民謂堤曰"翁公堤"，塔曰"翁公塔"，書院曰"翁公書院"。十年，歲大旱，運標芒鞵草笠，步禱於百二十里之龍門洞，窮日夜始至,以瓶泉水歸,就郊壇跪烈日中,膝盡腫,邑人哭請息,運標不可,七日而雨,歲大豐,人繪龍門禱雨圖歌咏其事。旋擢道州知州。州路通郴、桂,山徑險峭,運標捐俸修鑿八十餘里,皆坦途,會大疫,爲文牒城隍,願以身代民,親制方藥行施村落間。或有以傳染爲戒者,運標曰:"我民父母也,子弟病,忍不顧耶!"後州境人全活者倍他邑。年六十,以勞瘁卒於官。道州與武陵人並請祀於名宦祠。

運標性至孝,甫三歲,其父赴廣西,夜泊祁陽之新塘,失所在,舟人報其家,並返其行篋,扃鎖未動,失其鑰,遂與兄運槐招魂葬父。比成進士,悲不得父骨,誓與兄往尋,刺臂血禱諸神,遍走河南萬山中,兩歲無所遇,回溯衛永間又半載。一日泊新塘,遇土人鄭海還者,言三十年前葦間有溺屍,佩小鑰囊,瘞之白沙洲,存鑰囊爲志。乃遣人证鑰於家,啓篋吻合,遂號泣舁柩歸,於原瘞處封樹焉。及運標令武陵,復於州建祠曰永思,又立啓鑰亭,買祭田,令鄭氏世董之。遷道州,過祠展墓,哀感路人。視祁陽紳民如故舊,時人競傳翁氏兩孝子云。據夏之蓉《翁孝子傳》。

童華傳

童華,字心樸,浙江山陰人。爲諸生,習名法家言,佐府縣治。雍正初,入貲當得知縣。時方纂《大清律例》,大學士朱軾薦其才,世宗召見,命察賑直隸。樂亭、盧龍兩縣報饑口不實,華倍增其數。怡賢親王與朱軾治營田水利,至永平,問灤河形勢,華對甚晰,王器之。尋補平山縣。邑灾,不待報,遽出倉粟七千石貸民。擢知真定府,權按察使。以前發平山粟事,部議免官,特詔原之。怡賢親王奏以華理京南局水利,華度真定府城外,得泉十八,疏爲渠,溉田六百畝,先後營田三百餘頃。《國朝先正事略》。上《磁州計板開閘議》略云:"竊查滏陽河發源磁州,前州民欲獨擅其利。既建東西兩閘,復於東閘下建第三閘以束之,每遇三月以後、八月以前,三閘盡閉永年,曲周思涓滴而不可得,因磁地屬豫,莫能控制。經怡賢親王奏請,改磁州歸直隸廣平府,滏陽一河全由直隸統轄,今詳加酌議。

磁州西閘在西門外十二里之槐樹村，閘有七洞，每洞下板八，每板以地畝尺一尺三寸爲度，積水至六板，即分注溝渠至八板而各田充足，請自二月三十日以後，將閘板全下，月開放六次。放閘之法，水底留板六，水面去板二，使本地之溝水常滿而下游之餘波不絶，既不遏水以病鄰，亦不竭上以益下。東閘在城東二十里之琉璃鎮，閘有一洞，下板十三，每板以一尺爲度，使與西閘同日啓放。放閘之法，水底留板九，水面去板四，每啓閘時，視水與板平即止，五日一啓。至東閘下十五里，地名閻家淺，州人建有第三閘，地勢極低，攔河收束，水難下灌，應飭拆毁。此仿唐李泌、明湯紹恩西湖三江兩閘計板放水之遺規，酌定成法，實足經久，庶可息永磁官民之争矣。"《皇朝經世文編》。又以北人不食稻，請發錢買水田穀運通倉，省漕費，民得市稷黍以爲食，王具以聞，從之。

調知蘇州府，有詔清查康熙五十一年以來江蘇負課千二百餘萬，巡撫督責急，逮捕追比無虚日，華固請寬之。巡撫怒曰："汝敢逆旨耶？"對曰："華非逆旨，乃遵旨也。皇上知有積欠，不命嚴追而命清查，正欲晰其來歷，查其委曲，或在官，或在役，或在民，或應徵，或應免，了然分曉，奏請聖裁，詔書意也。今奉行者不顧名思義，徒以十五年積欠立求完納，是暴征，非清查也。今請寬三月限，當部居别白，分牒以報。"巡撫從其請，乃盡釋獄繫千餘人，次第造册請奏。時朝廷亦聞江南清查不善，下詔切責，如華言。浙江總督李衛嘗簒人於蘇，華以無牒不與，衛怒，爲蜚語以聞。世宗召見，責以沽名干譽，對曰："臣竭力爲國，近沽名；實心爲民，近干譽。"上意解，發往陝西，以知府用。時鄂爾泰屯田肅州，華署肅州佐，鑿通九家窑五山，引水穿渠，溉田萬頃。復忤巡撫被劾，歸，數年卒。華爲治精勤廉悍，發姦擿伏如神。事有不可，持之甚力。《先正事略》。著有《銅政條議》等書。《經世文編姓名總目》。

藍鼎元傳

藍鼎元，字玉霖，號鹿洲。福建漳浦人。《先正事略》。少孤，力學，工詩、古文。通達治體，語經濟必曰諸葛武侯，言文章必曰韓吏部。蔡世遠《鹿洲集序》。嘗觀海厦門，浮舟過浙江之舟山，乘風而南，沿南澳海門浩然以歸。自謂此行多所得，人莫能測也。《東越儒林後傳》。儀封張伯行撫閩，表章洛閩之學，獨禮鼎元及蔡世遠，嘗曰："藍生經世之良材，吾道之羽翼也。"張伯行《鹿洲集序》。

康熙六十年，朱一貴叛於臺灣。鼎元從兄南澳總兵藍廷珍統師進討，鼎元與俱。海中風濤洊，不測軍事，旁午，羽檄數十紙，摇筆立就。七日臺灣平。《文獻徵存録》。復從廷珍招降人，殄遺孽，撫流民，綏番社，歲餘始返。《東越儒林傳》。著論曰："臺灣地數千里，其民幾數百萬。守土之官有道府、縣令、大小佐貳雜職。又有總兵官、副將、遊擊、守備大小弁目，額兵七千有奇，糧儲、器甲、舟車足備，顧承平日久，上下玩愒。兵有名而無人，民逸居而無教。官吏孳孳以爲利藪，本實先撥，賊未至而衆心離。雖欲不敗，不得已。曩者臺地只府治百餘里，鳳山、諸羅皆毒惡瘴地，令其邑者不敢至，今則南盡郎嶠，北窮淡水，鷄籠山以上千五百里，人民趨若鶩矣。曩者大山之麓，野番嗜殺，人莫能近，今則群入深山，雜耕番地，甚者傀儡内山、臺灣山後、蛤子難、崇爻、卑南覓等社，亦有漢人至其地，與之貿易，生聚日繁，漸廓漸遠，雖厯禁不能止也。郡治有水陸兵五千餘，足供調遣，鳳山南路以四五百里山海要區、民番錯雜之所，並淡水、郎嶠盗賊出没之地，而委之一營八百九十名之兵，固已難矣。諸羅地千餘里，淡水守備僻處天末。自八里岔以下尚八九百里，下加冬、笨港、斗六門、半綫皆姦宄縱横之區，沿海口岸皆當防汛戍守。近山又有野番出没，以險阻叢雜之邊地，而委之北路一營八百九十名之兵，聚不足以及遠，散不足以樹威。此杞人所以終夜思而不能寐者也。今請畫諸羅縣地而兩之，於半綫以上更設一縣，管轄六百里。其錢糧合之番餉，歲征銀九千餘兩，草萊一辟，貢賦日增，數年間巍然大邑也。半綫縣治設一守備，兵五百。淡水八里岔設一巡檢，佐半綫之所不及。羅漢門故賊藪，宜設一千總，兵三百駐其地，使千餘里聲息相通。又擇實心任事之官爲臺民培元氣，大兵大疫而後，民之憔悴極矣。然土沃而物産多，但勿加之刻剥，一二年可復其故。惟化導整齊，均賦役，平獄訟，設義學，興教化，奬孝悌力田之彦，行保甲民兵之法，聽開墾以盡地力，建城池以資守御，一年而民氣静，二年而疆圉固，三年而禮讓可興，化生番爲熟番，熟番爲人民，而全臺不久安長治，吾不信也。夫土地有日辟，無日蹙，經營疆理則爲户口貢賦之區，廢置空虚則爲盗賊倡亂之所。臺灣山高地肥，最利墾辟。利之所在，人所必趨。不歸之民，則歸之番，歸之賊。即使内賊不生，野番不作，又恐寇自外來，將有日本、荷蘭之患，不可不早爲措置者也。”《鹿洲文集》。又言臺灣必不可移駐澎湖，哨船更卒、繚斗椗兵必不可易。大吏採其言，奏聞。其後諸羅遂分置一縣曰彰化縣，縣且建鎮於臺灣矣。鼎元復爲臺灣巡道條十九事，曰信賞罰、懲訟師、除草竊、治客民、禁惡俗、儆吏胥、革規例、崇節儉、正婚嫁、興學校、修武備、嚴守御、教樹畜、寬租賦、行墾田、復官莊、恤澎民、撫土番、招生番。時頗韙其言。《東越儒林傳》。

雍正元年，選拔貢太學。三年，校書内廷，分修《大清一統志》。六年冬，以大學士朱軾薦引對奏時務六事，凡五千餘言。行述。世宗善之。尋授廣東普寧縣知縣。在官有惠政，聽斷如神。暇則與邑士之秀者講明正學，風俗丕變。旋攝潮陽縣事。潮陽連歲大饑，多逋賦，鼎元揭榜告民，減耗米，除苛累，民争趨納。妖女林妙貴惑衆，寘於法，籍其居爲棉陽書院。《鹿洲公案》。尋忤監司，褫職。或勸其委蛇以紓禍，鼎元曰：“吾嘗涉大海，歷澎臺，出没驚濤間，冒矢石深入窮箐，觸惡瘴毒霧不稍慴，今肯俯首媚監司哉！”總督鄂彌達疏白鼎元受誣狀蔡世遠《鹿洲公案》序，征詣闕。明年，命署廣州府知府，即賜御書論訓詩文及貂皮、紫金錠、香珠等物。抵官一月，卒。年五十九。行述。

鼎元尤善治盗及訟師，多置耳目，劾捕不少恕。然治獄多所平反，論者以爲如杜延年，嚴而不殘。《徵存録》。著《鹿洲初集》二十卷、《東征集》六卷、《平臺紀略》一捲、《棉陽學準》五卷、《鹿洲公案》二卷。行述。

牛運震傳

牛運震,字階平《四庫全書提要》,山東滋陽人李富孫《鶴徵録》,十歲能文。《先正事略》。雍正十一年進士。《提要》。十三年詔舉博學鴻詞,巡撫岳濬以運震應先策試以山東分星地勢海防河渠之學,運震對以魏陳卓星度為西法入中國,所改不合於古,及《禹貢·職方》之所以異,以山東形勢要害在青州穆陵青石二關海防,巡外洋不如巡内洋,河防宜籌,沁黄交鬬及決漕通淮之害,皆稽合圖志,通曉時務。至都,以文逾格報罷。孫星衍《牛君墓表》。尋授甘肅秦安縣知縣,開九渠,溉田萬畝。《先正事略》。縣北玉鐘峽山崩塞河,河水溢為災,運震單騎往,率丁夫並夜開濬,凡兩日夜,水退而民安。復緣山步行,以米錢俵散災河。運震《與弟書》。縣聚曰西固,去治二百餘里,村民苦輸糧費,多積逋,運震許民以銀代,自是無梗化者。先是,巡檢某誣馬得才兄弟五人為盜,前令弗察,得才自刎死,其兄馬都上控,令又誘而斃之,獄其三人者,將解府,運震鞫得其情,昭雪之。又白清水縣某令怨武生杜其陶父子謀殺罪,上官檄運震覆治,驗死者,得自刎狀,以移屍罪其陶,因釋其子。他所平反率類是。官秦安八載,惠農通商,以經術飾吏治。設隴川書院,日與諸生講習,民始知學。嘗雩雨九龍山,立應。又牒城隍神為勘,祟病者即愈。兼攝徽縣,徽多虎,募壯士殺虎,二十六道始通。自徽縣歸秦安道,遇白額者,人馬股栗,運震叱之,虎帖耳而去,人作馴虎圖傳其事。調平番縣,縣饑,捐粟二百石賑之。民感其惠,人輸一錢,製衣銘德,運震受衣返幣。固原兵變肆掠,督撫皆至平涼,檄招運震問方略。運震請勿以兵往,但遥為聲援。遊擊任某執城内三百餘人,眾恟懼,運震請釋無辜者,入城慰諭,反側始定,上官咸異其才,忌之者乃摭前受萬民衣事,劾,免官。主講臯蘭書院,教學得士心。及其歸,有走千里送至灞橋者。

運震性開敏,有斷制,不延幕友,事雖鉤棘,輒辦治。不問生產《先正事略》,嘗與弟書曰:“吾本非長才,不過殫精竭慮,極吾耳目所能，而出之以至誠，將之以小心，事自易辦。保甲嚴行，禁令漸張，鬬爭獄訟日即於少，至於責士過嚴，懲盜過甚，以邊鄙之地，風俗疵悍，不如此則法不立，令不行，民不可得而治。且當官治民，要通打算，與其輕刑一人而不足，不如重處一人而九人畏，是懲一而恕九也。”又與人書曰：“僕為縣官，有三字：一曰儉，薄於自奉，量入為出，此虧不空、不婪贓之本也。一曰簡，令繁則民難遵體，亢則下難近。一切反之，毋苛碎，毋拘執，毋聽陋例，毋信俗諱。儀從可減，減之，案牘可省，省之。當無日不與百姓相見，羌與之齊而訊其苦樂，惟求一切便民，雖舉世歎我以黄老，吾不知也。一曰檢，天有理、人有情、吏部有處分、上司有考課。豪强在國，將吾伺，奸吏在衙，將吾欺。入一錢，乙諸簡，得無納賄。施一杖，榜諸冊，得毋濫刑耶。今日去官，吾倉庫不畏後任。明日還鄉，吾心跡可白友朋。”時以為名言。《空山堂集》。年五十三卒。《先正事略》。著有《空山堂易解》四卷、《春秋傳》十二卷、《金石圖》二卷、《史論》二十卷、《空山堂文集》十二卷。墓表。

陳玉璧傳

陳玉璧，字韞璞，山東歷城人。由蔭生補光禄寺署正，出為江西贛州府同知。乾隆三年升貴州遵義府知府。郡多槲樹，咸取為薪炭，玉璧曰：“此青萊樹也，吾得以富吾民矣。”四年冬，遣人歸歷城，售山蠶種，兼以蠶師來。至湘沅間，蛹出。六年冬，復遣人往取歲前到蛹，得不出。明年布子於郡西小邱上，春繭少獲，分之附郭之民為秋種。秋陽烈，民不知避，成繭者十無一二。次年烘種，鄉人又不諳薪蒸之宜。火微烈，蠶未繭而病發，竟斷種。復遣人之歷城多致之，審其利病，蠶事大熟。於是造蠶師，分教四鄉，收繭既多，於城東白田壩誅茅築廬，令織師二人導民繅煮絡織之事，給工資，備緯具，公餘往視，有不解者親教之。八年秋，民間報獲繭八百萬。自是而導紬之名大著。鄭珍《樗繭譜》。乾隆八年致仕，後五年而正安州吏目徐階平亦自浙江購繭種，仿玉璧行之，正安亦大食其利。遵義人鄭珍本玉鑒遺法，著有《樗繭譜》。《先正事略》。

張甄陶傳

張甄陶，福建福清人。性嗜學。鄭大進《四書翼注序》：字希周，號惕菴。巡撫王恕、督學使者周學健稱為國士，貢成均。乾隆元年舉博學鴻詞，補試，未合格，罷。大學士朱軾、侍郎方苞、李紱薦充纂修三禮官。甄陶辭而從苞請受學，乃從詞館得讀所未見書，取《永樂大典》三萬卷遍觀之，怡悅甚，至廢寢食。《文獻徵存録》。歸而學大進。蔣士銓《四書翼注序》。十年，成進士。時方許直言極諫，甄陶對策，因極陳時務，略謂開邊外屯田以養八旗餘丁，猶勝貸金於府；改捐監條款以充地方公費，猶勝積粟於倉。請以州縣佐與州縣並選，以疏通舉班而升巡檢之秩，比縣佐以處選用州縣佐之貢生，則三途並用，選法疏通。其言深切，大臣或不敢進呈，乃置二甲，選庶吉士。十三年，散館，授編修，旋改知廣東鶴山縣，調香山、新會、高要、揭陽，皆劇邑也。《東越儒林後傳》。所至為政蔣士銓《學實政録序》，綱舉目張。疆田疇，修堤圩，弛疍戶蠔蜆之禁，馭澳夷，毀淫祠，定嘗田，建書院，賙孤貧，實社倉，理鹽筴，策荒政，雪冤獄，詰盜賊，塞潰堤。凡有舉措，必熟計事勢，使無怫逆於民，而民陰被其福，以是民咸樂其易行而無銖髮怨咨之意。《學實政録序》。方甄陶之補外也，人咸惜之，甄陶獨慨然有用世志。大學士陳世倌知其才，臨別，取明呂坤《呻吟語》贈之。《文獻徵存録》。甄陶讀其實政録《學實政録序》，喟然歎曰："視國如其家，視民如其身，視官如其日用飲食，以天下為己任者，當如是耶。"在嶺南，作《學實政録》，鉛山蔣士銓見其書，作詩美之曰："循吏之最也。"服除，起補雲南昆明縣知縣《文獻徵存録》，弗獲於上官蔣序，坐事免。巡撫劉藻善遇之，延主五華書院。藻總督兩省，移掌貴州貴山書院。復上言甄陶教士有成效，加國子監司業銜。甄陶居五華五年，居貴山十一年，訓士如子弟，尹壯圖、錢灃等皆其授業弟子也。《東越儒林傳》。晚以病歸，主鼇峰書院，以經義教閩士，於是咸通漢唐注疏之學。《徵存録》。書院創自張伯行，而蔡世遠為之長，相與講明正學。其後繼之者，惟甄陶與通政使林枝春，嚴憚有法，使人人自奮於學，論者謂不啻世遠主講時也。《孟瓶庵事略》。同邑人孟超然稱甄陶淹洽似王伯厚，而切於世務，慷慨似陳同甫，而根極理要，雖不究其用，卓然可傳於後無疑也。《徵存録》。居滇南時，著《正學堂經解》，歷十年，書始成，凡《周易傳義拾遺》十五卷，《尚書蔡傳拾遺》十二卷，《詩經朱傳拾遺》十八卷，《禮記陳氏集説删補》四十七卷，《春秋三傳定説》五十卷，《松翠堂文集》三十卷。《儒林後傳》。

康基淵傳

康基淵，字静溪，山西興縣人。乾隆十七年進士。歸班選河南嵩縣知縣。嵩山縣地磽瘠，少暵即歉，傍伊水舊渠十一道，明末湮絕，基淵按行舊址，勸民修復，山澗諸流可引溉者，皆為開渠，渠身高下不一者，則分段設閘，以蓄泄之。水勢湍急，則設閘渠口，防沖漲田高渠，下者則教為水車引溉，凡新舊開渠十八，灌田六萬二千餘畝。巡撫上其事，優詔議敘。邑舊貢百合，以《本草經》云百合生宛朐，嵩西南連宛朐，榛莽間亦時有之，惟邃谷危崖，民艱於採取。基淵乃謀之土人，購地西郊凡四十畝，分六區，令民試植，歲產千餘斤，五年一取，取復播種，周而復始，時其培獲，節其旱潦，募田夫，給工食，以專其任。建亭樹柳，藝桑鑿池。夏則迎母，清暑於其中。四郊婦女咸來起居，或有勃谿，時一赴訴，間賜果餌，歡如家人。及基淵母卒，奠者日數百人，即百合園立祠，歲時祭焉。嵩有絲而植不繁，基淵教民蠶，為建先蠶祠，繪蠶織之事於壁。又示民以種桑法，由是蠶絲甲於旁邑。基淵以嵩民樸厚，有古周南遺風，貧寒者不知詩書，乃核無業地若干，建社學，由城及鄉，凡三十二所，相距或十餘里。每社修脯，以二十金為率，酌定學規，擇本庠通亮之士，專其教授。尋以丁憂去。三十四年服闋，旋甘肅鎮原縣。歷任皋蘭，升肅州。肅州有洪水渠舊築，峻岸崩沖而下，為田禾災，基淵度形勢，於南石岡别鑿渠口以避沖陷之害。野豬溝有古荒田，無水，久廢，基淵訊訪耆舊，於柳樹閘龍口加寬六分，別開子渠，界荒田為七區，招民佃種，區取租十二石，額糧則由佃自納，而以其租給各社學師，名曰新文渠。肅東南九塚窯鑿山後渠，開屯田，向移駐州判主之，久之，田薄瘠，民租入不能支官役，基淵請汰州判改屯升科為籌歲修費，民於是有恒產。肅民樵蘇，遠取諸邊牆外，日費而價貴，基淵相東北郊外廢灘，不堪種藝，勸民濬溝以泄鹵鹻。種楊十餘萬株，擇人董守之，遍諭鄉堡可種樹處，皆如其式，薪樵於是不外取。肅屢經軍興之後，民不知學，基淵為建置社學二十一所。社中有無主絕業，取以為歲修，以新文渠地租供學費，選社之老成者司其事，無捐助派擾。肅境距城遠者徵收糧石，借貯民房，多至四十餘處，且有久假不歸者，日夜警守，頗為民累，基淵請於金佛、清水建倉數十間，以舊屋清還諸民。肅南三山口有番民，向通茶馬，更無徵求。軍興時，皮革羽毛等暫著採取，後沿為例，名曰給價，官吏藉以需索，諸番苦之。基淵言諸鎮營，悉與裁革。又時發籽糧，嚴禁賭博，速結詞訟，修治水利，減除派累，凡便民者次第畢舉。四十四年，擢江西廣信府知府。廣信民俗多溺女，基淵勸諭之，並設厲禁接生婦，人給以口食，有溺者首之。設嬰長一人，給田十九畝，使之稽察，女嬰貧不能養者，嬰長暫育之。月以所活女數，列冊呈官，因推其法於屬邑，活者無算。旋卒於任。

基淵為學，務究根本，其治官事如家事，博求利病而洞審原委，故推行有序。著有《南圃文鈔》、《女學纂》、《家塾蒙求》。子紹鏞，歷官安徽、廣東、湖南巡撫。李兆洛《康静溪家傳》。

周克開傳

周克開，字乾三，湖南長沙人。乾隆十二年舉人。十九年，以明通榜發甘肅，以知縣用，補隴西縣，調寧朔。姚鼐《周君墓志》。寧夏並河有三渠，曰漢來、唐延、大清，皆引河入渠灌田。姚鼐《梅圃家傳》。唐延渠行地多沙，易漫，克開治之，使深狹，又改其水道，渠行得安。渠有石竇，泄水於河，以備旱澇者，民謂之暗洞。克開在寧朔，唐延渠暗洞崩塞，渠水不行，上官從他議，欲填暗洞，而竭唐延水入漢來，以便寧夏之引河墓志，寧夏利而寧朔必病家傳，克開恐夏秋水盛，寧朔水無所宣洩，民且受其害，乃力請修復。寧夏民以近農時水將至，不可待。克開請五日為期，取故渠及廢閘之石，晝夜督工，五日而暗洞復，兩縣皆利。大清渠長三十餘里，鑿自康熙間，久而石門首尾壞，民失其利，克開亦修之，皆費省而功速。《先正事略》。再以卓異薦，擢知固原州。丁父憂，起服，補姚州知州，尋擢貴州都勻府知府。嘗從巡撫及總督吴達善、侍郎錢維城治貴州苗民為逆者，獲首從，鞫之，大吏用法不當，力爭，無少遜。旋調貴陽府，亦嘗以强直忤巡撫宫兆麟，後因公累解職，引見，授山西蒲州府知府，調太原府。大清積案，修復風峪口堤堰，障山潦而導入汾。克開在寧朔治渠，民謂所建閘曰周公閘，橋曰周公橋。太原民德之，亦於堤上作周公祠。尋擢江西吉南贛寧道，署布政使司。以王錫侯書案被議，高宗知其賢，發江南，以同知用。會南巡，克開署江寧府迎駕。命知江西九江府，擢浙江儲糧道。墓志。是時浙江巡撫王亶望頗黷貨，屬吏多收糧毒民，以媚上官。克開素疾之，比至浙，誓不取民一錢，並請於亶望，約與之同心，亶望姑應之而厭克開，甚反奏譽克開才優，糧儲易治，請移治海塘，於是調杭嘉湖道。會改建海岸石塘，總督欲徙柴塘近數百丈以避潮，克開曰："海與河異，讓之則潮必益侵，無益也。"力爭，乃止。年餘，以督工勞瘁，卒於官。《先正事略》。克開在寧朔，多善政，而治水績最巨。家傳。生平治獄，亦多平反。禮儒生，嘗以私錢興書院。沒後，無餘資墓志，天下稱清吏。本傳。

王鴻典傳

王鴻典，字慎齋，直隸雄縣人。乾隆二十四年舉人，以知縣分發湖北。《黄梅縣志》。初任羅田即有聲，常以事至村落間，民相率把燈檠置於地，燭其行。喻文鏊《紅蕉文鈔》。補黄梅縣。時廉縣中猾吏擿發如神，有訟者每即事判決原委，署牒後屬控者持詣中證處,釋戒之曰:“勿終訟,官即不要錢,吏役需索汝皮骨盡矣。如不決者,繳原牒。”乃喚集而平其曲直,揭榜治前言催科累民狀,止追呼,約期未至完者,揭榜如初,官不食言,民亦不違。治梅八月,胥役多徙業者。《黄梅縣志》。署應山縣。應山固孔道,有大吏自都赴湖北,僕馬甚盛,家奴獰惡,索站規累千金,鴻典略不介意。方進食,忽聞碎盤匜聲,且碎且詈,復躍出抶人,以馬箠人嗥駴,勢如鼎沸,鴻典乃入白大吏曰:“天子律令,驛站濫應者干重咎,大人膺封疆而家奴乃攜多人,狼貪羊狠,横地方,虐百姓,且當入境之初,小民側足以觀風旨。若輩齏粉不足惜,如大人清望何?”抗論無少屈,人咸以海剛峰目之。會丁父憂去,服闋,後仍補應山縣。時又一大吏眷屬至,奴横索金如之,鴻典命鋃鐺繫以來,將笞之。大吏問令者誰,或以告,曰:“吾聞楚令有海剛峰者,殆其人耶?”出遜謝,乃止。鴻典性警敏,嘗遣人至漢口購菽麥數百石,儲之倉。比歲旱,應山惟菽麥可種,一時價騰貴,鴻典乃以菽出貸,按畝給之,俾及時廣種,於是菽麥倍收而民無饑者。《應山縣志》。調鍾祥,監司某請貸,鴻典毅然曰:“百姓脂膏,不可削庫金乞自取。”某銜之,以他事媒孽於大府,大府曰:“劾海剛峰耶!”事遂寢。甫至鍾祥,輿夫憩途次,俄有人以杯茗進,遍逮僕隸,鴻典目之,訊其名,入治,受篆畢,出一紙飭取某名案卷,吏大驚,出牒無慮數十,進茗者固吏所豢巨猾也,治之如律,一邑遂安。有問其故者,鴻典曰:“愚民見官多走匿,吾入境時,吏役尚不及知,而某獨殷勤,疑暱就衙門以官為奇貨者也。”其善察情偽如此。鍾祥故繁劇,多詞訟,鴻典坐堂皇,吏抱牘雁鶩行進,判決如流水。有以一畝田兄弟構訟,歷數年而不已者,鴻典喚其兄弟至,指弟謂兄曰:“此為誰?”曰:“弟也。”又指兄謂弟曰:“此為誰?”曰:“兄也。”屢命呼之至七八次,兄弟相抱皆大哭,問何故,曰:“吾兩人手足至親,以細故構訟,久不悟,自今不訟矣。”為政鋤豪右,護樸愚,不喜牽拘名例,糲食節衣,盡斥浮靡。四十六年,以年資中舉,程入薦牘,尋引疾歸,卒。《鍾祥縣志》。

汪輝祖傳

汪輝祖,字焕曾,號龍莊,浙江蕭山人。阮元《循吏汪輝祖傳》。輝祖性開敏,七歲始就外傅,夜輒能背諷日所誦書。洪亮吉《汪君墓志銘》。年十一而孤,繼母王、生母徐教之成立,世稱汪氏兩節母。《先正事略》。年十七,補縣學生。阮傳。鄉試數報罷,家計益窘,遂入州縣幕,掌書記,漸習刑名。既善讀書,又勤於其事。每仿漢江都相《春秋》決獄之法,時以禮經參會律條,平疑獄者數十。墓志銘。年三十九舉於鄉。阮傳。乾隆三十一年成進士,授湖南寧遠知縣。《先正事略》。縣雜猺,俗積逋而多訟,前令被訐去,攝者政姑息,黠者益伺間為挾持地,流丐强横,勢洶洶。輝祖下車,即掩捕其尤,而驅餘黨出境,徵賦期迫阮傳,手諭各鄉,官民本屬一體,緩急義須相關,聽訟之任,責專在官,完賦之任,責分於民。官不勤職,咎有難辭,民不奉公,法所不恕。寧遠錢糧素多延欠,今定約三旬,旬十日,以七日聽訟,以二日校賦,以一日手辦詳稿。校賦之日亦兼聽訟,爾等若遵期完課,則少費校賦之精力,即多留聽訟之功夫云云。墓志銘。剴切誠至,民均慚感,相戒無負好官,不逾月而賦額足。治事廉平,尤善色聽,援據比傅,律窮者通以經術,決獄皆曲當而心每欿然,按事畢,輒問堂下觀者曰:"允乎?"僉曰:"允矣。"遇罪人當予杖,輒呼之前,曰:"律不可逭,然若受父母膚體,奈何行不肖虧辱之。"再三語,罪人泣,亦泣,或對簿者反代請得免,卒改行為善良。《先正事略》。每日升堂,觀者嘗數百人,欲通民隱,不令呵止。《夢痕録》。又延紳耆,問民疾苦,四鄉廣狹、肥瘠,人情良莠,皆籍記之。阮傳。以其間復能考古,據《漢書·趙廣漢傳》鉤距法,斷縣民匡學義獄,《唐書·劉蕡傳》斷縣民李氏祖唐李郃與蕭氏爭先壟獄。墓志銘。他邑有訟閬,移輝祖鞫之者,皆大喜。《先正事略》。為治尤嚴於訟師,在寧鄉時,訟師黄天桂與大府吏史坤攬訟,輝祖以他事搜其筆據,稟大府立革坤役,天桂逸去。適侍郎傅森以事道出寧遠,天桂誣告輝祖,以甓裹紙投輿中,侍郎聞沿道誦輝祖治績,大異之。

以匿名呈辭發輝祖究辦，核其字跡，乃天桂書也。天桂偵知，逃廣西，終輝祖任不敢出。又以士風樸陋，創修崇政書院，課之如家居教子弟法。墓志銘。寧遠例食淮鹽，直數倍於粵，鹽民多食粵私，大吏遣營弁偵捕，人情惶擾，輝祖為帖白上官，以鹽愈禁則值日增，民間零鹽亦不敢列，甚至買鹽水而食，夫私不及十斤者聽，偵弁謂其故縱私，聞於大吏，輝祖揭辨，總督畢沅嘉賞之，立弛零鹽禁，時偉其議，稱莽知縣。《先正事略》。旋以足疾請告。時大吏已疏調輝祖善化，疑詭疾規避，竟奪職歸，民空邑走送境上，老幼泣，擁輿不得行。歸里後，值西江塘圮，巡撫長麟、吉慶先後遣官勸輝祖董其事，不獲辭。初估工費錢二萬八千九百緡，用輝祖議，工倍而錢省，堅實永利。及蕆事，渡江謝巡撫而歸，閉戶讀書，不問外事。參用《先正事略》及阮傳。嘉慶九年，詔舉孝廉方正，邑人以輝祖應，固辭，免。

輝祖少尚志節，老而愈厲，持論挺特不可屈，而從善如轉圜。性至孝，痛父早沒，兩母孤苦，撫己成立，故於守身之義懔懔自防，終其身罔敢隕越。《先正事略》。嘗夜聽獄，聞雁聲，因考寧遠在衡山南五百里，雁未始不過，駁回雁峰說之誤，其勤官而不廢讀書如此。墓志銘。嘉慶十二年卒。著有《元史本證》十二卷、《史姓韻編》六十四卷、《九史同姓名略》七十二卷、《二十四史同姓名録》一百六十卷、《二十四史希姓録》四卷、《遼金元三史同名録》四十卷。其尤著者《學治臆說》四卷、《佐治藥言》二卷，言吏者多宗之。《先正事略》。

陳昌齊傳

陳昌齊，字賓臣，廣東海康人。《楚庭耆舊遺詩前集》。少有神童之目《茶村詩話》，賦資穎絕，至性過人。阮《通志》本傳。乾隆三十六年進士，改庶吉士。散館授編修，晉中允，歷充三通館纂修、四庫館纂修。三十九年典試湖北。四十年充會試同考官。《登雲山房文稿》。五十年，大考三等，左遷編修。五十五年，補河南道御史阮《通志》，奏言各省首府宜請旨簡放，以杜夤緣。直省督撫政治，宜令學政隨時稽察,以防弛縱。京師各門宜嚴章程,以杜勒索。均下部議覆。又奏緝捕洋賊事宜《雁山文集》,切言洋匪會匪相為狼狽,會匪藉洋匪為去路,洋匪靖則會匪自消。《登雲山房文稿》。又言沿海居民類皆採捕為生,習拳勇,諳水勢,向為匪等所畏。自匪等以利招誘,遂多從匪者。夫可以為盜,即可以捕盜,似宜令地方官明示,有能出洋勦捕,或匪等上岸,並力殲擒送官驗實者,其船隻資財一概充賞,已經聽誘下海之人,若能設法殲擒者,連船投首,亦准免罪。嘉慶元年,升兵科給事中,轉刑科給事中。九年,授浙江溫處道。時海寇蔡牽騷擾閩浙,昌齊抵任,修戰艦,簡軍伍。阮《通志》。又令人出海,繪浙閩海洋全圖,纖悉備具。每汛口弁兵稟報殺賊情形及道路遠近,稍有虛妄,必加申飭。《雁山文集》。雖百里外,事如親睹。阮《通志》。凡接見武員,必加禮,曰:"海氛未靖,正武夫效命之日也。"《雁山文集》。一等侯德楞泰奉命按閱閩浙營伍,議申海禁,不數月,盜可盡斃。德楞泰風采嚴厲,屬吏莫敢置對,昌齊進曰:"侯未身履其地也。閩浙兩省皆環海,居民多捕魚為業者,若禁其下海,則數萬餘戶無以為生,激變之咎誰當任之?"德楞泰默然久之,曰:"君言是也。"《雁山文集》。永嘉民有胞弟誤用屠刀格兄致斃者,訟師使認為木柴毆傷,刑訊十年,堅不改,昌齊曉之曰:"汝明認刀傷,早以誤殺援赦釋矣。木柴斃命則故也,非誤也。訟師利汝財以延歲月耳。"犯大驚,叩首曰:"公活我,指使者實某也。"昌齊按律定擬,置訟棍於法,一時稱神明。《雁山文集》。

在溫州,造戰船,支帑不足,歲負責數千金,大吏委權鹽運使調劑之,昌齊曰:"此脂膏之地也。"卒不就。尋因事絓部議。上命刑部尚書景祿、光祿司少卿吳俊按其事,或語往謁辨之,不可。見《面城樓集》。總督阿林保調兩江總督,欲奏調昌齊赴江蘇辦理河務,而浙閩總督方維甸又以昌齊諳練海疆,欲奏留原省補用,昌齊並辭,遂歸。《雁山文集》。歷官數十年,不媚上官,不罔私利,遇民生國計事,必侃侃而談。初在翰林時,大學士和珅欲羅致之,昌齊以為非掌院無晉謁禮,卒不往。阮《通志》。

昌齊精考據學,參訂經籍,多所辨正。《雁山文集》。戴震至京,見輒心折。所校《水經注》，昌齊指其訛誤處，以限於官書，未能更正。時以為恨。邵晉涵著《爾雅正義》成，質之昌齊，為駁正三十餘條。《雁山文集》。王念孫有子曰引之，博學負氣，不肯下人。念孫患之，令謁昌齊，論《大戴禮》，往返十餘，遂屈。見《面城樓集》。歸里後，修《雷州府志》、《海康縣志》。總督阮元修《廣東通志》，聘昌齊為總纂，並主講粵秀書院。《雁山文集》。二十五年卒。《茶村詩話》。著有《呂氏春秋正誤》二卷、《淮南子考證》六卷、《楚詞韻辨》一卷、《測天約術》一卷、《賜書堂集》六卷。未刻者《大戴禮記正誤》、《老子正誤》、《天學脞說》一卷、《營兆約旨》一卷、《囊玉秘旨別傳》一卷。《雁山文集》。

狄尚絅傳

狄尚絅，字文伯，江蘇溧陽人。以順天籍中乾隆四十六年進士。歸班，以知縣銓選。五十七年補安徽黟縣。有王姓者恃富豪縱，尚絅以法懲之，闔邑稱快。丁父艱，歸。服除，嘉慶四年，揀發廣東，署化州知州。化濱海，俗獷悍。尚絅解煩滌苛，治以簡易，民自不為非。附郭火災，焚民居百餘戶，尚絅捐廉千金，並勸富民出資，按戶撫恤，貧無依者倍之，民情大悅。明年，補花縣。縣地僻事簡，屢調省發審要案。博羅陳匪倡亂，據鐵籠嶂。大兵當其沖，慮匪由旁徑逸，檄尚絅統鄉兵禦之。尚絅與兵同甘苦，皆感激效命。匪偵知，不敢出。月餘，大兵破其巢，首從悉殲獲。九年，代理香山縣事，旋捐升知府。十二年，選江西南康府知府。先後在任二十有四年。有武舉調族侄婦羞忿自盡者，絕無左徵，亦未告發，事寢有年矣。尚絅甫下車，武舉以他事涉訟，尚絅反覆詰問，忽露前情。因窮究得實，置之法，群驚為神。不期年，理滯獄百餘，無一留者。聽訟不用刑威，不設鉤距，先事必詳觀案牘，沉思研慮，至廢寢食。及訊囚，絮語如家人間，聞者厭聽而尚絅無倦容。或夜以繼日，囚卒感泣，輸情實。饒州有兩姓爭洲田，世相仇殺，尚絅為判斷調和，爭端永息。南安會匪李詳誥傳徒聚眾，訪獲入奏。尚絅案之，則有戴奉飛為首，詳誥實為從，當減死，同官以詳誥故巨富，須引嫌。尚絅曰："無愧於中，何嫌可避!"巡按某亦疑與原奏不符，尚絅曰："不獲前非，乃見至公，聖明在上，又何慮焉。"力爭再三，卒從尚絅議，株連者亦多省釋。嘗言："獄不難於無枉，縱惟干證之牽累，吏胥之需求，受害者不可窮詰，雖拘訊迅速，究不能信其無弊。生平思此，時用疚心。"又曰："人知命盜巨案之當慎，不知婚姻財產細務尤不可忽。蓋必原情度勢，使可相安於異日，不至釀成別故，斯為善耳。"

南康自宋淳祐間始有城，國朝康熙三年改築，尚絅以其頹陊，建議修復，閱兩歲告成。宋時郡守孫喬年以郡治濱湖，風濤險惡，舟無泊所，築石堤百餘丈，廣三丈，內濬二澳，可泊千艘。朱子知南康，增築之。於閘內浚池引泉以備旱，名紫陽堤。而迤冬一路水齧崩岸，侵及城址。明知府田琯增築石堤亦百餘丈以衛之，俱圮。尚絅倡捐大修兩堤，丈尺一準舊制而堅緻過之。府治東南為周子、朱子祠，尚絅以湫隘不足，昭虔拓故基而新之，更為置祭田十畝。又以匡廬彭蠡為東南名山巨浸，律以祭法，應列祀典，膺封號，申請奏封彭蠡湖神為顯應將軍，封廬山神為溥福廣濟廬嶽之神，春秋致祭，著為令。南康地凋边，尤加意窮氓。值湖水為災，貧老乏食，桀猾者紛擾，乃勸富者出穀賑饑而杖其紛擾者，人心大定。蓼花池週五十里，內田萬二千畝，南受廬山九十九灣之水，北流入湖，水淺隘積潦，每沒人田廬。尚絅親詣相度，泛舟水門者再。乃督紳耆，集費疏浚，歲增收穀萬餘石。星子有官田，租子供鄱陽湖救生用，向準時價折銀徵解，田磽佃苦、拋業逃亡者累及親族，尚絅三請咨部減半徵之，民困大蘇。父詠宜，精於史學，尚絅從父讀書，故兼綜條貫，於治亂得失之源從政設施多在於此。道光十年引疾歸。凡一署饒州、吉安，再署廣信，護理糧道，均敝衣疏食，不問家計，故鄉無田園，不能歸。十一月，卒於南康。行述。

嚴如熤傳

嚴如熤,湖南漵浦人。少從學於鴻臚少卿羅典,究心輿圖、兵法、星卜之書。乾隆五十四年,學政張姚成以優行貢成均。六十年,黔楚苗變,湖北巡撫姜晟聞如熤有幹濟才,延入幕,多所贊畫。嘉慶三年,舉孝廉方正。時川陝教匪方熾,制策平定三省方略,奏對幾萬言,欽定第一。次日,傳諭軍機,詢屯政事宜,復上十二條,召見,以知縣發往陝西。五年,總督長齡委赴南鄭、褒城、城固三縣地,結寨團勇。六年,補洵陽縣知縣。如熤勤於聽斷,日坐堂皇治事,或因公至鄉,有赴訴者立馬訊結,洵陽有嚴不再炊之頌。縣宅萬山中,與湖北鄖西、竹溪、陝西鎮安、白河毗連,官兵追賊急,往來奔竄,皆道縣。如熤率民築堡練勇,戒勿迎擊,抄其尾,擾其疲,豫儲糗糧於衝寨以待官兵,督寨勇生擒賊帥陳朝觀,殲賊目徐添德、樊人傑,與官軍夾擊,破張天倫、張三標、熊翠兒等七股賊於太平寨,經略額勒登保、參贊德楞泰連上其功,加知州銜,花翎。八年,擊㦗楚北逆匪二千餘人於蜀河口,斬賊帥王詳,擒賊目方孝德,命升補同知直隸州。九年,補定遠廳撫民同知,捐修城垣,七閱月而竣。復於廳西南百餘里擇要地黎壩、漁度壩,築二城,置社倉三所,團練武備如治洵時。先後擒陳心元、馮世周等,加知府銜。十年,丁母憂。十二年,服闋,仍發陝西,以同知用。十三年,補潼關廳同知。十四年,擢漢中府知府。先是,寧陝新軍移駐郡城,民困兵驕,如熤視事,聯營伍,立保甲,朔望周歷城郭,宣講科律,問民疾苦,農事興,撤蓋行赤日中。獎勤懲惰,行區田法,制紡車式,俾民務耕織,饒生計。郡田疇向資渠堰灌溉,小堰不下百餘,其大者如南褒之山河堰,城洋之五楊填二堰,各灌田數萬畝。如熤履勘形勢,與紳耆講求疏蓄啟閉,水利均沾。郡城舊有漢南書院,軍興,改為行館,如熤集資拓基址,建講堂齋舍,仿白鹿洞、蘇湖學規,五日一臨,躬親講授,文風丕振。十五年,巡撫董教增檄勘寧陝新舊二城。時秋雨連旬,所轄鳳留等處山田歉收,道殣相望,如熤自寧陝返郡,請展賑期。十六年元旦，趨撫署請以一官易百姓命，教增破例為奏請，全活無算。寧羌山中有王姓聚眾劫掠，如熤馳至，誘擒之，餘眾飭歸業。十七年，城固民陳恒義習圓頓教，與京師民婦高張氏通，密書相勾結，事發，如熤往緝，但治從逆，釋株連者，人心帖服。十九年，防範岐郿匪徒，供運軍餉，加道銜。二十五年，授陝安兵備道，會廷議以川陝楚接壤，州縣派文武營廳為綏靖邊疆計，川督蔣攸銛奏委如熤查勘，建置城口、白河、塼砰、太平四廳縣丞倅營制有差，復請設佛坪廳，移駐文武員弁，三省邊防始固，諭旨褒獎，並加按察使銜。巡撫盧坤以如熤素諳溝洫，菀漢，著有成效，欲溥其利於全秦，檄視灃、涇、滻、渭諸川，鄭、白、龍諸廢渠，規劃俱備。五年授貴州按察使。六年正月調陝西按察使。三月卒官。陝民吁請祀名宦，湖南請入鄉賢祠，允之。諭曰：嚴如熤歷官陝省，宣力有年，其任洵陽縣、漢中府、陝安道任內，實心辦事，整飭撫綏，俾南山地方安静，循聲久著，遺愛在民，宜沛恩施以彰懋績，著加恩，晉贈布政使銜。所著有《洋防備覽》、《苗防屯防備覽》、《三省邊防備覽》、《漢江南北二地圖》、《三省山內總圖》、《樂園詩鈔文集》行世。國史本傳。子正基。

正基原名芝，字仙舫。少隨父如熤任，明習吏事。嘉慶十八年副榜貢生，充教習，期滿以知縣用。道光六年二月，發河南。三月，丁父憂，服闋，仍赴原省，旋署武安、禹州、孟縣、息縣等處。十五年補靈寶縣知縣。時山民構怨者輒擠老幼，墜崖死，因詐索資財，正基遇其訴，即往相驗，出俸錢，勒其親屬，領瘞，違者懲之，刁風頓止。以勤學端品訓士類，不善者咸斂跡。縣多狼，正基為誓文告城隍神，狼患竟息。因拏獲鄰境劫掠首盜，調取引見，以知州用。二十年擢鄭州知州。先是，州有賈魯河水漲，斷史家堤，田廬漂沒。是年，歡河口又漫決開塞，久無定議，正基相度形勢，先築歡河口，次修史家堤，兩患皆息。黑岡之潰也，大溜齧開封府，城勢危甚，巡撫檄正基入省，司防堵事。時護城兵有誣河兵欲逃者，縛數十人擬置重典，正基廉其冤，請釋之。由是河兵感甚，出力護城，城賴以完。二十一年，丁母憂，回籍。二十五年，服闋，赴部，補行引見，上問如熤在陝治績，諭以繼志。二十六年，授奉天復州知州。州瀕海，盜甚熾，民殺盜者，盜家因以命案控，致受其累，或為盜所戕而官不為捕，民益困。正基立條教，行屯團，且諭民遇持械盜，格殺勿論。盜多逃鄰境，正基乃申請府尹，飭所屬並依復州法，鄰境亦大治。復地卑濕，以足疾乞去。時江南督撫以正基諳習公事，令起病保留江南，委辦清查各屬錢糧。尋簡江寧遺缺知府。二十九年，題補常州府。時湖廣江南北皆大水，正基乘舟勘災者逾月。復設局勸賑，常人感其廉明，輸錢至二十餘萬，活以億萬計。三十年，署淮揚兵備道，尋署按察使，以禮部侍郎曾國藩保薦。時廣西用兵，工部侍郎呂賢基復薦正基才，奉旨交李星沅差遣委用。三月，廣西巡撫周天爵奏派正基督辦總理糧台。四月，授廣西右江道。十月，擢河南布政使，並諭俟軍務完竣赴任。正基患賊勢披猖而將帥齟齬，乃致書多方慰勸，並疏言師克在和，事期共濟，必統兵大帥與地方大吏，定紛更不齊之勢，聯疏闊難合之情，布德信以服人心，明功罪以揚士氣。勿因賊盛而生推諉，勿因兵單而務自全，勿以小忿而不為應援，勿以偶疏而坐觀成敗。咸修和衷之雅，各致用命之忠，庶逆氛可殄，大功可成矣。二年，廣西省城圍解，正基以守城功賞戴花翎，因轉運糧台，隨大軍赴楚。值武昌收復，正基自岳州奉命馳往，撫恤難民，斂骸胔，修城郭，安集流亡，勤苦備至。尋署湖北布政使。四月，奉旨仍回廣西核辦糧台事務。七月，調廣東布政使，仍留廣西。旋命來京，以四品京堂候補。十月，補通政使司副使。五年，升通政使。七年七月，足疾作，遂告歸。同治二年十一月卒。湖南巡撫惲世臨上正基政績，請宣付史館，從之。事實冊。

吴梯傳

吴梯，字雲川，廣東順德人。嘉慶六年舉人，以方略館謄録議敘選山東蒙陰縣知縣。蒙陰，故瘠邑，聞者色阻，梯笑曰："我輩志不在温飽，甫得官已計肥瘠耶?"遂之官。至則令鄉舉齒德士為公正，給戳記，俾防盜。除夕漏下，忽有距城四十里某公正以巨盜驟歸來告者，梯投袂起，督捕役突馳盜所，倉皇就縛，嚴訊，不吐實，威以極刑，作鼾聲，蓋林清餘黨邪教也。乃訊盜婦，知為他縣劇賊，比移查而盜斃獄中。縣當孔道，額設驛馬，每年以舊馬瘠者易新馬，馬未到，則以民馬換，民每苦驛卒浮索，多以疲駑應之，往往誤差，民累官亦累。梯張示革除，復諭民種茶樹，除糧催，皆有實惠，鄰邑蝗發，獨不入蒙境，民以為瑞。調濰縣，縣濱海，圖利者欲上議開港招商，梯思濰與海通，時防賊擾，更開他港，恐後患甚鉅，拒不准，復為陳利害，設歷禁。邑多水患，浚河修堤，其患頓息。再調禹城，禹城歲漕六千餘石，用漕車六百餘輛，外復創薊車名目，百姓苦添派。梯下車，即裁革之。與民鬻物，悉按市價平給。聽訟鞫囚，尤不敢率斷。某縣嘗有劫案被獲者，梯與審焉。未動刑，賊已吐實，獄成，梯獨不畫諾，曰："贓少而不實，不成信讞，草率了結，恐膺重譴。"上官益怒，辯論間，河東果解全獲贓犯至，乃喜曰："吴令真老吏也。"擢任膠州知州，年饑，穀貴，梯勸捐雜糧菽一椮五稷秫各二，攙和為半價分糶，復平糶倉穀萬馀石，穀罄而價愈騰。時距麥尚遠，州民嗷嗷，適得豆餅濟饑策，截留豆餅百六十萬觔，敷五萬人一月食。於是城鄉分廠出糶，派官經理，饑民爭買，糧價頓平，以所得餅值歸商，民弗饑而商力亦弗耗，嗣後膠州饑，踵法行之，民無餒者。郎中某巨富，卒無子，妻陳氏擇族子為嗣，遠族舉人某私結郎中族叔，强以己子入繼，訟於官，梯令立賢而親者為嗣，嚴諭其族紳曰："陳氏母子有他故，惟某舉人與族叔某事問。"氏母子卒無恙。再擢濟寧直隸州知州。州有李澍者最富，上官欲彌補鹽餉，牒州取澍充鹽商。梯以逼勒充商，必致破家，自為稿申覆歷陳勒充之弊，懇請永禁，大吏悟，據情轉奏，李得免，以千金為梯壽，梯力卻之。卸任，再饋，仍弗受。梯凡蒞任，必與差役約，因犯罪重輕為賞錢多少、差票限日收繳、藉民毒民者，則革役反坐。命盜案須詣勘者，夫馬自辦，署明於牘尾，故相驗無供應之累。任某縣，時有犯逸為鄰省所獲，姓名籍貫案由皆符合，既認狀鄰省，置諸法，移山東，飭縣銷案。梯以道遠，慮有賄，囑認案者存未銷，數月後，果於縣境緝獲本犯。縣有莊丁某，得罪主人，變姓名逃匿。其母疑子與莊主女奸，為莊主所殺,因以殺兒無屍控,莊主女數欲自盡矣。梯訪無確據,因思女不到案,則案不結,脫到案,畏羞自盡,汙人名節,且殺人非慎憲之道。乃諭莊主縣千金,賞購莊丁,不數日獲之,事遂得白。侍郎秦瀛入都,過蒙陰境,語梯曰:"吾聞蒙陰人稱子為青天,今識子之心矣。"在禹城,布政司朱桂楨薦於巡撫,巡撫方以浮言撤梯任,屬朱瞯之至濰縣,縣民莫不嗟歎,以官之去濰為恨,桂楨愈信之。梯古文宗韓愈,詩祖杜甫,江南盛子履選粵東詩,推梯與黄玉衡、張維屏等為粵東七子。卒年八十三。《順德縣志》。

孔傳坤傳

孔傳坤,字静遠,順天大興人,原籍山東曲阜,孔子六十八世孫。少失恃,從父館於外,祖母徐尚健。承父命獻甘旨,恒日走百里,不少懈。嘉慶十四年,由監生援例從九品,投效河南署宿遷縣歸仁司巡檢,旋丁父憂,服闋,到工。道光元年署桃源縣管河主簿。六年授阜寧縣羊寨司巡檢。七年調宿遷縣劉馬莊巡檢。十四年升寶應縣管河主簿。袁錦《孔主簿家傳》。淮水挾汝潁渦澮淠肥諸水由運達江,恒為淮揚患。國初以來,沿堤寘牐洞以殺其勢,亦藉以灌民田。主簿領四牐三洞,北起劉家堡,南至界首鎮,長四十里,灌溪田數千百畝。當糧艘北上,正農田栽種之際,河水淺則不足浮送,溪水涸則不能滋溉,牐夫洞戶,往往藉利漕為辭,啟閉故違緩急,因以為利。成蓉鏡《寶應主簿孔公墓志》。傳坤準以運河志樁,足資浮送,糧艘外,不待民請,酌時開洩。夏秋水盛,吏役又以護堤為名,延不閉水,壞民田圩。傳坤又先事籌畫,上河下溪,兩全其益。在寶應任十年,南鄉百餘里民無儉歲,每歲修,必躬率徒役,堅其培築,恤其勞苦。伏秋大汛,雖風雨,必巡行堤上,日夜不少懈。堡房久圮,捐廉賃民居為夫役止息,多給燭火以資防守,遇發餉銀,必分包,按名唱給,人不得虚領,故夫役無多而咸得其力。十九年春,運河水少落,揚河廳丁映南奉漕督檄令閉閘,傳坤言農田待澤正殷,詳度水勢,不閉閘亦足以資運事實冊,不奉檄。丁呵之,傳坤不為動，且曰："官可棄，閘不可閉也。"後漕船卒濟，而民田亦無缺水者。家傳。同汛多武弁，傳坤以前任者和協為難，故遇事恒不能合力，因遇事相與以心，武弁皆悅伏，兵丁亦樂為之用。寶應無義學，傳坤分廉俸，倡修規畫章程，擇坤司其事，不假官吏手。歲凶荒，乃出資，於寶應城北蓋草房，城南建瓦屋，冬則取雞鴨羽毛，蔽地上寒濕，用棲鄰邑流民之至者。又時給絮衣，散藥餌，施棺木，有不能周及者，憑諸地保人，給蘆席四，麻繩三，製錢三百，作埋瘞費，以免暴露。每歲終，暗以錢賑貧者，行之有年，不稍倦。先是，堤役家有慶弔事，例按門索錢，傳坤嚴禁之，捐資酌賞，不使滋擾。按臨汛地時，諄諄以孝悌勸人。有陸姓不順其親，命其父母來，授以刑，使自責其子，不及十數笞，其父母泣下，子亦痛哭，誓改悔。凡工作屠市，例有官價者，概為變革，未私役一人，官取一物，暇輒計工役，訪陋規，徒行民間，問以疾苦。其任宿遷劉馬莊也，俗故悍，好持官短長。皂河武弁子某橫鄉里，無賴者多煽其虐，傳坤籍某諸惡狀，執而置諸法，別系諸無賴，速縣令來，撻之市墓志銘，一境帖然。又有粥其嫠嫂者，嫠脱歸，訴諸傳坤，傳坤命禽送諸縣，並廉得諸粥販者均逃，遺婦女一舟，盡釋使歸，完聚者二十餘家。家傳。

生平謙以接物，而抗直不阿。長吏河督張文浩為郡丞時，傳坤佐之，論事多相迕，及文浩總督南河，首薦之，曰："吾數與孔某共事，嘗以為戇，然安得百執事一如孔某者，今薦之也恐後矣。"二十四年，以病去官，家寶應，三十年卒。寶應及宿遷士民來弔者數十人。咸豐初，奉旨崇祀寶應名宦祠。事實冊。

徐邦慶山陽人，官寶應把總二十餘年，勤求民隱，百姓德之。每歲寒，中夜起，巡視四境，鳥槍之聲達旦，盜賊無敢至者。邑貧，民茅茨相接，值火變，往救必先至，踴躍登屋，火未及然，斧斷其梁，俾自撲滅。又身從鬱攸毀下風屋宇，使無延境。既熄，恐餘燼復燃，必率眾濡以水，使滅乃已。歲祲，督視賑恤，無絲毫入橐，邑人公捐賑粥，必蚤起，先董事，至廠所，人具饌，峻郡之食，日自備一餔以療饑，風雨不改。鹽梟潛匿葅澤中，地方官不能治，聞邦慶至，輒俛首伏罪。兩江總督鐵保欲右遷之而格於例，及卒，貧如洗，子孫困窮無所歸。劉寶樹《徐城守傳》。

朱士達傳

朱士達，字公孚，江蘇寶應人。《鄉賢録》。嘉慶二十二年進士。《揚州府志》。分發廣東即用知縣，以告近改安徽。《鄉賢録》。署黟縣、南陵、霍山等縣，調懷寧。《揚州府志》。懷寧饑，發賑胥吏於粥中置石灰，民食致饑。士達知之，每晨親往，以粥作餐，吏無敢為奸，存活數十萬人。《鄉賢録》。升壽州知州。《揚州府志》。壽人强悍，喜佩刀，士達為貲設里鄭義學，增書院膏火，舉先哲德行以誘掖之。又捐廉建考棚，使士無跋涉苦。洎去任，境内無佩刀者。芍陂水道五百餘處，向溉田萬頃，積年淤廢，士達全民興工修理，開三百餘門，溉田六千餘頃。《鄉賢録》。以卓異升鳳潁捕盗同知。《揚州府志》。時宿州與徐州爭一河道，開此則宿利而不利於徐，開彼則徐利而不利於宿。兩江總督蔣攸銛檄士達往堪，士達知河别有故道，乃與鄉民步荒郊，徒行一月，得其地，循故道開之，兩境悉利，民情歡然。《鄉賢録》。以大府疏薦，特授鳳陽府知府。《揚州府志》。府轄鳳陽、大河、泗州三衛，衛丁每句通書吏，指民籍與軍籍同姓名者，簽作運糧旗丁，本衛乞簽到縣中貲之，家不堪其擾，謂之飛軍。士達察知其弊，取積年底冊，核明鈔發所屬州縣，飛軍之累遂除。廬州合肥盗李二容孜者煮人於酒鑊中，巡撫檄廬州、鳳陽二府協緝，廬州知府猶未至，士達乘馬督役往，盗牆内發槍子及於身之左右，毅然不動，竟獲盗械，省論如法，自是盗皆斂跡。《鄉賢録》。旋署廬鳳道，調署徽寧池太廣道，升廣西左江道。丁父艱，歸，服闋，授雲南迤東道。《揚州府志》。駐尋甸河，其上游馬龍河水性猛，下游楊林河水性緩，馬龍河漲則楊林河倒流入民田為害，達於七里橋下，開支河，鑿至二十餘丈，有石不可開，士達以黄豆、鯪鯉甲末，加桐油焚一晝夜，灌以醯，石應手落，開河七百丈，名曰靈心河。復捐千金，造橋梁，自是山水發，均賴此河為宣洩。開化府竜白寨玀民，以拒捕殺縣丞，巡撫委士達統兵往勦。士達恐玉石俱焚，僅率數十人，中途先爲示曉諭，謂但獲拒捕者，餘不株連。比親詣寨，獽民遂縛送渠魁，餘安業如故。師宗縣有拜香會，匪據山村，收過客私稅，士達多方緝捕，全盜俱獲。《鄉賢録》。升四川按察使，調陝西按察使，擢湖北布政使。《揚州府志》。湖北當崇陽軍務後庫，存銀僅五萬兩，士達悉心摧算，綜核無遺，比任滿，存銀七十萬，以年力就衰，原品致仕，咸豐四年卒。《鄉賢録》。入祀鄉賢。《揚州府志》。子念祖。

念祖幼稟異質，初以郎中改直隸州知州，分發陝西，署佛坪廳撫民同知，鄜乾直隸州知州。佛坪處萬山中，崎嶇險阻，念祖捐廉修鑿，行旅便之。廳設於嘉慶朝，尚無學校，請於巡撫，奏設學額八名，士人由此向學，民風丕變。鄜俗多訟，初抵任，日受訟牒百餘，剖決如流，案無滯牘，比去任，訟庭寂静。有巨豪某，向以結交官長為欺壓鄉愚計，念祖禁絕，不與通，適豪家火，念祖率人往救之，豪懷金來謝，以犒從者為言，念祖正色曰："救災恤民，刺史之職，爾將藉此要結耶?"嚴斥之，豪卒斂跡，故前巡撫林則徐嘗稱之。丁父艱，歸，服闋，將赴陝西，值粤捻賊熾，安徽巡撫福濟奏調念祖赴皖營，委辦盱眙、天長團練。和含棚匪滋事、衆號十餘萬，實皆饑民，當事欲多殺邀功，念祖力請寓撫於勦，保全甚衆。寶應地當孔道，難民紛遝，良莠雜處，念祖商之邑宰，行保甲清查法，故南北紛擾，寶邑獨耕市不驚者，念祖力也。同治四年，以道員分發四川，引見，出都道卒。錢鼎銘撰傳。

朱大源傳

朱大源，字義卿，江蘇華亭人，嘉慶二十三年恩科順天舉人。以大挑知縣分發陝西，補安塞。安塞城圍萬山中，如井底，積雪逾年者，值春夏隨大雨奔騰而下，漂沒人畜廬舍，故民率不願城居，戶口蕭條，無肆市。大源乃周歷山谷，揆度形勢，以東北一帶多土阜，鳩工疏鑿，引水分泄，民喜免於厄，遷聚漸衆。遂修葺黌宮，旁增齋廡，令士子居以講習，民風丕變。遷知蒲城。蒲城多盜，盜案有數年未結者，地故有刀匪，其首曰王敢鳴，聚衆屯井家堡，堡界蒲城、富平、臨潼、渭南四邑間，匪强佔之，堅壁深濠，備火器以禦捕者，大戶皆與匪往來以自保，巡撫議移兵往勦，大源言於布政使陶廷傑曰："民受刀匪累久矣，勦則更塗炭，請寬以圖之。"出見帶刀者二人於道，呵而縛之，供為刀匪，敢鳴黨也，鞫以諸案，共承廉得其母，賞之酒肉，命勸子實指匪首所在，不肯言，其母密告其處。大源有僕韓確者，多力而沉摯，乃授以方略，偽販玉器者往投，敢鳴見，相狎，一日敢鳴方踞刀噉麥餅，呼確旁坐，確解呈所佩小刀，亦請觀其刀，出其不意，削敢鳴臏，敢鳴起相搏。時觀者千百人，敢鳴攫人以揮衆，衆辟易，確又乘間削其臂，大源率徒役與營兵皆集，匪黨不敢救，擒敢鳴以歸，民歡呼額慶曰："此方可安枕矣。"敢鳴知必死，所犯皆承，大源諭匪黨亟解散，納兵器，悔罪自新，否則當請兵殲之。翌日下鄉，迎者絡繹於道，曰："小民受害二十餘年，今得見天日，公之賜也。"大源曰："匪徒盡乎？"曰："皆散去，願為良民。"大源曰："然則限十日各完本年地漕銀，其無缺歷年所負，當為請緩。"民叩首如約。已而敢鳴以傷死，乃戮屍於市。

大源為政慈祥公溥，事無大小，必坐大堂，任民觀聽之，民呼朱大堂。二十二年，聞父喪，徒步奔里門，哭繼以血，曰："為貧而仕，仍無以養，何以生為？將從吾父地下耳。"八月，竟以毁卒。張文虎《朱伯泉家傳》。

何曰愈傳

何曰愈，字雲陔，廣東香山人。父文明，河南洧川縣知縣。曰愈少隨侍河南據葉慶垣校《光禄公事略》，讀書立志，敦行素優。趙桂生《餘甘軒詩序》。道光初，補四川會理州吏目。州地為夷漢錯處，素稱難治。曰愈廉己恕人，民愛戴之。《光禄公事略》。獄積年不決者，一訊而即服。書綸《餘甘軒詩序》。土司某桀驁不馴，所部夷殺漢民，知州檄曰愈檢驗。土官介紳某持數百金乞免驗，曰愈曰："是汙我乎？"遂親往。土司又率衆來劫，曰愈曰："是嚇我乎？"會漢民亦率眾至，卒成驗而還。土官復以獄上控，上官廉得其直，杖土司，由是曰愈名益著。遵河工例，捐升知縣。總督以曰愈久悉邊事，委往辦西藏糧台。曰愈身馳七八千里，覽窮山怒流、邊風塞雪，跌宕自喜。留三載，還成都王柏心《餘甘軒詩序》，補岳池縣。縣紳某强横一邑，甫見，即欲有所請，曰愈正言拒之，紳大怖，由是斂戢。又集士卒，練保甲，繕城郭，庀器械，為未雨謀。迨同治初年，滇匪入川，圍岳池，後任得所遺槍炮以拒賊，當時比為張孟談之治晉陽云。《光禄公事略》。咸豐三年署屏山縣。地素患猓夷，曰愈捕漢奸數人，患少息。旋丁母艱去。本集《彭香谷雜事跋》。六年，服闋，適寧遠府屬野夷出巢，焚掠及冕寧等處，大吏奏委曰愈參建昌鎮總兵占泰軍事。西川猓夷支凡數十，自雷波峨邊達滇南二十四塞，頻年擾沿邊諸郡。曰愈抵寧遠，值西昌縣以民變告急，曰愈偕知縣王某至縣署，見眾大嘩，曰："夷傷吾人，乞兵除害。"曰愈曰："是官任也。但冕寧事方亟，未能分兵，先安置若可乎？"眾曰："諾。"因撫恤傷者，復集紳民，曉之曰："若等平日欺夷如鹿豕，田其地，沒其租，使夷無所控告，遂釀成巨禍，今且少息，當為若等乞兵於總兵。"旋得兵五百，又募勇八百人，設營山巔，分兵山下，為掎角勢，出夷不意，直搗巢窟，於是夷皆匍匐投誠，願遵條約，請漢民復業。民曰居無屋，夷曰我山有木，惟爾伐。民曰耕無粟，夷曰我田有穀，貸爾食。曰愈因諭民曰："即此見夷人有天良，爾等毋負德，毋生釁。"漢夷遂相安。本集《勦撫西昌猓夷紀略》。自是曰愈愈悉夷番之情偽，山川之險隘，擬"綏邊十二策"本集《擬綏邊策奏》，請當事代奏，格不得上。王柏心《餘甘軒詩序》。無何，會理州復有滇匪韓登鸞合眾入州境，聲言與諸回復仇，回民亦疑州民接匪，盡焚民居。知州求援於府鎮，乃檄曰愈行。曰愈率一旅以往。甫至城，聞流言奸細內伏，乃下令毋早閉城，三日後按戶搜查，容奸細者從軍法。夜則嚴兵以待。越三日，城內外賊黨悉遁，曰愈曰："吾所以不閉門，不遽搜者，正開其逃路耳。"眾皆服。於是遣人持榜文往諭登鸞，登鸞曰："某非叛人，不過與回為仇耳，當遵示解釋怨仇。"賊始退。復持諭示回民，回目曰："何公恩主也！昔時我等居大橋，水災，田廬盡沒，何公乃一騎渡水賑我等。又為我等疏河水,至今不為患,戴德何敢忘,來諭當録以為訓,違者誅之。"自是回民亦不擾州境。據本集《平會理州滇匪紀略》。事既定,府鎮上其功,會有攘之者,遂不敘,曰愈不計也。比歸成都,粵逆竄蜀,事方棘,曰愈日為當道陳機宜,不能用,乃退居灌縣,蒔花種竹以自娱。同治元年以子璟簡授安徽廬鳳道,迎養入皖。十一年卒於家。王柏心《餘甘軒詩序》。著有《存誠齋文集》十四卷,《餘甘軒詩集》十二卷,《退菴詩話》十六卷。《光禄公事略》。

張琦傳

張琦,字翰風,江蘇陽湖人。編修惠言母弟也。年五十,中嘉慶十八年順天鄉試舉人,留京師十年。李兆洛《張翰風傳》。以謄録議敘知縣。道光三年,分發山東。初至署鄒平,歲且盡,琦閱村四百七十麥無入土者,即申牒報災。梅曾亮《張君墓表》。明年正月四日,親赴行省,呈牒布政使朱桂楨面言狀,朱言於巡撫,破成例入奏,因鄒平得緩徵者十六州縣。《國朝先正事略》。民失物,誤訟於長山,歸獄於琦,琦曰:"汝失物地,大樹北抑樹南也?"曰:"大樹北。"琦曰:"若是則我界也。"民愕然曰:"誠鄒平耶。即不欲以數匹布煩父母官。"持牒去。後權知章邱,鄒平民時赴訴琦曰:"此於法不當受者也。"慰遣之。墓表。章邱民好訟,院司道府五署吏皆章邱人,人走書請託,琦摭短長無虚日。琦蒞任歲餘,五署内無一紙至,而結案三千有奇,亦無一翻控省者。五年,補館陶。《先正事略》。始受事,久旱墓表,風霾三日夜,沙塵壓麥,苗皆死,饑民聚掠之案間作。琦禱得雨。乃嚴捕倡掠者,又勘得富民閉糶居奇狀,方別按治,民大悦,琦因請普賞口糧人兩月。館陶地偏小,琦造應賑册多鄰近大邑數倍,大吏呵之,忽有詔責問歲饑狀甚切,乃按臨災區民,迎訴賑弊,惟館陶得實,始劾罷他邑令而厚慰琦。鄰邑大蝗,毗連館陶處無一跂闌入者。先是,琦在章邱,亦有蝗來,及界退,館陶人未之信,至是乃吒為異。及秋大雨雹,亦皆在不耕之地。《先正事略》。士有訟者,閲其辭不直,則曰:"課汝文不至訟,乃至耶?"試責以文，不中程，後乃決事，士訟遂稀。其仁術兼濟，類如是。琦尤以館陶地斥鹵，不宜穀。又衛水數敗田，精求古溝防及區田法，試行之，未遂而病卒。在館陶八年，人戴之如親戚。墓表。其理訟也，不待兩造集，即決遣之，以其詞質，後至者莫敢狡飾。有疑獄亦不過再訊。胥吏擾民，必嚴論如法。然籌其生計維周，故無怨者。每去官，送者逾萬人。《先正事略》。琦善醫術，得掖縣黄元御所著書，遂推其意，貫串《素問》、《金匱》，皆洞悉，得夫之原治縣。時民有病者，全活甚眾。《張翰風傳》。少工詩、古文，及分隸精輿地之學，與兄惠言齊名，人稱毗陵二張。《先正事略》。著有《戰國策釋地》二卷，《素問釋義》十二卷，詩文集四卷。吴德旋《宛鄂先生事述》。

費庚吉傳

費庚吉，字耕亭，江蘇武進人。胡培翬撰墓志銘。庚吉四歲而孤《懷人詩》自注，母徐督之讀。事實冊。家益貧詩注，育於外家胡志，授經讀月樓，即慨然以民物為己任。曹肅孫撰別傳。嘉慶二十四年進士第一，授禮部儀制司主事。庚吉自以節母之子，每匯題節孝，必肅容具稿。時有奏請建總坊者，下部議。庚吉議曰："定制，旌表節孝，每人給建專坊銀，吏胥因緣為奸，寒素不得請者十八九。今請有力者總旌，子孫別建專坊者聽，但不得更領坊銀。存者準定例，必滿三十年，殁者或十年、七八年，皆予旌，是年之不永，非節之不終。其在國子監肄業生，準為親戚呈禮部請旌，與在都候補選官同，禮部據呈行查原籍，俾外省胥吏不得婪索壅閣。"奏上，報可。事實冊。乃採訪其鄉人之合例未旌者三千餘口，請建總坊，著為令，自庚吉始。胡志。道光七年充大清通禮纂修官。十七年補湖廣道監察御史曹傳，上疏言書役擾害，請嚴定懲創章程，命纂入則例遵行。《吏部處分則例》。五月出為河南汝寧府知府。地濱大海，其民不知耕習，尚鬬很，號難治行狀、胡志，慨然曰："天下豈有不以德感但以刑威者？"縣誌。迺朔望詣明倫堂，集紳耆，告以士君子居鄉當為守土吏，佐慈惠，廣教化，矜式後進，使鄉人不為苟且偷薄之行。召諸生講明正學，申義利之辨。曹傳。暇則屏騶從，循行阡陌，與父老言農，與子弟言孝友，作《勸戒歌》曉婦孺，環聽若堵。民不知其為官，官不知其為民，一如家人父子而已。胡志。嘗謂古人言變士風易，變仕風難。曹傳。外官習氣不除，政不可得而治。胡志。大抵民風由於士風，而士風之感格，尤系乎仕風，欲教士民，不如先教牧令。曹傳。乃巡行屬邑，為書戒之，其略曰行狀：牧令與民一體也，守與牧令猶一家也。民失其德，牧令之責也。牧令不能使民之無失德，則守之責也。汝南居豫省之中，近北五邑，性多剛，剛則直，直而易感，不善治之，則懼其悍。近南四邑，性多柔，柔則順，順而易從，不善治之，則懼其刁。悍與刁，非不可化，視為治何如耳。上古官事與民事合，而治道盛。晚近官事與民事分，而治道衰。其貪酷闒茸者無論，間有聰明强幹之吏，類專心於官事，以供張為結納，以掩飾為調停，其於民事漠不關心，惡在與民一體也。民事莫大於教養，尤莫難於使之自為教養。嘗思之而知其難矣。有可行者，有不可行者。有徑直以行者，有委曲以行者。而假手於吏胥，則吏胥壞之。假手於門丁，則門丁壞之。假手於鄉約、里正，則鄉約、里正又壞之。然則終不可行乎？在出以虛心，持以實心而已。為政者，當視其事為天下之事，非一人之事，一己之事，非他人之事。遏欲以清其原，窮理以擴其識。問之長官，問之賓朋，問之鄉大夫鄉先生，問之田夫野老，告吾善者從如流水，規吾過者改如轉圜。洗其嗜欲功利之私，破其養尊處優之習。出一語質諸鬼神，民自知其不貳，下一令堅如金石，民自知其不欺，養與教並重，而養即寓於教之中。富者以睦婣任恤而富可養貧，貧者以勤儉安分而貧可自養。宣聖諭以牖民，不必專在朔望也，當於城市村莊隨時求宣講之法。嚴保甲以弭盜，不必專在鎮集也，當於孤村單戶隨地求聯絡之方。文教宜修，貴進以遠大；武備宜練，貴勖以知方。尊禮高年則人知敬老，表章節孝則婦盡懷清。流亡務使安全，殘廢俾無困乏。治橋梁以便旅，安廛市以惠商。日坐大堂，示民以公，疾趨過廟，使民知敬。紳之賢者，優崇而咨訪之，則民情可通；衿之劣者，擯絕而懲創之，則民氣可靜。聽訟不可留，宜持詳慎之意；催科不容緩，宜屬撫字之仁。寬與嚴相濟，巨蠹必懲，兵與壯合操，邊防必固。事上宜謹，可爭是非而不可傲；待下宜謙，可絕情面而不可淩。捐輸所以急公，可勸不可罰，罰則近於攘。賽會所以從俗，可偶不可黷，黷則近於荒。有時或不廢詠歌，所以導民之性情，不可以空文妨實政。得暇可參觀經史，所以資吾之考鏡，不可以泥古拂今情。差徭可減則減，少一分科斂，即留一分脂膏。縻費可省則省，去一分酬應，即免一分虧累。官清則役畏，尤當首治其詐贓。官健則捕精，尤貴窮搜其窩窟。署以內毋好古玩，毋進優伶。輕宴會，不惟節用，自可清心境之中，嚴辦訟師，嚴除豪霸，嚴禁娼賭，不獨防奸，兼堪厚俗。所謂官事與民事合者如此，言之非艱，行之惟艱，自問此心，不肯以空言欺世然，但可為知者道耳。努力明德以答蒼生。曹傳、文集。數月，境內大治。久之，桑麻盈阡，禮頌彬蔚，獄訟衰息，案無留牘而未嘗鞭人至百。行狀。汝陽有馬氏爭田一案訟三十餘年，一訊而解。馬賢者，年八十六矣，目已瞽。其族長也，訊日忽入城，言身年老本可不到，案聞太守賢，是以來，竊有祈請，恕老悖身，目不見青天，恨，欲死得握青天手，死不恨。庚吉憐其老，引手慰撫之，賢流涕歎曰："百餘年無此官矣"。胡志。庚吉雖尚寬，而於胥吏不少貸。事實冊。事母至孝，偶疾，彷徨終夜，聞於民，相率詣城隍神，願各減算益太夫人壽，遠近踵聚至數千人，越日不散，自往諭，止之，不可，曰："出於心之不自知，且恐使君去也。"胡志。汝寧故多火，自受事，禱於神，終其任不火。行狀。二十二年調知開封府，九邑耆老合詞請留四閱月，及去，送者數萬人，生童之負笈從之開封者，又數百人。抵任七日，有旨授福建糧儲道，開封之留者送者亦如汝寧時。夷船初犯境行狀，庚吉攜僕役二人往，每食一簋，公服外無餘衣，至則檄赴泉州行營糧台兼翼長，向例糧台道員得月領鹽菜火食銀百五十兩，庚吉以既有養廉，遂不受，以犒士卒。其年冬，以疾卒於軍，民皆哭失聲。胡志。河南舊治為巷哭罷市，至今思之。事實冊。同治九年，河南巡撫李鶴年題請入祀名宦祠。奉旨依議。縣志。庚吉為人有至性，舉動悉任天真。與人交，不設城府，人皆呼為天民。善為文，操筆立就。著有《毛詩約旨》三十卷，《歷代名臣管見録》十二卷胡志，《宗廟時享次第考》四卷曹傳。殁後，門人編其遺著，為詩文集十二卷，外集一卷，《治汝官書》四卷。事實冊。

顧夔傳

顧夔，初名恒，字荃士，江南華亭人。道光六年進士，改庶吉士。八年散館，授山西靈石縣。邑民好訟，夔清釐積案，多為解散，風日以厚。民有訟叔逋金者，廉得其情，則實昔所許而後靳之者也，夔乃斷以半不承，而浼人以五百金進，夔怒，取金予訟者。瓜田農夜被殺，得屍於井，農無妻子，而有族子三，夔視其一有異色，鞫之不服，乃訹以好語，則曰："祖父本有隙，素不相能，是夜往貸，叔不應，斫以鐮刀，因奪刀殺叔而棄屍於井。"是役也，不刑而得，因咸以為神。邑汾河右山水猝發，壞護城石堤，夔捐廉倡築，以餘貲授商，收息為續修費，民稱顧公堤。揚威將軍有悍卒毆民瀕死，夔馳馬擒之，白統領懲治，自是過境兵無敢譁者。十三年大旱，邑不產米，上流遏，糴價騰湧，夔捐俸銀為富民倡，買米洪洞，分路平糶，兼賑極貧者。知州某欲設粥廠，夔以山民散處，難於就食，拂知州意，牒大府詰責，令檄所捐。夔言山縣無米糴，故價昂，邑人捐資以救荒，官未嘗收捐，捐安所得繳，且繳於何所。大府無辭而怒滋甚，遂撤任。請歸養，不許，困甚，民爭饋銀米以濟食。河東道之任，過靈石，民遮道求還賢令。閲四月回任，歡迎者相次。九月，丁母艱，歸，遂誓墓不出。二十九年卒。張文虎《陝西靈石縣顧君墓表》。

牛樹梅傳

牛樹梅，字雪樵，甘肅通渭縣人。道光二十二年進士，簽分四川，以知縣即用。補彰明縣知縣，升茂州直隸州知州。旋署寧遠府知府，丁父憂回籍。咸豐三年六月，禮部尚書徐澤醇以樸誠廉幹保奏，奉旨交陝甘總督舒興阿差遣，派茅津渡防勦。八年正月，湖廣總督官文以循良第一保奏，奉旨交官文、胡林翼差遣，因病未往。同治元年，四川總督駱秉章以循聲卓異差遣，旋授四川按察使。三年内召，因老病不出，住四川錦江書院。光緒四年回里。七年卒。年八十有四。其任彰明也，以不擾為清，以無冤獄為慎，無不清之案，無不達之情，士民戴之如慈父母。時江油匪徒何遠富糾眾，欲劫江油中壩場，地與彰明太平場相近。樹梅會營督團往禦，匪言我不敢踐彰明一草一木，何用堵禦耶。迨散匪撲滅，富與其弟匿下莊白鶴洞。洞中層復深渺遠，富遥呼官兵曰："須吾如牛青天至，即自縛出洞耳。"樹梅至，果自縛出。牛青天者，彰明人所以頌樹梅也。其署寧遠也，地大震，全城陷没，樹梅亦壓於土，獲生，官民死者甚眾。蜀人曰："天殆留牛太守以勸善耶？"而樹梅自咎德薄，不能庇民，愈加修省。同委員翁祖烈捐辦賑災，首先倡捐以撫瘡痍，民皆戴德。其任臬司也，時滇匪李永和蹂躪於内，粤匪石大開窺伺於外，四川岌岌。或謂宜緩赴任，樹梅泣而謝曰："民生待救，如解倒懸，敢違君命，故逗留耶！"遂視事，百姓喜相告曰："牛青天再至矣。前任彰明，賊不入境，今任臬司，群逆不久當授首矣。"已而賊果平。

其主講錦江也，甘肅回逆尚熾，樹梅情殷桑梓，嘗致書甘肅藩司林之望，略云：軍興以來，天下劇寇皆南勇所掃蕩，現在金積堡既平，移師河州，水土尤惡，若參用本地之人，如所謂黑頭勇者，其利有六。飽粗糲，耐冰霜，慣崖壑，一也；有父母兄弟妻子之仇，有田園廬墓之戀，情不約而自同，氣不作而自奮，二也；照南勇給半餉，即歡欣鼓舞而樂為用，三也；彼皆無歸之民，收而為勇，即不致散而為賊，四也；而且六七年間久征慣戰，狄河一帶，著有成效，不煩招募，不費操練，五也；河州地勢險惡，有名大東鄉者尤為巢窟，此輩大半皆狄河之人，一丘一壑，悉所熟習，設伏用奇，不致有意外之虞，六也。此愚所謂斷，宜參用，有時即可專用者。後陝甘總督左宗棠亦以本地之將將本地之兵，為長久可恃。遂有董字一軍，卒收其效如樹梅計。蓋樹梅曲體人情，深惟時勢，不過高之行，而頗思挽晚近之風，以臻於中道。雖宏才肆應，實有未能，然近今已云良有司矣。著有《聞善録》四卷。據採訪冊。

徐台英傳

徐台英，字佩章，廣東南海人。道光二十一年進士，出知湖南華容縣。縣有垸田、圻田、山田之目，山田苦旱，垸圻苦潦，瀕湖之地，旱少潦多，垸圻例得請蠲緩，而田無底冊，影射恒多。屆徵收，則書差代墊，官給空票，凡花戶姓名，糧石多少，任其自注，差指為欠者，拘而索之，所徵銀米，官不知其數。漕米有保戶包納，歷任皆以為便，挾制浮收，無有問者。自道光十一年後，帶徵銀欠十六萬，米欠萬餘石，官民交病。台英知其弊，既履任，清田，列底冊，注花戶糧數姓名住址，立碑垸上，使冊不能改，應緩應徵者，可親行勘驗，而影射之弊絕。並申明糧隨業轉之例，使買賣即時過割，而飛灑之弊絕。收漕期至，縣分設四局，俾升合小戶，就近輸局，民免保戶之加收多輸正供，而包納之弊絕。華容瀕湖，垸田舊有堤，修堤之費，向派〇隄內田主[①]，日久弊生，有挪垸田作圻田冀免堤費者，有賣田留稅派費貽累者，有賣稅留田派費不至者，而催收堤費之值，事半屬抗費之人，一人抗則相率皆抗，堤費不充，一垸潰決，他垸皆藉希豁免。凡借帑修堤者久無所償，亦相率亡匿，台英迺先為丈量，以田均費。其低窪者許減派，不許匿畝，人戶俱絕，歸宗祠管業承費，而罪其巨族抗法者。一年之間，堤工皆固，逋賦盡輸。旋調補耒陽。耒陽錢糧皆櫃書里差收解，所入倍於官，刁健之戶，酌量輕收，僻遠良善之家，則多方扣折，至鬻田宅完糧而不足。有楊大鵬者因民忿，以除害為名，欲揭竿釀亂，事平後，檄台英辦善後事宜。議者以里差悉糧戶姓名住址，欲仍循舊章，用里差。台英曰："里差不可不革也。收糧之籍，里差雖能紊亂之，至櫃書則掌催收過割者，欲藉稽花戶有櫃書，終不患無藉手處。"遂盡革里差。時收糧未有定章，巡撫陸費瑔偕衡州府知府高人鑒親詣耒陽，諭台英，

① 因原稿多處湮濕，字跡無法辨認，為保持原貌，姑以字數相同之圓圈表示。下同。

命鄉紳舉甲長以代里差,仍守包收包解議。台英以甲長之害與里差同,上書布政使萬貢珍,詳為剖析,貢珍頗然之,而重違巡撫意。台英因集鄉紳問之,曰:"巡撫命汝等舉甲長,已舉齊否?"曰:"無人願充,猶未也。"台英曰:"我知之矣。甲長所慮不知花戶住址耳,爾等所慮恐甲長包收耳,吾今當並戶於村,村若干戶,戶若干人,人若干糧,田在某處,人居某村,分村立冊,以各村糧數合一鄉,以四鄉糧數合一縣。各村納糧者就近投櫃,糧入串出,胥吏不得預,甲長亦只管催科,無從前包解包收之害,此可行否?"眾皆拜曰:"諾。"台英曰:"隱匿何由核?"眾曰:"取清冊磨對,有漏補入可耳。"曰:"虚糧何由塾?"曰:"虚糧無幾,如有之,按畝匀攤可耳。"議遂決。數月而清冊成,錢糧大定。時〇亂後,民間有挾仇告訐者,大吏欲概置諸法,台英力保。耒陽民有生事,出諭禁告訐,一縣獲安。先是,前任有革職去者,存漕規二千餘兩應歸知府高人鑒,人鑒懼為所挾,貯耒陽庫中,未受亦未辭也。台英以之作公帑,人鑒銜之。會台英丁艱,遂以虧空雜項揭參,革職。駱秉章巡撫湖南,知台英冤,為補苴清款,開復原官。同治元年,奉旨起用,分發浙江,交閩浙總督左宗棠遣,宗棠為捐升同知,委署台州府知府,未赴任,卒。廼奏請以台英治績付史館立傳。二年,奉旨允行。《南海縣志》。

朱次琦傳

朱次琦,字九江[①],廣東南海人。《愛棠録》。世有穆行梁金韜撰行狀,六世同居。王筠《蛾術編》。次琦七歲能為詩,年十三,謁制軍阮元,命作《黄木灣觀海詩》,大驚曰:"老夫當讓此子出一頭地,過予彩旗門作矣。"《籯金集》自序。道光二十七年成進士,分發山西。咸豐二年,攝襄陵縣事。《愛棠録》。縣有平水,與臨汾縣分灌田畝,居民素相爭利,大獄數起。次琦博詢訟端,則謂强豪行霸,壟斷居奇,有有水無地,有地無水者,向有買水券,雖無地,得以市利焉。於是

① 原稿繆荃孫眉批:"九江非字也,另考字。"

定以地隨糧、以水隨地之制。又會臨汾縣知縣親履畝，兩邑田若相直也。於是定平水為四十分，縣各取其半，復於境内設四綱維持之，曰水則，曰用人，曰行水，曰陡門，實得水田三萬四百畝有奇。邑人立碑頌之。繫囚趙三不稜，劇盜也，越獄跳去，次琦初抵任，先出重貲購知其所適，亟假郡捕，前半夕疾馳百二十里至曲沃郭南以俟，盜眾方飲酒，家役方持之，忽樓上下百炬齊明，則赫然襄陵縣燈也。廼伏地就縛。比縣人迎新尹，尹已尺組繫原賊入矣，遠近以為神。河東歲患狼，次琦募獵戶捕之，無獲，乃檄禱西山神祠，天忽大霧旬日，人得跡獸出沒，攢火槍擊出之，無脱者，半月得狼百有七，患遂絕。横汾霜降後，則輿梁成潦，倏大至，勢將漂沒。次琦遽出禜之，應時衰落。每行縣所至，拊循姁姁，老稚迎笑。有遮訴者索木椅在道與決，能引服，則恒終日不笞一人。其餘頒頌讀書日程，創保甲，追社倉二萬石，禁火葬，罪同姓婚碑銘，卓卓多異政。《張制軍裕撫軍奏稿》。在任百九十日，民俗大化，優人百戲至徙之他境。碑銘。其去也，攀留萬人，至門阤橋折，遂祀之鄧伯道祠。陳士枚《水利碑》。咸豐四年，别建朱使君祠，春秋報祭弗絕。採訪冊。先是，南方盜起，北至揚州，次琦猶在襄陵，謂宜綢繆全晉，聯絡關隴，乃為三難五易十可守八可征之策，大吏不能用，遂引疾去。王燧《椎圭畫像記》。歸則講學九江鄉，生徒百數十人，晉省弟子亦有來學者，足不入城市，有後來子之稱。採訪冊。時稱説浦江鄭氏、江州陳氏諸義門及朝廷捐產准旌之例，由是宗人捐產贍族，合金數萬，次琦呈請立案為變通范氏義莊章程，設完課、祀先、養老、勸學、矜恤孤寡諸條，刊石世守之。行狀。同治元年五月與同邑徐台英奉旨起用，次琦不復出，台英瀕行，賦《鄰女行》以贈。光緒七年兩廣總督張樹聲、廣東巡撫裕寬疏其學行，恩賜五品卿銜，逾數月卒，年七十有二。採訪冊。生平論學平實敦大，不涉從碎，亦不為性命高談。《畫像記》。嘗曰："天於億兆愚民中獨賦一千人以材慧，因○○苦樂寄之，苟徒竭吾才，自為計，非天意也。"又曰："夫學術之變久矣。今日之變，則變之變者也。漢之學鄭康成集之，宋之學朱子集之，朱子又集漢學而精之者也。宋末以來殺身成仁之士遠軼前古，皆朱子力也。然而攻之者互起，有明姚江之學以致良知為宗，則攻朱子以格物。乾隆中葉至於今日，天下之學多主漢而奴宋，以考據為宗，則攻朱子以空疏。一朱子也，攻之者乃矛盾。嗚呼，古之言異學也，畔之於道外，而孔子之道隱。今之言漢學宋學者，咻之於道中，而孔子之道歧。彼考據者不宋學而漢學矣，而獵瑣文蠹，大義叢脞，無用漢學，有如是哉。果其修行讀書蘄至於古之實學，無漢學，無宋學也。”凡示生徒修行之實四，曰敦行孝弟，曰崇尚氣節，曰變化氣質，曰檢攝威儀。讀書之實五，曰經學，曰史學，曰掌故之學，曰性理之學，曰詞章之學。一時咸推為人倫師表云。行狀。著有《國朝名臣言行録》朱次琦《答王菉友書》，謂書成後尚欲仿《明儒學案》之例纂輯一書，以著我朝一代師儒宗緒。又有《五史實徵録》、《晉乘》、《國朝逸民傳》、《性學源流》、《蒙古聞見》等書，疾革，盡焚之。採訪冊。僅存手輯《朱氏傳芳録》五卷，撰定《南海九江朱氏家譜》十二卷行狀，家人搜得詩集《大雅堂》一卷、《燔餘集》一卷、《槖中集》二卷。採訪冊。

楊榮緒傳

楊榮緒，字黼香，廣東番禺人。陳澧撰《楊君碑銘》。咸豐三年進士行狀，改翰林院庶吉士。六年散館，授編修。己未辛酉順天鄉試同考官。十年補授河南道御史。時戶部尚書肅順導駕幸熱河，意叵測，榮緒與同官抗疏，力請回鑾。又劾參贊國瑞骫法，營私風，裁大著。行狀。十一年轉掌四川道，題掌河南道。碑銘。幫辦五城團防事，歷京畿、廣西道，刑禮兩科給事中。行狀。同治二年，授浙江湖州府知府。粵匪據湖州四年，甫克復，荒墟白骨，闃無人煙，榮緒乃於峴山為塚數十區行狀，置善後局府志，設廠留養，招集流亡，還定安集者數千人。《湖州請祀名宦疏》。各屬糧冊無存，榮緒招徠墾辟，試辦開徵，數年銀漕加於疇昔。《廣州府志》。湖蠶利甲天下，亂後桑盡伐，榮緒課民復種，貧者給以桑秧，蔸然成林，民業復盛。碑銘。〇〇〇〇〇洎天目諸山之水，舊設三十六漊，以資宣洩。府志。

榮緒以亂後多淤，設法疏浚，又淘汰城河、北塘河、碧浪湖，並立歲修章程，著為令。《請祀名宦疏》。復府城育嬰堂，令南潯、長興、荻港皆次第創設。又飭各屬立留嬰接嬰公所，育者萬餘人。行狀。重葺學校，建考棚，舉賓興《請祀名宦疏》，修書院碑銘，積倉穀，造橋梁，編保甲。《請祀名宦疏》。初蒞任時府志，歸安閧漕縣令奔府署，榮緒親往觀諭，糧戶見知府至，皆拈香跪迎，事竟帖然。行狀。遇鞫獄，堅坐詳問，吏胥立侍相更代，而榮緒無倦容，放告坐堂皇，告者入無阻。訟牒有虛謬語，則指示之曰："汝倩人為耶，如此，使汝訟不得休，徒為吏役利耳，曷持歸細思。"訟者如其言，往往不復至。其受理者，即手書牘尾恒數百言，剖析曲直，觀者咸服之。由是訟愈稀，兼旬無一至者。刑具朽敝，隸役坐府門賣瓜果自活。

素性廉儉，為郡守如布衣。時府署經兵燹，重修之，令其基皆減於舊址，客座無供張，每出門，僕人皆步從，道旁觀者曰："未見太守僕而無騎者也。"碑銘。每年終，輒無以卒歲，上官知其匱乏者，乃稍稍助之。布政使蔣益澧欲拜榮緒為師，榮緒謝曰："豈有以上憲為弟子者耶？"遇屬吏尤謙厚，所上公牘紕繆者教之使改，莫不咸服。客有自江蘇呼船來訪者，船者曰："往見湖州府耶？好官也。"循聲聞於鄰境者如此。十年，以卓異入都引見，回任候升道員，卸事。卒後湖濱老農率其鄉人皆來哭府志，船夫輿夫亦多有哭者，謂往時恒候府門以待役使，君始免之也。柩返粵浙，人多拜詣於厝所，復為立碑，題曰"使君活我"。光緒二年奉旨入祀名宦祠。著《十三經音義考》、《左傳博引》、《讀律提綱》。行狀。

陳崇砥傳

陳崇砥，字亦香，福建侯官人。道光二十五年舉人。咸豐三年大挑知縣，簽分直隸。八年，署東光縣知縣。適海口有警，大帥檄沿河州縣捐辦炮臺木植。崇砥以東光被兵後民力難勝，自捐奉採買，士民聞者相率輦木至堂下，酬以值，不受。兩月得千五百株，如數報解。九年，調署赤城。赤城十里外有温泉，男女聚浴，崇砥為立嚴禁。暇時即勸學課農，靡俗頓革。嘗謂赤城地屆邊陲，山多雄偉，北拱長城，據獨石之險，前代設立三衛，墩堠相望，土木之變，實潰於此。考其山川，乃畿北之要隘。其俗樸而易教，苟得令此十年，安知不風同齊魯。是年冬，補獻縣知縣。縣經兵燹，騎賊充斥，越獄搶犯城中，一夕輒數驚。崇砥擇胥役健者，責以捕盜，又懸重賞購綫，密緝數月，騎賊魁渠〇就擒者，命城鄉練團選紳士公正者為之長，具〇〇〇〇〇〇〇〇〇守望到相助，立團十六，各以字為號，刊戳記，有調遣，以戳為憑，又合丁壯千五百人，每月每村三班輪值，五百人十日一輪，有事則兩班守村，一班出敵，刻布章程，各處行之。期年，邑以有備。瀛渤間地多平曠，每值夏秋，騎賊匿伏高粱為劫奪，崇砥令村莊集鎮總路之所擇要害，開壕塹，築壘牆，城毁於兵，更築土垣，環壕於外，以為守禦。添設屯鋪，鐙柝相聞，由是盜皆不入境。捻逆張錫珠寇近畿，距獻五里，崇砥先期調練勇，議守開門，納逃亡婦女，集紳民誓於神，眾皆泣涕，願以死效。復出俸錢增糧餉，守獄庫，環城燈火三夜不絕，賊知有備，遂東遁。方賊之西竄也，日馳數百里，班馬聲相聞。民之避地河間者，河間閉門不納，飛書崇砥令拆臧家橋，橋為寧津、吴橋、阜城、東光、景州五邑入都之通衢，崇砥得書，力阻之，謂正宜安集難民，遥為聲勢，豈可夷險塞阻，更示以弱。方今滹沱水生，五路羽書，日數十警，此橋拆，文報且不通，委東鄉百姓於賊，非計也。知府悟，議乃寢，賊果無所掠，被創而逸。縣有天主教堂，其黨徐博里嘗以事干崇砥，責之曰："教事爾自主之，民間獄訟有國典爾，無包庇以累和好。"博里氣阻。祁寯藻奏舉循吏，以崇砥名上，擢保定府清軍同知。同治四年署定州。五年，辦軍需局務。西捻平，賞戴花翎。八年，總督曾國藩檄崇砥辦水利，崇砥以保定府河港汊分歧，淤淺難稽，請令沿河汛官編字分段循堤安插，每月水長落，分别開報，並添置夫役器具，淤塞者，隨時陶汰。以河勢不能均平，商舶打壩，致為河累，議設壩船，用河兵看守，酌給閘板樁木繩索，遇淺搭橋，以便行旅。復以沿河鹽務為大，請蘆綱撥款備運送〇〇〇〇〇〇〇〇〇〇〇署大名府知府，大名亂後，民多築寨〇〇〇〇〇〇〇藏〇〇〇相屬，查明所轄團寨，開具里數、寨長姓名，繪圖貼說，官自履勘，收存軍械，擇公正紳耆為經理，故聚眾抗差之事少息。畿南久苦旱，河南巡撫錢鼎銘檄崇砥襄賑事。崇砥乃議擇災重之區，郡抽以邑，邑抽以村，村抽以戶，戶抽以口。地在十畝外者不賑，極貧者大口給錢千，小口半之，壯者不給。始委員編查保甲，繼造應賑細冊，復查無異，則告以貸，每十戶立借領一保結一，每戶給貸票一，注村居名姓丁口錢數，十戶揭一榜，散錢之日，先期設局，令出驗貸票，加戳記，然後赴賑所驗領，事畢，奏請蠲貸，民皆欣悅。南樂鄉民以差役聚眾抗官，縣令飛章告變，崇砥輕騎往謂曰："爾等反乎？"皆曰："不敢，惟苦徭重耳。"崇砥曰："徭當輸否？"皆無辭，乃曲陳利害，平其輕重，曰："是吾民，當不犯上。"眾歡然，即日輸納，無敢後。有協戎某駐兵獻縣之某村，兵奪民畜，眾疑其偽為官軍者，移團掩殺，戕協戎，繼而知誤，恐逮，不敢散，縣令出捕，則大嘩相抗。大吏以崇砥舊有聲於獻，檄往治，眾喜曰："好官來矣。"崇砥召團長曰："國法，戕官干重典，況又拘捕，與逆何異？事已至此，惟舉首禍者，吾當為爾解。"眾感泣，縛為首數人以獻，崇砥請免脅從者，遂無事。屬當他調，士民將赴省乞留，大學士李鴻章寓書崇砥曰："執事多善政，百廢俱舉，惜以特簡有人，不得借寇，望將治績告新守，俾吾民留去後之思也。"七月回清軍任。十二月署順德府，旋簡河間府知府。河間詞訟甲通省，積案甚多，崇砥申清訟之令，刻期審結。所屬有疑獄，皆代裁決。東光為崇砥舊治，有來訟者或不鞫而服，期年案清，人謂五十年所僅見者。河間獻縣當滹沱下游，水潦為災。崇砥請以本年賑項，築古洋河堤，自獻縣至肅寧六千餘里，令○○○以土○○以防支流，迤西開溝六千餘丈以資○○○○○○○○○○○○○地，疏浚造橋，建閘防。子牙河暴漲，由是古洋河通流高下之地，皆大稔。采古今捕蝗成法，刊為《治蝗書》。尤善治獄，東明人郝延齡女先許字周敬止之子，周以子殤，辭婚，郝復受周慶雲聘，後慶雲家中落，婚書又失。郝賄媒賴婚，以女送敬止家，聲言守節，敬止拒之，郝乃詭稱敬止子被擄未死，慶雲欲强娶其女，事涉訟，崇砥判曰："敬止以子殤辭婚，女與周恩義已絕，慶雲婚書雖失，有媒妁可證，不得以貧寒萌他念。延齡澆風,萬不可長。”命慶雲刻日與郝女成禮。延齡父子為生員,如予褫革,令其女愈難自安,且失兩姓好,宜薄懲示警,獄遂定。長垣人薛玉成,其父為聘李姓女作養媳,年十四,未成婚,玉成屢戲女,女拒之,後竟殺女。審者以夫毆妻至死,律定讞。大吏檄崇砥親訊,知女曾納段姓聘,段子為賊擄,女至薛家,猶不忘段。薛之父母欲子成婚以絕女望,屢調屢阻,至於被殺。崇砥謂女不許聘,則父母凍餒,而心未忘段,抵死不悔以待之,旌之宜也。薛子以父母命而得妻,照前律亦宜也。必以君子之道責村農小兒女,則過矣,時韙其議。元城人徐興殺岳保成,岳之父與同村馮姓有隙,遂誣興為馮所使,書役得賄,皆一詞。崇砥見興,但伏泣認殺人當死,心察其異,詰得保成曾奸興姊,致改嫁,因積忿復仇,戕興,乃得末減免死。積年重案平反得雪,多類此。光緒元年卒於河間府任所,李鴻章以崇砥生有循名,沒留遺愛,奏請入祀名宦祠,奉旨允行。據事實冊。

劉秉琳傳

劉秉琳,字昆圃,湖北黄安人。咸豐二年進士,以知縣簽分直隸。時髪逆北竄,秉琳以奉檄解餉防營,冒險速達大吏,壯其膽,署大城縣事。持躬清苦,約胥役,恤孤寡,摘豪猾,小民稱之。五年,補寶坻縣,悉去邑中之雜派及榷酤贏餘者。僧親王駐兵天津,有索倫兵伐民墓木,縱馬躪田禾,詭誣村民縶其馬,翼長索村民甚急。秉琳乃單騎赴營,力陳於翼長,其時敵炮過頂上,秉琳屹不動,民始得直,兵亦自是不敢肆。縣境蝗,秉琳飭民自捕,己與紳富集資購之,得蝗二十餘車。於是有蝗之田,皆得藉錢以代賑,而捕蝗不由地役,亦不至踐民田。九年調補宛平。革票規,禁私押,除差役之需索煤窑者。十年,英夷至京師,大吏檄秉琳赴夷營議犒具,秉琳納刀〇〇〇〇〇〇〇〇〇〇〇〇〇〇受辱,遂往與抗論,無少屈,犒具〇〇〇〇〇〇〇〇〇〇〇〇〇知州升用。十一年,引疾歸。同治元年,因密報調取引見,以原官發往直隸。會勦捻逆,總督劉長佑委辦文案,旋保知府。三年,署任邱。縣境多盜,秉琳募勇緝捕,獲渠魁鄭大毛,置之法。縣有驛傳車,向由里民拆錢歸役,役以車應,名曰班車,民苦其科派,秉琳乃籌款招雇,民累永息。五年補深州知州。七年捻逆張總愚至,人謂秉琳可以眷屬出避,秉琳曰:"吾家人皆食國禄者,義可去哉!"遂授兵登陴嬰城四十餘日,鄉民及鄰境聞者咸挈孥入保十馀萬人。城守益固,賊七圍之,皆不破。秉琳數上書統帥,言賊入滹沱河套,勢已蹙,宜兜圍急擊,緩,將偷渡東竄,卒如其言。事平,賞戴花翎,補缺,後以道員用。在深州清學田之被占者,取其歲入設塾,以課子弟。時鹽梟之禁甚嚴,凡為梟所協者,秉琳必詳陳請釋。又念衡冀地多斥鹵,民以鹽為恆產,課與地糧埒,水旱無從報災,非漉鹽出販,無以應正供。因陳請設法官銷,以杜私販,民服其允。九年升正定府知府。滹沱河為災,秉琳查有存儲兵米若干石,請於上以米為賑,並築漕馬口、回水、斜角三堤,水不齧城,民用安集。郡接壤山西平定州固關,守關武弁頗苛斂煤鐵商販以加税,故委物塞關道,將聚眾以控。秉琳奉檄往,曉諭解散,除其重征。總鎮獲巨盜三人,並劫贓送府,將定讞。秉琳以其易輸服,疑之,更詳鞫,始廉得其情,乃營兵以負博起釁,刑逼三人,誣以為盜,其所劫贓,悉博場富家子物、兵挾來以飾僞者,亟釋三人而重懲其兵。光○○○○○○○○○○○○○○重寄,因規險要,培堤塾,請增歲已,減額銀。河濱之口糧既足,於是無偷工減料者。又補築文壩中亭,河北堤水有所泄涸,腴田千餘頃,歲獲雜糧十萬石。時方旱,饑民流集於津郡,秉琳設粥廠十餘所,分居男婦,給以衣食,事必躬親,災黎得活者甚眾。嘗太息曰:"哺饑衣寒救荒,末策也。本計當於《河渠書》、《農桑譜》中求之。"津俗尚械鬪,擒其魁,繩以法,暴民皆斂戢。四年以海運敘勞,晉二品銜,旋引病乞歸。八年卒。

秉琳幼以孝聞,居鄉嚴正,有王彦方之風,歷官三十年,清慎勤如一日,愛民如子,決獄如神,凡勤撫字、勸農桑、興水利、謹宣防、輕徭役、嚴緝捕諸善政,殫心力以為之。嘗論兩漢吏治最盛,但潁水近名,渤海近術,我所願者,其召父、杜母乎。每遷一官,民多攀轅臥轍而送者。直隸總督李鴻章奏請宣付史館,奉旨如所請行。

事實册。

沈錫華傳

沈錫華,字問梅,浙江海寧人。咸豐七年,以巡檢分發江蘇。初任吴縣光福巡檢,先後署吴縣典史、縣丞、代理吴縣、吴縣知縣。兩江總督曾國藩、江蘇巡撫李鴻章以守傑才優、習勤耐苦保奏,奉旨授吴江縣知縣,尋以承緝盜案鐫級。時江蘇巡撫丁日昌以錫華勤苦耐煩,奏請開復,疏再上,允之,任吴縣,尋調常熟縣知縣,旋以勞疾乞退。光緒四年卒,年六十。

其任光福巡檢也,革除規費,約束吏役,徒步循行村落,勸息爭端,懲治土棍,居官如家,頌聲四起。其署吴縣典史、縣丞也,時省垣巡防募漕艘水手為團勇,兇横聚賭,知府派員掩捕,輒被毆辱,錫華馳往立擒,拘捕者請大府置諸法,自是全部肅然。當咸豐九年○○○○○○○○○○○○○○銜接十數里,脅之以○○○○○○○○○○○○○聲遠播,檄令往諭,錫華請速撤兵,遂單騎馳入眾中大言曰:“爾等皆安分良民,何作此不顧身家事耶?”剴切導以利害,眾乃感悟,齊呼明白清官,立即解散。及代理吴縣也,時蘇垣久陷,洞庭東西兩山孤懸太湖,錫華激勵沿湖各村鎮民團,與水師統領、江南福山鎮總兵王之敬,湖郡在籍辦團紳士、福建糧道趙景賢聯絡聲援,互為犄角,保全實多。其代理吴江也,駐邑之張練塘,地逼賊巢,界連三邑,錫華招撫槍船各頭目,曉以禍福,結以恩信,晝夜躬率巡防,與民相親,民賴以安。分轄青浦屬之金澤鎮,孤注泖澱之間,賊蹤靡定,十室九空,錫華移駐鎮中,不數旬,市廛復業,力籌防護。迨補吴江,值大軍進規吴中,復兼署元和縣,各鄉故多槍船,陽為保衛,潛多附賊,聞錫華名,悉投册受撫,爭為之用,後皆殺賊立功,今甘肅涼州鎮總兵孫金彪,即錫華所識拔者也。旋隨官軍克復吴江,入城治事。又兼攝震澤,內堅城守,外防要隘。其時,蘇湖嘉興各逆糾合數萬人,不次環攻。一夕,時將五鼓,直撲東門外,縱火焚燒,錫華登陴固守,會督防軍擊退之。吴江為蘇浙咽喉,孤城危如累卵，左右無役使者，凡安民之諭、乞援之文，手自草繕。困守三閱月，抗大股悍賊於必爭之衝，城卒獲全。於是集流亡，事掩埋，招墾荒，編保甲，籌辦善後事宜。吴江東門外垂虹橋，南臨具區，北達吴淞，橋栱久淤，間多傾圮，而具區東下之水，邑為首沖，錫華謂匯將泄之水，以一百數十丈之橋攔之，上游湍勢驟殺，下游波流遞緩，茭蘆途泥之屬，因之停壅，利在宣暢濬栱，修橋非僅關一邑之利害，遂首先舉辦，並疏浚城河，便利舟楫，而〇〇〇〇〇〇〇〇〇〇〇〇〇〇〇〇〇〇〇〇不足捐廉繼之，復清〇〇〇〇〇〇〇〇〇〇〇〇〇〇〇〇〇〇〇〇創為鄉會試盤費，縣試卷資添設義學，垂諸久遠。養濟院例有定額，錫華於額滿所遺者割俸收養。同城隸震澤之鰥寡孤獨有求隸於吴江者，以錫華有以恤之也。而革除經造一事，尤章章在人耳目間。吴江經徵錢漕，向有經造之目，小戶糧賦，不能自行投櫃，卒皆經造代輸，包攬抑勒，久相把持，往往官未催科而民已先困。錫華深知其弊，曰："是不可故容也。"請於大府，一律革除，勒石永禁，令下，闔境感頌。會減賦恩旨初下，厘定新科，斗則按畝細核銀米實數，勒石昭示，吏胥不能上下其手，每屆啟徵之前，復按科，則分别應完銀米若干，合錢若干，遍給簡明文告，銀洋悉如時價，不准短估高抬。蘇藩丁日昌取其示式，頒行各屬。及丁日昌撫蘇，復飭通省一律遵行，永為定章，此則錫華便民之政，惠及全省者也。錫華嘗言："州縣之弊，半由胥吏，而胥吏之得售其奸者以官與民疏耳。官勤則民逸，官苦則民樂。"故其為教養也，時歷村鎮窮僻之鄉，口講指畫，傾心化導，務在與民休息。行保甲十家，牌事舉而民不擾，步行鄉曲，無役相隨，婦孺皆識面目。有訴曲直者，片言解之，民既得直又不苦期會。各鄉圩甲向有照田派錢，以敬神為名，演戲賽會，因酒食賭博，圩甲從中分肥。錫華曰："既妨農工，又耗民財，且混集匪徒。"遂嚴禁止之。去任之日，攀附如歸，父老多泣下者。其再任吴江也，士民服教既久，幾於臥理。其任常熟也，課士愛民，實心實力，一如仍吴江時。卒之日，聞者莫不盡傷。蓋錫華歷官十餘年，廉政勤明，盡心民事，興利除弊，實見施行，而威恩並及，尤得寬猛之宜。故所至民樂，所去〇〇〇〇〇〇〇〇〇〇〇〇等以錫華遺愛在○○○○○○○○○○○○宣付史館循吏傳,得旨允行。

蒯德模傳

蒯德模,字子範,安徽合肥人。諸生。以團練序復定遠功,保訓導。序復廬州功,保教諭。序上海大營辦釐籌餉功,保知縣,留江蘇補用,賞戴藍翎。同治三年署長州縣知縣。是時蘇城新復,遊勇降眾,聚而為盜,日數十發,德模偵盜所在,率丁役跡之三日,無不獲者。有盜匿鎮將營,倚眾拘捕,德模親往,立捡以出,一營環視,莫敢動。遂論如律。車渡地方與新陽盛阿香等聚眾抗阻,上游令督炮船往,德模曰:"是激之變耳。"單船入其境,治首惡,散脅從,事立平。縣治有天主堂,雍正間鄂爾泰撫吳,改祠孔子,寇亂,熸焉。泰西人伊宗伊持故事,請於督撫,與德模爭之力,德模呵曰:"某官可罷,此祠非若有也。"卒不許。有數女子為奸人誘,賣為娼,倡家倚勢,毫無恐,德模○○○○○○○○○○○○○○疾惡如仇,故能不○○○○○○○○○○○○○○○堂,初犯者入之,給以衣食,督習一藝,藝成釋放。知長洲四年,所判八百餘牘,皆愜民意。嘗乘馬日行數十里,與田夫走卒相酬答,周知民隱,一旦坐堂皇蒞事,人皆驚以為神。馭下嚴而能恤其私,胥役輩爭自濯磨,不敢為淄蠹,首邑訟獄緐限日傳提,隨時判決,間用俳語,粲然成章,外國新聞紙多載之。讞獄思無不入,能虛中察辭氣,或故支離曼衍其詞,而忽得其情。會所在發擿若神,豪猾屏息,然執憲平,不為皦刻多得法外之意。德模既有神明稱,上官有疑獄,悉移鞫治。淮揚水師在江面巡緝,盜格傷副將,終於通州獲張開天五名,坐以盜,德模鞫為寧波商船,立釋之,懲誤獲者。震澤蔣亦琴以從蔣法沅溺斃小功服嬸、殺斃姦夫,例不分首從,擬斬。新陽趙瑞戳死胞弟趙鶴亭,其幼弟趙翔聽糾在場追毆,例擬軍。然亦琴與翔實未與也,德模廉得其冤,亦琴改杖,翔免之。丹陽呂郁文訟嚴家正盜,練團董黃寬袒家正,郁文舅貢元良恚憤,上控詞及寬,寬亦控元良喜訟,元良匿他所,妻高氏堅指老郎橋下溺屍,謂為元良。又有貢士斌指為伯父秉錫皆控寬主謀,並誣大眼孫三以為加功,德模觀貢高氏雖號泣頌冤,其意若不甚戚者,搜得元良書,知死者實秉錫,驗之無傷,又於其懷得已濕詞,則在縣控人有案者,先寬患貢高氏,許士斌埋葬銀,證非元良,既而不與,故士斌約略貢高氏之詞為之情,既得,按律分懲,而孫三獲免。其他平反多類此。

高郵清水潭決,災民南下,德模請於大吏,酌派各縣按圖分養。三萬餘人,無一失所。吳門遭兵祲,百廢待舉,壇廟、倉庾、書院、清節堂、恤孤局、昭忠節孝名宦等祠與夫先賢祠墓之在境內者,德模率〇〇〇〇〇〇〇〇〇〇〇〇〇〇〇〇〇墅關營籌芻秣費〇〇〇〇〇〇〇〇〇〇〇〇〇〇〇〇者長洲民上其事,所謂無利不興,無弊不革者也。吳中向章徵收錢糧,有淋尖、踢斛、花邊、樣米、捉豬等色目,納糧一石,須米兩石餘。又往往截弗差追切里徵村,不堪其擾,德模稔民疾苦,壹皆革除,不事追呼,而輸租繦屬。惟大小戶均一,頗有不便之者。御史朱鎮以浮收劾奏,事下旨,以是非倒置申飭原奏官。德模前已匯保至直隸州知州,賞換花翎,復序分援浙皖閩功,保知府道銜。序海運出力功,保補缺,以道員用,旋署蘇州府知府、太倉州知州,其治一如長洲時。治獄精審,或不得,廢寢與食,力極誠,索幽明,響應在太倉,遂有因風擊鼓而獲豆腐店謀殺親夫一案,小民演為謠諺,初亦不盡誣也。未幾,調署鎮江府知府。時天津豐大業事方棘,沿江所在設烽燧,或有緩其行者,德模毅然曰:"臣子辟難,不忠,上游知我去,不義。"治裝即往鎮江,有外城,粵逆增築也,德模至,規度形勢,知城包北固瓦子山,據險宜葺,甘露港不通,則城河塞,宜濬,而士民聞警遠徙,一空城耳。乃馳書召紳富,責以大義,不數日,輸金輒巨萬。工未竟,調署江寧,旋擢四川夔州府知府。遂之夔州,城瀕江,圮於水者屢矣。承修者以竹籠承石子築之,隨築遂圮,糜金數萬而工不舉。不得已,議建木城。德模捐萬金為倡,築保坎十三道,甃以方丈餘之石,層累而上,不二年成。附郭有臭鹽漬,水長則沒水中,水落則貧民相聚煎鹽,而為雲陽灶戶所持,奉有永遠封禁之旨,然隆冬恒會眾數千人,私煎如故,執械以抗捕者,官無如何。德模以貨棄地可惜,利之所在,徒禁無益,請官運至宜昌銷之，既不〇〇〇〇〇〇〇〇〇〇〇〇〇〇〇〇〇〇下鳌金水腳〇〇〇〇〇〇〇〇〇〇〇〇〇〇〇〇〇〇實際一書，分給各保甲，勸民種桑，又遣委員董督之。二年，奉節一縣種桑二十二萬有奇，他邑稱是。在夔州四年，卒於任。年六十有二。長洲人祀之滸關之南，太倉人祀之台光閣，夔州人祀之白帝城。採訪冊，參墓誌、《事略》。

李炳濤傳

李炳濤，字秋槎，河南河內人。咸豐十年就職州判。游湖南，主候補道劉建德，建德隨曾國藩東征，炳濤與俱謁國藩，國藩命總辦明興營務。家傳。治軍書，晝夜不息。能通蒙古語，軍中或有訴誶，即作察哈爾語調和之，聞者笑而解。十一年，以軍功賞戴藍翎。同治元年以同知留安徽，遇缺即補。事實冊。二年，明興營凱撤，炳濤請假回籍。四年，國藩奉旨北征，炳濤於揚州上言四事。一專責防堵以嚴分竄，一聯絡民團以孤賊勢，一設局開荒以資解散，一多備火器以奪賊長。又言中原平衍，利在騎兵，然賊馬一匹，翼步賊二人，請以步兵之習籐牌者以當賊騎，騎兵之習洋槍者以當賊步。如賊騎多則以炸炮〇〇〇〇〇〇〇〇〇〇〇〇〇〇〇〇〇〇靖賊氛，必及〇〇〇〇〇〇〇〇〇〇〇〇〇〇〇〇〇〇即保兩淮也。國藩頗采其言。八月委查亳州圩，炳濤微服遍遊民間，盡得諸匪徒姓名及蠹役胡采林通匪虐民不法狀，歸，夜繕密劄，遣急足呈大吏，誘采林，誅之，竿其首，一州大驚。州民酧酒禱神者數百家，以采林伏法故也。自是，訟獄者咸取決於炳濤，呈詞日數十，立時批發，不累守候。日親率兵十餘人，挨圩查閱，為立條教，別良莠，戮悍賊二百人，予限自新者三千，期年而俗變，無盗竊者。家傳。五年，捻逆大股竄州境，炳濤親督各圩捍衛，曉以大義，諸圩雖有親故，無敢出，捻懼，遁去。擢知府，賞換花翎。事實冊。六年，代理蒙城縣事。蒙亳接壤，風氣相同而瘠苦尤甚。炳濤除梗强，撫良懦，勤於聽斷，為邑復書院，捐膏火，絃誦聲大作。家傳。捻匪徐黨解散歸里，及各軍凱撤，還鄉者數千人，炳濤彈壓安輯，民用晏然。時有馬賊劫營兵於途，兵負傷訴縣,乃傳論詰旦城僅啟一門,呼營兵同往稽其出城者。適有馬奔出,鞍而無轡,炳濤心疑焉,命役羈之,頃一人手持一封來,將出門,回顧者再,縛發其封,則轡與劫物均在焉。其人請死,論如律。有解巨盜赴郡,其黨中途欲逃者,渠呵止之曰:"無累好官也。"皆就法。八年,巡撫英翰疏言李炳濤篤謹廉明,久著循聲,百姓愛之如父母,治實為皖省第一。疏入,諭以勉為循吏用,副朝廷之厚望。十年,調署亳州,興利剔弊,如治蒙時。旋補廬州府知府。廬,故皖北劇郡,元勳宿將多出其中。豪猾者倚聲勢,時為不法民,吏不敢捕。甚有帶刀而博者,炳濤親緝○○○○○○○○○○○○○○修胥役索陋○○○○○○○○○○○○○○由是工料堅實,澇不為害。府東門外視河口為商旅要途。隆冬水涸,船必需數牛挽行。時合肥被旱,炳濤乃請款修河,以工代賑。河身深通,運賑者皆至,糧用大減,商民便之。西洋人欲於城中買地立教堂,成有日矣。炳濤諭地主曰:"爾不聞寧國之變耶?他日民教有爭端,爾家首禍矣。"其人懼,不敢賣,事遂寢。光緒二年,大江南北訛言有妖術翦人髮者,民情洶洶。奸民因藉名稽查,立卡倡團,多方苦行旅,路幾無行者。炳濤乃徧示城邑無妄動。時有縛送官究者數百人,僅誅真匪魏荏誼,餘皆放行,人心大定。廬素乏蠶桑,乃設局採買桑秧,訂譜勸課,至今青蔥彌望者,炳濤倡之也。事實冊。光緒二年,以擒匪出力加鹽運使銜。三年丁母憂,去任。值皖南將辦保甲墾荒事宜,兩江總督沈葆楨、巡撫裕祿合疏,乞調炳濤,部議不允。適皖南紳士崔澄等四十餘人又聯名稟請,沈葆楨、裕祿再以聞,特旨允之。五年,赴皖南,旋卒於寧國差次。

炳濤善斷獄,一言剖析,莫不饜心而去。巡鄉時,就地聽斷,民省往返,吏無需索,人悉稱便。其攝亳州也,有父報其子口角夜投井死者,炳濤驗其屍,無傷痕,井旁有汲水器二,因念夜間非取水之時,既尋死,何暇持汲水器。傳屍婦詢之,貌不慎悍而實無戚容,偵其平日與鄰婦往來,曰:"獄其在此矣。"拘鄰婦鞫之,果得其狀。蓋田家子與婦固不和,鄰婦有弟與婦通,欲害其夫,而妻之事未發。值田家子忤其父,鄰婦邀至家,醉以酒,與其夫布裹而投之井。置汲器者,欲人信其取水投井也。於是皆伏法。炳濤持法嚴而宅心甚寬,嘗獲巨捻孫狗者以○○○○○○○○○○○○○○炳濤曰:“爾子○○○○○○○○○○○○○○兵服役倍常人,身後家如寒素,袝衣皆取諸質庫,士民無不流涕者。兩江總督沈葆楨奏請宣付史館,奉旨允行。家傳。

羽琌山民逸事

據《古學彙刊》本

羽琌山民逸事

道光丙戌，武進劉申受禮部逢禄分校春闈，一浙江卷，一湖南卷，薦而不售，賦《兩生行》以哀之，龔、魏兩先生齊名所由來也。

己丑，龔卷落王中丞植房，閱頭場第三篇，以為怪，笑不可遏，隔房温平叔侍郎聞之，索其卷，閱曰："此浙江卷必龔定庵也，性喜罵，如不薦，罵必甚，不如薦之。"王薦而得雋，揭曉日，人問其房師，龔大咍曰："實稀奇，乃無名小卒王植也。"王後聞之，怨温曰："依汝言薦矣、中矣，而仍不免罵，奈何！"

龔補中書考差，先君問徐星伯先生曰："定庵如得差，所取必異人。"星伯先生曰："定庵不能作小楷，斷斷不得差。如其夫人與考，則可望矣。"蓋頡云夫人有書名也。

龔文恭公，定庵叔父，誚之曰："吾叔讀五色書學問，紅面者搢紳，黄面者京報，黑面者稟帖，白麵者知會，藍面者賬簿也。"

《太誓答問》初刻於曹家駒，並作後跋，每送人，撕去之，問曰："我請其刻，不請其跋，他如何能跋，乃為書之累。"

婕妤妾趙玉印，以宋刻《化度寺帖》相易，又媵以五百金得之，甚寶愛，擬在崑山縣玉山造閣三層，名之曰"寶燕"，未幾，因博喪其資斧，又質之人矣。

定庵自稱龔老定，日照許印林笑曰："河南人以小官為賣尻，我山東人以為賣定，老定之稱殊屬不雅。"合座大笑，從此不復稱。

定庵交遊最雜，宗室貴人、名士緇流、傖儈博徒，無不往來，出門則日夜不歸，到寓則賓朋滿座，星伯先生目之為無事忙。又曰："以定庵之才，潛心讀書，當不在竹垞、西河之下。"

定庵寓仁錢館魁星閣下，上層魁星，中層孔子，下層住客，定庵一日書一聯於柱曰："告東魯聖人，有鰥在下；聞西方佛說，非法出精。"見者無不笑。

定庵以博傾其家貲,而自負其博,聞聲揣色,十猜八九,有詢之何以屢負,定庵蹙然曰:"有人才抱馬班,學通鄭孔,入場不中,其魁星不照應也。如予之精於博,其如財神不照應何!"